LA CRÉATION MYTHIQUE
A L'ÉPOQUE DU SYMBOLISME

FRANÇOISE GRAUBY

LA CRÉATION MYTHIQUE
A L'ÉPOQUE DU SYMBOLISME

*Histoire, analyse et interprétation
des mythes fondamentaux du Symbolisme*

Publié avec le concours de l'Université de Montpellier

LIBRAIRIE NIZET
3 bis, place de la Sorbonne
PARIS
1994

*« Que serions-nous donc sans le secours
de ce qui n'existe pas ? »*

Valéry, « Petite lettre sur les mythes »

INTRODUCTION GÉNÉRALE

En me proposant d'étudier les mythes de la littérature symboliste, j'avais d'abord envisagé le seul mythe, qui pour moi, incarnait toute la richesse et la diversité du Symbolisme : celui de la princesse Salomé, figure obsessionnelle d'une époque, sans cesse commentée, reproduite et chaque fois enrichie d'une signification nouvelle. Le mythe de Salomé, tel qu'il s'est constitué à la fin du XIXe siècle, à travers le prisme du mouvement symboliste, a donc été ma donnée initiale.

Toutefois, force m'a été de constater que ce mythe, pour essentiel qu'il soit, prenait une ampleur toute nouvelle lorsqu'on le confrontait aux autres figures obsédantes de cette fin de siècle. Celle de l'androgyne, par exemple, créature au sexe hésitant, qui réapparaît dans plusieurs ouvrages. Celle de la princesse lointaine et énigmatique, Mélisande ou Iseut. Ainsi s'instaure un tissu plus dense, plus ouvragé où les mythes s'interpellent, se répondent et parfois se contredisent. Il m'a donc fallu élargir cette étude aux figures récurrentes du mouvement symboliste, en essayant d'identifier celles qui ont marqué cette époque.

Il fallait pour cela faire une incursion dans le monde du mythe. Celui-ci va servir à exprimer les outrances, les non-dits, les interdits. Les symbolistes, en cela, vont prendre le pas sur les romantiques, plus timorés, et privilégier le mythe comme un langage, mais un langage visionnaire et aventureux. Se rattachant par ce biais aux romantiques allemands, les symbolistes vont descendre plus profondément aux sources du mythe et enfin avouer la prédominance du rêve sur le réel. Alors que Freud publie en 1900 *L'interprétation des rêves* et que se constitue l'école de Vienne qui introduira des jeux d'ombre et de lumière dans une société en déclin, le mouvement symboliste étend son influence à toute l'Europe. Toute l'Europe, Russie comprise, mais aussi les deux Amériques, comme le note Jean Cassou, concluant ainsi : « Toute l'époque a parlé symboliste ».[1]

Symboliste peut-être, mais ce mouvement n'est pas un puisqu'il existe des définitions (et non une) du Symbolisme, sur lesquelles des personnalités aussi originales que Mallarmé, Jean Moréas et Rémy de Gourmont ne sauraient s'accorder. Il existe certes beaucoup de théories formulées sur ce que devrait être le Symbolisme.

Si l'on en revient aux témoignages de l'époque, on s'aperçoit assez tôt que les principaux intéressés tentent maladroitement de définir ce qui ne se prête pas véritablement à une définition. Les mots, les convictions, les déclarations, les individus mêmes leur échappent. Alors qu'on s'apprête à enterrer le mouvement symboliste, Gustave Kahn, dans son ouvrage publié en 1901, *Symbolistes et décadents,* proclame sa survie. Et son témoignage n'est pas exempt de contradictions.

On constate qu'il n'y eut pas un Symbolisme mais des Symbolismes, c'est-à-dire des interprétations différentes et contrastées d'un mouvement s'opposant au Naturalisme et que ce rassemblement d'individualités ne pouvait être que bref et divergent.

En effet, comme le constate Gustave Kahn (qui veut bien s'accorder le titre de « seul symboliste »[2], le mouvement éclate bientôt en mille fragments :

> Chacun tira de son côté, dégageant son originalité propre, (...) les divergences, qu'on ne s'était jamais tues, mais qui ne pouvaient éclater lors des premières luttes contre des adversaires communs, devenaient nécessairement plus visibles puisque nous avions des idéaux différents. Moréas, d'esprit plus classique, redevenait classique, Adam reprenait, après une course dans la politique, ses ambitions balzaciennes.[3]

Ainsi, comme le répète Kahn, « il y eut un très court moment d'union effective sur des sympathies et des orientations, dans le vague, apparentées entre des esprits très différents. »[4]

Un regard sur les productions symbolistes nous interdit en effet les généralisations abusives dans lesquelles est tombé le public de l'époque, confondant occultisme, anarchisme et Symbolisme, ranimant la vieille querelle entre symbolistes et décadents. La décadence, pour nous, est plutôt un état d'esprit né du pessimisme et qui ne se rattache pas nécessairement à une production littéraire cohérente comme le Symbolisme. Mais loin de nous de vouloir raviver de pareilles considérations. Soulignons cependant que toutes ces variations sur le terme de Symbolisme nous rendent la tâche difficile. Quel est donc l'auteur qui représente le mieux un mouvement si instable, et qui, dans toute la production littéraire de la fin du XIXe siècle, n'est pas expressément naturaliste et ne flirte pas à un moment donné avec cette nouvelle esthétique ?

Quand on voit Gustave Kahn affubler Huysmans d'une étiquette de « décadent » (pour avoir mis à la mode le personnage de des Esseintes), lui adjoindre dans ce groupe la compagnie de Catulle Mendès et de Rachilde, qualifier les drames de Maeterlinck de « symbolistes »[5], alors que celui-ci refuse de les appeler ainsi, on perçoit la difficulté dans laquelle nous sommes, lecteurs d'un autre siècle, pour discerner les purs symbolistes parmi ceux qui le sont sans vouloir le dire de ceux qui le proclament sans l'être.

L'enquête littéraire réalisée par Jules Huret en 1891 et à laquelle ont participé la plupart des écrivains de l'époque pourrait apporter quelques éclaircissements. « Je serais donc symboliste » admet Barrès, qui ajoute aussitôt qu'il ne saurait consacrer son existence « à ciseler des phrases, à rénover des vocables »[6]. Joséphin Péladan dira que, pour lui, le seul ouvrage symbolique est le Tarot et qu'il ne comprend pas « l'emploi de ce vocable, désignant tel poète sans croyance ni métaphysique »[7]. Verlaine, reconnu par plusieurs comme étant le père du mouvement symboliste, fait cette réponse étonnante :

> Le symbolisme ? ... comprends pas ... Ça doit être un mot allemand ... hein ? Qu'est-ce que ça peut bien vouloir dire ? Moi, d'ailleurs, je m'en fiche. Quand je souffre, quand je jouis ou quand je pleure, je sais bien que ça n'est pas du symbole[8].

Rémy de Gourmont tient, à peu de chose près, le même discours quand on lui demande une définition du Symbolisme :

> Quant à dévoiler la secrète signification de ce vocable, je ne le saurais. Je ne suis ni théoricien, ni devin. On m'a dit que dans mon roman récemment publié, Sixtine, j'avais « fait du symbolisme » : or, voyez mon innocence, je ne m'en étais jamais douté.[9]

Heureusement, il nous reste la ressource de découvrir dans les textes, et non dans les personnes, des points de suture. Comme le souligne G. Michaud, « on ne trouve dans aucune œuvre individuelle l'ensemble de la doctrine exposé en totalité »[10]. Toutefois, malgré la diversité des positions, les œuvres baignent dans une même atmosphère. Si les symbolistes se rejoignent sur la négation de l'esthétique naturaliste, sur l'impérieuse nécessité de sortir de l'ornière du quotidien pour se livrer aux appels « de légendes, de songe, de fantaisie dont ils avaient la notion depuis les œuvres étrangères d'un Poë ou d'un Heine »[11], nous pouvons alors reconnaître dans les productions des écrivains, et non dans leurs prises de position, ce qui les rapproche d'une nouvelle esthétique réfractaire au Naturalisme.

Ce refus est confirmé par tous les fidèles, de Kahn à Valéry :

> Se refuser à l'anecdote lyrique et romanesque, se refuser à écrire à ce va-comme-je-te-pousse, sous prétexte d'appropriation à l'ignorance du lecteur, rejeter l'art fermé des Parnassiens, le culte d'Hugo poussé au fétichisme, protester contre la platitude des petits naturalistes, retirer le roman du commérage et du document trop facile, renoncer à de petites analyses pour tenter des synthèses, tenir compte de l'apport étranger quand il était comme celui des grands Russes ou des Scandinaves, révélateur...[12]

Ces idées avaient déjà été évoquées par Kahn lors de l'enquête de Jules Huret. En effet, Kahn affirmait alors que « l'unité du mouvement symboliste (est) une réaction contre le naturalisme » et que les jeunes poètes ont préféré se tourner vers « les vieux poèmes d'antiquité de races, les légendes, les cycles du moyen âge, le Dante. »[13]

Plus tardivement, Valéry fera un bilan du Symbolisme dans l'article « Existence du Symbolisme ». Il tentera à son tour de cerner le mouvement auquel il consacra sa jeunesse. Admettant l'aspect énigmatique d'un mot à la « mystérieuse résonance » et « gouffre sans fond »[14], il distingue « un amas stellaire »[15] d'écrivains dont l'idéal esthétique résidait dans « quelque négation »[16]. Les symbolistes souhaitaient « repousser les idoles de leur époque »[17] car le jeune poète « ne peut ni ne veut se reconnaître dans cette humanité grevée de tares, accablée d'hérédités morbides et la proie bestiale de ces cruels observateurs. »[18]

Pour Saint-Pol-Roux, c'est par son pouvoir de création que le Symbolisme se distingue de ses prédécesseurs :

> Le Romantisme n'a glorifié que les micas et coquillages de ce sable, le Naturalisme a dressé la comptabilité de ses grains ; les écrivains à venir joueront de ce sable, puis lui souffleront dessus afin de ressusciter le Symbole enseveli, l'hamadryade essentielle, le cœur qui bat de l'aile au centre de tout, l'esprit de la substance.[19]

On le voit, le mot « symbole » est au cœur de toute déclaration. G. Michaud montre bien que le symbole est, pour les symbolistes, plus qu'une métaphore, c'est le moyen de retrouver le mot essentiel : « Rendre au mot son rôle de symbole, c'est lui restituer sa fonction primitive et centrale, c'est retrouver, autant qu'il est possible, le verbe primitif dans toute sa puissance et ses virtualités »[20]. C'est ainsi qu'on se trouve ramené au langage plurivoque du mythe.

La recrudescence du mythe, née d'une lassitude pour les productions modernes sera un des aspects prépondérants du Symbolisme. Les symbolistes reprennent le mythe non comme un ensemble de fables vaines, mais pour s'interroger sur leur sens : que faire des mythes ? que nous disent-ils de nous-mêmes ?

A côté du caractère convenu de la mythologie employée, des personnages de faunes et de satyres qui servent de beau décor, on devine une croyance en la profondeur des mythes, en ce qu'ils révèlent. Les symbolistes sont à l'écoute de ce monde intérieur, ils le pressentent et le voient. Ils savent qu'existe un monde autre, une zone où seuls les initiés peuvent s'aventurer. Plus encore, le mythe est le miroir de vérités éternelles :

> Les poètes récents ont considéré autrement les Mythes et les Légendes. Ils en cherchèrent la signification permanente et le sens idéal ; où les uns virent des

contes et des fables, les autres virent des symboles (...). Un mythe est la conque sonore d'une idée.[21]

dira Henri de Régnier dans *Figures et caractères*.

Il nous est donc possible de dire que c'est au nom du mythe que s'accomplit une révolution poétique. Le mythe devient réservoir de symboles et d'idées qui doivent s'opposer au Naturalisme. Il convie à retrouver le chemin de la spiritualité. Charles Morice, dans *La littérature de tout-à-l'heure* (1889) qui vise à faire connaître le mouvement symboliste, souligne la mission du mythe :

> Les Religions, les Légendes, les Traditions, les Philosophies sont les plus évidentes émanations de l'Absolu vers nous et les plus incontestables récurrences de nos âmes vers l'Absolu, ce songe dont nous ne pouvons nous déprendre quoique nous ne puissions davantage le pénétrer.[22]

Plus loin, il apporte cette précision :

> Nous pressons les vestiges des Traditions lointaines, d'alors que l'histoire était encore à naître, des Légendes mystérieuses que colportent, à travers le monde moderne qui s'inquiète de les entendre sans les comprendre, des peuples nomades partout en exil ; nous recueillons les enseignements des grands Penseurs, Mages et Métaphysiciens, (...) nous irons à l'école aussi des Cultes antiques...[23]

Plus tard, en 1894, Saint Antoine tente dans l'article « Qu'est-ce que le Symbolisme ? » de définir allégorie, mythe et légende. D'après lui, c'est ainsi que « nous arriverons à reconstituer l'actuelle poésie symboliste »[24]. Pour lui, le mythe est un « récit à double sens, le trait fabuleux n'étant que la figuration transposée, soit d'un événement historique, soit d'une théorie cosmogonique ou théologique »[25]. Il ajoute que le mythe est aussi émotion : « il émeut au lieu de convaincre, se dérobe au lieu d'éveiller la curiosité »[26].

Pour la période qui nous intéresse — les vingt années de Symbolisme avant son évolution en Naturisme sous l'influence de la philosophie de Nietzsche — il est bon de se demander quels mythes ont particulièrement séduit les symbolistes. Ce ne sont pas les mythes des premiers siècles de Rome ou l'apparition de Castor et Pollux, ou encore Zeus séduisant Io qui vont retenir l'attention des symbolistes, mais la tête coupée de Saint Jean-Baptiste, les délires d'Orphée, Hélène aux pieds de qui rampent « les mourants, saignants et mutilés »[27] comme dit Albert Samain. Des mythes qui sont l'expression même du tourment intime de l'être. Des mythes souvent sanglants où des êtres torturés se figent dans une ultime attitude : l'évocation des mythes offre plus qu'un divertissement, elle permet aussi l'expression des désirs coupables et du vice. Ces mythes soigneusement sélectionnés sont chargés de fortes pulsions libidinales. Il est curieux de constater que cette relation perverse à l'héritage permettra à la fois l'institution de gloires nationales (Gustave Moreau, les préraphaélites sont des peintres reconnus et « officiels ») et la déstabilisation des esprits.

Faut-il s'étonner de ce retour au mythe ? Le XIXe siècle, épris de recherches, se tourne vers les documents et les représentations de l'humanité primitive. Les progrès de la science, ceux de l'histoire, permettent de revenir vers les origines. Découverte des périodes archaïques, du premier langage, des premières civilisations, le siècle se cherche des racines, veut tirer des enseignements en même temps qu'ouvrir des voies nouvelles. La mythologie, la linguistique font partie de ces sciences. J. Starobinski a bien montré que la « culture la plus avancée, qui se croit exténuée, cherche une source d'énergie dans la primitivité. »[28] Le siècle se caractérise donc par une exploration obstinée du passé, exploration qui mène à des profondeurs insoupçonnées et parfois bien inquiétantes car le retour aux origines peut se transmuer en appel aux forces de l'inconscient.

On ne peut ignorer l'affirmation nouvelle, quoique toujours sous-jacente, du royaume ténébreux de l'inconscient. Si les romantiques ont bien évoqué la proximité d'un monde souterrain, ils n'ont osé pousser plus avant l'investigation. A la fin du siècle, le mythe va alors s'étendre aux domaines occultes, à la fascination du néant assortie de la recherche d'un art nouveau. Se retremper aux sources de l'ancien pour y puiser des émotions et des mots neufs, voilà l'entreprise des symbolistes. C'est bien ce que préconise Verhaeren dans « L'art moderne » :

> L'expression violente du cœur a été donnée par le Romantisme, l'expression raffinée, discrète, rare de ce même cœur, voilé de rêve, doit être produite à son tour. Et ce seront les sphinx, les anciens rois et les reines fabuleuses, et les légendes et les épopées qui nous serviront à nous faire comprendre ; ce seront eux qu'ils (les symbolistes) s'imposent avec le despotisme du souvenir ; avec le grandissement séculaire et que nous voyons mieux à travers la transparence de leur mythe.[29]

Ainsi se font jour des pensées secrètes, encore à demi-étouffées. Certains, poussant plus avant leur recherche, vont sentir que le mythe est par lui-même un langage codé qui dévoile les mystères du monde en même temps qu'il renforce le masque et épaissit la nuit.

Il est nécessaire de s'interroger à présent sur la méthode. Le mythe est un palimpseste où chaque artiste greffe son propre message. A l'intérieur d'un même mouvement, les messages diffèrent. Ce que j'ai voulu mettre en lumière, c'est justement l'existence simultanée d'interprétations superposées et parfois contradictoires d'un même mythe. Salomé n'est pas seulement une princesse cruelle, c'est aussi une enfant innocente, manipulée par un destin cruel, l'androgyne n'exprime pas toujours l'union idéale des sexes mais la discorde. Ces significations sont bien souvent cachées. Elles participent d'un système d'énigmes qu'il faut élucider. Si toute mythologie reflète une méthode de construction, il faut en découvrir les arcanes pluriels. Il paraît important de découvrir des directions secrètes, et de montrer un autre aspect du mythe que celui qui est convenu. Par ailleurs, les mythes du mouvement symboliste sont relativement conventionnels. Mais il est justement intéressant de se demander si ce respect de la norme ne manifeste pas un secret désir de s'y opposer.

Nous serons d'abord attentifs au bouillonnement culturel des années 1880 : resituer le Symbolisme dans son contexte historique et justifier son attirance pour les époques mythiques sera notre propos. Il s'agira aussi de parler de la conception nouvelle du mythe qui se dégage de la lecture d'œuvres européennes contemporaines, telles *Le rameau d'or* de J. Frazer ou *L'interprétation des rêves* de S. Freud. Nous serons ainsi amenés à réfléchir sur la redécouverte des mythes à la fin du XIXe siècle.

Notre seconde étape consistera à établir des bases : nous avons relevé la plupart des variantes littéraires symbolistes, parfois peu connues. On s'aperçoit très vite des affinités et des communautés d'esprit. Toutefois, pas de méthode préconçue, mais seulement un rappel de la trame narrative, des circonstances de la composition, pour rester dans le domaine des données de fait et donc laisser au texte sa richesse d'interprétation. J'ai donc pris le parti d'étudier chaque texte séparément, le rattachant à l'esprit de l'auteur mais en cherchant déjà à dégager des éléments récurrents. Il m'a semblé que c'est seulement de cette série d'études individualisées qu'on peut tirer les lignes de force du mythe.

Mais le mythe a des sens multiples : il s'ouvre sur plusieurs points de vue. Nous avons bénéficié ici de recherches théoriques pour examiner les œuvres littéraires inspirées du Symbolisme. Nous avons soumis les mythes à des grilles interprétatives que la rhétorique, la psychanalyse et la sociologie ont bien voulu procurer. Les stratégies psychanalytique et sociologique nous semblent présupposer une analyse interne des textes, qui aura été assurée par les recherches précédentes. Il est en effet malaisé de mettre en relation un texte avec les structures de l'inconscient et de la société si l'on n'a au préalable construit des modèles du texte.

Nous avons voulu privilégier la complémentarité des études et non leur rivalité.

Chaque lecture découpe dans un texte un domaine spécifique, qu'elle étudie selon ses méthodes propres. La psychanalyse, par exemple, en renvoyant à une armature fantasmatique, apporte une contribution décisive à l'étude du mythe. Le mythe s'ouvre au désir, il a une puissance affective. D'autre part, il a un contenu sociologique, il exprime une part de l'existence vécue, des relations concrètes entre l'homme et le monde. Lecture plurielle à langage pluriel, le mythe nous a semblé se prêter volontiers aux approches multiples.

Notre but, s'il a été atteint, a été de converger vers une vue d'ensemble du mouvement symboliste, sans nous restreindre à une lecture unique. Nous espérons que le lecteur aura le sentiment d'une progression et d'un aboutissement, même s'il n'est pas de lecture définitive et totale de l'œuvre qui se dérobe toujours à l'investigation et conserve une opacité enrichissante.

Il s'agira donc de voir dans quelles circonstances le mythe a repris vie à la fin du XIXe siècle et comment les artistes s'en sont inspiré. Enfin, il nous importait de savoir pourquoi, à une époque donnée, ces mythes ont pu parler et pourquoi ils ont connu une fortune aussi singulière.

NOTES

(1) J. Cassou, *Encyclopédie du Symbolisme*, Paris : Somogy, 1979, p. 8.
(2) G. Kahn, *Symbolistes et décadents*, Genève : Slatkine, 1977, p. 67.
(3) *Idem*.
(4) *Ibid.*, p. 292.
(5) *Ibid.*, p. 68.
(6) J. Huret, *Sur l'évolution littéraire*, Paris : Thot, 1982, p. 44.
(7) *Idem*, p. 58.
(8) *Ibid.*, pp. 81-82.
(9) *Ibid.*, p. 133.
(10) G. Michaud, *Message poétique du Symbolisme*, Paris : Nizet, 1961, p. 402.
(11) G. Kahn, *Symbolistes...*, p. 313.
(12) *Idem*, pp. 51-52.
(13) J. Huret, *Sur l'évolution...*, p. 325.
(14) P. Valéry, « Existence du Symbolisme », *Œuvres*, Paris : Gallimard, 1957, t.1, p. 686.
(15) *Idem*, p. 689.
(16) *Ibid.*, p. 690.
(17) *Ibid.*, p. 694.
(18) *Ibid.*, pp. 696-697.
(19) cité par G. Michaud, *Message...*, p. 762.
(20) *Idem*, p. 414.
(21) H. de Régnier, *Figures et caractères*, Paris : Mercure de France, 1911, p. 336.
(22) cité par G. Michaud, *Message...*, p. 720.
(23) *Idem*, p. 725.
(24) *Ibid.*, p. 749.
(25) *Ibid.*
(26) *Ibid.*
(27) A. Samain, *Au jardin de l'infante*, Paris : Mercure de France, 1947, p. 146.
(28) J. Starobinski, *Portrait de l'artiste en saltimbanque*, Paris : Flammarion, 1970, p. 116.
(29) cité par R. Delevoy, *Journal du Symbolisme*, Paris : Skira, 1977, p. 108.

PREMIÈRE PARTIE

MYTHE ET HISTOIRE

CHAPITRE I

LE MYTHE ET SES DÉFINITIONS

1) Préliminaires

Qu'est-ce que le mythe ? Il paraît bien difficile de se consacrer à l'étude des mythes sans proposer au préalable une définition de ce qu'il faut entendre par mythe. Dans son *Manuel d'ethnographie,* M. Mauss propose la définition suivante :

> Un mythe proprement dit est histoire crue, entraînant en principe des rites. Le mythe fait partie du système obligatoire des représentations religieuses, on est obligé de croire au mythe.[1]

Première remarque : la frontière est floue entre mythe, légende et fable. Tous sont des histoires auxquelles on accorde plus ou moins de foi. D'autre part, le mythe n'est pas un récit écrit puisque le mot mythe, du grec « muthos », signifie parole. Le « muthos » c'est ce qu'on raconte, par opposition, le « logos » est assemblage de faits vérifiables. Le mythe est donc avant tout expression, geste ou parole traduisant les épisodes de l'expérience humaine: la vie, la mort, la sexualité.

Certains ethnologues, tel J. Poirier, s'attachent à définir le mythe comme une « représentation symbolique d'une réalité sociale »[2]. C'est ainsi que le mythe peut se traduire graphiquement ou gestuellement et ses formulations peuvent être multiples.

Le mythe présente un certain nombre de caractéristiques manifestes que nous nous devons de rappeler. Si le mythe est parole, il est parole des origines puisqu'il « se rapporte toujours à des événements passés : « avant la création du monde » ou « pendant les premiers âges », en tout cas, « il y a longtemps »[3] souligne Lévi-Strauss. Cette parole est anonyme, issue d'un groupe et remplit une fonction religieuse en fournissant au groupe une explication du monde et un code de comportements. Le mythe, enfin, est tenu pour parole vraie et sacrée puisque l'ensemble des personnes croit en cette parole première.

Nous retiendrons de ces indications l'idée que le mythe n'appartient pas tant à l'imaginaire qu'au réel vécu, car il est projection de l'expérience que l'homme fait du monde. Comme le signale M. Meslin « tout mythe est un produit culturel, le fruit d'une société d'hommes »[4].

A tout prendre, le mythe serait transmission de savoir et moyen de connaissance servant à exprimer les choses et le monde, « un formulaire de comportements humains, un ensemble de règles pour l'action, un code pour la praxis »[5] dit encore M. Meslin.

Mais le mythe est aussi langage. Lévi-Strauss insistera sur la capacité du mythe à se penser à l'insu même des hommes et montrera que le mythe est une combinatoire d'éléments langagiers travaillant par à-coups et par homologies. Le mythe, pour Lévi-Strauss, est porté par sa propre syntaxe. Hors du langage, il n'a pas de sens. Ces interprétations réductrices sont parfois contestées, notamment en ce qui concerne la substitution à la dynamique du récit mythique de formules scientifiques. Certains critiques ont bien vu que le structuralisme, tout en fournissant une méthode systématique d'analyse, courait le risque de sous-estimer le pouvoir de signification du mythe.

Reste à savoir si le mythe n'est qu'un ensemble de relations structurelles ou un réservoir de sagesse, un système mécanique ou un diffuseur de message, comme le prétend M. Eigeldinger. S'écartant de la pensée structuraliste, il affirme que la fonction du mythe est « de véhiculer un contenu de significations, de traduire des relations et des structures sémantiques. »[6]

Nous voulons retenir du mythe cette confluence de sens pour l'ouvrir à la dimension d'une recherche sur la vérité et l'illusion. Le mythe renvoie à un enseignement humain en même temps qu'il joue sur ce qui, dans la parole, est invention, jeu et finalement déplacement de la vérité. C'est ce que montre M. Détienne dans *La création de la mythologie*. Donnant au mot mythe une profondeur insoupçonnée, M. Détienne révèle que le sens contenu dans le mot est aussi celui de l'illusion subversive. Les Grecs pensaient que le mythe pouvait être une parole dangereuse parce que séduisante et qu'elle pouvait ainsi menacer l'ordre de la cité. Lourdes de violences, d'incitations à la sédition, les fictions du passé s'avèrent menaçantes pour le citoyen. C'est donc que le mythe a un effet et que cet effet, peut-être, « réside dans l'excitation résultant d'une participation imaginaire »[7] comme le dira W. Burkert.

D'autre part, comme le montre Lévi-Strauss, il n'existe pas de « version vraie »[8] du mythe. Il précise que « toutes les versions appartiennent au mythe »[9]. C'est ainsi que nous considérerons les duplications symbolistes (des Salomés, des Narcisses, etc.) comme autant de variantes d'un même mythe. Les paraphrases symbolistes font en effet partie intégrante du mythe lui-même et comme l'admet Lévi-Strauss « le mythe se développera comme en spirale, jusqu'à ce que l'impulsion intellectuelle qui lui a donné naissance soit épuisée. »[10]

Il ne faudra pas remonter jusqu'à un mythe premier, placé en aval de l'œuvre d'art, mais considérer que chaque artiste, avec son environnement social et intellectuel, fait à son tour, acte de création de mythes et que le mythe, conçu comme un tout, se comprend par référence à un autre. C'est en particulier la thèse défendue par J.C. Joanidès qui perçoit le mythe comme ayant un sens, allant du Rien au Tout, articulé autour d'une « fonction symbolisante de l'esprit humain. »[11]

Mais un problème se pose à nous. Peut-on considérer Salomé comme un mythe ? Née aux frontières de l'histoire, elle se trouve dans un texte et renvoie à une source unique. Elle n'est pas récit oral mais appartient au *Nouveau Testament*. Elle a des auteurs — Saint Marc est celui qui s'étend le plus sur l'apparition de Salomé au chapitre VI de son évangile — elle est légende écrite, figée dans un texte célèbre, daté et authentique. Toutefois, une observation détaillée du texte nous conduit à considérer l'histoire de Salomé comme un récit rapporté, car Saint Marc mentionne que les disciples « ayant appris » le martyre du Baptiste seraient venus chercher les restes du saint pour lui donner une sépulture. En effet, le témoignage oral est finalement la seule transmission que nous ayons de l'histoire de Salomé. De même qu'Hérode « ouit parler »[12] de Jésus, les disciples ont eu une connaissance indirecte de la scène fameuse et l'ont d'ailleurs rapportée différemment. De plus, parce qu'elle incarne un type de femme particulier, la femme cruelle et dangereuse, Salomé appartient bien à un fonds mythique. Parce qu'elle hante les mentalités populaires, elle gagne un anonymat que le texte fondateur lui retirait, étant suffisamment souple pour fasciner, sous diverses formes, les esprits.

Quant aux autres mythes recensés par les symbolistes, ce sont des mythes anciens, venus pour la plupart de la mythologie grecque. Ils ne sont pas pour autant transmis oralement. Reprises littéraires de récits mythiques, ils sont eux-mêmes fondés sur des distorsions, puisque c'est grâce à telle tragédie de Sophocle ou d'Euripide que les mythes sont parvenus jusqu'à nous. Il nous paraît important de noter que c'est dans une forme littéraire et cohérente que le mythe parvient à la connaissance. Il n'est plus transmission orale. M. Détienne a montré que le mythe grec s'est écrit assez tôt et que la critique de la mythologie a pu s'effectuer à travers le message écrit. Seul l'écrit pouvait promouvoir la comparaison des versions multiples d'un même mythe. Il n'est pas pour autant dégradé, comme le signale M. Eigeldinger. On pourrait dire avec lui que le mythe n'est finalement que littéraire car « il recourt à l'écriture pour infuser sa substance à des générations successives. »[13] Et en effet, le mythe n'existe que renouvelé.

2) Histoire du mythe

■ Des origines au Symbolisme

Sans vouloir remonter trop loin dans le temps, nous devons, pour définir le mythe symboliste, nous souvenir que le mythe a connu des utilisations différentes selon les époques.

Si les Grecs, d'après l'historien P. Veyne[14], ont cru à leurs mythes, c'est déjà avec un certain détachement et des réserves. En effet, assez tôt, les Grecs ont remis en question l'aspect véridique du mythe. Hérodote écrit ainsi, parlant d'un mythe rapporté :

> Pour ma part, mon devoir est de dire ce qu'on m'a dit, mais non pas de tout croire, et ce que je viens de déclarer là vaut pour tout le reste de mon ouvrage.[15]

Ce qui est plus sûr, c'est que les Grecs ont su élaguer les mythes pour en extraire un noyau authentique, qui serait l'histoire, et un pourtour légendaire, embelli par les siècles, les lieux, et les conteurs chargés de transmettre le mythe.

> On en raconte au sujet de Thésée, par exemple ; mais, en réalité, Thésée fut un roi qui monta sur le trône à la mort de Ménesthée, et ses descendants conservèrent le pouvoir jusqu'à la quatrième génération.[16]

dira Pausanias. Les Grecs ont donc opté pour des attitudes différentes : ou bien on décidait que le mythe était un assemblage de légendes sans valeur réelle, ou bien on continuait à accorder une valeur au mythe. Platon lui-même montrera un Socrate réticent. Répondant à une question sur la véracité des mythes, Socrate dit qu'il préfère apprendre à se connaître lui-même plutôt que de démontrer le fonds véridique des fables : « je veux savoir si je suis un monstre plus compliqué et plus aveugle que Typhon »[17] dira-t-il.

Quant à la valeur du mythe, elle peut se comparer à l'importance d'une littérature orale. C'est-à-dire qu'on y croyait sans la situer sur le même plan que la réalité et le quotidien. Les épopées et les héros existaient, mais dans un autre monde, une autre temporalité, qui n'était pas celle des contemporains. C'est ainsi que les Grecs pouvaient croire à la « vérité globale »[18] d'un mythe sans ergoter sur des points de détail dont le talent d'un conteur pouvait enjoliver à tout moment l'histoire.

Le mythe est avant tout un moyen d'expression, une littérature de la répétition, sans auteur premier. Chaque auteur successif répète ce qui se sait, et dans ce récit, chacun peut reconnaître des noms, des lieux, des enjeux. Le mythe, tout en faisant partie intégrante de la civilisation grecque, est déjà, lorsqu'il est livré à l'Occident, miné de l'intérieur. Et c'est déjà faire partie d'une classe que d'apprécier ou de bouder le mythe. Les aristocrates grecs constituaient, à cet égard, un foyer indocile : incrédules devant le mythe, ils ne pouvaient s'empêcher de se réclamer de généalogies mythiques.

Concurrencé par l'histoire, boudé par les lettrés, il perd bientôt de son autorité. L'historien qui vérifie l'information, compare les faits, découvre assez vite que le mythe est rebelle à la cohérence. Ce qui a été transmis à travers les siècles, ce fut justement une mythologie, c'est-à-dire un travestissement savant des légendes, un savoir élitiste qui date de l'époque classique, au moment où les tragédiens, utilisant un matériau légendaire populaire, décident de lui donner ses lettres de noblesse.

C'est à cette époque que la mythologie devient une discipline et perd l'aspect vague et global que le peuple grec, ignorant des détails, avait surtout retenu. La mythologie, telle qu'elle a pu être utilisée en Occident, devient de plus en plus matériau de lettres et référence d'écrivains. Epurée, mise au goût du jour, la mythologie s'enseigne et se dispense officiellement.

Ainsi le mythe a été, presque dès le début, une parole contestée. De plus en plus, le mythe véhiculera ce double enjeu : croire et douter. Suspecte la mythologie, suspecte la parole qui suscite discussions et controverses. C'est alors que les doctes prennent leur distance avec le mythe, qui sera de plus en plus relégué au rayon des accessoires poétiques et littéraires. Car si le mythe ne disparaît jamais entièrement, c'est qu'il a un sens, mais un sens allégorique. Il conserve donc une autorité. On invoquera alors la mythologie comme garant d'une tradition et vernis culturel.

Quant à l'évolution des mythes depuis la période chrétienne, elle se rattache à l'idée que le mythe a cessé de dire la vérité sur le monde. Le christianisme a condamné les déités païennes comme diaboliques. La représentation du diable, adoptée par l'imagerie chrétienne, n'est-elle pas celle du dieu Pan ou du satyre aux pieds de bouc ? Toutefois, ce discrédit n'a pas réussi à éliminer entièrement les mythes puisqu'ils survivent, avec plus ou moins de force.

Si le Moyen-Age essaie d'annexer les mythes païens et de les faire figurer aux côtés de figures bibliques (c'est le cas de l'utilisation de Salomé, d'abord faire-valoir du Baptiste), il considère le mythe comme une belle histoire, une illustration, une allégorie.

C'est à la Renaissance que s'est renouvelé l'intérêt pour le mythe. Nourris de lettres gréco-latines, les humanistes se servent du mythe comme d'une parole rêvée. La reconnaissance du mythe classique se fait par le biais de l'œuvre d'art. Les mythes fournissent d'innombrables motifs picturaux, architecturaux et littéraires renvoyant à un monde nostalgique, définitivement perdu. C'est aussi au XVIe siècle que se fonde l'interprétation allégorisante des mythes, c'est-à-dire que l'on voit dans la mythologie des symboles de vérités physiques et morales. La *Mythologie* de Nathalis Comes (1551) ou la *Sagesse des Anciens* de Bacon (1609) véhiculent toutes deux une interprétation de la mythologie qui se poursuit jusqu'au XVIIe siècle. C'est ainsi que les ouvrages scolaires se chargent de transmettre aux étudiants le savoir des Anciens.

Au XVIIe siècle on étudiera et on enseignera la mythologie, en partie pour forger le jugement, comme l'indique le titre de l'ouvrage destiné aux étudiants publié en 1611 : *Mythologie c'est-à-dire explication des fables, contenant les généalogies des dieux, les cérémonies de leurs sacrifices, leurs gestes, aventures, amours, et presque tous les préceptes de la philosophie naturelle et morale*. On conservera donc aux fables un rôle d'enseignement moral, ce qui inspirera à Fontenelle cette observation moqueuse, placée dans un dialogue entre Esope et Homère:

    Esope :
    — Quoi ! n'avez-vous pas prétendu cacher de grands mystères dans vos ouvrages ?

Homère :
— Hélas ! point du tout.
Esope :
— Cependant tous les savants de mon temps le disaient ; il n'y avait rien dans L'Iliade ni dans L'Odyssée à quoi ils ne donnassent les allégories les plus belles du monde. Ils soutenaient que tous les secrets de la théologie, de la physique, de la morale et des mathématiques même, étaient renfermés dans ce que vous aviez écrit. Véritablement il y avait quelque difficulté à les développer ; où l'un trouvait un sens moral, l'autre en trouvait un physique ; mais, après cela, ils convenaient que vous aviez tout su et tout dit à qui le comprenait bien.[19]

C'est en effet Fontenelle qui va franchir un pas décisif dans l'histoire du mythe avec la parution en 1724 de *De l'origine des fables*. Il émet l'idée, désormais célèbre, que le mythe ne repose sur rien et par extension, ne nous apprend rien :

On nous a si fort accoutumés, pendant notre enfance, aux fables des Grecs que, quand nous sommes en état de raisonner, nous ne nous avisons plus de les trouver aussi étonnantes qu'elles le sont. Mais, si l'on vient à se défaire des yeux de l'habitude, il ne se peut qu'on ne soit épouvanté de voir toute l'ancienne histoire d'un peuple, qui n'est qu'un amas de chimères, de rêveries et d'absurdités. Serait-il possible qu'on nous eût donné tout cela pour vrai ?[20]

En cela, Fontenelle reprend à son compte le discrédit dont souffraient les mythes chez les érudits libertins. Ceux-ci reprennent à l'Antiquité son interprétation critique : les mythes ne sont que des divinisations de phénomènes physiques, des modifications, sur le mode embelli, de l'histoire ou bien encore (l'idée sera chère à Bossuet), les mythes sont des inventions humaines au service du pouvoir.

Pour Fontenelle, les mythes sont des récits d'agrément, forgés pour satisfaire à la fois le goût de chaque homme pour le merveilleux et le respect immense que l'on éprouve pour l'Antiquité. C'est bien l'absurdité des fables que dénonce Fontenelle ainsi que l'admiration abusive des Anciens. Cette double absurdité entrave le déroulement du progrès humain, de l'esprit et de la raison.

Avec quelle prodigieuse lenteur les hommes arrivent à quelque chose de raisonnable, quelque simple qu'il soit ! Conserver la mémoire des faits tels qu'ils ont été, ce n'est pas une grande merveille ; cependant il se passera plusieurs siècles avant que l'on soit capable de le faire, et, jusque-là, les faits dont on gardera le souvenir ne seront que des visions et des rêveries. On aurait grand tort, après cela, d'être surpris que la philosophie et la manière de raisonner aient été pendant un grand nombre de siècles très grossières et très imparfaites, et qu'encore aujourd'hui les progrès en soient si lents.[21]

Ainsi les productions des anciens sont déclarées mensongères et dangereuses. Dans *Sur l'histoire*, écrit antérieurement à *L'origine des fables,* Fontenelle a déjà démontré que la fable est aussi une tentative pour comprendre le monde. La pensée mythique, toute pleine d'erreurs qu'elle soit, est toutefois une tentative pour offrir du monde une explication.

La pensée de Fontenelle ouvre à une nouvelle interprétation de la mythologie qui triomphera pendant tout le XVIII siècle, siècle où se poursuit le même refus de l'idéalisation héroïque de l'individu et la lutte contre les croyances traditionnelles.

Le grand changement se produit à l'époque romantique, changement que l'ouvrage d'A. Detalle[22] fait dater de la constitution de l'archéologie comme science des origines. En effet, si le mythe du retour aux sources s'est si fort implanté au début du XIX siècle, c'est qu'il s'est appuyé sur une science : celle qui permet aux hommes de retracer leurs origines et de remonter à des époques toujours plus éloignées. On ne peut que se ranger à cette opinion et montrer comment la fin du siècle a encore plus encouragé les sciences des origines. Cette remontée dans le temps s'accompagne d'une recherche dans l'espace : l'Inde, l'Egypte, l'Océanie et leurs civilisations lointaines sont tour à tour explorées.

C'est ainsi que ces recherches s'accompagnent d'une curiosité pour le mythe et les origines de l'humanité. Les légendes populaires, le folklore sont considérés comme l'expression d'une création anonyme et spontanée. Il est également certain que la nouvelle conception du mythe en France depuis le Romantisme est tributaire du système de pensée germanique, qui, dès la fin du XVIIIe siècle, se posait déjà le problème du mythe. L'ouvrage de Creuzer (1810-1812) *Religions de l'Antiquité considérées dans leurs formes symboliques et mythologiques,* est un des premiers à proposer une compilation de mythes avec le but avoué de les comparer et de les rapprocher. Ainsi naît l'hypothèse, si souvent reprise, d'une base commune.

Le mythe germanique célèbre aussi une identité nationale, profonde comme la sagesse populaire. C'est encore un Allemand, Friedrich Max Muller, qui publiera en 1856 la célèbre *Mythologie comparée,* qui émettra l'idée du phénomène solaire comme explication de toute mythologie.

Parallèlement à ces travaux portant sur le mythe, s'opère, en France, la montée du mouvement positiviste. On a vu comment, dans certains ouvrages, le mythe est encore considéré comme un accessoire au service de la recherche. Il est probable que, de cette époque, naisse ce nouvel intérêt pour le mythe qui sera alors annexé à la science toute puissante.

C'est ainsi que se développe la recherche systématique des origines. Ethnologues et historiens sont à l'affût du commencement de toute chose. Éliade a montré[23], que cette immersion dans le passé, a été une promesse de richesse non tenue. Le renouveau culturel de l'Occident, auquel on pouvait s'attendre, n'a pas eu lieu car il demeure le fait de savants et de philologues. Le lien entre les chercheurs et les hommes ne s'est pas fait. Analysés, classés, catalogués, les mythes perdront de leur force et de leur intérêt.

■ L'héritage romantique

On peut se demander comment a pu s'être opéré le glissement entre les mythes du romantisme et ceux du symbolisme. Les mythes romantiques, essentiellement dominés par l'idée de Progrès, et les mythes symbolistes, semblent se repousser. Lorsque débute le mouvement symboliste, tous les romantiques sont morts. Mérimée, Dumas, Gautier ne connaîtront pas la guerre de 1870 ou n'y survivront pas. Hugo, seul et dernier des romantiques, poursuit sereinement une production qui perd de son ampleur, sinon de sa virilité : *L'art d'être grand-père* paraît en 1877, *L'Ane* en 1880.

Si on est tout d'abord frappé par l'apparente opposition des mythes romantiques, c'est que ceux-ci, à cause de leur dynamisme, utilisent des figures qui dominent à jamais le panthéon littéraire. La figure du peuple en marche, de Napoléon, du progrès universel, celle du Christ, incarnent l'aspect profondément humanitaire de la pensée romantique. Si le héros romantique finit cruellement, c'est pour s'être révolté contre des lois injustes. Tous les autres symboles de l'ingratitude humaine ne sont plus, à la limite, pris dans leur destin individuel mais comme prototypes de la masse humaine, ployant sous le faix social. Seul le Progrès peut amener la lumière et c'est l'écrivain romantique : Hugo, Lamartine, qui se battra, engagé dans son siècle, pour participer à cet éveil collectif en répandant l'idée de la Science maîtresse et salvatrice.

Ces mythes sont près d'être morts lorsque débute le mouvement symboliste. Justement, l'affaiblissement de ces mythes vient du fait que la fin du siècle voit se confirmer en partie les rêveries progressistes des romantiques : la société s'embourgeoise sous les Républiques, elle s'affadit. La République, tant attendue comme promesses d'unité depuis les révolutions, est finalement établie et rien ne semble la menacer. C'est dans cette sécurité, jugée malsaine, que vont naître des idées à rebours de celles pour lesquelles s'étaient battus les romantiques. Ces mythes-là n'ont plus cours, battus sur leur propre terrain.

Les mythes symbolistes ne se bâtissent pas contre eux, puisque déjà les romantiques ne se présentaient pas comme unifiés, mais comme un groupe fractionné, aux idéaux opposés. Si Hugo, et avec lui beaucoup d'artistes, adhérait sans hésiter aux dogmes humanitaires, d'autres, tel Baudelaire, ne concevait que mépris à l'égard de la foule. C'est ainsi qu'ont cohabité deux conceptions irréductibles de l'homme et de la société. Baudelaire construira un mythe personnel dans lequel la création d'un enfer individuel et tourmenté répondra aux délires prophétiques du mythe social. Or, on se souvient que tous les symbolistes se sont enivrés de Baudelaire. *Les fleurs du mal* sont la bible des artistes. Quant aux prises de position de Baudelaire, elles semblent contenir en germe tout ce qui deviendra le leitmotiv symboliste : « Quoi de plus absurde que le progrès ? »[24] s'exclamera Baudelaire bien avant les symbolistes. Nerval, quant à lui, verra dans sa propre folie l'aboutissement d'une obsession pour les mythes irrémédiablement vaincus par le Progrès. Le présent et le futur n'apportent donc aucune réponse satisfaisante pour ceux, qui, tournés vers l'ancien ou vers eux-mêmes, regrettent les âges primitifs, qu'ils soient de l'enfance ou du mythe.

C'est donc plutôt de cette veine, plus désespérée et individualiste, que pourrait naître la mythologie symboliste. Par la négation du progrès humain et le refus de la collectivité, les mythes symbolistes semblent se greffer sur certains mythes romantiques. A cela s'ajoutent d'autres facteurs, historiques, que les critiques n'ont pas manqué de souligner. Le vieillissement du siècle, l'échec des révolutions ont contribué à faire naître un état d'esprit pessimiste.

Toutefois, si des influences se font jour, il paraît difficile de comparer ainsi deux conceptions différentes de l'humanité. Si la mythologie romantique est avant tout celle de l'homme, toute différente est la mythologie symboliste qui, elle, ne s'intéresse plus à l'individu en tant qu'être productif. Au contraire, dans ses grandes figures, le mythe symboliste se révèle comme étant celui de l'autre. Salomé, l'androgyne, le Sphinx, trois regards se posent sur la femme, créature inquiétante, le monstre et l'animal qui est en nous. Ces êtres, qui ne tiennent au genre humain que par un fil ténu, disent que le centre d'intérêt s'est déplacé.

Ce n'est donc plus l'homme mais un être au-delà de l'humain qui va retenir l'attention. N'appartenant pas tout à fait au genre humain, sans être totalement en deçà, les mythes symbolistes se refusent à une unité. C'est là leur ambiguïté : les mythes évoqués nous apparaissent comme ayant gardé de l'humain certains comportements tout en restant au dehors. Les mythes n'exaltent pas des héros surhumains, ni ne condamnent des monstres. Ils ne sont qu'un des aspects possibles de l'humanité, dans ce qu'elle possède de plus divers et de plus vivant.

Il ne s'agit plus d'amplifier l'image multipliée de l'individu romantique qui partout voit des signes de sa présence sur la terre, mais plutôt de déplacer le miroir vers autre chose, des possibilités qui ressortissent malgré tout à l'homme, et dans lesquelles on se met à voir de nouveaux terrains d'investigations et de recherches. Alors que la science croit avoir atteint son sommet, que le monde croit s'être découvert et analysé, voici qu'arrivent de nouveaux espaces, nés de l'ancien et qui restent à explorer.

■ *Les mythes du Naturalisme*

On ne partage pas la même époque sans partager le même imaginaire. Les interpénétrations entre Symbolisme et Naturalisme sont nombreuses et leurs mythes respectifs nous permettent de les confronter.

C'est sous l'aspect scientifique que le mythe naturaliste se signale à notre attention. Il faut se souvenir des garanties préalables à tout roman naturaliste. Zola se plongeait dans des ouvrages de médecine pour trouver dans la description clinique de maladies physiques et mentales un point d'appui sur lequel construire ses personnages.

Pour le romancier naturaliste, qui est aussi chercheur, la science triomphe partout. Dans les mœurs, dans les pensées secrètes, dans la réalité et le quotidien. Zola, Daudet, se considèrent comme des savants qui appliquent à leurs personnages des méthodes d'investigation. Ainsi s'explique la communauté d'esprit d'un Zola et d'un Claude Bernard ou d'un Pasteur. Un personnage, c'est avant tout un organisme qui doit s'adapter tant bien que mal à l'environnement.

On comprend mieux pourquoi des figures imaginaires comme Salomé ou le Sphinx ne peuvent être, pour les naturalistes, porteurs de sens. Car tout ce qui se révèle comme appartenant au domaine de la fiction ne peut intéresser celui qui œuvre sur le vécu. A cet égard, la fermeté du rejet de Zola est exemplaire. Il confie en 1876, au périodique *Messager de l'Europe,* son humeur devant les tableaux de Gustave Moreau :

> Gustave Moreau s'est lancé dans le Symbolisme. Il peint des tableaux en partie composés de devinettes, redécouvre des formes archaïques ou primitives, prend comme modèle Mantegna et donne une importance énorme aux moindres accessoires du tableau. Sa formule deviendra tout à fait intelligible si je décris les deux derniers tableaux qu'il expose cette année. Le premier a pour sujet *Hercule et l'hydre de Lerne...* Le second tableau, *Salomé,* est encore plus bizarre.(...)
> Il peint ses rêves, non des rêves simples et naïfs comme nous en faisons tous, mais des rêves sophistiqués, compliqués, énigmatiques, où on ne se retrouve pas tout de suite. Quelle valeur un tel art peut-il avoir de nos jours ? — c'est une question à laquelle il n'est pas facile de répondre. J'y vois, comme je l'ai dit, une simple réaction contre le monde moderne. Le danger qu'y court la science est mince. On hausse les épaules et on passe outre, voilà tout.[25]

Point de vue extrêmement clair que celui-ci, chargé d'expédier un diagnostic de médecin de famille (« une simple réaction contre le monde moderne ») un mouvement qui pêche par son obscurité. Car le Naturalisme se veut mise en lumière, éclairage et révélation. Il faut comme Manet, peindre « les gens comme il les voit dans la vie, dans la rue ou chez eux, dans leur milieu ordinaire, habillés selon notre mode, bref, en contemporains »[26] car l'art « prend racine dans l'humanité elle-même. »[27]

Ainsi la narration naturaliste saisira l'individu dans ses capacités d'adaptation ou non à son milieu. Et le milieu lui-même est à son tour mouvant et adaptable comme un être : microcosme, macrocosme, ce sont finalement ces mouvements qui définissent le mieux les tentatives naturalistes. Huysmans dans la préface d'*A rebours,* évoquera, non sans cynisme, l'époque des Soirées de Médan et dégagera l'importance de la personnalité de Zola.

> Zola, qui était un beau décorateur de théâtre, s'en tirait en brossant des toiles plus ou moins précises ; il suggérait très bien l'illusion du mouvement et de la vie ; ses héros étaient dénués d'âme, régis tout bonnement par des impulsions et des instincts, ce qui simplifiait le travail de l'analyse. Ils remuaient, accomplissaient quelques actes sommaires, peuplaient d'assez franches silhouettes des décors qui devenaient les personnages principaux de ses drames. Il célébrait de la sorte les halles, les magasins de nouveauté, les chemins de fer, les mines, et les êtres humains égarés dans ces milieux n'y jouaient plus que le rôle d'utilités et de figurants ; mais Zola était Zola, c'est-à-dire un artiste un peu massif, mais doué de puissants poumons et de gros poings.[28]

Il faut, en effet, se sentir du côté de la force pour pouvoir célébrer, comme l'ont fait les naturalistes, les mérites conjugués de la science et de la machine. C'est bien la vie même qui est au centre du naturalisme, célébrée pour son énergie à croître en tous sens, saine ou monstrueuse. La vocation animiste que s'attribuent les naturalistes les conduit à traduire la civilisation en termes de devenir.

Ainsi le jeu des forces entre l'individu et la société se poursuit à l'intérieur de l'être même, envahi par des instincts et des passions qui le poussent, par leur dynamisme irrésistible, à agir, parfois avec une simplicité toute bestiale, parfois avec des calculs raffinés.

La science sera surtout un moyen de disserter sur les tares de l'individu. La maladie et l'anomalie tiennent, chez les naturalistes, la première place. On se souvient de la fameuse thèse de l'hérédité chez Zola. Ainsi le docteur Pascal, dans le roman du même nom, rédige-t-il un mémoire sur les tares débilitantes qui ont frappé ses ancêtres. Et ce faisant, les naturalistes et les symbolistes partagent en apparence un même imaginaire. Mais les intérêts pour l'anomalie sauront prendre une tournure scientifique « rigoureuse » chez les naturalistes qui, par un procédé de retournement, se réclameront non d'un imaginaire, mais d'une réalité.

Chaque chose a son poids équivalent dans la matière et dans la réalité. C'est dans la matière même que Zola puise ce qu'il écrit. Ce qui lui vaudra bien des reproches ; « le Maître est descendu au fond de l'immondice » clamera le Manifeste des Cinq[29], après la parution de *La terre,* en 1887. Paul Bourget le condamnera d'une phrase : « M. Zola vous apparaît comme un homme pour lequel le monde intérieur n'existe pas. »[30]

C'est que le rêve de Zola, justement, c'est d'appréhender la réalité. Ainsi *Le docteur Pascal* s'inspire-t-il d'un ouvrage du docteur Prosper Lucas, datant de 1847, *Traité philosophique et physiologique de l'hérédité naturelle dans les états de santé et de maladie du système nerveux, avec l'application méthodique des lois de la procréation au traitement général des affections dont elle est le principe*[31]. Derrière *La faute de l'abbé Mouret*, il y a *La folie lucide* du docteur Trélat, *La psychologie morbide* du docteur Moreau, *Les dégénérescences* de Morel. Derrière *La bête humaine,* ce sont *L'homme criminel* de Lombroso et *La criminalité comparée* de Tarde.[32]

Il y a toujours un ouvrage scientifique qui apparaît derrière un roman naturaliste et qui apporte ainsi une garantie à l'œuvre. « Le plus souvent il me suffira de remplacer le mot « médecin » par le mot « romancier », pour lui rendre ma pensée claire et lui apporter la rigueur d'une vérité scientifique. »[33] confiera Zola.

Là où le Symbolisme s'ingénie à multiplier les zones d'ombre, le Naturalisme éclaire et propose la transparence de la méthode. C'est ainsi que Zola répondra, contrairement aux Symbolistes, à la définition romantique de l'écrivain engagé. Comme le dira E. Roudinesco, « il mène de front le combat politique, littéraire et scientifique : son hygiénisme commande son dreyfusisme »[34].

Ajoutons que les analyses des tares héréditaires se font au travers d'un récit d'ambitions sociales et politiques, inconcevable dans la littérature symboliste. L'anomalie et la maladie accompagnent les ramifications de l'arbre social. En ce sens, le Naturalisme reste et travaille dans le cadre de cette analyse alors que le Symbolisme déborde et préfère, s'il faut parler de science, le dépassement offert par l'occultisme.

Toutefois, si Naturalisme et Symbolisme s'attirent et se repoussent comme des frères ennemis, il y a, surtout chez Zola, une poésie que le maître s'obstine à taire mais qui transfigure les données du Naturalisme. A commencer par la contradiction interne, mal résolue, du scientisme et de la vision personnelle qui annule toute prétention d'authenticité. C'est que Zola, qui forme presque à lui tout seul le Naturalisme, rencontre, au cours de ses analyses d'âmes de paysans et de petits fonctionnaires, les abîmes mal gardés et obscurs de l'instinct. Les êtres en ressortent marqués de la même fêlure originelle, marchant inéluctablement vers leur perte ou leur triomphe. Et cette avancée humaine, qui se confond avec l'avance sociale, n'est-elle pas à son tour une façon d'implanter peu à peu, de « digérer » l'inévitable mécanisme du progrès humain, aussi effrayant que désirable ? C'est ainsi que symbolistes et naturalistes ouvrent en partie sur le même terrain, mais avec des instruments différents.

NOTES

(1) M. Mauss, cité dans « La mythologie », *Ethnologie générale,* Paris : Gallimard, 1968, p. 1052.
(2) *Idem,* p. 1054.
(3) C. Lévi-Strauss, *Anthropologie structurale,* Paris : Plon, 1974, p. 231.
(4) M. Meslin, « Brèves réflexions sur l'histoire de la recherche mythologique », *Cahiers internationaux de Symbolisme,* (n° 35-36), 1978, p. 198.
(5) *Idem.*
(6) M. Eigeldinger, *Lumières du mythe,* Paris : PUF, 1983, p. 9.
(7) W. Burkert, « Analyse structurale et perspective historique dans l'interprétation des mythes grecs », *Cahiers internationaux de Symbolisme,* (n° 35-36), 1978, p. 171.
(8) C. Lévi-strauss, *Anthropologie...,* p. 242.
(9) *Idem.*
(10) *Ibid.,* p. 254.
(11) J.C. Joanidès, « Epistémologie du mythe », *Cahiers internationaux de Symbolisme,* (n° 45-46-47), 1983, p. 81.
(12) *Evangile selon saint Marc* (VI, 14)
(13) M. Eigeldinger, *Lumières...,* p. 7.
(14) cité par P. Veyne, *Les Grecs ont-ils cru à leurs mythes ?* Paris : Seuil, 1983.
(15) *Idem,* p. 24.
(16) *Ibid.,* p. 26.
(17) Platon, *Phèdre,* Paris : Flammarion, 1964, p. 105.
(18) Cité par P. Veyne, *Les Grecs...,* p. 32.
(19) Fontenelle, *De l'origine des fables,* Paris : Alcan, 1932, p. 42.
(20) *Idem,* p. 11.
(21) *Ibid.,* p. 33.
(22) A. Detalle, *Mythes, merveilleux et légendes dans la poésie française de 1840 à 1860,* Paris : Klincsieck, 1976.
(23) M. Eliade, *La nostalgie des origines,* Paris : Gallimard, 1971.
(24) C. Baudelaire, « Mon cour mis à nu » (14), *Oeuvres complètes,* Paris : Seuil, 1968, p. 628.
(25) Cité par R. Delevoy, *Journal du Symbolisme,* Genève : Skira, 1977, p. 40.
(26) *Idem,* p. 40-41.
(27) *Ibid.*
(28) J.K. Huysmans, *A rebours,* Paris : UGE, 1975, p. 27.
(29) Cité par M. Girard, in E. Zola, *La terre,* Paris : Flammarion, 1973, p. 500.
(30) *Idem,* p. 27.
(31) E. Roudinesco, *Histoire de la psychanalyse en France,* Paris : Seuil, 1986, t.1.
(32) Cité par E. Carassus, in E. Zola, *La bête humaine,* Paris : Flammarion, 1972, p. 14.
(33) Cité par D. Couty, « Naturalisme », *Dictionnaire des littératures de langue française,* Paris : Bordas, 1984, p. 1612.
(34) E. Roudinesco, *Histoire de la psychanalyse...,* p. 107.

CHAPITRE II

LES ANNÉES 1880

1) L'influence de Schopenhauer

Ce qui caractérise la philosophie de Schopenhauer, c'est qu'elle peut susciter des interprétations diverses, qui ne sont pas toujours en accord avec le système du philosophe allemand. Directement responsable pour certains, comme Edouard Rod et Brunetière, du pessimisme ambiant, le philosophe du désespoir a apporté l'idée de la souffrance et du mal ainsi que celle du monde « comme représentation ». En effet, en 1890 paraît une nouvelle traduction du *Monde comme volonté et comme représentation* faite par un éminent professeur, Auguste Burdeau. Celui-ci eut pour élèves Barrès, Claudel et Léon Daudet, assurant ainsi la propagation de la pensée pessimiste parmi les jeunes intellectuels. Goncourt relate cette anecdote significative dans son *Journal* :

> A la suite d'une paraphrase de son professeur sur Schopenhauer, le jeune Daudet a eu le soir une attaque de sensibilité, une crise de larmes, demandant à son père et à sa mère si vraiment la vie était telle que nous la montre le pessimiste allemand et, si vraiment elle était comme ça, si ça valait la peine de vivre.[1]

Que la philosophie de Schopenhauer ait profondément marqué toute une génération c'est indéniable, comme le montre la remarque de Georges Vanor, qui en 1889 analyse *L'Art symboliste* et s'inquiète de ce que Laforgue ait « mis en scène une Salomé imbue de tout le pessimisme dont Schopenhauer désola notre génération »[2]. En effet, lorsque Laforgue place dans le spectacle offert par le Tétrarque, trois clowns jouant l'Idée, la Volonté et l'Inconscient et chantant : « O Chanaan/Du bon néant!/Néant, la Mecque/Des bibliothèques ! »[3], on peut y voir une lecture parodique de Schopenhauer. De même, dans les propos décousus de Salomé, Laforgue mêle des concepts pseudo-philosophiques à une fatrasie de paroles.

Une parenté se fait jour entre les propres convictions des intellectuels, leurs propres déceptions et la doctrine cohérente et radicale du philosophe allemand. Peu à peu s'insinue l'idée d'un monde qui serait un désert et sur lequel œuvrer paraîtrait une chose bien inutile. La conclusion du *Monde comme volonté et comme représentation* se termine sur cette sentence : « C'est notre monde actuel, ce monde si réel avec tous ses soleils et toutes ses voies lactées, qui est le néant. »[4]

Il n'est donc pas exagéré de dire que l'influence de la philosophie de Schopenhauer s'étend à tous les artistes qui l'ont lue, méditée et appliquée avec plus ou moins de fidélité. Ainsi Huysmans retiendra l'aspect sinistre du monde quotidien et le citera à la fin d'*A vau-l'eau* où le héros Folantin conclura ses déboires par ces propos désabusés :

> Il comprit l'inutilité des changements de routes, la stérilité des élans et des efforts ; il faut se laisser aller à vau-l'eau ; Schopenhauer a raison, se dit-il, la vie de l'homme oscille comme un pendule entre la douleur et l'ennui.[5]

On conçoit comment le comportement cynique et les répugnances de Huysmans pouvaient s'accorder aux théories du philosophe qui met en avant les maux de la vie et qui affirme : « Comme le besoin pour le peuple, l'ennui est le tourment des classes supérieures. Il a dans la vie sociale sa représentation le dimanche ; et le besoin, les six jours de la semaine. »[6]

La postulation de Schopenhauer est que le monde en tant qu'objet représenté n'a pas d'existence réelle. Le monde n'est donc qu'une représentation, au sens théâtral, où chacun répète à l'infini le même rôle sans possibilité de changements et d'interactions. Montrer que le monde n'est qu'une apparence fait intervenir les structures physiologiques du corps humain. En effet, les perceptions nous sont transmises par les organes qui sont — à leur tour — des éléments trompeurs. Nous ne pouvons avoir de connaissance directe du monde, l'espace et le temps sont des intuitions pures. Une fois posées les limites de l'esprit humain, reste à saisir l'objet de la connaissance. L'objet ne se distingue pas du sujet. Le corps est à la fois objet et sujet, il est représentation et volonté.

Pour Schopenhauer, la volonté ne connait ni raison, ni logique, c'est une volonté d'exister et d'agir : le monde est manifestation de la volonté qui veut être. Ainsi le monde se renouvelle sans cesse, sans but, sans fin. A la question de la finalité de l'existence, Schopenhauer répond en ces termes : « à quoi bon ? »

> Voilà les hommes : des horloges ; une fois monté, cela marche sans savoir pourquoi ; à chaque engendrement, à chaque naissance, c'est l'horloge de la vie humaine qui se remonte, pour reprendre sa petite ritournelle, déjà répétée une infinité de fois, phrase par phrase, mesure par mesure, avec des variations insignifiantes.[7]

La volonté reste un effort sans fin, où la douleur, plus que le plaisir domine. Le monde est donc un lieu de conflit, conflit ressenti comme un ennui. La révélation de l'absurdité de l'existence, du monde, et aussi de l'histoire conduit à une vision pessimiste qui s'expose en de saisissants tableaux marquant fortement l'imagination :

> La vie elle-même est une mer pleine d'écueils et de gouffres ; l'homme, à force de prudence et de soin, les évite, et sait pourtant que, vînt-il à bout, par son énergie et son art, de se glisser entre eux, il ne fait ainsi que s'avancer peu à peu vers le grand, le total, l'inévitable et l'irrémédiable naufrage ; qu'il a le cap sur le lieu de sa perte, sur la mort ; voilà le terme dernier de ce pénible voyage, plus redoutable pour lui que tant d'écueils jusque-là évités.[8]

Si la vie n'est qu'un songe, si les hommes ne sont que des figurants, si l'acte d'exister conduit à la reproduction du même, à quoi bon agir sur le monde ?

En effet, cette prise de position s'accompagne d'un dédain pour l'action politique et pour l'histoire. Pour Schopenhauer, le temps est comparable « à un cercle sans fin qui tourne sur lui-même ; le demi-cercle qui va descendant serait le passé ; la moitié qui remonte, l'avenir. En haut est un point indivisible, le point de contact avec la tangente ; c'est là le présent inétendu »[9]. L'histoire et le progrès n'existent pas, seule la répétition immuable du même constitue la véritable marche de l'humanité.

> Mais il lui faut comprendre que l'histoire, non seulement dans sa forme, mais déjà dans sa matière même, est un mensonge : sous prétexte qu'elle nous parle de simples individus et de faits isolés, elle prétend nous raconter chaque fois autre chose, tandis que du commencement à la fin c'est la répétition du même drame, avec d'autres personnages et sous des costumes différents.[10]

En effet, dit Schopenhauer, « on n'a jamais devant soi que le même être, identique et immuable, occupé aujourd'hui des mêmes intrigues qu'hier et que de tout temps »[11]. Il ne peut y avoir de progrès réel, les enseignements de l'histoire sont déjà contenus dans Hérodote puisque ce sont toujours les mêmes intrigues et les mêmes ambitions, « les mêmes passions et le même sort » qui dévorent les hommes. Identité des hommes, similitude des moyens, la propension de l'homme à s'identifier à son semblable vient du fait que nous sommes tous les mêmes.

Les éléments pessimistes de cette philosophie vont être presque exclusivement retenus par le groupe symboliste qui sera séduit par cette vérité tragique de l'existence et surtout par la confirmation de l'inanité de l'action. La négation de l'histoire et du progrès s'accorde avec les tempéraments tristes et lucides des artistes.

De plus, ils sont sensibles à la consolation offerte par Schopenhauer. Dans ce monde de représentations, le seul salut possible, c'est l'art qui l'offre. En effet, la philosophie de Schopenhauer est aussi une esthétique. Elle offre comme consolation la connaissance de l'art et le propre de l'artiste est de percevoir la pureté de l'objet. Tous les arts reproduisent les idées, sauf la musique, art suprême, qui va au-delà des idées. Les arts décalquent les formes du monde et y sont donc subordonnés alors que la musique incarne l'essence du monde. L'art, en particulier la musique, devient donc l'activité qui permet à l'homme de s'affranchir de la volonté et du monde. L'autre moyen de libération possible est bien entendu la mort :

> La mort est le moment de l'affranchissement d'une individualité étroite et uniforme, qui, loin de constituer la substance intime de notre être, en représente bien plutôt comme une sorte d'aberration : la liberté véritable et primitive reparaît à ce moment qui, au sens indiqué, peut-être regardé comme une « restitutio in integrum ». De là, semble-t-il, cette expression de paix et de calme qui se peint sur le visage de la plupart des morts.[12]

C'est ainsi que tous les artistes sont tributaires de ce système de pensée construit comme un édifice, recopiant parfois textuellement la pensée du philosophe pessimiste. Cette influence a été déterminée par une lecture presque exclusivement pessimiste, négligeant parfois les propos empreints d'orientale sagesse du philosophe.

L'idéalisme gourmontien, cet intellectualisme qui privilégie le moi hantant un monde de représentation régi et ordonné par le sujet, vient en ligne directe de l'héritage schopenhauerien. Le héros de Sixtine, roman de Gourmont, illustre les considérations pessimistes du philosophe :

> Dans la rue, Entragues ne sympathisait pas avec la sourde conscience éparse parmi le fluide humain de la foule : les passants lui semblaient trop des fantômes, il ne les connaissait pas, il les jugeait aussi inconsistants que les vignettes d'un livre illustré. Le plus tragique événement populaire n'éveillait en lui qu'un acquiescement ou une répulsion d'artiste : lever les épaules ou crier : Bravo, Hasard ! Observateur très dédaigneux et bien persuadé d'avance que rien de nouveau ne se peut produire au choc des individus entre eux ou contre les choses, puisque les cervelles élaboratrices sont éternellement d'une fondamentale identité et leurs visibles différences seulement l'envers et l'endroit d'une indéchirable étoffe brodée d'une inusable broderie, (...) Entragues aimait le voisinage des livres qui lui démontraient la probabilité de sa philosophie.[13]

Le cynisme de l'aristocrate décadent qu'est des Esseintes ne fait qu'illustrer la théorie de l'amour, la misère de l'ennui, la farce tragique de la vie évoquées par le philosophe du désespoir. Des Esseintes déclare à sa suite : « C'est vraiment une misère de vivre sur la terre ! ». Il trouve dans la pensée schopenhauerienne de quoi abreuver sa haine de l'humanité.

Ainsi les symbolistes ont éprouvé avec force le néant du monde et l'ont exprimé en décalquant la pensée du philosophe pessimiste. Cette rencontre spirituelle explique en partie le dégoût des artistes pour l'histoire et l'affirmation de l'inconsistance de tout acte. Dorénavant, l'idée de progrès et de devenir sera disqualifiée puisque l'homme n'est conduit à rien d'autre qu'au néant dont il n'aurait jamais dû sortir.

2) Esquisses d'une mentalité politique

Trois révolutions manquées précèdent l'avènement du mouvement symboliste. Deux événements surtout prennent une considérable ampleur : la guerre de 1870 et la Commune en 1871. Le désastre de 1870 donne à réfléchir. Comme un fait étrange, beaucoup de choses se mettent à bouger. Des changements s'opèrent dans l'art et dans les mentalités. Une inquiétude diffuse s'installe.

Les positions des intellectuels changent selon qu'on les examine avant ou après la défaite de 1870. Avant la guerre, on reconnaît pour seule patrie : le rêve, l'art, la poésie ; au lendemain de la défaite, la Patrie, c'est plus que jamais la France. Ainsi Renan publie la *Réforme intellectuelle et morale* dans laquelle il tient des propos défaitistes :

> Ce qui reste d'esprit militaire dans le monde est un fait germanique. Finis Franciae. Il faut reconstituer la France d'après le type vigoureux et féodal de son vainqueur.[14]

La guerre détourne également les intellectuels de ce qui avait pour beaucoup constitué une seconde patrie : l'Allemagne. Visiteurs assidus des rives du Rhin, ils admiraient et lisaient les écrivains et les philosophes germaniques. Michelet parle de « sa chère Allemagne »[15], Taine entreprend un voyage à la veille de la guerre. L'Allemagne est, à bien des égards, le deuxième amour des intellectuels. La guerre bouleverse et remet en question cet héritage. Mépris, sentiment d'une trahison, secrète admiration pour la force militaire des ennemis se superposent à une profonde commisération pour la patrie outragée, déchirée. Il faut soit souscrire à la victoire de l'Allemagne, soit exprimer son exaspération avec violence. Ainsi la nouvelle littérature portera ce double sceau : les lamentations des vaincus devant l'inéluctable, la révolte vaniteuse des revanchards. Parallèlement surgit l'idée d'une faillite des valeurs auxquelles on a cru : démocratie, peuple, science, littérature, tout est remis en question. Cette idée éclate avec force dans les propos de Flaubert :

> Quel effondrement, quelle chute, quelle misère, quelle abomination ! Peut-on croire au progrès et à la civilisation devant tout ce qui se passe... Oh ! éternelle blague ! Non, on ne se relève pas d'un coup pareil. Moi, je me sens atteint jusqu'à la moelle. La littérature me semble une chose vaine et inutile. Serai-je jamais en état d'en refaire ?[16]

S'il est vrai que les romantiques ont exalté le héros fort et le peuple, ces deux mythes perdent singulièrement de leur force à la fin du siècle. Quand les héros, les guides politiques, s'affadissent en présidents bourgeois, que faire d'un héros ? Quand le peuple s'incline, accepte et se révèle également redoutable dans ses désirs et ses aspirations, que faire du peuple ? La négation de ces mythes passe par une déception : sur le papier, dans les livres, les héros, le peuple et le progrès agissent dans le bon sens, dans la réalité, ils se comportent comme des girouettes.

L'exaltation du peuple révolutionnaire, héros des épopées romantiques, qui mêlaient étroitement individuel et collectif, se modifie profondément. Dans l'épopée *La ville des expiations,* Ballanche lance cette remarque :

> L'histoire d'un homme, c'est l'histoire de l'homme. L'histoire d'un peuple, c'est l'histoire de tous les peuples ; c'est enfin l'histoire du genre humain ; et l'histoire du genre humain lui-même, c'est l'histoire de chaque homme.[17]

A l'ennoblissement de la collectivité succède la peur de la foule. La pensée de philosophes comme Arthur de Gobineau et surtout Gustave Le Bon (qui émettra ses idées les plus radicales dans *La psychologie des foules,* dont Freud se souviendra dans *Psychologie collective et analyse du moi*) influence grandement les intellectuels.

Dans l'ouvrage publié en 1896, *La foule : étude de la mentalité populaire,* Gustave Le Bon transmet un message qui sera entendu. Sa conception des mouvements de masse dévoile un esprit qui, sous le couvert de la science et de l'étude psychologique, émet des idées relativement inquiétantes. La foule est perçue comme un corps vivant, certes manipulable, mais foncièrement dangereux. L'homme seul est un individu civilisé ; perdu dans la foule, il descend de plusieurs échelons pour parvenir à l'état primitif. La foule, reliquat d'un âge barbare, agit par instinct. Elle est donc intellectuellement inférieure.

Pour Le Bon, des mouvements populaires de plus en plus nets s'exerçant au détriment des actions individuelles, justifient sa thèse. Ainsi se trouve posée l'idée d'une décadence qui serait un retour à la barbarie populacière. Faut-il donc faire table rase des mythes de l'enthousiasme populaire ?

La guerre de 1870 sonne le glas d'un empire qui n'eut pas la gloire et l'énergie du précédent. La commune de 1871 et la répression qui s'ensuivit, les innombrables attentats anarchistes de la fin du siècle, la perte de l'Alsace-Lorraine et une République qui manque de prestige, voilà qui n'est pas pour relever l'optimisme des esprits. Il est vrai aussi que nous avons tendance à y insister parce que les contemporains en ont parlé avec abondance comme pour mieux se pencher sur leur propre misère. Le discours du pessimisme ne s'est pas établi rétrospectivement, il est simultané à la défaite.

■ *« Pourquoi sommes-nous tristes ? »*

Beaucoup d'historiens de la littérature et de témoins du temps insistent sur l'aspect négatif du Symbolisme. Il est sûr que les mythes symbolistes traduiront en partie cette mélancolie.

Tout concourt à montrer que les mythes symbolistes se sont bâtis sur la perception d'une réalité décevante et une perte de la foi romantique. Qui mieux que Villiers de l'Isle-Adam a construit son œuvre sur les thèmes du mirage et de l'illusion ?

> Oh ! le monde extérieur ! Ne soyons pas dupes du vieil esclave, enchaîné à nos pieds, dans la lumière, et qui nous promet les clefs d'un palais d'enchantements, alors qu'il ne cache, en sa noire main fermée, qu'une poignée de cendres ! Tout à l'heure, tu parlais de Bagdad, de Palmyre, que sais-je ? de Jérusalem. Si tu savais quel amas de pierres inhabitables, quel sol stérile et brûlant, quels nids de bêtes immondes sont, en réalité, ces pauvres bourgades qui t'apparaissent, resplendissantes de souvenirs, au fond de cet Orient que tu portes en toi-même ! Et quelle tristesse ennuyée te causerait leur seul aspect !... Va, tu les as pensées ? il suffit : ne les regarde pas.[18]

Tous les commentaires des artistes et des contemporains tentent de définir un nouveau mal du siècle, qui se démarquerait du romantisme par la profondeur de son pessimisme et une adéquation de l'histoire et des ambitions déçues plus cruelle encore que celle de René.

L'idée d'un pessimisme ambiant s'implante de gré ou de force dans les esprits au point de fournir matière à des réflexions plus ou moins métaphysiques qui tournent toutes autour de l'idée d'une décadence. En effet, qu'il s'agisse de causes historiques, génétiques (vieillissement de la nation), morales (perte de foi et de sentiment chrétiens), il importe de trouver des causes.

Chacun s'est essayé à définir les causes d'un malaise aussi général et aussi ancré dans l'esprit des intellectuels. C'est ainsi que les titres seuls des ouvrages et des articles parus entre 1878 et 1890 mériteraient un commentaire : « Pourquoi sommes-nous tristes ? » (1889) demande Anatole France, Brunetière publie *Les causes du pessimisme* (1886) et *La philosophie de Schopenhauer et les conséquences du pessimisme* (1890), *Les idées morales du temps présent* sont analysées par E. Rod en 1891, E. Hennequin écrit *Le pessimisme des écrivains* (1884), faisant écho à Caro *Le pessimisme du XIXe siècle* (1878). Quant à Paul Bourget, il s'étend longuement sur le thème dans *Etudes et portraits* : « Le pessimisme de la jeune génération ».

C'est surtout l'écrivain Paul Bourget, dans les *Essais de psychologie contemporaine,* suivis des *Nouveaux essais de psychologie contemporaine* qui prétendra faire le tour de la question. Si Bourget insiste sur le dégoût de l'action né d'un désintérêt pour la politique, il n'hésite pas à nommer des responsables en la personne d'écrivains blasés qui ont modifié le goût du public. Les philosophies désenchantées d'un Baudelaire, d'un Flaubert, n'ont pas peu contribué à développer chez le lecteur un sens critique aigu né de l'observation des mœurs et des hommes.

> Ces deux volumes d'Essais contiennent une suite de notes sur quelques-unes des causes du pessimisme des jeunes gens d'aujourd'hui. Elles commençaient d'agir, ces causes profondes, sur ceux qui étaient des jeunes gens en 1855, et qui nous ont transmis une part de leur cœur, rien qu'en se racontant. J'ai essayé de marquer le plus fortement que j'ai pu, à propos de ces maîtres de notre génération, celles de ces causes qui m'ont paru essentielles. A l'occasion de M. Renan et des frères de Goncourt, j'ai indiqué le germe de mélancolie enveloppé dans le dilettantisme. J'ai essayé de montrer, à l'occasion de Stendhal, de Tourguéniev et d'Amiel, quelques-unes des fatales conséquences de la vie cosmopolite. Les poèmes de Baudelaire et les comédies de Dumas m'ont été un prétexte pour analyser plusieurs nuances de l'amour moderne, et pour indiquer les perversions ou les impuissances de cet amour, sous la pression de l'esprit d'analyse. Gustave Flaubert, MM. Leconte de Lisle et Taine m'ont permis de montrer quelques exemplaires des effets produits par la science sur des imaginations et des sensibilités diverses.[19]

Le sentiment de la décadence est aussi un héritage. C'est ce que veut communiquer Bourget, et Barrès renchérit en s'exclamant dans « Trois stations de psychothérapie : « Ne soyez pas tels que vous êtes, n'usez pas de l'âme que vos pères vous firent ! »[20]

Le pessimisme semble bien être une charge émotive léguée par la génération précédente et qui porte des fruits un peu tardifs. C'est l'idée que soutient P. Citti[21] lorsqu'il montre que la crise culturelle que l'on s'obstine à ressentir a commencé plus tôt qu'on ne le croit. Car, au moment même où une poignée d'intellectuels analyse les signes du malaise, la majorité du pays savoure une époque heureuse de développement économique et social. Le pessimisme sera donc un mouvement extrêmement limité dans les couches sociales mais aussi, finalement, en décalage par rapport à l'époque. La crise culturelle a commencé vingt ans plus tôt et elle se maintient en dépit du fait qu'elle a perdu, en partie, sa raison d'être. C'est donc qu'elle est maintenue de façon plus ou moins artificielle par des intérêts divers. Et ce que l'on nomme communément « décadence » serait un reliquat d'une crise en train de s'essouffler.

Mythe et histoire 31

> Les jeunes gens héritent de leurs aînés une façon de goûter la vie qu'ils transmettent eux-mêmes, modifiée par leur expérience propre, à ceux qui viennent ensuite.[22]

Bourget analyse ainsi les signes qui ont à jamais marqué la nouvelle génération dans ses émotions et son comportement. Cette « expérience propre » c'est surtout faire face à une nouvelle situation historique : l'essor du profit, la montée de la classe ouvrière, l'expansion coloniale se traduisent non en termes appropriés et contemporains mais avec des mots anciens, sous les traits d'un héritage. Se produit donc un décalage, qui n'est pas directement perçu comme tel, mais qui va trouver son expression idéale dans un certain modèle historique, dont nous parlerons plus loin : la décadence latine.

Bourget mettra l'accent sur la décadence de l'empire romain, introduisant ainsi une comparaison qui sera constamment reprise :

> L'entente savante des plaisirs, le scepticisme délicat, l'énervement des sensations, l'inconstance du dilettantisme, ont été les plaies sociales de l'Empire romain, et seront en tout autre cas des plaies sociales destinées à miner le corps tout entier.[23]

On comprend mieux alors que le mouvement symboliste ait pu se constituer en partie en réaction contre un climat social et politique décevant. Un article de Léon Blum, paru dans la *Revue blanche,* « Les progrès de l'apolitique en France » s'appuie sur l'idée d'un désintérêt général, né de la médiocrité ambiante :

> On a perdu en France, non pas tant le goût de la politique que la faculté de se passionner pour des questions politiques.(...) Les passions politiques ont été, à des époques encore récentes, assez puissantes et assez générales pour conduire la nation tout entière à une action cohérente et commune. Mais depuis un siècle, nous assistons à l'anéantissement progressif et régulier de ce qui a été, à de certains jours l'âme de la France, de cette réunion d'idées et de volontés collectives qui firent, en 1792 ou en 1830, l'unité de la nation.[24]

A cela se surimpose l'image d'une nation vieillie qui a perdu le goût de la querelle et de l'enthousiasme :

> La société actuelle fait penser à un vieillard un peu cassé, bien que modérément infirme et qui après une vie trop accidentée, ne demande qu'à vieillir en paix. Et puis, le spectacle ne l'intéresse plus guère : décidément il en a trop vu. La société a adopté la devise du Journal de Vernouillet. Elle a en grosses lettres sur sa manchette : Plus de Révolutions[25].

Blum rejoint ici l'explication historique du pessimisme en rappelant les révolutions avortées, les coups d'état manqués, toutes les raisons que les Français ont de baisser les bras : illusion du suffrage universel (alors que le gouvernement seul est tout puissant), médiocrité du personnel parlementaire. Cette surenchère de médiocrité s'accompagne pour le jeune Blum d'une nullité intellectuelle et artistique :

> La médiocrité littéraire de ces vingt dernières années est à en pleurer, et aucune espérance sérieuse ne vient avec les générations nouvelles d'une gloire ou d'un rajeunissement futur. La passion politique est morte, et rien n'y supplée. Les intellectuels s'ennuient ; les autres pensent que c'est assez d'avoir sa famille à nourrir.[26]

Entre l'individu et la société, le lien est rompu, conséquence de l'apolitique et de l'individualisme :

> L'Apolitique a donc fait comprendre à l'individu, et que toute communion avec les autres individus lui est un labeur inutile, et que c'est pour lui-même qu'il doit

dépenser toute son activité. De cette considération, on peut conclure que l'avenir, en France du moins, appartient non pas aux socialismes mais à l'anarchie.[27]

Quel que soit le domaine auquel on s'intéresse, littérature et histoire semblent être parvenues à un terme. C'est ainsi que les penseurs et les écrivains porteront ailleurs leurs recherches. Les notions de décadence sociale et de déchéance physique étant posées, il reste donc à broder à l'infini sur le thème de cette double corrosion et tous s'y essayent avec plus ou moins de bonheur.

Se mettent à fleurir une série de personnages et de romans qui se construiront sur le leitmotiv de la décadence et du décadent. Ainsi Lucien Lévy-Cœur, personnage de la saga romanesque de Romain Rolland, dont le héros, Jean-Christophe, le jeune et pur Allemand, fils d'un pays neuf, aux valeurs saines et viriles, observe avec dégoût les modes fin-de-siècle.

> En face de Christophe, il représentait l'esprit d'ironie et de décomposition, qui s'attaquait doucement, poliment, sourdement, à tout ce qu'il y avait de grand dans l'ancienne société qui mourait : à la famille, au mariage, à la religion, à la patrie ; en art, à tout ce qu'il y avait de viril, de pur, de sain, de populaire ; à toute foi dans les idées, dans les sentiments, dans les grands hommes, dans l'homme. Au fond de toute cette pensée, il n'y avait qu'un plaisir mécanique d'analyse, d'analyse à outrance, un besoin animal de ronger la pensée, un instinct de ver.[28]

Un peu plus tôt dans le roman l'auteur avait déjà associé ce nihilisme ostentatoire à une négation historique et sociale :

> Des mots qui tintent, des phrases qui sonnent, des froissements métalliques d'idées qui se heurtent dans le vide, des jeux d'esprit, des cerveaux sensuels, et des sens raisonneurs. Tout cela ne servait à rien, qu'à jouir égoïstement. Cela allait à la mort. Phénomène analogue à celui de l'effrayante dépopulation de la France, que l'Europe observait - escomptait - en silence. Tant d'esprit et d'intelligence, des sens si affinés, se dépensaient en une sorte d'onanisme honteux ![29]

Ainsi se poursuit un discours défaitiste qui englobe communément productions artistiques et fatigue de l'histoire.

■ *L'absence d'engagement politique*

Peu de symbolistes ont porté de jugement sur la situation politique et sociale à la fin du XIXe siècle. Il est difficile de débusquer dans la correspondance de Mallarmé, des mentions de la Commune, de la guerre de 1870 ou plus généralement de la politique de son temps. Les rares immixtions dans la vie publique achoppent contre l'Oeuvre. Pendant la Commune, Mallarmé avoue qu'il a du mal à admettre « que tant d'interruptions s'imposent à notre intime pensée »[30]. « Tout ce qui n'est pas ma vocation »[31], c'est l'insupportable extérieur.

Mallarmé conserve à l'encontre de l'engagement une aisance de surface qui le fait voisiner avec tous les groupes idéologiques : salons parisiens, bohème artiste. Mais ses textes ne semblent pas porter la trace d'un choix délibéré : l'histoire est vécue comme contrainte, surface vaine. Seule, la revendication d'une aristocratie artistique semble inlassablement se répéter. Pour Mallarmé, l'artiste doit demeurer au-dessus de la mêlée : « L'homme peut-être démocrate, l'artiste se dédouble et doit rester aristocrate »[32] dira-t-il dans « L'Art pour tous ».

Pas d'opinion politique connue pour Huysmans, qui « manque » la Commune, puisque, employé au Ministère, il doit suivre le gouvernement et se replier à Versailles. Dans ce blanc historique, doit se lire un rendez-vous évité. Lorsqu'il assistera enfin à des scènes de rue, il fera de l'art, confirmant son détachement à l'égard des événements.

Ce qui est surprenant, c'est que les symbolistes aient eux-mêmes mal supporté ces absences d'étiquette et qu'ils aient voulu à tout prix s'accoler à des groupes ou à des partis, quitte à se renier tôt ou tard. Gourmont fait ainsi voisiner Symbolisme et anarchie. Dans un article destiné à *La revue blanche,* Gourmont définit le mouvement comme se traduisant « littéralement par le mot Liberté et, pour les violents, par le mot Anarchie »[33]. Associant la liberté des idées et des formes littéraires à celle de la liberté individuelle, il poursuit sa thèse dans *L'Idéalisme.* Ses prises de position sont bâties, comme nous l'avons vu, sur une lecture de Schopenhauer.

> Convaincu (...) que tout est parfaitement illusoire (...) l'idéaliste se désintéresse de toutes les relativités telles que la morale, la patrie, la sociabilité, les traditions, la famille, la procréation, ces notions reléguées dans le domaine pratique.[34]

Toutefois, s'il revendique l'anarchie, il tempère aussitôt sa prise de position en lui substituant le despotisme :

> L'idéaliste ne saurait donc admettre qu'un seul type de gouvernement, l'anarchie ; mais s'il pousse un peu plus avant l'analyse de sa théorie il admettra encore, avec la même logique (et avec plus de complaisance) la domination de tous par quelques-uns, ce qui, d'après l'identité des contraires, est spéculativement homologue et pratiquement équivalent.[35]

Les artistes ont un jour ou l'autre joué avec le mot « anarchie ». Ainsi Huysmans, dans *L'Oblat,* affirme : « Les anarchistes ont peut-être raison. L'édifice social est si lézardé, si vermoulu, qu'il vaudrait mieux qu'il s'effondrât, on verrait à le reconstruire, à neuf, après. »[36]

Ces déclarations ont pu faire illusion sur les véritables intérêts des symbolistes. En réalité peu se sont engagés. Certains ont admis ce blanc politique. Gustave Kahn, par exemple, en fait même une des conditions du Symbolisme : « En 1886, et aux années suivantes, nous étions plus attentifs à notre développement littéraire qu'à la marche du monde »[37]. Et il insistera ironiquement sur l'absence d'engagement de Jean Moréas : « qui je pense n'énonça jamais la moindre opinion politique, et s'éloigne de toute question sociale de toute la vitesse de sa trirème »[38]. D'autres, tel Anatole Baju dans le journal *Le Décadent,* clament haut et fort leur dévouement exclusif à l'art. Il dira : « L'art n'a pas de parti : il est le seul point de ralliement de toutes les opinions »[39]. Ou bien encore : « L'Art et la politique sont deux choses absolument incompatibles. »[40]

Même décalage entre l'art et l'état chez Jean Delville, qui, dans *La mission de l'art,* refuse les compromis de la bourgeoisie : « nous ne saurions pardonner à une République laissant mourir dans le dénûment ses d'Aurevilly et ses Villiers de l'Isle-Adam, tandis qu'elle enrichit, grâce à de gigantesques trafics, les arlequins d'une politique d'imbéciles et d'ergoteurs. »[41]

Pour les autres, légitimistes (Péladan), monarchistes, c'est plutôt le tissu de contradictions et de revirements qui surprend. Mirbeau, d'abord réactionnaire, se réclame ensuite de l'anarchie. Paul Bourget passe du libéralisme au catholicisme moral. Huysmans, abonné à une revue anarchiste, *La révolte,* ne cache pas ses opinions antisémites et racistes, mêlant à l'instinct anarchiste, des revendications ultra-conservatrices. Le cas le plus ambigu demeure celui de Barrès qui commence par fréquenter les milieux symbolistes anarchisants, collabore à *La revue blanche* (auprès de laquelle il passe pour un maître à penser, « non seulement le maître, mais le guide ; nous formions autour de lui une école, presque une cour »[42] admettra Léon Blum, alors principal journaliste de la revue), pour finir par se rallier à des mouvements socialisants, comme le boulangisme, avant d'aborder la cause du nationalisme. Celui qu'on qualifia « d'anarchiste en escarpins vernis »[43] symbolise bien la confusion intellectuelle de la fin du siècle. Quant à Verhaeren, symboliste de la première heure, il se lance dans le socialisme, se fait le chantre des villes modernes et de l'effort humain, débordant ainsi de plus en plus vers une poésie sociale.

C'est au moment de l'affaire Dreyfus que se dévoilent de façon accrue les louvoiements des symbolistes. Jean Lorrain, François Coppée et Barrès, adhérents de la Ligue des Droits de l'Homme, se rangent sous la bannière de la patrie, de l'armée et des institutions françaises. Leur credo est interprété par Barrès : « Une seule chose m'intéresse, c'est la doctrine nationaliste, et j'appartiendrai à la « Patrie française » dans la mesure où elle se pénétrera de ce nationalisme. »[44]

Les symbolistes ne peuvent être exclusivement définis comme cantonnés dans les marges : anarchistes ou ultra-monarchistes. L'anarchisme ne paraît être qu'un des versants — par ailleurs timoré — des symbolistes. Les séductions diverses et contradictoires reflètent plutôt un flou intentionnel, celui chargé de cacher la primauté scandaleuse de l'œuvre au détriment de l'action sociale. « Ma vie n'a pas d'histoire »[45] dira A. Samain, résumant bien là la position de repli des artistes.

3) L'âge d'or du mythe

■ L'histoire discréditée

Si faire l'histoire est hors de question pour les symbolistes, écrire l'histoire paraît tout aussi condamnable. Pas de livres d'histoire dans la bibliothèque de des Esseintes. Loin d'estimer les historiens, les symbolistes préfèrent trouver dans les écrivains et dans leur propre imagination des descriptions, des évocations dans lesquelles une vérité prétendument historique se mêle à la plus haute fantaisie. Les propos d'un Huysmans semblent justifier cet « oubli » ou ce volontaire écart de la chose historique au profit de la fiction :

> Quelle splendide époque faisandée ! Malheureusement il faudrait faire un livre là-dessus, et non pas en dire quelques mots à la cantonade, un livre vivant et coloré, ce que tous les pisse-froid d'historiens ne feront jamais.[46]

C'est toujours en termes défavorables que des Esseintes en vient à mentionner l'histoire : « L'amas de suie des chroniques et des livres d'histoire »[47] répond « aux déplorables leçons ressassées dans les Sorbonnes »[48]. Mal ou peu renseignés sur l'histoire, les auteurs l'enveloppent d'une telle puissance d'évocation qu'ils la recréent mieux que ne le feraient d'érudits spécialistes.

La remarque de Sylvestre Bonnard, héros du roman d'Anatole France, vient à l'esprit lorsqu'il s'agit de discréditer l'histoire :

> — C'est un véritable livre historique, me dit-il en souriant, un livre d'histoire véritable
> — En ce cas répondis-je, il est très ennuyeux, car les livres d'histoire qui ne mentent pas sont tous fort maussades.[49]

Les symbolistes font peu de cas du métier d'historien, qu'ils apparentent à celui de naturaliste. Il faut opposer à cette minutie documentée l'intuition et l'art du visionnaire. C'est l'artiste qui doit prendre le pas sur le chercheur : la recherche de l'effet surpasse celle du fait.

Cette attitude conduit à une conception particulière de l'histoire : Huysmans, Bloy, Barrès, Bourget se réclament de l'artiste visionnaire que fut Michelet et se souviennent de son œuvre passionnée. Comme le célèbre historien, ils souhaitent s'impliquer, mettre leur vie dans les évocations du passé. Ils s'opposent en cela à l'école historique méthodique et à la nouvelle génération d'historiens positivistes.

C'est dans le livre de Huysmans, *Là-bas,* que Durtal expose le mieux sa conception de l'histoire :

Pour Durtal, l'histoire était donc le plus solennel des mensonges, le plus enfantin des leurres. L'antique Clio ne pouvait être représentée, selon lui, qu'avec une tête de sphinx, parée de favoris en nageoire et coiffée d'un bourrelet de mioche. La vérité, c'est que l'exactitude est impossible, se disait-il ; comment pénétrer dans les événements du Moyen Age, alors que personne n'est seulement à même d'expliquer les épisodes les plus récents, les dessous de la Révolution, les pilotis de la Commune, par exemple ? Il ne reste donc qu'à se fabriquer sa vision, s'imaginer avec soi-même les créatures d'un autre temps, s'incarner en elles, endosser, si l'on peut, l'apparence de leur défroque, se forger enfin, avec des détails adroitement triés, de fallacieux ensembles.[50]

Mallarmé, dans le « Ten o'clock de M. Whistler » s'en prend à la manie qui consiste à répertorier et à classer les documents, transformant l'historien en un archiviste :

Soigneux dans l'examen, ils le sont, et de jugement consciencieux — établissant, tout bien pesé, des réputations sans importance — découvrant la peinture à la marque qui est derrière, — affirmant le torse d'après la jambe qui manque — remplissant les in-folios de doutes sur la position de ce membre — chicaniers et dictatoriaux en ce qui concerne le lieu de naissance de personnages inférieurs — spéculant, en de nombreux écrits, sur la grande valeur d'ouvrages mauvais. Commis avérés de la collection, ils mélangent les mémorandums et l'ambition, et, réduisant l'Art à la statistique, ils « mettent en liasse » le quinzième siècle et rangent par casiers l'antiquité.[51]

Quant à Léon Bloy, il s'en prendra aux ouvrages scolaires qui font l'instruction des nouvelles générations en consolidant les assises du régime. Il s'agit d'inculquer une histoire de France qui modèle les mentalités républicaines.

Chaque époque est condamnée à respirer entre quatre pages étroites, en ces opuscules suffocants où les événements les plus éloignés, les plus distincts, sont empilés et pressés à la manière des salaisons dans la caque d'un exportateur.
Charlemagne y compénètre Mérovée, les premiers Valois ne font qu'un mastic avec les Valois d'Orléans ou les Valois d'Angoulême, Henri III crève les côtes à Charles le Sage, François Ier s'aplatit sur Louis le Gros, Ravaillac assassine Jean Sans Peur et c'est à Varennes que Louis XIV a l'air de signer la Révocation de l'Edit de Nantes, etc. Tout recul est impossible et le chaos indébrouillable.[52]

Fait symptomatique, lorsque Wladimir, le prince héritier des Noronsoff, dans le roman de Jean Lorrain *Les Noronsoff,* veut célébrer les fêtes d'Adonis, il se livre à des recherches serrées pour rendre l'orgie la plus identique possible aux orgies romaines. Pour cela, il se fait envoyer à grands frais des reproductions coloriées des dessins du peintre victorien Alma-Tadéma. C'est donc d'après des tableaux anglais du XIXe siècle que le prince souhaite ressusciter le culte du jeune dieu.
Alma-Tadéma est, par ailleurs, encensé par Huysmans dans *L'Art moderne,* dans lequel il qualifie le peintre « d'artiste et d'archéologue »[53]. Comme les peintures de Moreau, les toiles d'Alma-Tadéma invitent au voyage à travers les siècles. Huysmans note : « Par quelle bizarre faculté, par quel phénomène psychique, M. Tadéma peut-il s'abstraire ainsi de son époque, et vous présenter, comme s'il les avait eus sous les yeux, des sujets antiques ? »[54]. Il incarne celui qui peut, par lassitude envers le présent, reconstituer le passé et procurer ainsi un dépaysement grâce à un don exceptionnel (« phénomène psychique ») et non par une étude scrupuleuse. Moreau et Tadéma sont plus magiciens que compilateurs. Ils seront donc les peintres privilégiés des écrivains symbolistes.
Réaction contre l'histoire scientifique telle que peuvent l'appréhender historiens et naturalistes, le mythe sera le moyen de débusquer l'histoire entre les informations classées et les amas de documents. Car l'histoire apparaît comme le véhicule privilégié de la science. Méthodes rigoureuses, travaux critiques, caractérisent la

nouvelle recherche historique. L'histoire est, plus que jamais, l'instrument du progrès, élargissant au monde les conquêtes de la science. Elle devient une discipline ainsi que le fondement et l'appui de la civilisation matérielle. Elle forme l'individu, devient matière enseignée et adopte « la langue des sciences naturelles »[55] comme le signale l'historien François Furet. En rejetant l'approche scientifique de l'histoire, les artistes se tournent vers un temps cyclique, qui n'est pas celui de la conquête mais celui du mythe.

De ce fait, comme nous l'avons déjà signalé à propos de Schopenhauer, l'histoire est plus que jamais perçue comme une série d'événements cycliques. C'est un recommencement, sacrifiant à la loi d'un retour des choses. Les individus et les mondes traversent des cycles identiques comme l'exprime Gustave Le Bon dans *Les lois psychologiques de l'évolution des peuples.*

> Pour toutes les civilisations passées, le mécanisme de la dissolution a été identique, et identique à ce point que c'est à se demander, comme l'a fait un poète, si l'histoire, qui a tant de livres, n'aurait pas qu'une seule page.[56]

Reprenant l'idée que « l'histoire tourne toujours dans le même cercle »[57], les artistes évitent de poser sur le siècle une empreinte historique. Rémy de Gourmont, dans *Sixtine,* illustre la même théorie.

> Comme ils notaient le parallélisme de ces deux soirées que de fortuites rencontres leur donnaient, à brève distance, Hubert fit remarquer à Calixte la dualité dans le processus des événements :
> — Quand un fait s'est produit, il se reproduit toujours une seconde fois. — C'est l'axiome. Il est évident que, pour le démontrer, il faudrait se munir d'une multiplicité d'anecdotes historiques, et je ne sais si cela serait possible. Pour ce qui est de moi et de ma vie écoulée, il est d'une surprenante et d'une effrayante exactitude, si bien que je pourrais, je crois, prédire environ la moitié de ce qui m'arrivera d'ici le sommeil final.[58]

Il ajoute aussitôt : « Une telle tendance à la répétition n'est la source d'aucune joie »[59].

Au lieu de faire l'histoire et d'écrire l'histoire, les symbolistes opteront pour l'imaginaire comme l'illustre la pensée de Gustave Kahn sur le mouvement symboliste :

> Tout le monde fait de l'histoire, les artistes seuls font du rêve et perçoivent les aspects divers qu'aurait pu prendre l'histoire, si les masses, au lieu de marcher tout droit, avaient obliqué, ce qui est toujours possible, à droite ou à gauche.[60]

Il s'agit donc de retenir quelques aspects importants sur lesquels broder et surtout rêver. Il s'agit de tout transformer en émotion. Barrès a bien exprimé ce rapport à l'œuvre du passé :

> L'œuvre d'art, en effet, se propose de résumer, dans une formule essentielle et avec une émotion communicative, des états psychiques et de nous y faire participer, pour nous dédommager que nous n'ayons pas la puissance ou l'occasion de les vivre.[61]

■ *L'attrait de la décadence*

Une période de l'histoire semble concentrer tous les regards des artistes de la fin du XIXe siècle, il s'agit de la période de la décadence latine. Puisque l'histoire se répète, on retrouve dans la fin de l'empire romain une époque jumelle. Cette idée n'est pas nouvelle. Montesquieu et Gibbon avaient déjà établi la comparaison entre l'empire romain et la civilisation industrielle de l'Europe. Cette idée revient donc avec force à la fin du siècle et Bourget fut un des premiers à illustrer ce parallèle :

> Toujours et partout, depuis dix-huit cents ans, sitôt que ces ailes défaillent ou qu'on les casse, les mœurs publiques ou privées se dégradent. En Italie pendant la Renaissance, en Angleterre sous la Restauration, en France sous la Convention et le Directoire, on a vu l'homme se refaire païen comme au premier siècle. Du même coup il se retrouvait tel qu'aux temps d'Auguste et de Tibère, c'est-à-dire voluptueux et dur. Il abusait des autres et de lui-même. L'égoïsme brutal ou calculateur avaient pris l'ascendant. La cruauté ou la sensualité s'étalaient. La société devenait un coupe-gorge ou un mauvais lieu... [62]

On est amené à se demander pourquoi cet engouement pour l'époque de la décadence a été aussi exclusif parmi les symbolistes. Il faut toutefois signaler au passage les critiques de Rémy de Gourmont, qui, dans « Mallarmé et l'idée de décadence », a montré les limites d'une identification opérée, selon lui, hâtivement par des journalistes ignorants.

> Un parallèle inexorable s'imposa entre les poètes nouveaux et les obscurs versificateurs de la décadence romaine vantés par Des Esseintes. L'élan fut unanime et ceux-mêmes que l'on décriait acceptèrent le décri comme une distinction. Le principe admis, les comparaisons abondèrent. Comme nul, et pas même Des Esseintes, peut-être, n'avait lu ces poètes dépréciés, ce fut un jeu pour tel feuilletoniste de rapprocher de Sidoine Apollinaire, qu'il ignorait, Stéphane Mallarmé, qu'il ne comprenait pas.[63]

Cependant, il encouragera lui-même le renouveau de la langue et de la poésie latines dans *Le latin mystique*.

Force nous est de constater que les écrivains, souhaitant se replonger dans l'époque décadente, évitent l'histoire pour se plonger dans la recréation d'un mythe de fantaisie. Peu importe ce que fut réellement cette époque puisque le mot fait rêver et procure des visions grandioses. Ainsi l'arrivée spectaculaire des Barbares sur Rome excite l'imagination de des Esseintes.

> Dans la dissolution générale, dans les assassinats des césars qui se succèdent, dans le bruit des carnages qui ruissellent d'un bout de l'Europe à l'autre, un effrayant hourra retentit, étouffant les clameurs, couvrant les voix. Sur la rive du Danube, des milliers d'hommes, plantés sur de petits chevaux, enveloppés de casaques de peaux de rats, des Tartares affreux, avec d'énormes têtes, des nez écrasés, des mentons ravinés de cicatrices et de balafres, des visages de jaunisse dépouillés de poils, se précipitent, ventre à terre, enveloppent d'un tourbillon, les territoires des Bas-Empires.[64]

Soulignons encore une fois que Huysmans, comme d'autres, ne veut pas faire de l'histoire, mais recherche dans le passé des sensations inconnues, des frissons propres à le détourner du monde contemporain. Il le confirmera en ajoutant : « Lorsque l'époque où un homme de talent est obligé de vivre est plate et bête, l'artiste à son insu même est hanté par la nostalgie d'un autre siècle »[65]. Ce que les artistes demandent au mythe c'est justement d'échapper à l'historique en procurant un dépaysement.

Ce sont bien les mythes païens que l'on peut voir resurgir dans cet attrait pour la décadence. Ce que Huysmans appelle, dans sa préface de 1903, le « dialecte du Paganisme »[66], a été bouleversé par le rajeunissement chrétien. L'époque décadente, époque charnière, réalise la désagrégation et la perte des mythes païens.

Faisant le tour de sa bibliothèque, des Esseintes s'arrête sur les auteurs qui, de Pétrone à Tertullien, ont perçu la fêlure d'une civilisation, fêlure née d'un recul de la croyance. Les dieux païens sont en train de mourir, détrônés par une religion inflexible et austère ; les héros disparaissent, comme cet empereur pervers, Elagabal, que connut Tertullien et qui va hanter, sous le nom d'Héliogabale, les imaginations décadentes.

> Il avait, en effet, vécu dans des temps houleux, secoués par d'affreux troubles, sous Caracalla, sous Macrin, sous l'étonnant grand-prêtre d'Emèse, Elagabal, et il préparait tranquillement ses sermons, ses écrits dogmatiques, ses plaidoyers, ses homélies, pendant que l'Empire romain branlait sur ses bases, que les folies de l'Asie, que les ordures du paganisme coulaient à pleins bords (...) alors que, marchant dans de la poudre d'argent et du sable d'or, la tête ceinte d'une tiare, les vêtements brodés de pierreries, Elagabal travaillait, au milieu de ses eunuques, à des ouvrages de femmes, se faisait appeler impératrice et changeait, toutes les nuits, d'Empereur, l'élisant de préférence parmi les barbiers, les gâte-sauce, et les cochers de cirque.[67]

Quant à Claudien, poète du IVe siècle, « il ranime l'antiquité, chante l'enlèvement de Proserpine, plaque ses couleurs vibrantes, passe avec tous ses feux allumés dans l'obscurité qui envahit le monde »[68]. Comme le confirme des Esseintes : « le paganisme revit en lui, sonnant sa dernière fanfare ; élevant son dernier grand poète au-dessus du Christianisme qui va désormais submerger entièrement la langue, qui va, pour toujours maintenant, rester seul maître de l'art... »[69].

Ce que les artistes ont perçu, c'est qu'à l'époque de la décadence, les mythes sont en crise et le monde ancien est voué à sa perte : que reste-t-il des croyances antiques ? que reste-t-il des dieux ? Ils disparaissent, remodelés, assimilés ou oubliés par la force d'une nouvelle foi. Les écrivains latins sont les témoins de ce crépuscule du mythe.

Un personnage de l'œuvre de Jean Lorrain, le prince Wladimir, dans *Les Noronsoff* incarne à lui tout seul la décadence. Cet être de débauche prétend prendre pour modèle les empereurs de la décadence et sa vie n'est qu'une longue application d'images et de souvenirs empruntés à la décadence romaine.

> Un empereur en vérité et de la Rome la plus fangeuse et la plus dissolue avec des cruautés de petit-fils d'Auguste et une arrogance de parvenu à la Trimalcion.[70]

Ce prince se régale d'orgies et tente de ressusciter des fêtes antiques dans ses jardins de Nice. L'auteur ne peut s'empêcher de superposer les deux époques, l'antique et la moderne, pour en relever les différences grossières : quelque chose est irrémédiablement perdu, puisque la croyance n'a pas survécu à la disparition d'une civilisation.

> Vous me regardez avec stupeur ! Ces choses ont pourtant existé et nos aïeux en ont vu de plus étranges encore ; et pourtant ce fou, cet infirme et ce malade était une intelligence remarquable, que dis-je ! supérieure : il y avait en lui un artiste ! Comme dans Néron, et je ne pouvais réprimer un sourire. — Comme dans Néron. Oui, en un autre siècle cette propriété aurait peut-être vu des fêtes aussi belles que celles dont furent le théâtre Baïes et Antium, mais rien ne réussit et tout tourne au ridicule dans la laideur et la vulgarité modernes.[71]

Se constitue une véritable mythologie de la décadence avec ses dieux (Néron, Héliogabale, Trimalcion, Agrippine), ses crimes et ses enjeux. Rejouer à la décadence comme Wladimir Noronsoff, qui offre des spectacles superbes, des « reconstitutions antiques (...) des espèces de lupercales, de bacchanales ou de réjouissances orphiques »[72] dans lesquelles les figurants prennent souvent leur rôle au pied de la lettre, revient à prendre conscience de la perte définitive des dieux et de l'irréconciliable différence imposée par les temps modernes.

> Ah ! hier soir, si vous aviez vu cela dans les jardins, à la clarté des torches, ces nudités patinées comme des bronzes sous ces draperies antiques, ces coulées de péplums et ces envols d'étoffes de danseuses de Pompéi, et des nuances comme on

en voit seulement dans les fresques : des safrans, des jaune crocus, des bleus glauques et des rouges de laques, des tons de mosaïques d'Herculanum et la prodigieuse beauté des types sous l'eurythmie du casque ou des bandelettes, tous les profils ramenés au classique, la brutalité de certaines mâchoires lourdes, redevenues romaines, et la bestialité divine de certains fronts étroits couronnés de pavots et de fleurs de lotus.[73]

Un chapitre entier de *Sous l'œil des barbares* de Maurice Barrès est consacré à une évocation des derniers instants de Rome, symbolisés par le sacrifice de la vestale Athéné, dernière représentante du culte des anciens dieux et de la patrie hellène. Dans un texte qui oppose les « tristes renseignements sur les progrès de la secte chrétienne »[74] et les fastes éteints de l'ancienne foi, l'auteur prend parti pour la sagesse d'Athéné, protégée des dieux, elle-même divinisée par un groupe de fidèles. En contant le meurtre d'Athéné, l'auteur déplore la disparition de la dernière croyante et de celle qui perpétuait le culte antique : « Nous sommes des Hellènes d'orgueil, mais où va notre cœur ? De Phrygie, de Phénicie nous vinrent Adonis que les femmes réveillent avec des baisers, Isis qui régnait et la grande Artémis d'Ephèse, qui fut toujours bonne. »[75]

Le récit connaît des moments d'enthousiasme où l'on peut croire à un retour des dieux antiques : « Laissez, disait un poète, laissez agir les dieux et la poésie, nous triompherons de la populace comme, jadis, nos pères, de tous les barbares »[76]. Viennent ensuite des moments de mélancolie que la perte irrémédiable de la foi et la mort des fidèles viennent encore assombrir. La « petite-fille de Platon et d'Homère »[77] doit mourir pour confirmer la ruine de ses aïeux et du monde antique. Mais l'auteur n'a de cesse d'affirmer son attachement à un retour aux sources du paganisme en le reliant à une recherche du mouvement symboliste.

> Les petits-fils de ceux-là qui ricanaient à ton martyre s'agenouillent devant ton apothéose, et, rougissant de leurs pères, ils te demandent d'oublier les choses irréparables, car cette obscure inquiétude, qui jadis excita les aïeux contre ta sérénité, force aujourd'hui les plus nobles à s'enfermer dans leur tour d'ivoire, où ils interrogent avec amour ta voie et ton enseignement.[78]

On conçoit donc qu'au-delà de la peinture de sensations fortes, les symbolistes se soient rejoints, en deçà du temps, pour revivre la perte des mythes et l'arrivée de l'histoire. Des Esseintes se délecte de « ce fumet spécial qu'au IVe siècle, et surtout pendant les siècles qui vont suivre, l'odeur du christianisme donnera à la langue païenne, décomposée comme une venaison, s'émiettant en même temps que s'effritera la civilisation du vieux monde. »[79]

L'attention de des Esseintes va ainsi se tourner vers les écrivains dont le verbe retrouve la magie du paganisme : l'amoralité de Pétrone, la langue rocailleuse d'Apulée, comme dans le siècle contemporain, le style de Baudelaire et celui de Barbey d'Aurevilly, font obstacle au siècle conquérant. Ainsi, les œuvres de Barbey « étaient encore les seules dont les idées et le style présentassent ces faisandages, ces taches morbides, ces épidermes talés et ce goût blet, qu'il aimait tant à savourer parmi les écrivains décadents, latins et monastiques des vieux âges »[80].

Ni dépaysement, ni enseignement moral sur la marche des siècles, l'époque de la décadence se présente comme l'ère de la démythification et de la mort du mythe. Rémy de Gourmont, dans *Le paganisme éternel*, a bien montré que la mort des dieux pose le problème de la croyance. C'est parce que les dieux sont apparus comme des enveloppes vides, que leurs effigies n'étaient plus que des simulacres de représentation, que le paganisme s'est éteint. Toutefois, il survit, mais sous la bannière du christianisme, dont Gourmont montre qu'il n'a rien inventé puisque les mœurs adoucies des saints ne font qu'imiter les modes de vie des divinités des champs et des bois. Gourmont revendique le paganisme comme une religion vitaliste : « Croire en un seul Dieu et le prier, si c'est un acte pieux, il est d'une piété plus large et plus belle de croire en tous les dieux du Panthéon et de leur offrir à tous des fruits et des agneaux »[81]. C'est surtout la religion des origines : « Comme nous avons reçu la langue, nous avons reçu la religion du Latium »[82] et le christianisme n'a fait que s'introduire dans le paganisme mythologique.

C'est une vision originale du passé qu'imposent les symbolistes, soumise au jeu d'une loi historique. La chute et la renaissance portent le témoignage du moment où les dieux basculent dans l'historicisme et le christianisme. Ce qu'apporte avec elle la nouvelle religion, c'est la perte de la temporalité mythique au profit d'une poussée historique que les auteurs perçoivent bien comme conquérante. L'expansion historique est représentée par les galops dévastateurs et conquérants des armées barbares et par la mise en place d'un nouveau code religieux. Des Esseintes montre bien qu'avec les auteurs chrétiens arrivent les compilateurs, les chroniqueurs, les hagiographes et les historiens. Le passage de la Rome des empereurs à la Rome des Papes se fait aussi par l'implantation de l'histoire comme nouvelle discipline. La décomposition de l'Empire par les chrétiens s'accompagne de l'installation d'une nouvelle temporalité. En effet, en brisant le carcan antique de la vision cyclique de l'histoire, en imposant une conception linéaire du temps, le christianisme dit que l'histoire commence avec la Création et s'oriente vers une fin (le jugement dernier). Le temps n'est donc plus l'éternel présent mais un itinéraire, une marche du monde vers son devenir. En ce sens, le christianisme contribue à faire éclore une conception dynamique (car fondée sur une conquête) de l'histoire. A l'ordre cyclique des penseurs gréco-romains, se substitue un temps nouveau lié au développement des échanges et des travaux humains. En donnant l'exemple de la recherche érudite, du répertoire et de la tradition chrétienne, l'Eglise encourage la critique historique d'où naîtra l'histoire moderne.

L'histoire s'implante lorsque le mythe recule. La société de type moderne et le récit de ses conquêtes, la domestication de l'univers et la langue châtiée vont de pair pour des Esseintes qui parlera de « cette langue restreinte, aux tournures comptées, presque invariables, sans souplesse de syntaxe, sans couleurs, ni nuances »[83] qui fut celle du grand-siècle et des « raseurs »[84].

Passage du mythe à l'histoire, confrontation du mythe éternel et du mouvement progressiste, la période décadente comporte, en la personne d'écrivains contemporains, des témoins de première main. Pétrone et Apulée racontent comment s'est déroulé le passage entre temps mythique et temps historique. En peignant la décadence morale et spirituelle de Rome, Pétrone confirme la fin des dieux et le commencement des temps modernes.

Ainsi s'effectue un rapprochement entre le monde contemporain, où l'histoire s'affirme comme science, et l'époque décadente, qui a vu la mort du mythe et l'émergence du temps historique. C'est en ce sens qu'il faut lire l'obsession de la décadence : elle se situe au point exact de la juxtaposition de deux civilisations, ligne de partage entre le mythe et l'histoire. A une époque où l'histoire devient l'étude du progrès scientifique et matériel de l'humanité, les symbolistes par leur refus d'agir, de faire l'histoire, d'écrire l'histoire, se préparent une position de réaction, dont le retour au mythe est un aspect prépondérant.

NOTES

(1) E. et J. de Goncourt, *Journal*, Paris : Laffont, 1956, t.2, p. 1110-1111.
(2) G. Vanor, *L'art symboliste*, Paris : Vanier, 1889, p. 24.
(3) J. Laforgue, « Salomé », *Moralités Légendaires*, Paris : Gallimard, 1977, p. 133.
(4) Schopenhauer, *Le monde comme volonté et comme représentation*, Paris : P.U.F., 1966, p. 516.
(5) J.K. Huysmans, *A vau-l'eau, Œuvres complètes*, Genève : Slatkine, 1972, t.4, p. 85.
(6) Schopenhauer, *Le monde...*, p. 396.
(7) *Idem*, p. 406.

(8) *Ibid.*, p. 395.
(9) *Ibid.*, p. 356.
(10) *Ibid.*, p. 1184.
(11) *Ibid.*
(12) *Ibid.*, p. 1258.
(13) R. de Gourmont, *Sixtine,* Paris : UGE, 1982, p. 92
(14) cité par G. Hanoteaux, *L'échec de la monarchie et la fondation de la République,* Paris : Plon, 1926, t.2, p. 220.
(15) *Idem,* p. 216.
(16) *Ibid.,* p. 230.
(17) Ballanche, cité par L. Cellier, *L'Epopée humanitaire et les grands mythes romantiques,* Paris : SEDES, 1971, p. 92.
(18) Villiers de l'Isle-Adam, *Axël,* Paris : Gallimard, 1986, t.2, p. 673.
(19) P. Bourget, *Essais de psychologie contemporaine,* Paris : Plon, 1901, t.1, p. XVIII.
(20) M. Barrès, « Trois stations de psychothérapie », *Du sang, de la volupté et de la mort,* Paris : UGE, 1986, p. 257.
(21) P. Citti, *Contre la décadence,* Paris : PUF, 1987.
(22) P. Bourget, *Essais de...,* p. XVIII.
(23) P. Bourget, cité par H. Juin, in préface à M. Barrès, *Du sang, de la volupté...,* p. 26.
(24) L. Blum, « Les progrès de l'apolitique en France », *La revue blanche,* Paris : UGE, 1989, p. 251.
(25) *Idem,* p. 254 - 255.
(26) *Ibid.,* p. 258.
(27) *Ibid.,* p. 260.
(28) R. Rolland, *Jean-Christophe,* Paris : Albin Michel, 1931, t.2, p. 194.
(29) *Idem,* p. 169.
(30) S. Mallarmé, « Lettre à Cazalis », in *Correspondance,* Paris : Gallimard, 1959, t.1, p. 336.
(31) *Idem,* p. 342.
(32) S. Mallarmé, « L'Art pour tous », *Oeuvres complètes,* Paris : Gallimard, 1945, p. 259.
(33) R. de Gourmont, « Le Symbolisme », *La revue blanche,* op. cit., p. 42.
(34) R. de Gourmont, *L'Idéalisme,* Paris : Mercure de France, 1893, p. 14.
(35) *Idem,* pp. 14 - 15.
(36) J.K. Huysmans, *L'Oblat, Oeuvres complètes,* t.17, pp. 243 - 244.
(37) G. Kahn, *Symbolistes et décadents,* Paris : Vanier, 1902, p. 56.
(38) *Idem,* p. 59.
(39) A. Baju, *Le Décadent,* Avril 1886.
(40) *Idem,* Mai 1886.
(41) J. Delville, *La mission de l'art, étude d'esthétique idéaliste,* Bruxelles : Balat, 1900, p. 122.
(42) L. Blum, cité par Y. Chiron, *Barrès le prince de la jeunesse,* Paris : Perrin, 1986, p. 174.
(43) *Idem,* p. 114.
(44) *Ibid.,* p. 187.
(45) cité par G. Michaud, *Message poétique du Symbolisme,* Paris : Nizet, 1961, p. 283.
(46) J.K. Huysmans, cité par J. Lethève, « Le thème de la décadence dans les Lettres Françaises à la fin du XIXe siècle », *Revue d'histoire littéraire de la France* (n° 1), janvier-mars 1963, p. 53.
(47) J.K. Huysmans, *A rebours,* Paris : UGE, 1975, p. 98.
(48) *Idem,* p. 81.
(49) A. France, *Le crime de Sylvestre Bonnard,* Paris : Calmann-Lévy, 1956, p. 4.
(50) J.K. Huysmans, *Là-bas,* Paris : Garnier-Flammarion, 1978, p. 47.
(51) S. Mallarmé, « Le ten o'clock de M. Whistler », *Oeuvres Complètes,* p. 577.
(52) L. Bloy, *Histoires désobligeantes,* Paris : UGE, 1983, p. 42.
(53) J.K. Huysmans, *L'art moderne,* Paris : UGE, 1975, p. 195.
(54) *Idem.*
(55) F. Furet, *L'Atelier de l'histoire,* Paris : Flammarion, 1982, p. 122.
(56) G. Le Bon, *Les lois psychologiques de l'évolution des peuples,* Paris : Alcan, 1894, p. 153.
(57) *Idem,* p. 165.
(58) R. de Gourmont, *Sixtine,* p. 236.
(59) *Idem.*
(60) G. Kahn, *Symbolistes et décadents,* Paris : Vanier, 1902, p. 69.
(61) M. Barrès, « Trois stations de psychothérapie », p. 277.
(62) P. Bourget, *Essais de psychologie contemporaine,* p. XII.
(63) R. de Gourmont, « Stéphane Mallarmé et l'idée de décadence », *La culture des idées,* Paris : UGE, 1983, p. 131.
(64) J.K. Huysmans, *A rebours,* p. 94.
(65) J.K. Huysmans, cité par J. Lethève, « Le thème de la décadence... », p. 53.
(66) J.K. Huysmans, *A rebours,* préface de 1903, p. 32.
(67) *Idem,* p. 89.
(68) *Ibid.,* p. 91.
(69) *Ibid.*
(70) J. Lorrain, *Les Noronsoff,* Paris : des Autres, 1979, p. 41.
(71) *Idem,* p. 49.

(72) *Ibid.*, p. 187.
(73) *Ibid.*, p. 40.
(74) M. Barrès, *Sous l'œil des barbares, Le culte du moi,* Paris : UGE, 1986, p. 68.
(75) *Idem*, p. 69.
(76) *Ibid.*
(77) *Ibid.*, p. 75.
(78) *Ibid.*, p. 77.
(79) J.K. Huysmans, *A rebours,* p. 90.
(80) *Idem*, p. 258
(81) R. de Gourmont, « Le paganisme éternel », *La culture des idées,* p. 183.
(82) *Idem*, p. 188.
(83) *Ibid.*, p. 81.
(84) *Ibid.*, p. 82.

ChAPITRE III

LE MYTHE A L'ÉPOQUE SYMBOLISTE

Avant de nous orienter vers une lecture des mythes, il nous a paru intéressant de voir comment les symbolistes ont parlé des mythes : quelle place leur accordaient-ils ? Quels ouvrages ont-ils lus ? Quels discours ont-ils tenu sur le rôle du mythe dans la représentation artistique ?

Nous avons choisi d'aborder cette étape en examinant des textes théoriques se référant aux mythes et à leur utilisation. Ceci nous amène à étudier des ouvrages fondamentaux : *Les grands initiés* d'Edouard Schuré, *Les dieux antiques* de Cox, traduit par Mallarmé, *Le rameau d'or* de Frazer et *L'interprétation des rêves* de Sigmund Freud. Nous nous arrêterons également sur des articles de la *Revue wagnérienne,* ainsi que sur des prises de position au sein de mouvements plus organisés comme le mouvement préraphaélite et l'Ordre des Rose-Croix.

1) Le mythe comme explication de la nature :

■ *Les dieux antiques* de S. Mallarmé

En traduisant en 1880 plusieurs ouvrages de l'anglais George W. Cox, sous le titre *Les dieux antiques,* Mallarmé s'emploie à faire sienne une thèse sur l'origine des mythes. Il souhaite également pallier une lacune dans l'histoire des mythes, comme le souligne l'avant-propos de l'éditeur :

> La littérature française ne possède, à l'exception de dictionnaires d'une lecture toujours difficile, aucun travail mythologique disposé comme un livre, avec lien et sur un plan d'ensemble[1].

Ouvrage de compilation donc, mais aussi véritable « traité scolaire de Mythologie »[2] (que Mallarmé reniera plus tard : « J'ai dû faire, dans des moments de gêne ou pour acheter de ruineux canots, des besognes propres, et voilà tout (Dieux Antiques, Mots Anglais) dont il sied de ne pas parler »[3], le livre se veut un des accessoires indispensables de l'écolier et pilier de l'instruction familiale puisqu'il est appelé à passer de main en main, de génération en génération. Mallarmé, en professeur, en appelle d'abord à l'aspect pédagogique du recueil en soulignant sa nécessité et sa nouveauté.

Mais c'est dans la préface : « Origine et développement de la Mythologie » que Mallarmé expose sa théorie des mythes. En cela, Mallarmé ne fait que reprendre une idée déjà formulée par Cox dans ses propres préfaces : celle du mythe comme représentation de la nature. Mais Mallarmé amplifie cette idée en apportant notamment des exemples et des éléments personnels.

A bien des égards, l'exposé clair de Mallarmé a l'aspect de réponses à des questions éternelles sur l'origine des mythes. A ces questions, il apporte un éclairage nouveau, « scientifique », qui n'est en fait que la démonstration d'une théorie, c'est-à-dire une interprétation. Tour à tour philologue, ethnologue, enquêteur et traducteur, Mallarmé énonce à l'aide d'exemples tirés de légendes hindoues, nordiques ou grecques, les grandes lignes de sa démonstration.

Mallarmé, à travers Cox (dont il sait toutefois se détacher en signalant ses propres immixtions) progresse vers une idée-maîtresse qui sous-tend l'interprétation de tous les mythes : celle de la « Tragédie de la Nature »[4]. De quoi s'agit-il ? Etant donné que les mythes se répètent et que les héros, pour avoir des noms différents, connaissent les mêmes épreuves dans des civilisations aussi différentes que celles de l'Inde, de la Grèce ou de la Norvège, il faut donc qu'existe un fond commun où soient puisées ces légendes. Cette racine commune s'explique par l'idée d'une unité géographique : nos ancêtres vivaient dans un même lieu et percevaient les choses de la même façon.

Mallarmé choisit de remonter à la source des mythes et il démontre que leur apparente diversité peut en réalité aisément s'effacer au profit d'un moule commun.

> Exemple : dans un très grand nombre de légendes, maints parents, avertis que leur fils les détruira, exposent cet enfant, qui est sauvé par une bête sauvage et élevé par un berger. Les enfants grandissent toujours beaux, braves, forts et généreux ; mais à leur insu et contre leur volonté, ils accomplissent la prédiction faite avant leur naissance et sont les meurtriers de leurs parents. Qui ne se rappelle plusieurs contes, ayant en commun ce trait ! Persée, Œdipe, Kuros (nommé à tort, en français, d'après le latin exclusivement : Cyrus), Pâris, Romulus, sont tous exposés, petits enfants ; tous sauvés de la mort et découverts à cause de la splendeur de leur physionomie et de la dignité de leur port. Ou consciemment ou inconsciemment Persée tue Acrisios, Œdipe tue Laios, Kuros égorge Astiage, Romulus tue Amulius, ainsi que Pâris cause la mort de Priam et la ruine de Troie[5].

Le mythe d'Œdipe ou de Persée n'est plus unique mais reproduit à l'infini, avec de légères variantes, par des peuples et des civilisations éloignés. Cette idée amène l'auteur à exposer l'idée fondamentale de Cox : il faut revenir en arrière, au temps où les peuples n'étaient que des tribus rassemblées dans le même lieu et dans les mêmes croyances pour connaître le véritable sens du mythe. Ceci nécessite une plongée dans le temps et surtout dans la mentalité de ce temps :

> Longtemps avant que l'Europe fût le séjour d'aucune des nations qui l'habitent, et alors que tout était neuf et étrange pour les peuples vivant sur la terre, nos ancêtres parlaient de ce qu'ils voyaient et entendaient d'une façon tout autre que nous ne le faisons aujourd'hui. Ne sachant presque rien d'eux-mêmes et rien des objets qu'ils percevaient autour d'eux et dans le monde entier, ils s'imaginaient que toute chose était douée d'une vie pareille à la leur[6].

En effet, la signification des mythes n'est autre que la représentation d'événements naturels extérieurs à l'homme : les cataclysmes, les caprices de l'atmosphère, l'alternance du jour et de la nuit. C'est surtout dans le soleil que, pour Mallarmé, vont se concentrer bon nombre d'explications mythologiques. Le lever et le coucher de l'astre rythment les interprétations de tous les mythes : ainsi Narcisse sera une variante de l'histoire d'Endymion qui était « le nom du soleil quand il plonge dans la mer »[7].

Mais aussi Orphée, Zeus et Œdipe clament leur parenté :

> Et encore : on avait trouvé jadis que le Soleil, après avoir exterminé toutes choses nuisibles et réjoui de sa clarté la Terre, s'unit, le soir, à l'Aurore par lui laissée le matin. Mais quand les Grecs eurent oublié ce que signifiait le nom d'Œdipe ils dirent de ce personnage qu'après avoir frappé le Sphinx, il se maria avec sa propre mère, et que des maux terribles s'ensuivirent[8].

Toute la mythologie s'inspire des manifestations naturelles extérieures et les primitifs n'ont fait qu'apposer un nom à des éléments et à des phénomènes environnants. Les peuples ont poétisé la réalité en personnifiant le Soleil et les Astres, en traduisant leur mouvement naturel en actes et gestes humains.

> Tel est, avec le changement des Saisons, la naissance de la Nature au printemps, sa plénitude estivale de vie et sa mort en automne, enfin sa disparition totale en hiver (phases qui correspondent au lever, à midi, au coucher, à la nuit), le grand et perpétuel sujet de la Mythologie : la double évolution solaire, quotidienne et annuelle. Rapprochés par leur ressemblance et souvent confondus pour la plupart dans un seul des traits principaux qui retracent la lutte de la lumière et de l'ombre, les dieux et les héros deviennent tous, pour la science, les acteurs de ce grand et pur spectacle, dans la grandeur et la pureté duquel ils s'évanouissent bientôt à nos yeux, lequel est : LA TRAGEDIE DE LA NATURE[9].

Après cette interprétation, que reste-t-il de la mythologie en tant que récits légendaires et autres fables ? Peu de choses en vérité, nous apprend l'auteur. Les Grecs et les peuples ultérieurs ont oublié le sens originel des mythes. Ils ont donc modifié les noms et les situations au fur et à mesure que le sens premier s'estompait. Tous ces récits sont comme un tissu épais qui recouvre le sens profond du mythe. C'est ainsi que Mallarmé semble distinguer deux âges et deux sens : un sens premier authentique, « d'une beauté et d'une vérité merveilleuses »[10], un « grand et pur spectacle »[11] et une période de dénaturation des mythes qui provient de l'oubli progressif et généralisé du sens initial.

Cette perte de sens revêt, dans les propos de Mallarmé, une importance capitale. Elle nous apprend beaucoup sur la façon dont l'auteur considère le traitement des mythes. Ce sont des « on-dit »[12] doublement condamnables par l'occultation du sens premier et par la création superposée au sens originel de matériaux « dénaturés » et « choquants »[13].

La prise de position de Mallarmé se précise : les mythes content des épisodes sanglants, cruels, pervers. L'auteur est amené à citer à plusieurs reprises le mythe d'Œdipe et insiste sur le fait qu'il est plus intéressant de substituer au nom d'Œdipe celui du soleil. Ainsi ce n'est plus l'histoire d'un homme qui tue son père et épouse sa mère, mais celle du Soleil s'unissant à la Terre.

> Peut-être est-il fort absurde de dire que Cronos (le père de Zeus ou de Jupiter) dévora ses propres enfants ; mais nous savons qu'il ne l'est point de dire que le Temps dévore les jours issus de lui. Or la vieille phrase ne voulait dire que cela, et rien de plus ; seulement les peuples, avant de fouler la Grèce, avaient oublié déjà sa signification[14].

Les Grecs, ayant oublié le sens premier, l'ont dévoyé et ont substitué à la belle et innocente histoire de la nature, celle de tares humaines choquantes : l'inceste, l'anthropophagie, le viol. Mais Mallarmé les justifie en disant :

> Rien de tout cela n'a été fait à dessein, et nul ne s'est jamais mis à l'œuvre pour présenter les dieux et les héros comme passant leur temps à accomplir des actes dont la pensée seule implique une honte[15].

Les termes qu'il emploie pour qualifier la perversion du mythique sont dignes d'être relevés : « dénaturés », « choquants », « honte », « folie étrange », « contes ridicules et tristes », « démence », « absurde », « transformations capricieuses »[16]. Toutes ces observations contenues dans une même page opposent très nettement deux versions du mythe : une version primitive innocente qui serait celle des premiers âges, une version greffée sur la première, mais déviant son sens, défigurant sa portée par des contes immoraux.

Ce qui est remarquable dans cette théorie, c'est le désir profond de vouloir dégager les mythes de tout contenu pernicieux, en les retrempant à la source des origines qui purifie tout et, par là, les rend inoffensifs. La source commune unifie en même temps qu'elle édulcore. Les traitements que l'ouvrage fait subir aux mythes qui nous intéressent : Narcisse, Orphée et Œdipe, sont, à cet égard, exemplaires.

Nous avons vu qu'ils sont en fait des représentations du soleil à diverses étapes de sa journée. L'auteur signale de plus leur similitude avec d'autres mythes grecs et hindous. Dans la légende d'Œdipe, le Sphinx n'est pas épargné par cette réduction générale puisqu'il devient « une créature qui emprisonne la pluie dans les nuages et, de cette façon, cause une sécheresse »[17]. Quant à l'énigme, elle n'est autre que « le murmure et le grondement du tonnerre »[18].

Plus frappante encore me paraît être la mise en évidence par Mallarmé de deux contenus mythiques superposés et pourtant contradictoires. Le parallèle des deux versions, dont l'une serait vraie et l'autre absurde, paraît révélateur d'une tension entre deux éléments irréductibles. Il est évident qu'il s'agit ici d'occulter les préoccupations humaines pour entrer dans un registre plus général et plus inoffensif : celui des saisons. Dire que le temps dévore les jours est acceptable, mais montrer Cronos dévorant ses enfants est intolérable. En ce sens la pensée de Mallarmé est tributaire du discours scientifique du temps qui, de Max Müller à Adalbert Kuhn, donne le mythe comme une absurdité dangereuse. Tous ces savants souhaitent appliquer des paramètres scientifiques à la folie barbare des Anciens. Il faut savoir d'où proviennent ces absurdités. On semble ainsi s'apercevoir des obscénités et des indécences, manifestant par là une étrange attraction pour les domaines interdits. On se met à voir le cannibalisme, l'inceste et la castration dans les fables bien connues de nos ancêtres.

Ainsi Mallarmé empruntant sa théorie à l'Anglais Cox, aboutit à une vision personnelle du mythe. Il propose une interprétation qui modifie profondément la perception des mythes en ramenant la mythologie à un seul sujet : celui des phénomènes naturels.

On comprend qu'une telle théorie, qui s'appuie constamment sur le thème du drame solaire, pouvait séduire Mallarmé et confirmer une obsession. Nous retiendrons surtout l'insistance particulière qu'il met à accorder aux primitifs cette capacité d'abstraction dont les Grecs, notamment, ont, d'après lui, tant manqué. Nous forçant à revenir en arrière, il privilégie l'effacement complet de versions successives, trop réalistes et matérielles. Au contraire, la théorie de la nature, plus impalpable et aérienne porte un charme fait de constructions abstraites et colorées. Mais ce faisant, il nous invite à nier la réalité en lui substituant une création liée aux phénomènes de l'univers. Le mythe doit être le lieu où s'opère ce dépouillement. Il traduit la tentative toujours recommencée de délester de son contenu matériel ce qui constitue à ses yeux l'axe du mythe : les phénomènes de l'univers. Il faut pour cela le saisir à rebours, du sens transposé au sens premier : ainsi les mythes d'Œdipe, de Narcisse et les autres mythes ne l'intéresseront que dans la mesure où ils parlent tous d'un seul et même personnage : le soleil. Tous les personnages mythiques ne sont que des déguisements du seul drame qui captive Mallarmé. C'est à partir de ce matériau neuf que le poète souhaite reconstituer le monde. La mythologie, interprétée par Cox, lui offre une possibilité de rationaliser ses obsessions. On saisit mieux alors l'aspect de pari insensé que revêt le travail sur le mythe que se propose Mallarmé : il faut tirer parti de l'impalpable, de l'essence, de l'imperceptible. Mallarmé ne peut que sentir la difficulté sinon l'impossibilité du sujet mythique. Il en fait néanmoins le terrain de ses expériences puisqu'il s'agit de recréer l'univers en le dématérialisant : « Je n'ai créé mon œuvre que par élimination... La Destruction fut ma Béatrice »[19]

■ *Le rameau d'or* de J. Frazer

Ouvrage considérable publié en 1890 par Sir James Frazer, *Le rameau d'or* a connu un retentissement sans précédent. Cet ouvrage a, en effet, renouvelé l'intérêt pour le mythe en insistant sur les corrélations entre celui-ci et la nature.

Il s'agit de compilations touffues de mythes de tous pays visant à montrer leur base commune. On y aperçoit notamment cette tendance à la dramatisation des rites : pour les rendre plus vivants, l'auteur n'hésite pas à mettre en scène des épisodes complets avec cadre, personnages et enjeu à la clé. L'idée qui sous-tend l'ouvrage est, à peu de choses près, la même que celle qui a inspiré Schuré : découvrir les motivations universelles qui conduisent à l'institution de rites religieux, montrer que ces rites sont « spécifiquement différents mais génériquement identiques »[20]. L'entreprise de Frazer consiste donc à traquer l'analogie en superposant les cultes.

Le mythe y apparaît comme personnification des forces de la nature. En particulier, Frazer insiste sur le fait que les nations civilisées de l'Asie, de l'Egypte, de la Grèce, représentent le rythme des saisons (surtout la croissance et le déclin de la végétation) sous la forme d'épisodes de la vie des dieux. Ainsi se façonnent dieux, déesses et esprits d'après le panorama changeant de la nature. Bacchus personnifiera d'abord le vin et les joies de l'ivresse, la mort d'Osiris correspondra à la disparition du soleil au couchant.

> Leur curiosité (celle des hommes) n'était pas seulement désintéressée ; car même le sauvage ne peut que constater à quel point sa vie est liée à celle de la nature, et à quel point les mêmes processus qui figent le courant et dépouillent la terre de toute végétation le menacent d'extinction[21].

L'art de la magie vient au secours des hommes menacés pour détourner les calamités ou encourager les productions. Les cérémonies rituelles deviennent un moyen, non seulement d'invoquer le dieu, mais aussi de faciliter sa tâche en lui apportant un soutien. Et Frazer d'ajouter, fidèle à sa théorie : « De nom et de détails les rites variaient de pays en pays : en substance, ils étaient les mêmes[22] ».

Frazer fait remonter les concepts religieux à des rituels primitifs et à des interprétations de phénomènes naturels. C'est ainsi que l'offrande sexuelle des prêtresses dans les temples symbolise l'acte accompli par la déesse qui rend les champs fertiles et productifs. De même, la mort et la réincarnation du dieu, concept trouvé dans bon nombre de croyances, renvoient par mimétisme au cycle naturel des saisons.

Frazer est également amené à explorer l'irrationnel et le surnaturel en se basant sur les observations de la nature. Ses investigations le poussent à détailler les rites pour rechercher dans le passé les sources du présent. Le monde ancien qui apparaît à travers la lecture du *Rameau d'or,* est un monde sanglant, mais qui renferme toutes les émotions humaines : un homme primitif, libéré de toute inhibition, lié au rythme naturel de la Terre, en émerge. Ce faisant, Frazer colore à jamais les mythes d'une primitivité sauvage. Ceux-ci deviennent un moyen de célébrer les expériences humaines.

Toutefois, pas de dieux solaires chez Frazer. Au contraire de Cox et de Müller, il relie les divinités à un cycle végétatif : mort, renaissance sont les pôles de ce rythme naturel. Les esprits des bois et des champs gouvernent le monde et ce sont eux qui ont, d'après Frazer, donné le jour au Christianisme. Au centre des rites primitifs, se trouve donc le culte central du dieu qui meurt et qui renaît.

Il nous est difficile de croire, comme le pense J. Campbell[23], que Frazer, si féru de légendes, puisse condamner irrévocablement d'anciennes pratiques magiques et occultes. Il remarque, il est vrai, une évolution. Si, au commencement, la religion était l'apanage des gens éduqués et la magie celui des ignorants et des superstitieux, cette distinction n'est pas toujours aussi nette. Car la magie, fondée sur une séquence invariable d'effets et de causes, indépendants de la volonté humaine, prépare aussi le terrain à la science. « L'alchimie conduit à la chimie »[24] dira-t-il. C'est ainsi que l'homme primitif évolue d'une société pastorale à une société agricole, tout en progressant d'un état lié à la magie à un état lié à la religion.

La magie est également un lien entre les peuples : une croyance profonde en ses pouvoirs unit les classes populaires. C'est en ce sens que Frazer juge dangereuse la superstition qui pourrait, par sa puissance unificatrice, menacer la civilisation et surtout la religion : « Nous semblons nous déplacer sur une croûte fine qui peut à tout moment être fissurée par les forces souterraines assoupies au-dessous »[25].

C'est ainsi que Frazer sera amené, en conclusion, à confronter les deux formes de savoir. Là se situe l'éloge implicite de la science. Car la science, dérivée de l'observation exacte des phénomènes de la nature, inspire plus de confiance et constitue pour l'auteur « la clé du labyrinthe, la clé d'or qui ouvre beaucoup de serrures dans le trésor de la nature »[26].

La science ouvre les portes de l'avenir en laissant présager des lendemains confortables, matériellement et spirituellement. Toutefois, Frazer s'empresse de modérer cet enthousiasme en rappelant que la science, comme la magie et la religion, n'est qu'une des théories de l'esprit et qu'elle peut, à son tour, être supplantée par une autre forme de savoir que nous ne pouvons encore percevoir.

Frazer, loin de sacrifier entièrement à l'apologie de la science, la considère plutôt comme une direction de l'esprit. Malgré ses indubitables promesses, elle peut subir le sort de la religion et de la magie : l'affaiblissement, voire sa disparition. C'est toutefois sur l'aspect presque cyclique de cette pensée que nous conclurons : Frazer continue à sentir les forces de la magie et celles de la religion. Quoique amoindries, rien ne permet d'affirmer qu'elles ne vont pas, un jour, reprendre le dessus et asseoir à nouveau leur pouvoir.

L'ouvrage de Frazer véhicule donc des images essentielles, qui vont grandement influencer les contemporains. En offrant des exemples innombrables du lien qui existe entre le mythe et la nature, *Le rameau d'or* dirige les esprits vers les régions obscures de la primitivité.

2) Le mythe comme moyen de connaissance

■ *Spirituelle : Les grands initiés* d'E. Schuré

Il y a des accents de Péladan dans la préface écrite par Schuré à son livre *Les grands initiés*. Publié en 1889, ce livre d'abord ignoré, connut des réimpressions successives qui témoignèrent de son indéniable succès.

Les grands initiés est une œuvre ambitieuse, dont l'auteur se justifie fort clairement dans son avant-propos. Le sous-titre *Esquisse de l'histoire secrète des religions* nous invite déjà à voir une évocation d'un genre particulier des religions universelles. En réalité, le but de Schuré est élevé : il s'agit de redonner au siècle finissant le goût du spirituel. L'auteur constate d'abord qu'existent côte à côte deux forces opposées : la Science et la Religion. D'un côté, des esprits positifs se gavent de découvertes qui précipitent le monde vers un matérialisme toujours plus conquérant ; de l'autre, des êtres isolés, amoureux de l'Idéal persistent à répondre à une force invisible qui est celle de l'esprit et du cœur.

Mythe et histoire 49

Schuré perçoit une lutte irréductible entre la Science (à laquelle il associe les mots de matérialisme, positivisme, scepticisme et naturalisme) et l'appel du divin. Il constate évidemment un besoin très fort de science, tout en signalant l'existence d'une poignée d'irréductibles qui refusent de perdre du terrain. Il s'ensuit donc un sentiment de malaise, caractéristique de ce déchirement :

> Cette situation, qui dure depuis plus de cent ans, n'a certainement pas peu contribué à développer les facultés humaines en les tendant les unes contre les autres. Elle a inspiré à la poésie et à la musique des accents d'un pathétique et d'un grandiose inouï. Mais, aujourd'hui, la tension prolongée et suraiguë a produit l'effet contraire. Comme l'abattement succède à la fièvre chez un malade, elle s'est changée en marasme, en dégoût, en impuissance. La Science ne s'occupe que du monde physique et matériel ; la philosophie morale a perdu la direction des intelligences ; la Religion gouverne encore dans une certaine mesure les masses, mais elle ne règne plus les sommets sociaux ; toujours grande par la charité, elle ne rayonne plus par la foi. Les guides intellectuels de notre temps sont des incrédules ou des sceptiques parfaitement sincères et loyaux. Mais ils doutent de leur art et se regardent comme les augures romains. En public, en privé, ils prédisent les catastrophes sociales sans trouver le remède, ou enveloppent leurs sombres oracles d'euphémismes prudents. Sous de tels auspices, la littérature et l'art ont perdu le sens du divin[27].

Il faut renverser une situation bien compromise en injectant un sang neuf à la religion. Il est nécessaire, pour cela, de remonter dans le temps et de déchiffrer à nouveau les anciennes religions. Non point dans leur histoire extérieure, que nous connaissons bien, mais dans l'histoire secrète et les doctrines occultes : la doctrine des Mystères.

> Toutes les grandes religions ont une histoire extérieure et une histoire intérieure ; l'une apparente, l'autre cachée. Par l'histoire extérieure, j'entends les dogmes et les mythes enseignés publiquement dans les temples et les écoles, reconnus dans le culte et les superstitions populaires. Par l'histoire intérieure, j'entends la science profonde, la doctrine secrète, l'action occulte des grands initiés, prophètes ou réformateurs qui ont créé, soutenu, propagé ces mêmes religions. La première, l'histoire officielle, celle qui se lit partout, se passe au grand jour ; elle n'en est pas moins obscure, embrouillée, contradictoire. La seconde, que j'appelle la tradition ésotérique ou la doctrine des Mystères, est très difficile à démêler. Car elle se passe dans le fond des temples, dans les confréries secrètes, et ses drames les plus saisissants se déroulent tout entiers dans l'âme de grands prophètes, qui n'ont confié à aucun parchemin ni à aucun disciple leurs crises suprêmes, leurs extases divines[28].

Les religions ne sont pas ce que l'on croit. Schuré dédaigne l'aspect officiel et édulcoré des mythes. Il faut régénérer le savoir en montrant que ces héros, ces grands initiés, étaient aussi de grands meneurs d'hommes, des réformateurs, des « organisateurs de société »[29]. Leur message, loin de se cantonner à de modestes prières, cernait toute la dimension humaine et notamment régentait la part scientifique, morale et artistique de la société.

On voit déjà comment Schuré se fait fort de proposer une revitalisation des mythes anciens dans le but de communiquer une parcelle de cette énergie lumineuse à la génération « sèche, sans idéal, sans lumière et sans foi »[30] qui est la sienne. C'est en s'attaquant à l'envers de ces religions qu'il compte parvenir à saisir le point générateur des religions. Car, et c'est là son deuxième point, c'est grâce à cette face cachée que se dévoile un dénominateur commun. Les religions de l'Inde, de l'Egypte, de la Grèce, d'Israël, sous des dehors divers et irréductibles se retrouvent.

> L'application de la méthode que j'ai appelé l'ésotérisme comparée à l'histoire des religions nous conduit donc à un résultat d'une haute importance, qui se résume ainsi : l'antiquité, la continuité et l'unité essentielle de la doctrine ésotéri-

que. Il faut reconnaître que c'est là un fait bien remarquable. Car il suppose que les sages et les prophètes des temps les plus divers sont arrivés à des conclusions identiques pour le fond, quoique différentes dans la forme, sur des vérités premières et dernières — et cela toujours par la même voie de l'initiation intérieure et de la méditation. Ajoutons que ces sages et ces prophètes furent les plus grands bienfaiteurs de l'humanité, les sauveurs dont la force rédemptrice arracha les hommes au gouffre de la nature inférieure et de la négation[31].

Toutes les religions divisent l'univers en mêmes catégories et toutes font découler de l'esprit les notions de science et de progrès. Comment alors ne pas voir qu'en elles réside la solution à la grande faiblesse du siècle ? Tout revient à cet axiome : « L'esprit est la seule réalité »[32]. En se replongeant aux sources des religions et des mythes anciens, on renaît aux forces occultes, aux manifestations de Dieu sur la Terre.

Là, Schuré s'interroge. N'a-t-on pas perçu comme lui des signes infaillibles de cette aspiration au divin ? Des savants comme Bacon ou Darwin démontrent ce que les anciens, forts des lumières de l'esprit, avaient déjà formulé. Même les découvertes scientifiques et médicales sur le magnétisme et le somnambulisme tendent à revenir aux doctrines ésotériques des anciens. Toutes ces constatations prouvent ceci : « La porte de l'Invisible est donc ouverte »[33]. Plus nette encore est cette percée dans le monde des arts :

> Jamais l'aspiration à la vie spirituelle, au monde invisible, refoulée par les théories matérialistes des savants et par l'opinion mondaine, n'a été plus sérieuse et plus réelle. On retrouve cette aspiration dans les regrets, dans les doutes, dans les mélancolies noires et jusque dans les blasphèmes de nos romanciers naturalistes et de nos poètes décadents. Jamais l'âme humaine n'a eu un sentiment plus profond de l'insuffisance, de la misère, de l'irréel de sa vie présente, jamais elle n'a aspiré plus ardemment à l'invisible au-delà, sans parvenir à y croire[34].

Ainsi s'organise un véritable retour à l'antique doctrine ésotérique. Schuré montre ensuite comment cette doctrine des Mystères est à la source de notre civilisation et qu'une erreur fatale nous en a fait rompre le cours. Schuré fait dater le chaos de la révolution de 1789, point de départ d'un schisme entre l'Eglise et l'Etat.

Le projet de Schuré est donc de révéler progressivement la doctrine des Mystères en situant chaque grand initié dans son contexte et en montrant comment tous ont participé à l'élaboration d'une vérité éternelle.

> Dans cette série, Rama ne fait voir que les abords du temple. Krishna et Hermès en donnent la clef. Moïse, Orphée et Pythagore en montrent l'intérieur. Jésus-Christ en représente le sanctuaire[35].

De cette vérité, Schuré est le messager. Son livre doit faire œuvre utile pour restaurer l'ordre de la lumière.

> L'heure est des plus graves et les conséquences extrêmes de l'agnosticisme commencent à se faire sentir par la désorganisation sociale. Il s'agit pour notre France comme pour l'Europe d'être ou de n'être pas. Il s'agit d'asseoir sur leurs bases indestructibles des vérités centrales, organiques ou de verser définitivement dans l'abîme du matérialisme et de l'anarchie[36].

Schuré se donne une mission qu'il espère fertile en enseignement. Mission ambitieuse qui consiste à recréer l'homme complet, équilibré, énergique. Le mythe doit être l'assise, le pilier qui doit redresser l'homme affaibli et sceptique. Il doit, par la richesse de son enseignement, le faire parvenir à la lumière.

Mais l'utilisation du mythe va plus loin : elle aide à lutter contre le siècle. Fort des exemples idéaux, l'individu doit pouvoir réagir. Il doit brandir la bannière du mythe et affirmer sans crainte des convictions qui paraissent dépassées. L'homme doit être prêt à se sacrifier pour la Vérité donnée par les Anciens. A cet égard, Schuré ne ménage pas les expressions agressives :

> — Pour nous, qui avons cette conviction, il n'y a qu'un seul parti à prendre : affirmons cette Vérité sans crainte et aussi haut que possible ; jetons-nous pour elle et avec elle dans l'arène de l'action, et par-dessus cette mêlée confuse, essayons de pénétrer par la méditation et l'initiation individuelle dans le Temple des Idées immuables, pour nous armer là des Principes infrangibles [37].

Position originale que celle qui souhaite faire du mythe un moyen d'action pour réagir contre la mollesse du siècle et un lieu de réconciliation de la Science et de la Religion en conflit depuis la révolution de 89. Schuré investit le mythe d'une mission philanthropique et surtout l'oriente vers l'ésotérisme et le mystère.

En envisageant de conter les vies de Rama, de Krishna, d'Hermès, de Moïse, d'Orphée, de Pythagore, de Platon et de Jésus, Schuré se tourne, non point tant vers l'exposé de dogmes plus ou moins connus, que vers la mission secrète des initiés.

Soucieux de rapprocher l'ancien avec le contemporain, Schuré appelle constamment à l'appui de sa thèse des preuves confirmées par les sciences du temps. Ainsi les légendes hindoues de la création du monde sont-elles admises et prouvées par l'anthropologie moderne :

> Selon les traditions brahmaniques, la civilisation aurait commencé sur notre terre, il y a cinquante mille ans, avec la race rouge, sur le continent austral, alors que l'Europe entière et une partie de l'Asie étaient encore sous eau. Ces mythologies parlent aussi d'une race de géants antérieure. On a retrouvé des ossements humains gigantesques dont la conformation ressemble plus au singe qu'à l'homme. Ils se rapportent à une humanité primitive, intermédiaire, encore voisine de l'animalité qui ne possédait ni langage articulé, ni organisation sociale, ni religion[38].

En ce qui concerne la création du monde et des races, Schuré s'appuie sur la pensée de Fabre d'Olivet et notamment sur l'*Histoire philosophique du genre humain,* dont on sait l'aspect hautement fantaisiste. La pensée de Schuré, tributaire de celle de Fabre d'Olivet, voit la formation des races blanches et noires, les débuts de la religion ou de l'écriture sous l'aspect de récits de fondation qu'il élabore avec fougue.

S'ensuit un parti-pris de réalisme et d'historicité qui fait que Schuré ne se soucie pas de rappeler s'il travaille sur les mythes ou sur l'histoire. Ces initiés ont-ils nom Moïse, Krishna, Orphée ? Qu'importe qu'ils aient ou non existé puisqu'ils ont tous une fonction : faire évoluer l'homme vers l'esprit.

> Certes, il est impossible d'établir par des documents positifs que derrière le mythe de Krishna se cache un personnage réel (...) Il est donc logique d'admettre qu'au milieu du chaos religieux et social que créait dans l'Inde primitive l'envahissement des cultes naturalistes et passionnels, parut un réformateur lumineux, qui renouvela la pure doctrine aryenne par l'idée de la trinité et du verbe divin manifesté, qui mit le sceau à son œuvre par le sacrifice de sa vie, et donna ainsi à l'Inde son âme religieuse, son moule national et son organisation définitive[39].

Il est important pour Schuré de faire glisser le mythe vers l'histoire quand on a, comme lui, le projet de donner aux religions un rôle tonifiant. Il semblerait que Schuré se plaise à voir dans les grands initiés des annonces successives de celui qui sera le plus grand : Jésus. Il met en évidence une chaîne des initiés, allant de Rama à Jésus, tous contribuant à instaurer un message divin qui sera consacré par le fils de Dieu.

> Sur la nuée brillante où lui-même (Le Christ) est debout, six hommes en habits sacerdotaux et de puissante stature élèvent dans leurs mains réunies un Calice

resplendissant. Ce sont six Messies qui ont déjà paru sur la terre ; le septième, c'est lui, et cette Coupe signifie le Sacrifice qu'il doit accomplir en s'y incarnant à son tour[40].

Ainsi les initiés forment tous un maillon essentiel de la chaîne qui mène au Christ, mais lui seul est l'unité au milieu des divergences et des variétés de chaque religion. L'Asie amène la clef de l'au-delà, la Grèce celle de la vie terrestre, mais seul « Jésus, par sa largeur et son universalité, embrasse les deux côtés de la vie »[41].

Schuré s'attache donc à relier les éléments disparates des religions pour prouver qu'elles se dirigent toutes vers une même direction : celle de la réconciliation incarnée par Jésus. Jésus est donc le fruit de religions antérieures, celles de l'Asie, de l'Egypte, de la Grèce, mais il demeure le maître incontesté de la vraie foi.

On peut ainsi lire en filigrane dans les portraits tracés par Schuré le visage de Jésus et les préceptes de la religion chrétienne. Ce projet démontre le désir de Schuré de rassembler en faisceaux les religions de la terre et d'effacer les différences pouvant intervenir entre les divers prophètes.

C'est ainsi que l'on peut aisément tracer le prototype de l'initié, dont l'évolution aura toujours le même aspect et les mêmes conséquences. La plume évocatrice de Schuré se plaît à peindre de saisissants tableaux des époques méconnues de l'histoire, à lever le voile sur les cérémonies initiatiques pratiquées dans des temples interdits.

Les circonstances de l'avènement du prophète sont toujours entourées de multiples signes, le premier étant la décadence et la corruption des mœurs de la société. Qu'il s'agisse de l'orgie romaine, précédant l'arrivée du Messie, ou bien de la tyrannie du roi indien Kansa, oncle de Krishna, ou bien encore de l'invasion par les phéniciens de l'Egypte d'Hermès, les sociétés sont enténébrées par l'anarchie ou le despotisme.

> Les rois schismatiques amenaient avec eux une civilisation corrompue, la mollesse ionienne, le luxe de l'Asie, les mœurs du harem, une idolâtrie grossière[42].
> Et maintenant l'orgie romaine peut s'étaler au grand jour, avec sa bucchanale de vices et son défilé de crimes. Elle commence par la voluptueuse rencontre de Marc Antoine et de Cléopâtre ; elle finira par les débordements de Messaline et les fureurs de Néron. Elle débute par la parodie lascive et publique des mystères ; elle s'achèvera dans le cirque romain, où des bêtes fauves se rueront sur des vierges nues, martyres de leur foi, aux applaudissements de vingt mille spectateurs[43].

L'âge des sauveurs naît des excès d'une nation embourbée où règne le désordre et dont la moindre tare n'est pas le rôle qu'y jouent des femmes séductrices et cruelles : la terrible Nysoumba, aimée du roi Kansa, qui tente de séduire Krishna ; les femmes de Moab, « ces enjôleuses hardies, à la peau noire, aux yeux luisants »[44] qui feront le malheur de la tribu de Moïse ; les cruelles Bacchantes menaçant l'œuvre d'Orphée ; les druidesses ambitieuses que combattra Rama. Le pouvoir semble être passé aux mains d'êtres incapables et dangereux, enfoncés dans la plus noire des matérialités. Il est temps donc que de ce chaos surgisse un être différent. Cette différence apparaîtra dès la description du futur initié : sa douceur naturelle en fera un être d'exception. Il jurera par là avec la férocité ambiante.

On peut ici aisément surimposer les portraits faits par Schuré de chaque prophète pour en saisir les similitudes. Il nous suffira d'en citer quelques-uns pour nous apercevoir que ces héros sont nés d'un même moule.

> Le jeune druide (Rama) était doux et grave. Il avait montré de bonne heure une aptitude singulière dans la connaissance des plantes, de leurs vertus merveilleuses, de leurs sucs distillés et préparés, non moins que dans l'étude des astres et de leurs influences. Il semblait deviner, voir les choses lointaines. De là, son autorité précoce sur les plus vieux druides. Une grandeur bienveillante émanait de ses paroles, de son être[45].
> Hosarsiph (Moïse) était de petite taille, il avait l'air humble et pensif, avec un

front de bélier et des yeux noirs perçants, d'une fixité d'aigle et d'une profondeur inquiétante. On l'avait appelé « le silencieux », tant il était concentré, presque toujours muet. Souvent il bégayait en parlant, comme s'il cherchait les mots ou s'il craignait de dire sa pensée. Il paraissait timide. Puis soudain, comme un coup de foudre sec, une idée terrible éclatait dans un mot et laissait derrière elle un sillon d'éclair. On comprenait alors que si jamais « le silencieux » se mettait à agir, il serait d'une hardiesse effrayante [46].

Fidèle aux principes de la physiognomonie, Schuré révèle dans les visages des messies, les signes qui annoncent un destin exceptionnel : beauté, douceur, harmonie des lignes, le héros est « à peindre » au sens où il pose déjà pour l'éternité comme un modèle de vertu et de sagesse. Ces héros, que l'on pourrait qualifier de solaires, puisqu'ils portent en eux le message de l'esprit, incarnent la force d'un principe masculin appelé à mettre en échec la civilisation finissante.

Mais le héros n'est pas un conquérant. Il doit, avant de suivre son destin, subir une longue et pénible initiation. C'est le voyage qui permettra au jeune homme de mûrir et surtout de connaître à son tour d'autres formes d'esprit. Le lieu majeur de l'initiation, où se trempent les héros, est l'Egypte. Aussi Moïse, Orphée, Pythagore seront-ils initiés par des prêtres égyptiens avant de porter à leur tour la parole de l'esprit. Les prêtres de l'Egypte sont célèbres pour avoir légué une manière sacrée et hiéroglyphique d'exprimer leurs pensées. C'est ainsi qu'ils sont à la source d'un langage caché, énigmatique, transmis à l'adepte au cours de cérémonies initiatiques. Cette initiation, longuement décrite par Schuré dans le chapitre consacré à Hermès, est la clef du message des prophètes. Le prophète devient ainsi non point tant un héros au savoir inné et au verbe de feu qu'un être de patience et de recherches qui n'hésite pas à traverser l'espace avant de revenir, au terme d'un long et fructueux enseignement, convertir son propre pays. Sur cette initiation, Schuré s'attardera longuement, puisque c'est elle qui transforme l'homme prédestiné en messie, elle seule donne une valeur inestimable à son destin. C'est ainsi qu'il insistera sur l'épisode de la jeunesse du Christ en lui attribuant, pour les besoins de la cause, une initiation secrète (puisque non rapportée dans les Evangiles). Celle-ci aurait été faite au contact des Esséniens, un ordre de prophètes organisé par Samuel. Que lui enseignent-ils ?

> On lui communiqua ensuite la doctrine du Verbe divin, déjà enseignée par Krishna en Inde, par les prêtres d'Osiris en Egypte, par Orphée et Pythagore en Grèce, et connue chez les prophètes sous le nom de Mystère du Fils de l'Homme et du Fils de Dieu[47].

Au terme de cette initiation, l'initié qui est à présent un homme d'âge mûr, retourne en son territoire pour transmettre le message divin. Il s'ensuit alors des fondations d'ordre, d'écoles, de centres qui rassembleront les disciples et les nouveaux convertis. Mais leur message ne se limite pas à la transmission d'une parole purement intellectuelle et au-dessus des contingences. Ce qui intéresse justement Schuré, c'est de voir la collusion entre ce message de l'esprit et la vie de la cité. L'initié pose aussi un regard critique sur les institutions en place et il en arrive parfois même à fonder sa propre société. Ainsi Moïse devient-il meneur d'hommes, conduisant ses frères dans un long exode, donnant une constitution politique et la subordonnant au pouvoir religieux :

> Il ressort de ce passage que dans la constitution d'Israël établie par Moïse, le pouvoir exécutif était considéré comme une émanation du pouvoir judiciaire et placé sous le contrôle de l'autorité sacerdotale[48].

De même, Pythagore, fondateur d'une école et réformateur, ne se contente pas de pratiquer l'enseignement ésotérique mais il organise aussi le conseil des Trois Cents :

> Pythagore voulait donc à la tête de l'Etat un gouvernement scientifique moins mystérieux, mais aussi haut placé que le sacerdoce égyptien. Ce qu'il réalisa pour un moment resta le rêve de tous les initiés qui s'occupèrent de politique, introduire le principe de l'initiation et de l'examen dans le gouvernement de l'Etat, et réconcilier en cette synthèse supérieure le principe électif ou démocratique avec un gouvernement constitué par la sélection de l'intelligence et de la vertu. Le conseil des Trois Cents forma donc une espèce d'ordre politique, scientifique et religieux dont Pythagore était le chef avoué[49].

Ce double pouvoir spirituel et politique sur lequel table l'initié va aussi causer sa perte. Mettant en péril l'ancien pouvoir, il va dresser contre lui les puissants et les chefs. L'initié, en se mêlant de gouverner les esprits, signe sa propre perte. Orphée déchiré par les griffes des cruelles bacchantes, Krishna transpercé de flèches par les archers du roi Kansa, Jésus crucifié par les soldats romains, les initiés meurent sous les coups des chefs barbares, accomplissant ainsi leur destin. Leur message doit prendre racine dans leurs souffrances, implantant ainsi une foi nouvelle. Ils contribuent à bouleverser l'ordre établi en opérant un renversement pacifique de l'ancien.

L'initié est donc pour Schuré l'homme du syncrétisme : né sur les ferments de l'ancien et du barbare, il surgit comme une force nouvelle, cultive des pouvoirs occultes et apporte à son pays un nouveau regard sur l'esprit et le pouvoir. L'initié naît d'une crise de la civilisation et apporte une réponse à son bouleversement. Quelle est cette réponse ? C'est la réconciliation de deux principes opposés, que Schuré appelle masculin et féminin, les deux faces d'un même concept.

> Ce fut le dernier assaut de Jésus contre les puissances du jour. Il y déploya une extrême énergie, et toute cette force masculine qui revêtait comme une armure la tendresse sublime, qu'on peut appeler : l'Eternel-Féminin de son âme[50].

En Jésus seul s'incarnent les deux extrêmes, se marient les principes de la terre et ceux du ciel. C'est ce qui fait de lui le seul dieu de cette lignée d'initiés. Le héros est donc un homme dans lequel s'allient des qualités divergentes : celles de l'amour et de l'héroïsme, de la force pure et de l'esprit apaisant.

La leçon qu'apporte Schuré dépasse de beaucoup les simples considérations sur le pouvoir de l'esprit. Il confirme, chaque fois qu'il est nécessaire, son projet de donner une nouvelle impulsion à son époque, qu'il considère justement comme une période de crise. En proposant comme exemples les grands initiés, Schuré pense qu'ils apportent une réponse à des problèmes contemporains.

> Actuellement le pouvoir politique est constitué partout sur des bases insuffisantes. Car d'une part, il émane du soi-disant droit divin des rois, qui n'est autre que la force militaire ; de l'autre, du suffrage universel, qui n'est que l'instinct des masses ou l'intelligence non sélectée[51].

Schuré s'interroge sur la pertinence du pouvoir et hésite. Il reconnaît que manque un élément qui serait l'élément réconciliateur entre les divers types de pouvoir. Ce pouvoir réconciliateur, c'est l'Eglise. Seule l'Eglise peut fournir la base d'un rassemblement d'hommes au-delà de toute considération de races. La chaîne conçue par les Initiés doit se poursuivre par la construction d'un temple spirituel. Remettre le monde sur la voie de l'ésotérisme permettrait de remettre le pouvoir entre les mains, qu'il n'aurait jamais dû quitter, de la religion.

■ Humaine : L'interprétation des rêves de S. Freud

Il nous est difficile de connaître les répercussions de l'ouvrage de Sigmund Freud sur son temps. Si la réception de l'ouvrage fut glaciale lors de sa parution en

1900 dans les milieux scientifiques français, on peut imaginer ce qu'il en fut pour les milieux littéraires et artistiques : elle fut nulle.

Si une floraison d'ouvrages portant sur les mêmes recherches apparurent à la même époque dans l'entourage de Freud, il n'en fut pas de même en France. Les idées de Freud s'opposaient à la pensée psychiatrique de son temps, particulièrement en France, où une tradition fondée sur la primauté de la conscience était imperméable aux efforts de la nouvelle école psychanalytique. Le cartésianisme bien implanté dans le domaine de la recherche annula et retarda toute nouvelle théorie. La résistance s'organise aussi grâce aux psychologues français qui privilégiaient le savoir académique et l'esprit de doctrine. C'est ainsi que le livre de Freud ne sera traduit et publié qu'en 1926 sous le titre : *La science des rêves*.

Ceci étant posé, il n'en reste pas moins que le concept d'inconscient est déjà présent dans la littérature de l'époque. A tel point qu'on peut se demander si la littérature symboliste, en affirmant la valeur du rêve et du mythe, n'a pas poursuivi à sa façon une recherche parallèle. De plus, s'il est peu probable que les découvertes freudiennes aient influé sur les travaux littéraires de la France de la fin du XIXe siècle, l'inverse est plus proche de la vérité. Freud, en humaniste, a une bonne connaissance de la littérature française contemporaine : son séjour en France, lorsqu'il suit les cours du professeur Charcot, lui a permis d'être un grand lecteur de Zola et de Maupassant. Charcot, en contact avec les milieux littéraires, est lui-même associé aux auteurs de l'époque, les Goncourt et Bourget feront souvent appel à lui.

Un ouvrage comme celui de Schuré, *Les grands initiés,* met en avant des recherches sur l'hypnose et le don de voyance, qui montrent que les intérêts de certains chercheurs se rejoignent. C'est ainsi qu'il affirme :

> Il y a donc en nous un moi latent. Ce moi latent, qui se manifeste dans le sommeil et le rêve, est le vrai moi, supraterrestre et transcendant, dont l'existence a précédé notre moi terrestre, lié au corps. Le moi terrestre est périssable ; le moi transcendant est immortel[52].

Se révèle ainsi un langage commun et symbolique : ce langage oublié se devait d'être mis en lumière et c'est Freud, le premier, qui s'en chargea.

En affirmant que les rêves ont un sens et qu'ils font partie intégrante de notre individu, Freud signale, dès le titre : *L'interprétation des rêves,* qu'existe une clé apte à décoder l'ancien mystère.

> Je me propose de montrer dans les pages qui suivent qu'il existe une technique psychologique qui permet d'interpréter les rêves : si on applique cette technique, tout rêve apparaît comme une production psychique qui a une signification et qu'on peut insérer parfaitement dans la suite des activités mentales de la veille. Je veux, de plus, essayer d'expliquer les processus qui donnent au rêve son aspect étrange, méconnaissable, et d'en tirer une conclusion sur la nature des forces psychiques dont la fusion ou le heurt produisent le rêve[53].

Dans l'insistance que met Freud à exposer sa méthode, on sent qu'il souhaite éclaircir le rêve, lui trouver un sens et une valeur, en même temps que l'insérer dans notre monde.

Freud émet ainsi l'idée de l'inconscient : nous éprouvons des désirs dont nous n'avons aucune conscience. Une censure puissante nous protège d'en être jamais conscient. Ces désirs existent toujours et choisissent donc, pour se manifester, la forme du déguisement.

> Nous sommes ainsi conduits à admettre que deux grandes forces concourent à la formation du rêve : les tendances, le système. L'une construit le désir qui est exprimé par le rêve, l'autre le censure et par suite de cela déforme l'expression de ce désir[54].

56   *La création mythique à l'époque du symbolisme*

Le rêve nous permet donc de satisfaire, tout en restant parfaitement inconscients, ces désirs qui nous subjuguent. Ainsi s'élabore la théorie de Freud : les forces motivantes de notre vie rêvée sont des désirs irrationnels. Durant notre sommeil, notre vie consciente est affaiblie et les désirs ressurgissent. Mais pour préserver notre sommeil, ces désirs doivent emprunter la forme du déguisement et parviennent ainsi à être satisfaits.

Que sont ces désirs ? Freud affirme que tous ces désirs irrationnels prennent racine dans des épisodes de notre enfance, et d'en conclure que la plupart de ces événements se sont réellement passés.

> Plus on analyse les rêves, plus on découvre de traces d'événements d'enfance qui ont joué dans le contenu latent le rôle de sources de rêves.
> Nous avons vu que bien rarement le rêve reproduit des souvenirs d'une manière telle qu'ils apparaissent sans abréviation ni changement dans son contenu manifeste. Il y a cependant quelques exemples de fait, et je pourrais en ajouter d'autres, qui se rapporteraient à des scènes de vie infantile[55].

S'opposant en cela à la vision victorienne de l'enfant innocent, Freud insiste sur les aspects proprement « vicieux » et choquants du comportement enfantin. L'enfant, en grandissant, doit apprendre à censurer ses désirs pour devenir un individu social. C'est alors qu'intervient le procédé de la distorsion de la réalité : les désirs irrationnels doivent exister sans pouvoir être identifiés. C'est par le procédé du camouflage que se mettra en place un langage symbolique, sorte de code secret que seul l'analyste peut déchiffrer.

Ce langage ne peut exprimer des choses complexes et abstraites, au contraire il doit transmettre des désirs simples et primitifs. Ainsi les symboles sexuels seront quotidiens et évidents : le sexe mâle sera traduit par le bâton, le parapluie, le couteau, alors que le sexe féminin sera représenté par le vase, la boîte, le coffre. Il faut ainsi parvenir à reconstituer, à partir de symboles divers une histoire cohérente.

Son interprétation des mythes et des légendes découle de ces mêmes principes. Le symbolisme des mythes est considéré comme une régression à des stades primitifs de l'humanité.

Il est indéniable que Freud a permis une nouvelle compréhension des mythes. En inaugurant une compréhension fondée sur la découverte d'un langage symbolique, Freud ne voit plus la sagesse de l'enseignement du passé mais au contraire l'inverse : l'irrationnel, l'antisocial, le sexuel. Il en revient ainsi aux conceptions antiques du rêve-prémonition, du rêve-oracle qui permettait d'interpréter les messages divins. Ainsi se tisse un lien solide et revendiqué entre le savant et les croyances primitives. Son but revient donc à tenter de conceptualiser et d'approfondir une connaissance déjà ancienne, qu'il reprend à son compte.

Freud, dans sa méthode de déchiffrage, puise ses sources dans tout ce qui l'environne : sa culture, ses références, mais aussi lui-même, ses rêves, les rêves de ses enfants et ceux de ses patients. Il en tire des observations qui l'aideront à bâtir sa théorie. C'est particulièrement dans le domaine des relations parents-enfants que Freud puise les mythes qui l'intéressent. Dans le chapitre consacré aux rêves typiques, Freud s'arrête sur les rêves de mort des personnes chères. Après avoir donné des exemples de rêves de cruauté entre frères et sœurs, si caractéristiques de l'enfant-majesté, il en vient à observer les rapports entre père et fils.

> Voyons d'abord les relations entre père et fils. La sainteté que nous reconnaissons aux prescriptions du Décalogue nous empêche de voir la réalité. Nous n'oserions convenir que la plus grande partie de l'humanité se soucie fort peu du quatrième commandement. Que ce soit dans les hautes ou basses classes, la piété filiale recule souvent devant d'autres intérêts. Les mythes et les légendes archaïques nous montrent le pouvoir illimité du père, et l'usage sans retenue qui en est fait, sous un jour très sombre. Kronos dévore ses enfants comme le sanglier la portée de sa femelle ; Zeus châtre son père et se met à sa place. Plus le pouvoir du père

dans la famille antique était grand, plus le fils, son successeur naturel, devait se sentir son ennemi, plus son impatience devait être grande d'accéder à son tour au pouvoir par la mort de son père[56].

Ainsi le premier exemple qui lui vient à l'esprit est l'exemple de Kronos, le géant qui dévore sa progéniture. Comme si le mythe suffisait à prouver sa parole. Il est vrai que Freud s'avance sur la pointe des pieds. Il a conscience d'être sur un terrain mouvant et le mythe doit ici agir comme un garant. Une fois la force du mythe assénée à d'éventuels détracteurs, il ose évoquer un lien entre ce mythe et les familles bourgeoises contemporaines.

En évoquant « l'antique conflit entre le père et le fils »[57], c'est d'abord aux mythes puis aux œuvres de fiction (Ibsen) qu'il va confier le soin de transmettre l'information révoltante. Il semblerait donc qu'avant d'exposer des théories aussi audacieuses que celle de la rivalité du père et du fils, qui deviendra le complexe d'Œdipe, Freud préfère rappeler le contenu mythique de tels désirs avant de citer des exemples contemporains qui justifient pourtant de tels rapprochements. Le mythe serait-il donc le garant absolu de sa démonstration ? Certes, mais il joue aussi le rôle de lien incontestable entre passé et présent ; il authentifie, justifie et en partie excuse les pulsions monstrueuses qui se font jour. En ayant recours aux légendes, Freud montre que, de tout temps, en tous lieux, les hommes ont éprouvé les mêmes désirs et que ces désirs existent toujours : « Le poète, en dévoilant la faute d'Œdipe, nous oblige à regarder en nous-mêmes et à y reconnaître ces impulsions qui, bien que réprimées, existent toujours »[58]

Le mythe, avec son stock immuable de pulsions et d'interdits, lui apporte des ressources nombreuses.

> L'antiquité nous a laissé pour confirmer cette découverte une légende dont le succès complet et universel ne peut être compris que si on admet l'existence universelle de semblables tendances dans l'âme de l'enfant[59].

Universalité du mythe mais aussi, comme nous l'avons déjà dit, preuve apportée par le mythe, comme une démonstration à rebours sur des innovations encore hésitantes.

On se souvient que l'interprétation du mythe d'Œdipe était un des piliers de son système. Freud pense que cette interprétation lui donne la clé de tous les mythes : il y voit le mécanisme fondamental du développement de l'enfant et le nœud suprême des relations parents-enfants : le désir de supprimer son père et d'épouser la mère.

Voyons à présent comment Freud raconte le mythe d'Œdipe. Dans un texte relativement concis, il expose la version des faits sans d'abord y ajouter d'observations personnelles. Toutefois, on a pu relever que dans cet exposé clair et précis, la relation entre Œdipe et son père est relatée cinq fois sous des expressions différentes : « Un oracle a prévenu son père que ce fils le tuerait » ; « il y serait le meurtrier de son père » ; « il rencontre le roi Laïos et le tue » ; « le meurtrier de Laïos » (deux fois) ; « le fils de la victime »[60]. Par ordre décroissant, apparaît ensuite la relation avec la mère, relatée trois fois, alors que la confrontation avec le Sphinx et l'enquête, qui permet de déterminer la culpabilité d'Œdipe, ne sont mentionnées qu'une seule fois.

En privilégiant la relation Œdipe-Laïos au détriment de tous les autres éléments du mythe (la résolution de l'énigme, la prise du pouvoir par Œdipe) Freud nomme un complexe qui n'est justement que celui-là : le désir de tuer le père chez tous les enfants mâles au moment de leur puberté.

Freud a donc reconnu et privilégié dans ce mythe ce qui était en accord avec sa théorie et son propre inconscient. Qualifier, comme il le fait, l'enquête d'Œdipe sur sa propre culpabilité de « psychanalyse »[61] démontre bien qu'il superpose au mythe une lecture orientée et qu'il y cherche une démarche (la sienne) et une justification. L'insistance avec laquelle Freud s'attache à établir un pont entre la légende d'Œdipe et nous-mêmes est troublante : « Il faut qu'il y ait une voix qui nous fasse reconnaître la puissance contraignante de la destinée dans Œdipe »[62].

Nous avons aussi relevé : « sa destinée nous émeut » ; « cet avertissement nous atteint nous-mêmes et blesse notre orgueil » [63]. Freud applique immédiatement sa découverte en substituant au héros mythique un « nous » bien familier, dont il a peut-être pressenti l'audace, car il tempère ses affirmations : « Il se peut que nous ayons tous senti à l'égard de notre mère notre première impulsion sexuelle, à l'égard de notre père notre première haine »[64].

Cette équivalence totale entre l'être mythique et l'être réel peut être retrouvée dans d'autres emprunts faits par Freud au monde du mythe. On l'aperçoit notamment dans l'interprétation d'un rêve personnel dans lequel Freud affirme : « Cet Hercule, c'est moi »[65]. Ainsi Freud a interprété un mythe, et beaucoup d'autres par la suite, comme étant la répétition d'une même action et d'un même désir.

Ce qui nous paraît aujourd'hui surprenant, c'est la liberté avec laquelle Freud joue avec le mythe. Freud considère le mythe comme étant au service de sa théorie. Ainsi chaque mythe se devra d'être la représentation d'un désir sexuel enfantin. Les mythes sont des outils au moyen desquels Freud construit sa théorie. Analysant le cas d'un jeune homme troublé par une fureur terrible contre son père, Freud en vient à expliquer le cas par la mythologie, en ayant recours aux exemples fournis par la légende.

> La fureur contre son père qu'il s'efforce d'étouffer, rassemble les images précédentes qui contiennent des allusions fort claires. La mythologie en a fourni des éléments. La faucille est celle avec laquelle Zeus a émasculé son père, et le paysan est Kronos, le méchant vieillard qui mange ses enfants et dont Zeus tire une vengeance si peu filiale[66].

Zeus et Kronos ont, bien avant le patient lui-même, joué à un jeu dangereux, mettant en péril les relations filiales. Le fait que ces relations aient été elles-mêmes le fruit d'une invention poétique ne trouble pas Freud qui, à aucun moment, ne semble mettre en doute l'enseignement contenu dans le mythe.

Freud accorde aux mythes une importance bien réelle. Comme les événements infantiles, dont beaucoup de nos rêves sont issus, les mythes forment un matériau existant et utilisable. A plusieurs reprises, Freud cite le mythe comme s'il s'agissait d'une matière explicable et provenant d'une expérience vécue. Il met sur un pied d'égalité les héros de roman, les héros mythiques et les patients, comparant héros historiques et héros fictifs.

Ainsi le mythe est non seulement au service de la théorie psychanalytique, mais il apparaît comme une vérité incontestable sur le comportement humain, matériel scientifique de première main, analysable, disséquable et faisant autorité. Ce qui nous paraît si nouveau dans l'exploitation des mythes par Freud, c'est leur caractère de parole sacrée, irréfutable. Freud va jusqu'à remarquer que « ces mythes et interprétations prouvent d'exactes connaissances psychologiques »[67].

Dans la même veine, nous pouvons citer l'interprétation du rêve que Freud appelle « rêve de naissance », faisant intervenir le symbolisme de l'eau. Ici encore, il passe par la mythologie pour l'interpréter :

> Dans le rêve comme dans la mythologie, la délivrance de l'enfant des eaux est ordinairement représentée par renversement par l'entrée de l'enfant dans l'eau ; la naissance d'Adonis, d'Osiris, de Moïse et de Bacchus en fournit des exemples entre beaucoup d'autres. Le mouvement de la tête qui sort de l'eau et qui y rentre rappelle aussitôt à la malade les mouvements de l'enfant qu'elle a appris à connaître pendant son unique grossesse[68].

Nourri de légendes, Freud avoue lui-même trouver des « particularités très utilisables »[69] pour expliquer tel ou tel fantasme. Si le complexe d'Œdipe se bâtit entièrement sur une légende grecque, le fantasme de masturbation sera traduit par le personnage de Moïse :

> Moïse prend sa verge malgré l'ordre du Seigneur, et Dieu punit cette désobéissance en lui annonçant qu'il mourra sans voir la Terre promise. La verge — symbole phallique incontestable — saisie malgré la défense, le liquide qui résulte du coup donné, la menace de mort résume parfaitement les principaux moments de la masturbation chez l'enfant[70].

Ce qui surprend, c'est justement cet échange permanent entre mythes et fantasmes. Ce travail parallèle fait que Freud œuvre autant sur les mythes que sur ses patients, reconnaissant ici et là des indices, expliquant les uns par les autres. Ce travail n'est pas à sens unique : s'il interprète les rêves de ses névrosés par les névroses de héros mythiques, les héros mythiques et littéraires sont eux aussi dûment psychanalysés. C'est le cas de Hamlet, et surtout de Moïse, le grand héros de Freud, auquel il s'identifiera profondément.

Quoiqu'il en soit, le rôle que fait jouer Freud au mythe est multiple et inépuisable. Présenté comme un certificat d'authenticité pour justifier sa nouvelle méthode, il permet une fusion entre le passé et le présent en rassemblant les désirs des hommes. Il permet de fondre des images diverses : celle de l'enfant, de l'adulte, du héros mythique se trouvent rassemblées dans les mêmes motifs.

Enfin Freud présente le mythe comme une parole scientifique incontestable. Il porte ainsi son regard vers une zone autrefois victime, comme le rêve, de superstitions et de croyances, qu'il importe de réhabiliter. Surtout, il en revient à pratiquer lui-même sur le matériau mythique une série d'associations créatrices et pertinentes, mais fort révélatrices. Il procède par touches successives pour parvenir à élaborer sa théorie, où le mythe n'intervient pas au hasard. Au contraire, le mythe est le domaine exclusif des pulsions enfantines, car dans son esprit se fait l'association bien connue entre « enfance de l'homme » et « enfance de l'humanité ». Par extension, tout enfant est un surhomme, un petit dieu, et toute pulsion est mythique avant que d'être humaine, en ce sens qu'elle a déjà été expérimentée par le mythe.

On voit ainsi la valeur capitale du mythe qui, chargé de rassurer le lecteur, se voit assigné la charge de faire vrai. Sous le couvert d'un « nous » indistinct, le rapprochement est accompli : nous sommes les Hercule, Moïse, Oedipe de la légende. Le mythe est ainsi subordonné au projet, témoignage sûr et inattaquable, cautionnant le projet, dans la logique de la démonstration. Sans dévier de son discours, ni proposer d'observations voisines, Freud inclut l'étude du mythe dans celles de maladies névrotiques pour les auréoler d'un évident prestige. Savoir accrédité, le mythe se présente ingénument comme une vérité.

Des œuvres ultérieures de Freud : *Totem et tabou, Moïse et le monothéisme,* exprimeront avec plus de clarté sa théorie des mythes.

En effet, Freud sera amené à étudier de plus près le support primitif en utilisant tout particulièrement l'ouvrage de compilation de Frazer : *Le rameau d'or.* Il nous apprend notamment que tous les actes mythiques sont des actes de violence. L'homme primitif, comme l'enfant, est égoïste et meurtrier. Ainsi, pour Freud, l'homme primitif a accompli ce que nous rêvons de faire aujourd'hui. L'âge du mythe devient donc l'âge de l'action : tous les héros mythiques ont commis des meurtres, accompli des prouesses dont il ne reste à présent qu'un récit rêvé. Par opposition, l'homme contemporain rêve d'agir.

> L'analogie entre les hommes primitifs et les neurotiques sera donc beaucoup mieux établie si nous supposons que dans le premier exemple, aussi, la réalité psychologique a coïncidé au début avec la réalité factuelle : que les hommes primitifs ont réellement fait ce que toute évidence montre qu'ils avaient l'intention de faire[71].

Et Freud de reconstruire les éléments essentiels de la société primitive : c'est le meurtre du père qui assure la fondation de la société humaine. Freud relie encore une fois les désirs détectés dans les rêves de ses patients au mythe réalisé des premiers âges : l'homme primitif a bel et bien tué son père. Le père premier, conduisant la horde primitive, est tué par ses fils qui revendiquent ainsi le droit à la rébellion et à l'indépendance. Toutefois, en commettant ce parricide, les fils sont à jamais maudits. Pour supporter cette terrible culpabilité, les fils devront s'imposer des tabous : ainsi s'implante le système organisé de la répression sociale du groupe.

On voit comment l'origine du mythe est ramenée à l'acte parricide fondateur, tel que Freud l'avait déjà souligné dans *L'interprétation des rêves*. Il persiste à exclure d'autres possibilités mythiques pour revenir incessamment sur celle qui le préoccupe : le meurtre du père. Il semble ainsi avoir été sourd non seulement à certains mythes mais aussi à d'autres significations d'un même mythe. Son interprétation se lit donc comme la parabole infiniment répétée d'un crime qui ne paie pas puisque n'en proviendront que répression, culpabilité et auto-sacrifice.

Le mythe « au service de la science » demeure plus près du mythe que de la science. Il garde toute sa puissance d'évocation : la terreur, le sang, le remords restent les éléments qui doivent faire peur ; le mythe est l'histoire d'un crime, une histoire qui impressionne l'imagination.

■ *Nationale :* Wagner et *La revue wagnérienne*

La revue wagnérienne, fondée en 1885 par Edouard Dujardin, présente une tentative intéressante pour commenter et propager en France l'œuvre musicale de Richard Wagner. L'apport de la revue est indéniable, non point tant pour faire connaître les opéras que les idées philosophiques de Wagner. Indéniable aussi est le fait que tous les collaborateurs de la revue sont des symbolistes ou des sympathisants : Villiers de l'Isle-Adam, Mallarmé, Dujardin, Mendès, Bourges, Schuré etc. Ils seront donc amenés, comme l'explique L. Guichard dans son ouvrage : *La musique et les lettres en France au temps du Wagnérisme*[72], à « annexer Wagner au symbolisme et les expliquer l'un par l'autre[73]. »

La revue wagnérienne rassemble des artistes qui ont en commun leur admiration pour le musicien allemand et qui proposeront souvent des interprétations littéraires ou des analyses d'opéra : le wagnérisme devient un thème et il convient de s'y essayer. C'est ainsi que les articles publiés, parfois des essais ou des poèmes, prennent souvent l'aspect de prouesses intellectuelles qui justifient peut-être, d'après L. Guichard, l'existence relativement brève de la revue (elle disparaît en effet en 1888) dont il signale le manque d'unité et de doctrine.

Mais nous ne pouvons parler de la revue ni du rôle qu'elle a joué pour diffuser les idées de Wagner, sans en revenir aux écrits du maître sur le mythe. Avant de se lancer dans la composition de ses opéras, le musicien s'est longuement interrogé sur le rôle et la valeur des mythes et il est de notre propos de nous y arrêter un instant.

On sait que Wagner a hésité pendant de nombreuses années pour savoir qui, du mythe ou de l'histoire, lui fournirait ses plus beaux sujets. C'est ainsi que voisinent dans son esprit l'Histoire où l'homme est déterminé par les circonstances sociales et politiques, et le Mythe où l'homme est le créateur de ces mêmes circonstances. Ainsi s'expliquent les deux pôles d'attraction de son inspiration : d'un côté la figure de l'empereur Frédéric Barberousse, de l'autre les héros légendaires : Siegfried, Achille, voire le Christ. C'est en effet à tous ces personnages que Wagner souhaite consacrer des opéras.

Mais on sait également ce qui, par la suite, triomphera. Délaissant les sujets historiques, Wagner décidera de s'orienter vers les mythes, tout en s'attachant à théoriser cet engouement. Dans l'épais volume : *L'opéra et le drame*, écrit en 1851,

Wagner expose pas à pas sa théorie du drame nouveau. Il insiste notamment sur le rôle joué dans sa découverte par le théâtre grec. Grand admirateur d'Eschyle dont il s'inspire constamment, nourri des personnages de *L'Orestie,* Wagner entend remonter à la source même du théâtre pour y puiser des idées nouvelles.

Nous devons nous arrêter un moment sur cette admiration profonde qu'éprouve Wagner pour *L'Orestie.* Bien des critiques ont vu dans la trilogie de *L'anneau des Nibelungen* une nouvelle *Orestie.* En effet, c'est après la lecture de la trilogie que Wagner a perçu l'usage qu'il pouvait faire du mythe. C'est d'abord la simplicité du mythe qui l'a frappé : chacun des drames comporte une séquence isolée d'actions puisée dans le corpus mythique. Dans *Agamemnon,* c'est l'épouse, Clytemnestre, qui tue son époux ; dans les *Choéphores* c'est Oreste qui supprime la mère coupable, dans les *Euménides* c'est la vengeance des Erinnyes, protectrices de Clytemnestre, qui réclament la mort du fils matricide.

Wagner se souvient de la leçon léguée par Eschyle : un nombre limité de personnages et de scènes ; des allusions constantes au passé ; l'union de trois éléments essentiels ; la poésie, la musique et la danse qui, une fois réunis, procurent l'impression de spectacle total.

On peut pousser plus loin la comparaison et relever des échos familiers dans les deux trilogies : on retrouve les mêmes images de la nature toute puissante, essentielle à l'harmonie du monde. Peut-être faut-il également voir dans le dieu-père Wotan un autre Zeus et dans la déesse-mère Erda la réplique de déesses olympiennes. Mais c'est surtout dans l'organisation hiérarchique du monde que les drames convergent : les nains des profondeurs, les dieux du Walhalla, les géants et les hommes peuplant la terre reproduisent l'univers hiérarchisé du ciel aux enfers de l'Antiquité.

Approfondissons la comparaison. Les créatures féminines : filles du Rhin, Nornes, et la déesse de la nature, Erda, ne font-elles pas écho aux Erinnyes glapissantes qui disent la nature femelle alors que le pouvoir masculin d'un Siegfried est plus limité ? Nous assistons aussi au même combat entre la lumière (Apollon-Siegfried) et les ténèbres (Les Euménides-Hagen). On voit que les correspondances entre les deux œuvres sont multiples et prouvent assez qu'Eschyle a montré à Wagner comment utiliser les mythes.

Revenons à l'écrit théorique de Wagner : les Grecs nous ont légué des mythes qui prennent trois visages, celui du dieu, du héros et de l'homme, et c'est l'essence de l'être humain que nous voyons. Nous la voyons condensée, convaincante, intelligible par la voix de la tragédie antique. Il faut donc s'inspirer de ce type de représentation pour que les mythes prennent à nouveau tout leur sens. Mais de quel mythe s'inspirer ? Wagner examine alors la représentation des mythes grecs et celle du mythe chrétien. Les premiers semblent constamment s'accélérer vers une catastrophe finale, le second commence avec la vie pour s'affaiblir progressivement vers les souffrances et la mort. Beaucoup plus intéressants par leur vitalité sont les mythes européens. Les mythes nordiques et germaniques ont le mérite de contenir une grande richesse d'actions, en même temps qu'ils affirment la vitalité et l'énergie humaines.

Ainsi ce qui rend, pour Wagner, le mythe incomparable est son contenu inépuisable, toujours valable à travers les âges. Le poète doit donc le transmettre et le rendre clair à tous. Le mythe sera le début et la fin de l'histoire comme, dans les opéras wagnériens, la musique précèdera et conclura la parole.

Surtout, les mythes pour Wagner présentent une simplicité évidente, une noblesse et une pureté jamais atteintes, en même temps qu'ils ne nécessitent aucune culture particulière pour y accéder. Ils sont même le contraire de la culture. Loin du formalisme historique, le mythe s'avère le seul sujet possible : l'incarnation par excellence de l'art compris par tous. Seul un sujet anhistorique pouvait se libérer des conventions. Il s'agit donc de retourner à des versions extrêmement primitives du mythe, en empruntant aux Eddas nordiques pour en extraire le prototype du héros : Siegfried, l'incarnation du passé et de l'avenir, la victoire de la lumière sur les ténèbres.

Nous savons que c'est avec *L'anneau des Nibelungen* que Wagner réalisera, beaucoup plus tard, le drame fondé sur un mythe populaire. Les dieux, les géants et les nains sont livrés à des passions humaines et au grand conflit de l'amour et du pouvoir. Wagner emprunte au mythe, et c'est là son originalité, pour parvenir au drame humain. Il métamorphose l'épique en le rendant à la tragédie. En cela, comme le montreront les exégèses de *La revue wagnérienne,* il recrée son propre mythe : celui de l'humanité détruite par les dieux et régénérée par un sauveur, l'homme.

Il semblerait que les symbolistes n'aient pas eu accès à l'ouvrage de Wagner mais à sa *Lettre sur la musique* (publiée en 1860). Dans cette lettre, le musicien confirme ses théories, en particulier sur le mythe. Car le mythe constituera bien sûr la matière de son œuvre :

> Dans le mythe, en effet, les relations humaines dépouillent presque complètement leur forme conventionnelle et intelligible seulement à la raison abstraite, elles montrent ce que la vie a de vraiment humain, d'éternellement compréhensible, et le montrent sous cette forme concrète, exclusive de toute imitation, laquelle donne à tous les vrais mythes leur caractère individuel, que vous reconnaissez au premier coup d'œil[74].

Nous avons relevé plusieurs articles qui, en s'appuyant sur les opéras wagnériens, ont essayé de souligner le travail de Wagner sur les mythes. Le premier est un article d'Alfred Ernst, justement intitulé : « Les origines mythiques de la Tétralogie »[75], qui tente de retrouver les sources mythiques des célèbres opéras.

Première constatation de l'auteur : Wagner fait rarement appel à l'histoire et préfère travailler sur la matière brute des mythes. D'où viennent ces mythes ? Essentiellement de mythes scandinaves et germaniques que Wagner a étudiés en détail avant de construire son drame. Il a dû ainsi consulter un certain nombre de versions de chants et de légendes nordiques.

Il nous est ainsi permis de suivre la trace de Wagner qui emprunte ici et là des éléments qui, une fois assemblés, donneront l'histoire de base de la Tétralogie. C'est donc en associant des versions disparates que Wagner crée son œuvre. Ainsi, il prend les noms des personnages dans le poème germanique : *La détresse des Nibelungen* mais le gros de l'histoire provient en fait de chants scandinaves : les *Saga* et de deux recueils de fragments religieux et héroïques islandais : les *Eddas.* Wagner mêle habilement les cycles légendaires en reproduisant parfois intégralement des passages entiers d'une œuvre.

Cette constatation nous montre combien Wagner étudie soigneusement ses mythes. Il connaît non seulement les imitations et traductions récentes des récits légendaires (*La détresse des Nibelungen* est éditée en 1827) ainsi que les ouvrages de référence (*La mythologie du Nord* éditée en 1834, *La mythologie germanique* de Grimm) mais aussi les versions originales des XIe et XIIIe siècles (*Ancienne et nouvelle Edda*). Ernst souligne également les jeux de mots que le musicien n'hésite pas à faire en rassemblant dans un même nom, plusieurs significations.

> Le nom d'Erda, avec la synonymie qui l'accompagne (Wala, Urwala, Mutter, etc.) contient implicitement plusieurs de ces jeux de mots chers au musicien-poète. En même temps qu'il désigne la Déesse de la Terre, personnification de la Nature, il réunit en quelque sorte le nom d'Urda (l'originelle), attribué dans la mythologie scandinave à la principale des trois grandes Nornes, et le substantif EDDA, qui signifie tout ensemble SCIENCE et GRAND-MERE. L'idée de cette création vient pareillement de ces sources, auxquelles il convient, je crois, d'ajouter la conception des MERES, mystérieuses puissances rêvées par Gœthe, dans le second FAUST[76].

L'auteur s'attache ensuite à montrer la transformation d'un épisode en choisissant de comparer version légendaire et version wagnérienne. Il relève d'abord la naïveté grossière des versions primitives pour insister sur le travail raffiné, les confusions heureuses du musicien :

> Dans cette naïve invention de la légende, Wagner a compris ce qu'il y avait de vraiment poétique et d'éternellement humain. Il a retrouvé l'idée du mythe scandinave dans cent poèmes français ou germaniques, et il l'a pénétrée, traduite, élargie surtout par la puissance de son génie[77].

Wagner s'est ainsi inspiré de symboles anciens auxquels il a accordé des significations nouvelles. Ce que l'auteur cherche à dégager, c'est la géniale invention du poète qui appose sa griffe sur le corpus légendaire. En compilant, triant, modifiant, il fait œuvre de créateur. Il ne s'est pas contenté de rajeunir de vieux mythes, il a amplifié leur portée et leur a offert une nouvelle vie :

> Si la voix des Océanides résonne encore pour nous, de même résonneront, sans s'éteindre jamais, la plainte des filles du Rhin pleurant l'or perdu, le dernier chant de Brunnhilde, l'adieu de Lohengrin, les chœurs des pèlerins disant la grâce, l'hymne d'Iseult mourante, le cantique suprême du PARSIFAL[78].

C. Mendès, dans un article intitulé « Notes sur la théorie et l'œuvre wagnériennes »[79] reprend les mêmes louanges à l'égard de Wagner tout en insistant davantage sur la portée humaine des drames légendaires :

> Si, depuis Rienzi, il lui a plu de placer ses personnages dans des milieux légendaires, c'est que dans la légende, en effet, la passion dégagée des contingences accidentelles de l'histoire, de ce qu'on appelle la couleur locale, s'affirme plus nettement, se montre, pour ainsi dire, toute nue[80].

De plus, le mythe permet une meilleure perception du symbole. C'est cet habile dosage de naïveté et de profondeur qui fait de Wagner « le contemporain du passé »[81]. Il livre les légendes tout en portant sur elles un regard critique, donc un regard de moderne. Et Mendès de proposer une interprétation symbolique de chaque opéra :

> Tannhauser, le chevalier chassé de la Wartburg, maudit par le pape, recueilli par l'enfer, et sauvé par la prière, c'est l'âme de l'homme, souillée de basses débauches, sans espoir de pardon ici-bas, et délivré enfin par le divin repentir[82].

Une fois de plus, il s'agit de célébrer la métamorphose du mythe « banal » en œuvre d'art. Ceci apparaît surtout dans l'œuvre-maîtresse : *L'anneau des Nibelungen,* l'opéra le plus ambitieux de Wagner :

> C'est le passé de toute une race qui surgit des ombres anciennes, et de quelle race ? de celle, qui tout imbue encore des traditions, apportait aux solitudes neigeuses de l'Europe du Nord les divinités géantes et splendides de l'Inde à peine quittée.
> Ici, nous verrons les forces de la nature, incarnées dans les dieux, dans les géants et dans les nains, lutter entre elles et, tour à tour victorieuses ou défaites, s'anéantir enfin au profit de l'homme triomphant[83].

Wagner, en saisissant à bras-le-corps les récits mythiques souvent méprisés, apporte aux contemporains l'histoire de leurs origines en en montrant la valeur et la portée. Catulle Mendès et avec lui les artistes de *La revue wagnérienne* ne peuvent que louer le musicien pour cette entreprise tout à la gloire de l'esprit humain : « Cette idée : le dieu coupable sauvé par l'homme innocent, est certainement une des plus hardies et des plus hautes que l'esprit puisse concevoir »[84].

Fin des dieux, gloire de l'homme, Wagner récrit l'histoire de l'humanité lors d'une époque de transition. L'homme survit pour régénérer le monde et, au-dessus des motifs humains ou divins, demeurent, imperturbables et inchangés, la Nature immuable et le Rhin qui a englouti l'or des Nibelungen.

Toute différente est la position de Mallarmé sur l'opéra wagnérien. Loin de négliger l'apport nouveau de l'opéra allemand, il modère l'enthousiasme des fanatiques. En composant « Richard Wagner, rêverie d'un poète français »[85], Mallarmé offre à la revue un poème en prose d'un ton différent.

Mallarmé préfère au théâtre une scène pure de tout acteur. Sa position de poète l'emporte sur toute notion de spectacle populaire, entraînant l'adhésion des foules. Pour Mallarmé, le seul drame possible est le Mythe unique qui doit, purgé de toute contingence, exprimer « l'antagonisme de rêve chez l'homme avec les fatalités à son existence départies par le malheur »[86]. Or, un des caractères de l'opéra wagnérien est de draîner avec soi les foules en délire. Sans amoindrir l'aspect novateur du drame, Mallarmé préfère s'en tenir à une modeste admiration.

Un des arguments qui explique sa réserve est le traitement et le choix des mythes par le musicien. Le sujet légendaire est, pour Mallarmé, un sujet vain au théâtre, puisque les grands mythes ont disparu :

> Si l'esprit français, strictement imaginatif et abstrait, donc poétique, jette un éclat, ce ne sera pas ainsi : il répugne, en cela d'accord avec l'Art dans son intégrité, qui est inventeur, à toute Légende. Voyez-le des jours abolis ne garder aucune anecdote énorme et fruste, comme par une prescience de ce qu'elle apporterait d'anachronisme dans une représentation théâtrale, Sacre d'un des actes de la Civilisation. A moins que cette Fable, vierge de tout, lieu, temps et personne sus, ne se dévoile empruntée au sens latent de la présence d'un peuple, celle inscrite sur la page des Cieux et dont l'Histoire même n'est que l'interprétation, vaine, c'est-à-dire un Poème, l'Ode. Quoi ! le siècle, ou notre pays qui l'exalte, ont dissous par la pensée les Mythes, ce serait pour en refaire ![87]

Ce n'est donc pas au moyen du mythe que le véritable théâtre trouvera sa voie. Mallarmé reprochera toujours à l'opéra wagnérien d'être un théâtre de légendes trop rattaché au réel qui fixe l'individu dans un monde établi, aisément identifiable. Le théâtre idéal, s'il existe, serait celui de l'être détaché de toute incarnation : pureté et suggestion.

C'est ainsi que les mythes ressuscités par Wagner sont diversement interprétés par les symbolistes. C'est ce que prouverait un rapide tour d'horizon des appréciations des symbolistes sur les mythes wagnériens.

En dehors de *La revue wagnérienne,* beaucoup d'artistes ont revendiqué ou contesté l'héritage wagnérien. Certains, comme Mallarmé auprès de qui on peut compter Léon Bloy et Maurice Barrès, se sont faits fort de nier l'emprise du musicien.

Les raisons en sont diverses. Léon Bloy s'attachera, par exemple, à critiquer « la niaiserie emphatique, l'enfantillage morose de ces légendes »[88]. Quant à Barrès, il montre que Wagner sert de référence pour tous les thèmes à la mode :

> Et si M. Téodor de Wyzewa (wagnérien convaincu) a vu tant de choses si belles dans le *Parsifal* de Wagner, c'est que, les ayant en lui, il était attiré par cette légende, ce mythe, cet art symbolique enfin, qui paraît devoir être l'art suggestif de demain[89].

Pour tous les détracteurs de Wagner, le mythe paraît être le piège par excellence où se laissent prendre les sensibilités émoussées qui croient y lire les symboles éternels de l'âme humaine. « Même certains (les mythes wagnériens) satisfont à l'esprit par ce fait de ne sembler pas dépourvus de toute accointance avec de hasardeux symboles »[90].

Il est vrai que les représentations des mythes et légendes dans les opéras wagnériens entrent pour une grande part dans l'engouement d'un Joséphin Péladan, d'un Edouard Schuré, d'un Stuart Merrill.

On a vu comment les collaborateurs de *La revue wagnérienne* étudient les emplois de la légende par le maître et montrent la magie des vieilles sagas. Ainsi se détachent de l'opéra deux éléments bien nets : la musique et la légende. D'aucuns verront dans la légende le thème éternel du bien et du mal.

Par ailleurs, Edouard Schuré s'inspirera du drame wagnérien pour constituer un théâtre national dans lequel le peuple français pourrait retrouver ses racines. Dans cette intention, il écrit en 1887 un drame : *Vercingétorix,* s'efforçant de « nous retremper aux sources nationales... en évoquant le chef gaulois dans sa force et sa flamme, avec son peuple et sa race, avec ses compagnons d'armes et ses dieux »[91]. Il projette un théâtre régionaliste et légendaire qui donnerait à la France une unité : « la Légende, rêve lucide de l'âme d'un peuple, est sa manifestation directe, sa révélation vivante »[92]. L'Alsace, la Bretagne, le Mont-Saint-Michel et la Grande Chartreuse, autant de lieux où, pour Schuré, avant Barrès, « souffle l'esprit ». Ce projet ambitieux ne dut guère répondre aux aspirations populaires mais il témoigne d'un désir d'utiliser la matière même qui avait rendu Wagner célèbre. Schuré insistera encore sur cette idée lorsqu'il déclarera la naissance d'un théâtre du rêve ou théâtre de l'âme, chargé d'évoquer les grandes légendes humaines, en particulier les vieilles traditions celtes et les légendes de la Forêt-Noire.

Mais c'est surtout Péladan qui trouvera en Wagner un maître et un modèle. C'est d'ailleurs de 1888 que datent sa découverte de Wagner et la fondation des trois ordres de la Rose-Croix, du Temple et du Graal, dont nous aurons l'occasion de reparler plus loin. On peut comprendre ce qui, pour Péladan, constituera une révélation foudroyante : la légende et le mythe sont des orientations nécessaires pour éviter le triple piège du Naturalisme, de la vulgarité et du siècle. Au contraire, la sublime beauté des mythes wagnériens constitue l'étoile à suivre, le chemin déjà tracé. Le salut vient de la communion de la légende et de la musique. Les chevaliers de l'Idéal permettent de barrer la route à la réalité.

> En admirant Wagner, nous ne faisons que reconnaître nos fabuleux ancêtres : Perceval le Gallois et son fils Lohengrin, Tristan de Léonois..., des chevaliers, des purs, des héros[93].

Illusions dangereuses ou nouvelles voies d'expression, les mythes utilisés et recréés par Wagner, sont indubitablement à la source de la fascination éprouvée par les symbolistes. Wagner a su renouveler des situations et des personnages en leur donnant une signification assez vaste pour qu'elle puisse séduire presque tous les contemporains. Il œuvre ainsi la voie à d'autres tentatives, plus ou moins heureuses, mais qui auront toutes le même désir de se retremper aux sources purificatrices du mythe. Il offre aussi, pour certains (dont Péladan) une arme qui servira à combattre le Naturalisme.

En découvrant le mythe et son usage, Wagner a révélé les Symbolistes à eux-mêmes. Le mythe peut ressurgir, être transfiguré et tous les arts peuvent non seulement contribuer à cette résurrection mais aussi se mettre au service de la parole mythique. Dans la densité du mythe se redit le langage du passé et du devenir.

Nous citerons ici Thomas Mann qui, dans son article « Souffrances et grandeurs de Richard Wagner »[94], analyse les caractères de Wagner mythologue. Pour Thomas Mann, Wagner n'apporte pas seulement le langage du « il était une fois » mais aussi celui du « il en sera toujours ainsi ». C'est, pour lui, ce qui confère une telle densité à la mission wagnérienne. De même, le héros wagnérien n'est pas unique : Siegfried, le héros solaire, s'ouvre sur une perspective de héros : « Tammuz, Adonis, Osiris, Dionysos » et le Christ même, tous les crucifiés, démembrés, torturés de la chair. Mais, ajoute Mann, c'est aussi un héros du futur : un idéaliste né des sociétés décadentes du XIXe siècle et chargé de briser les règles, un « social-anarchiste révolutionnaire ».

Ainsi Wagner a su par la puissance des mots et de la musique, ramener les contemporains d'un seul coup vers les premières images de l'humanité : les forces actives de la nuit luttant contre celles de la lumière. Surtout, je crois, les drames wagnériens font appel à un instinct, à une excitation des origines, présente en chaque homme qui, servis par les moyens grandioses de l'opéra, ne peuvent qu'apporter une adhésion irraisonnée et peut-être illusoire.

3) Le mythe comme dissidence

■ *The germ* et l'esthétique préraphaélite

Que sont les préraphaélites ? Un autre groupe de jeunes hommes en révolte contre l'académisme régnant en peinture en Angleterre dans les années 1840. Que vont-ils refuser ? La peinture inspirée par Raphaël, considéré comme le père de l'académisme.

Le journal de William Hunt[95], un des membres du mouvement, révèle qu'à l'origine il s'agissait surtout de protester contre la frivolité de l'art. Par opposition, les peintres devaient s'inspirer de la nature pour revenir à un art épuré. Au départ, il y avait l'influence de peintres comme William Blake et les écrits théoriques de Ruskin, qui influencera aussi grandement Oscar Wilde. A cela s'ajoute l'idée d'une confrérie, directement inspirée, elle, par le mouvement germanique des Nazaréens. Quittant les brumes de l'Allemagne, ce groupe de peintres se retira en Italie en 1810 pour fonder une communauté laïque. Fresquistes inspirés par les légendes germaniques, les Nazaréens mêlent la mythologie à une atmosphère mystérieuse.

Quant à l'influence de Ruskin, elle fut essentielle. Ruskin situe le faîte de l'art à la période médiévale, arguant que la Renaissance n'est qu'une décadence. L'ouvrage de Ruskin, *Modern painters,* qui développe l'idée de la fidélité aux faits ainsi que celle de l'entière fidélité à la simplicité de la nature, servira de bible aux jeunes préraphaélites. Pour Ruskin, en effet, l'art parfait ne peut être que l'art chrétien primitif et c'est à la Renaissance (avec des peintres comme Guido et Carraci) que recule l'art religieux. Dans cet ouvrage de base, Ruskin montre que le peintre doit percevoir la main de Dieu dans la nature : il doit donc à la fois se comporter comme un botaniste, un géologue, un scientifique. Surtout, il devra retrouver le lien perdu entre l'art et la religion. La religion chrétienne confère seule à la peinture une noblesse inégalée et non ce mélange abâtardi de morale et d'esthétique qu'ont pu produire les peintres de la Renaissance. D'autre part, Ruskin oriente la peinture vers le monde spirituel : « Ne confondez jamais un mythe avec un mensonge, dit-il, les mythes sont des images qui contiennent « la loi du ciel »[96].

En 1848 donc, les préraphaélites fondent un mouvement chargé de marquer leur prédilection pour l'art des primitifs italiens : une peinture simple, claire, les fresques du XIIIᵉ et du XIVᵉ siècles. Ils décident de suivre la voie du passé et de la simplicité. Leur goût s'en tiendra surtout à un médiévalisme vague : le plus important étant de revenir au passé et de se vouer à la représentation d'un art mystique. En se donnant comme références les maîtres italiens, ils remettent au goût du jour Dante et Shakespeare, les légendes nordiques, l'architecture gothique et les ballades médiévales. Il s'agit de faire revivre une époque révolue.

Ces jeunes artistes ont nom: John Everett Millais, Dante Gabriel Rossetti, William Hunt. Des trois, seul Rossetti s'est expliqué et s'est chargé de théoriser le mouvement.

Remonter dans le temps, au delà de Raphaël pour retrouver une pureté perdue et s'opposer au monde industriel, à la société victorienne, tel est leur but. Leur peinture apparaît assez vite comme un refuge. Un havre de paix loin du monde industriel et de la machine. Les membres du mouvement, témoignant d'abord d'une volonté communautaire inspirée des premiers chrétiens, (ils décidaient de signer leur œuvre du sigle P.R.B. : Pre Raphaelite Brotherhood), se séparent bientôt, chacun poursuivant une carrière individuelle. Ils demeurent cependant une force de la vie culturelle victorienne. La peinture n'est pas seule remise en question. Rossetti fonde en 1850 une revue : *Germe* pour orienter les préraphaélites vers la littérature.

La lecture de *The germ,* revue qui ne comporte que quatre numéros, est très intéressante pour notre propos. Constituée d'articles et de poèmes, la revue se donne pour but la propagation de pensées nouvelles sur la nature et sur l'art.

En effet, en lisant les quelques articles d'inspiration préraphaélite, on réalise à quel point la revendication majeure du mouvement a été la fidélité à la nature. Un article de F.G. Stephens, intitulé « Le but et la tendance de l'art italien primitif »[97] révèle pourquoi les préraphaélites souhaitent revenir à l'art du quattrocento. C'est, dit-il, que les primitifs italiens étaient avant tout des mystiques. La religion était leur seule source d'inspiration. De même, l'artiste préraphaélite, humble devant son œuvre, devra s'attacher à la recherche de la vérité et se dévouer à représenter le plus fidèlement possible la nature. Il ajoute ensuite que la première qualité des primitifs italiens est la simplicité et la franchise. Les primitifs ignoraient les procédés techniques savants. Il faudra donc que les artistes futurs mettent toutes les inventions contemporaines au service de la vérité et qu'ils privilégient toujours le naturel, en écartant définitivement l'artifice et la convention. Enfin, par leur attachement à la nature, les primitifs ont su, sans élévation particulière, créer un art neuf et pur. Cet article est de pure inspiration ruskinienne puisqu'il ne fait que reprendre l'idée, chère au théoricien de l'art, que l'art parfait est l'art primitif.

Autre article intéressant que celui de Ford Madox Brown : « Sur le mécanisme d'un portrait historique ». Dans cet article, l'auteur, peintre lui-même, explique pas à pas comment faire un portrait préraphaélite. Le sujet doit, bien sûr, s'inspirer de l'histoire et la recherche qui doit précéder la décision finale est essentielle. Je cite ici le texte qui s'éclaire de lui-même :

> Le premier soin du peintre, après avoir sélectionné son sujet, devrait être de se rendre profondément familier avec le caractère du temps, et les habits des gens, qu'il va représenter ; et ensuite, de consulter les autorités concernées pour le costume et autres sujets qui vont remplir sa toile ; comme l'architecture, l'ameublement, la végétation ou le paysage, ou les accessoires nécessaires à l'élaboration du sujet. S'il ne fait pas cela, l'artiste est en danger d'imaginer un effet, une disposition de lignes, incompatibles avec les costumes de ses personnages, ou des objets les entourant[98].

On voit comment l'amour de la vérité conduit les préraphaélites à une recherche serrée des caractères historiques.

L'article intitulé : « Le sujet en art »[99], d'un auteur anonyme, s'interroge sur la mode du passé. Pourquoi peindre du passé si le présent offre autant de thèmes à réflexion ? A cela l'auteur ne répond pas clairement. Tout en s'étonnant de ce parti-pris rétrograde, il envisage une explication qu'il place dans la bouche d'un poète. Répondant à la question de savoir pourquoi représenter les idées contemporaines dans le déguisement de l'Antiquité, le poète interrogé (dont on ne peut affirmer d'après le texte qu'il s'agit d'un préraphaélite) répond en trois points sous le couvert d'une idée générale : l'Antiquité est un moyen pour s'attirer les sympathies du public. La première raison en est que tout ce qui nous vient du passé est chargé d'intérêt, en quelque sorte, sûr de plaire. On sera agréablement séduit par tout ce qui provient du passé car il procure des « imaginations délicieuses ». La seconde raison est que toutes les choses anciennes sont empreintes de mystère et de ce fait entraînent un respect sacré et une curiosité. Enfin, le passé est mort et nous ne pouvons que nous émouvoir de sa disparition. L'auteur ajoute à ces raisons l'argument du peintre qui y voit aussi un intérêt esthétique : les costumes des anciens temps sont plus beaux que ceux du présent.

L'article de John Orchard est un dialogue entre deux tenants de l'art : un personnage, Kosmon, prend la défense de l'art antique en montrant la force des mythes grecs, tandis que son interlocuteur, Christian (Orchard lui-même) défend au contraire l'art mystique en prétendant montrer les valeurs éternelles que le christianisme a données à l'homme. Il insiste notamment sur l'aspect dépassé des mythes grecs :

> Zeus, Athéna, Heraclès, Prométhée, Agamennon, Oreste, la maison d'Oedipe, Clytemnestre, Iphigénie, et Antigone, s'adressaient aux nations héllènes, réveillaient leur piété ; leur pitié, ou l'horreur, — faisaient frissonner, berçaient, ou les charmaient ; mais ils n'ont aucun charme pour nos oreilles ; pour nous, ils sont littéralement des fantômes désincarnés, sans voix et sans forme.
> Mais différents sont le Christ, et les Saints Apôtres et tous les Saints, et la Vierge Bénie, et différents sont Hamlet, ou Richard III, ou Macbeth, ou Shylock, ou la maison de Lear, Ophélie, Desdémone, Grisildis, Una ou Geneviève[100].

Le protagoniste affirme l'existence d'une mythologie commune aux hommes du présent et qui ne doit rien aux mythes de l'antiquité. Cette nouvelle mythologie doit s'adresser à l'âme de l'homme alors que la mythologie grecque est vue comme privilégiant le corps, enveloppe vide de sens.

On voit comment s'élabore au sein de la revue, une recherche sur l'utilisation du mythe. Les artistes s'interrogent sur la validité du retour au passé, contestent les mythes grecs, en instaurent d'autres, plus aptes à être compris des contemporains. Surtout, la revue oriente les préraphaélites vers une représentation mystique, à l'imitation des primitifs italiens, qui doit donner à l'art de nouvelles vertus : la simplicité, l'humilité, la vérité. C'est presque une croisade qu'entreprennent en plein milieu du XIXᵉ siècle, les préraphaélites. Leur mission est de gagner, au nom de l'art, un nouveau royaume.

On pourrait croire que leur souci de la vérité les conduit à une peinture réaliste. Il n'en est rien comme le confirme P. Bourget dans sa « Lettre de Londres », au cœur d'*Etudes et portraits* : « ils sont réalistes dans leurs études de paysages, de costumes, de types, de tout le décor visible. En même temps ils sont mystiques »[101]. C'est un « art du songe »[102] qui hante la mémoire et Bourget le montre en décrivant le tableau *Laus Veneris* de Burne-Jones.

> La déesse vêtue d'une robe de couleur rouge est couchée sur une chaise longue. Sa couronne est posée sur ses genoux. Quatre femmes assises auprès d'elle essayent de la charmer au son des instruments de musique. Une tapisserie sur laquelle est brodée son image traînée par des colombes rappelle sa gloire antique. Par la baie de la fenêtre une troupe de chevaliers apparaît qui galope sans doute vers la colline du Tannhauser, et c'est la gloire de la déesse durant le moyen âge qui défile ainsi à travers les plaines[103].

Rossetti, par sa double activité de peintre et de poète affirme davantage son originalité. Le célèbre critique Walter Pater dans son essai sur Rossetti[104], écrit en 1883, dégage le mieux ce qui fait le tempérament de l'artiste. C'est sa sincérité et non son affectation que Pater découvre à travers la structure des poèmes du préraphaélite. C'est son « âme » que peint Rossetti, et cette âme est d'essence mystique. Rien de vague ou d'obscur dans le choix de ses thèmes, au contraire, précision et goût du détail caractérisent le travail de l'artiste.

Car la réalité pour Rossetti n'est autre que la beauté, à la fois charnelle et mystique. Là se situe le centre de la conception préraphaélite de la création. Pater fait de *La maison de vie* le poème le plus achevé de Rossetti. Cette maison, qui se révèle hantée par des puissances ténébreuses n'est autre que notre vie consciente, troublée par des interpénétrations d'ombres et de rêves. Ainsi Pater voit plus, dans cet imaginaire, que le simple désir de fuir le monde. Il fait de Rossetti le poète d'un ordre ésotérique car il a contribué à la création d'un nouvel idéal en renouvelant la poésie.

Le groupe, très actif de 1848 à 1853, imposera bientôt sa vision poétique de l'univers. C'est ainsi que la vie du préraphaélisme se prolongera bien après, au moment du symbolisme et du décadentisme, surtout à travers d'autres peintres comme Morris et surtout Burne-Jones.

Dans un article célèbre « Rose-Croix, préraphaélites et esthètes », R. de la Sizerane conte comment fut présenté, lors d'une exposition à Londres en 1890, le chef-d'œuvre de Burne-Jones, la *Briar Rose*.

> A peine entrait-on dans le salon silencieux de l'Agnew's Gallery, qu'on pouvait se croire soi-même transporté dans quelque région enchantée. Une douce lumière harmonieusement distribuée mettait la vie sur les figures peintes et laissait dans l'ombre les visages des visiteurs. Ceux-ci étaient munis de deux brochures explicatives de la légende et se pénétraient de son sens philosophique avant d'en goûter le charme pittoresque[105].

L'univers des anciennes légendes : les chevaliers et les princesses, les demoiselles de Dante, les androgynes, tout un arsenal allait se constituer pour fournir aux symbolistes des signes de reconnaissance. Chez les préraphaélites aussi, l'image de l'eau et du miroir où se reflète le visage de l'éphèbe, sa mélancolie, sa solitude. Leur façon de peindre reflète assez leur idéal : il s'agit de placer des modèles et des cadres réels dans une scène imaginaire, en peignant toujours d'après nature, par fidélité du détail. Les modèles paradaient ainsi en personnages légendaires, en Sainte Anne ou en séraphin.

Les préraphaélites se réclament des peintres et des écrivains italiens. Rossetti, peintre et poète, lui-même d'origine italienne, traduit les lyriques italiens du XIIe et du XIIIe siècles. Ce seront eux et Dante qui fourniront des points de repère aux artistes. Ainsi les peintures auront souvent pour thèmes des épisodes littéraires : la cour du roi Arthur, la reine Guenièvre, Beata Beatrix, mais ils sauront aussi puiser dans les légendes des peintures puissantes. Ainsi Rossetti, fasciné par le visage du Sphinx, le dessinant à deux reprises en 1875. Rossetti, féru de légendes, se plonge aussi dans l'Ancien et le Nouveau Testament à la recherche de sujets bibliques.

On voit donc comment, à travers l'Europe, se rejoignent les intérêts et les aspirations. Chargée d'inspirations littéraires ou mythiques, cette nouvelle manière de peindre et de concevoir le monde permettra d'expérimenter des techniques nouvelles et de renouveler l'inspiration.

■ *L'art idéaliste et mystique* de J. Péladan et la doctrine de l'Ordre des Rose-Croix

Le souhait de Péladan est de célébrer la naissance d'un idéal mystique. Constatant que l'Eglise ne remplit plus sa mission, qui est, pour Péladan, de maintenir les nobles traditions ésotériques et de conduire l'artiste à la Beauté, il appartient à l'homme érudit mais illuminé qu'est Péladan, de restaurer un culte. Péladan assumera donc la charge de guider les hommes d'intelligence supérieure en fondant un ordre spiritualiste et élitiste.

La fondation de l'Ordre des Rose-Croix est étroitement liée à la rencontre en 1884 de Péladan et de Stanislas de Guaïta, un jeune poète épris d'occultisme. Ensemble, ils rêvent d'un collège de mages. Ce rêve d'une communauté initiatique verra le jour en 1885 : ce sera l'Ordre kabbalistique de la Rose-Croix orthodoxe. Leur but était donc de restaurer l'ordre ancien des rosicruciens.

Les manifestes rosicruciens sont deux pamphlets publiés en 1614 et 1615. Ils attribuent la fondation d'un Ordre ou d'une Fraternité au personnage mythique de Christian Rosencreutz[106]. Le mystérieux Rosencreutz, fondateur de l'Ordre, aurait vécu cent six ans et aurait été un voyageur instruit des principes de l'Orient. Ce périple oriental lui aurait ainsi permis de ramener en Europe la pensée de l'Islam et de la Kabbale. Il fonda l'Ordre qui s'accrut en nombre à travers les ans. La principale fonction des frères (qui devaient se soumettre aux deux conditions de l'ascétisme et du célibat) était de soulager les malades. La nouvelle religion promettait une illumination de nature religieuse et spirituelle. L'ordre utilisait comme symboles une croix et des roses rouges.

Les manifestes rosicuriens témoignent de la situation spirituelle de leur époque : écrits au début du XVIIᵉ siècle, ils annoncent une réforme générale de la religion. Condamnant à la fois catholicisme et protestantisme, ils proposent une synthèse harmonieuse des croyances pour réaliser l'unité de la foi[107]. En réalité, on sait que cet ordre n'en fut pas un puisque jamais ne furent enregistrées de sociétés secrètes rosicruciennes. Tout au plus existèrent des sociétés franc-maçonnes d'inspiration rosicrucienne.

En constituant un tribunal initiatique qui jugerait et condamnerait les hérétiques de tout crin, Péladan et Guaïta s'inspiraient des humanistes et alchimistes de la Renaissance. Ainsi un conseil de douze membres (six connus et six inconnus) répétait les commandements des premiers rosicruciens : charité, supériorité de l'esprit sur la chair. Le groupe occulte se réunissait et donnait des conférences. C'est alors que Péladan prit le titre de Sâr (le roi-mage en chaldéen) et se mit à défendre la mystérieuse doctrine de la communauté. Toutefois, dans celle-ci, pas de rapport réel avec l'occulte et l'esthétique de Péladan découle plutôt du catholicisme que de la kabbale.

En 1890, sa célébrité et son audace sont telles qu'il est amené à fonder son propre groupe. Celui-ci, davantage fondé sur le catholicisme, allait adopter également les symboles des templiers. L'Ordre devint ainsi l'Ordre du Temple de la Rose-Croix. Il compta des membres éminents comme Elémir Bourges et le comte de la Rochefoucauld. Maître du nouvel Ordre, Péladan faisait connaître par des Mandements sa scission définitive d'avec le groupe des Rose-Croix de Guaïta. Le but reste toutefois le même : manifester l'Idéal sous toutes ses formes avant la décadence complète.

Ceci allait contribuer à développer un art mystique puisque, pense Péladan, à travers l'art et les chefs-d'œuvre, l'homme peut accéder au divin. C'est surtout aux arts plastiques que doivent s'appliquer ces nouveaux préceptes. Un salon, le Salon des Rose-Croix, réunirait des œuvres sélectionnées par le maître. Le premier Salon ouvrit ses portes en mars 1892.

Auparavant Péladan avait fait paraître les Règles du Salon dans lesquelles il imposait la nouvelle loi. Il fallait à jamais détourner l'art des sujets bourgeois et contemporains. Au contraire, s'en tenir au passé et aux sujets mystiques était de rigueur.

Péladan formule vite une liste de sujets interdits dont nous relèverons quelques éléments. C'est ainsi que seront interdits :

> La peinture d'histoire prosaïque et illustrative, la peinture militaire, toute représentation de la vie contemporaine ou privée ou publique, le portrait, sauf s'il atteint le style, toute scène rustique, tout paysage, sauf s'il est composé à la Poussin, toute chose humoristique, tout animal domestique ou se rattachant au sport, enfin les fleurs, les natures mortes[108].

On est saisi par l'incroyable restriction apportée par ces règles et par la condamnation sans appel de tout ce qui peut rappeler la peinture traditionnelle et la représentation de la réalité. L'énumération d'interdits ne permet qu'une issue : les thèmes légendaires ou mythiques. Et Péladan de le confirmer : « Il n'y a qu'un sujet en art : Œdipe ou Orphée ou Hamlet, c'est-à-dire un héros aux prises avec une énigme morale ou sociale »[109] et encore : « Hors des religions, il n'y a pas de grand art. »[110]

En effet, les tableaux devront représenter tout ce qui touche à l'Idéal catholique et au mysticisme : la légende, le rêve, le mythe et l'allégorie. Ajoutons à cela une préférence certaine pour les peintures murales et nous retrouvons les dogmes défendus par la peinture préraphaélite.

C'est encore la religion (pour Péladan, le culte catholique) qui doit triompher. L'intensité du sentiment religieux et l'expression de l'âme doivent transparaître dans chaque œuvre présentée. Péladan amplifie sa théorie en l'appliquant également à l'architecture et à la sculpture. Il dira : « On ne recevra que des restitutions de monuments perdus ou des projets de palais féeriques. »[111] Et il résume ainsi la doctrine :

> Heureux si nous pouvons former des artistes mystiques, nous exulterons même si nous produisons des lyriques, des légendaires, des rêveurs. Pour nous, l'humanité commence au héros et à la princesse[112].

Il va sans dire qu'en prononçant des règles aussi strictes, Péladan pense à deux peintres qu'il admire profondément : Gustave Moreau et Puvis de Chavannes. Ce ne sont pourtant pas les maîtres qu'il va attirer aux Salons, mais une série de peintres belges et français dont les œuvres, aux titres évocateurs, ne laisseront pas à la peinture un héritage incomparable : Alphonse Osbert donnera en 1892 *La vision,* Edgard Maxence, *L'âme de la forêt,* Armand Point, *La sirène* et Alexandre Séon, *Le désespoir de la chimère.*

Ainsi l'aristocratie de l'art, telle que l'avait tant rêvée Péladan, ne correspondit pas aux espoirs du maître. Les Salons n'accomplirent donc pas la révolution picturale que commandait la règle et si le public fut attiré par les excès de Péladan, il se lassa vite des thèmes répétés de la pensée du maître. En instaurant le mythe comme détonateur d'idéal, on allait bien vite retomber dans un académisme avec un type nouveau de sujets officiels.

**

Si, pour quelques artistes, tel Wagner, le mythe témoigne d'une entreprise humaniste et se révèle comme un moyen de communiquer avec le plus grand nombre, d'autres, comme Mallarmé, y voient au contraire une citadelle imprenable : celle de l'élite.

Pourtant les utilisations du mythe se fondent dans un même appel : celui du passé. Pour tous les auteurs que nous avons cités, le mythe est un moyen de communiquer non seulement avec le passé mais surtout avec l'au-delà. Le mythe est le dernier refuge de l'ésotérisme et de la science des mystères, la dernière frontière contre l'histoire et le progrès.

Pour tous aussi, le mythe est bien le lieu de la réconciliation et du syncrétisme. Dans un désir de synthèse, les symbolistes voient les mythes comme se recoupant, comme voués au même but : laisser le message de l'esprit sur la matière, de l'impalpable sur la réalité parfois choquante de certaines interprétations. C'est que leur philosophie ne s'attarde pas à un quelconque idéal de perfection mais de totalité qui serait une fusion du savoir et de la foi. C'est ainsi que l'on trouve exprimée chez Mallarmé, chez Schuré, chez Freud, l'idée d'un autrefois où tout était lié. Freud dira :

> Ce qui est aujourd'hui lié symboliquement fut vraisemblablement lié autrefois par une identité conceptuelle et linguistique. Le rapport symbolique paraît être un reste et une marque d'identité ancienne[113].

Le mythe demeure la seule partie visible d'un monde fondé sur une unité à la fois géographique, linguistique et religieuse. Il importe donc aux symbolistes de se plonger dans des recherches savantes mettant ainsi en avant des correspondances entre les mythes, entre les peuples et les religions. Ces recherches, que nous pouvons qualifier d'anthropologiques, sont celles, par exemple, de Cox et de Schuré, qui considèrent les mythes comme des besoins humains. Les mythes transfigurent des événements dont l'existence est donnée comme prouvée, sinon nécessaire. Le rythme des saisons, la nécessité d'un héros de l'esprit, tout montre que pour les symbolistes, le mythe transcende les besoins. Il est donc un moyen pour parvenir à l'esprit, pour retrouver une spiritualité perdue.

Car le mythe contient, au-delà d'une belle histoire, un enseignement. Le mythe est connaissance : il ne se réduit pas à une adhésion instinctive au passé. Schuré montre assez, dans sa vaste étude, que le mythe transporte un savoir et une capacité d'élévation morale. En même temps, comme le mythe parle aux sens, que son contenu est souvent facile à comprendre, il propose une réconciliation de l'esprit et de la matière. Cette unité ne peut être dégagée dans l'histoire. Le mythe est promesse de totalité.

Mais le mythe est aussi poésie. Pour les préraphaélites, pour les adeptes de la Rose-Croix, il propose une représentation de l'univers qui n'est pas gouvernée par la raison. Cette communion du mythe et de la nature s'enrichit d'images qui se transforment et varient. A cet égard, le mythe est une traduction du monde, il présente la vision d'un univers disparu et cette vision a un effet stimulant sur les imaginations des contemporains. Tous les auteurs cités voient le mythe comme un agent qui peut et doit purifier un monde confus et chaotique. Le mythe serait finalement cet agent salvateur qui viendrait rassurer les esprits inquiets.

En proposant le mythe comme une réponse aux préoccupations du siècle, les artistes l'investissent d'une mission totale : esthétique et éthique. C'est ainsi que des auteurs comme Freud et Schuré reviendront aux conceptions antiques du rêve, messager du divin, pour fonder leur nouvelle science. Tous deux prévoient (pour des raisons différentes) que les découvertes futures passeront par un retour à l'ancien. Ainsi Schuré :

> Et peut-être est-ce par « la porte du sommeil et des songes », comme disait le vieil Homère, que la divine Psyché, bannie de notre civilisation et qui pleure en silence sous son voile, rentrera en possession de ses autels[114].

On en arrive souvent, il faut bien le dire, à une simplification extrême des mythes. Mallarmé, à la suite de Cox, interprète le mythe comme les aventures du soleil à diverses étapes de sa course, Freud ramène beaucoup de fantasmes à celui d'Œdipe, Schuré voit dans les religions de civilisations diverses la préfiguration d'un même messie. Ainsi se simplifie une variété d'émotions et d'expressions pour trouver un sens universel à toutes choses. Des détails différents, parfois irréconciliables, sont rangés ensemble dans un même assortiment d'intrigues et de symboles. Ainsi s'opère un catalogue de mythes qui peut rendre assez statiques ces juxtapositions. C'est que les symbolistes subordonnent le matériau mythique à une intention que nous avons vue. C'est ainsi que coexiste une confusion certaine entre d'un côté le désir de réhabiliter les mythes, de les déclarer utiles pour l'individu moderne dans sa quête de l'esprit et en même temps de les soumettre à des hypothèses plus ou moins scientifiques, de les expérimenter en mutilant et en exploitant les matériaux de base.

Le mythe fait l'objet de dénombrements et de transcriptions qui sont autant de traductions. Il devient bel et bien un accessoire supplémentaire à mettre au rayon de la science. Annexé par la recherche, il intervient à titre d'objet d'étude ou de preuve. A cela, un double but : constater que le modernisme se bâtit sur de l'ancien, affirmer le rôle permanent de l'esprit dans l'humanité. Le mythe, pour les penseurs, doit jouer un rôle effectif dans la marche vers l'avenir.

De ce point de vue, les écrits sur le mythe révèlent un désir à la fois de respecter le mythe et de jouer avec lui, en n'optant ni pour la rigueur scientifique, ni pour l'imagination pure. Le mythe devient donc un domaine équivoque : rénové dans ses fonctions, invoqué au nom d'hypothèses scientifiques, annexé à la poésie. Le mythe, finalement, est avant tout un moyen de sortir de l'histoire.

Car enfin, dans un monde qui cherche, comme le font les artistes, à définir une théorie de l'art pour l'art, le mythe semble bien être, par l'unité qu'il procure entre l'homme et le monde, la seule forme d'art indépendante de la réalité. Le mythe est le produit de lui-même et non d'une époque déterminée. Or, que veulent les symbolistes si ce n'est justement une production artistique en-dehors de leur temps, non subordonnée à la réalité ? Le mythe s'affirme également comme une invention artistique, du début à la fin, une création qui serait autonome. Le mythe dit la création du monde comme sortie tout droit de l'imagination et de l'art. En choisissant le mythe comme thème privilégié, les artistes choisissent de faire du monde, une invention de l'art.

NOTES

(1) « Avant-propos de l'éditeur de 1880 », S. Mallarmé, « Les dieux antiques », *Œuvres complètes,* Paris : Gallimard, 1945, p. 1159.
(2) *Idem.*
(3) S. Mallarmé, « Autobiographie », *Œuvres complètes,* p. 663.
(4) S. Mallarmé, *Les dieux antiques, Œuvres complètes,* p. 1169.
(5) *Idem,* p. 1165.
(6) *Ibid.,* p. 1163.
(7) *Ibid.,* p. 1165.
(8) *Ibid.,* p. 1167.
(9) *Ibid.,* p. 1169.
(10) *Ibid.,* p. 1164.
(11) *Ibid.,* p. 1169.
(12) *Ibid.,* p. 1164.
(13) *Ibid.,* p. 1167.
(14) *Ibid.*
(15) *Ibid.*
(16) *Ibid.*
(17) *Ibid.,* p. 1237.
(18) *Ibid.*
(19) S. Mallarmé, cité par Gardner Davies, *Mallarmé et le drame solaire,* Paris : Corti, 1959, p. 290.
(20) J. Frazer, *The golden bough,* London : Macmillan & Co, 1959, p. 2.
(21) *Idem,* p. 324.
(22) *Ibid.,* p. 325.
(23) J. Campbell, *Myths to live by,* London : Condor, 1972.
(24) J. Frazer, *The golden bough,* p. 92.
(25) *Idem,* p. 56.
(26) *Ibid.,* p. 712.
(27) E. Schuré, *Les grands initiés,* Paris Perrin, 1960, pp. 12-13.
(28) *Idem,* p. 15.
(29) *Ibid.,* p. 14.
(30) *Ibid.*
(31) *Ibid.,* p. 18.
(32) *Ibid.,* p. 19.
(33) *Ibid.,* p. 22.
(34) *Ibid.,* pp. 22-23.
(35) *Ibid.,* p. 25.
(36) *Ibid.,* p. 25.
(37) *Ibid.,* p. 26.
(38) *Ibid.,* p. 31.
(39) *Ibid.,* p. 118.
(40) *Ibid.,* p. 474.
(41) *Ibid.,* p. 501.
(42) *Ibid.,* p. 133.
(43) *Ibid.,* p. 420.
(44) *Ibid.,* p. 170.
(45) *Ibid.,* p. 46.
(46) *Ibid.,* p. 175.
(47) *Ibid.,* p. 441.
(48) *Ibid.,* p. 205.
(49) *Ibid.,* p. 367.
(50) *Ibid.,* p. 478.
(51) *Ibid.,* p. 504.
(52) *Ibid.,* p. 291.
(53) S. Freud, *L'interprétation des rêves,* Paris : PUF, 1967, p. 11.
(54) *Ibid.,* p. 131
(55) *Ibid.,* p. 176.
(56) *Ibid.,* p. 223.
(57) *Ibid.,* p. 224.
(58) *Ibid.,* p. 229.

(59) *Ibid.*, p. 227.
(60) *Ibid.*, p. 228.
(61) *Ibid.*
(62) *Ibid.*
(63) *Ibid.*, p. 229.
(64) *Ibid.*
(65) *Ibid.*, p. 400.
(66) *Ibid.*, p. 525.
(67) *Ibid.*, p. 342.
(68) *Ibid.*, p. 344.
(69) *Ibid.*, p. 327.
(70) *Ibid.*
(71) S. Freud, *Totem and taboo*, London : Routledge & Kegan Paul, 1975, p. 161.
(72) L. Guichard, *La Musique et les Lettres en France au temps du Wagnérisme*, Paris : PUF, 1963.
(73) *Idem*, p. 60.
(74) *Ibid.*, p. 10.
(75) A. Ernst, « Les origines mythiques de la Tétralogie », *La revue wagnérienne*, Paris, 1886-1887.
(76) *Idem*, p. 342.
(77) *Ibid.*, p. 344.
(78) *Ibid.*, p. 345.
(79) C. Mendès, « Notes sur la théorie et l'œuvre wagnériennes », *La revue wagnérienne*, Paris, 1886-1887.
(80) *Idem*, p. 32.
(81) *Ibid.*, p. 33.
(82) *Ibid.*
(83) *Ibid.*
(84) *Ibid.*
(85) S. Mallarmé, « Rêverie d'un poète français », *La revue wagnérienne*, Paris, 1885-1886.
(86) S. Mallarmé, « Crayonné au théâtre », *Œuvres Complètes*, p. 300.
(87) S. Mallarmé, « Rêverie... » p. 198.
(88) L. Guichard, *La musique et les lettres...*, p. 130.
(89) *Idem*, p. 149.
(90) *La revue wagnérienne*, p. 198.
(91) L. Guichard, *La musique et les lettres...*, p. 176.
(92) E. Schuré, *Les grandes légendes de France*, Paris : Perrin, 1892, p. 11.
(93) L. Guichard, *La musique et les lettres...* p. 147.
(94) T. Mann, *Freud, Gœthe, Wagner*, New York : Knopf, 1937.
(95) W.H. Hunt, *Pre-Raphaelitism and the Pre-Raphaelite Brotherhood*, London : Macmillan & Co, 1905.
(96) Cité par P. Bourget, « Etudes anglaises », *Etudes et portraits*, Paris : Plon, 1906, p. 299.
(97) F. G. Stephens, « The purpose and tendency of early italian art », *The germ*, vol. I, New York : Ams Press inc., 1965, p. 58.
(98) Ford Madox Brown, « On the mechanism of a historical picture », vol. 2, *The germ*, p. 70.
(99) « The Subject in Art », *The germ*, vol. 3, p. 118.
(100) J. Orchard, « Dialogue on the art », *The germ*, p. 164.
(101) P. Bourget, « Etudes anglaises », *Etudes...*, p. 299.
(102) *Idem*, p. 301.
(103) *Ibid.*
(104) W. Pater, « Dante Gabriel Rossetti », *Appreciations*, London : Macmillan, 1889.
(105) R. de la Sizeranne, « Rose-Croix, pré-raphaélites et esthètes », *Le Correspondant*, Paris : 1892, p. 1137.
(106) F. A. Yates, *The rosicrucian enlightment*, London & Boston : Routledge & Kegan Paul, 1972.
(107) A. Faivre, *Accès de l'ésotérisme occidental*, Paris : Gallimard, 1986.
(108) Cité par R. de la Sizeranne, « Rose-Croix, pré-raphaélites et esthètes », *Le Correspondant*, Paris, 1892, p. 1129.
(109) Cité par J. Huret, *Sur l'évolution littéraire*, Paris : Charpentier, 1891, p. 38.
(110) *Idem*, p. 41.
(111) J. Péladan, *L'art idéaliste et mystique*, Paris : Chamuel, 1894, p. 109.
(112) *Idem*, p. 263.
(113) S. Freud, *L'interprétation des rêves*, p. 302.
(114) E. Schuré, *Les grands initiés*, p. 293.

DEUXIÈME PARTIE

MYTHES FONDAMENTAUX DU SYMBOLISME

CHAPITRE I

LE MYTHE DE SALOMÉ

1) Genèse de Salomé

L'idée de projeter Salomé sur la scène des arts n'appartient pas aux symbolistes. Déjà l'iconographie médiévale aimait à la représenter dans des scènes religieuses où apparaissait le martyre de saint Jean-Baptiste. Une récente exposition, *Salomé dans les collections françaises,* au Musée de Saint-Denis, a permis de dater la première représentation connue de Salomé du VIe siècle. Alors surnommée la « dansarelle » ou la « saulterelle », Salomé danse sur les tympans des cathédrales ou dans des miniatures. La « saulterelle » de l'ancien français n'est autre que la danseuse. Le caractère lascif et acrobatique de sa danse sera accentué au cours des âges, s'appuyant sur une vive condamnation par l'église de ce genre de spectacle. Cette scène frénétique s'accompagne d'une scène de décollation où Salomé reçoit son dû sur un plateau. La voilà doublement chargée de péchés et condamnée à jamais : d'abord une artiste à la danse lubrique, puis recevant pour salaire la tête du saint.

■ *Les versions primitives*

Il est certain que Salomé s'apparente à la grande prostituée de l'Apocalypse et à toutes les pécheresses des origines, même si elle tire son nom de « shalom » qui signifie « la paix ». Les récits, extrêmement dépouillés qui l'introduisent sont ceux des Evangiles. Nous citerons ici saint Matthieu :

> En ce temps-là, Hérode le Tétrarque ouït la renommée de Jésus ; et il dit à ses serviteurs : C'est Jean-Baptiste ; il est ressuscité des morts ; c'est pourquoi la vertu de faire des miracles agit puissamment en lui.
> Car Hérode avait fait prendre Jean, et l'avait fait lier et mettre en prison, à cause d'Hérodias, femme de Philippe, son frère ; parce que Jean lui disait : Il ne t'est pas permis de l'avoir pour femme ; Et il eût bien voulu le faire mourir mais il craignait le peuple, à cause qu'on tenait Jean pour prophète.
> Or, au jour du festin de la naissance d'Hérode, la fille d'Hérodias dansa en pleine salle, et plut à Hérode.
> C'est pourquoi il lui promit avec serment tout ce qu'elle demanderait.

> Elle donc, étant poussée auparavant par sa mère, lui dit : Donne-moi ici, dans un plat, la tête de Jean-Baptiste.
> Et le roi en fut marri ; mais, à cause des serments, et de ceux qui étaient à table avec lui, il commanda qu'on la lui donnât.
> Et il envoya décapiter Jean dans la prison.
> Et sa tête fut apportée dans un plat, et donnée à la fille, qui la présenta à sa mère[1].

Dans les Evangiles, le premier rôle revient à Hérodias. Salomé n'est mentionnée que sous l'expression « la fille d'Hérodias ». Elle n'est que l'instrument de la vengeance maternelle, arme redoutable, certes, mais qui garde tout son mystère. Comment de là a-t-elle pu passer au rôle d'instigatrice de la mise à mort du prophète ? Par quels glissements a-t-elle dérobé les pouvoirs de sa mère, l'outrepassant en vices ? Il est probable que l'histoire a voulu retenir sa jeunesse et sa beauté alliées à un comportement de calculatrice démoniaque. C'est surtout sa danse lubrique qui la fixe dans l'esprit des artistes. Les indications si réduites que donne la Bible confèrent aux artistes la tâche de l'inventer, c'est-à-dire de rêver entre les lignes.

C'est surtout l'épisode de la décollation que vont retenir les artistes de la Renaissance italienne et flamande. Théophile Gautier conte dans *Tra los montes* que l'art espagnol regorge de scènes de décollation car les représentations de saint Jean-Baptiste y sont fort communes. Les peintres introduisent également des données psychologiques : Salomé conquiert son indépendance en se libérant de sa mère, de la présence du bourreau et aussi des sous-entendus religieux. Chargée d'ornements à la mode, elle devient plus séduisante, érotique : c'est une femme à part entière.

Ainsi se mettent en place des thèmes qui seront amplifiés à travers les âges : l'insensibilité de Salomé, la vengeance de la femme, la passion mal partagée. D'abord personnage de l'histoire sainte, Salomé échappera à l'église en gagnant une attirante féminité peu compatible avec un caractère démoniaque.

Sans dénombrer ses apparitions (qui ne sont pas innombrables) où s'inscrivent déjà ses maléfices, et sans insister sur les peintures qui la figent ou la déguisent (comme Rubens, « en bouchère des Flandres » selon l'avis de Huysmans) nous retiendrons que c'est Heinrich Heine, l'auteur d'Atta Troll qui fut le premier à introduire en littérature ce thème qui avait jusqu'alors surtout tenté les peintres et les poètes religieux. Hérodias apparaît dans la cavalcade des esprits perçus par Uraka, la sorcière.

Dans cette ouvre ambitieuse, Heine entre en relation permanente avec l'héritage esthétique de l'antiquité, du romantisme et de la Bible. *Atta Troll* est né du désir de s'opposer à une définition de la poésie comme instrument du progrès et de la propagande. C'est un poème sans autre but que l'évocation fantastique des fables qui ont nourri l'imagination du poète. Il s'est inspiré en cela des œuvres des frères Grimm et en particulier de la *Deutsche Mythologie* qui fournira le mythe d'Hérodias. Cette œuvre dense, (publiée en 1844), véritable compilation de mythologies, a constitué un inépuisable réservoir pour de nombreux artistes. Dans son chapitre consacré aux déesses, il évoque les noms conjugués d'Hérodias, de Diane et d'Habunde qui seront reprises telles quelles par Heine. Grimm rappelle l'origine de la popularité d'Hérodias dans les fables du Moyen-Age, surtout chez les poètes religieux allemands. Celle-ci est condamnée à errer de par le monde en compagnie des démons et sorcières. Le mythe chrétien se teinte de paganisme et il n'est pas rare de trouver la princesse juive assimilée à des légendes du folklore européen. Placée en tête des expéditions nocturnes des sorcières, suivie par Diane, Holda et Perahta, elle est honorée par, dit la légende, un tiers du monde. C'est du moins ce que dit l'évêque de Vérone, Ratherius, dans son *Praeloquia*. La même affirmation est portée dans *Le roman de la rose* où elle apparaît sous le nom de dame Habonde :

> Dautre part, que li tiers du monde
> aille ainsic avec dame Habonde,
> si cum voles vielles le pruevent
> par les visions que truevent,
> dont convient il sans nule faille
> que trestous li monde i aille[2].

Voici donc Hérodias transformée en sorcière flottant dans les airs et perchée sur un chêne à certaines heures de la nuit ! Une légende allemande la décrit aussi comme amoureuse de Jean et baisant passionnément sa bouche morte. Mais la tête décapitée se met à souffler sur elle et ce vent divin la transporte dans l'espace.

La présence de cette cavalcade est des plus intéressantes car elle reprend le thème de la chevauchée des sorcières. Ce cheval fantastique qui porte Hérodias est un présage de mort qui provoque l'épouvante. Ce couple formé par la femme et l'animal renvoie à son tour aux créatures mythologiques emportant leurs victimes en un galop effréné. Etre de peur et d'obscurité, Hérodias entre dans la légende.

Dans le poème de Heine, Hérodias caracole aux côtés de la déesse Diane et de la fée Habonde. Les trois femmes partagent la même froideur terrible, qui cache une flamme inassouvie. Leur différence n'apparaît que lorsque le poète laisse sous-entendre la sympathie qu'il éprouve pour Hérodias, qu'il voudrait détacher du contexte chrétien. Hérodias apparaît lorsque le poète se retrouve isolé dans un monde où les fées se sont échappées. Le poète se tourne alors vers la reine juive, symbole de l'exotisme et de la sensualité orientale, pour lui confesser son amour. Hérodias est semblable à une enfant jouant avec la tête du Baptiste comme on joue à la balle. Une enfant capable de commettre tous les crimes avec innocence. Ce qu'invente aussi Heine, c'est l'amour coupable d'Hérodias pour le Saint.

> Elle porte toujours dans ses mains le plat où se trouve la tête de Jean-Baptiste, et elle le baise ; — oui, elle baise avec ferveur cette tête morte.
> Car elle aimait jadis le prophète. La Bible ne le dit pas, — mais le peuple a gardé la mémoire des sanglantes amours d'Hérodiade.
> Autrement le désir de cette dame serait inexplicable. Une femme demande-t-elle jamais la tête d'un homme qu'elle n'aime pas ?[3]

Mais le ton n'est pas grave : au contraire, la cavalcade d'Hérodias a l'aspect joyeux des rondes enfantines. Le poète remythifie l'histoire biblique de la mort du Baptiste et en même temps, lui dénie tout message prophétique : Jean-Baptiste, personnage central du drame pour la Bible, car il annonce le règne du Christ, n'intéresse pas Heine. Au contraire, c'est Hérodias qu'il aimerait libérer. Il tente de démêler la sensualité érotique de l'obsession chrétienne. Il pratique ainsi un exorcisme poétique qui consiste à traiter familièrement une héroïne réputée cruelle et dangereuse. Victime d'une folie amoureuse, elle garde une coquetterie troublante.

Mais pourquoi Hérodias et non une autre déité antique ? Dans le choix de la reine cruelle et aussi dans l'évocation de Jérusalem, émerge une obsession fondamentale. C'est que le poète éprouve à la fois une joie sensuelle et une culpabilité diffuse à évoquer la reine juive. En effet, en introduisant le personnage d'Hérodias, Heine associe l'idée de la religion à celle des amours lubriques. Des rapports s'établissent ainsi entre la peinture de l'amour et celle de la religion. Déjà dans le *Salon de 1831,* Heine observe, à propos du tableau d'Horace Vernet *Judith* : « La voilà, cette ravissante créature, hier encore vierge, pure devant Dieu, souillée devant le monde, hostie profanée. »[4]

Voilà des relations qui seront certainement exploitées par les symbolistes puisque le mythe de Salomé permet en effet de représenter les deux pôles d'un système : l'humiliation devant Dieu et l'attraction mauvaise vers un idéal de mensonge et d'artifice. A ce propos, les interventions de Heine frôlent parfois le sacrilège :

> Et tu suis l'ardente cavalcade avec Diane et Habonde et les joyeux chasseurs qui détestent la croix et la pénitence cagote. (...)
> Je suis si bien le chevalier qu'il te faut ! Cela m'est bien égal que tu sois morte et même damnée ! Je n'ai pas de préjugés à cet endroit, moi dont le salut est chose très problématique, moi qui doute par moments de ma propre existence[5].

Et le ton bon enfant qu'il emploie avec la pécheresse montre assez où se situe sa sympathie. Hérodias fait partie de ces dieux antiques rendus inoffensifs par le christianisme. Elle est un de ces « esprits élémentaires », pleins de vie et de saveur qu'un christianisme fade et maladif a persécuté. Toujours, chez Heine, reviennent ces images frappantes d'hellénisme aimable et de nazaréisme triste :

> Soudain entra, tout essoufflé, un juif pâle, dégouttant de sang, une couronne d'épines sur la tête, et portant sur l'épaule une grande croix de bois, et il jeta cette croix sur la splendide table du banquet. Les vases d'or tremblèrent, les dieux se turent, pâlirent davantage jusqu'à ce qu'ils s'évanouissent enfin en vapeur.
> Il y eut alors un triste temps, et le monde devint gris et sombre[6].

C'est la raison pour laquelle Hérodias bénéficie de toute la clémence du poète : c'est une reine abandonnée, précipitée dans la disgrâce par le nouveau dieu. A la fin du poème, alors que le poète s'assied devant les portes de Jérusalem, c'est la disparition d'Hérodias qu'il déplore, et non, comme le croient les vieux juifs qui passent, la destruction du temple.

On comprend mieux alors ce qui a pu motiver le choix d'Hérodias : elle a le caractère des fois primitives que le dogme chrétien a souillées. Elle appartient à la lignée des déités dont la force inspiratrice parle encore aux artistes. Une telle complicité est nettement ressentie dans des vers comme :

> Car c'est toi que j'aime surtout ! Plus encore que la superbe déesse de la Grèce, plus encore que la riante fée du Nord, je t'aime, toi, la Juive morte !
> Oui, je t'aime ! je le sens au tressaillement de mon âme. Aime-moi et sois à moi, belle Hérodiade !
> Aime-moi et sois à moi ! Jette au loin ton plat sanglant et la tête du saint qui ne sut pas t'apprécier[7].

Les recueils de poésie de Heine paraissent en français en 1847. On sait que Nerval, Flaubert et surtout Baudelaire furent ses admirateurs et indiquèrent l'affinité qui existait entre leur conception de la poésie et celle du poète allemand. Cette conception pénètrera plus tard la poésie symboliste. A la fin du siècle, toutes les revues symbolistes abondent d'anecdotes sur Heine, rapportées d'ailleurs dans le *Journal* des Goncourt. Mallarmé n'hésite point à juxtaposer le nom de Heine à celui de Banville, qui, curieusement, est lui aussi l'auteur d'un sonnet qui évoque Hérodiade :

> Ses yeux sont transparents comme l'eau du Jourdain
> Elle a de lourds colliers et des pendants d'oreilles ;
> Elle est plus douce à voir que le raisin des treilles,
> Et la rose des bois a peur de son dédain[8].

Ce sonnet, du recueil *Les princesses* (1874) s'inspire directement d'*Atta Troll*, qu'il cite d'ailleurs en exergue. Hérodiade s'inscrit dans la lignée des grandes princesses rouges, « aux lèvres de pourpre et aux prunelles mystérieuses »[9]. Banville tente une œuvre de résurrection, celle des femmes invincibles. De Sémiramis à la Princesse Borghèse, entre Cléopâtre et Messaline, se profile l'ombre d'Hérodiade, la seule à ne pas être nommée, sauf par le biais du nom de Jean-Baptiste. Hérodiade « est » et pousse l'audace jusqu'à ne pas se faire connaître. Si le sonnet utilise de façon conventionnelle les images antithétiques de la douceur cruelle et de la suavité morbide (avec le couperet du dernier vers : « Elle porte le chef sanglant de Jean-

Baptiste »[10]), il impose toutefois l'image d'une femme à tête d'enfant et au corps intact. Déjà, dans un recueil antérieur, *Les rimes dorées* (1870), Banville a eu l'occasion d'évoquer les charmes de « La danseuse ». Créature de grâce et de légèreté, Salomé rêve auprès du couteau sanglant. Mais l'épisode sanguinaire de la décapitation est détourné de son sens. Il ajoute, en fait, une ornementation supplémentaire à la légende :

> Comme c'est votre joie, ô fragiles poupées !
> Car vous avez toujours aimé naïvement
> Les joujoux flamboyants et les têtes coupées[11].

Le couteau sanglant comme un rubis suprême n'est qu'un prolongement de son état de danseuse. La femme est limpide et innocente jusqu'au crime. Comme dans la poésie de Heine, dont il se réclame, c'est l'imagination souriante qui s'impose, « la splendeur joyeuse »[12] d'une présence encore floue. La danse, par exemple, n'apparaît pas encore comme symbolique du drame.

C'est qu'il faut attendre la deuxième moitié du XIXe siècle pour que les artistes s'intéressent à nouveau au personnage qui a du mal à se dégager des conventions.

On s'accorde à penser que c'est le peintre Henri Régnault qui, en 1870, présenta au Salon, une *Salomé* originale puisqu'elle apparaissait enfin comme la seule et véritable héroïne de l'histoire. Prétexte à l'orientalisme alors en vogue puis à une diversité d'apparences (danseuse, femme, prostituée), elle satisfait les goûts sensuels d'un public lassé de morale. La même année, Puvis de Chavannes propose la *Décollation de saint Jean-Baptiste* avec une glorieuse Salomé que Gautier commentera :

> De l'autre côté, Salomé, debout sur le seuil d'une porte, et vêtue d'une longue robe dont elle retient le pli, s'apprête à recevoir, dans un bassin de cuivre, la récompense promise par Hérode. Elle a l'air bien douce et bien naïve, malgré la petite couronne de fleurs qui lui ceint le front, cette féroce et lubrique danseuse, et elle a bien plus l'air d'une vierge sage que d'une vierge folle[13].

Les symbolistes auront le mérite de cerner davantage un mythe aux contours mal définis, de lui accorder un tracé et une consistance. Jean Lorrain dédiera à Banville le poème « Hérodiade » dans son recueil *La forêt bleue* (1882), poème dans lequel Hérodiade chevauche telle une chasseresse et épouvante les chrétiens.

On ne peut s'empêcher de remarquer ce qui va attirer les symbolistes : l'atmosphère païenne des situations, la surenchère du mal. On évolue dans le monde ancien, mythique avec sa cohorte de péchés : l'adultère commis par Hérode (qui a pris la femme de son frère), l'inceste fourni par le désir d'Hérode pour sa belle-fille, enfin le sacrilège constitué par le meurtre du prophète. Mais Salomé ?

Face à l'orient qui hante les artistes, les œuvres tentent tous les registres. Salomé-Hérodias s'offre comme l'image même de la princesse orientale au tempérament fougueux, teintée du mystère de l'amour destructeur. Mais elle établit également un rapport avec la religion : ses caprices défient Dieu. Son nom, magique et ténébreux, est évocateur de pouvoirs malfaisants. La génération symboliste s'offre le plaisir de vivre une hallucination autour d'un nom de femme. Ce nom évoque tout à tour les péchés de l'univers, le sadisme et la domination tissés dans un incroyable cortège de pierreries byzantines.

Danseuse cruelle et lubrique pour l'obscur Pierre-Marcel Beronneau, élève de Gustave Moreau, ou bien chaste et vêtue de gaze blanche comme la voit Oscar Wilde, elle est donc promue au rang de mythe par le verbe, l'image, la musique. Entre les autres incarnations occasionnelles de la femme fatale (Judith ou Hélène), elle est inlassablement reprise et commentée, sans cesse agrémentée de nouveaux attraits et de nouveaux vices. Plastique et malléable, Salomé demeure encore aujourd'hui énigmatiquement orientale.

Flaubert va nous permettre ici d'introduire le mythe de Salomé à l'état naissant.

Sous d'autres noms, c'est déjà elle. Deux œuvres de Flaubert : *Salammbô* (paru en 1862) et la nouvelle « Hérodiade » parue dans *Trois contes* en 1877 semblent l'annoncer.

■ *Salammbô* de G. Flaubert (1862)

Flaubert a, par deux fois enrichi le thème de la princesse orientale, lui ajoutant d'autres dimensions.

Flaubert conçoit *Salammbô*, en 1857. Le roman s'appelait alors *Carthage* et son héroïne Pyrrha. La Pyrrha mythologique était mère de la race humaine, mais ses enfants étaient des pierres qu'elle jetait par-dessus son épaule. Déjà se trouve évoqué le thème conjugué de la fertilité et de la stérilité, que Salammbô, en déesse lunaire, va amplifier. *Salammbô* paraît enfin en 1862. « J'ai voulu, dit Flaubert, fixer un mirage. »

Le personnage de Salammbô, s'il a, par bien des aspects, le caractère de la jeune bourgeoise du XIXᵉ siècle (notamment des aspirations religieuses dignes d'Emma Bovary), a été élaboré par Flaubert sous l'influence d'un ouvrage de Friedrich Creuzer. Cet ouvrage : *Religions de l'antiquité considérées principalement dans leurs formes symboliques et mythologiques*[14] que Flaubert possédait, lui servit de source pour *Salammbô et La tentation de saint Antoine*. Pour créer le personnage de Salammbô, Flaubert se serait inspiré du mythe de la déesse Pasiphaé.

Pasiphaé, dit Creuzer, était la femme de Minos de Crète et de la fille du Soleil, et elle-même une divinité lunaire. On sait qu'une partie de son tragique destin consista à tomber amoureuse d'un taureau. De ses amours bestiales, naquit le Minotaure, créature monstrueuse, hantant le labyrinthe et dévorant les jeunes gens offerts en sacrifice. Flaubert, fasciné par ce mythe, va en transformer les données pour élaborer un mythe plus conforme à la tradition carthaginoise. Comme Pasiphaé, Salammbô est constamment associée à la lune. Son ascendant n'est autre que le dieu-soleil Melkarth. Salammbô partage avec Pasiphaé la faculté de charmer son entourage dès qu'elle apparaît. L'ouverture fameuse du roman nous permet d'assister à cet étrange pouvoir qui fascine les barbares, « ces bêtes brutes » :

> Le palais s'éclaira d'un coup à sa plus haute terrasse, la porte du milieu s'ouvrit, et une femme, la fille d'Hamilcar elle-même, couverte de vêtements noirs apparut sur le seuil. (...) Elle s'avança dans l'avenue des cyprès, et elle marchait lentement entre les tables des capitaines, qui se reculaient un peu en la regardant passer. (...) Les soldats, sans comprendre ce qu'elle disait, se tassaient autour d'elle. Ils s'ébahissaient de sa parure ; mais elle promena sur eux tous un long regard épouvanté, puis s'enfonçant la tête dans les épaules en écartant les bras, elle répéta plusieurs fois :
> « Qu'avez-vous fait ! qu'avez-vous fait ! »[15]

Mais Flaubert va plus loin. S'apercevant que Creuzer apparentait la déesse Pasiphaé à Vénus et à Proserpine, Flaubert va enrichir Salammbô d'autres caractères. L'opposition consacrée entre les deux déesses, celle de l'amour et celle de la mort, va se concentrer sur une seule et même personne. Déjà, la pureté et la chasteté de Pasiphaé sont contrecarrées par la pulsion animale qui l'attire vers le taureau, comme la vierge Salammbô ne peut résister à l'esclave Mâtho, plusieurs fois comparé à un animal (« Râlant comme un taureau blessé ».) Mais Salammbô n'est pas seulement pure et sereine, vouée aux Mânes de Tanit, elle possède aussi un penchant terrible et animal, qui la rend responsable en partie des malheurs des Carthaginois et surtout de la mortelle torture de Mâtho.

Ainsi Salammbô et le mythe de Pasiphaé se rejoignent-ils pour donner le jour à un mythe nouveau. Flaubert ne s'intéresse ici qu'à la partie la plus riche du mythe, celle qui fait de la princesse un être double, qui peut produire : « les monstres, les fantômes effrayants, les songes menteurs »[16], toutes ces parties sombres de l'esprit que le mythe sait si bien mettre en lumière.

Attardons nous enfin sur l'apparence physique de Salammbô. Couverte de colliers de perles compliqués, indolente et lasse, s'abritant d'un parasol pour se protéger du soleil, c'est déjà la fleur vénéneuse des symbolistes, la princesse malade et plaintive, « clouée par l'idée fixe »[17].

> On lui avança sous les pieds un escabeau d'ivoire à trois marches ; au bord de la première, deux enfants nègres se tenaient à genoux, et quelquefois elle appuyait sur leur tête ses deux bras, chargés d'anneaux trop lourds.
> Des chevilles aux hanches, elle était prise dans un réseau de mailles étroites imitant les écailles d'un poisson et qui luisaient comme de la nacre ; une zone toute bleue serrant sa taille laissait voir ses deux seins, par deux échancrures en forme de croissant ; des pendeloques d'escarboucle en cachaient les pointes. Elle avait une coiffure faite avec des plumes de paon étoilées de pierreries ; un large manteau, blanc comme de la neige, retombait derrière elle, et les coudes au corps, les genoux serrés, avec des cercles de diamants au haut des bras, elle restait toute droite, dans une attitude hiératique[18].

Certains critiques ont pu décrire Salammbô comme une femme sans corps ou plus exactement comme un être dont la sensualité se serait déplacée sur la parure[19]. Il est vrai que ses parfums, ses chaînettes, ses accessoires paraissent plus importants que son corps même. Lorsqu'elle s'abandonne à Mâtho, la chaînette qui entrave sa démarche se brise : l'objet est là pour témoigner et avouer ce que le corps tait. Mais Salammbô n'est pas une statue décorative, elle a un rôle à jouer dans la reconquête du voile de Tanit, dans ses rapports avec Mâtho :

> Elle n'avait confié à personne sa résolution ; pour l'accompagner plus discrètement, elle envoya Taanach acheter dans le faubourg de Kinisdo (au lieu de les demander aux intendants) toutes les choses qu'il lui fallait : du vermillon, des arômates, une ceinture de lin et des vêtements neufs. La vieille esclave s'ébahissait de ces préparatifs, sans oser pourtant lui faire de questions[20].

Flaubert transmet aux symbolistes un spectacle intense dont ils sauront se souvenir. La descendance de Salammbô sera considérable. De ce roman décoratif, de ce monde exalté, vont naître de séduisantes chimères. Les innombrables romans et poésies inspirés de l'antique, les Cléopâtre, les Pamphila participent un peu de cet univers onirique où tout est promis et rien n'est donné.

■ *Hérodias* (1877)

Les *Trois contes* paraissent en avril 1877. La nouvelle *Hérodias* rejoint, par certains aspects, le mirage oriental évoqué dans *Salammbô*.

On sait que cette nouvelle, pour brève qu'elle soit, a causé à l'auteur un véritable martyre. Accablé par la difficulté du sujet, il s'exclame : « Ce conte « Hérodias » me cause une venette abominable. »[21] Il est vrai que Flaubert va devoir empiler ouvrages historiques sur traités.

C'est la première fois que la princesse Salomé intervient dans un récit. Flaubert ne disposant d'aucun scénario si ce n'est les Evangiles et le fameux tympan nord de la cathédrale de Rouen, où Salomé danse toujours, doit inventer des décors. De son imagination aussi, la visite de Vitellius qui donne le prétexte du drame. Etrange conjonction que celle du monde sémitique et du monde romain ! Les dossiers laissés par Flaubert témoignent de la prodigieuse documentation amassée pour quatre-vingts pages ! Faut-il voir là un exemple de « démotivation »[22] comme le pense G. Genette ? Pour celui-ci l'expansion documentaire mise en œuvre par Flaubert aurait pu nourrir un roman immense, qui fut en partie réalisé puis désécrit par Flaubert par manque de motivation pour un sujet qu'il a déjà traité.

Pourquoi Hérodias ? Voici comment Flaubert l'annonçait à Madame Gérard des Genettes : « Ce qui me séduit là-dedans, c'est la mine officielle d'Hérode, qui est un vrai préfet, et la figure farouche d'Hérodias, une sorte de Cléopâtre et de Maintenon. »[23] Flaubert retrouve, en composant *Hérodias,* les scènes de luxure et de cruauté déjà évoquées avec délice dans *Salammbô.* Cet orient qu'il recrée avec passion est celui de son rêve. Mais l'héroïne est ici Hérodias et non Salomé. Hérodias que Flaubert conçoit ainsi : « Juive, mais par ses aïeux et de nature, monarchique. Ses ancêtres avaient été rois et sacrificateurs... (elle) se moquait d'Antipas. »[24]

C'est donc la mère de Salomé, femme adultère d'Antipas, souveraine ambitieuse, qui va demander la tête de Jean-Baptiste. C'est une femme puissante, proche des impératrices romaines. Elle semble incontestablement dominer le frêle Antipas. Avide de pouvoir, c'est une reine cruelle qui n'hésite pas à supprimer ceux qui entravent son ascension : « César nous aime ! Agrippa est en prison !... Les cachots de Tibère s'ouvrent difficilement, et quelquefois l'existence n'y est pas sûre ! »[25]

Et pourtant son pouvoir vacille. Flaubert en donne des signes : Antipas semble fatigué de ce vieil amour et épie les jeunes esclaves. La foule qui l'acclamait écoute les imprécations de Jean-Baptiste : elle est huée. Certes, elle fut ensorcelante. Pour elle, Antipas a répudié la fille du roi des Arabes, provoquant ainsi une guerre. Mais c'est à une reine déchue que nous avons à faire. L'orgueilleuse se sait condamnée. Redoutant sa défaite, elle fait alors appel à sa fille Salomé. Apparaît ainsi une figure féminine, d'abord silhouette floue, puis plus nette, qui va bientôt usurper le pouvoir.

C'est bien à la naissance de Salomé que nous assistons. D'abord esclave anonyme, elle laisse à peine entrevoir un bras blanc au détour d'une page.

> Le Tétrarque n'écoutait plus. Il regardait la plate-forme d'une maison, où il y avait une jeune fille, et une vieille femme tenant un parasol à manche de roseau, long comme la ligne d'un pêcheur. Au milieu du tapis, un grand panier de voyage restait ouvert. Des ceintures, des voiles, des pendeloques d'orfèvrerie en débordaient confusément. La jeune fille, par intervalles, se penchait vers ces choses, et les secouait en l'air. Elle était vêtue comme les Romaines, d'une tunique calamistrée avec un péplum à glands d'émeraude ; et des lanières bleues enfermaient sa chevelure, trop lourde, sans doute, car, de temps à autre, elle y portait la main. L'ombre du parasol se promenait au-dessus d'elle, en la cachant à demi. Antipas aperçut deux à trois fois son col délicat, l'angle d'un œil, le coin d'une petite bouche[26].

C'est là l'habileté de Flaubert que de savoir ménager cette attente avant la révélation. Alors même que le pouvoir de la mère décroît sous les insultes de Jean-Baptiste :

> Etale-toi dans la poussière, fille de Babylone ! Fais moudre la farine ! Ote ta ceinture, détache ton soulier, trousse-toi, passe les fleuves ! Ta honte sera découverte, ton opprobre sera vu ! Tes sanglots te briseront les dents ! L'Eternel exècre la puanteur de tes crimes ! Maudite! Maudite! Crève comme une chienne ![27]

Le personnage de Salomé entre dans la nouvelle et aussi dans l'histoire :

> Mais il arriva du fond de la salle un bourdonnement de surprise et d'admiration. Une jeune fille venait d'entrer.
> Sous un voile bleuâtre lui cachant la poitrine et la tête, on distinguait les arcs de ses yeux, les calcédoines de ses oreilles, la blancheur de sa peau. Un carré de soie gorge-pigeon, en couvrant les épaules, tenait aux reins par une ceinture d'orfèvrerie...
> Sur le haut de l'estrade, elle retira son voile. C'était Hérodias, comme autrefois dans sa jeunesse. Puis, elle se mit à danser[28].

Ce dernier passage « C'était Hérodias », a été jugé équivoque par Taine. « Le lecteur ne comprend qu'à la page suivante dit-il, qu'il ne s'agit pas d'Hérodias mais de sa fille »[29]. Or, c'est bien cette impression que veut suggérer Flaubert. Car Salomé, c'est Hérodias. Tout nous permet de penser qu'ici s'opère un glissement capital entre la mère et la fille. Cette « passation des pouvoirs » s'opère magiquement par le biais de la danse. Salomé hérite des pouvoirs ensorcelants de sa mère, ceux-là même qui ont séduit Antipas et qui vont encore le placer sous le charme.

Ainsi se crée une figure double : la mère-la fille. Qui est Salomé ? Qui est Hérodias ? Elles deviennent danseuses, déesses, prêtresses et bacchantes. Désormais, il n'y a plus une figure souveraine mais deux, étroitement associées, car évoquer Hérodias, c'est évoquer son prolongement : la danseuse, la sorcière. Ou plutôt, cette identification nous invite à relire la nouvelle en substituant l'une à l'autre. Hérodias n'est là que pour annoncer (en prophète) le règne de Salomé. En effet, la mère n'apparaîtra plus que de loin en loin et c'est à Salomé que sera offerte la tête de Jean-Baptiste. Tandis que le nom d'Hérodias s'efface, celui de Salomé entre dans la mémoire des hommes et annonce l'avènement d'une longue obsession.

Flaubert éclaire donc la figure de Salomé d'un nouveau jour. Elle n'est plus la fade danseuse de la Bible, simple instrument de la vengeance maternelle, mais elle prend de l'ampleur : un corps, des sens, une volonté butée. Elle acquiert une part de vie et une part d'énigme, comme les voiles successifs qui la recouvrent. Le mythe de Salomé est né. La femme fatale des symbolistes a un nom.

2) Extensions du mythe

■ *Salomé et L'Apparition* de G. Moreau (1876)

On ne peut évoquer Salomé sans faire allusion à l'œuvre du peintre Gustave Moreau, qui fut l'un des premiers à l'offrir à la contemplation de tous au Salon de 1876. Salomé est une des figures qui a le plus stimulé l'imagination du peintre. Depuis plusieurs années déjà, il s'est préparé par des scènes mythologiques qui vont faire le bonheur des symbolistes. A lui seul, il fait déferler sur la fin du siècle un cortège de sphinx, de chimères, de créatures mythologiques, un véritable bestiaire enchanté, puisé aux sources de la mythologie. Moreau se conçoit comme le metteur en scène inspiré de tragédies grandioses entre les dieux et les hommes. En cela, il ne dépare pas la tradition de l'époque qui veut que les sujets bibliques et mythologiques soient fort prisés et donnent lieu à des fresques grandioses, dont le titre seul prête aujourd'hui à sourire : « Darius, fuyant après la bataille d'Arbèles, s'arrête, épuisé de fatigue, pour boire dans une mare. »[30]

Le goût de Moreau pour l'étrange le conduit à élaborer des tableaux selon un programme précis. Moreau, en effet, commente ses œuvres, les explique et se considère comme un peintre littéraire : « Un bon tableau, fidèle et égal au rêve qui l'a enfanté, doit être produit comme un monde. »[31]

Une huile et une aquarelle sont consacrées à Salomé : *Salomé dansant devant Hérode* et *L'Apparition*. Deux tableaux qui vont enthousiasmer le public de l'époque. Or, cette Salomé-là vient de la littérature. Car c'est en se servant directement du texte de Flaubert, *Salammbô*, que Gustave Moreau va recréer cette atmosphère de lourdeur sacrée. En effet, le peintre préparait toutes ses compositions à l'aide de documents archéologiques et littéraires, se livrant ainsi à une étude digne de Flaubert. De là naissent le raffinement excessif et les détails précieux. La Bible sera également une source appréciable : ce que Moreau va figer pour longtemps dans les esprits, ce n'est pas tant la Salomé évoquée de façon succincte dans les Evangiles que la Grande Prostituée de l'Apocalypse que Huysmans reconnaîtra et nommera avec terreur : « Et la femme était vêtue de pourpre et d'écarlate, et parée d'or, de pierres précieuses et de perles ; elle tenait à la main une coupe d'or, pleine des abominations de l'impureté de sa prostitution. »[32]

Salomé dansant devant Hérode représente la célèbre scène des Evangiles où la jeune Salomé envoûte par sa danse le vieux Tétrarque. La scène, pour être une scène de danse, est surprenante par son immobilité. Salomé, lourdement parée, tient à la main une fleur de lotus et étend un bras raide, sous le regard éteint d'Hérode qui semble une momie, rivé à son trône d'apparat. Plus que la scène elle-même, c'est le décor qui nous retient. Car Salomé n'est ici qu'une statue glacée sur laquelle le regard glisse. Mais ce même regard est capté par les accessoires. On ne voit pas Salomé, mais les motifs ornementaux de sa robe. On ignore le mouvement et la plasticité pour s'attarder sur le silence fiévreux de la scène.

Pour Moreau, chaque objet du décor est un document historique trompeur, il ne dévoile en rien le moment historique, mais il dit une expérience du sacré : les costumes cérémoniels, le temple, la danse de Salomé, les pierres sacrées sont les symboles d'une hiérophanie[33] comme le précise M. Eliade dans son *Traité d'histoire des religions*.

La robe de Salomé joue un rôle capital dans le tableau, au même titre que ses accessoires. La fleur de lotus qu'elle brandit est le symbole de sa virginité. En l'attribuant à Salomé, Moreau s'est inspiré des emblèmes indiens du vase et du calice, symboles de la féminité (de la féminité souillée, dira plus tard Huysmans). Comme le dieu Brahma, né du lotus, Salomé émerge du cosmos et de l'univers aquatique puisque le lotus représente la manifestation de la création née des eaux[34]. Tout, jusqu'aux moindres bibelots, a une valeur symbolique. Pour Moreau, l'essentiel réside justement où on ne l'attend pas : dans l'inessentiel. C'est par le truchement de l'objet décoratif, des bijoux et des pendeloques qui forment comme un tatouage sur le corps de Salomé (Moreau composa aussi une toile justement intitulée : *Salomé tatouée*), que l'on entrevoit la véritable nature de la danseuse : une féminité parée et dangereuse, à la fois pure et vénéneuse. La parure de Salomé n'est en réalité qu'un voile chargé d'ornements, sous lequel elle est nue. Ce voile la couvre et la découvre en même temps. Il dit tout sur la réalité charnelle de la danseuse tout en la camouflant davantage : elle devient amas de pierreries, caméléon somptueux, fleur vénéneuse...

Ce qui rend également Salomé fascinante, c'est qu'elle s'offre de profil, en objet séduisant qui se sait regardé. Cette pose fait d'elle un être privilégié qui se soumet au regard masculin avec lucidité, de telle sorte qu'elle apparaît à la fois comme objet et sujet du tableau. Son regard est un regard de dominatrice, sa pose est une pose de modèle : la femme s'est scandaleusement muée en artiste et même en créatrice ! Salomé adjoint diaboliquement à la passivité du modèle, l'animation intérieure de l'Idée.

Mais c'est l'aquarelle *L'Apparition* qui touche au mythe crucial de l'époque symboliste. Moreau imagine une suite à l'épisode de Salomé dansant : dans le palais d'Hérode, surgit devant Salomé horrifiée (ce qu'exprime son bras tendu, comme dans le tableau précédent), la tête décapitée de Jean-Baptiste. La jolie danseuse a, cette fois, un regard terrifié. Etrange revirement de la part d'une femme fatale ! C'est que Moreau explore le mythe à sa façon. La mythologie est ici détournée au profit de sa mythologie personnelle.

En effet, peu de lasciveté chez Moreau lorsqu'il s'agit de donner corps à une évocation féminine. Moreau n'exploite jamais la sensualité d'une scène mythologique, fût-elle propre à l'inspirer. Odilon Redon dit avec perspicacité de Moreau que sa vie est voilée par un art essentiellement insincère. Sa vision reste froide et impersonnelle. Est-ce un effet de ses tourments intimes ? Peut-être. Nous devons souligner ici l'ambivalence de la femme, à la fois perçue comme séductrice et destructrice. Moreau commente ainsi sa toile inachevée *Les chimères* (1884) :

> Cette île des rêves fantastiques renferme toutes les formes de la passion, de la fantaisie, du caprice chez la femme, la femme dans son essence première, l'être inconscient, folle de l'inconnu, du mystère, éprise du mal sous forme de séduction perverse et diabolique[35].

Dans le tableau *Le jeune homme et la mort,* la mort apparaît sous les traits d'une femme jeune et jolie. Dans *Œdipe et le Sphinx,* le Sphinx a une tête charmante de femme. Tous les critiques d'art s'accordent sur ce point : l'attitude de Moreau vis-à-vis de la femme est double. On trouve en lui à la fois un admirateur de la beauté, lui rendant abondamment hommage par des figures comme Eve, Aphrodite, Europe, Déjanire, Galatée, et d'autre part un puritain qui, s'apparentant en cela à une tradition bien établie de la deuxième moitié du XIXe, voit en la femme la source éternelle du mal. S'ajoute à cette constatation la propre situation œdipienne de l'artiste. Son attachement à sa mère (« Pour Maman, j'ai toujours quatre ans » confesse-t-il[36]) a naturellement favorisé le schéma classique de la dénonciation de la femme incarnant le péché (toutes les femmes étant le Mal, excepté la mère).

Il est donc ici presque convenu que Salomé la perverse soit punie! La tête de saint Jean-Baptiste, auréolée de victoire, irradie la scène. La tête rayonnante foudroie la danseuse. Le regard du martyr consacre la victoire de la chasteté et de l'esprit et renverse les données initiales du mythe.

C'est donc en moraliste que Moreau a perçu le mythe. C'est dans une optique morale qu'il lui consacre ses toiles. Salomé est punie, elle n'est plus qu'une mortelle terrifiée, foudroyée par la révélation divine. Le grand mystère s'accomplit. Le mythe et le mysticisme se côtoient comme le souhaite le peintre, qui commente ainsi une de ses dernières toiles *Jupiter et Sémélé* (commentaire qui pourrait fort bien s'appliquer à Salomé) :

> Des atomes, des parcelles de Christianisme apparaissent dans cette composition : cette mort des sens, cette ruine de l'être matériel pour entrer dans la vie immortelle. Cette allégresse des êtres à l'apparition de la lumière divine, au contact de l'idéal divin, tout cela sent son Christianisme. Le Paganisme est flétri dans son essence par un renversement, une déviation de son symbolisme[37].

Gustave Moreau est le premier à donner à Salomé une présence fascinante et maléfique. La contribution de Moreau à l'extension du mythe de la femme fatale est de première importance. Il ouvre la voie aux interprétations critiques d'un même mythe et à la répétition obstinée d'un même thème (plusieurs « Salomé » inachevées voient le jour et se déplacent ainsi du fusain à la plume et au crayon). Plus tard, Salomé réapparaîtra dans d'autres aquarelles : *Salomé au jardin* (1878) et *Hérodias-Salomé* (1888). L'artiste témoigne aussi de cette faim, jamais assouvie, de surenchérir sur les données d'un mythe littéraire. Dans cette fidélité et cette obstination réside une incroyable fascination à interpréter, développer, modifier une réflexion personnelle, en accumulant les significations.

Cette répétition amène aussi Moreau à la surcharge. Le goût prononcé du détail symbolique l'oblige à enfler démesurément les œuvres. Le détail est un piège dont il ne peut plus sortir. C'est aussi une forme de réticence personnelle : Moreau étouffe sa sensibilité par une minutie d'enlumineur. D'autre part, peindre Salomé lui permet de faire connaître une conception de la femme dont il est intimement convaincu, ainsi que la plupart des hommes de son époque, et qu'il ne songe pas à modifier.

Venue de la littérature (Moreau s'est servi de Flaubert), Salomé y retourne. Car le duc Jean Floressas des Esseintes va se porter acquéreur des deux toiles et les détailler, en une approche critique malaisée car il est, lui aussi, victime du mythe.

■ *A rebours* de J.-K. Huysmans (1884)

Second volet d'un triptyque, situé entre *A vau-l'eau* (1882) et *En rade* (1887), *A rebours* paraît en 1884. Le duc Jean Floressas des Esseintes possède tout et corrompt tout. Ce blasé fortuné se livre, dans sa retraite, à de coûteuses orgies de parfums, de livres, de tableaux. C'est que des Esseintes caresse le rêve secret de rassembler tous les chefs-d'œuvre. Le héros met en scène un monde luxueux qui défile sous ses yeux : fleurs, bijoux, toute une décoration intérieure dont le seul critère sélectif est d'être aussi belle que superflue. Il joue aussi au critique d'art. Dans sa tentative aussi grandiose que désespérée, il souhaite résumer tout un univers de culture.

Gustave Moreau est une des « drogues » de des Esseintes. Les tableaux représentant Salomé le hantent. Huysmans aussi : il présentera en 1887 un rêve de Jacques Marle dans *En rade,* ce rêve n'est autre que la description d'un tableau imaginaire dans le style de Gustave Moreau. C'est dire à quel point les contacts entre le peintre et l'écrivain sont étroits. Ils reçoivent les mêmes influences et parlent la même langue.

La contemplation des tableaux procure à des Esseintes une jouissance qu'il doit expulser en racontant les scènes, en se faisant le déchiffreur des œuvres. Il lui faut redire Salomé, telle qu'elle est vue par le pinceau du peintre. Ainsi se greffe un deuxième discours qui place le mythe sous un éclairage nouveau.

C'est d'abord en poète que des Esseintes évoque la *Salomé* de Moreau. Sa prose dépasse la simple description des tableaux. Il voit les personnages s'animer et vivre. Il s'aventure au-delà du tableau.

> Dans l'odeur perverse des parfums, dans l'atmosphère surchauffée de cette église, Salomé, le bras gauche étendu, en un geste de commandement, le bras droit replié, tenant à la hauteur du visage, un grand lotus, s'avance lentement sur les pointes, aux accords d'une guitare dont une femme accroupie pince les cordes[38].

Curieusement, Huysmans ne propose pas une biographie dramatisée du tableau. Il n'interroge pas la toile comme beaucoup d'écrivains ont pu le faire avant lui, mais offre un compte rendu par le biais d'un morceau d'écriture cristallisant le tableau. Il fait une « explication de texte », car Moreau a révélé quelque chose de la femme vue par Huysmans. Sans rompre avec le tableau, il s'affranchit suffisamment pour faire œuvre originale : Salomé est une déesse perverse et cruelle, magnifiée par un texte qui est en fait un long poème à sa gloire :

> La face recueillie, solennelle, presque auguste, elle commence la lubrique danse qui doit réveiller les sens assoupis du vieil Hérode ; ses seins ondulent et, au frottement de ses colliers qui tourbillonnent, leurs bouts se dressent ; sur la moiteur de sa peau les diamants, attachés, scintillent ; ses bracelets, ses ceintures, ses bagues, crachent des étincelles ; sur sa robe triomphale, couturée de perles, ramagée d'argent, lamée d'or, la cuirasse des orfèvreries dont chaque maille est une pierre, entre en combustion, croise des serpenteaux de feu, grouille sur la chair mate, sur la peau rose thé, ainsi que sur des insectes splendides aux élytres éblouissants, marbrés de carmin, ponctués de jaune aurore, diaprés de bleu d'acier, tigrés de vert paon[39].

C'est un feu d'artifice : Salomé éclate en couleurs rares et agressives qui sont autant d'incarnations de sa puissance. Elle a toutes les beautés, toutes les formes. Encore une fois, son corps n'est que décor et masque : les pierreries qui la recouvrent semblent animées et forment une monstrueuse carapace. Ce sont ici des substances vivantes et signifiantes : elles sont le symbole de la perversité de la femme.

Nous devons nous arrêter ici sur l'importance des pierres précieuses et de leur symbolisme. Huysmans, en décrivant les éclairs lumineux des tableaux de Moreau, donne un nom à ces pierres. Si la beauté de Salomé est rehaussée par l'or et l'argent, ces métaux précieux ne sont que des écrins pour enchâsser des pierres plus nobles, au symbolisme compliqué. Salomé arbore des diamants, des émeraudes et surtout des perles qui forment souvent un rideau ou un masque. Ces pierres s'intègrent à un système magico-religieux qui leur confère un pouvoir, objets éternels, rares, denses, pures condensations de matière précieuse. Cette attirance totale des symbolistes pour les pierres est intimement liée à leur attirance pour l'occultisme. Ainsi les noms de pierres aux étranges sonorités obsèdent Huysmans au point qu'il y consacrera des pages dans *La cathédrale* et un chapitre dans *A Rebours,* recensant les gemmes et les décrivant minutieusement. Associées à une symbolique complexe, les pierres douées de pouvoir envoûtent celui qui les regarde. Ces pierres, on l'a vu, vivent, elles ont une essence magique, elles révèlent aussi le caractère sacré de la personne qui les porte. Ainsi le diamant est, selon une croyance indienne passée dans le monde hellénistique et arabe, vénéneux car sorti de la gueule des serpents. Symbole de la foudre, en Inde, il est l'emblème de l'essence incorruptible. Son ascendance ophidienne lui vaut des propriétés magiques et médicinales : né du serpent, il protège des serpents, et par là, des empoisonnements. Ce rapport du diamant avec le serpent ramène au mythe originel du « monstre gardien des emblèmes de l'immortalité » comme le signale M. Eliade[40]. Salomé, couverte de diamants, a accès aux valeurs absolues gardées par le monstre, elle entre en connivence avec le reptile, partage ses pouvoirs cachés. L'éclat du diamant sur le corps de la femme lui donne aussi l'aspect écailleux qui l'identifie à la bête.

Mais la perle est la parure qui symbolise le mieux Salomé. Elle tient une place de choix dans l'ornementation de la femme. Déjà, Salammbô croulait sous le poids des perles de toutes tailles. Le rôle de la perle est surtout lié à la sorcellerie : née des Eaux, née de la lune, née de la coquille, elle représente par excellence la féminité créatrice. La perle est un « centre cosmologique »[41] dans lequel s'unissent les prestiges de la lune et de la femme. Elle partage les vertus magiques de la lune. Notons aussi des affections « lunaires » : folie, mélancolie. La perle, en Orient, a aussi des qualités aphrodisiaques et talismaniques.

Si Salomé est un monstre, un dragon crachant des flammes, couturé de pierreries, son vêtement est aussi une armure qui semble retenir un corps bien près de s'effondrer. En effet, ce que retient des Esseintes, c'est ce corps qu'il ne se lasse pas de décrire. Ce corps qui est décor, qui séduit, fascine mais qui est aussi malade, impur, souffrant. Le corps de Salomé n'est pas un corps triomphant de déesse, c'est celui fascinant parce que cousu, marqué, blessé, d'une « presque-morte ». La seconde description de Salomé, celle de « L'Apparition » est à ce sujet, exemplaire :

> Elle est presque nue ; dans l'ardeur de la danse, les voiles se sont défaits, les brocarts ont croulé; elle n'est plus vêtue que de matières orfévries et de minéraux lucides ; un gorgerin lui serre de même qu'un corselet la taille, et, ainsi qu'une agrafe superbe, un merveilleux joyau darde des éclairs dans la rainure de ses deux seins ; plus bas, aux hanches, une ceinture l'entoure, cache le haut de ses cuisses que bat une gigantesque pendeloque où coule une rivière d'escarboucles et d'émeraudes ; enfin, sur le corps resté nu, entre le gorgerin et la ceinture, le ventre bombe, creusé d'un nombril dont le trou semble un cachet gravé d'onyx, aux tons laiteux, aux teintes de rose d'ongle. (...) les pierres s'animent, dessinent le corps de la femme en traits incandescents; la piquent au cou, aux jambes, aux bras, de points de feu, vermeils comme des charbons, violets comme des jets de gaz, bleus comme des flammes d'alcool, blancs comme des rayons d'astres[42].

Salomé est une décomposition qui marche. Jamais Salomé n'avait été associée à de telles images de mort. Huysmans la compare même plus directement à une momie égyptienne, évoquant en détail le processus de l'embaumement. Car c'est bien un embaumement qu'il opère. Il enroule Salomé de phrases qui sont autant de bandelettes parfumées qui consacrent sa mort. Il la livre ainsi à la contemplation éternelle, la prépare, la fige, non comme une beauté divine mais comme une fille.

Car Salomé, c'est aussi la Grande Prostituée, une courtisane au bord de sa propre défaite, à la chair portant les marques de la souffrance et de la corruption. Son corps est celui de la pécheresse. La seule réhabilitation possible de la luxure, pour le futur converti qu'est Huysmans, c'est la souffrance. Ainsi se trouvent inscrite sur le corps de Salomé la triple opération de la séduction, de la punition et de la rédemption. Si rien dans le texte ne nous permet de songer à un parallélisme entre Salomé et la Vierge Marie (parallélisme suggéré par certains critiques[43]) il est vrai que Salomé apparaît comme la figure antithétique de Marie, maternelle et bienfaisante. La Vierge, rappelons-le, est toujours traitée de façon familière par Huysmans. C'est : « La Madonne des sourires », « la Tenancière des glorieuses Joies », « la Vierge pour tout le monde » et même « la mère en gésine ». Ce que Léon Bloy, outré, qualifie d' « irrévérences quasi sacrilèges qui témoignent d'une impuissance congénitale à différencier la femme de la femelle » ![44]

Salomé serait alors un déplacement de la Vierge se lamentant sur le corps martyrisé d'un Christ parodique : Jean-Baptiste. Salomé devient alors mère grotesque, prostituée, déesse de mort et de morgue. La souffrance peut seule permettre d'accéder au pardon. Mais cette image n'est pas destinée à soutenir la piété. Des Esseintes en tire plutôt une satisfaction presque sadique et s'attarde sur les blessures du corps martyr pour le charger d'érotisme.

Le péché attire aussi par la punition infligée au corps. L'auteur mêle à la jouissance pécheresse le remords et la culpabilité. Les moindres nuances de la souffrance sont traduites en poésie. Pour expier, Salomé se façonne un corps trempé dans le sang, elle procure une nouvelle gamme de sensations : elle est la jouissance dans le remords. C'est pour cela que la figure du Christ chez Huysmans revêt ce même aspect de mortification de la chair :

> Démanchés, presque arrachés des épaules, les bras du Christ paraissaient garrotés dans toute leur longueur par les courroies enroulées des muscles. L'aisselle éclamée craquait ; les mains grandes ouvertes brandissaient des doigts hagards et bénissaient quand même, dans un geste confus de prières et de reproches ; les pectoraux tremblaient, beurrés par les sueurs ; le torse était rayé de cercles de douves par la cage divulguée des côtes ; les chairs gonflaient, salpêtrées et bleuies, persillées de morsures de puces, mouchetées comme des coups d'aiguilles par les pointes des verges qui, brisées sous la peau, la lardaient encore, çà et là, d'échardes[45].

Il n'y a pas de contradiction entre Dieu et la pécheresse, la souillure originelle les rapproche, ils ne font qu'un. Huysmans obéit aux séductions charnelles, savourant le goût de la douleur qui rachète et innocente. Dieu est autant prostitué que Salomé : c'est le « Christ vulgaire, laid » crevant « ainsi qu'un chien, salement, bassement, en allant dans cette déchéance jusqu'au bout »[46]. Rien ne saurait mieux traduire la pensée de Huysmans que la phrase de Baudelaire : « L'être le plus prostitué, c'est l'être par excellence, c'est Dieu, puisqu'il est l'ami suprême pour chaque individu, puisqu'il est le réservoir commun, inépuisable de l'amour »[47].

Le mythe est là, on le subit. On ne peut qu'exprimer encore et toujours sa fascination. Le mythe est là qui empêche de voir, qui dépossède celui qui le possède. Ce que traduit bien des Esseintes, et par là Huysmans, c'est que désormais tous les artistes ne pourront que témoigner de cette dépossession.

Le texte de Huysmans ouvre la voie à de nouvelles expériences. Salomé passe de l'état de tableau à celui d'essence composée. Ainsi s'exprime un idéal littéraire où la perception du critique passe avant celle du créateur.

■ *Moralités légendaires* de J. Laforgue (1885)

Nous touchons à un autre registre avec la Salomé de Jules Laforgue. C'est au domaine de la parodie que l'auteur va emprunter ses images. *Les Moralités légendaires* constituent l'œuvre en prose la plus importante de Jules Laforgue. Plutôt que des nouvelles ou des contes, ce sont des fables drolatiques qu'il commence à écrire en 1885. « Salomé » fut composée en mai-juin 1885 dans sa première version. Laforgue y intercale par la suite le texte de « L'Aquarium », bouleversant ainsi l'ordonnance originale.

Le mythe de Salomé est un sujet de choix pour un écrivain qui a décidé d'en finir avec les grands mythes de la littérature. A côté d'Hamlet, de Lohengrin, de

Persée et d'Andromède, Salomé est le mythe à la mode. On peut l'imputer aux tableaux de Moreau, mais il s'avère que c'est à Flaubert que pense Laforgue.

Le but de Laforgue est de reprendre un mythe populaire et de l'hypertrophier par une accumulation de détails, de stéréotypes et de considérations terre-à-terre. Pour cela, il multiplie les signes concrets, triviaux :

> La petite vocératrice jaune à pois funèbres rompit sa lyre sur son genou, et reprit sa dignité.
> L'assistance intoxiquée s'essuyait les tempes par contenance. Un silence d'ineffable confusion passa.
> Les Princes du Nord n'osaient tirer leur montre, encore moins demander : « A quelle heure la couche-t-on ?[48]

Ce qui intéresse Laforgue, c'est d'insister sur des situations domestiques, quotidiennes et de renverser ainsi tout l'attirail symboliste qui s'offre enfin pour ce qu'il est : redondant, vide, artificiel.

Salomé connaît un destin absurde : après avoir obtenu la tête du prophète, elle finira fracassée sur des rochers, ayant voulu jeter la tête à la mer. Ainsi, le mythe n'est pas ici l'objet d'une morale, encore moins d'une exploration personnelle, c'est une pirouette moqueuse sur un thème rebattu.

Laforgue, en dénonçant les travers poétiques d'une génération, ses tics de langage, ses références et ses autorités, pastiche les œuvres à la mode. C'est aussi une façon de se démarquer des ouvrages d'une génération en se plaçant sous la protection de l'ironie, que de clamer son indépendance, de refuser la banalité du moule symboliste. Il semble que Laforgue veuille punir Salomé d'être une incarnation favorite. Elle meurt, non parce qu'elle est meurtrière ou déesse de la luxure, mais parce qu'elle est « un petit Messie à matrice », c'est-à-dire une personne imbue d'elle-même, artificielle et fabriquée.

Le portrait qu'en fait Laforgue est un portrait en creux, en ce sens qu'il met en évidence les vides, les manques, les silences, les répétitions systématiques. L'ajout postérieur intitulé « L'Aquarium » qui précède l'apparition de Salomé est particulièrement intéressant à envisager sous cet angle. Il s'agit de l'évocation du « Pays où fleurit le silence », suivie d'une énumération vertigineuse de créatures aquatiques et fantastiques. Je pense notamment à « ces plantations d'asperges confites et tuméfiées dans l'alcool du silence... »[49] Ces expressions loufoques redisent la stérilité, l'ennui, le dessèchement d'un monde qui « cuve l'ivre-mort de notre petit Moi ». Ainsi la mort exemplaire de Salomé qui meurt de n'être que du vide :

> Ainsi connut le trépas, Salomé, du moins celle des Iles Blanches Esotériques ; moins victime des hasards illettrés que d'avoir voulu vivre dans le factice et non à la bonne franquette, à l'instar de chacun de nous[50].

Mais les sarcasmes de Laforgue ne sont pas des signes d'une supériorité créatrice. Ils sont plutôt la marque d'un extrême pessimisme. Il semble que Laforgue sanctionne non seulement les activités de ses contemporains et leurs productions mais aussi sa propre impossibilité de créer en dehors des archétypes. Le nom du tétrarque, Emeraude-Archétypas est révélateur à cet égard. Son intérêt pour le mythe de Salomé l'atteste : l'auteur veut à la fois manifester sa liberté et consacrer ses chaînes. Il réalise probablement le « cul-de-sac » littéraire dans lequel il se trouve : en chargeant les personnages, il les rend aussi irréels que le monde qu'ils viennent de quitter et n'obtient finalement que des archétypes de papier mâché.

Les *Moralités légendaires* anticipent aussi sur l'intérêt du XXᵉ siècle pour les mythes comme archétypes. Laforgue donne sa version du mythe et ses situations sont souvent lourdes de sens. Attardons nous sur l'épigraphe de Salomé : « Naître c'est sortir ; mourir, c'est rentrer. » Mise à part la loufoquerie de la phrase, elle propose un double jeu, une ambiguïté comme la danse de la séduisante Salomé qui finit par une décapitation. On ne peut s'empêcher de noter une sensibilité ambivalente. Certaines phrases expriment l'absurdité tragique des situations :

> Le malheureux publiciste se raidit résolument vers le silence, attendant que, tout ce beau monde parti, il pût se laisser mourir dans son coin ; deux longues larmes blanches lui coulant de dessous les lunettes le long de ses joues émaciées vers sa barbe pauvre[51].

Finalement, malgré les répliques bouffonnes, « ce n'est pas gai » comme le dit Laforgue.

Nous sommes invités à découvrir autre chose que l'aspect extérieur d'un personnage. Laforgue retrouve l'axe élémentaire du comportement humain : la vie, la mort, le désir, autant de thèmes que la caricature lui permet de réduire à leur plus simple expression. Le canevas des événements, on l'a vu, est simplifié en une trame unique à laquelle se superpose l'outrance du rêve.

Ainsi Laforgue par son ironie essaie-t-il vainement de « dégonfler » les mythes en les tournant en dérision. Il se livre à un jeu : le pastiche ne fuse que par référence sous-entendue à une accumulation de mythes. Il n'y a rien derrière les déguisements et les jeux de mots n'ont pas de prise sur le vide. Salomé n'atteint pas ici l'épaisseur du personnage, c'est une avalanche de mots, totalement vaine: un jeu, une aventure. A mi-chemin du mythe, Laforgue propose la démystification.

■ « *Hérodiade* » de S. Mallarmé (1898)

Le projet d' « Hérodiade » hanta Mallarmé pendant près de trente-cinq ans. Seules l' « Ouverture », la « Scène » et le « Cantique de Saint-Jean » parurent de son vivant. La fin de sa vie fut consacrée à noircir des pages de fiches et de notes qui montrent que Mallarmé caressait l'espoir de terminer ce long poème : « Le cher supplice d' « Hérodiade » confie-t-il en 1866[52]. Son premier projet consistait en une tragédie et le poème dans sa composition contient des éléments scéniques. Il change d'idée en 1865 et c'est sous la forme d'un poème que Mallarmé envisage de poursuivre. Si le public ne découvrit « Hérodiade » qu'en 1898, les amis du poète étaient au courant de son existence. C'est ainsi que Huysmans est amené à citer un fragment d' « Hérodiade » dans *A rebours*. Des Esseintes en possède même le manuscrit : « Un fragment de l' « *Hérodiade* » le subjuguait de même qu'un sortilège. »[53]

Ce que veut éviter Mallarmé en composant à son tour une œuvre dramatique, est double. D'abord, éloigner toute anecdote, tout rebondissement qui donneraient à l'œuvre un aspect historique. Ensuite, dissocier son sujet de la pièce d'Oscar Wilde, *Salomé* : « J'ai laissé le nom d'Hérodiade pour bien la différencier de la Salomé je dirai moderne ou exhumée avec son fait divers archaïque — la danse etc l'isoler comme l'ont fait des tableaux solitaires... »[54]

Fondamentalement à l'écart des modes, Mallarmé ne s'accorde pas avec le mythe de Salomé tel qu'il est perçu par les contemporains. Pour lui, la véritable Salomé est ailleurs et cela le conduit à une interprétation nouvelle. Il souhaite revenir à l'œuvre picturale primitive, probablement la *Salomé* de Gustave Moreau, en accomplissant un travail de solitaire. En s'éloignant du monde de l'anecdote historique, il retrouve l'axe pur d'un poème dont le sujet véritable est la beauté.

Notons la fusion, déjà opérée par Flaubert entre le nom de la mère et celui de la fille : Hérodias ou Hérodiade est le nom de la mère de Salomé. Mais dans l'œuvre de Mallarmé, l'héroïne est une jeune fille. Les autres personnages : la nourrice, saint-Jean, apparaissent comme bien accessoires à côté du grand mystère de celle-ci.

Mallarmé va trouver dans le mythe de Salomé, les symboles qui l'aident à parfaire sa vision poétique : la tête tranchée du prophète, la virginité froide de la princesse. Mallarmé souhaite tirer parti de certaines images en laissant de côté l'aspect anecdotique de l'histoire. Il dépouille un mythe trop imprégné de sensibilité moderne, chargé d'ornements et de symboles grossiers.

Il n'en a pas toujours été ainsi. Mallarmé a d'abord eu une image plus conventionnelle d'Hérodiade :

> L'hyacinthe, le myrte à l'adorable éclair
> Et, pareille à la chair de femme, la rose
> Cruelle, Hérodiade en fleur du jardin clair,
> Celle qu'un sang farouche et radieux arrose ![55]

Hérodiade a d'abord une sauvagerie primitive et sanglante, inspirée de Baudelaire. C'est la « femme-fleur rouge-sang ». Mais la divergence éclate bientôt. Dans le drame incantatoire inachevé, il est vrai qu'Hérodiade demeure une femme troublante, aux attributs envoûtants. Sa chevelure : « le blond torrent de mes cheveux immaculés », sa beauté : « ô mon enfant, et belle affreusement », ses bijoux et ses parfums sont évoqués. Mais c'est pour mieux les exclure, car Hérodiade les rejette avec répugnance :

> Laisse là ces parfums ! Ne sais-tu
> Que je les hais, nourrice, et veux-tu que je sente
> Leur ivresse noyer ma tête languissante ?[56]

L'héroïne est une jeune fille froide et belle : de l'épanouissement pourpre, elle passe à la blancheur éteinte, clôturée. Sous la femme, il y a la morte : fermeture, glace, constriction et par-dessus tout, une pudeur affolée. Nous sommes loin de la déesse de la luxure que voyait Huysmans. Sa chasteté est reflétée par des éléments du décor : le lit, la chambre sont des symboles de sa pureté :

> La chambre singulière en un cadre, attirail
> De siècle belliqueux, orfèvrerie éteinte,
> A le neigeux jadis pour ancienne teinte,
> (...)
> Loin du lit vide qu'un cierge soufflé cachait,[57]

L'ouverture commence par une évocation de la belle absente, réfugiée dans la tour d'ivoire de son implacable virginité. Son titre « L'Incantation » suggère une scène de sorcellerie évocatoire, dont la nourrice serait l'officiante, et qui culmine à ce vers : « Ombre magicienne aux symboliques charmes ! »[58] :

> Désespéré monter le vieil éclat voilé
> S'élève : (ô quel lointain en ces appels célé !)[59]

et au decrescendo : « Comme l'eau des bassins anciens se résigne. »[60]

Une voix, celle de la nourrice, essaie de s'élever, de durer dans un effort désespéré avant de retomber dans le néant. Cette voix symbolise le destin d'Hérodiade, qui atteint un palier : l'absolu de la virginité. Cette organisation symétrique parfaite, cette architecture en miroir se reflétant à travers tout le poème, dans un désir pur d'accorder la technique et l'idée, symbolisent véritablement le personnage d'Hérodiade.

Lorsqu'elle apparaît au début de la « Scène » avec la nourrice, nous savons déjà beaucoup sur son culte de la virginité, son désir de rester à l'abri du devenir, dans un état de pureté statique comme la voix qui s'élève et retombe. Le premier discours d'Hérodiade décrit, en des images de glace et de froid, sa solitude et sa frigidité.

> Mais de l'or, à jamais vierge des arômates,
> Dans leurs éclairs cruels et dans leurs pâleurs mates,

> Observent la froideur stérile du métal,
> Vous ayant reflétés, joyaux du mur natal,
> Armes, vases depuis ma solitaire enfance[61].

Mais la jeune vierge sent naître en elle une menace qui va bouleverser l'état statique qu'elle essaie de maintenir. Elle sait la chute tout en consacrant ses derniers efforts à lutter contre l'inéluctable. C'est la nourrice qui extériorise ce trouble et questionne la jeune fille, bouleversant ainsi son narcissisme.

> Et pour qui, dévorée
> D'angoisses, gardez-vous la splendeur ignorée
> Et le mystère vain de votre être ?
>
> Pour moi[62].

Hérodiade refuse les complaisances accordées aux princesses de son rang. Merveilleusement belle et froide, la toucher constitue un sacrilège suprême. Même les accessoires qui embellissent sont écartés car ils pourraient bouleverser le sage ordonnancement de son apparence. Hérodiade apparaît comme gelée, atone, dans son cadre de glace :

> Ce baiser, ces parfums offerts et, le dirai-je ?
> O mon cœur, cette main encore sacrilège,
> Car tu voulais, je crois, me toucher, sont un jour
> Qui ne finira pas sans malheur sur la tour...
> O jour qu'Hérodiade avec effroi regarde ![63]

Car Hérodiade pressent l'inéluctable, le jour où tout sera bouleversé :

> J'attends une chose inconnue
> Ou peut-être, ignorant le mystère et vos cris,
> Jetez-vous les sanglots suprêmes et meurtris
> D'une enfance sentant parmi les rêveries
> Se séparer enfin ses froides pierreries[64].

Son narcissisme absolu (narcissisme scandaleux car elle a une conscience réelle de se suffire) va se heurter à un événement à la fois attendu et redouté. Pour la nourrice, ce jour-là sera celui du partage où la superbe devra enfin abdiquer : « Décroîtra, quelque jour, ce dédain triomphant »[65].

La vieille sibylle, ne sachant se taire, réveille en Hérodiade des désirs naissants. Ces désirs ont un nom : Jean-Baptiste. Elle qui ne veut « rien d'humain » ne peut que s'unir à une Idée, et non à un être. Pour l'effacer à jamais de sa mémoire, pour retrouver l'éclat de la pureté originelle, elle va donner l'ordre fatal qui placera devant ses yeux, la tête du saint. Sur le finale inachevé, Mallarmé a laissé quelques notes significatives où Hérodiade « future violée » s'adresse à la tête décapitée.

La jeune fille et le saint se joignent en des noces singulières pour qu'Hérodiade atteigne enfin pleine conscience de soi sans jamais abdiquer sa virginité. Si le martyre a libéré le saint de son enveloppe charnelle, il a permis l'aboutissement de la révolte de « l'enfant attentive au mystère de son être ».

« Hérodiade » apparaît comme l'incarnation de cet étrange état d'hésitation entre la pureté et le désastre, entre la beauté de la chair inconsommée et la beauté de l'esprit pur. L'érotisme, s'il est discret, persiste dans des notes comme : « Le glaive qui trancha ta tête a déchiré mon voile. » « Hérodiade » signale la présence constante de la connaissance coupable toujours remise à plus tard et du châtiment. Toutefois, l'érotisme d'un tel sujet est subordonné à la métaphysique. Hérodiade, loin d'être triomphante et perverse, est ici une ombre à la beauté absolue autour de laquelle rôde le péché. Cette vierge glacée symbolise le retrait du poète lui-même devant la vie. Elle incarne ce mouvement qui hésite et recule, repousse l'inéluctable échéance, à la fois dévoilée et tue, saisie dans l'imperceptible espace qui bascule avant de retourner au néant.

Pas de fuite possible, la punition est cette éternelle courbe qui monte et descend comme la tête du prophète dans « Le Cantique de Saint-Jean » :

> Le soleil que sa halte
> Surnaturelle exalte
> Aussitôt redescend
>   Incandescent[66]

La tête révoltée a voulu penser trop haut, elle retombe, vieille chair, dans le bassin où rien n'arrive. Qu'en eût-il été si les « Noces d'Hérodiade » avaient été célébrées ? Le mythe de Salomé trouve, quoi qu'il en soit, un traitement singulier. C'est la beauté qui est invoquée : Hérodiade est vierge, intellectuelle, narcissique. Les miroirs réverbèrent son image multipliée et vide. En effaçant le regard de Saint-Jean, elle parvient à la révélation de son être.

C'est certes à une exploitation très dense du mythe que nous avons affaire. La danseuse sert à évoquer la dualité du mythe, incarnant à la fois l'ici et l'au-dehors, l'avant et l'après. L'oscillation d' « Hérodiade » permet d'effacer le présent, en restant toujours en deçà de la réalité. La concision des vers rejoint la brièveté de sa vie propre : encore neuve, elle est déjà fanée, usée, stérile. Décantée de son attirail symboliste, « Hérodiade » incarne cette absence de réalité, ce refus d'être autre chose qu'une possibilité, un passage, un balancement perpétuel. Le corps s'annule et languit éternellement d'une vie abstraite et chavirée.

■ *Salomé* d'O. Wilde (1891)

La *Salomé* d'Oscar Wilde fut rédigée entièrement en français. Si Mallarmé souhaite s'exclure, en composant *Hérodiade,* des ouvrages du temps, Oscar Wilde, au contraire, se plonge avec délice dans la mode. Ce fut lui qui imposa définitivement le mythe de Salomé. C'est en effet, au plus profond de la vogue de cette fin du XIXe que Wilde va puiser son inspiration et satisfait ainsi son goût pour la provocation et le scandale. C'est, dit-on, en voyant chez Jean Lorrain une tête de cire coupée et posée sur un plateau qu'il eut la révélation de Salomé. Il la voit alors chaste et couverte de gazes blanches, dansant pour le plaisir du Tétrarque.

La pièce, écrite en 1891, fut travaillée par Sarah Bernhardt qui devait la représenter au Palace Théâtre de Londres en 1892. Mais les représentations furent interdites par la censure. S'appuyant sur un texte datant de la Réforme, qui défendait que l'on montrât sur scène des personnages bibliques, le Chambellan de la maison de la Reine Victoria se fit fort de condamner les représentations. On sait l'odeur sulfureuse que Wilde traînait dans son sillage, il n'allait pas tarder, d'ailleurs, à être emprisonné à la prison de Reading.

Le texte de la pièce est publié en 1893, avec les corrections de Marcel Schwob. Signalons que ce dernier est l'auteur d'un conte, « L'insensible », qui met en scène le personnage de Salomé désignée par la périphrase : « une reine cruelle » dont le délit aurait été de « couper la tête à un homme religieux qui vivait solitaire au milieu de l'étendue de sable »[67].

Lugné-Poe et sa troupe créent enfin *Salomé* au théâtre de l'Œuvre en 1896 pendant que Wilde se morfond en prison. La pièce ne joue guère sur l'exactitude archéologique et les confusions historiques sont intentionnelles. Quoiqu'il avoue s'être inspiré de Flaubert, il mêle les allusions à Hérode Agrippa, Hérode Antipas et Hérode le Grand. C'est qu'il souhaite récrire l'histoire à sa façon : Salomé est libérée de la tutelle de sa mère, Jean-Baptiste devient Jokanaan. La simplicité de l'action comme du verbe est frappante. On s'éloigne des outrances verbales pour se rapprocher de l'axe biblique et par là, des mystères du théâtre symboliste : Wilde épure la trame.

Ce qu'il affectionne par contre, c'est le style biblique qu'il a déjà amplement utilisé dans ses poésies. Il s'inspire des techniques de la poésie hébraïque dont la syntaxe est essentiellement artificielle et fabriquée. Cet effet est produit par une accumulation de phrases de même longueur, au rythme de ballade. On obtient ainsi des répétitions, des récurrences qui sont autant de motifs musicaux ou de refrains. Cela n'est pas sans rappeler les mélopées lancinantes des pièces de Maeterlinck. Ces répétitions expriment la faim inassouvie de Salomé pour Jokanaan. C'est cette passion qui donne son unité à la pièce. Salomé promène sa silhouette lunaire de lieux en lieux, d'échos en échos :

> Le jeune Syrien :
> Comme la princesse Salomé est belle ce soir !
> Le page d'Hérodias :
> Regardez la lune. La lune a l'air très étrange. On dirait une femme qui sort d'un tombeau. Elle ressemble à une femme morte. On dirait qu'elle cherche des morts.
> Le jeune Syrien :
> Elle a l'air étrange. Elle ressemble à une petite princesse qui porte un voile jaune, et a des pieds d'argent. Elle ressemble à une princesse qui a des pieds comme de petites colombes blanches... On dirait qu'elle danse[68].

Dès le début de la pièce, s'établit la métaphore Salomé-lune. Le destin tragique de Salomé suit en fait la courbe des phases de la lune. C'est ainsi qu'aux apparitions de la lune correspondent les apparitions de Salomé et l'humeur de la princesse se calque sur celle de la lune : « Elle est froide et chaste, la lune... Je suis sûre qu'elle est vierge... Elle a la beauté d'une vierge... Oui, elle est vierge. Elle ne s'est jamais souillée. Elle ne s'est jamais donnée aux hommes, comme les autres déesses. »[69]

En l'honorant, Salomé se fait la prêtresse d'un cérémonial qui répète son sacre. Voilée de sang au moment du drame, étrangement belle lorsque Salomé apparaît, la lune émet des signes que les mortels ne se lassent pas d'interpréter. Elle est la maîtresse des événements, elle tisse le destin des héros. Le page d'Hérodias dira : « Je savais bien que la lune cherchait un mort, mais je ne savais pas que c'était lui qu'elle cherchait. Ah ! pourquoi ne l'ai-je pas caché de la lune ? »[70]

Mais la lune n'est pas seulement cette grande araignée mauvaise qui tisse le sort des humains, elle fait sortir les êtres de sa propre substance, elle crée et projette des formes vivantes qui subitement semblent s'incarner. Hérode s'interrogera : « N'est-ce pas que la lune a l'air très étrange ? On dirait une femme hystérique, une femme hystérique qui va cherchant des amants partout. Elle est nue aussi. Elle est toute nue. »[71]

La lune imprime donc aux choses un devenir dramatique. Elle exprime aussi la condition humaine. Les hommes la contemplent comme un miroir pathétique de leur destin. L'usage que fait Wilde des métaphores permet d'entrevoir un monde en pleine mutation, qui cherche des signes de son devenir. Si la confusion s'installe, c'est que ce monde pressent la chute. Mais ces métaphores suggèrent aussi l'existence parallèle d'un monde autre, d'un univers légendaire où tout est possible et notamment l'adéquation entre le sens propre et le sens figuré :

> Salomé :
> (...) On dirait des trous noirs laissés par des flambeaux sur une tapisserie de Tyr. On dirait des cavernes noires où demeurent des dragons des cavernes noires d'Egypte où les dragons trouvent leur asile. On dirait des lacs noirs troublés par des lunes fantastiques[72].

Les métaphores émergent comme la dernière partie visible d'un monde presque englouti, qui glisse lentement vers la mort. Cette mort lente est également suggérée par l'absence de relations entre les personnages. Ils semblent curieusement indifférents, superficiellement liés, comme paralysés par l'angoisse : Hérode et Hérodias se méprisent, Salomé ignore le jeune Syrien qui meurt d'amour pour elle. L'isolement des personnages renforce l'opacité de toute parole, toujours déplacée, à la fois limpide et obscure :

> Le jeune Syrien :
> Elle est très belle ce soir.
>
> Premier soldat :
> Le tétrarque a l'air sombre.
>
> Second soldat :
> Oui, il a l'air sombre.
>
> Premier soldat :
> Il regarde quelque chose.
>
> Second soldat :
> Il regarde quelqu'un.
>
> Premier soldat :
> Qui regarde-t-il ?
>
> Second soldat :
> Je ne sais pas[73].

Autour de la passion de Salomé pour Jokanaan, gravitent des scènes accessoires : les disputes des juifs et des soldats, le comportement étrange d'Hérode qui voit des symboles de malheur dans tout ce qui l'entoure.

Salomé demeure étonnament transparente : elle clame son amour pour le prophète, sans se soucier du monde extérieur. Elle intoxique le saint de paroles d'amour :

> Salomé :
> Jokanaan ! Je suis amoureuse de ton corps. Ton corps est blanc comme le lis d'un pré que le faucheur n'a jamais fauché. Ton corps est blanc comme les neiges qui couchent sur les montagnes, comme les neiges qui couchent sur les montagnes de Judée, et descendent dans les vallées. Les roses du jardin de la reine d'Arabie ne sont pas aussi blanches que ton corps. Ni les roses du jardin de la reine d'Arabie, ni les pieds de l'aurore qui trépignent sur les feuilles, ni le sein de la lune quand elle couche sur le sein de la mer... Il n'y a rien au monde d'aussi blanc que ton corps. Laisse-moi toucher ton corps !
>
> Jokanaan :
> Arrière, fille de Babylone ! C'est par la femme que le mal est entré dans le monde. Ne me parlez pas. Je ne veux pas t'écouter. Je n'écoute que les paroles de Dieu[74].

Le langage fleuri de Salomé vient tout droit du « Cantique des Cantiques », dont les images sensuelles sont familières. En évoquant l'amour charnel, elle veut non seulement tenter le prophète, lui faire découvrir son paysage intérieur comme une enfant curieuse, mais encore le faire pénétrer dans un monde primitif, celui de l'Ancien Testament, alors que le saint résiste et clame la parole d'un Dieu nouveau. Salomé est l'interprète d'une conception ancienne de la sensualité. Jokanaan refuse de la regarder, de lui parler et préfère s'emmurer dans un long silence qui présage une disparition plus définitive. Par trois fois, Salomé tente de le séduire en évoquant un monde de beauté. Par trois fois, elle échoue.

Héroïne tragique, elle s'identifie à Phèdre clamant désespérément sa passion au farouche Hippolyte. Ce qu'elle évoque est une lasciveté de jeune fille romantique qui joue au désir et non de déesse perverse. Elle reste d'une grande pureté et sa virginité sert de rempart aux invitations plus directes d'Hérode.

> Salomé :
> (...) Ah ! Jokanaan, Jokanaan, tu as été le seul homme que j'ai aimé. Tous les

autres hommes m'inspirent du dégoût, mais, toi, tu étais beau. Ton corps était une colonne d'ivoire sur un socle d'argent. C'était un jardin plein de colombes et de lis d'argent. C'était une tour d'argent ornée de boucliers d'ivoire. Il n'y avait rien au monde d'aussi blanc que ton corps. Il n'y avait rien au monde d'aussi noirs que tes cheveux. Dans le monde tout entier il n'y avait rien d'aussi rouge que ta bouche[75].

Elle reconnaît en Jokanaan un être exceptionnel, dont la pureté est comparable à la sienne. Mais sa pureté apparente cache une âme tourmentée. Elle punira Jokanaan de ne pas assumer les conséquences des troubles qu'il inspire. Reniant le désir qu'il provoque, il commet le péché de présomption. Devant le bel insensible, Salomé ne peut que laver l'affront en exigeant sa tête. Pour la première fois, Salomé réclame elle-même la tête devant le couple royal horrifié. La cruauté rejoint enfin la candeur : Salomé est constituée. Cet aspect de cruauté arrive tardivement dans la pièce. Il est en revanche accentué par les illustrations de la pièce que fit Aubrey Beardsley en 1907. Salomé y apparaît sous l'aspect plus conventionnel de la femme vampire, baisant les lèvres du prophète décapité. Ces illustrations eurent un tel succès qu'elles firent oublier l'axe de la pièce. Ce n'est pas cet aspect que nous retiendrons, mais ses paroles qui déversent sans le flot de son désir. Salomé déploie le spectre de ses désirs en des associations vibrantes : la lune, le sang, les étoiles, tous les signes avertisseurs du malheur.

Salomé obéit à ses pulsions avec une innocence enfantine mais ses désirs vont au-delà de la réalité : seule la mort peut les exaucer. Si la mort promène son ombre, la sensualité lui emboîte le pas. Salomé crie son amour pour le prophète, mais elle reste sur un plan humain, alors que l'amour de Jokanaan est tourné vers Dieu. Il annonce l'arrivée d'un Dieu de bonté au milieu du chaos. C'est que le monde historique est perturbé : la paix romaine n'est plus maintenue, tout se désagrège, on se hait, on se désire, on s'ignore. La figure de Salomé symbolise précisément le moment du déséquilibre culturel qui précède le christianisme. Dans un monde qui naît à Dieu, Salomé dit et redit avec l'obstination de l'inconscience les vestiges d'un monde païen qui se rabâche. Un monde nouveau émerge qui provoque l'anxiété collective : un monde où les morts violentes se multiplient, où les croyances anciennes sont bousculées, où les mots même ne font plus autorité : « Il ne faut pas trouver des symboles dans chaque chose qu'on voit » constate Hérode. C'est que l'on ne peut plus parler que par métaphore interposée.

Salomé incarne donc cette crise, ce désordre entre un monde séculaire, celui des vieux mythes, de la vieille foi et un monde nouveau. Le Christianisme démolit avec Salomé les vieilles idoles de l'Ancien Testament. La croyance bascule du côté de la foi nouvelle : « La voix d'Iokanaan : Voici le temps ! Ce que j'ai prédit est arrivé, dit le Seigneur Dieu. Voici le jour dont j'avais parlé. »[76]

Désormais toute représentation mythique qui ressurgira sera marginalisée et fragmentaire. Par la voix somnambule de Salomé, tourne le mythe désormais régressif, cyclique alors que les interventions agressives et farouches du prophète annoncent l'ascension du Christ, mythe futur et dynamique.

3) Prolongements

■ *Hérodiade* de J. Massenet (1881)

Nous nous arrêterons un instant sur l'opéra de Jules Massenet, *Hérodiade,* représenté en 1881. Antérieure à l'œuvre d'Oscar Wilde et à bien d'autres ouvrages déjà cités, l'œuvre de Massenet s'inspire en ligne directe de Flaubert. Le livret signé du jeune poète Paul Milliet, est commandé par l'éditeur Hartmann. Jules Massenet, alors au faîte de sa gloire après le triomphe de son opéra *Le roi de Lahore* à l'opéra de Paris en 1878, se met au travail et termine sa partition au début de l'année 1881. La bourgeoisie de l'époque veut un art qui flatte son opulence et son ambition et qui puisse en même temps promouvoir le rêve : les décors somptueux apportent le plaisir des sens et la suprême détente. Gounod et Massenet sont les principaux fournisseurs de ce rêve bourgeois. D'autre part, ces opéras, en particulier ceux de Massenet, tournent autour d'un même thème : celui de la fille repentante. Cette trame possède l'incomparable avantage de jouer sur deux registres contradictoires : les instincts sensuels évoqués par la peinture du vice et la rigueur janséniste apportée par la condamnation et la punition des mêmes vices. Le livret, qui applique la mystique de la religion chrétienne à la passion sensuelle de Salomé, parut « incendiaire » au directeur de l'opéra de Paris, qui émit des réserves. C'est ainsi qu'*Hérodiade* fut créé au Théâtre Royal de la Monnaie de Bruxelles, le 19 décembre 1881. Les représentations se succédèrent, en France et à l'étranger, non sans soulever quelques protestations, notamment celle du Cardinal Caverot, archevêque de Lyon, qui jeta sur les auteurs une sentence d'excommunication (qui aura pour effet de remplir le théâtre !). Mais l'opéra de Paris n'accueillera l'ouvrage qu'en 1921. L'opéra, très rare dans les saisons lyriques, a été cependant monté aux Chorégies d'Orange en août 1987 avec Montserrat-Caballé dans le rôle de Salomé.

L'ouvrage met en présence Salomé et Hérodiade, sa mère, dans des relations d'haineuse jalousie. Salomé ne connaît pas sa mère. Dans sa solitude, elle se réfugie dans l'amour du prophète Jean, pour lequel elle éprouve une violente passion. Mais voilà qu'Hérode, apercevant Salomé, est pris de désir pour la jeune fille :

> Déesse ou femme
> Au charme séducteur
> Forme à peine entrevue et qui déjà m'est chère[77].

Hérodiade survient et réclame à Hérode la tête du prophète qui l'a gravement offensée. Mais Hérode refuse par crainte d'un soulèvement populaire. La passion d'Hérode culmine. Après avoir bu un philtre d'amour, il délire et voit Salomé en rêve :

> Ah ! prends pitié de mon martyre !
> Viens ! plus près...Je le veux !...
> Que ma lèvre effleure,
> L'or de tes cheveux ![78]

Oubliant la révolte autour de lui, le roi, obsédé par la jeune fille, n'est plus qu'un homme las et affaibli : « Voilà l'homme qui fait trembler tout un empire ! »[79]. Parallèlement, la passion de Salomé pour le prophète éclate au grand jour. Curieusement, après une résistance décente, Jean admet son trouble et songe à s'unir à Salomé.

> Jean et Salomé (enlacés dans une étreinte suprême) :
> Il est beau de mourir en s'aimant, ma chère âme ![80]

Lorsqu'Hérode apprend la passion de Salomé pour Jean, il prononce la sentence fatale. Apprenant qu'Hérodiade est sa mère, Salomé essaie d'abord de la poignarder puis se tue et tombe morte aux pieds du couple royal.

L'outrance de certaines scènes fait parfois oublier l'originalité de l'interprétation. Salomé et Jean constituent le clan des purs contre le couple royal. Hérodiade allie à la cruauté, la honte d'être une mère dénaturée : elle s'inscrit dans la lignée ancienne des Médée sacrifiant leurs enfants aux feux de la passion. Il paraît intéressant de noter que s'entrelacent deux motifs : un érotisme de convention représenté par les visions lascives d'Hérode (auxquelles s'ajoutent les propos honteux d'une Hérodiade plus femme que mère), et une pureté de surface (qui rachète et contrecarre les débordements précédents), constituée par le couple Jean et Salomé. Ils forment le couple des « parfaits » à l'évident catharisme, la courtisane et le prophète s'unissant dans la haine de la cité perverse :

Jean et Salomé :
Que m'importe la mort ?
C'est la foi qui m'inspire !
O Dieu puissant et fort
Je bénis mon martyre ![81]

Cependant, le livret ne parvient pas à dessiner des caractères vraiment cohérents et Salomé paraît beaucoup trop fade. Les sous-entendus raciniens sur la passion malheureuse ne résistent pas aux outrances des dernières scènes. Sans la danse de Salomé, sans les violences des corps et des idées, *Hérodiade* ne séduit guère.

■ *Salomé* de R. Strauss (1905)

Tout autre est la *Salomé* de Richard Strauss. En 1901, la pièce d'Oscar Wilde est produite à Berlin. A ce moment-là, la pièce est connue dans toute l'Europe. C'est en Allemagne qu'elle est la plus populaire, dans la traduction d'Hedwig Lachmann.

Richard Strauss, utilisant la pièce comme livret, compose l'opéra *Salomé*, représenté en 1905 à l'opéra de Dresde, et non de Vienne, trop catholique pour permettre un tel blasphème. L'opéra, très fidèle au texte de Wilde, connaît un triomphe immédiat en partie à cause des remous qu'il provoque. La musique de Strauss ne fait qu'accentuer l'immoralité du personnage grâce à la célèbre danse des sept voiles, au terme de laquelle Salomé, à moitié nue, se jette aux pieds du Tétrarque pour demander, sur un plat, la tête de Jokanaan. Une fois son souhait exaucé, elle baise longuement sa bouche et lui déclare son amour.

La musicalité originelle du texte est amplifiée par l'instrumentation. Strauss avoue lui-même que la pièce appelle la musique. Il souhaite surtout amplifier l'antithèse entre Hérode et le Nazaréen, en conservant à la trame sa simplicité. L'orchestre évoque la décadence orientale par des rythmes exotiques chaloupés.

Strauss a, à cet égard, de curieuses tentatives qui révèlent une préoccupation des limites du pouvoir de la musique et des mots : *Salomé* a des accents wagnériens, notamment dans l'emploi de la polyphonie harmonique pendant que les voix doublent la mélodie instrumentale. Mais Strauss, plus traditionaliste, ne désire que résumer les aspirations nouvelles sans les approfondir. Sa prédilection pour la forme courte de l'opéra en un acte, la musique polytonale du quintette des juifs contribuèrent à choquer le public de l'époque : les dissonances ont pour but de produire des sensations fortes et Strauss s'intéresse plus aux effets sur le public qu'à l'épaisseur des personnages. Il est certain que l'opéra a beaucoup scandalisé : les danses lascives, les vêtements transparents, la décapitation de Jokanaan répondant à un coup sourd de l'orchestre, la tête décapitée apparaissant sur un plateau provoquèrent le délire. La représentation à l'opéra de New York en 1907 fut mouvementée : le public fut extrêmement choqué par le sujet et l'opéra fut retiré pour l'immoralité après une seule représentation. Mais en deux ans, plus de cinquante théâtres mettent l'opéra à l'affiche. Il sera finalement autorisé à Londres à la condition que la tête coupée n'apparaisse pas sur scène.

C'est que Strauss ne souhaite pas atténuer les allusions à la perversité. Au contraire, la musique doit être sauvage et explosive pour traduire la lubricité des situations. Le summum de l'opéra est obtenu (musicalement et théâtralement) par la sérénade de Salomé, lorsqu'elle embrasse les lèvres mortes de Jokanaan.

Salomé, encore à l'affiche, constitue un des chefs-d'œuvre du symbolisme musical. Son succès s'explique non seulement par la valeur réelle de la fascinante musique de Strauss, mais encore parce que l'opéra résume les tendances esthétiques du temps. *Salomé* attire le public de l'époque car il ajoute le piment du sadisme à l'esprit compétitif de la communauté industrielle. Surtout, pour ce même public, il permet d'introduire une vision de la passion dans un monde de machines. La passion et le crime s'introduisent dans les combinaisons économiques et sociales de la bourgeoisie industrielle. Tous les vices combattus si fort, de l'inceste et du sacrilège, se retrouvent injectés dans la société pour servir de contrepoids à l'univers technique. C'est le frisson nécessaire qui rappelle au bourgeois soulagé que, malgré les machines, il est capable de passion. Il se rejoue la partie de lui-même dont il s'est amputé pour participer à la conquête du progrès.

Un des triomphes de la bourgeoisie conquérante sera bien la domestication des vices : *Salomé* est le fantasme bourgeois par excellence. Avec sa surenchère de péchés, elle remue quelque chose du monde dont on est issu, mais elle dit aussi le siècle dans lequel il faut entrer : celui des bouleversements des temps modernes.

Des œuvres moins fameuses se succédèrent pour vanter les charmes de Salomé. La danseuse Loïe Fuller créa au Théâtre des Arts en 1907 *La tragédie de Salomé* de Florent Schmitt, un drame musical où les sept voiles tombent encore du corps de Salomé et où sont évoqués la somptuosité, le luxe et le raffinement de l'Orient.

Un autre opéra français, toujours inspiré par la pièce d'Oscar Wilde, mis en musique par le lyonnais Antoine Mariotte, fut créé au Grand Théâtre de Lyon en 1908. Il est possible de suivre Salomé jusqu'en 1912 puisque Ida Rubinstein dansa *Salomé* au Châtelet, sur une musique de Glazounov, limitée à deux morceaux, dont la fameuse danse des sept voiles.

Chantée, dansée, peinte, Salomé s'impose comme LE sujet. Elle officialise la déviance et permet des frissons qui restent, malgré tout, confortablement autorisés. Puisque Salomé est punie, on garde le sens de la mesure et de la respectabilité. Le public lui livre bien quelques combats : il crie son dégoût, il la condamne au nom des bonnes mœurs. Peu à peu, elle s'installe, occupant une place de choix entre d'autres incarnations de femme fatale. C'est ainsi qu'une partie du mythe surnage et donne naissance à une mode.

La carrière de Salomé ne s'interrompt pas avec le siècle. Mais il faut bien reconnaître qu'elle apparaît de plus en plus pâle et de moins en moins sollicitée. Si elle garde une place de choix dans la mémoire commune, elle s'associe à des recueils, des romans, mais de façon fragmentaire et sous la forme un peu péjorative de la référence.

■ *Le Poème des Décadences* d'O. V. de Milosz (1899)

C'est le cas de la Salomé, évoquée par le jeune Oscar V. de Milosz. Dans la première partie du recueil, *Le poème des décadences,* justement intitulée « Femmes et fantômes », Salomé est l'objet d'un poème faisant suite à un long morceau consacré à Aliénor. Rien d'insolite et point d'innovation. Cette Salomé-là est conforme à une tradition que les symbolistes, pourtant, avaient essayé de faire oublier. La voluptueuse courtisane évoque le luxe et les charmes d'un Orient décadent. C'est une image bien traditionnelle et complaisante pour un jeune homme ardent. Il s'échappe du poème des bouffées de sensualité sauvage et raffinée. Salomé est un prétexte pour évoquer la luxure violente : celle qui réveille la soif du sang. La danse, la chevelure et les perles, tous les évidents attributs de la pécheresse ouvrent le cortège. C'est l'idole couverte de bijoux qui fait « en dansant l'aumône de la mort ! ».

Salomé est l'instinct premier vers lequel tend le monde et elle offre le piment de la barbarie et du sang :

> Et le monde s'abreuve à tes veines barbares
> Où la pourpre charrie un délice brutal ![82]

Salomé est une créature désirée et fuie, une femme trop charnelle, qui ne peut offrir que son corps et dont l'âme reste insaisissable. Salomé renaît sensuelle et affirme sa sexualité. Elle réapparaît donc, un peu sorcière, un peu vile, et le poète lutte avant de s'abandonner à la luxure :

> — Et nous qui connaissons la certitude unique,
> Salomé des Instincts, nous te donnons nos cœurs
> Aux battements plus forts que, les soirs de panique,
> L'appel désespéré des airains de douleur[83],

Mais la luxure n'attire que la honte et c'est le dégoût qui domine : « O Salomé de nos hontes, Salomé ! »[84]

Plus que Salomé, c'est l'Orient avec son cortège de femmes faciles qui hante le poète. Il semble que Milosz, dans cette œuvre de jeunesse, ne sache pas s'écarter des chemins à la mode et s'il dépasse toutefois le simple exercice de style sur un thème donné, il n'en saisit guère l'originalité et n'en exploite pas toutes les possibilités. C'est une pièce de convention, où s'exprime la sensibilité d'un jeune homme tourmenté par les thèmes éternels du plaisir et de la honte. « Salomé » n'ajoute qu'une pierre de plus au thème de la femme vampire : elle se copie elle-même et n'émeut plus. Milosz a malheureusement privilégié la part transitoire du mythe, en se modelant trop exactement sur les goûts de son temps.

Il s'agit toutefois d'un exemple intéressant d'ancrage, de lieu commun auquel tout poète débutant sait qu'il pourra recourir : Salomé, sujet à la mode, devient le moule où s'exerce le talent. Une fois sa cruauté et sa sensualité admises, plus de surprise : elle s'effrite d'elle-même et se diversifie.

■ *Alcools* de G. Apollinaire (1905)

Apollinaire dans *Alcools* évoque Salomé. Le recueil réunit des poèmes dispersés, dans lesquels il est difficile de voir un ordre. Sa date de composition reste assez mystérieuse, M. J. Durry propose 1905[85]. Le poème évoque une ronde de personnages loufoques : le curé, l'infante, le roi emportés par une danse folle. L'époque y est plus médiévale qu'antique : la robe de la comtesse, le fou du roi rappellent une jonglerie de bateleurs. Apollinaire brise avec la lignée des Salomés perverses et renoue avec les rites de l'enfance. La femme est certes meurtrière, mais pleine de fantaisie. Elle mène la danse et le jeu de la mort avec la même énergie qu'une fillette :

> Sire marchez devant trabants marchez derrière
> Nous creuserons un trou et l'y enterrerons
> Nous planterons des fleurs et danserons en rond
> Jusqu'à l'heure où j'aurai perdu ma jarretière
>   Le roi sa tabatière
>   L'infante son rosaire
>   Le curé son bréviaire[86]

Salomé ne rime plus avec femme fatale, mais avec saltimbanque. La boucle est bouclée : c'est le retour des tambourins et des crécelles de la « dansarelle » médiévale. La divagation est traduite par les ruptures de rythme et les ruptures de ton. Mais le deuil n'est pas balayé. Les allusions à une mélancolie floue alternent avec la sarabande : « Ma mère dites-moi pourquoi vous êtes triste »[87], « Ne pleure pas ô joli fou du roi »[88].

Les propos insouciants de Salomé raniment un théâtre qui semble accablé de chagrin : elle arrache la cour à une torpeur malvenue. Au contraire, elle caracole autour des personnages pétrifiés et la ronde finale les engloutit comme un gouffre :

> Le roi sa tabatière
> L'infante son rosaire
> Le curé son bréviaire[89].

Ce que le poème suggère, c'est bien sûr la fragilité mentale de Salomé. Sa gaieté incongrue est un signe de sa démence : l'amusement conduit au déséquilibre. Elle conduit finalement à l'absorption abyssale et au déclin : tout est consommé. Salomé rejoint l'ombre des mythes éteints. Elle achève son cycle par un poème qui oscille entre le rire et les larmes, entre la pirouette et la mélancolie et qui s'insère admirablement dans un recueil contrasté. Entrée dans la légende par une cavalcade, celle des sorcières d'Atta Troll, elle en ressort virevoltante, dans une folle sarabande.

**

Le mythe de Salomé est traité comme une aventure fabuleuse (exotique et érotique) et si les données de la tradition sont généralement respectées, c'est avec beaucoup d'insistance que l'on mettra l'accent sur les symboles de la pureté, de la tête coupée, de la nudité glacée. Ce qui importe, c'est de donner à voir.

Ce que révèle cette utilisation du mythe, c'est le déséquilibre qui peut exister entre l'âge sombre et l'époque de lumière. Quel que soit le registre choisi, tous semblent dénier au prophète sa parole missionnaire. Seules demeurent quelques imprécations virulentes encouragées par le délabrement des mœurs et la loi archaïque. Elles constituent le ferment de toute liberté, en rendant possibles la révolte et l'indignation.

Salomé est une inépuisable créatrice de formes vivantes : elle met fin à l'humanité pécheresse, elle fait naître du sang du prophète une humanité régénérée. Tout comme l'affirment les Ecritures, cette mort s'inscrit comme nécessaire : le prophète doit mourir pour que le Christ règne.

Faut-il voir également dans l'audace conquérante de la jeune princesse les traits de l'orientale et de la juive ? Aucun des auteurs n'insiste sur ses origines sémites, mais sans remonter trop loin, nous devons évoquer la figure de Lilith, souvent associée à Salomé, qui fut la première femme d'Adam. Ses revendications d'égalité la firent se volatiliser du jardin d'Eden pour ne pas se soumettre à Adam. La tradition juive veut aussi qu'elle revienne persécuter les femmes et les enfants. Double malfaisant d'Eve, indépendante et libre, elle détruit la vie en enfantant des démons. On retrouve dans le catalogue de ses crimes l'éventail des peurs masculines : la perte de la virilité, la perte de la femme comme compagne et soutien, la perte de la descendance.

La féminité maligne devient, à la fin du XIXe siècle, un des attributs du Judaïsme. Quelques romans de la fin du siècle font apparaître des images de juives sensuelles. Maupassant, Ponson du Terrail évoquent à travers leurs œuvres la figure d'une énigmatique prostituée. Le type de « la belle juive » devient un des poncifs de la littérature fin-de-siècle. Le portrait aussi exemplaire que bref qu'en fait Maupassant dans *La maison Tellier* (1881) montre à quel point ce personnage fascine :

> Raphaële, une Marseillaise, roulure des ports de mer, jouait le rôle indispensable de la « Belle Juive », maigre, avec des pommettes saillantes plâtrées de rouge, ses cheveux noirs, lustrés à la moelle de bœuf, formaient des crochets sur les tempes[90].

Dans *A rebours,* c'est Vanda « une grande brune, aux yeux à fleur de tête, au nez busqué »[91] qui joue les attributs exotiques et sensuels.

Les romans anti-sémites qui suivent l'affaire Dreyfus reconnaissent la juive à son aspect voluptueux, ainsi qu'à son influence sociale. Ainsi Minna Sem, la musicienne dissolue de *La lutte* de L. Daudet (1907), Jahel, l'actrice de *L'essence du soleil* de P. Adam (1890) sont des femmes décidées. L'orientale se met alors à devenir influente, pénètre les secrets des princes et garde en toutes circonstances un grand sens pratique : « Sans tempérament, elle gardait son sang-froid partout et toujours, traitant la passion comme une affaire »[92], apprend-on de Séphora dans *Les rois en exil* d'A. Daudet.

On reconnaît là quelques traits dont Salomé a pu hériter. Celle qui est l'étrangère, qui menace la stabilité du pays et des hommes est peut être puisée aux sources d'une race, selon Balzac, « venue du désert » et mal connue. Appartenant aux forces obscures de la nuit, elle rassemble l'audace des déracinés et la volupté de l'Orient.

NOTES

(1) *Evangile selon Saint Matthieu* (chapitre XIV).
(2) Jacob Grimm, *Teutonic mythology*, translated by J. S. Stallybrass, London, 1900, p. 288.
(3) Heinrich Heine, *Atta Troll*, Paris : Editions d'Aujourd'hui, 1979, p. 52
(4) Heinrich Heine, *De la France*, cité par Kurt Weinberg, *Henri Heine, romantique défroqué*, Paris : PUF, 1954, p. 184.
(5) Heinrich Heine, *Atta Troll*, p. 55-56.
(6) Heinrich Heine, cité par Kurt Weinberg, *Henri Heine*, p. 66.
(7) *Idem*, p. 56.
(8) Théodore de Banville, *Les princesses*, Œuvres, Genève : Slatkine, 1972, p. 241.
(9) *Idem*, p. 215.
(10) *Ibid.*, p. 242.
(11) *Ibid.*, p. 203.
(12) *Ibid.*, p. 151.
(13) Cité par J.P. Reverseau, « Pour une étude de la tête coupée », *Gazette des Beaux-Arts*, Paris, 1972, pp. 173-184.
(14) F. Creuzer, *Religions de l'Antiquité considérées principalement dans leurs formes symboliques et mythologiques*, traduit par J. D. Guigniaut, Paris (1825-1851)
(15) G. Flaubert, *Salammbô*, Paris : Garnier-Flammarion, 1964, pp. 35-37
(16) *Idem*, p. 68
(17) G. Flaubert, *Lettre à Sainte-Beuve*, déc. 1862, citée dans *Salammbô*, Paris : Garnier frères, 1961, p. 356.
(18) *Idem*, p. 306.
(19) Jeanne Bem, « Modernité de Salammbô », *Littérature*, Paris : Larousse, nov.-déc. 1980, pp. 18-31.
(20) G. Flaubert, *Salammbô*, p. 197
(21) Cité par E. Maynial, G. Flaubert, *Trois contes*, Paris : Garnier frères, p. 221.
(22) G. Genette, *Palimpsestes*, Paris : Seuil, 1982.
(23) G. Flaubert, *Trois contes*, p. 224.
(24) Cité par E. Maynial, *op. cit.*, p. 221.
(25) G. Flaubert, *Trois contes*, pp. 146-147.
(26) *Idem*, pp. 153-154.
(27) *Ibid.*, p. 176.
(28) *Ibid.*, p. 195-196.
(29) Taine, cité dans la post-face de G. Flaubert, *Trois contes*, p. 235.
(30) Cité par J. Selz, *Gustave Moreau*, Paris : Flammarion, 1978, p. 26.
(31) Cité par M. Praz, *The romantic agony*, London : Oxford University Press, 1979, p. 304.
(32) *Apocalypse de Saint-Jean (XVIII)*.
(33) M. Eliade, *Traité d'histoire des religions*, Paris : Payot, 1968, p. 17.
(34) *Idem*, p. 242.
(35) Cité par J. Selz, *Gustave Moreau*, p. 51.
(36) Cité par J. Paladilhe, *Gustave Moreau*, Paris : Hazan, 1971, p. 48.
(37) Cité par J. Selz, *Gustave Moreau*, p. 64.
(38) J.-K. Huysmans, *A rebours*, UGE, 1976, pp. 114-115.
(39) *Idem*, p. 115.
(40) M. Eliade, *Traité d'histoire des Religions*, p. 371.
(41) *Idem*, p. 369.
(42) J.-K. Huysmans, *A rebours*, p. 119-120.
(43) J. Dupont, « Huysmans : le corps dépeint », *Revue d'Histoire littéraire de la France*, n° 6, nov.-déc. 1980, pp. 949-960.
(44) L. Bloy, *Sur Huysmans*, Paris : Editions Complexe, 1986, p. 36.
(45) Huysmans, *Là-bas*, Paris : Garnier-Flammarion, 1978, p. 38.
(46) *Idem*, p. 40.
(47) Baudelaire, « Mon cœur mis à nu », *Œuvres complètes*, Paris : Seuil, 1968, p. 635.
(48) J. Laforgue, *Moralités légendaires*, Paris : Gallimard, 1977, p. 140.

(49) *Idem*, p. 127.
(50) *Ibid.*, p. 144.
(51) *Ibid.*, p. 131.
(52) E. Noulet, *L'Œuvre poétique de Mallarmé,* Paris : Droz, 1940, p. 97.
(53) Huysmans, *A rebours,* Paris : UGE, 1976, p. 300.
(54) Cité par E. Noulet, *L'Œuvre poétique...,* p. 15.
(55) S. Mallarmé, « Du Parnasse contemporain », *Œuvres complètes,* Paris : Gallimard, 1945, p. 34.
(56) S. Mallarmé, « Scène », *Œuvres...,* p. 45.
(57) S. Mallarmé, « Ouverture ancienne d'Hérodiade », p. 41.
(58) *Idem*, p. 42.
(59) *Ibid.*
(60) *Ibid.*
(61) *Ibid.*, p. 45.
(62) *Ibid.*, p. 46.
(63) *Ibid.*, p. 45.
(64) *Ibid.*, p. 48.
(65) *Ibid.*, p. 47.
(66) S. Mallarmé, « Cantique de saint-Jean », *Œuvres...,* p. 49.
(67) M. Schwob, *Le livre de Monelle,* Paris : Mercure de France, 1903, p. 239.
(68) O. Wilde, *Salomé, Œuvres,* Paris : Stock, 1977, p. 460.
(69) *Idem*, p. 466.
(70) *Ibid.*, p. 476.
(71) *Ibid.*, p. 478.
(72) *Ibid.*, p. 472.
(73) *Ibid.*, p. 461.
(74) *Ibid.*, p. 473.
(75) *Ibid.*, p. 504.
(76) *Ibid.*, p. 466.
(77) J. Massenet, P. Milliet, *Hérodiade,* Paris : Stock, 1955, p. 10.
(78) *Idem*, p. 17.
(79) *Ibid.*, p. 18.
(80) *Ibid.*, p. 49.
(81) *Ibid.*, p. 46.
(82) O.-V. de Milosz, *Le poème des décadences,* Paris : Silvaire, 1972, t. 1, p. 33.
(83) *Idem*, p. 33.
(84) *Ibid.*
(85) M. J. Durry, *Alcools,* Paris : SEDES, 1978, t. 3, p. 15.
(86) G. Apollinaire, *Alcools,* Paris : Gallimard, 1920, p. 62-63.
(87) *Idem*, p. 62.
(88) *Ibid.*
(89) *Ibid.*
(90) G. de Maupassant, *La maison Tellier, Œuvres complètes,* Lausanne : SCER, p. 310.
(91) J.-K. Huysmans, *A rebours,* p. 137.
(92) A. Daudet, cité par S. Randall, *The jewish character in the french novel (1870-1914),* Wisconsin, 1941, p. 44.

CHAPITRE II

LE MYTHE DE L'ANDROGYNE

1) Annonces du mythe

Le mythe de l'androgyne s'impose à la fin du XIXe siècle. Si ce mythe n'a rien de neuf puisque toute religion en comporte des représentations et qu'il apparaît comme un des plus vieux mythes de l'humanité, il jouera un rôle tout particulier dans les sciences de l'occulte, kabbale, franc-maçonnerie et surtout chez les Rose-Croix dont le maître, Joséphin Péladan, sera un ardent théoricien de l'androgynat. L'androgyne symboliste, c'est d'abord Antinoüs, et c'est par la peinture que nous sont parvenues ses images.

L'amour, l'espérance, la justice, la méditation seront incarnés par des anges énigmatiques. L'androgyne est avant tout un être de nature spirituelle, voué à la chasteté, unissant l'esprit de l'homme et de la femme. L'exaltation de la figure hermaphrodite se double d'une admiration pour Léonard de Vinci et Raphaël. Ainsi le peint Péladan :

> Léonard a trouvé le canon de Polyclète, qui s'appelle l'androgyne...L'androgyne est le sexe artistique par excellence, il confond les deux principes, le féminin et le masculin, et les équilibre l'un par l'autre. Toute figure exclusivement masculine manque de grâce, toute autre exclusivement féminine, manque de force.
> Dans *La Joconde,* l'autorité cérébrale de l'homme de génie se confond avec la volupté de la gentille femme, c'est l'androgynisme moral.
> Dans le *Saint Jean,* la mixture des formes est telle, que le sexe devient une énigme... »[1]

Les figures ambiguës d'un Moreau dans lesquelles on ne distingue pas l'homme de la femme, mais aussi, le frère et la sœur, le bien et le mal, se réclament de la Renaissance. Sa fascination pour le type de l'androgyne apparaît dans des tableaux comme *Les prétendants* (1852), qui montre le massacre des prétendants de Pénélope par Ulysse. Diverses compositions en sont peuplées et on peut dire que Moreau donne vraiment corps à cette idée de l'androgyne languide, de créatures passives, fragiles et destinées à la persécution. Ces êtres tordus de souffrance prennent dans l'agonie des poses infiniment gracieuses.

Egale abolition des contrastes entre les sexes chez les préraphaélites. C'est surtout Burne-Jones qui imposera ses « femmes » aux symbolistes français. Ses œuvres furent exposées à Paris en 1889. La série des *Pygmalion* montre Galatée embrassant celle qui lui a donné la vie : la déesse Aphrodite. Celle-ci apparaît sous les traits d'une créature androgyne, qui allie la grâce de la déesse à la stature du héros.

Mais l'androgyne n'est pas une création exclusive. Avant les symbolistes, les romantiques allemands et anglais avaient proposé des interprétations originales de la totalité androgyne.

La réunion sexuelle de deux formes évoque des images de plénitude paradisiaque. Le mythe se rattache à une histoire sacrée où l'homme possédait une unité. Ce mythe, présent dans presque toutes les religions est absent de la tradition judéo-chrétienne où il n'apparaît que dans des courants parallèles (tradition juive ésotérique, par exemple). L'histoire la plus célèbre est celle rapportée par Platon dans *Le Banquet,* qui met en scène plusieurs figures de la Grèce ancienne, dont Aristophane. Celui-ci, appelé à parler de l'amour, s'engage dans un discours sur la nature humaine. Autrefois, dit-il, notre nature était différente. Il y avait trois espèces : l'homme, la femme et l'androgyne qui avait la forme des deux autres. Ces trois espèces étaient de forme sphérique et d'une puissance extraordinaire. Leur vigueur les poussa à rivaliser avec les dieux qui, pour les punir, décidèrent de les affaiblir en les coupant en deux. L'androgyne rendu ainsi à son état de mâle ou de femelle disparaît et subit la même condamnation que les autres espèces : chercher à jamais sa moitié perdue.

Ainsi l'androgyne demeure comme un composé idéal de deux sexes, car se fondre dans l'objet aimé pour former un tout complet représente la réalisation de tout désir humain. La plupart des cosmogonies présentent la figure de l'androgyne comme réunion harmonieuse des sexes et décrivent également sa mort par scission ou par destruction, les dieux s'apercevant alors de la force ou du privilège dangereux attachés à cet état.

L'étude comparée des religions, les préoccupations du siècle finissant ont fait ressortir le mythe de l'androgyne. L'androgyne des œuvres de Kleist et d'Hölderlin par exemple, est le représentant idéal d'un monde d'harmonie, il exprime l'entrée dans le règne de la douceur où un personnage total exalte sa différence. Il est intéressant de noter que l'androgyne est finalement la seule représentation possible de la perfection. Immortel, parfait, telle sera l'apparence de l'homme de demain. Car c'est l'avenir qui est sollicité chez les romantiques allemands. A la fois archaïque et moderne, l'androgyne se conçoit comme le but à atteindre : le commencement et la fin. Toutefois, la représentation s'empreint déjà d'une mélancolie qui laisse présager la désillusion symboliste.

Une constatation s'impose : l'androgyne ne pourra être perçu isolément. Il s'accompagne de doubles, de maîtres, qui sont autant de moitiés perdues et qui apparaissent au cours des œuvres étudiées. Ils nous rappellent que l'androgyne se constitue sur un manque, car son unité a été rompue. L'androgyne étant presque exclusivement un être jeune et innocent, il appellera l'envie, la jalousie, la cruauté et la domination. Communiant avec l'art et l'esprit, l'androgyne devra apprendre la terre, la chair. En ce sens, l'androgyne est lié à l'amour, à l'initiation et à la mort.

Autre nouveauté : homme et femme à la fois, il ne représente plus l'harmonieuse totalité mais la déchirure basée sur une distribution inégale du pouvoir. Une contradiction profonde s'affirme entre la conception de l'androgyne antérieurement évoqué, tel qu'il peut apparaître dans *Séraphitus-Séraphita* de Balzac et surtout *Mademoiselle de Maupin* de Gautier. Considéré comme un des précurseurs du thème, Gautier a créé avec *Mademoiselle de Maupin* un extravagant personnage de femme déguisée qui séduit autant les hommes que les femmes. Il y a dans ce jeu piquant beaucoup de sensualité et de bonne humeur, ce qui manque totalement à l'androgyne symboliste. Entre la vigueur optimiste de Gautier et le nihilisme de l'androgyne décadent, entre la vivacité et l'abandon, il y a l'espace d'une défaite.

L'association qui va être faite en littérature entre l'androgyne et les autres espèces est des plus curieuses, la qualification s'appliquera à la femme frigide, le travesti, l'adolescent(e), l'homme faible, la vierge, la machine (mannequins, mécaniques), sans parler de l'opposition : corps d'homme/esprit de femme ; corps de femme/esprit masculin. Sa capacité à s'adapter à d'autres usages est-elle un signe de sa décadence ?

Il est certain en tout cas qu'un tel mythe a déterminé l'attitude de beaucoup d'artistes qui, en chastes studieux, ou au contraire, en débauchés, se sont reconnus dans l'androgyne. Que leur comportement, par un effet de réflexion, ait ensuite précipité le mythe dans la mode, c'était inévitable. Mais beaucoup d'artistes, Bourges, Péladan, Huysmans, portaient en eux depuis longtemps l'archétype de l'androgyne.

Nous commencerons par analyser les signes annonciateurs de l'hermaphrodite dans les œuvres de Barbey d'Aurevilly et de Villiers de l'Isle-Adam, en laissant volontairement de côté, pour des raisons évoquées plus haut, l'étude du roman de Théophile Gautier : *Mademoiselle de Maupin*. Nous envisagerons ensuite quelques illustrations de l'androgyne dans la littérature symboliste.

2) Annonces du mythe

■ *Les diaboliques* de J. Barbey d'Aurevilly (1874)

Barbey d'Aurevilly fut certainement un modèle pour les symbolistes. Ses œuvres violentes et passionnées firent forte impression sur les artistes et influencèrent autant Huysmans que le mouvement décadent. Duels, empoisonnements, adultères, parricides, tout se trouve déjà dans *Les diaboliques*. Nous laisserons de côté la représentation de la femme fatale et cruelle pour nous intéresser à son partenaire : l'homme, devenu entre ses mains un instrument soumis et faible. Car, si les héroïnes sont fidèles aux démones précédemment citées, les valant en cruauté et froideur, les hommes trouvent une exploitation assez nouvelle, qui vaut la peine d'être signalée.

Si l'univers des *Diaboliques* est « l'enfer vu par un soupirail » comme le commente Barbey dans la nouvelle « Le dessous de cartes d'une partie de whist », c'est surtout de l'enfer masculin qu'il s'agit. Les victimes sont souvent des hommes jeunes, inexpérimentés, épris de culture, appelés à de hautes destinées artistiques ou militaires, qu'ils n'atteindront jamais car la passion fatale aura bientôt fait de labourer leur jeune vie, ou de les marquer d'un sceau indélébile. S'ils survivent, ils ne connaîtront que des existences misérables ou amoindries.

Il est à remarquer que les nouvelles naissent souvent d'une confrontation de deux hommes qui, au cours d'un voyage ou d'une traversée, trompent le temps en échangeant des confidences. Ces confessions naissent aussi de cette attraction invisible qu'éprouvent soudain deux étrangers l'un pour l'autre : ils sont liés par une expérience commune, qui n'est autre que leur propre faiblesse vis-à-vis de la femme.

> Une voiture roulait sur la route de Neuilly. Deux jeunes hommes, en habit de voyage, en occupaient le fond, et semblaient s'abandonner au nonchaloir, d'une de ces conversations molles et mille fois brisées, imprégnées du charme de l'habitude et de l'intimité.
> « Tu regrettes l'Italie, j'en suis sûr, — dit à celui qui eût paru le moins beau à la foule, mais dont la face était largement empreinte de génie et de passion, le plus frais et le plus jeune de ces deux jeunes gens.
> — J'aime l'Italie, il est vrai, — répondit l'autre. — C'est là que j'ai vécu de cette vie d'artiste imaginée avec tant de bonheur avant de la connaître. Mais auprès de toi, mon ami, il n'y a pas de place pour un regret. »
> Et en dessus de la barre d'acajou, les mains des deux amis se pressèrent.[2]

Le récit qui s'ensuit prend la forme d'une confession où les hommes s'avouent leur expérience traumatique et dressent leur propre procès-verbal. Il est curieux de noter que ces individus, en quelque sorte rescapés, sont rarement univoques. S'ils sont forts et d'une virilité qui se veut impressionnante, (c'est le cas notamment pour les personnages militaires), aussitôt une description physique vante des charmes relativement féminins. C'est le cas du Chevalier des Touches. Ce héros de la chouannerie, intrépide et courageux, est réputé pour sa beauté de fille :

> Vous l'avez connu à Londres et vous l'y appeliez « La Belle Hélène », beaucoup pour son enlèvement, et un peu aussi pour sa beauté ; car il avait, si vous vous en souvenez, une beauté presque féminine, avec son teint blanc et ses beaux cheveux annelés qui semblaient poudrés tant ils étaient blonds ! Cette beauté, dont tout le monde parlait et dont j'ai vu des femmes jalouses, cette délicate figure d'ange de missel...[3]

Dans la nouvelle « A un dîner d'athées », le major Ydow a des yeux verts qui rappellent ceux d'un buste d'Antinoüs.

> Depuis que j'ai traîné dans les musées, où vous n'allez jamais, vous autres, j'ai rencontré la ressemblance du major Ydow. Je l'ai rencontré très frappante dans un des bustes d'Antinoüs[4]

Mais c'est aussi le cas du vicomte de Brassard, « un vieux beau... qui poitrinait au feu, comme une belle femme, au bal, qui veut mettre sa gorge en valeur »[5] ; du comte de Ravila de Ravilès « ce dandy taillé dans le bronze de Michel-Ange, qui fut beau jusqu'à sa dernière heure, Ravila avait eu cette beauté particulière à la race de Juan »[6] ; du comte de Savigny qui « ressemblait par sa tournure busquée, son air efféminé et hautain, ses moustaches aiguës comme celles d'un chat et qui à la pointe commençaient à blanchir, à un mignon du temps de Henri III »[7]. Les exemples sont aussi innombrables que frappants.

Il semblerait que ces figures masculines aient, dans leur apparence ou leur comportement, un constituant qui les fragilise, les rend malléables. Pourtant, ils allient souvent la bravoure du soldat à l'audace de l'aristocrate. Mais cette armure que confèrent le rang et les qualités militaires ne suffit pas à les protéger. Au contraire, ils épient les moindres signes de fêlure comme une vieille demoiselle, ils vivent dans le souvenir de leurs diaboliques maîtresses « comme une balle qu'on ne peut extraire »[8], une « tache noire »[9] qui meurtrit le corps et souille l'âme. Ces hommes crochetés, happés par leur passé sont des rocs qui se lézardent. Ils créent un certain type insolite de personnages prisonniers d'une dynamique contradictoire. Le dandysme des « vieux beaux » devient leur seule défense. Devenir un Brummel pour être enfin invulnérable : l'esthétisme leur permet de codifier une existence bien délabrée.

Ces êtres blessés ont des sœurs secrètes, elles aussi à double serrure. Une série de figures féminines semblent leur répondre. Malades et éthérées, pâles et les yeux baissés, elles traînent une lamentable existence, en attendant leur mort prochaine. C'est Calixte dans *Un prêtre marié* :

> Calixte, la pure et tranquille Calixte, échappait au regard qui l'étudiait et qui cherchait en elle l'ombre d'un trouble. Elle y échappait comme de l'éther échappe à la vue dans les profondeurs bleues du ciel.[10]

C'est aussi Léa dans la nouvelle du même nom, mourante :

> Ce n'était pas une pâleur ordinaire, mais une pâleur profonde comme celle du marbre : profonde car le ciseau a beau s'enfoncer dans ce marbre qu'il déchire, il trouve toujours cette mate blancheur ! Ainsi, à la voir, cette inanimée jeune fille, vous auriez dit que sa pâleur n'était pas seulement à la surface, mais empreinte dans l'intérieur des chairs.[11]

Solitaires et vertueuses, ces jeunes femmes meurent avant d'avoir connu les excès de la passion, ou souvent, justement, en meurent comme si elles ne pouvaient dépasser ce stade du développement de l'individu et accéder au rang de maîtresse ou d'épouse, faites qu'elles sont pour être d'éternelles vierges :

> Sa pose, quoiqu'un peu affaissée, était des plus gracieuses. Un grand châle de couleur cerise enveloppait sa taille, qui n'était même plus svelte et qu'on eût craint de rompre à la serrer. On eût dit une blanche morte dans un suaire de pourpre.[12]

Dans l'univers de Barbey, ces fantômes n'ont qu'une durée de vie limitée, elles succombent de leur pureté, ou bien elles seront éternelles parce que légendaires, comme « La blanche Caroline » qui hante les rivages normands dans *Une vieille maîtresse* :

> Figurez-vous, ma belle dame, une enfant de seize ans, délicate comme une perle fine, et blanche comme un albatros : un chef-d'œuvre du Bon Dieu, quoi ! une mince quenouille d'ivoire comme en font les marins à Dieppe, frêle et fragile à casser dans la main qui l'aurait touchée un peu fort.[13]

Jugée responsable de la mutinerie des marins avec qui elle voyageait, elle sera enterrée vivante.

Barbey fait de ces êtres fragiles, réminiscences des jeunes héroïnes romantiques byroniennes, des êtres purs et énigmatiques, des « célestes » (qu'il avait le projet d'écrire après *Les diaboliques*). Ce sont des personnages qui n'apparaissent que pour disparaître, laissant une faible empreinte. Nous reconnaissons dans ces célestes, immergées dans un bleu idéal, émouvantes et angéliques, les portraits des préraphaélites. Hermangarde, Calixte, Lasthénie ne sont plus des femmes, mais des lumières, des créatures de l'esprit, sorties tout droit d'un univers de références.

Ces idéales s'enferment dans une irréalité conférée par leur ressemblance avec des œuvres d'art. Ce sont des reproductions de l'art classique qui s'animent pour un court instant : Le Titien, Raphaël, Botticelli les ont inspirées.

> En effet, les plus transparentes ladies, que l'Angleterre présente à l'admiration du monde comme les plus purs échantillons d'une aristocratie bien conservée, n'eussent pas approché de cette femme chez qui les lignes et les couleurs avaient une légèreté, un « fondu », un flottant de lueurs qu'on ne saurait rendre que par un mot intraduisible, le mot anglais « ethereal ». Quand on suivait, comme un fil de la Vierge dans l'air rose du matin, l'espèce de nitescence qui courait du profil de ses cheveux d'ambre pâle jusqu'à la nacre de ses épaules, on aurait cru à une fantaisie de Raphaël, tracée avec quelque merveilleux fusain d'argent sur du papier de soie couleur de chair.[15]

Ainsi se compose le personnage de Mme de Mendoze, dans *Une vieille maîtresse*. Barbey avoue d'ailleurs sa difficulté à créer ces personnages si pâles et édifiants. Il dira :

> Je puis ouvrir le ventre à la passion - et montrer son travail intestinal — rugissant ou souterrain, et toujours terrible — mais toucher, manier cette lumière, ce velouté de fleur céleste, éclose dans le Jardin de la Vierge... voilà qui est « moult » difficile pour un peintre à la diable qui n'est ni Fiesole, ni Raphaël.[16]

Ces anges, nécessaires parce qu'ils sont le pendant des âmes diaboliques, trouvent eux-mêmes leur source dans une œuvre que Barbey admirait : *Eloa* de Vigny. L'ange féminin, né d'une larme du Christ, qui tente de racheter l'ange des ténèbres, voilà l'innocence à laquelle songe Barbey. En affrontant le trop séduisant Lucifer, Eloa rencontre le rival de Dieu, le bienfaiteur des hommes. Fascinée par sa présence, Eloa se laissera entraîner dans une chute tragique. La pudeur et l'innocence ne protègeront pas Eloa de la chute. Elle fixe l'image de l'amante céleste et toutes les jeunes filles aurevilliennes procéderont d'elle. Ces filles du Nord, toujours blondes, toujours rêveuses comme le veut le poncif, aspirent-elles à descendre ?

Certes, mais leur mort sanctionne l'échec de leur métamorphose. En des scènes frappantes, l'amour sensuel les vide de leur sang, de leur sève.

L'aveu d'impuissance de Barbey démontre assez que leur création ne peut être qu'encombrée de citations, de remarques incidentes et brisées comme leur vie somnambulique. Déjà, elles ne s'expliquent que par la référence. Leur nature d'ange les incline à servir de répondant à l'absolu de la passion. L'esprit et le corps, l'angélisme et la volupté, l'opposition est savamment préparée. Plus fades, plus molles, elles ne donnent qu'un « avant-goût » de l'angélisme. Une fois leur mission accomplie, elles désertent le jeu et regagnent leur cadre silencieux, qui est aussi leur clôture définitive.

Barbey, qui préfère la beauté éblouissante du crime, ne leur trouve aucun charme. Tout mystère doit cacher une faute. Or la transparence de ces âmes ne peut être stratifiée : « du bleu assez pur » existe-t-il ? L'ange n'offre d'intérêt que lorsqu'il forme couple avec Satan et les anges qui tombent sont plus séduisants. « Les Célestes », deuxième volet qui devait faire suite aux *Diaboliques* n'existe pas. La face angélique reste donc à jamais voilée.

Ces prototypes d'androgynes vont être repris par les symbolistes et la figure de l'ange va connaître un essor sans précédent. La vie de ces demi-victimes, trop longtemps réduite au silence, est ressentie comme un mystère. Barbey lègue aux symbolistes une espèce mal connue : les vulnérables, les exclus, les « seconds rôles » prennent leur revanche et défient Dieu.

■ *L'Eve future de Villiers de l'Isle-Adam (1885)*

Si nous incluons dans la lignée des précurseurs, Villiers de l'Isle-Adam, ce n'est pas comme le dénonciateur de la féminité mauvaise. Il l'est cependant, il fait partie de ces écrivains néo-catholiques, tel Barbey, qui savourent la sensualité du sacrilège et aiment à se raconter des histoires de femmes-vampires. Ainsi, les *Contes cruels* où des personnages révèlent leur monstruosité morale comme la reine Ysabeau qui se délecte à la pensée de faire torturer son amant.

C'est donc volontairement que nous laisserons de côté ces hymnes à la femme mauvaise, « Ces êtres de rechute, pour l'Homme, ces éveilleuses de mauvais désirs, ces initiatrices de joies réprouvées, peuvent glisser, inaperçues, et, même, en laissant un souvenir agréable, entre les bras de mille passagers insoucieux dont le caprice les effleure »[16] pour nous intéresser à la création plus originale que Villiers propose dans *L'Eve future,* curieux roman d'anticipation, publié en 1885. Dans *L'Eve future,* Villiers envisage qu'un vieux professeur américain du nom d'Edison (le vrai inventeur ayant suscité, grâce à ses découvertes, une véritable légende) se rend l'auteur, à l'image du Dr Frankenstein imaginé par Mary Shelley, d'un être nouveau, inconnu du monde des vivants et baptisé : l'Andréide.

Comme Jules Verne, Villiers s'est souvent fait l'écho des dernières inventions de son temps mais plutôt pour en dénoncer les applications malfaisantes. Dans « La machine à gloire » (1874), il imagine une machine à applaudissements ; dans « L'appareil pour l'analyse chimique du dernier soupir » (1874), il envisage une machine à recueillir les derniers souffles des mourants.

L'Andréide ne retiendrait guère notre attention, si le professeur n'était amené, pour satisfaire un ami, amoureux désemparé, à l'incarner, c'est-à-dire à transformer ce qui n'est en fait qu'une machine obéissante, en un être vivant, ou du moins à la semblance d'un être vivant. La machine en aura l'aspect féminin, le corps, la chair, les appas, avec en plus, l'Intelligence exceptionnelle qui fait cruellement défaut à l'original : Miss Alicia Clary, créature de rêve mais d'une incommensurable sottise.

Villiers aboutit ainsi à la création d'un être unique qui allie l'artifice à la réalité, l'illusion humaine et le concret de la machine. Cette machine est un être androgyne qui répond au nom d'Hadaly (idéal en iranien).

> Debout en ce dais, une sorte d'Etre, dont l'aspect dégageait une impression d'inconnu, apparaissait.
> La vision semblait avoir un visage de ténèbre : un lacis de perles serrait, à la hauteur de son front, les enroulements d'un tissu de deuil dont l'obscurité lui cachait toute le tête.
> Une féminine armure, en feuilles d'argent brûlé, d'un blanc radieux et mat, accusait, moulée avec mille nuances parfaites, de sveltes et virginales formes.
> Les pans du voile s'entrecroisaient sous le col autour du gorgerin de métal ; puis, rejetés sur les épaules, nouaient derrière elle leurs prolongements légers. Ceux-ci tombaient ensuite sur la taille de l'Apparition, pareils à une chevelure, et, de là, jusqu'à terre, mêlés à l'ombre de sa présence.
> Une écharpe de batiste noire lui enveloppait les flancs et, nouée devant elle comme un pagne, laissait flotter, entre sa démarche, des franges noires où semblaient courir un semis de brillants...
> Après un instant d'immobilité, cet être mystérieux descendit l'unique marche de son seuil et s'avança, dans son inquiétante beauté, vers les deux spectateurs.[17]

Arme, armure, l'apparition (digne de *Metropolis,* le célèbre film de Fritz Lang) pourrait bien être celle d'un jeune chevalier, mais tout dément ces symboles mâles, les « sveltes et virginales formes », « l'inquiétante beauté » nous ramènent à un être d'une attirante féminité. Cependant, il ne s'agit pas ici de chair. Hadaly est « une présence mixte », une « Andréide », une entité magnéto-électrique, une possibilité. Ce que Frankenstein avait créé à partir de corps, de lambeaux de cadavres, Edison l'a réalisé scientifiquement. A la fois spirite et magnétiseur, Edison a domestiqué une des plus merveilleuses inventions du XIXe siècle, l'électricité. Encore considérée comme un agent surnaturel, dont émanent des forces cachées, elle permet de déchaîner les puissances magiques. De cet influx illuminé surgira une femme visionnaire, aux multiples sortilèges. Cette créature électro-magnétique deviendra la femme idéale, l'Eve future, dont rêvent tous les hommes puisqu'elle alliera le corps parfait à la perfection de l'esprit.

L'ingéniosité de Villiers consiste à faire avouer à Edison que cette femme est une illusion, un artifice qui marche. Toutes les femmes, ces créatures superficielles, ne sont-elles pas, elles aussi, parées et embellies par la passion amoureuse ?

> Ces femmes neutres dont toute la « pensée » commence et finit à la ceinture — et dont le propre est, par conséquent, de ramener au point précis où cette ceinture se boucle, TOUTES les pensées de l'Homme, alors que cette même ceinture n'enserre, luxurieusement (et toujours !) qu'un méchant ou intéressé calcul — ces femmes, dis-je, sont moins distantes, en RÉALITÉ, de l'espèce animale que de la nôtre.[18]

Les femmes, pour Edison, possèdent un secret. Ce secret consiste à camoufler leur être réel sous une montagne d'artifices pour mieux séduire les hommes. Ainsi la ballerine Evelyne Habal, qui a poussé au suicide l'ami d'Edison, ne fut qu'un agrégat de corsets et de postiches, un assemblage factice :

> Voici, continue Edison, la dépouille de cette charmeuse, l'arsenal de cette Armide...
> Voici les hanches de la faunesse, de la bacchante enivrée, de la belle fille moderne, plus parfaite que les statues d'Athènes — et qui danse avec sa folie !
> Et il brandissait des « formes », des « tournures » en treillis d'acier, des baleines tordues, des buscs aux inclinaisons orthopédiques, les restes de deux ou trois corsets compliqués, et qui, avec leurs lacets et leurs boutons, ressemblaient à de vieilles mandolines détraquées, dont les cordes flottent et bruissent avec un son ridicule.[19]

Ce sont ces artifices, rouges et postiches qui rendent les hommes fous et les conduisent au suicide ou à la banqueroute. Edison appuie sa démonstration d'exemples précis et démonte les « machinations » de la femme fatale. Sous l'épaisseur des masques se cache un être laid et haïssable. Par conséquent, l'amour qu'inspirent ces femmes ne peut être lui-même qu'une illusion.

Pourquoi alors ne pas répondre à ces femmes et créer un être tout d'artifice dont les postiches, les rubans et les dentiers seront des rouages et des animations électriques ? Il obtient ainsi le contraire de la courtisane sans âme : le trop parfait automate.

> Si l'Artificiel assimilé, amalgamé plutôt à l'être humain, peut produire de telles catastrophes, et puisque, par suite, à tel degré, physique ou moral, toute femme qui les cause tient plus ou moins d'une Andréide, eh bien ! chimère pour chimère, pourquoi pas l'Andréide elle-même ?[20]

Cette spectaculaire démonstration permet à Edison de justifier, par une équation, le bouleversement qu'il souhaite apporter aux rapports amoureux. Désirant à la fois aller jusqu'au bout de l'artifice pour, par là-même, le nier et l'annuler, il crée ce monstrueux et invivable prodige : la seule vraie femme est fausse.

C'est un être hybride, à la fois artificiel et vivant, femme et machine. Par là même, l'automate est constitué du seul désir de l'inventeur. Il est le fruit de l'imagination d'Edison projetant sur lui son monde intérieur. Cet être nouveau sera naturellement porté à la spiritualité et à la bonté d'âme. C'est à cet égard que le terme d'ange lui est appliqué :

> Vous voyez : « C'est un ange » ! — ajouta-t-il avec son même ton grave, — si, comme l'enseigne notre Théologie, les anges ne sont que feu et lumière ! — N'est-ce pas le baron de Swendenborg qui se permit, même, d'ajouter qu'ils sont « hermaphrodites et stériles » ?[21]

Stérile, Hadaly l'est. Elle ne peut procréer et ne souffrira d'aucun des malaises féminins. Ne pas créer, c'est refuser l'ordre du monde, s'insurger contre les dieux, c'est aussi refuser d'en faire entièrement une femme pour qu'elle tourne ses forces procréatrices vers « autre chose ». De tous les éléments féminins, Edison a choisi de retirer la matrice, le lieu de la féminité. Elle a donc été suffisamment modifiée pour incarner le désir du savant. Elle devient le terrain d'une expérience toujours idéale.

Curieusement, Hadaly n'est pas une machine heureuse. Les premiers mots qu'elle prononce sont placés sous le signe du malheur : « Oh ! je ne tiens pas à vivre ! murmura doucement la voix à travers le voile étouffant (...) — Oh !... si belle !... Et me forcer de vivre ! — dit-elle à voix basse et comme à elle-même »[22]. Elle semble souffrir d'une étrange lassitude, d'un « mal de vivre » inattendu chez une mécanique. De même, lorsque la métamorphose finale aura lieu, elle semblera « vivante » et douée de sentiments humains envers son maître. De plus, Hadaly vit dans un souterrain et sa demeure est un véritable tombeau, une caisse dans laquelle elle sait d'elle-même s'enfermer.

Hadaly demeure une créature de l'au-delà et même si elle s'incarne en la troublante Alicia, c'est pour tenir des propos éthérés et angéliques. Malheureusement cette créature est promise à la destruction, comme si sa création même était une aberration. Un tel idéal ne peut pas vivre. Voyageant vers l'Angleterre où réside son nouveau propriétaire, elle mourra, jamais utilisée, engloutie par les flots. Comme une punition du ciel devant cette création prométhéenne, le navire qui la transporte sera frappé par la foudre un soir d'orage (on se souvient qu'Hadaly est liée à l'électricité). Son engloutissement par les flots ne fait que concrétiser son impuissance à vivre. Elle qui ne peut s'incorporer à aucune société, surtout pas celle des femmes, trouve son dernier refuge au fond de l'océan.

Comme le précise M. Carrouges, l'Andréide est une machine célibataire : elle n'a ni père, ni mère, ni enfant, elle ne peut connaître l'époux. Elle ne peut que s'enfermer dans son propre cercueil et connaître la destruction définitive car elle n'est pas un être viable. Même la prétendue acceptation de son sort n'est qu'une feinte, elle reste et meurt machine.

En se détruisant, elle détruit aussi les rêves des hommes qui l'ont créée et souhaitée. Sa mort la libère et la retire de la dépendance masculine puisque sa création était liée à la réalisation d'un désir masculin. C'est aussi l'effondrement d'une théorie de l'illusion. Le savant capable de faire prendre forme aux délires de son imagination avait orienté son propre univers. Mais l'artificiel ne survit pas et la nature, bien que dévalorisée, demeure éternellement. Conçue pour se substituer à la réalité, l'illusion est définitivement disqualifiée.

On voit l'intérêt de l'œuvre de Villiers pour l'exploitation du mythe de l'androgyne. Edison rêve de créer une femme idéale, scientifique et futuriste, mais sa création lui échappe : ni femme, ni homme, c'est une présence qui allie les capacités des deux genres, mais asexuée et stérile. Cet être magique affirme simultanément son attrait charnel et sa froideur mécanique, son existence et sa négation, à l'image de ce bras coupé de chair artificielle gisant dans le bureau d'Edison. C'est une possibilité mathématique envisagée pendant un court moment de l'histoire de l'univers par le cerveau d'un savant en rupture avec la loi cosmique.

L'évocation du laboratoire est inséparable de celle de la découverte merveilleuse. Ce laboratoire est à la fois attirant parce que c'est le lieu du renouvellement de la création et repoussant parce que ce qui s'y passe est placé sous le signe du mystère et de l'occulte. Il traduit la fascination et la répulsion des symbolistes devant le progrès. La science progresse mais à cause de ses triomphes, se met à avoir peur d'elle-même. Le passé est mort et l'avenir est déjà ébranlé. C'est avant tout le lieu du danger car là se créent les profits qui serviront à la production. Les expériences de la science sont irrémédiablement liées à la vision d'un avenir qui met à la disposition des hommes des forces inconnues et mal contrôlées. En créant Hadaly et malgré tout le bien qu'il souhaite en tirer, Edison est avant tout un auteur de désordres. Il est celui qui rejoue le rôle de Dieu, maîtrise la foudre et se met à la place du créateur suprême : la vie (Hadaly) et le grand sommeil (il a composé des anesthésiques puissants) semblent à portée de sa main. Ce qui amène Lord Ewald à poser cette question lucide devant le spectacle de la parfaite Andréide : « Depuis quand Dieu permit-il aux machines de prendre la parole ? »[23]

En faisant d'Halady le produit de l'ubris du savant, Villiers annonce sa condamnation définitive. L'andréide est le produit trop parfait d'un homme qui parle et agit comme Dieu :

> Je terrasserai l'Illusion ! Je l'emprisonnerai. Je forcerai, dans cette vision, l'Idéal lui-même à se manifester (...) J'arrêterai, au plus profond de son vol, la première heure de ce mirage enchanté (...), je tirerai la vivante à un second exemplaire...[24]

Finalement, le seul inventeur est Villiers. Hadaly est une messagère d'idéal. Dans un style étudié, où abondent les majuscules qui soulignent l'intensité de la parole, les mots rares, les archaïsmes, le style oratoire construisent un individu si peu authentique que le choix final de sa mort le neutralise à jamais. Hadaly surprend et séduit mais son emploi à des fins utilitaires pervertit sa portée.

2) Incarnations symbolistes

■ *Le crépuscule des dieux* d'E. Bourges (1884)

Un des romans qui exalte l'homme démuni est *Le crépuscule des dieux*, d'Elémir Bourges, qui emprunte son titre à l'opéra de Wagner. Le grand compositeur fait d'ailleurs quelques apparitions prémonitoires. Sans modifier profondément la structure du roman, sa présence permet toutefois de donner de l'épaisseur au sujet et aux personnages en montrant l'influence capitale de la musique wagnérienne sur les âmes sensibles.

> La troisième partie de votre poème se nomme Siegfried, m'a-t-on dit, mais quelle est donc la quatrième, monsieur Wagner ?
> — C'est *Le Crépuscule des Dieux,* Monseigneur. »
> Ce titre parut étonner le Duc, et il le répétait entre ses dents, jusqu'à ce que ramené à lui-même, et pour congédier son interlocuteur :
> « C'est avec vous, monsieur Wagner, dit-il, que j'aurai eu ma dernière entrevue. »[25]

Le roman se place donc sous la tutelle du compositeur. Un orchestre invisible rythme les scènes et souligne les coups de théâtre en procurant une certaine ampleur dramatique. Le roman se construit comme un flamboyant opéra : c'est un drame familial où la folie et la perversion sont le signe de la décadence d'une grande famille.

Il y a en fait deux niveaux parallèles d'histoires, celui des maîtres : l'épopée des héros, aux accents wagnériens, et les petites arias mozartiennes des déboires sentimentaux des valets. A cet égard, l'épisode du mariage de Franz et d'Emilia se déroule allegro :

> La scène changeait en effet. Grande joie ! Franz avait consenti... Emilia l'embrassait... courait... sortait avec lui. Là-dessus, un troisième acteur fit son entrée, en la personne de ce bon abbé Sotto-Cornela, lequel suivait le couple par les rues, reconnaissable à sa large tache de vin. (...) Tout à coup, une clochette tinte. Le prêtre, à l'autel, élève l'hostie. Emilia saisit la main de Franz et lui chuchote quelques mots :
> « Mon François, je te prends pour époux.
> — Emilia, je te prends pour épouse !»
> Et brusquement le rideau tomba[26]

La trame est simple. C'est l'histoire de l'extravagant duc Charles d'Este qui règne sur un royaume d'opérette : les états de Blankenbourg. Ce souverain allie la folie des grandeurs de Louis II de Bavière au décorum d'un fantoche d'opérabouffe. Chassé de son royaume, il vient se réfugier à Paris, escorté de ses bâtards :

> Le matin du quatrième jour, le Duc, dès son lever, revêtit son grand uniforme de généralissime blankenbourgeois, se para de tous ses ordres, dont il avait un arc-en-ciel : Toison d'or, Cheval-Blanc, Guelfes, Henri-Le-Lion, Saint-Etienne d'Autriche (...), et commanda que l'on mît les chevaux au coupé de parade, chef-d'œuvre de Binder.[27]

Cette famille exilée est constituée de membres plus dégénérés les uns que les autres : le violent et libertin Otto, la petite Claribel, monstrueuse de précocité, Hans Ulric le taciturne et Christiane, pâle et tourmentée, ainsi que le naïf comte Franz. Cet assemblage de demi-frères et sœurs tisse des liens d'amour et de haine compliqués encore par l'arrivée de l'aventurière Giulia Belcredi, la belle cantatrice, qui brigue la fortune du duc et souhaite se débarrasser des héritiers de façon peu orthodoxe.

La Belcredi représente le type de l'aventurière audacieuse, énigmatique avec « ce sourire de sphinx, doux et glacé en même temps, dont elle se couvrait et masquait ses plus terribles résolutions »[28]. C'est une femme forte, virile même : « Virile et d'un esprit hardi, elle aimait ces pièces singulières, dont le sang, la terreur, les épées, le tumulte et les cris dont elles sont pleines, lui faisaient rugir l'âme à l'aise. »[29]

Elle domine aisément le duc-fantoche qui est aussi artificiel et vain que les décorations somptueuses de ses demeures. Au cerveau mâle et calculateur de la Belcredi, répond la faiblesse de fille parée du duc, maquillé, nerveux, changeant et superstitieux comme une vieille femme :

> Par suite d'un remaniement administratif, l'hôtel qui portait jusque là le numéro 59, reçut le numéro 77. C'en fut assez pour décider le Duc à le vouloir quitter au plus vite : depuis de longues années déjà il montrait pour le chiffre 7 une aversion superstitieuse, et le prétendait mêlé de façon maligne à toutes les calamités de sa vie.[30]

Ce duc qui paraît d'abord*puissant et souverain, est en fait un faible et un couard. Fuir et laisser son pays à l'ennemi, s'effrayer du moindre événement extraordinaire, voilà le duc Charles d'Este sous ses décorations :

> le pauvre homme maigrissait de terreur dans l'hôtel des Champs-Elysées, et trois coups de tonnerre qu'il fit, une après-midi de la fin de mars, le mirent tout hors de lui-même. Il n'y put tenir, il déguerpit, abandonna la maison maudite, et, escorté d'Arcangeli, alla se loger d'emprunt, dans le paisible hôtel Windsor, rue de la Paix, où il s'accommoda de l'appartement réservé d'ordinaire au prince de Galles.[31]

Esprit faible, mais aussi puéril et fourbe, il ne se plait que dans la mise en scène, le théâtre, « tout ce qui sentait la machine »[32].

Si la Belcredi convoite la fortune du duc : « Elle s'ancrait solidement chez Son Altesse à force d'esprit, de complaisances, et de louanges forcées qu'elle lui jetait à pleines mains »[33], un autre personnage convoite les faveurs du duc et entre en concurrence avec la Belcredi : c'est Arcangeli, l'italien rusé, parti de rien et parvenu, à force d'intrigues et de grimaces, au poste envié de confident. Se crée ainsi une complicité étrange entre le duc falot et l'italien onctueux :

> Il est vrai qu'il ne le quittait guère, l'Italien étant devenu le personnage indispensable à l'hôtel. Nul n'aurait su baigner, masser, parfumer Son Altesse et lui brosser les pieds et les chevilles, aussi légèrement qu'il faisait ; nul, éclater en admiration comme lui, sur la personne du Duc Charles, presser sa bottine contre son cœur, s'extasier de ses bras, de ses jambes, de ses cuisses, de la finesse de sa taille : sans compter que le maraud était unique à glisser un clystère, tailler les cors et les durillons, et préparer les plumes d'oie, dont son maitre usait communément.[34]

On touche ici au cœur du roman, bâti en fait sur ces relations suspectes entre doublets et couples contre nature. Des plus évidentes aux plus cachées, ces relations finissent par éclater au grand jour et donner tout son sens au roman. C'est d'abord la féminité précieuse du duc devant la virile Belcredi :

> un sourire dérobé et noir que cette Joconde s'adressait à elle-même au plus profond de sa pensée, parut comme la sombre aurore de quelque machination d'enfer, qu'elle venait de concevoir. Le Duc, toujours le nez dans son miroir, se passait doucement du blanc dessus, avec une patte de lièvre[35].

Les rôles sont permutés selon l'équation classique de l'homme faible et de la femme forte. Ce schéma se retrouve dans le couple constitué par le comte Franz et sa servante-maîtresse, la rusée Emilia, qui souhaite se faire épouser. Le comte Franz, fils du duc, est un être fragile et naïf :

> Il avait toujours pris plaisir ainsi à la société des femmes, vivant comme elles de redits, de commérages, de tracasseries. Plein de parfums et de bijoux, d'un beau blond, le visage riant, arborant des cravates à camées, et idolâtre de ses favoris, le jeune comte n'était pas moins que la fleur des pois à Blankenbourg.[36]

Emilia, au contraire, est « une Junon » à la démarche imposante, qui se rend capable d'exploits spectaculaires comme de terrasser un molosse enragé : « On peut juger de l'épouvante et de la déroute des valets, qui s'en tenaient à discuter, sans livrer bataille, lorsque Emilia, sortant de sa chambre, intrépidement alla droit à Syphax, et le tua d'un coup de revolver. »[37]

L'autre couple « selon nature » du roman est celui, plus tardif, formé par la Belcredi et Otto, le fils libertin du duc. Si la Belcredi, qui a perdu les faveurs du duc, trouve refuge dans les bras d'un de ses fils, c'est pour mieux le dominer et l'efféminer. Le jeune homme éperdument amoureux de la courtisane, savoure la joie d'être un esclave, un pantin : « Il se rabaissait, il avait soif d'obéir, de se prosterner, d'être l'esclave de sa maîtresse »[38].

C'est un enfant collé à ses jupes, un esclave dont le cœur « fondait (...) comme la cire », abîmé dans une adoration qui le conduira au parricide. En effet, poussé par la Belcredi, il fomente l'assassinat de son père pour s'approprier sa fortune. Les maîtresses femmes bouleversent l'ordre naturel du couple en rabaissant l'homme, le rendant puéril, se chargeant de l'éduquer, d'imprimer sur lui le grand livre du mal :

> Ce fut pendant ces après-dînées que Giulia mit, en quelque sorte, la dernière main à l'éducation du jeune homme (...) de manière que, si violent, si impétueux, si effrayant qu'Otto eût paru jusque là, de cet abîme on vit sortir, en peu de temps, un amant dompté et patient, qui obéissait à la Belcredi.[39]

L'idéal masculin consiste finalement en une créature modelable, qui renvoie en miroir passif l'image du maître. Otto apprend les vices de sa maîtresse pour mieux lui ressembler : « Il vivait, il respirait en elle ».

Ces trois couples, pour être monstrueux car l'élément féminin impose sa loi et réduit l'homme à un pantin, sont finalement dans l'ordre des choses si on les compare aux autres doublets du roman qui forment autant d'échos parodiques des couples officiels. Mis à part le curieux couple formé par le duc et son confident, c'est d'abord Otto et son valet qui retiennent notre attention. Ame damnée, le valet se prête à tous les sévices imaginés par son maître :

> Ce fils chéri promenait maintenant, partout avec lui, un bas valet de dix-huit ans, qui répondait au nom ou au sobriquet mythologique de Saint-Amour. Le plaisir de donner ensemble du cor de chasse avait introduit auprès d'Otto, cette crapule d'écurie ; la fantaisie, insensiblement, s'était tournée en goût déclaré, et bientôt le jeune comte se montra jaloux de son compagnon jusqu'à la fureur. Des plus petites choses mêmes, Saint-Amour n'en fut plus le maître : tantôt prêts à sortir tous les deux, son capricieux tyran le renvoyait, d'autres fois, il l'accablait d'injures, et le faisait pleurer, pour des rivaux dont il prenait ombrage.[40]

Le jeune hermaphrodite finit par lasser son maître et le vice croissant du jeune homme lui fait chercher ailleurs d'autres plaisirs. Puis, il y a les complicités mauvaises des frères et des sœurs. A ce sujet, le roman prend soudain de l'ampleur. Les doublets les plus sombres sont certainement ceux formés par l'inceste. La suivante Emilia n'est autre que la sœur d'Arcangeli et leurs calculs souterrains rendent plus sordides encore le marchandage d'Arcangeli essayant de monnayer les charmes de sa sœur auprès du comte :

> « Hé! sorella, reprit Arcangeli, ma petite ragazza du bon Dieu, je ne suis pas un ennemi. »
> Il la caressa tant qu'il put, et il bouffonnait par habitude, si bien qu'enfin l'Italienne se mit à rire, en lui disant ;
> « Tu seras donc toujours le même, Giovan ? »[41]

La petite Claribel, enfant trop précoce, malade des nerfs, mourra en s'exclamant :

> Oh non ! personne ne l'aimait... Hélas ! que n'avait-elle un frère comme Christiane, Hans Ulric ! Un frère et, dans son innocence, Claribel se demandait souvent si l'on pouvait s'aimer plus qu'ils le faisaient.[42]

C'est qu'elle a sous les yeux, l'exemple le plus frappant d'amour fraternel et incestueux constitué par Christiane et Hans Ulric. Ces enfants, tous deux bâtards du Duc, ont grandi ensemble et l'amour s'est développé avec eux. Il s'aiment et ne le savent pas. Il sont purs parce qu'androgynes et transparents.

> Ils semblaient en effet se suffire, n'avoir nul besoin du reste du monde. Leur attachement mutuel qui allait, s'il se peut, plus profondément que le cœur, en mêlant sans cesse tous leurs sentiments, leurs pensées et leurs émotions, ne faisait du frère et de la sœur qu'un seul esprit, une seule âme. On les eût vu rougir ou pâlir au même instant ; Hans Ulric entendait le pas de Christiane à des distances incroyables ; et si l'un d'eux était absent, l'autre errait, comme à la recherche de soi-même.[43]

Ces êtres ont réussi ce que les autres tentent maladroitement : une union pure et totale de l'âme dans le bonheur de l'art. Leur vie s'écoule parmi les livres et les tableaux, loin du monde, les repaissant de musique et de poésie. Ce sont Siegmund et Sieglinde, les deux héros de *La Walkyrie,* avant la révélation foudroyante de leur destin.

Cette révélation aura lieu : la cruelle Belcredi soucieuse de détruire l'engeance du duc n'aura que peu de mal à empoisonner leur âme. Il suffira d'y suggérer l'amour et le désir incestueux pour qu'aussitôt le trouble s'installe et ne les quitte plus. Elle leur lit des passages du sombre *Manfred* de Byron, jusqu'au coup de grâce : l'acte enfin achevé de *La Walkyrie* où Siegmund et Sieglinde apprennent qu'ils sont tous deux enfants du dieu Wotan et que leur amour est donc coupable : « Ils pâlirent extraordinairement, et leurs mains s'ouvrirent, se séparèrent ; leur visage enivré s'éteignit, crispé d'un mouvement convulsif ; un silence extrême annonça de quelle horreur ils étaient saisis. »[44]

Leur fatal amour enfin révélé, ils finissent par languir et périr, consumés par le feu de leur passion : Ulric se suicidera et Christiane prendra le voile, à jamais démantelée, amputée de sa moitié : « toujours Hans Ulric devant ses regards, à la table où elle lisait, au coin du foyer qu'elle occupait, à ses côtés, lorsqu'elle marchait ».[45]

Ulric et Christiane atteignent, dans leur malheur, à l'amour idéal, le plus beau et le plus fou, mais aussi le plus coupable. Ils constituent une cellule unique dans laquelle pendant un court moment s'épanouissent l'art et la beauté. Ils se créent une vie où l'émotion esthétique est exclusive, une vie noble et parfaite. Le roman pose alors cette question : peut-il y avoir de l'amour sans lien de parenté ?

Quand on sait que les liens qui unissent tous ces couples sont des liens de sang, on comprend pourquoi Emilia, sentant Franz se détacher d'elle, songe d'abord à se prétendre enceinte, puis demande au duc de l'adopter pour devenir la cousine de Franz ! Il n'y a attirance que pour la parenté. Les sens refroidis des personnages ne se réveillent que lorsque l'inceste apparaît. La chair triste ne renaît que sous l'attrait du familial, de l'identique, du presque-soi.

Mais puisque l'amour n'éclôt qu'au sein de la famille, dans cette autarcie du sentiment, pas de descendance possible, mais des morts-nés (l'enfant d'Emilia et de Franz), des parricides (Otto essayant d'empoisonner son père), des monstres.

Pas de procréation, ni de création. Les doublets que nous avons mis en évidence ne donnent pas la vie. Ils se complètent, se renvoient leur image stérile, mais n'enfantent pas. L'inceste est un principe de mort puisqu'il évolue en circuit fermé. Ainsi l'androgyne n'est ni père, ni mère. Il se repaît d'activités décoratives comme le Duc et ses élucubrations architecturales, dans le désordre poussiéreux d'une chambre stérile.

> Tout ce qui y avait été bâti l'un après l'autre, selon les caprices successifs de Son Altesse, et ce pêle-mêle, que les architectes avaient vainement tenté d'ajuster ensemble, formait un prodige de bâtiment, par les pavillons, les arcades, les rampes, les fers à cheval, les galeries qui s'escaladaient ; nulle symétrie, nul plainpied ; un toit conique pour pendant à une coupole verte à la russe, des

terrasses chargées d'orangers s'enfuyant sans tenir à rien, l'écrasé et le suffoqué près du haut et du majestueux ; partout, enfin, une profusion de colonnes, de vases de métal, de myrtes taillés en pyramide, de déesses, de pots à feu, d'œils de bœuf à vitraux colorés, de marbres noirs et violets, et des bassins avec des vasques, où des jets d'eau partaient en fusée.[46]

Les caprices s'érigent en monuments et révèlent un goût perverti pour les décors vides. L'androgyne est avant tout une machinerie de théâtre (puisque le roman est placé sous le signe du carton-pâte des décors d'opéra) qui enfante du vent. Se rejouant sans cesse dans son palais imaginaire le drame de sa vie condamnée à tourner sur elle-même, il parade dans les derniers méandres d'un goût hors nature.

Le roman s'achève : après la mort violente des couples dans le plus pur style élizabéthain, le duc reste seul comme un vieil enfant (lui qui a perdu tous les siens) retiré dans son palais-catafalque :

Un énorme buffet de malachite, aussi haut que le maître-autel d'une cathédrale, et dont le dessus écavé contenait trois cuvettes d'argent, où l'eau montait à volonté, chaude, froide ou tempérée, se voyait, en face de la porte, plein des instruments de toilette de toutes les sortes et les plus riches, répandus partout sur les tablettes, et dont on ne savait ni le nom, ni même l'usage.[47]

Entouré de ses grotesques bustes de cire, copies conformes, il se farde par une peur panique du temps et surtout dans le désir de figer sa propre statue :

Cependant l'Italien roulait près de lui un des bustes de cire coloriée, porté sur un escabelon de velours cramoisi, à franges, et si bien modelé au naturel que, côte à côte, on ne discernait guère l'original de la copie.[48]

Dépouillé de ses états, de ses enfants, il ne lui reste plus qu'à se dépouiller de lui-même. Ce n'est plus qu'un infirme, soutenu par un ventre d'argent, ridiculement empanaché dans un uniforme de gala. Ses derniers jours sont consacrés à élaborer un mausolée décoré, couronné, où son corps embaumé, portraituré, statufié sera conservé. Hanté par sa propre déchéance, il consolide son emprise sur les choses : il se rend « immuable » pour que plus rien ne change. Symbole de la vie décadente, artificielle et stérile, son corps fermenté ne conserve plus rien d'humain.

L'androgyne, être éphémère, incarnation passagère du désir humain, se mue en mécanique obéissante, comme chez Villiers. C'est par le biais de la machine qu'il faut désormais vivre, ce sont les substituts de l'homme qui dominent. L'être de chair fait place à l'être froid.

Si les personnages recherchent désespérément une moitié (homme ou femme), ce n'est pas pour reconstituer la cellule initiale et idéale (comme y parviennent presque Ulric et Christiane), mais pour dominer l'autre, le recréer à leur image, le marquer de leurs pensées, de leurs lectures, obtenir ainsi le compagnon idéal.

C'est ce que sous-entendent les allusions nombreuses à une mécanique qui vient constamment se substituer à l'homme de chair : les mannequins, instruments du désir du maître, les poupées de cire comme la parfaite petite Frida, paysanne au service de la mourante Claribel et avec laquelle celle-ci joue comme avec une poupée, l'habillant, la mignotant, lui faisant avaler force repas, alors qu'elle, gravement atteinte, se consume.

Ce sont des machines obéissantes et bien huilées, à l'image du fabuleux coffre-fort du Duc, spectaculaire comme une machinerie de théâtre mais solide comme une banque. C'est la machine qui emporte tout dans le grand gouffre à rouages : les bâtards, les incestueux, les parricides. Le culte du Veau d'Or a succédé à la race décadente : les Dieux sont morts, entrent les pionniers de la mécanique. Les trônes appartiennent à de nouveaux maîtres.

■ *Monsieur Vénus* de Rachilde (1884)

Le mythe de l'androgyne n'a pas seulement été cultivé par des artistes masculins. Une jeune femme, du nom de Marguerite Eymery, écrivit sous le nom de Rachilde, un ouvrage : *Monsieur Vénus* qui connut aussitôt un succès foudroyant.

Maurice Barrès insista pour en rédiger la préface, dans laquelle il explique pourquoi ce livre est un chef-d'œuvre. Sous le titre de « Complications d'amour », Barrès décrit le livre comme une analyse instinctive d'une « déformation de l'amour » produite par le siècle. L'intérêt de cette préface est qu'elle souligne le goût pour l'association de l'amour « compliqué », de la souillure et de la plus parfaite candeur. Et Barrès de souligner ce qui fait la force du livre : la description échevelée d'un symptôme du siècle, la création d'un monstrueux désir :

> On verrait, avec effroi, quelques-uns arriver au dégoût de la grâce féminine, en même temps que *Monsieur Vénus* proclame la haine de la force mâle.
> Complication de grande conséquence ! le dégoût de la femme ! la haine de la force mâle ! Voici que certains cerveaux rêvent d'un être insexué.[49]

Comme la grande Mary Shelley, Rachilde passe pour avoir créé un être apportant un raffinement nouveau à un thème ancien. Il est vrai qu'elle fournit au mythe une interprétation originale : une femme au tempérament mâle s'approprie un homme efféminé pour œuvrer criminellement sur lui et le métamorphoser en créature soumise et finalement le détruire. Sa création ne consiste pas à donner une vie nouvelle mais à créer la mort en un étrange cérémonial où le jeune homme survit par le biais d'une mécanique d'apparence humaine. A plusieurs reprises, Raoule de Vénérande apparaît sous les traits d'un infâme docteur, occupé à son œuvre mauvaise :

> Mme Silvert se penchait sur le lit du temple de l'Amour et, armée d'une pince en vermeil, d'un marteau recouvert de velours et d'un ciseau en argent massif, se livrait à un travail très minutieux...[50]

Quant à Jacques Silvert, sa victime, il est désigné par le terme de « monstre »[51]. Le dessein de Rachilde consiste à dépeindre les relations scandaleuses d'une fière jeune fille de la noblesse, Raoule de Vénérande et d'un joli garçon faible et veule. Il devient donc « sa maîtresse » et elle l'entretient, renversant ainsi les rôles classiques du riche protecteur cynique et de la prostituée humiliée.

Dès le début du roman, le caractère viril de Raoule s'affirme : elle tient dans sa chambre « une panoplie d'armes en tous genres et de tous pays... »[52], elle se fait appeler « Monsieur de Vénérande ». Cette femme proclame constamment son caractère double, savamment entretenu et mis en scène :

> — Ami, dit-elle brusquement, je suis amoureux !
> Raittolbe fit un saut, posa son hanap et riposta d'un ton étranglé :
> — Sapho !... Allons, ajouta-t-il avec un geste ironique, je m'en doutais.
> Continuez, monsieur de Vénérande, continuez mon cher ami !
> Raoule eut, au coin des lèvres, un pli dédaigneux.
> — Vous vous trompez, monsieur de Raittolbe ; être Sapho, ce serait être tout le monde ![53]

Par opposition, Jacques Silvert est désigné par le féminin.

> — Ainsi, vous l'entretiendrez ? interrogea le baron d'un ton très dégagé.
> — Jusqu'à me ruiner ! Je veux qu'elle soit heureuse comme le filleul d'un roi !
> — Tâchons de nous entendre ! Si je suis le confident en titre, mon cher ami, adoptons il ou elle, afin que je ne perde pas le peu de bon sens qui me reste.
> — Soit : Elle.[54]

Son caractère efféminé est renforcé par l'humiliation d'être d'origine populaire. « L'Antinoüs du boulevard Montparnasse »[55], comme il est désigné, est de par ses origines, une aberration. Idéalement beau mais niais, fruit d'un alcoolique et d'une prostituée, il apparaît comme un sous-produit. Même son nom de Jacques Silvert a un côté définitivement ordinaire : « Ils ont des noms affreux, j'aurai peine à m'y habituer »[56] avoue la tante de Raoule.

Mais le roman dépasse le simple échange des genres. Il s'affirme surtout comme une tentative de destruction des sexes. Les personnages, loin d'être déterminés en fonction d'actes permettant de les ranger dans une catégorie précise, se plaisent à mêler les interventions contradictoires. La sexualité de Raoule est plus hésitante que celle de l'homme dont elle aime prendre l'habit : elle se veut chaste. Jacques, quant à lui, s'abandonne totalement à Raoule et émeut même le cynique Raittolbe :

> — Et, saisi d'une curiosité malsaine, Jacques oubliait à qui il avait affaire ; confondant toujours les hommes dans Raoule et Raoule dans les hommes ; il se leva et vint joindre ses mains sur l'épaule de Raittolbe. Un moment, son souffle parfumé effleura le cou du baron. Celui-ci frémit jusqu'aux moelles et se détourna, regardant la fenêtre qu'il eût bien voulu ouvrir.
> — Jacques, mon petit, pas de séduction ou j'appelle la police des mœurs.[57]

L'histoire s'agrémente encore de complications sadiques. Jacques abdique sa part masculine en cédant au désir de Raoule qui fait de lui sa serve absolue. La passion est mue par les raffinements macabres : « J'aimerai Jacques comme un fiancé aime sans espoir la fiancée morte »[58], admet Raoule. Leur hôtel ressemble à un « tombeau »[59] et leurs relations évoquent celles du maître et de l'esclave : « Tu seras mon esclave, Jacques, si l'on peut appeler esclavage l'abandon délicieux que tu me feras de ton corps. »[60]

Car c'est sur le corps de l'homme amoureux que se marquent les ravages de la passion. Ce corps d'abord nié dans sa virilité, puis dans ses capacités intellectuelles, devient chose inerte dans les mains de la toute-puissante Raoule. Ce corps, d'abord glorifié, vibre d'une féminité sensuelle et servile :

> Digne de la Vénus Callipyge, cette chute de reins où la ligne de l'épine dorsale fuyait dans un méplat voluptueux et se redressait, ferme, grasse en deux contours adorables, avait l'aspect d'une sphère de Paros aux transparences d'ambre. Les cuisses, un peu moins fortes que des cuisses de femme, possédaient pourtant une rondeur solide qui effaçait leur sexe. Les mollets, placés haut, semblaient retrousser tout le buste, et cette impertinence d'un corps paraissant s'ignorer n'en était que plus piquante. Le talon, cambré, ne portait que sur un point imperceptible, tant il était rond. Les deux coudes des bras allongés avaient deux trous roses. Entre la coupure de l'aisselle, et beaucoup plus bas que cette coupure, dépassaient quelques frisons d'or s'ébouriffant.[61]

Ce corps trop innocent, trop consommable, appelle la dégradation. Raoule va se l'approprier pour le transformer progressivement en une chair. Elle lui apprend la dépendance du haschich, l'humilie en lui rappelant sa condition d'homme entretenu, finalement, folle de jalousie pour ce corps qui se refuse encore, lui apprend la douleur :

> Une fois le doute entré dans son imagination, Raoule ne se maîtrisa plus. D'un geste violent, elle arracha les bandes de batiste qu'elle avait roulées autour du corps sacré de son éphèbe, elle mordit ses chairs marbrées, les pressa à pleines mains, les égratigna de ses ongles affilés. Ce fut une défloration complète de ces beautés merveilleuses qui l'avaient, jadis, fait s'extasier dans un bonheur mystique. Jacques se tordait, perdant son sang par de véritables entailles que Raoule ouvrait davantage avec un raffinement de sadique plaisir. Toutes les colères de la nature humaine, qu'elle avait essayé de réduire à néant dans son être métamorphosé, se réveillaient à la fois, et la soif de ce sang qui coulait sur des membres tordus remplaçait maintenant tous les plaisirs de son féroce amour.[62]

L'humiliation du mâle, objet de plaisir, s'accompagne du plaisir sadique de la torture. Raoule s'applique à la destruction fascinante de la chair torturée, flétrie, humiliée. D'être de chair parfaite qu'il était au début du roman, Jacques devient à la fin un mannequin de cire revêtu d'un épiderme de caoutchouc transparent. Dépossédé dans sa masculinité, puis dans sa vie même, il survit sous l'aspect morbide de l'ornement nécrophile, statue animée, ultime jouet d'une maîtresse éplorée.

> A l'hôtel de Vénérande, dans le pavillon gauche, dont les volets sont toujours clos, il y a une chambre murée.
> Cette chambre est toute bleue comme un ciel sans nuages. Sur la couche en forme de conque, gardée par un Eros de marbre, repose un mannequin de cire revêtu d'un épiderme de caoutchouc transparent. Les cheveux roux, les cils blonds, le duvet d'or de la poitrine sont naturels ; les dents qui ornent la bouche, les ongles des mains et des pieds ont été arrachés à un cadavre. Les yeux en émail ont un adorable regard.(...)
> La nuit, une femme vêtue de deuil, quelquefois un jeune homme en habit noir, ouvrent cette porte.
> Ils viennent s'agenouiller près du lit, et, lorqu'ils ont longtemps contemplé les formes merveilleuses de la statue de cire, ils l'enlacent, la baisent aux lèvres. Un ressort, disposé à l'intérieur des flancs, correspond à la bouche et l'anime.
> Ce mannequin, chef-d'œuvre d'anatomie, a été fabriqué par un Allemand.[63]

Il paraît évident que Raoule connaît enfin la satisfaction avec la possession de ce mannequin monstrueux qui remplit finalement mieux son office que l'être de chair. Il lui permet surtout d'accomplir la vocation macabre qu'elle s'était conférée. Parce qu'il est nourri de manques : chaste, clôturé sur soi, sans amis, sans relations sociales, sans futur, cet amour lui attribue la seule fonction qui l'intéresse : celle de commémoratrice éternelle de l'éternel absent. Jacques continue à agir, mais passivement. Cette action « passive » obtenue par des mécanismes inchangés, répétés, permanents, constitue le caractère premier de cet homme imaginé à rebours du *Frankenstein* qui souhaite créer la vie à partir de la mort. Raoule s'affirme comme une bâtisseuse de cadavre. A partir d'un corps vivant et idéalement beau, Raoule travaille à une transformation qui vise à dégrader l'idéal. Dès le début, elle a essayé de mouler l'âme et le corps de son amant. Elle oriente ses lectures, dirige ses pensées et ses actes : « Tu vas voir avec mes yeux, goûter avec mes lèvres »[64], dit-elle et finalement s'effraie du résultat accompli : « se demandant avec une sorte de terreur superstitieuse si elle n'avait pas créé, après Dieu, un être à son image. »[65]

Le plaisir absolu, c'est finalement le simulacre. Ainsi, elle n'interrompra plus la surveillance de l'homme qui lui échappait. Ce qui est finalement captivant dans ce roman, c'est que Raoule répète individuellement ce que la collectivité s'efforce de justifier : la mutilation de la vie, l'homogénéisation des êtres. La faute de Raoule, son désir sadique, s'expriment parfaitement dans l'individualisme agressif dont elle fait preuve. La dépossession coupable qu'elle opère est liée à celle de la perversion de la puissance : elle aboutit à la possession d'un éternel fétiche toujours avili.

Autre cas spectaculaire de possession dans l'œuvre de Rachilde : le personnage d'Eliante dans *La jongleuse* (1897). Si l'on retrouve les personnages, devenus conventionnels, de l'initiatrice en la personne d'Eliante Donalger et du jeune naïf Léon Reille, on est davantage séduit par l'originalité des directions offertes. La maîtresse a bien, comme toujours, des caractères mâles : « Rien ne la révélait femme »[66], nous apprend-on. Cuirassée dans une immuable robe noire, elle attire et effraie par un caractère qui consiste justement à n'être rien de définissable. Au service de l'amour, mais refusant qu'on l'approche, cette créature a bien des aspects de farouche androgyne. Mais, et c'est là la nouveauté, ce n'est plus l'homme qui la tente. Le pâle Léon Reille qui traîne dans son sillage ne comprend rien à la belle inconnue car il applique encore à la lettre le code amoureux de la séduction et de la possession qui ne saurait s'appliquer à la divine Eliante, se définissant elle-même comme « sans sexe »[67]. Eliante spiritualise l'amour et sa passion ne peut se satisfaire que d'objets. Objets luxueux ou rares, statuettes exotiques ou érotiques ramenées de lointains voyages, recréant le temple de l'amour, mais sans l'amour. Témoin la magnifique amphore d'albâtre dont elle tire son plaisir, à la fois pure (parce qu'asexuée) mais éminemment érotique :

> Le pied, très étroit, lisse comme une hampe de jacinthe, surgissait d'une base plate et ovale, se fuselait en montant, se renflait, atteignait, à mi-corps, les dimensions de deux belles jeunes cuisses hermétiquement jointes et s'effilaient vers le col, avec là, dans le creux de la gorge, un bourrelet d'albâtre luisant comme un pli de chair grasse, et plus haut, cela s'épanouissait, s'ouvrait en corolle de liseron blanc, pour, pâle, presque arômal, tant la matière blanche, unie, d'une transparence laiteuse, avait la sincerité de la vie. Ce col s'évasant en corolle faisait songer à une tête absente, une tête coupée ou portée sur d'autres épaules que celles de l'amphore.[68]

On pourrait superposer les descriptions de Jacques et de l'amphore et montrer ce qui, dans le corps de l'éphèbe, annonce sa réification. Mais dans *La jongleuse,* le jeu s'affine. Cette fois pas d'homme, ou réduit au rôle de spectateur, pas de mannequin, de mécanique élaborée visant à se substituer à la créature, mais l'objet brut, le bric-à-brac oriental. L'objet seul devient moyen de possession et de jouissance : tandis que l'homme descend au rang d'accessoire, l'accessoire accède au rang humain.

Surtout Rachilde invite, à travers l'analyse de rapports amoureux qui n'en sont pas, à réfléchir sur le langage qui leur est appliqué. Si Eliante est une « jongleuse », c'est qu'elle dispose du sens des mots à sa guise, désexuant certains, sexuant d'autres. Léon est « son amant », son « maître » alors qu'on a vu leurs rapports platoniques. Et Léon de s'exclamer : « — Eliante,... vous parlez... chinois »[69]

Ces êtres ne parlent pas la même langue puisqu'Eliante a redéfini les mots. Constamment, le roman propose des métaphores filées sur des mots essentiels : « jongler », « couteaux » et surtout « amphore, vase, cruche, transvaser ». Ces mots innocents se chargent de lourds sous-entendus. Car Eliante « transvase » justement, elle transporte son désir ailleurs. Elle n'admet le désir que déplacé : déplacé de l'homme à l'amphore, au couteau, aux déguisements exotiques dont elle se vêt. Son histoire est liée à la quête de l'objet. Qu'est-ce qu'une amphore sinon le lieu de son désir et de sa jouissance ? Qu'est-ce qu'un amant sinon une créature docile et velléitaire ? Le culte de l'objet remplaçant celui de l'homme, Eliante partira avec « ses damnés couteaux qu'elle osait lui préférer »[70].

A travers ces évocations d'androgynes, Rachilde construit des êtres dérangeants, à la frontière de l'esclave et de l'objet qui présagent des relations humaines nouvelles. Elle efface le visage de l'homme, le relègue au second plan et invente le langage de la machine.

■ *La première maîtresse* de C. Mendès (1891)

Le roman de Catulle Mendès, *La première maîtresse,* propose une autre direction au mythe de l'androgyne. Le héros est un jeune homme de dix-sept ans, Evelin Gerbier, au nom aérien, adolescent à la beauté fragile et à l'âme faible. Cet être étouffé par sa mère, offre un curieux mélange de puérilité et de faiblesse, saisi par l'auteur dans la période transitoire et décisive de la puberté. C'est un éphèbe encore ingénu et charmant :

> Des cheveux coupés courts comme ceux d'une femme garçonnière, légers,

> souples, en blonds anneaux, cachaient presque tout le front d'Evelin, projetant un vacillement d'ombre jusqu'à l'arc double des fins sourcils, jusque sur les paupières lisses vaguement ardoisées, et les yeux très ouverts étaient bleus ; lumineux d'une lueur égale et sans éclair, ils montraient en leur pureté d'eau fraîche, cet étonnement de voir qu'on remarque dans les yeux des très jeunes enfants[71]

L'auteur insiste dès les premières pages sur l'innocence de ce jeune esprit et la fraîcheur de son apparence. Chose intéressante : les possibilités d'avenir d'Evelin semblent nombreuses et florissantes. Comme tout adolescent, Evelin vit dans un monde de chimères, l'ambition et le goût de la puissance se satisfont au moyen de rêveries. Evelin se gorge de fantasmes sensuels et guerriers :

> Oui, il était le plus grand des hommes parce qu'il était le plus grand des poètes ; Orphée, Eschyle, Dante, Shakespeare, Hugo, voilà ce qu'il était, plus sublime, plus heureux aussi ; car il avait, à portée, toutes les richesses léguées au Maître des Poètes par l'impératrice d'un pays d'Amérique, où vingt mille esclaves ne cessent de recueillir la lave d'or que bave un chimborazo toujours en éruption.[72]

Evelin rappelle étrangement ces héros romantiques, René, Adolphe ou Obermann, figés dans une adolescence instable qui se prolonge. Cet être si attendrissant est l'objet de la convoitise d'une femme plus âgée, mère bourgeoise en apparence, en réalité, amante initiatrice et perverse. La dualité de cet être apparaît dans le pouvoir d'un regard qui avoue ce que taisent les actions :

> Courbée, le coude au genou, le poing sous le menton, elle le regardait de ses yeux grands ouverts, acharnés, dévorants ! Elle enveloppait d'une fauve flamme ce front si frais, éclairé de boucles légères, et cette fine lèvre frémissante, et tout ce visage pâle et rose comme l'aube, et la chair de ce cou délicat, et l'adolescence vierge de ce frêle corps élancé.[73]

Cette femme, possessive comme une mère, passionnée comme une maîtresse, n'est pas univoque, elle n'est pas réduite à la simple fonction d'initiatrice. Elle est obsédante parce que d'une infinie médiocrité, quelconque sous certains aspects, sublime sous d'autres. Ce type relativement nouveau de bourgeoise-ogresse a pour caractéristique d'avoir une conversation banale, des manières irréprochables, et des propos moralisateurs tirés en droite ligne d'un manuel de savoir-vivre : « Il faut qu'un homme, à un certain âge, se marie, ait une famille ; cela le pose dans le monde ; on ne peut pas toujours vivre comme un oiseau sur la branche. »[74]

C'est une femme « raisonnable » avec tout ce que le mot peut recouvrir d'inquiétant car ses débordements nocturnes, eux, ne le sont pas. Elle maintient une apparence convenable, rangée, en dehors de toute passion. Elle essaie d'inculquer au jeune idéaliste les valeurs bourgeoises de l'argent, de la respectabilité, renchérissant ainsi sur le discours maternel. Ces propos anodins et plats qui choquent d'abord le jeune homme, servent de paravent à un dédoublement nocturne débridé qui consacre sa toute-puissance. Dans le mystère de la nuit, suivant un rituel établi, elle devient l'amante monstrueuse, dévorante : « Elle le tenait. Il était en la puissance d'Honorine comme un oiselet entre deux mâchoires d'étau »[75]

Sa puissance est absolue. Sa sensualité ligote le jeune homme à jamais et le rend vulnérable à ses discours empoisonnés. Curieusement, elle a déjà exercé ses pouvoirs. Nous apprenons assez vite que d'autres jeunes hommes, dont son mari (elle est veuve), se sont mystérieusement affaiblis auprès d'elle et en sont morts :

> Tous ceux qui lui ont plu, elle les a pris avec l'air simple de ramasser quelque chose qu'on a laissé tomber. Elle a emmené avec elle — paisiblement — des enfants qu'elle a torturés, extasiés, brisés. Elle embrasse à faire perdre le souffle, comme on étouffe. Elle rend heureux jusqu'au râle.[76]

Elle aggrave la faiblesse d'Evelin qui vit dans un état de crainte et de « manque » perpétuel. Il revient toujours vers celle qui le hante. Le roman tourne alors à la confidence d'une expérience masochiste, avec des tentatives d'évasion et des rechutes. Ils vieilliront ensemble, malgré le mariage d'Evelin qui s'est finalement « rangé ». Même plus vieux, Evelin ne saurait apparaître comme un individu conquérant. Sa virilité même ne peut s'affirmer car Honorine le maintient dans un état étouffant d'enfant irresponsable, le subordonne à ses désirs, détruit ses rêves de grandeur.

Le personnage d'Evelin semble alors atteindre le paroxysme de la veulerie. Il est condamné à demeurer un éternel adolescent, inaccompli, difforme. Il goûte aussi au plaisir dangereux de se savoir menacé. Il s'analyse et se soupèse en de longs monologues vides où les leitmotive de la faiblesse et de l'impuissance s'entrelacent et se répètent : « Tu lui apprends à sourire de ce qui est pur et sublime. Tu l'émascules à la fois sous le ventre et sous le front. »[77]

Evelin désespéremment inachevé erre à la recherche de son identité perdue. Cet idéal trouve figure : la pure Félicie. Dans cet épisode presque heureux, Evelin fuit la femme mauvaise, redevient chaste et studieux. Le salut n'est pas loin, le développement physique et moral pourrait alors s'accomplir. Il renaît à l'esprit, devient l'amoureux platonique d'une jeune fille distante et pauvre, connaît l'union jumelle de deux êtres purs qui se ressemblent. On touche à la félicité suprême de voir s'accomplir l'androgynat au sens classique : l'homme universel, la plénitude de la synthèse. C'est l'échange des anges, l'amour avec le double, l'autre soi-même qui renvoie enfin une image valorisante :

> Mais, si ardemment qu'il l'aimait, il n'avait pas encore baisé le bout des longs doigts frêles qu'elle lui abandonnait. Entre cette jeune fille et ce jeune homme, elle restée si parfaitement innocente dans la solitude, lui redevenu si pur de ce lustral amour, il n'y avait qu'un lent, continu, divin échange d'âmes.[78]

Des êtres asexués échangent des serments, communient dans l'extase divine. Ce duo d'enfants au paradis est appelé à la chute car Evelin renouera avec le « Paradis Infernal ».

On voit comment Catulle Mendès exploite la figure de l'androgyne. C'est un éphèbe modelé par le désir de la femme, qui répète inlassablement, avec un plaisir mêlé d'effroi, la perte de sa virilité. Ces constatations font apparaître un évident déséquilibre. L'androgyne exprime ce conflit entre le désir et la peur d'être autre. Cette profonde impression de déséquilibre ressentie par le héros à la recherche d'une partie de lui-même naît de la tentative d'assimilation à une forme pré-établie. Si Evelin, à l'époque des rêves éveillés de son adolescence, avait alors rencontré la pure Félicie, il aurait atteint l'androgynat parfait.

Il faut ici insister sur ce que représente l'avenir d'un adolescent aux prétentions romantiques à l'originalité. Ses ambitions de « grand homme » pourraient appeler un récit du Moi unique, narcissique et complaisant, mais également original. L'expérience désastreuse de sa jeunesse, au lieu de fortifier son âme, ne fait que la dissoudre dans un trouble existentiel où l'attendent le dédoublement, le fractionnement, le déchirement des désirs contraires. Le roman sanctionne alors cet échec du moi. Les connotations négatives soulignent le danger inhérent à la métamorphose et notamment la perte de son identité.

Il semble bien que la représentation de l'androgyne soit ici l'annonce d'une ère chaotique. Le moralisme se teinte de prophétie, l'androgyne est aussi l'ange annonciateur du désastre. Seule, comme le préconise l'auteur, une implacable et fière chasteté peut sauver les hommes : « Chaste, efforce-toi de l'être ; sois seul du moins, ou indifférent — ce qui est presque la même chose — si tu veux te développer, selon ton devoir, dans le sens normal de tes facultés »[79]. L'androgyne glisse vers l'éthique. Figure exhibée avec insistance, support de l'idéal autant que de la défaite, il dévoile le didactisme dans lequel s'enlisent parfois les écrivains.

■ *Le vice suprême* de J. Péladan (1884)

Le traitement du thème de l'androgyne est dominé par l'œuvre de Joséphin Péladan, dont la majeure partie est consacrée à l'exaltation du sexe artistique. L'androgyne et son homologue féminin, la gynandre, apparaissent dans presque tous les quatorze romans qui constituent l'éthopée (en grec : étude de mœurs) de *La décadence latine*.

Le huitième et le neuvième roman : *L'androgyne* et *La gynandre* leur sont d'ailleurs entièrement consacrés. L'évocation de personnages androgynes est intimement liée à l'idée de la décadence des races latines, l'androgyne étant à la fois conçu comme un produit dégénéré et l'idéal rayonnant du futur. Plus tard, dans *L'Amphithéâtre des sciences mortes*, Péladan exposera sa théorie de l'androgynat, sous le titre *L'Erotologie de Platon*. Fusion parfaite de l'intelligence et de la volupté, l'androgyne combine la faculté contemplative à l'action.

Nous avons choisi, pour prolonger cette double direction (car l'androgyne apparaît comme inséparable de « l'irrémissible damnation du collectif »), le roman qui ouvre le premier septénaire : *Le vice suprême*, peut-être le roman le plus prometteur de cette fresque par moments illisible.

Le vice suprême est avant tout une galerie de portraits acérés, parfois cyniques, visant à évoquer des comportements parisiens décadents. Autour d'un seul personnage pur, le sage Mérodack « d'une continence monstrueuse » (sous les traits desquels on peut reconnaître Péladan lui-même) gravitent des prototypes de la décadence : le prince de Courtenay, aristocrate entretenu et ses compagnons de débauche : les dominicaux ainsi que deux personnages d'androgyne, en l'occurrence deux femmes : la Nine, maîtresse débauchée de Courtenay et la froide princesse d'Este (les androgynes chez Péladan sont souvent des femmes). Ces deux dernières sont essentiellement des androgynes physiques : l'une débauchée, l'autre froide ; elles se rejoignent dans de longs portraits qui ont fait la gloire de Péladan.

> Un ange de missel, dévêtu en vierge folle par un imagier pervers ; telle semblait Léonora. Eblouissante de matité, sa carnation était celle de « La Source », sans un rehaut rose, même aux genoux, même aux coudes ; et la pâleur de ses bras minces se continuait à ses mains ; et celle de ses tombantes épaules à son long cou. Elle était maigre douillettement, sans que nulle part l'ossature parût. Sur sa poitrine plate, les seins petits mais précis s'attachaient brusquement, sans transition de modelé, distants et aigus.[80]

Presque tous les quatorze romans qui constituent *La décadence latine* s'ouvrent sur un portrait d'androgyne féminin, qu'il s'agisse de la description de la princesse Riazan dans *Curieuse* ou de celle de Bélit dans *La vertu suprême*. Du premier au dernier ouvrage, les mêmes références, les mêmes portraits se répondent et forment écho, voilà qui montre assez l'obsession de Péladan pour le troisième genre.

> Construite à la Mantegna, en minceur charnue, elle éblouissait par une peau lactée, d'un grain si serré, d'un tissu si fin, qu'à la moindre émotion, les veines transparaissaient en réseaux d'un azur meurtri : et cette irradiation de sang bleu était sa façon de rougir. Etudiée par rapport au développement vertical, la tête paraissait petite comme celles de Michel-Ange : les traits s'accidentaient de méplats imprévus : on y revoyait le modelé aux plans si multipliés du Vinci ; et cependant, Pastorino de Sienne eût médaillé ce profil volontaire, apparenté avec celui de Salaïno, l'éphèbe lombard.[81]
>
> Dessin de maître enluminé par un petit et joli talent, grande figure poncive telle que les Carrache peignirent la Madeleine et que se profile, au musée de Saint-Luc, la Fortune, du Guide ; académie d'un charme aussi évident que celui des beaux fruits, Bélit répond au désir général.[82]

Corps mystique et surtout corps dépeint sont l'apanage des androgynes. Des poses alanguies accompagnent de longues descriptions où les mots glissent, révélant une œuvre d'art, cent fois renouvelée : *Eve* de Lucas de Leyde, *Vénus Anadyomène* des primitifs, Botticelli, Dürer, tout un cortège d'artistes ressuscite l'androgyne. Des centaines de pages qui rappellent l'engouement de Péladan pour la peinture, lui qui ouvrira les salons de la Rose-Croix aux artistes. Mais derrière le corps dépeint, qu'en est-il de l'androgyne ?

Péladan, si fortement influencé par les Préraphaélites, Fernand Khnopff, Gustave Moreau, tente par ses écrits de doter le Symbolisme d'une idéologie. Comme les célèbres photographies de sa sœur, que Khnopff ne se lassait pas de prendre, c'est toujours le même androgyne que décrit Péladan. C'est son tableau de prédilection, envahissant tous ses romans, proliférant spontanément, n'épuisant jamais tout ce qu'il souhaite dire. Ce qu'il déchiffre constamment, c'est cette collection de fragments sélectionnés à partir d'œuvres de maîtres. Là encore, l'auteur opère un monstrueux collage. Collage encore que la curieuse réapparition des mêmes personnages à travers l'éthopée. Péladan lui-même se met en scène sous divers noms : Nébo le platonicien, Tammuz le poète, Samas l'androgyne, Alta le grand maître et surtout Mérodack le sage. L'auteur multiplie à plaisir les formes de sa personnalité éclatée et se disperse dans une marée de personnages.

> Les Mérodack, les Nebo, les Alta, ces figures orphiques et prométhéennes, je les ai dressées en mon œuvre, fières indicatrices de la voie occulte des renoncements sociaux et des ambitions spirituelles ; je les ai dressées, augurales du jour solennel où la Rose-Croix, désouillée des salissures maçonniques, purifiée de toute hérésie et bénie par le pape, se soudera à la clef de Pierre, urbi et orbi.[83]

A travers ce protéisme, ne peut-on voir dans l'androgyne l'incarnation dernière de l'amour même ? Puisqu'à chaque état correspond une physionomie, que chaque personnage agit selon un programme précis de connaissances qu'il s'est lui-même établi, l'androgynat se cultivera comme le dernier maillon de la recherche sentimentale. Le culte de la beauté débouche sur une éthique.

Il n'est pas aisé de définir l'androgyne vu par Péladan. D'abord parce que sa description s'encombre encore de définitions touffues où abonde la variété des symboles : Joconde, archange, chimère, sphinx, la nature hybride de l'androgyne révèle assez tôt la confusion des directions :

> Chimère, ta vue m'altère de cette soif du Beau Mal,
> Que tu es morte sans assouvir,
> O sœur de la Joconde, ô sphinx pervers, je t'aime ![84]

Sous ce fourmillement d'images, le mythe se détache, qui renvoie lui-même à d'autres mythes : grecs, latins, égyptiens, chrétiens. Le monologue rêvé d'Antinoüs traduit ce syncrétisme :

> Je suis vierge, je le suis resté pour toi dont le front haut comme celui de Minerve contient la pensée. O toi, qui unis à la beauté d'Aphrodite l'intelligence d'Athéné, je t'aime. Lorsque je me suis noyé dans le Nil, j'avais vu ton image sous les flots. Hélas ! je t'ai cherchée, Neptune m'a retenu méchamment. Comme la lyre d'Orphée, ma beauté charmait les monstres marins. Les sirènes, séduites et sans voix tordaient désespérément leur queue, et les nymphes, folles d'amour, rougissaient le corail, de leur sang.[65]

L'androgyne veut dire une infinité de choses. En cela, il coïncide avec la figure du sphinx, si fréquemment cité. Son existence hybride pose une énigme parce qu'il vient de l'inconnu. Sa vertu est donc d'interroger. N'étant pas strictement défini, il ouvre les sens. De ce fait, son existence est troublante, floue. Ainsi s'explique peut-être le manque de rigueur concernant sa définition. Péladan évoque à travers l'androgyne un monde mythique hétéroclite qui surgit selon le sens qu'il souhaite lui attribuer.

Mais justement qu'est-ce que l'androgyne pour Péladan sinon la pluralité des sens ? Dans l'alliance entre le corps adolescent et la perversité diabolique, l'homme et la femme, la sexualité et la chasteté, s'opère un déplacement continu.

De Saint Michel à Circé, l'androgyne complique à plaisir l'histoire pour mieux échapper à la modernité. Puisque la décadence envahit les mœurs comme les arts, il faut, pour créer, restituer des impressions éphébiques issues de la Grèce ou des grands mystiques. Retournez à l'ancien permet de renouveler une inspiration occidentale tarie.

L'androgyne reste toujours un objet de désirs équivoques et faisandés mais il est en même temps sujet. Léonora d'Este et la Nine ne sont pas des victimes. Au contraire, elles dominent l'assemblée des mâles soit en attisant les désirs (la courtisane) soit en se soustrayant aux désirs (la princesse). Leur extrême fierté associée à des préoccupations sadiques leur permet de satisfaire une arrogance hors du commun, qui est le propre d'une féminité d'aspect jointe à un caractère mâle.

> Léonora la poursuivit à travers les salons et l'atteignit au moment où elle touchait l'escalier. Avec sa fauve chevelure éparse, son corset de satin bleu qui mettait une sorte de cuirasse à sa sveltesse d'archange, elle semblait un de ceux qui châtient Héliodore dans les fresques. Elle accula la fille à un angle du palier, et là, sur cette croupe de prostituée, elle frappa formidablement, grisée par les cris épouvantables qui répondaient à ses coups. Son bras, las enfin, retomba ; la fille se précipita, roulant l'escalier.[86]

Léonora d'Este incarne mieux que tout autre l'androgynat intellectuel. Abreuvée de lectures savantes, froide et analytique, elle refuse le contact avec l'extérieur : son abstinence légendaire qui exacerbe les désirs montre un refus de contamination. Préservant sa pureté d'androgyne, elle n'en est pas moins monstrueuse. Son corps pétri d'interdits a pourtant hérité des vices d'une famille. Léonora est le dernier rejeton de la famille Malatesta, descendante mythique des Ducs de Ferrare et de Lucrèce Borgia : « tous les vices, tous les crimes, voilà vos ancêtres qui ont été des bandits ou des imbéciles — souvent les deux ! »[87] commente Sarkis, son secrétaire. Ces turbulences qui vivent en elle, de par une loi héréditaire que Péladan se plaît à rappeler, réapparaissent, comme réfléchies par les yeux de ses soupirants et malgré sa continence, elle semble les arborer comme des trophées.

L'avarice de sentiments rejoint finalement l'autosatisfaction. L'androgyne, en cristallisant les désirs exacerbés peut, sans contact aucun avec l'autre, profiter idéalement de ces mêmes désirs. L'androgyne est donc un être de moralité extrêmement ambiguë. Sa pureté rejoint le péché et l'associe irrémédiablement au diabolisme. Il est à la fois bête et ange. Son état etheré le met au-dessus des attouchements et des plaisirs corporels mais c'est son verbe qui est pollué : « Tout montrer, ne rien donner, et quelle profondeur dans tous les sens, à rester vertueuse par volupté »[88]

En refusant la consommation, l'androgyne se cantonne à des satisfactions mentales autrement plus perverses. Le propre du désir de la princesse, c'est de ne se satisfaire que d'images, par exemple, ce rêve éveillé qu'elle a d'Antinoüs. Rien de la possession ne vient ternir son beau rêve : il faut toujours retarder la sexualisation. Continent, avare mais électrisé de désirs, l'androgyne propose l'amour à sens unique. De toute façon, l'amour lui-même est condamné. Il ravale l'homme au rang de bête et participe de ce fait à la dé-civilisation de la société. Il faut donc absolument refuser la sexualité et préférer une chasteté totale. Ainsi, le sage Mérodack en canalisant ses pulsions sexuelles est parvenu à un degré de sagesse inouï qui lui procure des pouvoirs magiques.

C'est pour cela que l'androgyne incarne le dernier avatar de la décadence : sa pureté est factice et contrefaite, car l'éphèbe est fait pour être contemplé. Il surmonte ses instincts, les bride pour offrir le spectacle d'une incroyable tension. En se livrant au plaisir mental et en refrénant ses désirs, il se pose en véritable détonateur. Samas, le héros de *L'androgyne,* « s'étonne que l'amour ne se greffe pas sur l'attrait subi, et cet esclavage de la chair si doux ne le pousse pas au désir de posséder... Il n'est charmé que par le non-acte, le demi-rêve de ses impressions. »[89]

L'androgyne ne peut être qu'un exilé des temps mythiques. En témoigne son invasion sournoise par le biais de la mode. L'androgyne et la gynandre sont aussi l'expression d'un phénomène collectif parisien : « Elle était, consciemment l'androgyne pâle, vampire suprême des civilisations vieillies, dernier monstre avant le feu du ciel »[90]. Par un effet de mimétisme, il s'étend à la collectivité : « le travesti, la femme en jeune homme, l'androgyne triomphaient »[91].

Surtout, l'androgyne s'associe au grand thème qui hante Péladan, celui de la fin d'une race, en l'occurrence, la race latine. Léonora est d'Este, fruit d'une famille débauchée, la Nine est élevée dans le ruisseau. Elles incarnent par leur monstrueuse perversité la chute absolue de la Méditerranée : « Vous êtes un de ces Latins qui veulent tout conquérir, parce qu'ils se sentent les derniers d'une race qui s'énerve et finit »[92]. Léonora d'Este, d'origine italienne, incarne avec le provençal Marestan, poète gâté par la luxure, et le méridional Marcoux, la fin de la race latine.

Loin d'être exclusivement pervers, l'androgyne comporte une autre face salvatrice : celle de l'ange rédempteur. *La vertu suprême,* dernier volet de l'ambitieuse éthopée de Péladan voit surgir des désirs de lumière où rayonnent quelques archanges.

Mérodack, Nebo, Samas, (noms empruntés à des mages chaldéens), le Père Alta réapparaissent sous les traits d'androgynes purs, formant une véritable aristocratie de l'idéal. C'est par un rassemblement des âmes que doit se concrétiser l'idéal. Ainsi cette définition des êtres supérieurs que sont pour Péladan les génies : « Je ne puis cacher que des êtres ont existé, existent peut-être, également supérieurs à l'un et l'autre sexe, ce sont les androgynes comme Saint Jean, Mozart et Raphaël. »[93]

Ce troisième genre, celui des génies incapables de médiocrité porte en lui de grandes réalisations, qui viendront se concrétiser par le chef-d'œuvre. L'ange n'est autre que l'artiste lui-même, un être venu du ciel et œuvrant comme Dieu. La collaboration des anges se traduit par une ascension vers le monde idéal : une communauté d'esprits qui réalise le chef-d'œuvre de Beauté platonicienne. Cette fécondation des âmes miraculeusement obtenue par la création d'une confrérie, digne de celle des chevaliers du roi Arthur. Reconstituant le site sacré de Montségur, réfugiés à jamais dans le monde sacré de l'art (puisque la société les a rejetés), ils retiennent le rayonnement de la lumière :

> Avec les méthodes occultes, la fomentation mutuelle que nous pratiquons les uns envers les autres, le chef-d'œuvre n'est plus qu'une question d'application. Voulez-vous marcher dans cette voie, être les Templiers des lettres et des arts ?[94]

Ainsi l'androgyne s'affirme comme un départ vers la lumière de l'avenir. C'est à travers la renaissance catholique que doit s'accomplir le salut du monde. C'est à travers la mysticité que l'androgyne, enfin libéré des pensées coupables, se purifie. Il devient alors le point de départ d'une nouvelle religion, celle que Péladan, en fondant la Rose-Croix catholique préconise : un catholicisme teinté de magie et de prophétie, la religion des purs. Inspiré de *Parsifal* et de l'imagerie wagnérienne, l'ordre esthétique rétablirait l'idéalisme en art et sauverait ainsi la latinité de sa décadence. L'Art peut, d'après Péladan, sauver la race. Si l'agonie de la race répond à la mort de la création, il importe de renouveler les mouvements artistiques. C'est ainsi que l'ordre de la Rose-Croix se porte au secours de la civilisation latine en offrant une régénération ésotérique et artistique. « Il faut, dit-il, que l'idéal soit manifesté encore une fois avant l'invasion slavo-mongole. »[95]

L'androgyne se trouve alors investi d'une mission : promouvoir le divin par le biais de l'œuvre d'art, convertir en séduisant. Alors l'androgyne signifiera un être dépouillé de cette sexualité qui empêche le salut. Il deviendra l'être idéal, désensibilisé aux choses de l'amour. Idéal moral et esthétique qui hantera Péladan toute sa vie, il incarnera la frigidité absolue et hautaine de l'être décidément au-dessus des séductions de la chair. La satisfaction qu'il procure provient justement de cette distance hautaine faite d'égoïsme et d'indifférence qu'il oppose au monde. L'androgyne se regarde de loin, comme une statue.

L'androgyne n'existe que sous le regard appréciateur et respectueux du mortel. Car ce même esthète (s'il se ravale pourtant au rang d'admirateur le plus indigne) est doué d'une incroyable capacité à détecter le beau. Ainsi Nebo l'incorruptible va-t-il transformer la belle princesse Riazan dans *Curieuse*. Nebo dévoile d'abord à la princesse sa nature supérieure, puis, tirant le pur de l'impur comme un alchimiste, il la révèle à elle-même et l'invite à perfectionner ses dons en suivant pas à pas son enseignement. Il lui apprendra le vice pour qu'elle en soit à jamais dégoûtée. Il dira :

> J'ai rencontré l'âme qui m'attendait. Elle est CURIEUSE elle est à moi comme Eve au serpent ; mais séducteur divin, je lui ouvrirai le fruit pour qu'elle n'en mange pas.(...) je la dessillerai et la déprendrai de tout, afin que, regardant autour d'elle, cette Eve ne voie plus au monde que Nebo, à la fois son Adam et son créateur.[96]

On voit donc comment dans un subtil retournement, l'esclave-esthète épris des beautés androgynes devient en fait l'animateur de ces splendeurs. L'androgyne n'est rien sans son créateur.

Ainsi se transmute une relation, au départ purement esthétique, en apprentissage spirituel où le contemplateur devient le grand initiateur : de cette façon s'explique les nombreuses références à Pygmalion et à Galatée descendant de son socle. La force du désir prête vie à la beauté. Il n'est pas interdit de penser que Péladan, souhaitant donner ses lettres de noblesse au mythe de l'androgyne, s'en soit institué le grand maître : sans sa prose enflammée, son tissu de références, son engouement de démiurge, l'androgyne ne serait probablement qu'un éphèbe fade. En y développant la vie intellectuelle au détriment de la charnelle, Péladan fait de l'androgyne le siège d'une nouvelle passion : celle de « l'intersexualité »[97]. C'est l'apologie du renoncement.

En se rapprochant de Paule, Nebo devient son « esprit frère »[98] ; c'est qu'ils communient dans le royaume éthéré de l'Idée. Nous rejoignons là une autre théorie chère à Péladan : celle des fluides magnétiseurs. Péladan croit fortement à l'action de vibrations positives et négatives entre les individus. Dans le cas de Paule et de Nebo, il s'agit d'un influx positif qui restaure entre eux une gémellité fluidique et aérienne.

Absolument unique et impossible à altérer, l'androgyne rentre en lui-même comme un animal solitaire : il se cuirasse d'un corps de vierge pour tenter et interdire. Ce procédé de constriction lui permet de régner sur les sens et d'accéder au divin.

Ainsi Péladan tente-t-il d'apporter une théorie de l'androgynat qui soit avant tout une réponse au siècle. Loin des déconvenues du temps, le mythe de l'androgyne permet de « se rejeter dans le passé et de créer un antagonisme avec le présent. »[99]

**

Né des débordements de la décadence, l'androgyne est d'abord une création. Une créature nouvelle (machine, mécanique, mannequin) qui pourrait témoigner de la foi en l'avenir. Parfaite, obéissante, futuriste, comme Hadaly qui reconstruit avec ses rouages la femme idéale. Mais elle est aussi soumission, déjà limitée, condamnée par la matière dont elle se crée. Œuvre certes, mais œuvre de mort élaborée par les souffrances et les tortures, ornement macabre qui célèbre la Beauté. Une création, une œuvre, un départ qui se clôt comme une arrivée, qui trouve en elle sa propre limite. Et pourtant, en germe, le triomphe des exclus, des levers de rideau, des ombres du spectacle. On sent là un désir secret que soudain se manifestent les obscurs enfin arrachés à l'indicible : la Vérité, la Justice ont un visage de vierges sages. Mais avec elles se captent les forces de la nuit : la mort, le simulacre, la corruption. L'androgyne bascule du côté du mirage et c'est l'impasse. Impasse également que la symbiose. L'union se dégrade en conflits, l'équilibre en tensions, le mystère en dégénérescence. Froideur, calcul, orgueil, bêtise, l'androgyne est un sous-produit.

L'androgyne est représenté comme incarnant la séduction suprême des âges héroïques suspendue au-dessus de nos têtes comme une récompense. Toujours est abordée, de biais, l'image d'un couple idéal : Evelin-Félicie dans *La première maîtresse*, Hans-Ulrich et Christiane dans *Le crépuscule des dieux,* même Jacques et Raoule dans *Monsieur Vénus :*

> A les voir pressés, tournoyants et fondus dans une étreinte où les chairs, malgré leurs vêtements, se collaient aux chairs, on s'imaginait la seule divinité de l'amour en deux personnes, l'individu complet dont parlent les récits fabuleux des brahmanes, deux sexes distincts en un unique monstre.[100]

Mais ces réalisations trop idéales sont aussitôt soustraites à l'accomplissement. Conçu pour échapper à la maîtrise de la loi, l'androgyne porte en lui le germe du génie, la marque de l'originalité : l'habileté ingénieuse de Jacques, le talent poétique d'Evelin, la prestance militaire des héros aurevilliens, les exceptionnelles qualités d'Hadaly disent assez qu'il pourrait si... Mais il retourne à la loi, consentant, par un procédé de liquéfaction (mort liquide d'Hadaly, démembrement progressif du duc d'Este, veulerie du jeune Jacques, héroïnes aurevilliennes vidées de leur sang). Irréconciliable avec le principe de volonté virile et conquérante, il s'imbrique comme un vulnérable parasite en se réifiant. Ces machines désorientées, manipulées au nom du désir-roi, ne peuvent que disparaître. Les protégés meurent, les protecteurs restent.

Il y a dans le personnage contemporain du dandy des éléments partagés avec l'androgyne. L'immobilité et la hauteur, dont on a vu l'usage que fait l'androgyne chez Péladan, par exemple, tiennent lieu d'arme à double tranchant : la raideur étonne et renvoie l'image d'un être inaccessible. Souvent d'origine britannique ou nordique, certains dandys sont de nature androgyne chez Barbey d'Aurevilly : Marmor de Karkoël, au nom de glacier, le major Ydow. Le maintien à distance favorise l'inévitable séduction. Baudelaire la définira ainsi :

> Le caractère de beauté du dandy consiste surtout dans l'air froid qui vient de l'inébranlable résolution de ne pas être ému ; on dirait un feu latent qui se fait deviner, qui pourrait mais qui ne veut pas rayonner.[101]

L'aspect figé de la statue de pierre et l'inaltérable beauté forment les éléments de la séduction androgyne comme celle du dandy. En supprimant les stigmates de la vie, celui-ci opte de façon définitive pour le masque de l'art. La secrète horreur de la laideur le conduit à choisir des poses. Comment ne pas voir dans le dandy d'Oscar Wilde, Dorian Gray, le visage de l'androgyne éternel à l'éternelle jeunesse ? « Oui, bientôt, selon la prophétie de Lord Henry, un nouvel hédonisme allait paraître qui transformerait la vie et la sauverait de ce puritanisme rêche et grimaçant dont notre époque voit le curieux réveil. »[102]

Se réfugier dans l'art, la beauté, le savoir, c'est aussi ce que choisit le dandy fin-de-siècle. Ainsi André Sperelli, héros de *L'enfant de volupté* de Gabriele d'Annunzio :

> Son père lui avait donné, entre autres, cette maxime fondamentale : « il faut faire sa propre vie comme on fait une œuvre d'art. Il faut que la vie d'un homme intellectuel soit son œuvre propre. La vraie supériorité est là tout entière. »[103]

L'immatérialité des êtres et des choses se construit pas à pas dans une pérennité qui abolit le néant. Le beau peut avoir une double fonction esthétique et morale.

Dans le beau se rencontrent aussi le vrai et la morale. Les androgynes de Péladan sont saisis dans l'instant de la plus complète pureté et amenés par une âme noble à l'expression satisfaisante de leurs capacités. L'androgyne comme le dandy se consume d'un feu intérieur que leur apparence figée permet d'endiguer. L'intérêt naît bien sûr de cette tension perçue entre le feu intérieur et la glace apparente, entre l'expansion et la constriction, le maintien d'une force paralysante qui empêche finalement le masque de se craqueler et de révéler, béantes, les plaies vives. La beauté de la statue cache une sensibilité innervée contre laquelle il faut toujours lutter. L'androgyne, comme le dandy, est travaillé de l'intérieur et son apparence se doit de contredire cette violence. De là l'importance du masque pour le dandy, de la machine pour l'androgyne. Les accessoires apportent à la fois la révélation d'une hypocrisie de surface et le spectacle rassurant de la retenue. En fondant leur vie et leur pouvoir de séduction sur des rouages ou des masques, ils révèlent la vanité fragile dont ils sont faits. « Le dandy a quelque chose d'antinaturel, d'androgyne, par où il peut séduire infiniment. »[104] dira Jules Lemaître.

Comme les androgynes, les dandys sont inoffensifs car ce sont des images. L'image devient un masque de mort saluant la fin de la civilisation. Finalement, l'androgyne rejoint le dandy moins en tant qu'être (il existe des dandys célèbres, pas d'androgynes avoués), qu'en tant que portrait.

NOTES

(1) J. Péladan, *Léonard de Vinci*, cité par M. Praz, *The romantic agony*, London : Oxford university press, 1979, p. 334.
(2) J. Barbey d'Aurevilly, « Léa », *Œuvres romanesques complètes*, Paris : Gallimard, 1966, t.1, p. 23.
(3) « Le chevalier des Touches », p. 778.
(4) « A un dîner d'athées », *Œuvres...*, t. 2, p. 206.
(5) « Le rideau cramoisi », p. 15.
(6) « Le dernier amour de Don Juan », p. 62.
(7) « Le bonheur dans le crime », p. 85.
(8) « Le rideau cramoisi », p. 56.
(9) *Idem*, p. 24.
(10) « Un prêtre marié », *Œuvres...*, t. 1, p. 920.
(11) « Léa », p. 28.
(12) *Idem*, p. 40.
(13) « Une vieille maîtresse », p. 445.
(14) *Idem*, p. 223.
(15) Lettre à Trébutien, citée par Jacques Petit, préface aux *Œuvres romanesques complètes*, t. 1, p. 28.
(16) A. Villiers de l'Isle-Adam, *L'Eve future*, Paris : Gallimard, 1986, t.1, pp. 889-890.
(17) *Idem*, p. 828.
(18) *Ibid.*, p. 891.
(19) *Ibid.*, p. 901.
(20) *Ibid.*, p. 905.
(21) *Ibid.*, p. 926.
(22) *Ibid.*, p. 828.
(23) *Ibid.*, p. 994.
(24) *Ibid.*, p. 836.
(25) E. Bourges, *Le crépuscule des dieux*, Paris : Stock, 1950, p.28.
(26) *Idem*, pp. 153-154.
(27) *Ibid.*, p. 44.
(28) *Ibid.*, p. 104.
(29) *Ibid.*, p. 86.
(30) *Ibid.*, p. 62.
(31) *Ibid.*, p. 73.
(32) *Ibid.*, p. 74.
(33) *Ibid.*, p. 102.
(34) *Ibid.*, pp. 56-57.
(35) *Ibid.*, p. 104.
(36) *Ibid.*, p. 37.
(37) *Ibid.*, p. 75.
(38) *Ibid.*, p. 179.
(39) *Ibid.*, p. 190.
(40) *Ibid.*, p. 93.

(41) *Ibid.*, p. 49.
(42) *Ibid.*, p. 67.
(43) *Ibid.*, p. 38.
(44) *Ibid.*, p. 109.
(45) *Ibid.*, p. 204.
(46) *Ibid.*, p. 77.
(47) *Ibid.*, p. 250.
(48) *Ibid.*, p. 252.
(49) Rachilde, *Monsieur Vénus,* Paris : Flammarion, 1977, p. 19.
(50) *Idem,* p. 225.
(51) *Ibib.*, p. 208.
(52) *Ibid.*, p. 36.
(53) *Ibid.*, p. 84.
(54) *Ibid.*, p. 91.
(55) *Ibid.*, p. 155.
(56) *Ibid.*, p. 151.
(57) *Ibid.*, p. 207.
(58) *Ibid.*, p. 90.
(59) *Ibid.*, p. 190.
(60) *Ibid.*, p. 103.
(61) *Ibid.*, p. 55.
(62) *Ibid.*, p. 145.
(63) *Ibid.*, p. 228.
(64) *Ibid.*, p. 76.
(65) *Ibid.*, p. 111.
(66) Rachilde, *La jongleuse,* Paris : des femmes, 1982, p. 37.
(67) *Idem,* p. 87.
(68) *Ibid.*, p. 46.
(69) *Ibid.*, p. 110.
(70) *Ibid.*, p. 253.
(71) C. Mendès, *La première maîtresse,* Paris : Fasquelle, 1922, pp. 8-9-10.
(72) *Idem,* p. 28.
(73) *Ibid.*, p. 53.
(74) *Ibid.*, p. 330.
(75) *Ibid.*, p. 65.
(76) *Ibid.*, p. 152.
(77) *Ibid.*, p. 160.
(78) *Ibid.*, pp. 214-215.
(79) *Ibid.*, p. 6.
(80) J. Péladan, *Le vice suprême,* Paris : des Autres, 1979, p. 51.
(81) J. Péladan, *Curieuse,* Genève : Slatkine, 1979, p. 6.
(82) J. Péladan, *La vertu suprême,* Paris : Flammarion, 1900, p. 3.
(83) J. Péladan, « Lettre à Stanislas de Guaïta », Fév. 1887, citée dans *L'Initiation sentimentale,* Genève : Slatkine, 1979, p. 11.
(84) J. Péladan, *La vertu suprême,* p. 157.
(85) *Ibid.*, p. 89.
(86) *Ibid.*, p. 61.
(87) *Ibid.*, p. 42.
(88) *Ibid.*, p. 100.
(89) J. Péladan, *L'androgyne,* cité par Mario Praz, *The romantic agony,* London : Oxford university press, 1979, p. 340.
(90) J. Péladan, *Le vice suprême,* p. 171.
(91) *Idem,* p. 167.
(92) *Ibid.*, p. 133.
(93) J. Péladan, *Amphithéâtre des sciences mortes, Comment on devient mage,* Paris : Chamuel et Cie, 1892, p. 114.
(94) J. Péladan, *La Vertu Suprême,* p. 392.
(95) J. Péladan, *Salon de 1891,* cité par C. Beaufils, *Le Sâr Péladan,* Paris : Aux amateurs de livres, 1986, p. 77.
(96) J. Péladan, *Curieuse,* p. 34.
(97) *Idem,* p. 144.
(98) J. Péladan, *L'Initiation sentimentale,* p. 143.
(99) J. Péladan, *Comment on devient mage,* p. 249.
(100) Rachilde, *Monsieur Vénus,* Paris : Flammarion, p. 171.
(101) C. Baudelaire, *Curiosités esthétiques,* cité par E. Carassus, *Le mythe du dandy,* Paris : A. Colin, 1971, p. 252.
(102) O. Wilde, *Le portrait de Dorian Gray,* cité par E. Carassus, Le mythe du dandy, p. 257.
(103) G. d'Annunzio, *L'enfant de volupté,* cité par E. Carassus, *Le mythe...,* p. 261.
(104) J. Lemaitre, *Les contemporains,* cité par E. Carassus, p. 254.

CHAPITRE III

LE MYTHE DU SPHINX

1) Le mythe de son évolution

La figure du sphinx intrigue : dans sa représentation même de monstre à tête de femme et à corps de lion, puis en tant que symbole : le sphinx est un animal poseur d'énigmes.
En réalité, peu de sphinx en tant que tels dans la littérature symboliste sont dignes d'être retenus. Le sphinx est mentionné à foison dans les romans de Joséphin Péladan : il y joue le rôle de figure énigmatique, mais il a si peu de consistance qu'on ne saurait en dégager une représentation cohérente. Pourtant il est partout présent, il a sa place dans le dictionnaire symboliste. Le petit glossaire de J. Plowert (pseudonyme de P. Adam), qui recense les mots et expressions du Symbolisme, proposera l'adjectif « sphinxial » et citera en exemple ce vers de Vielé-Griffin : « Le sourire sphinxial de deux masques »[1].
Moreau et Knopff le peignent dans plusieurs tableaux où ondulent des queues de lionne, toutes griffes sorties, femme jusqu'au poitrail, au profil antique de séductrice ; au-delà la bête commence : lionnes ailées comme les sphinx égyptiens androcéphales, mais aussi féminins comme les sphinx grecs. On voit comment se prolongent, s'entremêlent la femme et la créature. Mais on est arrêté par le regard : il capte, sûr de lui, déjà vainqueur, formulant déjà de fatales interrogations.
D'où vient le sphinx ? Huysmans, dans son étude sur « Le monstre », le fait naître de l'accouplement d'Echidna :

> (...) mi-femme, mi-serpent, avec le géant Typhon, au corps sillonné de vipères (...). Ils enfantent la lignée célèbre : Orthros le chien bicéphale, le Dragon aux cent têtes des Hespérides, le Python aux cent bouches, l'Hydre de Lerne, la Chimère et la Gorgone, le Sphynx, dont la structure bestiale et humaine est la plus compliquée de toutes.[2]

D'autres étymologies nous apprennent que ce monstre femelle, que les Grecs empruntent aux Egyptiens, vient du verbe grec qui désigne l'action de serrer, lier étroitement, nouer. C'est aussi l'étymologie du muscle sphincter, qui traduit ce resserrement et cette constriction. Comment lier le sphinx à cette idée d'étranglement ? C'est probablement l'étymologie populaire qui lie les deux notions. A cela s'ajoute l'autre emploi de sphinx : humain qui parle par énigmes.[3]
Mallarmé, dans *Les dieux antiques,* consacre un développement à l'étymologie

du mot sphinx, montrant ainsi sa connaissance de l'origine orale de l'animal puisqu'il le rapproche d'Echidna, « le serpent étouffeur des ténèbres ». Il le fait également voisiner avec Phix, « d'un mot apparenté au latin figo, fixer ».[4]

Ajoutons à l'étymologie de ce monstre femelle, celle de la sirène (génie mi-oiseau mi-femme, qui attire les navigateurs par ses chants) puisque son étymologie désigne peut-être « celle qui lie ou serre ». Une parenté se fait jour qui nous permet de relier ainsi sphinx-Sirène et probablement Mélusine en une famille de monstres étouffants qui suggèrent une relation entre la femme et une activité orale : relation cohérente puisqu'elle tourne autour de l'absorption, de l'asphyxie et de la parole.

Moreau ouvre le Salon de 1864 par un tableau : *Œdipe et le Sphinx*. Le sujet semble l'avoir préoccupé depuis des années si on en juge par les nombreuses ébauches qu'il en a effectuées. Le tableau final, très élaboré, remporte un grand succès. La représentation féminine et animale du sphinx surprend mais elle s'inspire directement d'un tableau peint par Ingres, en 1808 : *Œdipe et le Sphinx*. Le décor et autres détails sont directement empruntés à Ingres, mais sa définition du personnage d'Œdipe atteint une plus grande profondeur : « Voyageur à l'heure sévère et mystérieuse de la vie, l'homme rencontre l'énigme éternelle qui le presse et le meurtrit. »[5] Quant au sphinx : « c'est la chimère terrestre », nous apprend le peintre, « vile comme la matière, attractive comme elle, représentée par cette tête charmante de la femme avec ses ailes prometteuses de l'idéal, mais le corps du monstre, du carnassier qui déchire et anéantit. »[6]

Notons que le sphinx qui occupe la partie centrale du tableau, et qui saisit déjà le héros à la gorge, paraît bien près de triompher. La menace est ici clairement dévoilée : c'est un duel où les énergies combattantes sont concentrées dans les regards. Il est également possible que Moreau ait eu à l'esprit le poème de Henri Heine, traduit par Gérard de Nerval : « Buch der Lieder », qui décrit ainsi le triomphe du sphinx : « Elle aspira presque le dernier souffle de ma vie, et enfin, haletante de volupté, elle étreignit et déchira mon pauvre corps avec ses griffes de lion. »[7]

Revenons au sphinx de la mythologie ou plutôt à la sphinge, monstre femelle ailé au corps de félin et à tête de femme. Elle n'est pas unique dans la mythologie grecque : Hécate, la Gorgone, les Erinyes, les Sirènes sont d'autres monstres femelles au corps animal, également séductrices et destructrices. Mais la sphinge est la seule à poser l'énigme, assise sur un rocher. Ainsi pour Œdipe : « Quel est l'être qui a un nom, d'abord quatre pieds, puis deux pieds, enfin trois pieds ? »

Enigme fameuse, prétendument résolue par Œdipe, mais dont la réponse (l'homme) apparaît encore insatisfaisante aux critiques et ethnologues d'aujourd'hui (témoin Geza Roheim dans son ouvrage *L'énigme du sphinx)*, et à laquelle psychanalystes et sociologues essaient de proposer des interprétations. L'animal masculin ou féminin est finalement moins inquisiteur que la question elle-même, dont la résolution est liée à l'existence même de la bête puisque d'elle procède sa présence ou sa disparition.

Nous envisagerons quelques exemples littéraires où le mythe du sphinx joue un rôle important et nous essaierons de dégager sa signification dans l'ensemble des œuvres.

2) Quelques incarnations symbolistes

■ *Du sphinx au Christ* d'E. Schuré (1892)

Edouard Schuré dans *Les grands initiés,* dont nous aurons l'occasion de reparler plus amplement lorsque nous étudierons le mythe d'Orphée, donne une définition intéressante du sphinx dans la partie consacrée à « Hermès ». S'attachant à trouver dans les religions des dénominateurs communs, il est amené à évoquer les mystères de l'ancienne Egypte. Dans le chapitre intitulé « Le sphinx », Schuré peint la première création de l'Egypte : un « animal symbolique et monstrueux ».[8]

Le sphinx composé d'une tête d'homme sur un corps de taureau aux griffes de lion et aux ailes d'aigle a pour Schuré une signification symbolique : c'est d'abord l'homme qui tente d'émerger de l'animal. Il voit dans cette représentation l'histoire de l'homme issu de la bête. Il voit aussi rassemblés les quatre éléments du macrocosme et du microcosme. Dans ce composé d'homme, de lion, d'aigle et de taureau surgit la vision d'Ezéchiel :

> Et du milieu de cette couleur de hasmal paraissait une ressemblance de quatre animaux, et c'était ici leur forme : ils avaient la ressemblance d'un homme ; (...)
> Et la ressemblance de leurs faces était la face d'un homme ; et la face d'un lion à la main droite des quatre ; et la face d'un bœuf à la gauche des quatre ; et la face d'un aigle à tous les quatre.[9]

Ce que veut démontrer Schuré, c'est que l'origine du sphinx remonte à la nuit des temps, qu'il est l'expression même du mystère à l'intérieur de nous-mêmes. En effet, les quatre éléments qui composent le sphinx ne sont autres que les représentations symboliques des quatre éléments naturels : l'eau, la terre, le feu et l'air, bases des sciences occultes. Schuré conclut ainsi :

> Car avant Œdipe, ils (les anciens) sauront que le mot de l'énigme du sphinx c'est l'homme, le microcosme, l'agent divin, qui résume tous les éléments et toutes les forces de la nature.[10]

Schuré lègue une interprétation où le mystère et l'occultisme prennent la première place. La figure du sphinx devait suffisamment hanter Schuré puisqu'il y consacrera encore une œuvre : *L'ange et la sphinge*. Elle apparaîtra encore dans le titre d'une suite prévue aux *grands initiés : Du sphinx au Christ : l'évolution divine*.

Dans cette œuvre, Schuré précise sa vision. Dans le chapitre I, « L'énigme du sphinx et la sagesse primordiale », il confirme les pouvoirs de la créature divine : « Moi je suis, je vois, je sais depuis toujours »[11] dit le sphinx. Toutefois, l'homme moderne que Schuré baptise le « surhomme »[12] se rit du savoir du sphinx. Croyant que la science et la raison lui donnent tous les pouvoirs, l'homme moderne proclame la mort des dieux.

> O Sphinx décevant, tourment des sages, épouvantail des foules, je ne te crains plus. (...) Vain simulacre du passé, dernier fantôme des dieux évanouis, disparais dans le sable et laisse-moi la terre, où je vais enfin répandre la liberté et le bonheur.[13]

Le sphinx se présente donc comme incompris et injustement méprisé. L'homme est la victime inconsciente du matérialisme scientifique et philosophique. Un jour viendra où l'homme aura besoin d'entendre l'enseignement du sphinx. Symbole de la spiritualité et du divin, l'animal mythologique est le seul obstacle de poids à la science, qui ampute l'homme de son intuition et de la lumière intérieure. Schuré contribue à réhabiliter les pouvoirs antiques et la sagesse immémoriale du sphinx : le sphinx est l'avenir de l'homme.

Dans *Le théâtre initiateur,* Schuré est encore amené à évoquer sa figure obsédante. Faisant l'apologie du théâtre antique, Schuré y distingue deux types de sphinx. Le sphinx masculin égyptien, qui est le sphinx lumineux et bienfaisant, est détrôné par sa version grecque, la sphinge, créature femelle et monstrueuse. Cette opération est accomplie par Sophocle dans *Œdipe-Roi,* précise l'auteur.

> L'imagination populaire, surexcitée par des cultes orgiastiques, s'empara du sphinx égyptien et le transporta à Thèbes. Mais la divinité du Nil subit une transformation en passant dans l'Hellade. Le Sphinx devint la Sphinge. En changeant de sexe, il changea de nature et de significations.[14]

On perçoit comment s'opère une déviation entre le sphinx de la lumière spirituelle et le sphinx orgiaque. C'est par le biais de cultes fourvoyés, de cérémonies initiatiques dégénérant en orgies, que la figure centrale perd sa sagesse et devient un monstre de cruauté « représentant la perversité féminine en ce qu'elle a de plus néfaste »[15].

On voit l'apport essentiel de Schuré au mythe du sphinx. Loin d'être le monstre que la mythologie dépeint, le sphinx est le dieu de la sagesse, symbolisant la parole antique et le savoir. L'énigme n'est autre que « l'énigme entrelacée de la Nature et de l'Homme »[16] que le sphinx détient et peut transmettre à l'homme si celui-ci, délaissant les faux savoirs de la science, vient le consulter.

■ *La terre du sphinx* de J. Péladan (1900)

Le mythe du sphinx trouve une expression voisine dans l'œuvre de Péladan, qui lui consacre deux ouvrages : un essai, *La terre du sphinx* et un drame, *Œdipe et le sphinx,* qui opposent également deux figures de sphinx.

On sait que Péladan avait le projet ambitieux de célébrer le berceau de l'humanité dans une vaste fresque intitulée : *Les idées et les formes*. Cette fresque aurait compris une évocation de la Grèce : *La terre d'Orphée*, de la Judée : *La terre de Moïse*, de la Palestine : *La terre du Christ*, de la Toscane : *La terre du Dante* et de la Romagne : *La terre du Pape*. De ce grand projet, il ne reste que trois volumes parvenus à aboutissement : *La terre d'Orphée, La terre du sphinx, La terre du Christ*. *La terre du sphinx* paraît en 1900 et semble, au premier abord, le compte rendu d'un voyage en Egypte, pays où Péladan s'est rendu en 1898.

Dans la préface de l'ouvrage, Péladan dévoile son but : la quête des légendes qui sont à la source de sa propre inspiration. L'ouvrage fait alterner des considérations sur les dieux égyptiens, des descriptions de lieux célèbres et des méditations à deux voix : dialogues avec un double.

L'un de ces dialogues voit justement l'auteur en grande conversation avec le sphinx. La description initiale du sphinx est prétexte à l'évocation d'un héritage bien connu : « Ni le Saint-Jean, ni la Sainte Anne, ni la Joconde, n'ont une bouche plus indéfinie, que ce colosse de cinq mille ans et de cinquante trois mètres. »[17]

Mais Péladan préfère avancer prudemment lorsqu'il s'agit de traduire l'ambiguïté du sphinx :

> Dans le doute de l'exacte traduction de cette figure merveilleuse, on doit y voir, ou l'archange du mystère, ou l'homme de désir aspirant au devenir immortel : dans la succession des langues, son nom a toujours signifié l'incognoscible.[18]

L'auteur fait suivre sa description d'un dialogue entre Péladan lui-même et le sphinx. Celui-ci va l'amener à remettre en cause toute son existence et surtout les idées qu'il a si ardemment défendues.

Le sphinx porte sur l'œuvre péladane un jugement cruel mais il ne manque pas de reconnaître auparavant les indéniables qualités du maître. On y retrouve tous les thèmes chers à Péladan : l'artiste incompris de son temps, l'époque damnée, etc. Le sphinx étant une des multiples incarnations de l'Idée, « Le chien immobile de l'absolu »[19], sa parole sera froide et dure : il condamne les activités jugées superficielles du maître, son orgueil, et rappelle la parole essentielle de l'esprit. Le sphinx appartient en fait et malgré les apparences à un univers chrétien : c'est l'un des multiples visages de l'esprit.

Il est curieux de voir que Péladan place dans la bouche du sphinx une accusation familière aux adversaires de Péladan : son désir de sortir du rang, de se faire remarquer par son extravagance : « Si tu veux convaincre, n'étonne pas ; si tu veux être suivi, parais suivre toi-même ton troupeau ; si tu veux être écouté, laisse parler les autres. »[20] En fait le sphinx prêche l'action, la réalisation de l'Idée : « Prêcher est vain : réalise. »[21]

Conforté dans sa foi, Péladan retrouve un regain d'énergie. Au dernier chapitre, il renouvelle sa visite intitulée : « Adieux au sphinx ». On retrouve le style lapidaire propre à l'animal sacré. L'auteur vient à présent interroger le sphinx sur ses secrets, mais le sphinx s'enferme à jamais dans son obscurité :

> Le mystère ne s'énonce pas, ni ne s'enseigne ; il se vit. Je te défie de réaliser, en ton intériorité, le centième des vérités que tu possèdes et tu viens m'en demander encore : et avec quelle force, les porterais-tu, avec quel silence les honorerais-tu ?[22]

Surtout il renouvelle sa critique à l'égard de l'entreprise vaine de celui qui a voulu le beau par d'étranges moyens :

> Pis que cela, scandaleux : tu as agité des bannières, et on a vu des oripeaux ; tu as cru rénover les plus beaux rites et on a vu faire des mascarades, hors du temps qui les comporte.
> Qu'offrais-tu, au présent ? sa négation solennelle écrasante ; et le présent aurait accepté sa condamnation ? Non pas, et tu es devenu ridicule, comme un anachronisme. Incapable de te dégager des chères formes, tu as préféré avorter avec elles, que de vaincre, en les reniant. En cela tu as obéi à la seule nature et non à la lumière.[23]

On s'étonne de voir exprimer de la bouche même de l'auteur, par l'intermédiaire du sphinx, une telle condamnation du comportement qui a fait sa gloire. Péladan sent-il, vers la fin, la vanité de son entreprise et l'exagération de ses actes ? En tout cas, c'est bien son propre procès qu'il dresse avec une rare clairvoyance et il se reconnaît le tort de s'être enterré dans le passé. Au contraire, le sphinx prêche l'avenir. Le sphinx que rencontre Péladan est celui de la vérité qui lit à travers les êtres. Il n'est pas étonnant, quand on connaît les attributs magiques accordés au sphinx, que ce soit par sa bouche que Péladan ait choisi de dresser son procès. Il n'en reste pas moins que la lucidité et la justesse des remarques le concernant dévoilent un Péladan à la fin de sa vie, désabusé, réalisant qu'il s'est fourvoyé et que ses entreprises ont été vaines. Il lui a fallu le regard aigu du sphinx pour parvenir à la connaissance de soi-même et pour proposer un bilan amer de son existence dévouée à la beauté.

Tragiquement, la voix du sphinx sonne en quelque sorte le glas de la carrière de Péladan qui, après cette introspection, aura perdu sa belle vocation de mage.

■ *Œdipe et le sphinx* (1903)

On sait le goût de Péladan pour la tragédie antique et particulièrement pour Eschyle. Il a déjà écrit une comédie : *Le fils des étoiles* (1892) et trois tragédies : *Babylone* (1895), *La Prométhéide* (1896) et *Sémiramis*. Voici qu'en 1903 paraît *Œdipe et le sphinx*, représenté au Théâtre Antique d'Orange le 1er Août 1903. Cette tragédie très brève en trois actes utilise les thèmes chers à Péladan et permet de retrouver le personnage d'Œdipe aux prises avec le sphinx, dont on se souvient du rôle de révélateur dans *La terre du sphinx*.

La tragédie reprend de façon conventionnelle la trame légendaire puisqu'au premier acte Œdipe apprend le sort qui pèse sur lui. Pour fuir son destin, il quitte ses parents adoptifs pour se rendre à Thèbes, rencontre à la croisée d'un chemin Laïus et le tue.

Comme l'Œdipe de la légende, le héros de Péladan a la même vigueur obstinée qui lui permet à la fois de commettre plusieurs meurtres dans un même instant (les serviteurs de Laïus) et de mener à bien la connaissance de son sort : « Il est dans ma nature d'aller au fond des choses/Et de pousser toute aventure au dénouement. »[24]

A la fin du premier acte, Œdipe se sent délivré du poids du destin puisque l'homme qu'il a frappé n'est pas son père Polybe :

> Contemple ton ouvrage, Dieu des vengeances,
> car je n'ai rien voulu de tout ce que j'ai fait
> dans ce sinistre carrefour :
> mon bras servit d'épée à ta rancune obscure.
> Oui, j'ai versé du sang, mais Polybe, mon père est vivant.
> Ces morts ne sont pas mes parents ![25]

L'acte II introduit les lamentations de Jocaste qui pleure son époux et cite pour la première fois le nom fatal du sphinx : « le monstre horrible »[26]. Il faut venger le roi et délivrer la ville : « Laïus est mort et le sphinx est vivant !/Qui a tué le roi et qui vaincra le monstre ? »[27]

Ce qui est relativement original c'est le rapprochement continu que fait Péladan entre la mort de Laïus et la présence du sphinx, liant ainsi les deux malédictions. Le devin Tirésias appelé au palais, ne fait qu'épaissir le mystère par son oracle ambigu :

> Tirésias :
> — Ton peuple, en m'appelant, m'a jeté deux questions.
> J'ai offert, j'offre encore une réponse unique !
> Veux-tu punir le meurtre d'un époux ?
>
> Jocaste :
> — Je le veux, certes.
>
> Tirésias :
> — Le sphinx, alors, continuera sa faction sinistre !
> Au contraire, renonce à la vengeance
> demain le monstre se précipitera !
>
> Jocaste :
> — Le châtiment du crime empêche-t-il la délivrance du pays ?
>
> Tirésias :
> — Tu ne peux satisfaire à tous ces vivants et au mort : choisis.[28]

Le vainqueur étant aussi le meurtrier, se pose le problème du choix. Il est livré de façon paradoxale : punir le meurtrier équivaut à se punir en conservant la menace du monstre ! Et comment une ville sans roi peut-elle triompher du sphinx ? Cette démarche un peu trop explicative nuit au déroulement du mythe qui doit garder une part de mystère. Péladan veut insister, avec trop de force semble-t-il, sur le choix restreint que les dieux donnent aux mortels.

De même le visage du sphinx, loin de rester dans l'ombre, sera progressivement révélé. On apprend d'abord avec force détails la raison de cette plaie aux portes de Thèbes : c'est pour punir la ville de son indifférence et de sa cruauté envers les Chalcidiens frappés par la peste. Là encore Péladan veut expliquer l'origine magique du sphinx et cette explication éloigne le mystère.

> Lorsque la peste frappa les Chalcidiens et qu'ils vinrent
> en suppliants, plein de pleurs et de faim,
> les sept portes de Thèbes, devant eux se fermèrent.
> « Ils sont maudits », disiez-vous, les bannissant des bords Isméniens.
> Ils moururent au pied de votre enceinte.
> Leurs cadavres restèrent sans sépulture.
> Mais, tous, en expirant, attestèrent les Dieux.
> Oui, c'est leur désespoir uni à votre cruauté,
> — effrayant mariage — qui enfanta le monstre.
> Thèbes ferma ses portes, le sphinx ferme la route.[29]

Le sphinx n'est pas unique, il appartient à une lignée de monstres dont les plus célèbres représentants sont le Minotaure, le Python, la Gorgone et même le Cyclope. Le monstre perd alors son caractère original puisqu'on lui surimpose d'autres noms prestigieux interchangeables. L'histoire devient plus générale : c'est la lutte éternelle de l'homme contre la bête. Péladan ne semble pas saisir l'originalité du crime d'Œdipe : le parricide et surtout l'inceste sont à peine évoqués et ne l'intéressent visiblement pas. Ce qu'il privilégie au contraire c'est bien entendu l'entrevue d'Œdipe et du sphinx, écho de sa propre méditation dans *La terre du sphinx*. Péladan détourne le mythe au profit de ses préoccupations personnelles.

D'autre part, on a vu le danger que représentait la parole du sphinx : qu'un mythe aussi profond et aussi mystérieux prenne la parole et tout un récit énigmatique disparaît. Ainsi les multiples descriptions qui sillonnent le texte dans le but d'amener en crescendo la scène finale ne font que refroidir notre intérêt : « La voilà, la panthère au visage de femme, je vois luire ses griffes acérées. »[30]

S'ajoutent encore les surcharges d'un roman gothique : l'antre de la bête, la nuit noire, le tonnerre, les éclairs qui rythment la confrontation. Le dialogue d'Œdipe et du sphinx à l'acte III se doit d'être la confrontation de la bête et du surhomme, tous deux égaux en puissance : l'énigme est d'ailleurs rapidement devinée, il faut pour Péladan peindre un orageux face-à-face qui doit inciter à la méditation.

Le sphinx rend bientôt les armes, ébloui par l'intelligence du héros :

> J'aime l'intelligence : ta subtilité me désarme.
> Je te fais grâce. Va ! Tu diras, glorieux :
> Moi, j'ai parlé au sphinx et le sphinx m'a laissé passer ».[31]

Le sphinx, quant à lui, prend tour à tour le visage de la force cruelle puis de la séduction féminine pour terrasser Œdipe. A grand renfort d'idées générales : « je suis l'homme, roi légitime de la terre, tu es le monstre »[32], le héros triomphe et oublie un moment la lourde fatalité qui pèse sur lui. Il est difficile en effet de raccorder cet entretien avec le tragique destin d'Œdipe, d'autant plus qu'il est lui aussi victime d'une assimilation avec toute une lignée de héros mythiques auxquels il est apparenté.

> Le sphinx :
> — Les Dieux m'ont placé sur ce roc, et tu veux m'en chasser !
> Œdipe :
> — L'irrésistible chant des sirènes a cessé ! Va rejoindre l'inerte matière !
> Le sphinx :
> — Es-tu Orphée ?
> Œdipe :
> — Le vautour du Caucase tomba sous la flèche d'Hercule !
> Le sphinx :
> — Es-tu le fils d'Alcmène ?
> Œdipe :
> — La Chimère éprouva le glaive d'un héros.
> Le sphinx :
> — Es-tu Bellérophon ?
> Œdipe :
> — Le Minotaure, l'homme-taureau périt !
> Le sphinx :
> — Es-tu Thésée ?
> Œdipe :
> — Andromède fut délivrée et Thèbes le sera !

Le sphinx :
— Es-tu Persée ?

Œdipe :
— Je suis Œdipe !

Le sphinx :
— Inceste, parricide... sacrilège... maudit ![33]

La pièce s'achève sur le triomphe d'Œdipe et la célébration de la victoire par les Thébains. Péladan oublie volontairement tout l'aspect scandaleux du crime œdipien pour s'appesantir sur la confrontation avec le sphinx. Le héros, encore une fois, triomphe de la bête et c'est sur ce triomphe que s'arrête la pièce.

Péladan ne sent pas qu'il détourne ici le mythe dont il retire ce qui lui convient et laisse dans l'ombre (sans doute inconsciemment) ce qui le choque et dont il ne veut faire usage. D'autre part, son langage, loin de laisser une part d'énigme, essaie encore de cerner avec précision le visage du sphinx jusqu'à l'incarner sur scène. La texture légendaire paraît ici sacrifiée aux exigences personnelles : Œdipe n'est qu'un héros mythique parmi d'autres, le sphinx, un monstre au nom prestigieux. Mais le drame de Péladan a le mérite de mettre l'accent sur un mythe prisé et de lui donner une interprétation.

■ *Le Sphinx* d'O. Wilde (1884)

Le Sphinx d'Oscar Wilde date de 1884 et le poète encore jeune utilise la figure du Sphinx pour exprimer le souhait d'une existence totalement libre. Le Sphinx est ici le tentateur suprême qui ouvre la voie à une vie de licence et de liberté. Ce poème est très révélateur des préoccupations de Wilde et confère au Sphinx un protéisme très évident. Tel qu'il est évoqué le Sphinx est un être masculin : « Un Sphinx silencieux et beau »[34], puis féminin : « à moitié femme, à moitié animal »[35], mais c'est surtout un animal : « Cet étrange félin »[36], « palpite la fourrure douce et soyeuse qui ondule jusqu'à ses oreilles pointues. »[37]

> Viens, mon beau sénéchal ! si alangui et sculptural !
> Viens, ma charmante grotesque ! à moitié femme, à moitié animal !
>
> Viens mon beau sphinx langoureux ! et laisse ta tête se poser sur mes genoux !
> Laisse-moi effleurer ta gorge et contempler ton corps tacheté comme celui du lynx !
> Laisse-moi toucher ces griffes d'ivoire jauni et saisir cette queue
> Qui, pareille à un serpent monstrueux, s'enroule autour du velours de tes pattes ![38]

Après l'apostrophe à l'animal, le poème se poursuit par des allusions au passé mythique du déchiffreur d'énigmes :

> Mais, toi, tu peux déchiffrer les hiéroglyphes au granit des grands obélisques,
> Tu as conversé avec les basilics, tu as regardé les hippogriffes.
>
> O, dis-moi, étais-tu là lorsque Isis s'agenouillait devant Osiris ?
> As-tu vu l'Egyptienne dissoudre, pour Antoine, sa perle unique ?[39]

Détenteur de secrets millénaires, acteur dans tous les grands drames de l'histoire chrétienne, païenne, grecque, égyptienne, le sphinx apparaît à la fois comme une statue pesante et une créature animée et active. Mais le sphinx est aussi un être de chair, attiré par le péché et la licence :

> Te glissais-tu furtivement jusqu'à la rive et traversais-tu le lac silencieux
> Afin de t'introduire sous la voûte et faire des pyramides ton lupanar

> Jusqu'à ce que se dressent hors de leurs noirs sarcophages les morts fardés et momifiés ?
> Attirais-tu dans ton lit l'antilope aux cornes d'ivoire, Tragelaphos ?[40]

Amours colorées, luxurieuses, où la mort et la souffrance se mêlent au plaisir.

> Mime avec lui les amoureux ébats, et, lorsqu'il se tournera, grondant, montrant les dents,
> Alors, frappe-le de tes griffes de jaspe ! écrase-le contre ton torse d'agathe ![41]

L'évocation de ces désirs remplit le poète de dégoût. Attiré et révolté par tant de débordements, il souhaite chasser l'image du Sphinx : il le restructure de façon répugnante pour marquer son aversion. Ainsi s'opère un retournement : le Sphinx devient la tentation du péché.

> Ton haleine horrible et lourde fait vaciller la flamme de ma lampe,
> Et je sens sur mon front les rosées, moites et glacées, de la nuit, de la mort.
>
> Tes yeux sont des lunes fantastiques qui tremblent aux étangs glauques,
> Ta langue est un serpent écarlate qui danse aux musiques fantasques.
>
> Ton pouls rythme les mélodies empoisonnées, et ta gorge sombre est pareille au trou
> Laissé par quelque torche ou charbon ardent sur des tapis sarrasins.
> Va-t'en ! Les sulfureuses étoiles se hâtent par la porte de l'Occident !
> Va-t'en ! Ou il sera trop tard pour monter dans le silence de leurs chariots d'argent.[42]

Le poète invective le monstre et le chasse de sa cellule car il a éveillé en lui la sensualité en évoquant l'antiquité païenne et licencieuse. On ne sait, lorsque le poème se termine si Dieu et son crucifix parviennent à triompher du pécheur, mais la vie même de Wilde est là pour témoigner que les multiples tentations des « Mauvais chemins »[43] ont constitué le drame de cette vie.

Ainsi cette évocation, qui n'est pas sans rappeler *La tentation de Saint-Antoine* de Flaubert, est liée à une surabondance de temps historiques et mythiques. Les images renvoient à un symbole éparpillé traduisant l'aspect insaisissable du sphinx éclaté dans le temps et l'espace. La décision de faire du Sphinx l'instrument de la tentation s'inscrit dans un désir de l'opposer au Christ rédempteur.

■ Le sphinx sans secret

Une nouvelle plus tardive de Wilde porte le titre : *Le sphinx sans secret*. Ce court récit est empreint d'un mystère partiellement élucidé. Le narrateur rencontre à Paris un ami, Lord Murchison, qu'il n'avait pas vu depuis dix ans. Celui-ci semble taciturne et tourmenté. L'invitant à se confier, le narrateur apprend, au cours d'une promenade sur les boulevards, que son ami est obsédé par une femme énigmatique dont il lui montre le portrait :

> Je l'examinais avec soin. Cela me semblait être le visage de quelqu'un qui avait un secret, mais je ne pouvais dire si ce secret était bon ou mauvais. Sa beauté était une beauté forgée de multiples mystères — la beauté, en fait, qui est psychologique, et non plastique — et le faible sourire qui errait sur les lèvres était bien trop subtil pour être vraiment doux.
> — Eh bien, dit-il avec impatience, qu'en dites-vous ?
> — C'est la Joconde en zibeline, répondis-je, je veux tout savoir sur elle.[44]

Nous apprenons ainsi que cette femme, Lady Alroy, cache un secret : elle se rend secrètement, certains jours, dans un appartement loué. Lorsque cette escapade est évoquée en sa présence, elle se trouble et pâlit. La conjurant de tout avouer, Lord Murchison, tombé (on s'en doute) amoureux fou au point de l'épouser, la blâme et s'enfuit en Norvège pour l'oublier. A son retour, Lady Alroy a succombé à une congestion. Torturé de doutes, Lord Murchison décide de visiter le mystérieux appartement. La logeuse lui apprend que la jeune femme s'y enfermait des heures pour lire et boire du thé. Ainsi le mystère de ses déplacements ne cachait qu'un désir de jouer les héroïnes de roman.

> Lady Alroy était simplement une femme avec une manie pour le mystère. Elle louait ces pièces pour le plaisir de s'y rendre voilée et d'imaginer qu'elle était une héroïne. Elle avait une passion pour le mystère, mais elle-même n'était qu'un Sphinx sans secret.[45]

Ainsi le sphinx sert-il à désigner une créature féminine si éprise de l'ombre qu'elle renferme non un véritable secret mais les signes du secret. Dès qu'on la surprend, elle pâlit, se trouble et semble taire un rendez-vous diabolique. En réalité, elle se donne l'illusion de vivre dans le mystère et suscite ainsi une insatiable curiosité amoureuse. Une fois l'absence de secret découverte, Lord Murchison continuera à porter en lui cette torturante question : que faisait-elle dans cet appartement ?

On saisit mieux alors l'originalité du concept de Sphinx pour Oscar Wilde. Il devient la représentation d'un désir et non le désir lui-même. En effet, l'idée même du sphinx contient non le mystère mais tout ce qui se trouve à côté du mystère, les moyens du mystère : le sourire énigmatique de Lady Alroy, son trouble apparent, sa pâleur, ses déplacements furtifs ne renvoient à aucun secret mais bien à une passion maniaque et maladive.

■ *A rebours* de J.K. Huysmans

Dans la scène célèbre du chapitre IX où Huysmans fait dialoguer, par l'intermédiaire d'une ventriloque, les deux animaux fantastiques que sont le Sphinx et la Chimère, on s'aperçoit que c'est à la femme que reviennent les honneurs du dialogue.

> Avec des intonations étranges qu'il lui avait fait longuement et patiemment répéter à l'avance, elle anima, sans même remuer les lèvres, sans même les regarder, les deux monstres.[46]

L'importance accordée par le narrateur aux modulations vocales de la ventriloque montre bien que c'est la voix qui détient seule les pouvoirs de l'invocation et de la magie.

> Et dans le silence de la nuit, l'admirable dialogue de la Chimère et du Sphinx commença, récité par des voix gutturales et profondes, rauques, puis aiguës, comme surhumaines.[47]

La voix se détache des corps : elle sort de « l'immobile figure » de la femme pour aller vers « la tête rigide et droite » de la bête. Elle existe par elle-même, au-delà des phrases empruntées à Flaubert (puisque c'est le texte de *La tentation de Saint Antoine* que des Esseintes choisit de faire représenter), elle recrée l'enchantement par la profondeur de son timbre.

Maurice Rollinat, dans un recueil qui fit date, *Les névroses,* apparaît comme hanté lui aussi par la voix étrange de la ventriloque, et le formule dans un poème, « La Voix », qui semble se mouler au texte de Huysmans :

Voix de surnaturelle amante ventriloque

Qui toujours me pénètre en voulant m'effleurer,
Timbre mouillé qui charme autant qu'il interloque,
Son bizarre d'un triste à vous faire pleurer,
Voix de surnaturelle amante ventriloque.[48]

L'effet de nostalgie dans lequel le narrateur d'*A rebours* se trouve plongé confirme que la voix du passé ramène dans son sillage des échos d'autrefois. « Ah ! C'était à lui-même que cette voix aussi mystérieuse qu'une incantation parlait »[49]. Faisant de la voix le véritable sujet de la proposition qui suit (...« elle racontait »...), Huysmans réaffirme le pouvoir autonome de la voix en-dehors du corps (ce n'est ni le Sphinx, ni la femme qui parlent), actrice indépendante d'un spectacle mis en scène par l'auteur. Comme la pantomime rejoue éternellement sur son propre canevas la scène passée, la voix qui vient de nulle part module sur un livret donné les échos des mythes.

Retenons également le rôle joué par la mise en scène du Sphinx. L'auteur sait bien que c'est de lui que partent toutes les voix. Le Sphinx est un corps massif et inerte qui attend l'animation illusoire du son. C'est bien parce que le Sphinx est un corps qui ne parle pas que les auteurs souhaitent lui accorder une voix artificielle.

3) Prolongements du mythe

Le sphinx connaît d'autres visages. Des personnages empreints de mystère invitent à superposer leur figure à celle du sphinx. Drames de l'initiation, deux pièces de théâtre symbolistes : *Axël* de Villiers de l'Isle-Adam et *Pelléas et Mélisande* de Maeterlinck sont des exemples de ce jeu avec l'énigme que les écrivains évoquent dans des mondes-frontières.

■ *Axël* de Villiers de l'Isle-Adam (1890)

Le goût de Villiers pour un monde mystérieux au-delà du réel s'appuie sur un penchant naturel pour la métaphysique et les sciences occultes. Il n'est pas exagéré de dire que Villiers travailla à parfaire *Axël* toute sa vie et sur son lit de mort songeait encore à lui donner un autre sens. Somme de sa vie et de ses aspirations, le drame d'*Axël* fut commencé en 1869, parut en 1872 dans une version fragmentée et une édition complète ne fut établie qu'en 1890, après la mort de Villiers, par les soins de Huysmans.

Pétri de réminiscences wagnériennes et shakespeariennes, *Axël* met en scène deux personnages énigmatiques : Axël et Sara, descendants d'illustres familles germaniques, aux prises avec le monde réel. La pièce se déroule en quatre tableaux : le monde religieux, le monde tragique, le monde occulte et le monde passionnel, chaque partie constituant une étape au renoncement du héros.

Ce drame initiatique voit les efforts du jeune Axël et de Sara pour se détacher du monde. Endoctriné par Maître Janus, Axël tente d'acquérir la connaissance de l'au-delà. Mais la tentation de la vie demeure : être un homme puissant, aimer, gouverner, reculent les frontières du sacrifice et Axël met en doute la parole du maître. Malgré son amour pour Sara, il refusera l'attrait de la vie et entraînera sa fiancée dans la mort pour spiritualiser enfin son corps et son amour.

Axël et Sara apparaissent très tôt comme des personnages qui bouleversent non seulement l'ordre interne de l'action mais aussi la cohérence externe du drame. Sara, présente dans tout le premier acte, ne prononce aucune parole et se mure dans un silence accablant. Finalement, d'une voix très douce et très ferme, elle émet le NON scandaleux qui l'écarte à jamais de la communauté des religieuses. Elle ne réapparaîtra qu'au dernier acte dans le duo d'amour avec Axël pour se faire l'indispensable compagne du double suicide. Pâle, impassible, indifférente aux agitations du monde, elle annonce le personnage d'Axël, auquel elle ressemble étrangement (elle est en réalité une lointaine cousine). Ils partagent la même tenue de deuil, la même pâleur, le même silence.

De même, il faut attendre la scène XII du deuxième tableau pourqu'Axël s'emporte en un long monologue qui ne dévoile d'ailleurs rien de ce qu'il est. Auparavant il n'a échangé que des banalités avec son cousin, le vénal commandeur, gardant toujours ce masque de pierre que rien ne traverse. Il faudra la folie suicidaire et les questions directes du commandeur pour que la statue qu'il est s'ébranle et tue.

Ce qui identifie Axël au sphinx, c'est qu'il est le détenteur d'un terrible secret sur lequel il veille comme un « dragon »[50]. Il s'agit du trésor amassé par le père d'Axël chargé de convoyer des richesses nationales qu'il a enfouies dans les entrailles du château. De ce secret, le commandeur veut lui « arracher quelques indices »[51]. Après de maladroites et confuses tentatives, le commandeur révèle son intérêt avide pour « l'une des plus extraordinaires énigmes de l'histoire »[52], « un fait de l'histoire d'Allemagne »[53] si troublant qu'on ne sait plus s'il s'agit de réalité ou de légende. Le lieu, l'atmosphère, le comportement d'Axël l'intriguent et tout lui semble énigme. Le commandeur qualifie Axël « d'indéchiffrable enfant »[54]. Or voici que l'insolent commandeur, au nom d'une curiosité rapace, vient réveiller le monstre endormi. Ce sphinx, assis sur les profondeurs troubles de l'énigme, n'est autre qu'Axël lui-même.

Le sphinx apparaît comme un symbole dense dans la pièce. Le blason des familles de Sara et d'Axël comportent des sphinx d'or qui auraient été adoptés par les ancêtres des héros au cours de leurs croisades. C'est dire si les jeunes gens sont placés sous le signe mystérieux du sphinx qui représente leur initiation occulte. Le sphinx renvoie ici au monde secret constitué par le caveau où repose le trésor. De plus, les deux sphinx de l'emblème sont là pour doubler Sara et Axël, messagers de l'idéal. Encore une fois, le sphinx semble symboliser le savoir spirituel pour lequel il faudra sacrifier l'amour, la fortune et la vie.

Les deux héros ont de la bête mythique la force physique. Axël, pour être un fantôme, n'en a pas moins une indéniable présence. Il est la force associée à la pensée. Lesté d'armes (« carabine à l'épaule, hache à la ceinture »[55]), c'est aussi le justicier aux gestes meurtriers, le chasseur qui se délecte de traquer les bêtes sauvages, le bretteur qui « en un foudroyant allongement de fauve »[56] punit d'un coup mortel l'audace du commandeur. Il est décrit par ses gens comme « un jeune lion qui porte sa race sur ses yeux »[57]. Sa vigueur est telle qu'il « étouffe les loups, d'une seule étreinte à la gorge »[58]. Il sait garder jalousement son repaire. Axël apparaît de plus en plus comme une étrange créature capable de philosopher avec Maître Janus et d'assouvir des ardeurs guerrières. Mais cette vitalité frondeuse est mise tout entière au service du secret. Comme le sphinx, il défend l'entrée du secret et incarne la vivante énigme qu'interrogent les curieux. C'est parce qu'il se tait qu'il suscite les questions.

En affrontant Axël, le commandeur devient un mortel qui cherche la clé de la nature impénétrable du jeune homme. L'univers d'Axël et de Sara, parce qu'il est un univers de clôture, cache beaucoup de choses. Sara, enfermée depuis l'enfance dans un couvent isolé, attire la curiosité des religieuses, avides de savoir, de comprendre :

> L'abbesse, devenue très assombrie :
> — (...) je pense que Sara de Maupers a déchiffré quelque avis ténébreux ; quelque étrange renseignement, — une suggestion... souveraine ! un important secret, oui, mon Père ! oui, vous dis-je, un secret considérable, sans doute ! — enseveli dans ce feuillet détruit.[59]

Auprès d'elle, les religieuses sont saisies d'un trouble inexplicable :

> Sœur Laudation, à elle-même, pensive, et se retirant vers la porte des cloîtres :
> — Quel trouble subit m'a donc retenu le bras ? — Pourquoi n'ai-je pas frappé ?[60]

Quant à Axël, il vit enfermé dans un sombre château de la Forêt-Noire, la bien-nommée. Pour parvenir jusqu'à lui, il faut franchir de dangereuses étapes : les bêtes sauvages, la forêt inhospitalière, les autochtones taciturnes. Ces pièges forment autant de cercles concentriques qui repoussent l'assaillant et protègent Axël de l'extérieur. Lui-même « n'aime que le silence »[61] et ses serviteurs sont, selon les dires du commandeur, « des pierres »[62].

> Toute survenue, vers moi, d'un ou de plusieurs, m'est bientôt signalée : selon le nombre, l'on se prémunit et l'on se tient sur ses gardes, à toutes approches. Une fois entré dans les successives étendues de la Forêt, comment vivre, s'orienter, s'abriter de nuit, avancer enfin, sans être aperçu ?[63]

Axël est à la fois le prisonnier de son univers et le prisonnier de sa tâche. Il s'est lui-même enchaîné au silence et il s'occupe de propager l'oubli du secret afin de préserver sa propre recherche spirituelle. Quel est donc ce secret si longtemps évoqué ? C'est bien sûr l'or de la légende, le trésor enfoui par son père sous l'interminable forêt. Ce trésor à la fois désirable et interdit catalyse toutes les passions. Secret transmis du père au fils, ce trésor n'a d'intérêt que s'il est et demeure légendaire et non dilapidé au nom de quelque satisfaction mercantile. La tâche d'Axël est d'enterrer doublement le trésor. En signalant la « douteuse légende », les « suppositions », les « chimériques hypothèses », il l'enfouit davantage au sein de la terre et par là-même des esprits. La mission d'Axël consiste à endormir les soupçons, non à révéler. L'or joue contre le silence. La matière contre la méditation. Ce qui captive les hommes est évidemment à rebours de la préoccupation d'Axël : il faut posséder pour perdre. Axël suit la démarche inverse, qui est celle du mystique : se dépouiller pour gagner la vérité. Ceci ne s'effectue pas sans tentations : Axël est tenté par l'or, la vie et surtout par l'amour. Il dira à Maître Janus : « je suis homme ; je ne veux pas devenir une statue de pierre »[64]. En renonçant au monde, il choisit de quitter la race humaine pour se donner à son état de sphinx éternellement silencieux.

> Axël :
> L'homme n'emporte dans la mort que ce qu'il renonça de posséder dans la vie. En vérité — nous ne laissons ici qu'une écorce vide. Ce qui fait la valeur de ce trésor est en nous-mêmes.[65]

La fin du drame conduit Axël à rejoindre ce qu'il tentait d'être au long de la pièce. En entraînant Sara dans la mort, il réalise la prophétie de maître Janus et figure ainsi le blason familial : les deux sphinx d'or à jamais figés dans la pierre du caveau.

Axël s'affirme comme le drame du renoncement : l'or, l'amour, la vie, le héros se purifie pour s'affranchir et devenir enfin indépendant de la vie. En éloignant le trésor dans le monde probable du mythe, il rejoint le seul monde auquel il veut se consacrer : celui des Idées. Or Axël a une autre idée de l'or. C'est celui des alchimistes qui s'offre comme un auxiliaire de l'illumination intérieure. Axël atteint-il, en se suicidant, la félicité suprême ? Nous ne le saurons jamais. Le cinquième et dernier tableau : le monde astral, qui devait contenir le secret, n'a jamais été écrit. Nous ne connaîtrons donc pas les enseignements de la Haute-Magie que Villiers souhaitait répandre. Il plane d'ailleurs sur le drame une atmosphère de tragédie grecque. Les mots et les silences résonnent avec les éclats de la foudre : l'orage qui accompagne l'action, la densité de la forêt, la découverte de l'or dans le sépulcre laissent penser que des forces éternelles planent au-dessus des mortels et leur communiquent une part de l'invisible.

■ *Pelléas et Mélisande* de M. Maeterlinck (1893) :

Pelléas et Mélisande, en 1893, fait de Maeterlinck le grand représentant du théâtre symboliste. Inspiré d'un thème de la Renaissance italienne, il s'agit de l'épisode de Paolo et Francesca.

L'histoire n'est autre que celle du triangle vaudevillesque : le mari, la femme, l'amant, mais compliquée d'un paysage nordique, intemporel : brumes, château fort, vestiges féodaux sur lesquels pèse la loi du silence. Un décor sinistre qui est celui du cauchemar familier : des murs, des grottes, une fontaine, un souterrain, la présence obsédante de la mer, et des êtres gris, sans âge, qui parlent par énigmes. Deux frères, Golaud et Pelléas se disputent l'amour de la belle Mélisande, épouse du premier. Golaud connaît les tourments de la jalousie avant de provoquer la disparition de son frère et la mort de Mélisande. Les affres de la passion jalouse servent de décor à l'expression de la tension entre le rêve et la réalité, l'obscurité et la lumière.

Mélisande est en apparence une demoiselle préraphaélite : aérienne, vaporeuse, aux longs cheveux blonds, semblable à une fée. Mais sa transparence recèle un drame plus lourd que celui des vierges compassées. Son innocence est pesante. Maeterlinck emprunte ici la technique du théâtre d'ombres : ses personnages sont des revenants, des profils légendaires. Mélisande est une héroïne dont on ne sait rien : ni son âge, ni d'où elle vient, ni même si elle est coupable d'aimer Pelléas. Rien sauf son évidente et trop belle chevelure qui sert d'échelle à Pelléas, qui l'auréole de blondeur, qui attire irrémédiablement comme un terrible filet, les hommes éperdus d'amour :

> Pelléas :
> — Oh ! oh ! qu'est ce que c'est ?... Tes cheveux, tes cheveux descendent vers moi !... Toute ta chevelure, Mélisande, toute ta chevelure est tombée de la tour !... Je les tiens dans les mains, je les tiens dans la bouche... Je les tiens dans les bras, je les mets autour de mon cou... Je n'ouvrirai plus les mains cette nuit... »[66]

Mélisande, telle la sphinge, est un animal-femme. Son nom même de Mélisande fait écho à celui de la fée Mélusine. Cette dernière préside aux mystères des eaux, des puits, des fontaines et des grottes. Un charme a transformé le bas de son corps en serpent. La légende lui fait rencontrer Raimondin au pied d'une fontaine. Elle l'épouse à la condition que son mari ne cherche pas à la voir le samedi, jour de sa métamorphose. Fou d'amour, Raimondin accepte et lui bâtit le château de Lusignan aux abords de la fontaine de la Soif. Malheureusement, on suggère à Raimondin que Mélusine profite de ses absences hebdomadaires pour prendre des amants. Il l'épie et la découvre sous la forme monstrueuse d'un être mi-femme, mi-serpent. Mélusine s'enfuit, devenant à jamais cruelle et maléfique.

Il est aisé de voir ce que Mélisande doit à la légende. Sa beauté qui charme les hommes cache l'appendice monstrueux de la bête. Le puits et l'eau deviennent son habitat. Une autre légende peut être associée au personnage de Mélisande : celle des « filles des Eaux » qui annoncent tempêtes et désastres. Elles ont la tête d'une jeune fille mais une queue de poisson. Semblables aux sirènes, elles sont avides de vie humaine : la Loreleï germanique est l'une d'elles. Leur magnifique chevelure et leur voix enchanteresse sont les instruments de leur séduction symbolisée par le peigne et le miroir.

L'eau et le miroir sont justement les pièges avec lesquels joue Mélisande. Ce piège réfléchissant qu'est l'eau peut ravir l'âme des hommes. Ainsi Golaud et Pelléas subissent-ils les charmes de Mélisande auprès d'une fontaine. C'est à travers le miroir de l'eau que Mélisande dérobe leur reflet et se l'approprie.

De même, lorsqu'elle chante la ballade des *Trois sœurs* du haut de la tour, en peignant ses longs cheveux dénoués, on ne peut s'empêcher de reconnaître Loreleï chantant de sa voix magique. Le navigateur qui passe n'est autre que Pelléas.

Nous venons de suggérer la parenté de Mélisande avec d'autres figures connues du folklore pour montrer à quel point l'aspect psychologique du personnage intéresse peu Maeterlinck. Au contraire, Mélisande est un nœud de motifs culturels, empruntés à d'anciennes légendes : chevelure, peigne, fluidité des eaux.

Trouvée dans la forêt comme une bête sauvage, elle se cache sous la fourrure de ses cheveux. On ne sait pas plus ce qu'elle pense, ni si elle dit vrai. Le mystère de ses origines renforce la nuit dans laquelle elle est plongée. Les hommes tournent autour d'elle et se brûlent à son contact. Elle les force à agir, à questionner, à se battre, mais au nom de quoi ? Tout chez Mélisande est d'ailleurs. Tombée du ciel, conquise, épousée, aux énigmatiques réponses, Mélisande est l'enfant perdu que chaque être souhaite adopter.

> Pelléas :
> — Que vous a-t-il dit ?
>
> Mélisande :
> — Rien, je ne me rappelle plus...
>
> Pelléas :
> — Etait-il tout près de vous ?
>
> Mélisande :
> — Oui, il voulait m'embrasser...
>
> Pelléas :
> — Et vous ne vouliez pas ?
>
> Mélisande :
> — Non.
>
> Pelléas :
> — Pourquoi ne vouliez-vous pas ?
>
> Mélisande :
> — Oh ! oh ! j'ai vu passer quelque chose au fond de l'eau... [67]

Les propos de Mélisande ne révèlent rien de concret. Ils n'apportent rien à l'action. Au contraire, l'impression de surdité du personnage renforce son indifférence au monde extérieur. Des répétitions anesthésiantes se succèdent. Elle dira : « Je ne comprends pas non plus tout ce que je dis, voyez-vous... Je ne sais pas ce que je dis... Je ne sais pas ce que je sais... Je ne dis plus ce que je veux... »[68]

Mélisande nie, hésite, se tait, ne comprend pas. Elle a été choisie pour révéler quelque chose qui la dépasse. « Je ne sais pas », « Je ne comprends pas » dit-elle constamment. Elle transmet un message intermédiaire qui se révèle malgré elle. Quelque part entre le dialogue et le monologue, tournés vers l'intérieur, ses mots traduisent le décalage entre la conscience d'être la femme du roi Golaud et l'énigmatique amante de Pelléas. L'entrelacement des deux identités se fait par le biais de ces hésitations, des incises qui soudain, au moment le plus inattendu, transpercent sa conscience :

> Golaud :
> — Non, non. je ne veux pas que tu te fatigues ainsi. Je n'ai besoin de rien. Je dormirai comme un enfant... Qu'y a -t-il, Mélisande ? Pourquoi pleures-tu tout à coup ?...
>
> Mélisande (fondant en larmes) :
> — Je suis... je suis malade aussi...

Golaud :
— Tu es malade ? Qu'as-tu donc, qu'as-tu donc, Mélisande ?...
Mélisande :
— Je ne sais pas... Je suis malade ici... Je préfère vous le dire aujourd'hui ; seigneur, je ne suis pas heureuse ici...
Golaud :
— Qu'est-il donc arrivé ?... Quelqu'un t'a fait du mal ?... Quelqu'un t'aurait-il offensée ?
Mélisande :
— Non, non ; personne ne m'a fait le moindre mal... Ce n'est pas cela...
Golaud :
— Mais tu dois me cacher quelque chose ?... Dis-moi toute la vérité, Mélisande... Est-ce le roi ?... Est-ce ma mère ?... Est-ce Pelléas ?...
Mélisande :
— Non, non, ce n'est pas Pelléas. Ce n'est personne... Vous ne pouvez pas comprendre... C'est quelque chose qui est plus fort que moi...[69]

Mais même la parole convenue de l'amour prend dans sa bouche l'aspect d'une défense :

Pelléas :
— Où sont tes yeux ? Tu ne vas pas me fuir ? Tu ne songes pas à moi en ce moment.
Mélisande :
— Mais si, mais si, je ne songe qu'à toi...
Pelléas :
— Tu regardais ailleurs...
Mélisande :
— Je te voyais ailleurs...
Pelléas :
— Tu es distraite... Qu'as-tu donc ? Tu ne me sembles pas heureuse...
Mélisande :
— Si, si ; je suis heureuse, mais je suis triste... »[70]

Femme obscure, femme énigme qui sème le désordre dans le royaume masculin des petits-fils (Golaud et Pelléas) d'Arkel, roi d'Allemonde. Même sa mort sera silencieuse. Sur son lit de mort, Golaud la tourmente encore : « Avez-vous été coupables ? »[71] répète-t-il. En mourant, Mélisande s'évade. Il faut que les questions répétées demeurent sans réponse. Golaud et Pelléas questionnent, veulent des réponses franches et viriles, des mots qui engagent et circonscrivent. Mélisande se dérobe à leurs rêves : elle n'est ni l'épouse, ni l'amante dont ils rêvent. Elle fuit même, en mourant, la maternité puisqu'elle ne connaîtra jamais sa petite fille. Elle libère des obsessions, des inquisitions masculines sur ses origines.

Non seulement Mélisande pose des énigmes, mais elle est énigme. Pelléas et Golaud (surtout ce dernier qui jusqu'au bout sera le questionneur) s'attachent à élucider son mystère et cette violation redoutable ne causera que la mort. Le secret est lié à la problématique du regard dangereux et angoissant (celui que Golaud, par l'intermédiaire du petit Yniold, projette sur les amants). Golaud désire voir le désir s'incarner et malgré les propos d'Yniold qui rapporte une scène inoffensive, il voit le mal. Ce que Mélisande refuse avant tout, c'est la lucidité et l'intelligence. Tout se joue « entre », dans un langage intermédiaire entre le songe et l'éveil, qui échappe aussi à la prose.

La fascination qu'exerce encore *Pelléas et Mélisande* provient justement de cette bouleversante simplicité, en accord avec les forces de la vie et de la mort. En tentant de traduire l'inexprimable, Maeterlinck a constitué une héroïne du silence qui n'est autre que l'âme abandonnée aux forces du destin. En ce sens, Mélisande environnée de questions et de drames, devient l'initiatrice suprême de l'invisible. Elle est le mystère dont personne n'a la clé.

**

Le sphinx est, nous le savons maintenant, un monstre composite, au corps animal et à tête de femme, qui détient une énigme. Gardien d'un passage ou protecteur d'un temple[72], le sphinx fait lui-même partie intégrante du secret ésotérique. Le sphinx sait, il préside aux mystères sacrés de l'initiation.

Les symbolistes ajoutent donc à la parure du monstre, le privilège de saisir les mystères des origines et la sagesse antique. Ainsi le peindra Samain dans « Le sphinx » : « Dix mille ans ont passé, fidèle à son destin. Sa lèvre aux coins serrés garde l'énigme immense »[73].

Muet ou loquace, le sphinx transmet ou tait un savoir oral. Tout concourt à montrer que les artistes souhaitent animer le sphinx parce que cette créature séculaire a des choses à dire aux hommes. Ils sollicitent le réveil de l'animal pour que s'instaure enfin un dialogue.

C'est ainsi que se matérialisent des entretiens avec le sphinx. Pour Péladan, le sphinx représente la sagesse du monde ancien transmise par l'antique figure. Son dialogue avec le sphinx libère un enseignement, comme en témoignent les questions que lui pose le narrateur. L'animal a réponse à tout, il dirige l'élève, le guide vers la voie à suivre. Ceci sous-entend, de la part de Péladan, qu'il se juge digne de recueillir la parole d'un tel maître.

Au vu des conseils qu'il prodigue, le sphinx incarne un être bienfaisant qui communique aux mortels le secret de leurs origines. Toutefois, le même Péladan envisage dans *Œdipe et le sphinx* une parole tout autre qui n'est pas sans exprimer la contradiction inhérente à l'état de sphinx. Dans la tragédie, la sphinge est proprement le monstre dévorant, poseur d'énigmes, qui défie Œdipe et le provoque dans un duel à mort. Le sphinx révèle ainsi son double statut : porteur de vérités sur l'âme humaine et destructeur de héros.

C'est ainsi que la parole du sphinx va, elle aussi, se faire le reflet d'une identification incertaine et de paroles discordantes. Entre les affirmations raisonnables et les questions abruptes, il y a les deux visages d'une même figure, redoublés encore par l'opposition géographique, sphinx d'Egypte contre sphinx Grec.

Même si elle promet le savoir et la révélation universelle, la parole du sphinx est fortement concurrencée par un versant sombre où le sphinx bascule vers le gouffre de l'inconnu. C'est en ce sens que la parole même du sphinx est une parole menacée puisque ce qu'elle conserve de sagesse antique est bouleversé par deux éléments : le verbe du héros, Œdipe le raisonneur, celui qui cherche à résoudre (et y parvient) toutes les énigmes et la pauvreté du langage ésotérique qui ne recouvre plus rien des anciens mystères.

Les sphinx égyptiens, gardiens de sanctuaire, souffrent du passage du temps qui les a ensablés et démolis :

> Les ailes de sa coiffure fendues et trouées semblent d'une chauve-souris ; l'ureus qui le couronnait est brisé, il n'a plus de nez, les yeux sont rongés et le menton seul conservé rend le crâne fuyant.[74]

constate Péladan lors de son séjour dans *La terre du sphinx*. S'affirme ainsi une faillite de l'animal symbolique dont les énigmes ne suscitent plus l'intérêt d'autrefois. La conception symboliste rejoint bien celle de Flaubert qui, dans *La tentation de Saint Antoine,* faisait dire à l'animal mystique : « A force de songer, je n'ai plus rien à dire »[75].

En 1878, Gustave Moreau avait peint un tableau intitulé *Le sphinx deviné* : beau programme que celui-ci où le sphinx, de poseur d'énigmes célèbres, devient la victime de ses propres élucubrations. Ce qui n'est pas sans rappeler un tableau antérieur d'Ingres intitulé : *Œdipe expliquant les énigmes*. Dans tous les cas, le sphinx abandonne son audace verbale et demeure une enveloppe vide. Ainsi s'avère vraie la prophétie formulée par Œdipe dans *Œdipe et le sphinx* de Péladan : « c'est moi qui suis l'énigme, maintenant ! »[76]

NOTES

(1) J. Plowert, *Petit glossaire pour servir à l'intelligence des auteurs décadents et symbolistes*, Paris : Vanier, 1888, p. 86.
(2) J.K. Huysmans, « Le monstre », *Certains*, Paris : UGE, 1975, p. 380.
(3) P. Chantraine, *Dictionnaire étymologique de la langue grecque*, Paris : Klincksieck, 1984.
(4) S. Mallarmé, *Les dieux antiques, Œuvres Complètes*, Paris : Gallimard, 1945, p. 1237.
(5) Cité par J. Selz, *Gustave Moreau*, Paris : Flammarion, 1978, p. 45.
(6) *Idem*.
(7) Cité par J. Pierre, *Gustave Moreau*, Paris : Hazan, 1971, p. 97.
(8) E. Schuré, *Les grands initiés*, Paris : Perrin, 1960, p. 128.
(9) Ezéchiel, « Les livres du vieux testament », *La Bible*, Bruxelles : La société biblique britannique et étrangère, 1867, I, 10.
(10) E. Schuré, *Les grands initiés*, p. 129.
(11) E. Schuré, *Du sphinx au Christ : l'évolution divine*, Paris : Perrin, 1912, p. 4.
(12) *Idem*, p. 6.
(13) *Ibid.*, p. 5.
(14) E. Schuré, *Le théâtre initiateur*, Paris : Perrin, 1926, p. 240.
(15) *Idem*.
(16) E. Schuré, *Du sphinx au Christ...*, p. 5.
(17) J. Péladan, *La terre du sphinx, Les idées et les formes*, Paris : Flammarion, 1898, p. 35.
(18) *Idem*, p. 36.
(19) *Ibid.*, p. 52.
(20) *Ibid.*, p. 57.
(21) *Ibid.*, p. 58.
(22) *Ibid.*, p. 338.
(23) *Ibid.*, p. 340.
(24) J. Péladan, *Œdipe et le sphinx*, Paris : Mercure de France, 1903, p. 12.
(25) *Idem*, p. 29.
(26) *Ibid.*, p. 23.
(27) *Ibid.*, p. 24.
(28) *Ibid.*, p. 28.
(29) *Ibid.*, p. 30.
(30) *Ibid.*, p. 52.
(31) *Ibid.*, p. 56.
(32) *Ibid.*
(33) *Ibid.*, pp. 60-61.
(34) O. Wilde, « Le Sphinx », *Œuvres*, Paris : Stock, 1977, p. 53.
(35) *Idem*.
(36) *Ibid.*
(37) *Ibid.*
(38) *Ibid.*, pp. 53-54.
(39) *Ibid.*, p. 54.
(40) *Ibid.*, p. 56.
(41) *Ibid.*, p. 61.
(42) *Ibid.*
(43) *Ibid.*
(44) O. Wilde, « The Sphinx without a secret », *The complete shorter fiction of Oscar Wilde*, Oxford : Oxford University Press, 1979, p. 54.
(45) *Idem*, p. 58.
(46) J.K. Huysmans, *A rebours*, Paris : UGE, 1975, p. 186.
(47) *Idem*.
(48) M. Rollinat, « La voix », *Les névroses*, Paris : Charpentier, 1885, p. 29.
(49) J.K. Huysmans, *A rebours*, p. 186.
(50) Villiers de l'Isle-Adam, *Axël*, Paris : Gallimard, 1986, t.2, p. 609.
(51) *Idem*, p. 597.

(52) *Ibid.*, p. 588.
(53) *Ibid.*, p. 586.
(54) *Ibid.*, p. 599.
(55) *Ibid.*, p. 591.
(56) *Ibid.*, p. 629.
(57) *Ibid.*, p. 566.
(58) *Ibid.*, p. 568.
(59) *Ibid.*, p. 543.
(60) *Ibid.*, p. 556.
(61) *Ibid.*, p. 568.
(62) *Ibid.*, p. 575.
(63) *Ibid.*, p. 622.
(64) *Ibid.*, p. 634.
(65) *Ibid.*, p. 674.
(66) M. Maeterlinck, *Pelléas et Mélisande,* Bruxelles : Labor, 1983, p. 37.
(67) *Idem,* p. 23.
(68) *Ibid.*, p. 65.
(69) *Ibid.*, pp. 25-26.
(70) *Ibid.*, p. 57.
(71) *Ibid.*, p. 66.
(72) Y. Vadé, « Le sphinx et la chimère », *Romantisme,* n° 15, 1977, p. 5.
(73) A. Samain, « Le Sphinx », *Le chariot d'or,* Paris : Piazza, 1937, p. 129.
(74) J. Péladan, *La terre du sphinx,* Paris : Flammarion, 1898, p. 37.
(75) G. Flaubert, *La tentation de Saint Antoine,* Paris : Gallimard, 1971, p. 210.
(76) J. Péladan, *Œdipe et le sphinx,* Paris : Mercure de France, 1903, p. 59.

CHAPITRE IV

LE MYTHE D'ORPHÉE

1) Origines du mythe

Une tradition fait du mythe d'Orphée le mythe de l'initiation par excellence. Créateur de la musique en même temps que prêtre d'une mystérieuse religion, Orphée a donné lieu à des interprétations plus ou moins ésotériques, à travers les âges. Au moyen de pratiques magiques, Orphée communiquait avec les mystères de l'au-delà. Selon les époques, tel ou tel visage d'Orphée se dessine : le poète, l'amant d'Eurydice, le triomphateur des enfers, le magicien.

L'allemand Creuzer dans la *Symbolique des religions de l'antiquité* (1825) voit dans Orphée une lutte entre culte ancien et culte moderne, entre Apollon et Dionysos. Cette thèse sera reprise par Edouard Schuré dans *Les grands initiés* et nous aurons l'occasion d'en souligner les emprunts. Quoi qu'il en soit, c'est plutôt vers cette version, née du travail des mythologues que vont se tourner les symbolistes, négligeant donc les interprétations historiques et sociales qu'en proposaient les romantiques et plus particulièrement Ballanche[1].

On se souvient qu'Orphée dans la légende telle qu'elle est rapportée par Virgile est à la fois le fondateur de la tradition poétique et le triste époux d'Eurydice descendue aux enfers après avoir été piquée par un serpent. S'accompagnant de sa lyre, Orphée charma les habitants du royaume des morts et Eurydice lui fut rendue sous condition. Il fallait qu'Orphée, sur le chemin du retour, ne se retournât pas avant d'avoir atteint les rivages humains. Mais Orphée ne put résister et Eurydice, par deux fois perdue, regagna sa demeure infernale sans espoir d'en sortir. Orphée pleura son épouse jusqu'à ce que Dionysos, lassé de cet excès de malheurs, envoie les Ménades l'assaillir et le démembrer. Sa tête tomba dans le fleuve et continua de chanter l'amour perdu.

Orphée allie aux pouvoirs de la musique ceux de la magie. Son nom est également associé aux charmes et incantations, même s'il n'offre pas d'étymologie démontrable. Des hypothèses nous permettent d'y voir un dérivé du grec « orbho » : privé de. Orphée désignerait ainsi l'homme privé de son épouse, à moins que son origine ne se rattache à un nom mythique pré-hellénique. Mais surtout Orphée fut le prêtre d'une mystérieuse religion, en partie rattachée aux mystères de Dionysos.

Fondateur de religion, Orphée est considéré avant tout comme un prophète. Cette religion (décrite en détail par l'ouvrage de W.K.C. Guthrie[2]), appelée l'orphisme, croit en l'existence d'un dieu qui est aussi un créateur, en une succession de dynasties divines et en une histoire de l'origine de l'humanité (qui transmet l'idée d'une impureté originelle). L'orphisme comporte des rites de purificatifs et de communion ainsi que des représentations des souffrances de Dionysos, l'ancêtre divin. Quant à la purification, elle s'obtient par des pratiques d'ascétisme et de mépris du corps. De telles pratiques sont récompensées par l'immortalité : les purs communient avec le dieu au paradis après avoir été mis à l'épreuve au purgatoire. On conçoit que cette religion, si différente de la religion des Grecs, ait fait peu d'adeptes. En revanche, on ne peut qu'être surpris par les éléments de ressemblance avec la religion chrétienne et on peut ainsi conclure que l'orphisme a certainement préparé le terrain au christianisme.

Impressionnés par le mythe d'Orphée, les symbolistes vont pouvoir s'intéresser à un au-delà du mythe : rayonnement spirituel, aube de la religion chrétienne avec des concepts de conversion, de péché originel, de communion et de vie éternelle. Les représentations d'Orphée en artiste charmant les animaux sauvages et les créatures de l'enfer suggèrent une atmosphère de douceur pré-chrétienne.

C'est Gustave Moreau qui fut l'un des premiers à introduire le mythe en lui consacrant plusieurs tableaux. C'est en 1866 qu'il envoie au Salon *La jeune fille thrace portant la tête d'Orphée,* une scène statique, sans aucun mouvement dramatique où une jeune fille tient sur une lyre la tête d'Orphée. C'est une œuvre paisible qui n'a pas les sous-entendus lascifs et tourmentés de *Salomé* ou de *Œdipe et le Sphinx*. Au contraire, il s'agit d'une œuvre sereine où l'on retrouve dans les détails de la robe de la jeune fille, l'art méticuleux du peintre. La tristesse avec laquelle la jeune fille contemple la tête morte s'oppose totalement au regard vibrant de Salomé devant la tête du saint. Pourtant, comme dans de nombreux tableaux de Moreau, il s'agit d'un face-à-face, un duel entre un principe masculin et un principe féminin. Mais dans ce tableau, la jeune fille exprime une tendresse si inhabituelle chez les héroïnes de Moreau que des critiques ont voulu y voir le portrait non de la femme, mais de la mère.

Le chef d'Orphée repose sur la lyre comme la tête du saint sur un plateau et se pose, chronologiquement, en précurseur puisque presque aussitôt, Moreau entame la série des *Salomé*. Ce rapprochement est vu par T. Gautier qui décrira ainsi le tableau : « Sur la grande lyre aux cornes rouges repose la tête d'Orphée, comme celle de saint Jean-Baptiste sur son plateau d'argent aux mains d'Hérodiade... »[3]

Suivront d'autres tableaux sur le même thème, moins fameux : *Orphée sur la tombe d'Eurydice, Poète mort porté par un centaure, Orphée,* qui révèlent la continuité d'intérêt pour le thème, thème comme on l'a vu, entaché de tristesse et parfois de désespoir. Notons également que Jules Laforgue eut l'occasion dans un court texte de critique esthétique d'affirmer son admiration pour le tableau de Moreau dont il dégage les traits suivants :

> Conception digne des larmes des meilleurs de ce temps-ci. Technique s'arrêtant au respect de la toile ou même du panneau de bois. Composition moins hiératique qu'immortellement inébranlable dans la dignité de sa tenue. Ton de Léonard et sa suprême distinction par un pinceau du temps d'Ingres, mais modelé d'amour et en décor d'émail stagnant et corsé d'ailleurs par tous les tons décoratifs (niellés, historiés, damasquinés) en une dureté autorisée des chers Primitifs. Mais, je vous en prie nulle gravure ne donnera le profil de cette immortelle jeune fille, cette Cordélia si jeune de tissus et d'inviolé, si mûre d'expression compatissante et supérieure[4].

Un tableau d'O. Redon, datant de 1881, *La tête d'Orphée flottant sur les eaux,* permet de montrer la persistance du mythe à travers l'iconographie symboliste.

2) Quelques Orphée symbolistes

Le thème orphique apparaît surtout dans des œuvres littéraires : une tragédie de Joséphin Péladan porte le titre d'*Orphée* ainsi qu'un récit de voyage : *La terre d'Orphée* consacré à la Grèce. Mais ces œuvres introuvables n'ont probablement jamais été publiées. Orphée apparaît également avec insistance dans l'œuvre du jeune Valéry, dans les écrits théoriques de Schuré et dans l'œuvre de V. Ségalen.

Lorsque Mallarmé parlera du livre unique, il associera son entreprise à l'idée d'une « explication orphique » de la terre : « Le livre, persuadé qu'au fond il n'y en a qu'un tenté à son insu par quiconque a écrit, même les Génies. L'explication orphique de la terre, qui est le seul devoir du poète et le jeu littéraire par excellence...»[5]

En effet, Mallarmé se réclame de l'énigme : « Toute chose sacrée et qui veut demeurer sacrée s'enveloppe de mystère »[6] affirme-t-il dans « L'art pour tous ». Instigateur de la poésie sacrée, Orphée, le prêtre-mage, sacre la poésie comme force de connaissance. En ce sens, la conception de la poésie comme « mystère accessible à de rares individualités »[7], conception qui fut celle de Mallarmé, s'abrite sous la religion orphique.

■ *Les grands initiés* d'E. Schuré (1889)

Cette conception presque religieuse du mythe d'Orphée se trouve particulièrement bien exposée dans l'ouvrage d'Edouard Schuré : *Les grands initiés*.

Pour l'auteur, Orphée, au même titre que Moïse et Jésus, était un créateur avant d'être un philosophe. C'est un retour aux sources que propose Schuré puisqu'il se plaît à évoquer non seulement l'état du monde, mais aussi l'histoire des premiers habitants de la Grèce, de ses langues, de ses cultes ainsi que de sa géographie. Se dégage ainsi un panorama complet où l'histoire d'Orphée prend sa source et dont le pouvoir d'évocation s'appuie sur l'usage élégant des imparfaits de narration :

> C'était au temps de Moïse, cinq siècles avant Homère, treize siècles avant le Christ. L'Inde s'enfonçait dans son Kali-Youg, en son âge de ténèbres, et n'offrait plus que l'ombre de son ancienne splendeur. L'Assyrie qui, par la tyrannie de Babylone, avait déchaîné sur le monde le fléau de l'anarchie, continuait à piétiner l'Asie. L'Egypte, très grande par la science de ses prêtres et par ses pharaons, résistait de toutes ses forces à cette décomposition universelle ; mais son action s'arrêtait à l'Euphrate et à la Méditerranée. Israël allait relever dans le désert le principe du Dieu mâle et de l'unité divine par la voix tonnante de Moïse ; mais la terre n'avait pas encore entendu ses échos.
> La Grèce était profondément divisée par la religion et par la politique[8].

Cette Grèce d'alors était, dit Schuré, sous le pouvoir spirituel d'un cortège de divinités féminines, influentes et terribles. Mais c'est de la Thrace, « le pays saint par excellence, le pays de la lumière et la véritable patrie des Muses »[9], berceau d'Orphée, que va émerger une nouvelle religion.

La Thrace, pays de sanctuaires et de poètes, est le siège d'une lutte sans merci entre cultes solaires et cultes lunaires. Cette lutte cache, selon Schuré, la lutte éternelle entre principe masculin et principe féminin : les cultes solaires étant servis par des prêtres nobles et mâles, les cultes lunaires étant, par essence, déréglés et voluptueux comme les prêtresses qui officiaient. Le règne souverain des Bacchantes, cruelles et dangereuses, triomphait alors :

> Tour à tour magiciennes, séductrices et sacrificatrices sanglantes de victimes

humaines, elles avaient leurs sanctuaires en des vallées sauvages et reculées. Par quel charme sombre, par quelle ardente curiosité hommes et femmes étaient-ils attirés dans ces solitudes d'une végétation luxuriante et grandiose ? Des formes nues — des danses lascives au fond d'un bois... puis des rires, un grand cri — et cent bacchantes se jetaient sur l'étranger pour le terrasser. Il devait leur jurer soumission et se soumettre à leurs rites ou périr[10].

C'est dans ce contexte puissamment féminin, où règnent la barbarie et le désordre qu'un jeune homme de grande noblesse fait son apparition. Orphée, pour Schuré, est avant tout le prince : blond aux yeux bleus, d'une grande beauté, versé dans l'art de la poésie, il se fait appeler le fils d'Apollon.

Ce jeune homme plein de promesses, disparaît pourtant pour se rendre en Egypte, où pendant vingt ans, il sera initié aux Mystères de Memphis. L'étape égyptienne se révèle cruciale. Il en revient pourvu d'un nom, Orphée ou Arpha : celui qui guérit par la lumière. Accueilli comme un sauveur, Orphée contribue à dompter les Bacchantes et à raffermir le culte d'Apollon. Il fonde ainsi une nouvelle religion en amalgamant le culte de Dionysos à celui de Zeus.

Le deuxième chapitre que Schuré consacre à Orphée lui permet de faire une halte dans l'ascension fulgurante d'Orphée. Nous assistons à un rite d'initiation conduit par Orphée lui-même dans son temple de Kaoukaiôn. Orphée enseigne les principes de la nouvelle religion : un Dieu unique, maître de toute chose et qui n'est autre que Zeus, réunissant en lui le principe mâle et le principe femelle autrefois adverses.

> Jupiter est l'époux et l'épouse divine, Homme et Femme, Père et Mère. De leur mariage sacré, de leurs noces éternelles sortent incessamment le Feu et l'Eau, la Terre et l'Ether, la Nuit et le Jour, les fiers Titans, les Dieux immuables et la semence flottante des hommes[11].

Dionysos, dieu martyr, fils de Zeus, démembré par les Titans est le père de la race humaine :

> Les hommes sont la chair et le sang de Dionysos ; les hommes malheureux sont les membres épars qui se cherchent en se tordant dans le crime et la haine, dans la douleur et l'amour, à travers des milliers d'existences. La chaleur ignée de la terre, l'abîme des forces d'en-bas, les attire toujours plus avant dans le gouffre, les déchire toujours davantage. Mais nous, les initiés, nous qui savons ce qui est en haut et ce qui est en bas, nous sommes les sauveurs des âmes, les Hermès des hommes. Comme des aimants nous les attirons à nous, attirés nous-mêmes par les Dieux. Ainsi, par de célestes incantations nous reconstituons le corps vivant de la divinité[12].

A l'issue de cette profession de foi, Orphée invite le jeune disciple à se préparer à célébrer la fête de Dionysos par une année de chasteté et de prières.

Le chapitre suivant nous convie à la fête dionysiaque et c'est l'occasion pour Schuré de retrouver un style évocateur et lyrique :

> On n'entendait dans la nuit sombre que le murmure du fleuve qui coulait entre ses rives de verdure. Enfin la pleine lune se montra derrière une montagne. Son disque jaune sortit de la chevelure noire des rochers. Sa lumière subtile et magnétique glissa dans les profondeurs ; — et tout à coup, la vallée enchanteresse apparut dans une clarté élyséenne[13].

Orphée accueille une foule pénitente qui vient écouter le message divin :

> Secours aux faibles, consolation aux souffrants, espérance à tous ! Mais malheur aux méchants, aux profanes ! Ils seront confondus. Car dans l'extase des Mystères, chacun voit jusqu'au fond de l'âme de l'autre. Les méchants y sont frappés de terreur, les profanateurs de mort[14].

Il répète les commandements de sa religion : unicité et puissance absolue de Dieu, puis soumet son disciple à la contemplation du mariage mystique. Cette vision cosmique provoque d'abord des cauchemars sous la forme d'horribles bacchantes, puis Dionysos apparaît, lumineux, devant Perséphone, son épouse, et s'unit à elle dans un ouragan. Ainsi s'accomplit l'initiation du disciple.

Le dernier chapitre décrit la mort d'Orphée. C'est ici qu'entre en jeu, une nouvelle fois, le culte lunaire des Bacchantes. Conduites par Aglaonice, elles mènent la guerre contre le culte nouveau. Orphée, présageant sa fin prochaine, entame un dialogue avec le disciple bien-aimé. Il lui apporte la dernière des révélations : celle de son amour pour Eurydice, jeune vierge séduite puis empoisonnée par Aglaonice. Orphée évoque alors sa quête de l'âme d'Eurydice puis l'apparition qui lui permit de se vouer à la vérité et à la lumière.

> Eurydice vivante m'eût donné l'ivresse du bonheur ; Eurydice morte me fit trouver la vérité. C'est par amour que j'ai revêtu l'habit de lin, me vouant à la grande initiation et à la vie ascétique ; c'est par amour que j'ai pénétré la magie et cherché la science divine ; c'est par amour que j'ai traversé les cavernes de Samothrace, les puits des pyramides et les tombeaux de l'Egypte. J'ai fouillé la mort pour y chercher la vie, et par-delà la vie, j'ai vu les limbes, les âmes, les sphères transparentes, l'éther des Dieux. La terre m'a ouvert ses abîmes, le ciel ses temples flamboyants. Les prêtres d'Isis et d'Osiris m'ont livré leurs secrets[15].

La dernière mission d'Orphée consiste à convertir les Thraces et les bacchantes avant de mourir sous les coups d'Aglaonice. Mais sa parole demeure :

> Ainsi le verbe orphique s'infiltra mystérieusement dans les veines de l'Hellénie par les voies secrètes des sanctuaires et de l'initiation. Les Dieux s'accordèrent à sa voix, comme dans le temple un chœur d'initiés aux sons d'une lyre invisible — et l'âme d'Orphée devint l'âme de la Grèce[16].

Schuré ajoute à l'histoire d'Orphée sa postérité légendaire, en affirmant que deux éléments essentiels du mythe (la quête d'Eurydice aux enfers et la tête coupée du poète flottant sur l'Erèbe) sont des éléments ultérieurs inventés par les Thraces.

Ainsi l'histoire d'Orphée contée par Schuré se veut historique en essayant de retrouver dans le mythe la part du réel. La précision des évocations, la description des lieux, l'abondance des détails concernant les rites religieux visent à fournir un cadre réel à l'histoire du prophète.

On ne peut que relever les éléments qui rapprochent cette histoire de celle du Christ : le pouvoir de séduction d'Orphée, ses affirmations sur un Dieu unique, le présage de sa fin et surtout ses dernières paroles au disciple apparentent Orphée à Jésus. C'est bien entendu le but de Schuré que d'inviter le lecteur à tisser des liens non seulement avec le Christ mais aussi avec d'autres prophètes (Moïse, par exemple) puisqu'Orphée est un des propagateurs de l'esprit parmi les hommes. Schuré s'intéresse donc bien moins au séducteur d'Eurydice, amant inconsolable, ou aux merveilles d'Orphée poète. Orphée convertit les hommes et sa parole est celle du Dieu qui diffuse un message d'amour et de bonté. Son verbe ouvre à l'espoir, parle de paix et de fraternité. Aucune magie dans ces paroles : c'est le contenu qui en fait la force et non l'art avec lequel Orphée pourrait agencer ses mots.

On sent le désir de Schuré de ramener le mythe à une dimension historique plausible en laissant de côté l'aspect ésotérique, magique, qui est plutôt du ressort des bacchantes païennes. Orphée est le prophète de la Grèce, comme Jésus est celui de la Palestine, deux fils d'un même dieu.

Les interprétations de Schuré, si elles tiennent peu compte des données antiques, ont le mérite de dresser un tableau saisissant de la Grèce antique et du mythe d'Orphée. Son influence fut unique et beaucoup d'auteurs seront tributaires de cette interprétation.

■ « *Orphée* » de P. Valéry (1891)

Paul Valéry, dans le poème « Orphée », paru dans la revue symboliste *La Conque,* s'intéresse au mythe antique du poète musicien.

Orphée est un personnage avec lequel Valéry aura l'occasion de s'identifier à plusieurs reprises au cours de sa vie. Dans « Charmes », il dira : « Orphée : ô divinité familière! A chaque ennui, je me tourne vers toi »[17]. Orphée est en effet le symbole du travail poétique. Comme le poète, il organise par la parole et par le chant l'univers entier. A l'image d'une force créatrice, la voix du poète façonne le monde.

Dans le sonnet symboliste « Orphée », le héros bouleverse un décor de pierres pour bâtir, au son de sa mélodie, un Temple. C'est la voix seule qui permet de déplacer les rocs :

> Il chante, assis au bord du ciel splendide, Orphée !
> Le roc marche, et trébuche ; et chaque pierre fée
> Se sent un poids nouveau qui vers l'azur délire ![18]

Le chant permet l'organisation du monde environnant puisque le décor de rochers se métamorphose en sanctuaire aux « hauts murs d'or »[19]. Que crée Orphée si ce n'est l'univers ? Non point l'univers premier, chaotique et « chauve »[20], mais le monde organisé selon des lois harmonieuses. La lyre, éternelle compagne du poète, l'appuie dans cette œuvre :

> D'un Temple à demi-nu le soir baigne l'essor,
> Et soi-même il s'assemble et s'ordonne dans l'or
> A l'âme immense du grand hymne sur la lyre ![21]

Ici se trouve exprimée une idée que les Narcisse amplifieront, c'est-à-dire l'idée qu'Orphée, le poète, organise les sons de façon à obtenir un système cohérent qui régente l'univers. Ainsi le sonnet débute par ce vers : « Je compose en esprit, sous les myrtes, Orphée »[22]. Nous avons bien affaire à une construction, ponctuée par les chants du héros bâtisseur qui modèle le monde au son de sa voix. La pureté et l'harmonie des « hauts murs d'or » s'opposent à « l'horreur du mouvement des pierres ». D'un désert ingrat, dont les sonorités rocailleuses blessent les oreilles : « horreur », « pierres », « roc », naît l'harmonie pure qui « s'ordonne dans l'or ». La confusion naturelle est domestiquée par la lyre qui transmue la pierre en matériau précieux.

On voit l'influence qu'a pu avoir l'œuvre de Schuré sur une telle conception du poète. Orphée est encore une fois l'initié qui détient la clé de l'univers. En cela, Orphée est le héros qui règle, régente et bâtit. Sa voix est l'instrument de précision qui lui permet de venir à bout du désordre. Valéry accordera du prix à cette opération. Dans « Variété », il dira : « Le plus bel effort des humains est de changer leur désordre en ordre et la chance en pouvoir ; c'est là la véritable merveille »[23].

La tâche du poète se définit donc comme mise en place d'un système cohérent qui aide à appréhender l'univers des formes. Organiser les sons, c'est transformer « roc » en « or » Il résulte de ce travail un monde sonore.

Orphée représente pour Valéry le mythe par excellence de l'esprit créateur et magicien. Chargé de redistribuer, par la magie de son verbe, les imperfections de l'univers, le poète, et c'est là son travail, doit s'atteler à la métamorphose du monde par l'outil des sons et des mots. Thème constant de son œuvre (plus tard il songera à consacrer un drame au mythe d'Orphée comme en témoigne une lettre adressée à

Debussy en 1895 : « J'avais songé incidemment au mythe d'Orphée, c'est-à-dire l'animation de toute chose par un esprit, la fable même de la mobilité et de l'arrangement »[24]), Orphée demeure cette figure enchantée qui fait jouer l'univers.

3) Prolongements du mythe

■ *Orphée-roi* de V. Ségalen (1907-1915)

Nous devons également parler d'une œuvre plus tardive mais tout empreinte de symbolisme. C'est *Orphée-roi* de Ségalen, œuvre parue en 1921, mais écrite et remaniée entre 1907 et 1915.

Au départ, il faut signaler l'amitié qui unit l'écrivain Ségalen au musicien Debussy. Ce dernier a déjà collaboré avec Maeterlinck pour *Pelléas et Mélisande*. Il donnera ensuite *Le martyre de Saint-Sébastien*. Il songe alors à composer sur le mythe d'Orphée. C'est seulement en 1907 que Debussy, qui avait lu et aimé la nouvelle (parue au *Mercure de France* en 1907) de Ségalen, *Dans un monde sonore,* va proposer à Ségalen d'écrire en collaboration un Orphée auquel il adjoindrait la musique.

> Ne pensez-vous pas qu'il y aurait quelque chose d'admirable à faire avec le mythe d'Orphée ?
> Celui de Gluck n'en représente que le côté anecdotique et larmoyant, laissant de côté tout ce par quoi Orphée fut le premier et le plus sublime des incompris.
> Ces réflexions me vinrent pendant la lecture de *Dans un monde sonore,* où vous vous servez d'Orphée de façon à être assuré que vous en connaissez bien le mythe[25].

Et Ségalen de répondre avec enthousiasme :

> Certes, Orphée — mais un Orphée pour la réalisation duquel on ferait éclater le légendaire connu et crever les mythes rabâchés, — est un superbe protagoniste (...)[26].

Malheureusement, malgré les fréquentes sollicitations de Ségalen qui soumet ses manuscrits aux corrections de Debussy, l'opéra ne verra pas le jour. Dans une lettre à Ségalen datée de 1916, Debussy confie que le temps a effacé ses premières émotions :

> Quant à la musique qui devait accompagner le drame, je l'entends de moins en moins. D'abord, on ne fait pas chanter Orphée, parce qu'il est le chant lui-même — c'est une conception fausse, il nous restera d'avoir écrit une œuvre, dont certaines parties sont très belles[27].

Sans doute Debussy, malade, déjà aux portes de la mort, s'essouffle-t-il devant le projet, mais il faut voir aussi ce désir fou (comme dans *Pelléas et Mélisande)* de faire chanter le silence. Ne disait-il pas en 1907 : « Orphée ne dira pas de paroles au début évidemment. Il chantera. Même il devrait chanter sans paroles pendant tout le drame. Mais ceci est une utopie irréalisable. »[28] De ce projet, il reste donc un drame *Orphée-roi* que nous allons à présent étudier.

Le mythe d'Orphée, pour Ségalen, est un moyen de revenir à deux thèmes qui lui sont chers : celui de l'histoire religieuse et de la musique. Ainsi le projet d'écrire *Orphée* intervient-il au moment où Ségalen s'apprête à écrire un livre sur la vie de Bouddha, Siddartha Gautama. Mais il refuse bien vite de faire d'Orphée « tel soleil », « tel principe générateur »[29] pour y voir « un homme créateur, inventeur, progénéré, en lutte et en opposé avec d'autres hommes » et son projet sera donc

« le drame de l'incompréhension lyrique, sensorielle surtout, religieuse aussi, peut-être. »[30] Enfin il avoue le rêve de faire d'Orphée son Zarathoustra !

Signalons également que le projet s'enrichit d'une visite de Ségalen au musée Gustave Moreau où il se recueille longuement devant les tableaux du célèbre peintre symboliste : *Le Centaure emportant le poète mort, La mort d'Orphée* et *Orphée.*

C'est dans la nouvelle, *Dans un monde sonore,* que Ségalen citera le mythe d'Orphée et en offrira une définition riche de sens.

> J'imagine volontiers Orphée, le chanteur des chantres, abandonnant le monde aux milliers de lyres, et descendant aux antres infernaux — par quoi l'on peut symboliser exactement le grossier monde matériel, muet et sourd, le plus ignoble et le plus vrai des mythes que les hommes aient figuré. Armé et paré de ses harmonies magiques, Orphée dompte la matière, les rochers, les sables et les fanges ; il souffle, il anime, il féconde, il domine et passe en précurseur au milieu de troupeaux humains attardés : ceux qui voient ; ceux qui touchent ; ceux qui flairent ; ceux qui n'entendent pas. Et voici qu'ayant rejoint, à travers tant d'obstacles lourds, Eurydice, il s'abandonne à proclamer le plus tonnant des hymnes de joie voluptiale...[31]

Le mythe d'Orphée intervient alors dans le cadre d'une comparaison avec la fragilité de l'état mental de l'épouse d'un ami de l'auteur, qui, peu à peu, fuit le monde de la sonorité pour s'enfoncer dans le monde primaire d'actions viles et charnelles. Cette femme, c'est Eurydice retrouvée, et devenue une créature bestiale devant laquelle Orphée s'épuise en chants surhumains destinés à recréer l'harmonie initiale. Déçu et effrayé par l'immonde Eurydice, il brise sa lyre et s'enfuit sans se retourner.

C'est ainsi qu'Orphée concrétise « le désir d'entendre et d'être entendu ; la puissance de vivre et de créer dans la sonorité »[32]. C'est ce que l'on nomme « les pouvoirs orphiques » qui permettent de fuir, grâce au miracle du son, les sensations primales de la vue et du toucher. Il existe des êtres, que l'auteur baptise des « Orphées », qui peuvent ainsi faire éclater les limites humaines et aussi des « Eurydices » qui, comme la femme de son ami André, s'engluent dans la plus noire matérialité. L'auteur en vient ainsi à s'interroger sur l'existence d'un monde parallèle qui serait celui des sons : « On affirmerait alors : la matière, c'est du bruit, le néant c'est le silence... »[33]

On voit comment cette conception presque exclusivement sonore du mythe d'Orphée va intéresser Debussy au point de souhaiter collaborer à un drame lyrique, *Orphée-roi,* qu'il approuvera et corrigera.

Le drame de Ségalen semble appeler la musique : les répétitions, les échos, les duos, la brièveté des répliques et des scènes le rattachent à la forme de l'opéra. De même, les instruments de musique : lyre, cithare, tétracorde et les chants redisent qu'il s'agit de s'interroger sur le chant et son pouvoir.

C'est le chant d'Orphée qui ouvre le premier tableau, chant qui fascine et qui conduit trois hommes : le prêtre, le guerrier et le vieillard à rechercher sa compagnie et à le proclamer roi. En effet, Orphée a été désigné par un oracle pour régner sur la Thrace.

> Le Prêtre :
> — Celui-là domptera le peuple des montagnes. Celui-là, chanteur-dans-la-nuit, qui voit de toutes ses oreilles et entend la vue de ses yeux[34].

Mais Orphée est un homme étrange qui ne répond pas aux attentes de ceux qui veulent le couronner. Il ne prononcera qu'une seule parole avant la scène II et c'est son nom. Il y a entre le monde des hommes, brutal et avide, et Orphée d'un raffinement farouche, une distance infranchissable. Seule la voix d'Eurydice saura charmer le musicien. C'est en effet par le biais de la voix que se transmet le pouvoir de celui qui ne fait que chanter :

> La Ménade :
> — Je le guette chaque nuit. Il passe là-bas toutes les nuits au bord du fleuve en chantant toujours suivi d'elle.
> Il s'arrête, il s'allonge au bord du fleuve et la caresse d'une voix si puissante et si douce que toute femme envierait d'être là-bas étendue auprès de lui[35].

Mais Orphée suscite à la fois le désir et l'envie et bientôt retentissent les insultes :

> Le guerrier :
> - Me taire ! Toujours me taire ! Pourquoi me tairais-je devant lui ? Est-ce un homme, est-ce un roi, qui n'a pour besogne que les jeux de son gosier ?[36]

Même Eurydice s'étonne de l'étrangeté d'Orphée qui ne répond pas à son amour comme le feraient les autres hommes. Orphée trouve dans le vieillard (le père d'Eurydice) le seul interlocuteur qui le comprenne.

> Le vieillard :
> — C'est que Lui n'est personne, et non pas un dieu même ! (On l'aborderait avec bassesse et il répondrait aussitôt.)
> Non, non, ce n'est pas un dieu descendu. Ce n'est pas un dieu ressuscité.
> Il n'a pas vécu parmi les hommes d'autrefois. Il semble éternellement étonné de vivre au ras des hommes d'aujourd'hui.
> Et il n'a point d'âge, si ce n'est, vraiment, à venir. Les années qui nous mènent ne peuvent pas se dénombrer pour Lui.
> — Voilà qui doit te consoler, toi, petite fille des ravins, toute nue, toute ignorante,
> — Il t'a choisie, il t'a suivie, il t'accueille parfois en sa couche,
> — Il te comble d'une grâce inespérée, — mieux que dans l'histoire que tu chantes, de Sémélé-la-Bienheureuse que daigna réjouir le Grand Dieu...[37]

Cependant, pour suivre Eurydice, Orphée devra abandonner son pouvoir et se lamentera sur la perte de sa puissance et de sa solitude. Eurydice saura l'amener à évoquer le mystérieux monde sonore dont il est issu. Jetant un cri de puissance, Orphée communiera avec Eurydice dans l'éclatante sonorité. C'est alors qu'Eurydice extasiée quitte son apparence terrestre pour les Enfers. Orphée s'engouffre dans les Enfers pour n'y trouver qu'une forme vide, sans harmonie, qui n'est plus celle qu'il aimait :

> Orphée (hésitant) :
> — Quoi ! Tu fais des signes...comme une femme ! Tes pieds s'enlisent dans la boue... ta main est souillée... Arrache-toi de la fange !
>
> La Ménade :
> — C'est ma demeure ! C'est mon Palais à moi !
> J'aurai le sort même de l'Autre.
> Je l'enviais là-bas, toutes les nuits au bord du fleuve,
> Je veux aussi... Chante ! Tu es redoutable à ceux qui t'aiment.
> Tu es puissant[38].

Un instant séduit, Orphée repousse les avances de la Ménade pour suivre la voie de la lyre. Vengeant leur maîtresse outragée, les ménades le saisissent et le dépècent. Il ne reste qu'une lyre et une voix qui poursuit son chant triomphant.
Plusieurs traits symbolistes peuvent frapper à la lecture de ce beau drame. D'abord, c'est l'influence dans le choix des couleurs et des décors, des peintures de Gustave Moreau. Orphée-roi couronné ruisselle de pierreries comme dans les tableaux de Moreau. De même, le symbole de la lyre et la révélation du monde

sonore s'inspire directement du flamboyant tableau *Jupiter et Sémélé* de Moreau. Les noces mystiques d'Orphée et d'Eurydice renvoient à la fusion du principe mâle et du principe femelle enfin réconciliés : la femme se dépouille de son apparence terrestre, l'homme révèle sa puissance. Spirituellement unis en un mariage sacré : l'homme, la femme, la terre et le ciel, la matière et l'Idéal et aussi la poésie, la musique et la peinture.

> Le grand Mystère s'accomplit, toute la nature est imprégnée d'idéal et de divin, tout se transforme. (...) C'est une ascension vers les sphères supérieures, une montée des êtres épurés, purifiés vers le Divin... (...) Sémélé, pénétrée des effluves divins, régénérée, purifiée par le Sacre, meurt foudroyée et avec elle le génie de l'Amour terrestre, le génie aux pieds de bouc[39].

Ainsi Gustave Moreau décrit-il son tableau. Mais l'instant unique de la fusion ne saurait durer. L'harmonie se solde par la souffrance et la mort.

C'est aussi le destin tragique d'Orphée, qui s'inscrit dans les épopées du héros poursuivi par la haine et l'incompréhension des hommes. C'est encore Eurydice, pâle amoureuse, qui s'épuise à comprendre Orphée, cherchant à l'entraîner dans le monde des hommes puis s'abandonnant à la belle et terrible évocation qui causera sa mort.

En digne admirateur de Moreau, Segalen reprendra à son compte l'idée du combat entre un principe masculin et un principe féminin. La femme est attachée au réel, le poète, au contraire, s'évade de la matière pour s'éloigner vers les sons. Ségalen dira : « L'Inventé, c'est le Blanc-Mâle, le souffle aux milliers de couleurs. Le réel sera le Noir. Féminin, masse de nuit. Le réel m'a paru toujours très femme. La femme m'a paru toujours très « réel ». La matière est femme... »[40]

Mais surtout Orphée, être d'un au-delà à définir (qui serait celui de l'univers impalpable des sons) traverse de son indifférente présence le monde des hommes, ne laissant dans son sillage qu'un chant qui ouvre et clôt le drame. Ce chant est finalement son seul langage puisque c'est à travers lui que se révèlent son amour et son pouvoir.

Orphée est l'homme au-dessus des autres (incarnés par le guerrier et le prêtre qui ne peuvent concevoir une vie consacrée à l'art et à la beauté), sacré roi, mais dont les pouvoirs ne s'accordent pas avec un monde humain.

■ *Le bestiaire ou le cortège d'Orphée* de G. Apollinaire (1919)

Apollinaire consacra à Orphée un petit recueil *Le bestiaire ou le cortège d'Orphée* dédié à Elémir Bourges, l'auteur du *Crépuscule des dieux*. La disposition de cette œuvre, parue en 1919, est curieuse, plusieurs courts poèmes de quatre vers se succèdent, ayant tous un emblème animalier : la tortue, la chèvre du Tibet et autres animaux. Ils s'intercalent à intervalle irrégulier avec quatre poèmes intitulés « Orphée ». C'est d'ailleurs un de ces poèmes au thème récurrent qui ouvre le recueil :

> Orphée :
> — Admirez le pouvoir
> Et la noblesse de la ligne :
> Elle est la voix que la lumière fit entendre
> Et dont parle Hermès Trismégiste en son Pimandre[41].

Les poèmes sont suivis de commentaires de l'auteur, qui éclairent la signification parfois énigmatique de certains vers. Ainsi nous renseigne-t-il sur Orphée.

> Orphée était natif de la Thrace. Ce sublime poète jouait d'une lyre que Mercure lui avait donnée. Elle était composée d'une carapace de tortue, de cuir

collé à l'entour, de deux branches, d'un chevalet et de cordes faites avec des boyaux de brebis. Mercure donna également de ces lyres à Apollon et à Amphion. Quand Orphée jouait en chantant, les animaux sauvages eux-mêmes venaient écouter son cantique. Orphée inventa toutes les sciences, tous les arts. Fondé dans la magie, il connut l'avenir et prédit chrétiennement l'avènement du SAUVEUR[42].

Donc, c'est l'Orphée-mage qu'Apollinaire sollicite ainsi que le maître des animaux et du chant. Le personnage d'Orphée assure l'unité de tous les animaux emblématiques auxquels il s'adresse constamment :

> Le poulpe :
> — Jetant son encre vers les cieux
> Suçant le sang de ce qu'il aime
> Et le trouvant délicieux,
> Ce monstre inhumain, c'est moi-même[43].

Orphée le poète tente de cerner son univers au milieu de créatures mystérieuses dont le monde est peuplé. Cette version assez fantaisiste du mythe d'Orphée nous rappelle qu'Apollinaire aime jouer avec les mythes en leur apportant des éléments assez inattendus.

**

La représentation du mythe d'Orphée chez les symbolistes a le mérite de concrétiser l'idée longtemps poursuivie de l'unité des arts. En sollicitant les efforts conjugués des musiciens, des peintres et des écrivains, le mythe d'Orphée appelle à lui un groupe d'artistes qui veulent recréer la secte originelle des adeptes de l'Orphisme. Moreau déclarera : « L'art doit élever, ennoblir, moraliser ; oui, moraliser ; malgré ce que dit Gautier, l'art peut conduire à la religion. »[44]

Le mythe incarne bien la recherche du Beau par le poète. Créateur de l'univers des formes, du monde sonore, Orphée manifeste l'alliance de tous les arts en éveillant à des capacités humaines insoupçonnées. Mais, en même temps qu'il est sacré magicien, Orphée s'isole du monde des hommes et confirme sa solitude.

NOTES

(1) P.S. Ballanche, *La ville des expiations*, Paris : Les Belles Lettres, 1926.
(2) W.K.C. Guthrie, *Orpheus and greek religion*, New York : Norton company, 1966.
(3) Cité par J.P. Reverseau, « Pour une étude du thème de la tête coupée », *Gazette des Beaux-Arts*, 1972, pp. 173-184.
(4) J. Laforgue, *Mélanges posthumes, Œuvres complètes*, Paris : Mercure de France, 1902-1903, p. 188.
(5) S. Mallarmé, « Autobiographie », *Œuvres complètes*, Paris : Gallimard, 1945, p. 663.
(6) S. Mallarmé, « L'art pour tous », *Œuvres complètes*, p. 257.
(7) *Idem*, p. 259.
(8) E. Schuré, *Les grands initiés*, Paris : Perrin, 1960, p. 222.
(9) *Idem*, p. 225.
(10) *Ibid.*, p. 228.
(11) *Ibid.*, p. 232.
(12) *Ibid.*, p. 234.
(13) *Ibid.*, p. 237.
(14) *Ibid.*, p. 242.
(15) *Ibid.*, p. 256.
(16) *Ibid.*, p. 259.
(17) P. Valéry, « Eros », *Cahiers*, Paris : Gallimard, 1974, t. 2, p. 410.
(18) P. Valéry, « Album de vers anciens », *Œuvres*, Paris : Gallimard, 1957, t. 1, p. 77.

(19) *Idem*, p. 76.
(20) *Ibid.*
(21) *Ibid.*, p. 77.
(22) *Ibid.*, p. 76.
(23) « Variété », *Œuvres*, p. 654.
(24) Cité par A. Joly-Ségalen et A. Schaeffner, dans V. Ségalen, *Orphée-roi*, Monaco : du Rocher, 1961, p. 39.
(25) V. Ségalen, Orphée-roi, Ségalen et Debussy, textes recueillis et présentés par Annie Joly-Ségalen et André Schaeffner, Monaco : du Rocher, 1961, p. 67.
(26) Idem, p. 69.
(27) *Ibid.*, p. 141.
(28) *Ibid.*, p. 142.
(29) *Ibid.*, p. 13
(30) *Ibid.*
(31) *Ibid.*, p. 205.
(32) *Ibid.*, p. 207.
(33) *Ibid.*, p. 213.
(34) *Ibid.*, p. 243.
(35) *Ibid.*, p. 256.
(36) *Ibid.*, p. 258.
(37) *Ibid.*, p. 280.
(38) *Ibid.*, p. 321.
(39) Commentaires de Gustave Moreau, cité par J. Pierre, *Gustave Moreau*, Paris : Hazan, 1971, pp. 128-130.
(40) V. Ségalen, *Equipée*, cité par E. Kushner, *Le mythe d'Orphée dans la littérature française contemporaine*, Paris : Nizet, 1961, p. 147.
(41) G. Apollinaire, *Le bestiaire ou le cortège d'Orphée*, Paris : Gallimard, 1977, p. 145.
(42) *Idem*, p. 175.
(43) *Ibid.*, p. 164.
(44) G. Moreau, cité par J. Pierre, *Gustave Moreau*, p. 132.

CHAPITRE V

LE MYTHE DE NARCISSE

1) Les origines

S'il est un personnage mythologique qui devait incarner tous les désirs des symbolistes c'est bien celui de Narcisse. Et il le fait en partie puisqu'on trouve un certain nombre d'évocations de ce personnage mythique, mais évocations en pointillé, ténues, ne donnant pas lieu (sauf chez Valéry) à une œuvre majeure.

Narcisse, on s'en souvient, tient son nom de la fleur du narcisse. On sait que cette fleur est associée à la mort en raison de ses vertus soporifiques, aux effets semblables à ceux de la mort. Ainsi le lien étymologique entre les mots grecs : narcisse et narcotique ont été assez tôt observés. Une étymologie populaire suggérée par Plutarque met en relation la fleur de narcisse avec narcose (du grec narkosis) en raison de l'effet calmant du narcisse. Quant à Mallarmé, dans *Les dieux antiques* il relève la parenté de Narcisse avec « le mutisme ou la surdité du profond sommeil »[1], montrant qu'il est sensible à cette relation.

La personnification de la fleur s'est développée probablement à partir de légendes populaires : après sa mort, Narcisse se dissout et réapparaît sous l'aspect de la fleur qui porte son nom. Un contemporain d'Ovide raconte que Narcisse causa le suicide d'un certain Ameinias parce qu'il avait refusé de l'aimer. Quand Narcisse se mira dans l'eau d'une source, il devint, d'une étrange façon, amoureux de lui-même. Plus tard, Narcisse se suicidera. Une autre version peint Narcisse affligé par la mort de sa sœur jumelle, il croit la reconnaître dans l'onde d'un ruisseau, s'y penche et se noie en essayant de l'atteindre. Ces légendes serviront de point de départ au récit plus détaillé d'Ovide dans les *Métamorphoses*.

Certaines données, introduites par le texte d'Ovide, seront reprises par les poètes symbolistes. Ce sont notamment les thèmes conjugués de l'eau et de la fleur. Le paysage autour de la rivière où Narcisse se noie, devient un piège visuel qui va peu à peu se refermer sur lui : paysage aride, entièrement dominé par la menace de l'eau qui attire comme un miroir.

L'admirable beauté de Narcisse ainsi que sa complète froideur offrent d'autres caractéristiques que les poètes sauront exploiter. Narcisse séduit les hommes et les femmes, mais personne ne peut l'émouvoir. Le comparant à une statue, Ovide le montre devenant spectateur éperdu de ses propres formes. Ceci renvoie évidemment à la conception antique du processus amoureux qui consistait pour les anciens, selon un mécanisme décrit par K.J. Knoespel[2], à tomber amoureux d'un reflet de soi-même. L'idée que Narcisse se confond lui-même en étant incertain de l'objet de sa passion amène à se poser la question : aime-t-il lui-même ou son image ?

On voit comment la légende de Narcisse apporte déjà tout un commentaire sur le narcissisme qui ne pouvait qu'arrêter l'attention et faire réfléchir. Comme Œdipe, Narcisse incarne un interdit : celui de ne pas aimer l'autre mais soi-même et de commettre ainsi l'inceste suprême : être à la fois le je et le toi. Interdit grave et ambigu dont les limites ne sont pas nettes.

2) Les Narcisse symbolistes

Narcisse appartient à une certaine atmosphère symboliste : c'est ce que Jean Lorrain dans *Narcissus* et Iwan Gilkin dans *Narcisse* sentiront.

Dans son recueil : *L'ombre ardente* (1897), Jean Lorrain évoque Narcisse. Peint sous les traits conventionnels du « blond éphèbe », le héros évolue dans un cadre évocateur : celui d'un univers froid où règne le factice. Les accessoires fameux du décor symboliste s'y retrouvent : « les lys vénéneux », « les parfums mourants des vagues encensoirs », « les lys noirs »[3].

Jean Lorrain cultive ce qui, a ses yeux, représente le mieux Narcisse : l'antithèse de l'amour et de la haine, de la vie et de la mort, de la passion brûlante et de l'indifférence. Ainsi le dernier tercet :

> Et, descendu vivant dans l'horreur de mon être,
> J'ai savouré l'étrange et suave bonheur
> De pouvoir me haïr, ayant pu me connaître[4].

Les adjectifs fanés : « douces », « mourants », « vagues », « vains », jouent leur rôle et le visage de Narcisse s'estompe doucement. Jean Lorrain reprendra dans *Narkiss* le thème du jeune homme glacé.

Il semble que le poète belge Iwan Gilkin suive, dans son recueil *La Nuit* (1897), le même mouvement. On y retrouve « des narcisses fiers mourants dans des vases » et la pose alanguie de l'éphèbe. Le poète exalte la beauté charnelle d'un adolescent :

> Un frêle adolescent nu, seize ans à peine,
> Longs cheveux d'or bouclés, visage adorable,
> Bouches aux ailes de feu frôlant l'impalpable,
> Contemple sa beauté candide et sereine[5].

Tout est placé sous le signe de la blancheur et de l'enfance puisque Narcisse pratique avec candeur l'art de se contempler. C'est encore ainsi que P. Bourget l'évoque dans un poème publié dans la revue *La Vogue* en 1886 :

> Je comprends mieux, ô blancs narcisses parfumés,
> Le cher conseil qu'avec votre bouche muette
> Vous donnez tendrement à l'âme du poète :
> Vous lui dites d'aller, cueillant dans son esprit
> Chaque blanche pensée alors qu'elle fleurit,
> Pour en faire un bouquet aux arômes suaves...[6]

D'autres œuvres ont toutefois donné plus d'importance au mythe de Narcisse. Nous nous pencherons sur une œuvre de jeunesse de A. Gide, *Le traité du Narcisse*, sur *Eleusis, causeries sur la cité intérieure* de C. Mauclair, et sur une nouvelle de J. Lorrain, « Narkiss », œuvres qui ont le mérite de mettre en scène de façon plus approfondie la figure de l'éphèbe.

■ *Le traité du Narcisse* d'A. Gide (1891)

Une des premières œuvres d'A. Gide, à l'époque de son engouement pour le Symbolisme, est *Le traité du Narcisse*. On peut se demander pourquoi le jeune Gide s'est intéressé tout particulièrement à ce mythe. La réponse est dans le texte lui-même : Narcisse sera le poète chargé de regarder puis de recomposer le monde autour de lui.

Si l'écrivain trouve dans la fable une illustration de sa condition de poète, c'est que Narcisse, le jeune homme idéal de la fable, offre une image valorisante à celui qui, à l'époque, se sent différent des autres. Narcisse épouse donc bien l'état idéal de l'artiste qui répond à sa vocation de contemplateur des formes.

Le symbole du miroir ondoyant associé au mythe sollicite l'écrivain en lui offrant l'image de l'œuvre d'art miroitante, vivant d'une existence indépendante. Le mythe de Narcisse permet probablement à l'écrivain de révéler une esthétique qui doit beaucoup au Symbolisme : « Nous vivons pour manifester. Les règles de la morale et de l'esthétique sont les mêmes : toute œuvre qui ne manifeste pas est inutile et par cela même, mauvaise »[7]. Cette profession de foi procède de l'exemple de Mallarmé. S'abstraire du monde pour créer, s'oublier au profit de l'œuvre douée seule de vie, voilà des idées héritées du Symbolisme et que *Le traité du Narcisse* exploite avec conviction.

Le mot même de traité nous invite à voir un exposé théorique du mythe. En effet, le texte redit par trois fois que « les mythes d'abord suffisaient »[8] et que les livres viennent inutilement apporter des commentaires qui sont autant de profanations du mythe sacré. Le texte commence comme une histoire mais trouve des prolongements explicatifs. Gide ne prétend pas éclairer le mythe d'un jour nouveau : « Vous savez l'histoire. Pourtant nous la dirons encore »[9].

Narcisse part à la recherche de son image. Il trouve enfin « le fleuve du temps »[10] qui lui offre la contemplation du présent : les objets passent et le fuient, comme à la recherche d' « une forme première perdue, paradisiaque et cristalline »[11]. Déçu par les formes qu'il saisit, Narcisse s'échappe en rêvant au Paradis, lieu mythique où naît chaque forme, unique et nécessaire. Nous changeons alors de mythe : du mythe grec, nous sommes transportés au mythe biblique d'Adam et Eve. Au Paradis, Narcisse voit le temps immobile du mythe : sans passé ni futur, les choses existent dans un éternel présent.

Adam, comme Narcisse, contemple la perfection de l'Eden et s'en lasse. Son inaction, son absence d'intervention sur le monde lui pèsent : « Car c'est un esclavage enfin, si l'on n'ose risquer un geste, sans crever toute l'harmonie »[12]. Et Adam accomplit d'un simple geste du doigt, en brisant un rameau de l'arbre du savoir, le bouleversement du monde immobile : « ... Une imperceptible fissure d'abord, un cri, mais qui germe, s'étend, s'exaspère, strident, siffle et bientôt gémit en tempête »[13]. Le temps, puis la femme et la race humaine apparaissent, qui entraîneront le monde dans sa course.

Narcisse, comme le poète, est celui qui peut ressusciter le paradis perdu puisqu'il fait partie de ceux « qui recueilleront pieusement les feuillets déchirés du Livre immémorial où se lisait la vérité qu'il faut connaître »[14] Chargé de retrouver le paradis qui « demeure sous l'apparence »[15], le poète dégage la forme essentielle de sa forme transitoire, l'archétype, mais lorsqu'il croit l'avoir saisie, tout est déjà à recommencer.

Gide met en évidence une dynamique du mythe et du travail poétique : le mythe est là qui interpelle et au moment où il va livrer son mystère, « tout est à refaire, à refaire éternellement »[16]. Gide y adjoint l'idée que l'artiste risque, au lieu de manifester l'idée sous la forme, de ne manifester que lui-même. Au contraire, le poète doit rechercher « l'archétype des choses »[17] pour parvenir à évoquer le Paradis où la forme unique est cristallisée. Le travail du poète, accompli dans un silence et un recueillement religieux, consiste à effacer les apparences pour redonner « une forme éternelle »[18] aux choses.

C'est donc par l'évocation du Paradis que Narcisse et le poète se rejoignent. Tous deux ont perçu le monde comme une illusion et ont compris la mission plus élevée qui leur était destinée : « contempler »[19].

> Grave et religieux, il reprend sa calme attitude : il demeure — symbole qui grandit — et, penché sur l'apparence du Monde, sent vaguement en lui, résorbées, les générations humaines qui passent[20].

Le traitement du mythe de Narcisse dépasse ici la simple identification du poète à Narcisse pour s'enrichir de notions qui seront à la base de la conception littéraire d'A. Gide.

■ *Eleusis, causeries sur la cité intérieure* de C. Mauclair (1894)

Le mythe de Narcisse est utilisé par Mauclair comme symbole de l'incarnation de l'idée. Loin de n'être qu'une représentation de la beauté physique, le destin du héros sert de tremplin à une méditation sur le vivant.

C'est ainsi que Mauclair nous peint Narcisse, jeune pâtre grec, en train de découvrir les ressources infinies de la beauté : « Il aime en son corps le symbole de lui-même, il se devine une Fin supérieure à ce corps, il se connaît : une Idée incarnée »[21].

Narcisse n'est plus le héros fade et vaniteux que la poésie symboliste s'obstine à représenter. Il est le refuge d'une idée plus haute et d'une vérité spirituelle. Car Narcisse, être idéal par son corps et sa beauté, joue sur le reflet renvoyé par le miroir. En se regardant, Narcisse se débarrasse de son corps, dépouille charnelle, et atteint la beauté spirituelle :

> Le miroir devant lequel il se place, ou, si l'on veut, la vie, réfléchit son image et bien qu'apparemment semblable, la lui renvoie modifiée, débarrassée en effet de sa réalité sensorielle et devenue purement idéale[22].

C'est finalement par le biais de la réflexion du miroir que Narcisse invite à relire le mythe comme vision métaphysique. Pour Mauclair, le mythe de Narcisse est un mythe « extraordinaire et profond »[23]. Le mythe devient ainsi un moyen de parvenir à la divinité. Narcisse n'est autre que l'ébauche de Dieu : « Narcisse, symbole de soi-même, aimant tout en soi-même, unissant toute connaissance en toute conscience, est l'ébauche visible de Dieu. »[24].

C'est ainsi que, pour Mauclair, le mythe de Narcisse est « la légende de Jésus païen »[25]. Comme Schuré qui donnait à Orphée le visage du Christ, Mauclair accorde à Narcisse les attributs d'un dieu de l'esprit. Négligeant sa beauté et son orgueil puni dans la légende grecque, il s'attache à montrer la parenté de Narcisse et du dieu des chrétiens : « Narcisse et Jésus sont frères »[26] déclare-t-il.

Il faut y voir non seulement un désir de réhabiliter la légende mais aussi une volonté de trouver à la fable un sens qui, tout en n'altérant pas les données, converge à l'apologie du spirituel. On conçoit que Mauclair, parti sur cette lancée, puisse sans mal assimiler le poète à Narcisse.

> Le poète, ayant conçu les vérités qui demeurent derrière les formes, noue en un geste de grâce et de rythme les innombrables relativités des formes (...). Puis, ingénu, il se penche sur le fleuve des tumultueuses apparences qui s'enlacent, étincellent, chantent furtivement : et il contemple en cette onde courante son image immobile[27].

L'image renvoyée par le miroir est donc celle de l'artiste lui-même qui, en contemplant leur reflet, fait œuvre solitaire et sacrée.

■ « *Narkiss* » de Jean Lorrain (1902)

Paru dans le recueil *Princesses d'ivoire et d'ivresse*, le conte « Narkiss » est l'évocation d'un autre adolescent : le Narcisse égyptien, au tragique destin. Dans ce conte, Lorrain tente de s'éloigner doublement du mythe grec. D'abord en rappelant brièvement le texte d'Ovide puis en recensant les nombreuses images de Narcisse qui témoignent de l'engouement de ce mythe à travers l'Europe.

> Ce Narcisse-là, c'est celui du dictionnaire de la Fable et des *Métamorphoses* d'Ovide, le frêle et blême adolescent dont tous les musées d'Allemagne et d'Italie et jusqu'à notre Luxembourg possèdent, sculptées ou peintes, l'attendrissante image et les grâces fragiles, faites de charme androgyne et de langueur poitrinaire[28].

Aussi Lorrain souhaite-t-il se démarquer des images antérieures pour présenter l'histoire de Narkiss, prince égyptien. Cette histoire s'impose à lui par le biais d'une description foisonnante de fleurs, description qui sous-tendra tout le texte, puisque Narkiss est, lui-même, la plus belle et la plus dangereuse des fleurs.

Narkiss, petit-fils d'Isis, est un enfant d'une prodigieuse beauté, étroitement surveillé par sa mère qui souhaite le voir un jour régner sur l'Egypte. Mais l'enfant est enlevé par des prêtres jaloux qui l'enferment dans un sanctuaire. L'enfant doit être choyé mais aussi modelé à leur image pour devenir, entre les mains des prêtres, un instrument de pouvoir. Narkiss grandit ainsi dans ce lieu clos, à l'écart de la laideur, préservé des contacts impurs, paré comme une idole. Jean Lorrain s'attarde dans des descriptions méticuleuses de parures et de joyaux, un monde factice qui contient tout entier l'univers du prince oisif.

> Mince et souple avec de droites épaules et une taille étroite, il s'effilait aux hanches pour s'épanouir au torse et portait aux aines le signe de la lyre ; il était la Grâce et la Force. Tressés de perles oblongues et d'algues bruissantes, trois pendentifs coulaient de sa ceinture, tous trois d'inégale longueur. A ce pagne mouvant, d'instinct, il ajoutait des brindilles de feuilles et des fleurs et, quand, ainsi vêtu de joyaux bougeurs et de pétales humides, il faisait halte au crépuscule sur une des plates-formes ruinées des temples pour respirer le vent et contempler les sables que la nuit faisait bleus comme la mer, toute l'oasis tressaillait des racines des vieux arbres et, pour ce front d'enfant, l'haleine des solitudes s'élevait plus vivace, devenue le vent du large, comme pour saluer un jeune dieu du désert[29].

Narkiss, être au sexe hésitant ne peut être saisi qu'à travers une fourmillante description de bijoux, de fleurs et de sensations baroques. En effet, le but de l'éducation des prêtres est d'amollir le prince pour qu'il devienne entre leurs mains un jouet malléable. Aussi devient-il un être de somnolence et de désir, d'oisiveté et d'inconstance. Il s'agit de lui ôter toute énergie en supprimant les spectacles violents, l'exercice et surtout la contemplation de sa propre personne. Ainsi se construit peu à peu un personnage d'inspiration nettement décadente : un être nerveux et secret, aimant « le parfum des fleurs, l'odeur des fards et des essences, l'éclat des gemmes rutilantes et l'humidité froide des grands lotus charnus. »[30]

Son destin, on s'en doute, ne peut être que tragique. Franchissant l'enceinte d'un temple interdit, il arrive sur un lieu de sacrifices animaux et humains et voit le Nil pestilentiel charriant encore des cadavres. Il s'ouvre alors à la révélation de sa propre beauté en se contemplant dans les eaux sanglantes.

> Dans un jaillissement éperdu de tiges, de feuilles et d'ombelles, c'étaient le rut, la fièvre de sève, le grouillement de vie, la fermentation de germe et la menace

épanouie d'une végétation exaspérée, surchauffée, triomphante, gigantesque et hostile... des fleurs plus grosses que des régimes de dattes, des plantes plus hautes que des palmiers ; des végétaux translucides, comme gonflés d'une sève lumineuse, des transparences d'aigue-marine et de jade et des enroulements de serpents aboutissant à des fusées de corolles et de pétales, à des retombées de pluies d'étoiles ; des champs entiers de papyrus éclaboussés de morceaux d'astres, des calices inconnus de forme et de couleur, d'une rigidité de métal, d'autres ronds et blancs, bouton de merveilleux lotus pareils à des œufs d'autruche et nimbés de feuilles énormes ; tout cela se tordait, se cambrait, s'échevelait, s'enlaçait, s'étouffait, se joignait pour se fuir, se fuyait pour se joindre, figé dans la netteté d'une découpure de bronze sur la pâle étendue de mornes marécages, apparus sous la lune comme un miroir d'argent[31].

Au terme de cette progression, Narkiss découvre son reflet dans l'eau du Nil (ou plutôt une créature amie qui lui est destinée) et mourra « asphyxié par les exhalaisons putrides du marécage... »[32]

Tel le héros de l'histoire, le lecteur souffre à son tour de l'asphyxie dont Narkiss est la victime. Jean Lorrain ne nous épargne ni les détails pittoresques, ni les tournures exotiques et il semble en effet que du foisonnement des mots rares et des adjectifs recherchés émanent des vapeurs pernicieuses.

L'histoire est mince et sert d'axe conducteur à un délire stylistique dont Lorrain est friand. Il n'en reste pas moins que certaines descriptions de fleurs vénéneuses sont fort belles. Narkiss est un personnage décadent : passif, paré comme une idole, amoureux de sa propre image, voilà des qualités dont bon nombre d'esthètes souhaitent se parer. Une fois de plus, Narcisse est moins un personnage qu'un effet de style sur lequel nous aurons l'occasion de nous pencher.

3) Les Narcisse de Paul Valéry

Narcisse occupe une place importante dans l'œuvre de Valéry. La quête de soi et le désir de trouver des langages nouveaux nous valent une série de poèmes : « Narcisse parle » en 1891, suivi de « Fragments du Narcisse » (1919-1922) et d'une œuvre bien ultérieure au symbolisme : « Cantate du Narcisse » (1939). Nous nous préoccuperons surtout des deux premières œuvres citées, d'une veine plus directement inspirée par le mouvement qui nous occupe.

On sait qu'entre les deux Narcisse, l'adolescent timide a commencé à livrer au public ses réflexions grâce à des écrits tels que *Introduction à la méthode de Léonard de Vinci* (1895) et surtout *La soirée avec monsieur Teste* (1896), ainsi que son célèbre poème « La jeune Parque » (1917).

On sait aussi, de l'aveu même de Valéry, que tous les poèmes se rapportant à Narcisse procèdent en quelque sorte du premier de ces poèmes : « Narcisse parle ». Valéry s'en est expliqué dans une conférence donnée à Marseille en 1941, « Sur les Narcisse » :

> Ce thème de Narcisse que j'ai choisi, est une sorte d'autobiographie poétique qui demande quelques petites explications et indications (...) (Valéry explique alors son intérêt pour ce parc de Montpellier dans lequel reposeraient les restes de Narcissa, fille du poète Young.) Pour moi, ce nom de Narcissa suggérait celui de Narcisse. Puis l'idée se développa du mythe de ce jeune homme, parfaitement beau, ou qui se trouvait tel dans son image. J'écrivis en ce temps-là un tout premier Narcisse, sonnet irrégulier, et origine de tous ces poèmes successifs[33].

Il ajoutera son intention de publier un recueil des divers Narcisse et « d'en faire un livre aussi beau par la forme et par la substance que ce misérable adolescent croyait de l'être. »[34]

■ « *Narcisse parle* »

Premier poème d'une longue série, « Narcisse parle » est reconnu par son auteur comme un spécimen de la poésie symboliste qu'il admirait alors, puisqu'il s'avouait profondément influencé par les poètes qu'il appelle « dérivés de Baudelaire »[35]. Toutefois, le jeune Valéry n'est guère satisfait de son travail et le trouve « bien inférieur au personnage rêvé »[36]. Il y a là une étrange parenté avec l'obsession de Mallarmé pour une « Hérodiade » cent fois remise sur le métier et jamais tout à fait parfaite. On reste rêveur devant les critiques que Valéry formule à propos de ses Narcisse. En tout cas, nous noterons que si les influences symbolistes sont indéniables pour le premier Narcisse, elles s'estompent peu à peu pour laisser la place à une véritable création.

Paru en 1920 dans un recueil sévèrement sélectionné : *Album de vers anciens*, (1890-1900), le poème « Narcisse parle » est redevable à ses prédécesseurs symbolistes. L'article que Jean Bellemin-Noël a consacré à Valéry[37] signale des recoupements transparents : la lune de Laforgue, les bois bleus de Moréas, la glace de Mallarmé semblent s'y être donné rendez-vous. On y retrouve le lys, fleur si chère à Narcisse, les parfums, le choix éternel de la pose au bord de l'eau, mais le thème s'amplifie au moyen d'autres éléments d'un symbolisme plus riche : l'eau de la fontaine, « l'eau triste » qui reflète l'image de l'éphèbe nu et glacé et le miroir de la lune.

L'évocation de Narcisse se fait également de façon plus subtile : son corps n'apparaît que fractionné, incertain, comme mêlé aux éléments naturels, caché ou reflété par eux :

> Voici dans l'eau ma chair de lune et de rosée,
> O forme obéissante à mes yeux opposée !
> Voici mes bras d'argent dont les gestes sont purs !
> Mes lentes mains dans l'or adorable se lassent
> D'appeler ce captif que les feuilles enlacent,
> Et je crie aux échos les noms des dieux obscurs[38].

Ainsi Valéry fait lentement évoluer le personnage vers une image : Narcisse fait connaissance avec son corps tel qu'il est reflété par l'eau-miroir.

A travers Narcisse, Valéry se livre à une exploration, celle du verbe. Ce qui l'intéresse ce n'est pas seulement un bellâtre près d'une fontaine mais le drame intérieur de l'homme fractionné. De ce fait, les éléments naturels présents, s'associent à la méditation sans servir exclusivement de cadre enchanteur. C'est le portrait d'une âme qu'il propose. Un réseau d'images sous-tend le poème : l'eau-miroir et le thème du dédoublement se rejoignent pour former un écho.

> Je t'adore, sous ces myrtes, ô l'incertaine
> Chair pour la solitude éclose tristement
> Qui se mire dans le miroir au bois dormant[39].

Le titre même de « Narcisse parle » suggère que c'est bien d'une prise de conscience qu'il s'agit, le poème est en fait un dialogue avec lui-même :

> Adieu, reflet perdu sur l'onde calme et close,
> Narcisse... ce nom même est un tendre parfum
> Au cœur suave. Effeuille aux mânes du défunt
> Sur ce vide tombeau la funérale rose[40].

Narcisse parle et tout un langage narcissique se met en mouvement, langage du vide et de la vanité dans lequel se conjuguent la beauté et le double : « languir »,

« pleurs », « nu », « glacé » et aussi « frère », « reflet », « spectre », « présence », « image », « fiancé », « forme ».

■ « *Fragments du Narcisse* »

Mais c'est dans « Fragments du Narcisse » que Valéry approfondira le mythe de l'éphèbe. Signalons (à la suite de J. Bellemin-Noël) l'emploi de « du », (« Fragments du Narcisse », « Cantate du Narcisse ») que Valéry emploie désormais. C'est que Narcisse y est perçu non comme un être mais comme une fonction : c'est le narcissisme qui s'énonce et cherche à se définir.

On voit comment le choix de Narcisse, ce personnage vain qui ramène tout à lui par un procédé de regard en boucle, sert de prétexte à un principe sur lequel Valéry ne cesse de s'interroger : le Verbe. Narcisse est avant tout un langage de la vanité à approfondir, par trois fois et sans jamais atteindre une complète satisfaction, une quête du gouffre des mots.

En effet, le second poème consacré à Narcisse nous présente à la fois un même et autre Narcisse. C'est encore un monologue-dialogue où résonnent les « je » et les « me ». Sujets et objets s'affrontent et se rejoignent mais Narcisse, plus sûr de lui, énonce aussi ses étranges règles de vie. Il s'oppose aux amants infidèles et amers, se propose comme point de départ et d'arrivée du sentiment amoureux :

> Mais moi, Narcisse aimé, je ne suis curieux
>   Que de ma seule essence ;
> Tout autre n'a pour moi qu'un cœur mystérieux,
>   Tout autre n'est qu'absence[41]

Père, mère, époux et fils, Narcisse se complaît dans le dédoublement de toute chose et les termes d'affection qu'il se destine vont jusqu'à l'aveu :

> J'aime... J'aime !... Et qui donc peut aimer autre chose
> Que soi-même ?...
>   Toi seul, ô mon corps, mon cher corps,
> Je t'aime unique objet qui me défends des morts ![42]

Cette évocation de son amour (parfois très charnelle) s'éteint lorsqu'arrive la nuit. Comme dans « Narcisse parle », c'est la tombée de la nuit qui sépare les amants.

Valéry avoue avoir porté son effort non sur le sens du poème qui est clair mais sur la forme, sur ce qu'il appelle « L'harmonie même de la langue »[43]. Ainsi définit-il son entreprise :

> C'est la confrontation d'un homme tel qu'il se perçoit en lui-même, c'est-à-dire en tant que connaissance parfaitement générale et universelle, puisque sa conscience épouse tous les objets, avec son image d'être défini et particulier, restreint à un temps, à un visage, à une race et à une foule de conditions actuelles ou potentielles. C'est en quelque sorte l'opposition d'un tout à l'une de ses parties et l'espèce de tragédie qui résulte de cette union inconcevable[44].

Narcisse n'est donc certes pas vide d'idées mais c'est la perfection du style qui va traduire la métaphysique du mythe.

On a vu Narcisse se fractionner en mille images tremblantes comme le reflet de l'eau, on peut ajouter que, de façon très baroque, il subit aussi une métamorphose : baiser, corps, onde, Narcisse devient et se transforme au gré des éléments. Narcisse s'incarne dans toute chose au-delà de la dualité portée par tout le texte. A la transmutation du corps de Narcisse répond la métamorphose du jour en nuit :

> Bientôt va frissonner le désordre des ombres !

> L'arbre aveugle vers l'arbre étend ses membres sombres,
> Et cherche affreusement l'arbre qui disparaît...
> Mon âme ainsi se perd dans sa propre forêt,
> Où la puissance échappe à ses formes suprêmes...[45]

Mélange de désir et d'élan, mais aussi d'horreur sacrilège, Narcisse est à la fois ardent et coupable. Son désir tend vers la réunion avec son image, symbolisée par le baiser final :

> O mon corps, mon cher corps, temple qui me sépares
> De ma divinité, je voudrais apaiser
> Votre bouche... Et bientôt, je briserais, baiser,
> Ce peu qui nous défend de l'extrême existence,
> Cette tremblante, frêle et pieuse distance
> Entre moi-même et l'onde, et mon âme, et les dieux !...[46]

Mais s'ajoute la crainte qui s'attache dans son esprit à son amour coupable et anormal. Notons à ce sujet les indications sur son monstrueux état. Apostrophant les esprits, il leur lance :

> Prenant à vos regards cette parfaite proie,
> Du monstre de s'aimer faites-vous un captif...[47]

Dans le délice de son image, Narcisse voit aussi le dépassement du normal : « amour curieuse », « l'horreur du feuillage écarté », « l'inquiet Narcisse », « Délicieux démon désirable et glacé ! ». Sa beauté transporte un autre délice, celui de l'interdit. Evoquant les amours humaines, il voit :

> Ces grands corps chancelants, qui luttent bouche à bouche,
> Et qui, du vierge sable osant battre la couche,
> Composeront d'amour un monstre qui se meurt...[48]

Qui d'autre que Narcisse lui-même, né d'humaines amours, peut ainsi se qualifier de « monstre qui se meurt » ?

L'attirance, l'osmose qu'il connaît ont aussi un goût de mort. La nuit qui tombe aveugle et tue le bel amant : elle transporte les angoisses de Narcisse : c'est la fin de son monde. Cette vision funèbre de trou qui happe l'image bien-aimée anéantit à la fois le rêve de Narcisse et Narcisse lui-même. Ainsi se répète chaque jour une communion désirée et à jamais impossible. Cette aspiration amoureuse toujours recommencée et toujours vouée à l'échec sera reprise à l'infini par l'auteur dans beaucoup de ses œuvres.

Impressions vertigineuses tournant autour d'un moi morcelé, voilà l'évolution que représente « Fragments du Narcisse ». Le fait que Valéry reprenne des morceaux entiers de son premier Narcisse en assure la parenté. En tout cas, ce deuxième poème davantage dégagé des modes symbolistes indique la voie que Valéry a choisie : atteindre à un vide révélateur de pureté. Narcisse n'est rien que la répétition d'un face-à-face dont le caractère instantané (son amour est brutalement scindé par l'arrivée de la nuit : « Et glisse entre nous deux le fer qui coupe un fruit ») pèse comme une fatalité :

> L'insaisissable amour que tu me vins promettre
> Passe, et dans un frisson, brise Narcisse, et fuit...[49]

Plus tardive, la « Cantate du Narcisse » présente moins d'intérêt pour nous qui voulons nous limiter aux œuvres inspirées du Symbolisme. Signalons seulement que Valéry, en approfondissant le thème, le charge de sous-entendus plus nettement freudiens, notamment la relation entre narcissisme et masochisme.

Fermement installée dans l'imaginaire de l'auteur, la figure de Narcisse s'épuise à évoquer sa propre substance. Mais Valéry, loin de nous offrir une clé de lecture, révèle dans ses écrits une espèce d'impuissance et de lassitude à s'expliquer :

> Mon intention fut, il y a quelques années de publier un recueil de mes vers sur Narcisse, et d'en faire un livre aussi beau par la forme et par la substance que ce misérable adolescent croyait de l'être. J'aurais écrit pour cet ouvrage une ou diverses pages où j'aurais expliqué ma métaphysique de ce mythe ; je veux dire quelque idée abstraite que j'en ai, qui ne paraît point dans ces vers et n'y peut paraître, et qui m'est venue en les faisant[50].

Quelques poètes ont vu en Narcisse l'éphèbe glacé, androgyne à l'amour unique, reflétant éternellement sa propre image. Souvent limité à la pose d'un ange fasciné par son visage, Narcisse s'affadit et renvoie à l'infini la figure passive de celui qui se contemple. En ignorant d'autres épisodes de la légende, certains artistes ont privilégié un mythe qui passe pour une éternelle ébauche.

D'autres écrivains, pourtant, ont montré que Narcisse fait corps avec son verbe, que le héros n'existe que par le regard ou la parole. Il prend alors le visage de l'artiste lui-même en quête de l'Idée. Le choix de Narcisse n'exprimerait-il pas alors la difficulté de l'artiste à se dégager de lui-même et de sa propre entreprise de création ? Narcisse demeure l'image du poète fouillant dans son propre imaginaire, se nourrissant de sa substance et répétant à l'infini sa fonction de créateur.

NOTES

(1) S. Mallarmé, *Les dieux antiques*, Paris : Gallimard, 1945, p. 1248.
(2) K.J. Knoespel, *Narcissus and the invention of personal history*, New York : Garland, 1985.
(3) J. Lorrain, « Narcissus », *Ames d'automne*, cité par B. Delvaille, *La poésie symboliste*, Paris : Seghers, 1971, p. 160.
(4) *Idem.*
(5) Iwan Gilkin, « Narcisse », *La nuit*, cité par B. Delvaille, *La poésie...*, p. 167.
(6) P. Bourget, « Narcisse », *La Vogue*, nos 1-2, 1886.
(7) A. Gide, « Le traité du Narcisse », *Romans*, Paris : Gallimard, 1961, p. 8.
(8) *Idem*, p. 3.
(9) *Ibid.*
(10) *Ibid.*
(11) *Ibid.*, p. 4.
(12) *Ibid.*, p. 6.
(13) *Ibid.*
(14) *Ibid.*, p. 7.
(15) *Ibid.*
(16) *Ibid.*, p. 8.
(17) *Ibid.*, p. 9.
(18) *Ibid.*, p. 10.
(19) *Ibid.*
(20) *Ibid.*, p. 11.
(21) C. Mauclair, *Eleusis, causeries sur la cité intérieure*, Paris : Perrin, 1894, p. 16.
(22) *Idem*, p. 9.
(23) *Ibid.*, p. 10.
(24) *Ibid.*, p. 21.
(25) *Ibid.*
(26) *Ibid.*, p. 23.
(27) *Ibid.*
(28) J. Lorrain, *Princesses d'ivoire et d'ivresse*, Paris : UGE, 1979, p. 44.
(29) *Idem*, p. 45.
(30) *Ibid.*, pp. 51-52.
(31) *Ibid.*, p. 53.
(32) *Ibid.*, p. 55.
(33) P. Valéry, « Sur les Narcisse », *Œuvres*, Paris : Gallimard, 1957, p. 1557.

(34) *Idem,* p. 1662.
(35) *Ibid.,* p. 1558.
(36) *Ibid.,* p. 1559.
(37) J. Bellemin-Noël, « Le Narcissisme des Narcisses », *Littérature,* (6), 1972, p. 41.
(38) P. Valéry, « Narcisse Parle », *Œuvres,* p. 83.
(39) *Idem.*
(40) *Ibid.*
(41) « Fragments du Narcisse », p. 128.
(42) *Idem,* p. 129.
(43) « Sur les Narcisse », p. 1661.
(44) *Idem.*
(45) « Fragments du Narcisse », p. 129.
(46) *Idem.*
(47) *Ibid.,* p. 124.
(48) *Ibid.,* p. 127.
(49) *Ibid.,* p. 130.
(50) « Sur les Narcisse », p. 1662.

TROISIEME PARTIE

LECTURE PLURIELLE

LECTURE RHETORIQUE

AVANT-PROPOS

La lecture rhétorique que nous nous proposons d'entamer a pour but d'unifier par la linguistique la mythologie symboliste dont nous n'avons vu jusqu'ici que des figures mythiques hétérogènes. Les questions que nous devons nous poser sont les suivantes : quels mots sont utilisés pour désigner le mythe ? Quelles sonorités réapparaissent avec insistance ? Quelles formes recouvrent les mythes ? En effet, il nous a semblé que le pouvoir du mythe passe par la nature même du langage : « Mythe est le nom de tout ce qui n'existe et ne subsiste qu'ayant la parole pour cause »[1] admettra Valéry. Il ajoutera : « Mythe est toute chose qui est inséparable du langage et lui emprunte toutes ses vertus sans contrepartie »[2]. Tout nous invite à croire qu'une contamination a eu lieu, à l'époque symboliste, entre les référents utilisés pour désigner les mythes.

Nous appellerons « rhétorique » ou « poétique », selon la terminologie de Dubois[3], la discipline linguistique étudiant non seulement le champ de la figure mais aussi les formes du discours. Sans nous placer exclusivement sur le plan du signifiant (rappelons que selon la définition de Saussure[4], le signifiant désigne l'image acoustique seule et le signifié, le concept), nous soulignerons une « certaine forme du contenu »[5]. En effet, nous souhaitons parler du contenu justement parce que les symbolistes sont allés dans la direction d'une fusion du son et du sens.

Jacques Lacan qui a vu l'usage scientifique que l'on pouvait faire de la linguistique nous invite à peser la gravité de la parole :

> Cette passion du signifiant dès lors devient une dimension nouvelle de la condition humaine en tant que ce n'est pas seulement l'homme qui parle, mais que dans l'homme et par l'homme ça parle, que la nature devient tissée par des effets où se retrouve la structure du langage dont il devient la matière, et que par là résonne en lui, au-delà de tout ce qu'a pu concevoir la psychologie des idées, la relation de la parole[6].

Par cette étude, nous essaierons d'adopter le point de vue du langage pour trouver l'unité et le principe créateur de l'œuvre. La création littéraire ne peut se passer du matériau de la parole et les artistes vont s'interroger sur l'aspect qualitatif de cet intrument. Ce sera l'objet de notre première partie.

Nous distinguerons ensuite l'étude des figures de rhétorique agissant sur la forme et sur le fond du texte de celle des modes d'énonciation portant sur des entités plus grandes. En effet, parmi les figures de rhétorique, nous devons dégager celles qui portent sur la forme pure (le mot), de celles qui agissent sur la structure, le sens et la logique de la phrase. Enfin, les relations intertextuelles nous permettront de mettre les textes en relation avec d'autres textes antérieurs ou contemporains.

CHAPITRE I

THÉORIES DU LANGAGE POÉTIQUE

Valéry, dans un article consacré à Mallarmé, admet que Mallarmé est celui qui, avant d'écrire, a « repensé, comme s'il en revivait, à soi seul, l'innombrable invention, le Langage »[7]. En effet, le poète est celui pour qui « le Fait poétique par excellence n'est autre que le Langage même »[8]. Pour Mallarmé, le poète est également poéticien, c'est-à-dire qu'il prend conscience de la nature linguistique de son art. « Ce n'est pas avec des idées, mon cher Degas, que l'on fait des vers. C'est avec des mots »[9] dira-t-il. En venir à une étude linguistique des mythes du Symbolisme doit nous ramener au projet mallarméen de la langue poétique.

Force nous est donc d'en revenir aux mots, en analysant d'abord l'ouvrage de Mallarmé, *Les mots anglais*. Réflexion sur le langage autant que réflexion sur les origines, *Les mots anglais* se proposent de faire la genèse de la langue anglaise. Dans ce livre, Mallarmé remonte jusqu'aux sources du mot et rencontre alors le mythe. Ce faisant, Mallarmé s'appuie sur les travaux de Müller et des autres linguistes. Nous devons rappeler que les recherches de ceux-ci portèrent conjointement sur la langue et sur la mythologie. L'idée, défendue par Müller, que la mythologie naît d'une maladie du langage (puisqu'elle est perversion métaphorique de phénomènes naturels) est très populaire à la fin du XIXe siècle. Ainsi lorsque Mallarmé, dans *Les dieux antiques,* affirme que les sources du mythe sont « les mots et les phrases usités par les anciennes tribus pour parler de ce qu'elles voyaient... »[10], il ne fait que reprendre les arguments de Cox et de Müller. Création du langage, formulation poétisée de la nature, la mythologie invite à remonter aux origines, au langage premier qui a nommé et donc constitué les choses.

Valéry a bien vu que *Les mots anglais* était un document sur le travail linguistique de Mallarmé. En effet, le lexique anglais est un prétexte pour dégager l'interpénétration du mythe et de la langue puisqu'il est issu d'une conjonction de la philologie et de la mythologie : « Mythologie, autant que Philologie, ceci : car c'est par un procédé analogue que, dans le cours des siècles, se sont amassées et propagées partout les Légendes ».[11]

1) L'origine des langues

L'examen de la partie consacrée à l'historique des mots anglais nous apprend que Mallarmé bâtit la parole archaïque sur la poésie des premiers âges. L'anglo-saxon naît en partie de la jonction du Haut-Allemand et du Bas-Allemand. Le Haut-Allemand, c'est l'*Epopée des Niebelungen* ; le Bas-Allemand, c'est la version des Evangiles. Quant à l'influence du latin, elle se fait sentir dans les travaux des chroniqueurs, « chants considérables sur la Création, la Chute et la Rédemption »[12]. Pour Mallarmé, la langue se constitue à partir d'une parole fictive. Littérature et langue se confondent au point de former un point de départ unique.

> Quatre littératures différentes autant que les quatre modes d'expression, se partageaient le sol aussi, abondantes en cantilènes, c'est-à-dire en chants épiques, brefs.[13]

On perçoit comment la langue est assujettie au mythe et surtout à la fiction. Elle procède d'œuvres épiques et de livres. Faisant commencer le lexique par la fiction, Mallarmé ne peut, par la suite, qu'amplifier cette idée en proposant à son tour une « fable du langage où chaque lettre s'individualise en tant que héros d'une petite queste imaginative »[14] comme le démontre Edouard Gaède.

Ainsi, chaque lettre subira le sort d'un élément divin combiné et mis en œuvre pour donner le jour à la langue.

> Qui songe que NIGHTINGALE, le Rossignol, n'est anglais que dans sa première moitié, la seconde signifiant de nos jours brise, mais n'étant pas ce mot : car pourquoi appeler brise de la nuit, celui qui en est le chantre, sens que traduit en Saxon GALE, vocable fourvoyé.[15]

Il importe à Mallarmé de lire à travers l'aboutissement d'un mot son origine. Cette origine, c'est l'onomatopée, le son, la lettre. Il consacre d'ailleurs une réflexion aux onomatopées qui « perpétuent dans nos idiomes, un procédé de création qui fut peut-être le premier de tous »[16]. L'onomatopée est un exemple de ce verbe primitif, « issu tout fait de l'instinct du peuple même qui parle la langue ».[17]

Mallarmé accorde à « ces inventions de la parole »[18] le privilège d'une imagination première mais élaborée. En effet, le poète veut voir dans les émissions de la parole tout un art, qu'il nomme « l'un des mystères sacrés ou périlleux du langage »[19]. Allitérations, analogies, rapprochements, symboles, le langage naît d'une combinatoire quasi-magique que Mallarmé tente de faire apparaître, ce qui ne va pas sans manœuvres contradictoires.

> Oui, SNEER est un mauvais sourire et SNAKE un animal pervers, le serpent, SN impressionne donc un lecteur de l'Anglais comme un sinistre diagramme, sauf toutefois dans SNOW, neige, etc.., FLY, vol, TO FLOW, couler. Mais quoi de moins essorant et fluide que ce mot FLAT, plat ?[20]

Mallarmé prend conscience, en même temps qu'il le dénie, de la différence entre les sonorités et les significations. Il croit voir dans le langage des origines ce qui fait défaut à notre langue : l'adéquation du sens et du son. Pour Mallarmé, certains mots portent la trace d'un signifié : ainsi le sifflement à l'initiale de Snake, le serpent. C'est à ce même appel qu'il répond en évoquant le nom d'Hérodiade, « ce mot sombre, et rouge comme une grenade ouverte »[21].

En effet, l'intérêt qui soutient la recherche linguistique de Mallarmé n'est pas exclusivement dû à une déception à l'égard du langage moderne. Ne voir dans sa tâche de réformer le langage qu'un travail formel et systématique appauvrit sa portée et ses ambitions. Sa recherche se nourrit d'un rêve : celui d'un retour à l'âge de la parole mythique. J'en veux pour preuve toutes les formulations qui identifient la parole à une incantation et à une magie. Valéry, à sa suite, accordera au langage poétique un pouvoir évocatoire, car « la poésie se rapporte sans aucun doute à quelque état des hommes antérieur à l'écriture et à la critique »[22]. Le poète est celui qui « boit encore aux sources du langage »[23], les mots ont « force mythique »[24]. Et en effet, les mots, pour Mallarmé, sont charnels, ils vivent d'une existence mystérieuse et sacrée :

> A toute la nature apparenté et se rapprochant ainsi de l'organisme dépositaire de la vie, le mot présente, dans ses voyelles et les diphtongues, comme une chair ; et, dans ses consonnes, comme une ossature délicate à disséquer.[25]

Le travail poétique consiste à retrouver le langage des dieux, c'est-à-dire un discours qui, à l'image d'une hypothétique parole primitive, engloberait jusqu'à l'image même des choses, ferait ressortir la touche et la couleur : « mon sens regrette que le discours défaille à exprimer les objets par des touches y répondant en coloris ou en allure, lesquelles existent dans l'instrument de la voix »[26]. Lorsque Mallarmé déclare que le mythe est « le recueil des on-dit par lesquels les hommes d'autrefois se contèrent tout ce qu'ils voyaient ou entendaient »[27], il faut percevoir dans le choix de ces verbes (voir/entendre) les couleurs et les sons, le mot et la chose que la parole primitive possédait. En affirmant la force mimétique de la voix, Mallarmé admet qu'elle exprime l'objet. La langue des mythes se renverse en mythe du langage.

La fonction poétique compense l'irrémédiable perte du langage premier. Le vers est chargé de restituer au langage sa fonction en donnant l'illusion d'une adéquation entre le mot et la chose. En lui résident l'aboutissement et l'origine : le mythe et son expression. On voit comment cette quête du langage premier tient de la linguistique et de l'imagination.

> Le vers qui de plusieurs vocables refait un mot total, neuf, étranger la langue et comme incantatoire... riant d'un trait souverain, le hasard demeuré aux termes malgré l'artifice de leur retrempe alternée en le sens et la sonorité.[28]

2) Fonction prosaïque et fonction poétique

De même qu'il faut distinguer entre l'or marchand, valeur fiduciaire et l'or des mots, il faudra opposer le langage commun, celui de « la quatrième page des journaux »[29] et le langage du mythe. Ce dernier est le verbe divin, supérieur. Mallarmé montre qu'existe une forme adaptée aux mythes qui serait fidèle à un langage des origines. Confrontés que nous sommes à la multiplicité des langues, il faut s'en remettre au vers « complément supérieur » qui symbolise cette langue unique que la science des mots doit permettre d'implanter. Parole brute et parole essentielle s'opposent en ce sens, comme le démontre Mallarmé :

> Les langues imparfaites en cela que plusieurs, manque la suprême étant écrire sans accessoires, ni chuchotement mais tacite encore l'immortelle parole, la diversité, sur terre, des idiomes empêche personne de proférer les mots qui, sinon se trouveraient, par une frappe unique, elle-même matériellement la vérité. Seulement, sachons-le n'existerait pas le vers : lui, philosophiquement rémunère le défaut des langues, complément supérieur.[30]

Langage unique, élitiste, il devra constituer un tremplin vers la transe poétique, qui est véritable contact avec les dieux perdus. Ainsi l'exprimera Valéry :

> Pour moi, le langage des dieux devant être discernable le plus sensiblement

qu'il se puisse du langage des hommes, tous les moyens qui le distinguent, s'ils conspirent, d'autre part, à l'harmonie, sont à retenir.[31]

Cette idée chère à Valéry, sera approfondie par la suite : « le poète est une espèce singulière de traducteur qui traduit le discours ordinaire, modifié par une émotion, en « langage des dieux »[32]. Il affirmera cette conception du double langage, distinguant un usage pratique (dans lequel il y a « échange immédiat de paroles contre actes et d'actes contre paroles ») et un langage « purifié et spécialement cultivé pour l'usage somptuaire »[33].

> Il faut choisir : ou bien réduire le langage à la seule fonction transitive d'un système de signaux : ou bien souffrir que certains spéculent sur ses propriétés sensibles, en développent les effets actuels, les combinaisons formelles et musicales, — jusqu'à étonner parfois...[34]

Mais le poète n'est pas Orphée. Tout en essayant de saisir cet autre monde, l'écrivain réalise que tient du miracle « la liaison de nos idées avec les groupes de sons »[35]. Car il ne peut bénéficier du système musical d'où le demi-dieu tira des sons harmonieux.

> Le poète est privé des immenses avantages que possède le musicien. Il n'a pas devant soi, tout prêt pour un usage de beauté, un ensemble de moyens fait exprès pour son art. Il doit emprunter le langage — la voix publique, cette collection de termes et de règles, bizarrement codifiés et très diversement entendus et prononcés.[36]

Ainsi, au même moment où il entr'aperçoit le langage des dieux, l'artiste admet sa déception et son échec. Il est et reste homme. Son destin sera donc de produire l'impression d'une « union mystique »[37], la poésie sera ce « compromis »[38] entre deux fonctions. Le travail poétique demeurera un effort pour atteindre, en asymptote, un langage qui toujours se refuse. C'est ce que Valéry tente de prouver dans *Narcisse*.

Dans les deux versions de Narcisse, « Narcisse parle » et « Fragments du Narcisse », Valéry évolue vers un certain pessimisme à l'encontre des mots. Dans la version initiale, « Narcisse parle », Narcisse dispose de la flûte, instrument musical qui lui permet de suppléer à l'effacement progressif de son image et par là, à la déception :

> Adieu, Narcisse... Meurs ! Voici le crépuscule
> Au soupir de mon coeur mon apparence ondule,
> La flûte, par l'azur enseveli module
> Des regrets de troupeaux sonores qui s'en vont.[39]

La flûte, c'est l'espoir d'une seconde voix prenant le relais de la voix qui s'éteint.

> La ride me ravisse au souffle qui m'exile
> Et que mon souffle anime une flûte gracile
> Dont le joueur léger me serait indulgent ![40]

Valeur positive que celle attribuée à l'instrument de Pan, dont joue le Faune. A tel point que lorsque les nymphes veulent punir le satyre, dans le poème de Jean Lorrain, « Le Faune », elles lui dérobent sa flûte et le satyre ne peut que se lamenter ainsi :

> O ma flûte, à ma douce amie,
> Que j'avais d'écorce des bois
> Sculptée, où j'avais mis ma vie,
> Mon souffle, mon rêve et ma voix ![41]

En perdant la flûte, Narcisse perd l'instrument qui lui permet de briser sa solitude et surtout d'organiser un univers qui le fuit. C'est pour cela que « Fragments du Narcisse » insiste sur le drame de la parole de l'éphèbe, qui se dévide comme un écheveau et que rien ne peut renforcer. C'est la fragilité de cette voix qui saute d'abord aux yeux. Une voix qui, comme celle de la nourrice dans « Hérodiade » de Mallarmé, essaie de percer malgré l'opacité du silence environnant :

> La voix des sources change, et me parle du soir ;
> Un grand calme m'écoute, où j'écoute l'espoir.
> J'entends l'herbe des nuits croître dans l'ombre sainte.[42]

C'est que la voix de Narcisse est éphémère : elle se suspend un instant avant de retomber dans un silence qui menace toujours de tout absorber, comme le soir engloutira le reflet de Narcisse. « Quitte enfin le silence, ose enfin me répondre »[43] implore Narcisse. La voix est de ce fait instable, irrégulière, elle se perd et se retrouve. La voix « tremble »[44], elle est « frémissement », « souffle », elle « expire ».

> Ma plainte même est funeste ? ...
>   Le bruit
> Du souffle que j'enseigne à tes lèvres, mon double,
> Sur la limpide lame a fait courir un trouble !...
> Tu trembles !... Mais ces mots que j'expire à genoux
> Ne sont pourtant qu'une âme hésitante entre nous.[45]

Le drame se déploie en des vers où les mots forment à la fois le lien qui relie Narcisse à son reflet tout en constituant la cause de sa rupture. Comme le baiser et le « boire », le souffle de la voix ternit l'image idéale et menace sa présence. Pourtant, il faut que la voix, au péril de sa propre existence, poursuive son cheminement pour que se construise le personnage de Narcisse.

Celui-ci en effet poursuit un dialogue imaginaire avec l'eau, les arbres et lui-même. Il crée par là-même son propre décor, son reflet et son existence. Sans paroles, l'homme qui dit « je », qui interpelle le silence, ne peut avoir d'existence ou de forme. C'est par cet appel ténu qu'il se révèle à lui-même :

> Mes lentes mains, dans l'or adorable se lassent
> D'appeler ce captif que les feuilles enlacent ;
> Mon coeur jette aux échos l'éclat des noms divins ![46]

Parler, pour Narcisse, est une fin en soi. Puisque la réalisation de son désir : « Oh ! te saisir enfin ! » ne pourrait aboutir qu'à la désintégration complète de son corps, il faut que le verbe seul soit à la fois création, lien et jouissance. Le pâle bonheur de Narcisse consiste à évoquer sans cesse ses formes, à répéter le corps qu'il ne pourra jamais posséder. Les modes du désir et de l'amour ne visent donc qu'eux-mêmes, ils permettent de produire un état de désir, un cheminement purement verbal ne conduisant qu'à lui-même puisque tout retombe vers le reflet qui se désagrège.

Une même distinction existe pour Valéry dans l'art de la danse. Par opposition à la marche, la danse est l'art du mouvement pour lui-même, sans idée de but ou d'évolution.

> Ces mouvements, qui ont en eux-mêmes leur fin, et pour fin de créer un état, naissent du besoin d'être accomplis ou d'une occasion qui les excite, mais ces impulsions ne leur assignent aucune direction dans l'espace.[47]

Narcisse, comme l'homme qui « se lève, part, marche » répond à un appel de dépense : l'effervescence de ses mots réalise ce que le corps, immobile dans la contemplation, ne dissipe pas. Le monologue de Narcisse reproduit au plus près ce ballet verbal engendrant le plaisir comme la douleur. La voix de Narcisse est un pont qui ne conduit nulle part. Elle consiste en elle-même. C'est pour cela que le texte de Valéry ne survit que par sa propre répétition.

C'est ensuite le langage amoureux qui reproduit à son tour l'illusion de la parole. Narcisse imagine un couple enlacé auprès de la rivière. Il envisage « un couple aux pieds confus qui se mêlent, et se ment »[48]. Et en effet, un des fruits de cette union passagère n'est autre que le mensonge puisque les amants se séparent (« Des amants détachés tu mires les malices, tu vois poindre des jours de mensonges tissus »)[49].

Le langage amoureux est donc condamné. L'amant reviendra près de la rivière « redire à tes roseaux de plus profonds soupirs » ![50]. La voix qui parle d'amour est donc la voix de l'illusion et du mensonge. Le langage n'est qu'une feinte. Il transmet un état d'âme fictif, passager, illusoire. Il ne peut avoir de valeur que métaphorique : il vit de lui-même, se nourrit d'images impalpables qu'il évoque à plaisir. Langage divin et langage trompeur, la voix ne vit que dans sa forme, elle se reproduit justement parce que le sens s'échappe des paroles. Elle existe aux dépens d'une signification vaine : obscurité ou inexistence du message, qu'importe, puisque la seule valeur est dans les mots.

> Il ne faut pas oublier que la forme poétique a été pendant des siècles affectée au service des enchantements. Ceux qui se livraient à ces étranges opérations devaient nécessairement croire au pouvoir de la parole, et bien plus à l'efficacité du son de cette parole qu'à sa signification. Les formules magiques sont souvent privées de sens ; mais on ne pensait pas que leur puissance dépendît de leur contenu intellectuel.
> Mais écoutons à présent des vers comme ceux-ci : (...) Sois sage, ô ma douleur, et tiens-toi plus tranquille...
> Ces paroles agissent sur nous (...) sans nous apprendre grand'chose. Elles nous apprennent peut-être qu'elles n'ont rien à nous apprendre.[51]

Les tentatives mallarméennes pour constituer des textes-miroirs, signalent que le sens du texte n'est pas ce qui intéresse l'auteur symboliste. Dans le « Sonnet en X », Mallarmé évoque la sensation « assez cabalistique »[52] procurée par un sonnet où la magie naît d'un « mirage interne des mots mêmes »[53].

C'est de cette parole des origines que procède la poésie par l'intermédiaire du poète-chercheur. Le message poétique du Symbolisme consiste peut-être à montrer que les vocables ne renferment pas le sens, mais que leur agencement cependant peut donner l'illusion d'une union mystique avec un lieu mythique où sons et sens voisinaient. L'artiste en ce sens n'est pas le maître du jeu, il est uniquement celui qui transmet le langage divin par le Verbe, par la Voix, par le Corps. Il ne peut y avoir de créateur, seulement des interprètes.

Dorénavant, c'est à la forme qu'il faudra se consacrer. Ce seront les figures qui auront la charge de transmettre le message. D'ornements accessoires qu'elles étaient, elles deviennent le principe même du texte. Elles porteront la charge du texte, constitueront à la fois le fond et la forme. Le texte ne procédera plus de l'idée vers la forme, mais la forme même confondra les deux fonctions. Selon les mots de Valéry « les formes du discours sont des figures de relation et d'opérations qui (...) peuvent nous servir à nous conduire à la découverte de la structure de notre univers intellectuel »[54]. Les figures rhétoriques contiendront les « propriétés substantielles de l'ouvrage »[55]. C'est pourquoi il importe à présent de s'arrêter sur « les idées qui naissent des mots »[56].

NOTES

(1) P. Valéry, « Petite lettre sur les mythes », *Œuvres,* Paris : Gallimard, 1975, t.1, p. 963-964.
(2) P. Valéry, « Langage », *Cahiers,* Paris : Gallimard, 1974, t.1, p. 451.
(3) J. Dubois, le groupe γ, *Rhétorique de la poésie,* Paris : P.U.F., 1977.
(4) F. de Saussure, *Cours de linguistique générale,* Paris : Payot, 1964.
(5) J. Dubois, *Rhétorique...,* p. 27.
(6) J. Lacan, *Ecrits II,* Paris : Seuil, 1966, p. 107.
(7) P. Valéry, « Variété », *Œuvres,* Paris : Gallimard, 1957, t.1, p. 707.
(8) *Idem,* p. 684.
(9) S. Mallarmé, cité par P. Valéry, « Variété », *Œuvres,* Paris : Gallimard, 1957, t.1, p. 1324.
(10) S. Mallarmé, *Les dieux antiques, Œuvres complètes,* Paris : Gallimard, 1945, p. 1164.
(11) S. Mallarmé, *Les mots anglais, Œuvres complètes,* p. 997.
(12) *Idem,* p. 906.
(13) *Ibid.,* p. 908.
(14) E. Gaède, « Le problème du langage chez Mallarmé », *Revue d'histoire littéraire de la France,* 1968, p. 57.
(15) S. Mallarmé, *Les mots anglais,* p. 917.
(16) *Idem,* p. 920.
(17) *Ibid.*
(18) *Ibid.*
(19) *Ibid.,* p. 921.
(20) *Ibid.*
(21) S. Mallarmé, « Lettre de fév. 1865 », *Correspondance,* Paris : Gallimard, t.1, p. 154.
(22) P. Valéry, « Variété », p. 651.
(23) *Idem.*
(24) P. Valéry, « Poésie », *Cahiers,* Paris : Gallimard, 1974, t.2, p. 1112.
(25) S. Mallarmé, *Les mots anglais,* p. 901.
(26) S. Mallarmé, « Variations sur un sujet », p. 364.
(27) S. Mallarmé, *Les dieux antiques,* p. 1164.
(28) S. Mallarmé, « Avant-dire au Traité du verbe », p. 858.
(29) S. Mallarmé, « Enquête sur l'évolution littéraire », p. 867.
(30) S. Mallarmé, « Variations sur un sujet », p. 364.
(31) P. Valéry, p. 217.
(32) « Les bucoliques de Virgile », p. 212.
(33) P. Valéry, « Variété », p. 657.
(34) *Idem,* p. 650.
(35) *Ibid.,* p. 648.
(36) *Ibid.,* p. 639.
(37) *Ibid.,* p. 647.
(38) *Ibid.,* p. 650.
(39) P. Valéry, « Fragments du Narcisse », p. 83.
(40) *Idem.*
(41) J. Lorrain, *La forêt bleue,* Paris : A. Lemerre, 1882, p. 130.
(42) P. Valéry, « Fragments du Narcisse », p. 123.
(43) *Idem,* p. 129.
(44) *Ibid.,* p. 123.
(45) *Ibid.,* p. 125.
(46) *Ibid.*
(47) P. Valéry, *Degas, danse, dessin,* Paris : Gallimard, 1938, p. 24.
(48) P. Valéry, « Fragments du Narcisse », p. 127.
(49) *Idem.*
(50) *Ibid.*
(51) P. Valéry, « Variété », pp. 1333-1334.
(52) S. Mallarmé, « Lettre à Cazalis », citée dans *Œuvres complètes,* p. 1489.
(53) *Idem.*
(54) P. Valéry, « Variété », p. 685.
(55) *Idem,* p. 710.
(56) *Ibid.,* p. 707.

CHAPITRE II

LES FIGURES DU DISCOURS MYTHIQUE

1) La forme pure

Il semble que les poètes symbolistes, peu satisfaits des ressources d'une langue qui doit tout au vulgaire, y aient apporté des modifications visant à conférer un nouveau sens au langage. C'est d'abord par son aspect sonore ou graphique qu'on en vient à percevoir l'originalité du texte symboliste. En tant que lecteurs, nous sommes sensibles aux jeux que les sons et l'écriture contiennent.

■ Les inventions verbales

La résurgence de mots anciens et la création de mots nouveaux montrent l'intérêt des auteurs pour une forme nouvelle. Le petit glossaire de Jacques Plowert recense les formes rares, les néologismes qui ont fait le Symbolisme. Au niveau linguistique, l'opération consiste généralement à ajouter à l'avant ou à l'arrière du mot des phonèmes ou des morphèmes : ainsi l'adjectif « adamique » sera formé sur Adam et signifiera pur et innocent, « sphynxial » de « sphinx ». Nous pouvons ranger dans cette catégorie les mots créés à partir d'adjectifs de couleur, comme le verbe « bleuter » formé sur l'adjectif bleu. Dans certains cas, c'est, au contraire, à la suppression de phonèmes que nous avons affaire. C'est le cas dans les contractions de mots. Ainsi l'adjectif « illuné » que l'on trouve dans le vers de Gustave Kahn : « Aux soirs illunés »[1], provient d'une contraction du mot illuminé. Les mots-valises comme « luisure » né de l'interpénétration de deux mots — luire et usure — créent des mots nouveaux chargés d'une nouvelle signification. Pour Plowert, « luisure » sera « un effet de lueur sur la vitre d'un lampadaire, sur la plaque d'un métal poli, sur l'orbe d'un bouton métallique »[2]. Ce terme nouveau procède encore d'une adjonction puisqu'ici le mot luire domine et conserve tout son sens au mot obtenu. Les mots servent surtout à suggérer des impressions fugitives : ainsi « déformance » « étirance » le verbe « défloquer » (signifiant crépiter).

C'est dans le domaine de l'archaïsme et du néologisme, que J. Dubois nomme « synonymie stylistique »[3] car elle consiste à remplacer un signifié par un autre, que les textes nous frappent.

Le néologisme symboliste n'est pas pur en ce sens qu'il est obtenu par suffixations ou alternances morphologiques et rarement par création totale. Ainsi des termes comme « anguler » « diffluer » « convolutant » « liquescence » « vénuste » (de Vénus), entrent dans cette catégorie. Ils conservent en effet un élément identificateur et par là une signification approximative. Les néologismes du Symbolisme n'innovent pas résolument, des phonèmes communs permettent de modérer l'invention et d'assurer ainsi le décodage. D'autre part, c'est par l'emprunt aux étymologies grecques et latines que les mots prennent une nouvelle valeur. Ainsi l'adjectif « suspirieux » du latin suspirium ; « stellé » du latin stella, signifiera piqué d'étoiles.

■ *L'archaïsme : présence du passé*

Quant à l'archaïsme, il entre « dans un rapport d'opposition (...) avec un autre terme synonyme et non marqué »[4] comme le souligne Dubois. Les archaïsmes empruntés aux ouvrages médiévaux : le morfil de l'épée, la capuce, l'escramor (bête légendaire), plongent le lecteur dans une « autre couche chronologique »[5]. Les mots empruntés au vocabulaire médiéval ne se comptent plus. Le verbe « ardre » sera préféré à brûler, l'adjectif « soeve » vieille forme de suave, sera réactualisé. Les formes anciennes voisineront avec les mots empruntés au vocabulaire magique et ésotérique.

En plus de substituer les mots les uns aux autres, les écrivains s'intéressent aux similitudes phoniques entre les signifiants. Les contemporains, souvent peu favorables à ce genre d'expérimentation sur les mots, ont bien senti que les sonorités comportaient un attrait puissant pour les tenants du Symbolisme. Ainsi A. France s'en moquera :

> Désormais, pour la jeune école, les mots n'ont plus aucune signification propre, aucune relation nécessaire entre eux. Ils sont vidés de leur sens et déliés de toute syntaxe. Ils subsistent pourtant, à l'état de phénomènes sonores et graphiques ; leur fonction nouvelle est de suggérer les images au hasard de la forme des lettres et du son des syllabes.[6]

■ *La structure en écho*

Loin de penser, comme le jeune Proust, que toute la rhétorique symboliste n'est qu'un assemblage de « vains coquillages, sonores et vides »[7], nous avons été sensibles, dans le corpus qui nous intéresse, à des échos nés de manipulations de certains phonèmes et des déplacements d'éléments graphiques. L'écho introduit une familiarité étrange avec le texte. Comme le temps du mythe est assujetti au principe de la répétition, le texte privilégiant la structure en écho, invite à effectuer un rapprochement entre l'organisation mythique du monde et la récurrence de certaines unités poétiques. Ainsi Mallarmé est sensible au « sortilège » du drame de Maeterlinck, *Pelléas et Mélisande* :

> Peut-être que si tacite atmosphère inspire à l'angoisse qu'en ressent l'auteur ce besoin souvent de proférer deux fois les choses, pour une certitude qu'elles l'aient été et leur assurer, à défaut de tout, la conscience de l'écho. Sortilège fréquent, autrement inexplicable, entre cent ; qu'on nommerait à tort procédé.[8]

Technique dont se souviendra Valéry, dans « Fragments du Narcisse » puisque le nom de la nymphe Echo invite à célébrer ce mystère :

> Pire.
>   Pire ?...
>   Quelqu'un redit Pire...ô Moqueur !

> Echo lointaine est prompte à rendre son oracle
> De son rire enchanté, le roc brise mon cœur,
>   Et le silence, par miracle,
> Cesse !...parle, renaît, sur la face des eaux...
> Pire ?...
>   Pire destin ![9]

Nous sommes reliés à une mémoire culturelle, à la fois mystérieuse et familière. Derrière les mots, apparaît une histoire. Ainsi les anagrammes, qui sont une dispersion de phonèmes d'un ou de plusieurs mots, signalent à l'attention du lecteur tout un jeu d'échos. Les noms choisis par Maeterlinck : Maleine et Mélisande sont puisés aux sources du plus ancien folklore. Si la syllabe « li » très courante dans les noms des héroïnes symbolistes, remonte au sumérien « lil » comme le pense J. Bril[10], c'est donc au vent et à la nuit que renvoient ces noms. Lil ou en hébreu « laïl » désignent en effet l'ombre de la nuit dévorante et charmeuse. J. Bril met en relation ces phonèmes avec une activité orale (qui concerne en particulier le chant, puisque « li » se prolonge en « la »), qui, en grec puis en latin, donne une série de mots comme « lécher » et « langue ». Similitude morphologique que prolongent encore en écho les mots associés à la labialité.

Ainsi les lèvres, la lippe, qui conduisent de la zone buccale à celle de la production des sons. L'expression latine « chanter des lalla » ou « lallare » signifiant chanter des berceuses pour endormir semble nous conduire en ligne droite à l'activité de Mélisande. Et quel écho retrouver dans le préfixe « mel » que le latin utilise pour désigner le miel, et, par extension, la douceur, la tendresse ? Mellona, déesse du miel, Melissa, la feuille à abeilles, toutes ces formes tissent autant d'échos autour du nom des héroïnes. Signalons également que l'un des noms de la déesse Isis était Mélissa la Céleste car elle amenait des fleurs aux buveurs de miel[11]. Et lorsque J. Lorrain, dans le poème « Brocéliande » songera à peindre la fée Viviane, c'est tout naturellement de la mélisse, la fleur à miel, « la plante chère aux cœurs haineux » [12] que Viviane se servira pour ses enchantements.

Mais c'est aussi la syllabe mel, le melos grec, qui transparaît. Le melos ou « membre de phrase musical » qui donne melodia et melopia, et en latin, melos, la chanson. Nul doute que c'est en pensant à Mélusine, la fée au cri terrible que Maeterlinck a conçu le jeu homophonique qui conduit de Loreley à Lilith.

On découvre donc qu'en se faisant écho les mots choisis par les écrivains déterminent une composition en miroir, qui conduit les œuvres à rimer avec elles-mêmes. Ainsi Mélisande conduit à Phénissa et à Mélissa (œuvre de Viélé-Griffin) comme Salammbô conduit à Salomé. Le recours à l'homophonie et à l'anagramme place les œuvres dans une lignée en les criblant de répercussions symboliques : le chant, la bouche, l'avalement, la douceur. Il semblerait que les textes symbolistes ressentent comme un besoin le fait de signaler le réseau intertextuel dans lequel ils sont pris, s'annonçant par là-même comme des reprises.

En forgeant de nouvelles expressions, en les réactualisant, les écrivains témoignent de leur désir de constituer un nouveau lexique qui serait issu de l'imagination et du passé. Le poète s'applique à forger le langage du mythe, tentant en cela de « diviniser la chose écrite »[13], comme le souligne Valéry à propos de Mallarmé.

Qu'il ait donc la simplicité enfantine des drames de Maeterlinck, qui met dans les mots accidentels et contingents du pauvre, « le murmure des dieux »[14], ou l'opacité de phrases puisées dans la magie évocatoire des sons, le texte symboliste s'applique à forger une deuxième langue.

Celle-ci doit naître d'un effet de décalage d'avec le réel. Le lecteur doit reconnaître deux systèmes simultanés, l'un étant le langage familier, l'autre qui serait la Voix. Cette voix seconde, qui ne transmet pas d'information mais « d'autres paroles qu'on n'entend pas »[15] est ce « dialogue du second degré »[16] dont parle Maeterlinck. On assiste à une dévaluation du langage communicatif (« dès que nous avons vraiment quelque chose à dire, nous sommes obligés de nous taire »[17] affirme encore Maeterlinck), au profit de mots qui sont signes phoniques, sonorités mortes, purs produits de la voix. Il nous a semblé reconnaître dans cette voix, le souffle même du message divin. Ainsi R. de Gourmont, dans son drame *Lilith,* fait dire à Adam :

> Quelle est donc cette voix qui parlait en moi et qui ne sortait pas de mes lèvres ? Suis-je doué d'organes extérieurs à ma volonté ? Ce bruit de paroles m'était doux et je ne peux le reproduire.[18]

Retrouvant ainsi toute sa puissance d'énigme, la voix issue des textes fait retentir le signifiant.

2) La forme sémique

Une catégorie de figures agit sur le sens du texte. Ainsi les métaphores, qui visent à remplacer un mot par un autre, altèrent la signification de la phrase en lui attribuant une connotation : c'est le contenu du mot qui est substitué à un autre.

Ainsi, l'usage de l'antonomase, qui, selon Fontanier, permet de « désigner un individu, ou par le nom commun de l'espèce, ou par le nom d'un autre individu de la même espèce que lui »[19] est une figure tout indiquée pour illustrer la créature mythique : un Adonis, un Antinoüs symboliseront l'éphèbe alors qu'on désignera du terme de Bacchante ou de Ménade, tout femme menaçante et cruelle.

Sans prétendre épuiser toutes les figures utilisées pour peindre la représentation mythique, nous nous interrogerons sur l'usage particulier de l'antithèse, sur les métaphores de nature animale et végétale et sur l'emploi significatif de la catachrèse, qui nous ont semblé être des figures fondamentales pour la saisie des mythes symbolistes.

■ *Antithèse et oxymoron : la dialectique des contraires*

Tentative pour réconcilier les extrêmes, l'antithèse est l'une des figures les plus usitées pour dépeindre les corps des créatures mythiques, surtout lorsqu'elles détiennent le pouvoir de la beauté. Orphée, Narcisse, les androgynes, Salomé, tous partagent des descriptions qui mettent en valeur leurs charmes innocents ou sulfureux.

Terrain neutre ou zone de combats, le corps contient les signes d'une sexualité qui cherche à se déclarer. Homme ou femme, homme et femme, les auteurs répercutent tous cette indécision qui consiste à faire du corps un lieu de conflits entre virilité et féminité : « Une fille ! s'exclama Barjavel »[20] dans le roman de Péladan, *L'Androgyne,* alors qu'il est bien entendu question d'un garçon. Rachilde, dans *Monsieur Vénus* renchérit :

> Entre la coupure de l'aisselle, et beaucoup plus bas que cette coupure, dépassaient quelques frisons d'or s'ébouriffant. Jacques Silvert disait vrai, il en avait partout. Il se serait trompé, par exemple, en jurant que cela seul témoignait de sa virilité[21].

Si la virilité est déniée, la féminité n'est pas pour autant franchement implantée. Courbes et rotondités concurrencent les lignes allongées. Les textes contiennent pour cela des propositions égales renvoyant aux contours féminins et aux élongations de l'athlète : « la ligne de l'épine dorsale fuyait dans un méplat voluptueux et se redressait, ferme, grasse, en deux contours adorables »[22] dira encore Rachilde de l'androgyne Jacques Silvert.

Le corps de Jacques, ainsi décrit par Rachilde, joue sur ce détournement insidieux du masculin (« ligne » « épine dorsale » « se redressait ») vers le féminin (« voluptueux » « grasse » « contours adorables »). Ce jeu entre le corps de l'homme et celui de la femme est un des caractères constants du corps mythique et particulièrement du corps androgyne tel qu'il est perçu par les symbolistes. Ainsi Evelin, dans *La première maîtresse*, a « des cheveux coupés courts comme ceux d'une femme garçonnière » et une « mince lèvre, presque pas rose, à peine ombrée, comme celle d'une fillette qui sera trop brune ».[23]

Dans cette écriture de courbes et de lignes, il faut lire ce que Péladan appelle des « allitérations de galbe »[24], c'est-à-dire la mise en place d'un langage du corps antithétique. L'antithèse ou « combat de deux plénitudes, mises rituellement face à face comme deux guerriers tout armés »[25] pour citer la formule imagée de R. Barthes, réalise au sein même de la phrase une opposition symbolique.

Opposition mise en valeur par un jeu de couleurs : le corps décharné et inconsommable du mythe est un corps vidé de son sang. Le teint androgyne sera donc pâle : « transparences d'ambre »[26] des cuisses de Jacques, « coloration vitrine »[27] du visage de Samas, « ivoire neuf » du menton d'Evelin[28]. Quant à Huysmans, qui n'admet le corps que malade, il verra une Salomé marbrée de plaies ou bien encore d'une blancheur de morte. Les corps se dessinent, tels des spectres, pâles et blancs sur fond noir. Ainsi l'exprime Huysmans dans un texte sur le monstre :

> Sur un noir imperméable, sourd, velouté de même que le noir de la chauve-souris, le monstre s'éclaire en blanc et gaufre la nuit de la forme cabrée du grand C.[29]

Lorsque le corps est saisi déshabillé, il retrouve les jeux de lumière de l'étude du nu : le clair-obscur, la demi-teinte tant vantés par Péladan dans *L'art idéaliste et mystique* : « Le premier point de la peinture, c'est-à-dire de la couleur, c'est le clair-obscur. Le clair-obscur est la proportion graduée d'une lumière sur une figure ou un ensemble de figures »[30]. C'est le jeu avec la lumière (« les lueurs douces de la bougie »[31] dans *Monsieur Vénus*, le soleil doux qui nimbe la scène dans *L'Androgyne*) qui auréole l'être mythique de grâce et rend lumineux son corps.

Mais l'ombre est également indispensable pour la constitution d'un corps fait d'un jeu entre la blondeur et la nuit. L'androgyne, par exemple, est un être dont le corps joue avec la pureté et le diabolisme. En cela, les cheveux, toujours blonds, « cachaient presque tout le front d'Evelin, projetant un vacillement d'ombre »[32] ; ou bien encore le jeu « des paupières lourdes et ciliées à faire ombre sur la joue pleine et ronde »[33] de Samas, les reflets des « frisons d'or »[34] de Jacques nuancent et font miroiter un corps qui s'offre et se garde. Le poème d'Albert Samain, « L'Hermaphrodite » saura jouer sur l'alliance de l'ombre et de la lumière et se construira sur cette opposition :

> La perversité rode en ses courts cheveux blonds
> Un sourire éternel, frère des soirs profonds,
> S'estompe en velours d'ombre à sa bouche ambiguë.[35]

Le clair-obscur du corps forme un tracé dans lequel on doit reconnaître l'enjeu que le corps représente : chasteté mais éveil des sens, pureté mais perversité conjuguées. L'annonce d'un destin tragique se fait par l'intermédiaire de cette alternance. Ainsi le portrait de la femme fatale, Madame Livitinof, dans le roman de J. Lorrain, *Très russe*, voit l'alliance du feu et de la glace : « Elle était à la fois l'Attirance et à la fois la Chasteté... »[36]. Même procédé chez O. Wilde, où une Salomé chaste alterne avec une Salomé passionnée. La peinture du corps de Iokanaan redouble ces effets : « Ton corps est blanc comme le lys d'un pré... »[37], « Ton corps est hideux. Il est comme le corps d'un lépreux « (38), « Tes cheveux sont comme les cèdres du Liban... » « Tes cheveux sont horribles. Ils sont couverts de boue et de poussière »[39].

Le portrait de la créature mythique se construit comme composite puisque s'opposent dans le corps même des impressions divergentes. Leurs descriptions jouent donc sur des constructions alternées où les conjonctions et les adverbes (« mais » « cependant » « pourtant » « malgré ») viennent nuancer la perception initiale :

> Le menton, court, se dérobait, blanc comme de l'ivoire neuf. Mais l'enchantement presque divin de ce visage, c'était, au front, aux tempes, aux joues, la fraîcheur, pâle pourtant[40]

Au portrait d'Evelin dans le roman de Mendès, répond celui de Samas : « Mais le visage, malgré la coloration vitrine, ce beau jaune clair (...) n'éteignait pas la fermeté des traits » [41]. Et celui de Jacques, dans le roman de Rachilde, confirme ces utilisations : « Les cuisses, un peu moins fortes que des cuisses de femme, possédaient pourtant une rondeur solide qui effaçait leur sexe » [42].

L'antithèse s'affine parfois en oxymore. Pour Péladan, l'éphèbe est « sexe qui nie le sexe » [43], l'hermaphrodite de Samain est un « monstre exquis » [44], Eliante, héroïne de *La jongleuse,* est une « créature si ardente et si glacée » [45], la Nine du *Vice suprême* est « maigre douillettement » c'est un « ange de missel, dévêtu en vierge folle » [46]. L'alliance des termes antithétiques confirme que le héros mythique, homme/femme, clair/obscur, pur/souillé est le lieu même où se conjoignent les contraires. En ce sens, il est corps invivable car il soutient une transgression : il supporte à lui tout seul les deux directions de l'univers et trouble l'harmonie des sexes et de la lumière. Il semble donc que la figure mythique se révèle comme impossible parce que composite et donc inexistante. Puisque le propre du mythe est d'être une fable appelée à la disparition, la constitution du personnage mythique rejoindra par l'usage de l'antithèse, cette impossibilité en même temps que ce rêve d'être. Ainsi la mort exemplaire de Narkiss, dans la nouvelle de J. Lorrain, qui expire étouffé dans les marais sanglants et putrides, consomme de façon exemplaire l'opposition de la plus parfaite beauté avec la plus abominable des déchéances. Corps saturé de contraires, Narkiss meurt de son trop-plein d'antithèses, étouffé sous son propre excédent.

Lorsque la beauté et l'harmonie sont concurrencées par la laideur et la monstruosité, c'est encore à l'antithèse que font appel les textes. C'est le cas pour le personnage de Salomé, qui demeure ambigu dans ses désignations : « Salomé de sépulcre »[47] pour Huysmans, elle est également morte-vivante dans *A rebours,* où la constriction et le débordement, la sensualité et le morbide, l'idéal et la matière composent une figure disparate et monstrueuse. Ainsi Huysmans verra dans un tableau de Rops, « une Thérèse diabolique, une sainte satanisée »[48], alors qu'une autre victime « agonise, dans un spasme nerveux d'une jouissance atroce »[49]. La femme, créature double, incarne par son mystère, le plus puissant des oxymorons.

La peinture des mythes rassemble donc tout un répertoire de l'antithèse où se lit à la fois le désir et l'impossible qui condamne avant même que de se réaliser.

■ *Les métaphores du vivant*

Les métaphores de la nature laissent place à une écriture de la sinuosité que concurrence souvent une recherche de pureté et d'idéal. Se révèle, à travers les descriptions des mythes, un conflit entre la dispersion verbale, qui tient d'une jouissance à décrire un mythe dans sa complexité, et la rigueur de l'enseignement.

C'est ainsi que le symbole du thyrse sera un des emblèmes du mythe qui, par ses caractères masculin/féminin, clair/obscur, se construit comme une courbe autour d'un bâton hiératique. Selon les mots de Baudelaire, le thyrse c'est « le bâton, c'est votre volonté, droite, ferme et inébranlable »[50]. Ce bâton, nous l'avons reconnu pour être l'ossature du corps androgyne, les points cardinaux de l'harmonie. « Les fleurs, c'est la promenade autour de votre volonté ; c'est l'élément féminin exécutant autour du mâle ses prestigieuses pirouettes »[51]. Cet élément féminin, c'est la rotondité des formes : fesses, galbe, caractère curviligne qui menace l'androgyne, l'attire vers la femme et vers la tentation. « Ligne droite et ligne arabesque, intention et expression, raideur de la volonté, sinuosité du verbe »[52] dit encore Baudelaire.

C'est ainsi que les écrivains reconnaîtront partout cette image. Huysmans la verra dans les motifs tourmentés de Rops : c'est l'enlacement de la femme démone autour du pilier masculin.

> Les bras maigres forment des anses de chaque côté de ce corps terminé, sans croupe, par une sorte de thyrse, par une double vrille qui plonge dans le bas-ventre de la femme, la cloue sur la pierre tandis qu'elle clame, éperdue d'horreur et de joie ![53]

Pour reprendre la définition de M. Eigeldinger, « le thyrse se pare d'ornements et acquiert une exubérance florale, signifiant l'enrichissement progressif de la pensée, qui s'accroît et gagne en complexité à travers une succession subtile de sinuosités et de volutes »[54]. Dans cette alliance contournée se redit le mouvement des extrêmes, l'enlacement mortel ou idéal :

> dans une apothéose de clarté, dans une gloire de Rédemption, la Matière et l'Esprit s'élancent, le Mal et le Bien se lient, la Luxure et la Pureté se nouent avec les deux motifs qui serpentent...[55]

dira Huysmans en parlant de l'ouverture de *Tannhauser*. C'est que le thyrse révèle autant l'opposition de deux principes irréductibles que la synthèse. C'est tout naturellement que Schuré utilisera la métaphore du thyrse lorsqu'il s'agira d'évoquer le mariage mystique d'Orphée et d'Eurydice, symbole de l'union entre le masculin et le féminin, la terre et le ciel.

Révélateur de la poétique symboliste, le thyrse est un motif conflictuel redoublé fort fréquemment par la métaphore du serpent qui séduit et répugne tout à la fois. Le reptile ne peut qu'inviter à un rapprochement avec l'aspect monstrueux de l'être « exquis et surhumain »[56] qu'est l'androgyne. Serpent que « la ligne de l'épine dorsale »[57] de Jacques, dans *Monsieur Vénus,* serpent encore dans les yeux bleus, les yeux verts dont Samain parlera :

> L'Hermaphrodite nu, le front ceint de jasmin,
> Epuise ses yeux verts en un rêve sans fin ;
> Et sa souplesse torse empruntée aux reptiles[58]

Pour Huysmans, le monstre suprême, c'est le serpent, épousant les formes voisines du dragon, du ver, « lacets annelés » « fils tubicolores » « asticots qui campent et vermillent dans les routes effondrées des ventres »[59]. Odilon Redon est l'artiste qui a su recréer les monstres endormis dans un « monde onduleux et fluent »[60].

Serpents enfin, qui entourent la mort de l'éphèbe Narkiss, dans la nouvelle du même nom de Jean Lorrain : « ses reptiles endormis à la surface des feuilles, ses serpents enroulés aux hautes tiges trop vertes »[61] et que l'enfant porte même en tatouage sur l'épaule. Le reptile épouse le corps de l'androgyne puisqu'il permet par ses chatoiements et ses reptations d'introduire le symbole de la dualité.

C'est également la métaphore de la fleur proliférante qui entoure de contours sinueux les héros mythiques. Jacques, dans *Monsieur Vénus,* sur lequel « courait en spirale une guirlande de roses, des roses fort larges de satin chair velouté de grenat, qui lui passaient entre les jambes, filaient jusqu'aux épaules et venaient s'enrouler au col »[62]. Dans Narkiss, Jean Lorrain accompagne la mort du bel enfant de descriptions enchanteresses de végétation luxuriante :

Lecture plurielle 195

> Autour de Narkiss la fragilité des iris, la féminité des lotus et l'obscénité des arums, phallus d'ambre dardés dans des cornets d'ivoire, éclairaient comme des flammes, tour à tour de jade, d'opale ou de béryl[63].

Le propre de la fleur c'est qu'elle ceint, s'enroule, contourne et étouffe. Aussi le héros est-il souvent couronné : « L'Hermaphrodite nu, le front ceint de jasmin »[64] de Samain répond à Narkiss qui expire au milieu des fleurs : « il dominait de la tête les floraisons sinistres écloses autour de lui en forme de couronne »[65]. Comme il est serpent, Narkiss est aussi fleur mouvante : son reflet dans le marais est « fleur à face humaine »[66], il ne voit « qu'une fleur, une imprévue, une inconnue fleur de rêve, une longue et souple tige nacrée comme une perle, balancée d'un mouvement rythmique et dont le délicieux calice, modelé comme un visage, souriait »[67]. Les métaphores du végétal suggèrent une prolifération organique mauvaise. Ainsi la Mort, qualifiée par Huysmans de « Salomé de sépulcre » possède une « végétation de vertèbres et de côtes, poussée ainsi que des touffes de branches sèches, dans la vasque géminée de la croupe ».[68]

Ces métaphores de la nature animale ou végétale épousent un style qui, à son tour, fleurit, « s'enguirlande » admet des creux et des bosses. Représentatif de la dualité inhérente au texte, il amalgame les méandres de la spirale organique et la rigidité mortelle de l'axe. La droite et l'arabesque dessinent les deux pôles du mythe : la vie parasite de la plante connotant le désordre de la phrase qui se dilue, se cherche et oublie finalement le squelette de l'idée.

> Oh ! L'admiration de Samas devant ce dos au sillon exquis, et cette croupe reproduisante du galbe même des seins, et cette ligne de lyre qui part du creux de la taille, descend en courbes alternées jusqu'à la cheville.[69]

On est en présence d'une écriture éclatée qui hésite entre la pléthore et la quintessence. Les adjectifs qui traduisent l'enlacement et la courbe foisonnent chez Jean Lorrain, chez Péladan. Ainsi dans Narkiss : « le resplendissement métallique du Nil » la « mystérieuse et mouvante tapisserie tissée par les sèves » une « longue et souple tige nacrée » « le délicieux calice » ces formes précieuses qui consistent à antéposer l'adjectif pour créer l'emphase, l'alliance savante des allitérations traduisant le glissement en spirale de l'eau, la présence des reptiles et des fleurs, enserrent progressivement de leur doux étau le corps de Narkiss. Le vivant s'approprie le texte en tuant, par anesthésie, le sens. Le texte porte trace de ce mouvement par lequel la syntaxe récupère le sens et l'engloutit.

L'univers ainsi créé par le texte légitime les redondances, les antépositions et l'emphase. La mort de Narkiss par asphyxie ne fait que traduire l'étouffement de la phrase classique (sujet — verbe — compléments) qui expire sous les exhalaisons adjectivales. Même recherche chez Péladan. Dans le corps de l'éphèbe, Péladan amène la surcharge de la citation, l'étouffement de la référence qui avale la statue idéale, en fait un greffon couturé malgré le désir de rester fidèle à une esthétique classique. Ainsi le corps de Stelle :

> Elle se fait Protée pour son contemplateur. Etendue sur le dos, c'est la morte amoureuse, les mains unies ou bien emmaillotée du drap, une provocante momie qui renaît. Assise, c'est Sapho croisant ses mains sur son genou.[70]

L'exemple significatif de la description du genou de Stelle nous invite à voir, à la suite d'une description fidèle au canon du classicisme, le parasitage de la syntaxe symboliste : complexité sinueuse de la phrase avant l'envol de la référence culturelle.

> Ce pied long à la cheville mince s'arrondit et se convexe au mollet d'une courbe qui ensuite se renverse un peu concave au genou étranglé, ce genou des races parfaites que les derniers Florentins ont connu et peint avec un entêtement de disproportion si éclatant chez le Primatice et Jean Cousin[71].

C'est ainsi que le corps de l'éphèbe alterne, en fonction des figures de style, entre la saturation des adjectifs, la redondance accompagnée d'une richesse de formes et de proportions et l'objet essentiel de la description, ce qui devrait faire sens. Le mythe devient un exercice stylistique où se combattent les figures et la représentation.

Dans *La vertu suprême,* dernier volume de l'éthopée péladane, les premières pages s'ouvrent sur le portrait désormais conventionnel de l'androgyne Bêlit. Nous y soulignons les caractéristiques observées dans les œuvres symbolistes, concentrées en cette page qui reste un modèle du genre.

> Le visage aux joues rondes, aux lèvres en cerise, au nez classique, au teint d'aquarelle, aux yeux bleus, ressemble à un modèle de dessin qui serait triste, sans déranger le linéament académique, ni la couleur banalement agréable. Le corps s'apparente à celui des Sybilles par le noble développement des lignes, la force de l'épaule, l'accent des reins (...). Cependant, ces cuisses d'Amazone sont rondes et s'amenuisent en genou fin ; des fossettes, ces mouches du modelé, frappent de joliesse cette chair de style (...) la couleur donne une impression de caillette, (...) on descend de la fresque à l'éventail ; l'allégorie se perd en trumeau.[72]

Le texte est révélateur d'une tension entre, d'une part, un calque conventionnel, nourri d'anciennes gravures et de l'autre, la dégénérescence du mou, du charnel et par là du médiocre. On perçoit particulièrement dans l'hymne à l'androgyne de Péladan que celui-ci ne peut résister aux débordements que lui inspire le sujet. Arrivent ainsi les phrases nominales. « Hésitante couleur, accord enharmonique, héros et nymphe, apogée de la forme, la seule conceptible au monde des esprits »[73]. La régularité linéaire demeure, enfouie sous la pléthore de mots abstraits, étouffée comme les éphèbes sous un amas précieux mais mortel. C'est que le but est bien de modifier progressivement la description qui débute dans la tenue et finit dans le vertige. Le corps androgyne, encore une fois, contient les deux : la rigueur, la fermeté de la « vierge aux bras minces » et la volupté de la « souillure ». C'est un système unique qui formule le corps comme un axe qui se liquéfie, s'étale, déborde. Abordé avec un style classique, il devient une occasion de débordements passionnés.

C'est peut-être ce travail que souligne Mallarmé lorsqu'il s'adresse en ces termes à Jules Huret, à propos de la poésie : « Le volume de la poésie future sera celui à travers lequel courra le grand vers initial avec une infinité de motifs empruntés à l'ouïe individuelle »[74] ou bien lorsqu'il évoque « le besoin d'agir » dans « Quant au Livre » en décrivant ainsi la bicyclette : « Excepté la monotonie, certes, d'enrouler, entre les jarrets, sur la chaussée, selon l'instrument en faveur, la fiction d'un éblouissant rail continu »[75].

Méandres de la phrase qui se construit sur des fondations classiques dont on rêve de détrôner le sens, la prose symboliste s'attaque, par courbes concentriques, à une esthétique et à un style conventionnels. Ce qui produit cette occultation, c'est la relation entre des mots qui s'autogénèrent et se reflètent en miroirs. Les afféteries féminines d'un style soigné concurrencent la clarté et la concision qui sont l'apanage du sens. Si les mots collent aux corps comme aux choses, il est vrai qu'ils savent aussi s'en détacher par l'affectation et l'ornement.

■ *La catachrèse : le corps transparent*

La figure de la catachrèse, qui sert à désigner par un mot existant un « objet nouveau qui n'est pas encore nommé »[76], sera naturellement sollicitée pour peindre le mythe. Elle consistera à qualifier le personnage mythique par une œuvre d'art, par exemple. Ainsi l'androgyne sera un « Léonard » ou un « Michel-Ange ». En effet, lorsque le besoin se fait sentir de désigner le mythe, les auteurs ont souvent recours à la catachrèse. Le corps du dieu ou du héros ne peut se dire. Sa forme ne peut s'alléguer que sous la figure qui renvoie, par définition, à un terme existant, parce que c'est la seule façon de l'attester. Ainsi l'androgyne sera perçu par la figure qui cache : le « teint d'aquarelle » de Bêlit, sa « chair de style » ses « cuisses d'Amazone » sont autant d'exemples de l'inconcevable. Cette figure permet de rendre le mythe à son mystère, à l'inexprimable, à ce qu'on ne peut dire puisqu'il n'existe pas. Elle cache le visage du dieu, elle n'est autre que ce « blanc du comparé »[77] auquel renvoie R. Barthes. Elle redit que n'existent pas de mots pour définir le mythe, sauf la parole de l'auteur qui brode autour de ce vide.

La distinction que font les linguistes entre phénomènes de code et phénomènes de message peut ici être utilisée. Tout en conservant sa valeur de message, le discours tourne autour du signifiant qui fait lui-même l'objet de la communication : voix vide, qui serait selon l'expression de Lacan « constituée de messages sur le code »[78]. Les sons l'emportent sur les mots, les purs signifiants sur les signifiés : le jeu sur le signifiant devient principe organisateur. C'est qu'une autre valeur du langage se fait jour chez les symbolistes. Un langage non communicatif, sans valeur d'échange, pur produit de vocables et de combinaisons syntagmatiques, jouet de l'oreille et des sens.

C'est la perte du sens que sanctionne le corps de l'éphèbe : la peinture du mythe ne peut s'accomplir sans l'annulation du genre grammatical, sans la confrontation d'un possible et d'un imaginaire, d'un négatif et d'un positif. Ce « moment indécis du corps »[79] ne pouvait, par excellence, qu'incarner cet intervalle où le langage vacille et n'offre plus de prises sur le réel.

NOTES

(1) J. Plowert (pseud. P. Adam), *Petit glossaire pour servir à l'intelligence des auteurs décadents et symbolistes,* Paris : Vanier, 1888, p. 2.
(2) *Idem*, p. 3.
(3) J. Dubois, le groupe γ, *Rhétorique générale,* Paris : Larousse, 1970, p. 60.
(4) *Idem.*
(5) *Ibid.*
(6) A. France, cité par A. Henry, *Marcel Proust, théories pour une esthétique,* Paris : Klincsieck, 1983, p. 58.
(7) M. Proust « Contre l'obscurité » *Contre Sainte-Beuve,* Paris : Gallimard, 1971, p. 390.
(8) S. Mallarmé, « Crayonné au théâtre » *Œuvres complètes,* Paris : Gallimard, 1945, p. 330.
(9) P. Valéry, « Fragments du Narcisse » *Œuvres,* Paris : Gallimard, 1957, t.1, p. 124.
(10) J. Bril, *Lilith ou la mère obscure,* Paris : Payot, 1981, p. 128.
(11) H. Bayley, *The lost language of Symbolism,* London : Williams & Norgate, 1912, t.1, p. 151.
(12) J. Lorrain, *La forêt bleue,* Paris : A. Lemerre, 1882, p. 85.
(13) P. Valéry, « Variété » p. 641.
(14) M. Maeterlinck, *Le trésor des humbles,* Paris : Mercure de France, 1910, p. 43.
(15) *Idem*, p. 175.
(16) *Ibid.*, p. 176.
(17) *Ibid.*, p. 11.
(18) R. de Gourmont, *Lilith,* Paris : Des presses des essais d'art libre, 1892, p. 23.
(19) P. Fontanier, *Les figures du discours,* Paris : Flammarion, 1968, p. 95.
(20) J. Péladan, *L'androgyne,* Paris : E. Dentu, 1891, p. 135.
(21) Rachilde, *Monsieur Vénus,* Paris : Flammarion, 1977, p. 55.
(22) *Idem.*
(23) C. Mendès, *La première maîtresse,* Paris : Eugène Fasquelle, 1922, p. 8.
(24) J. Péladan, *L'androgyne,* p. 223.
(25) R. Barthes, *SZ,* Paris : Seuil, 1979, p. 34.
(26) Rachilde, *Monsieur Vénus,* p. 55.
(27) J. Péladan, *L'androgyne,* pp. 11-12.
(28) C. Mendès, *La première maîtresse,* p. 9.
(29) J.K. Huysmans, Certains, Paris : UGE, 1975, p. 391.
(30) J. Péladan, *L'art idéaliste et mystique,* Paris : Chamuel, 1894, p. 142.
(31) Rachilde, *Monsieur Vénus,* p. 54.
(32) C. Mendès, *La première maîtresse,* p. 9.
(33) J. Péladan, *L'androgyne,* p. 12.
(34) Rachilde, *Monsieur Vénus,* p. 55.

(35) A. Samain, « L'hermaphrodite » *Au jardin de l'Infante,* Paris : Mercure de France, 1947, p. 101.
(36) J. Lorrain, cité par M. Praz, *The romantic agony.* London : Oxford university press, 1979, p. 351.
(37) O. Wilde, *Salomé, Œuvres complètes,* Paris : Stock, 1977, p. 473.
(38) *Idem,* p. 474.
(39) *Ibid.*
(40) C. Mendès, *La première maîtresse,* p. 9.
(41) J. Péladan, *L'androgyne,* pp. 11-12.
(42) Rachilde, *Monsieur Vénus,* p. 55.
(43) J. Péladan, *L'androgyne,* p. 9.
(44) A. Samain, « L'hermaphrodite » p. 101.
(45) Rachilde, *La jongleuse,* Paris : Des femmes, 1982, p. 103.
(46) J. Péladan, *Le vice suprême,* Paris : Des autres, 1979, p. 51.
(47) J.K. Huysmans, *Certains,* p. 357.
(48) *Idem,* p. 354.
(49) *Ibid.,* p. 355.
(50) C. Baudelaire, « Le thyrse » *Petits poèmes en prose,* Paris : Flammarion, 1987, p. 150.
(51) *Idem.*
(52) *Ibid.*
(53) J.K. Huysmans, *Certains,* Paris : UGE, 1975, p. 353.
(54) M. Eigeldinger, *Mythologie et intertextualité,* Genève : Slatkine, 1987, p. 188.
(55) J.K. Huysmans, *Croquis parisiens,* Paris : UGE, 1976, p. 438.
(56) A. Samain, « L'hermaphrodite » *Au jardin de l'Infante,* Paris : Mercure de France, 1947, p. 101.
(57) Rachilde, *Monsieur Vénus,* Paris : Flammarion, 1977, p. 55.
(58) A. Samain, « L'hermaphrodite » p. 101.
(59) J.K. Huysmans, *Certains,* p. 389.
(60) *Idem.*
(61) J. Lorrain, « Narkiss » *Princesses d'ivoire et d'ivresse,* Paris : UGE, 1979, p. 54.
(62) Rachilde, *Monsieur Vénus,* p. 24.
(63) J. Lorrain, « Narkiss », p. 54.
(64) A. Samain, « L'hermaphrodite », p. 101.
(65) J. Lorrain, « Narkiss », p. 54.
(66) *Idem.*
(67) *Ibid.*
(68) J.K. Huysmans, *Certains,* p. 359.
(69) J. Péladan, *L'androgyne,* p. 222.
(70) *Idem,* p. 234.
(71) *Ibid.,* p. 218.
(72) J. Péladan, *La vertu suprême,* Paris : Flammarion, 1900, pp. 2-3.
(73) J. Péladan, *L'androgyne,* p. 5.
(74) S. Mallarmé, « Enquête sur l'évolution littéraire » *Œuvres complètes,* Paris : Gallimard, 1945, p. 868.
(75) S. Mallarmé, « Quant au livre » p. 369.
(76) J. Dubois, le groupe γ, *Rhétorique générale,* Paris : Larousse, 1970, p. 95.
(77) R. Barthes, *SZ,* Paris : Seuil, 1979, p. 41.
(78) J. Lacan, *Ecrits II,* Paris : Seuil, 1971, pp. 50-51.
(79) J. Péladan, *L'androgyne,* p. 5.

CHAPITRE III

LES MODES D'INSERTION
DE L'INTERTEXTUALITÉ

L'intertextualité, ou plutôt la transtextualité, telle que la définit Gérard Genette dans *Introduction à l'architexte,* à savoir « tout ce qui met le texte en relation, manifeste ou secrète, avec d'autres textes »[1], est ce qui nous intéresse à présent. « Pratique de l'écriture »[2] selon la définition de M. Eigeldinger, elle est « échange, dialogue entre deux ou plusieurs textes, elle est une greffe opérée sur le grand arbre ou sur le vaste corps de l'écriture. »[3]

Il existe en effet entre les divers textes symbolistes qui utilisent le mythe comme référent, des relations entretissées, un réseau « d'architexture »[4] que l'étude des styles et la mise en parallèle de ces mêmes textes devraient nous permettre de découvrir. L'intertextualité est un phénomène de réécriture qui instaure une intéraction entre des textes insérés l'un dans l'autre.

Nous percevons les textes symbolistes qui parlent du mythe comme des ensembles accrochés les uns aux autres par un jeu de renvois, de références, de citations. Nous sommes en présence de textes qui se reflètent les uns dans les autres et nous nous devons d'observer, comme le signale L. Jenny, ce « travail de transformation et d'assimilation de plusieurs textes opéré par un texte centreur qui garde le leadership du sens. »[5]

Figures passagères, ponctuelles, telles que les envisage Michaël Riffaterre[6] mais qui influent sur le lecteur comme autant d'échos, les textes que nous étudierons renferment tous l'énoncé d'un modèle antérieur, soit un texte-origine, un code de références, voire un savoir anonyme, et ils l'inscrivent en le transformant dans un contexte nouveau. « Travail d'appropriation et de réécriture »[7], l'intertextualité se distingue, dans le contenu formel de l'œuvre, par la présence de faits intertextuels : de la citation à l'imitation, de la parodie au plagiat.

Nous avons retenu plusieurs modes d'insertion de l'intertextualité, variant selon l'énoncé de départ. Se rapportant aux domaines littéraire, artistique et culturel, le propre de ces figures sera de se référer à une autorité extérieure, qu'elles assimilent tout en sachant garder leurs distances avec ces modèles pré-existants.

Nous avons choisi de travailler, non sur des structures d'ensemble mais plutôt sur des micro-structures, des extraits de textes qui nous ont paru significatifs et voisins dans leur utilisation du mythe. Nous essaierons, chaque fois que possible, de signaler leurs interférences, que celles-ci soient explicites, plagiaires ou au contraire allusives et inconscientes.

1) Un modèle littéraire : le texte flaubertien

Beaucoup plus que les autres mythes, le mythe de Salomé a fait l'objet, pendant la période symboliste, d'œuvres multiples. La chronologie nous apprend que les premiers modèles de Salomé furent *Salammbô* et « Hérodias » de Flaubert. Nous partirons donc du principe que les textes de Flaubert sont, en quelque sorte, des textes fondateurs. La source principale est bien entendu le texte biblique, point de départ de toute amplification, et dont la pauvreté signalée et commentée par Huysmans autorise tous les développements : « Mais ni Saint Matthieu, ni Saint Luc, ni les autres évangélistes ne s'étendaient sur les charmes délirants, sur les actives dépravations de la danseuse. »[8]

Nous ne rappellerons pas les volumineux dossiers que Flaubert rassemblait pour mettre au point ses récits. En plus de la Bible, il s'inspire de Flavius Josèphe, d'Hippocrate, d'Hérodote. Mais il nous importe de signaler, dès à présent, l'existence d' « avant-textes »[9] qui sont autant de dossiers préparatoires où l'auteur vient puiser. Ajoutons que Flaubert écrivant « Hérodias » a peur de refaire *Salammbô*, de réécrire l'histoire d'un saint (« après Saint Antoine, Saint Julien et ensuite Saint Jean Baptiste ; je ne sors pas des saints »[10] dira-t-il) et nous aurons confirmé que le problème qui va hanter Flaubert, et qui va transparaître dans le déroulement des histoires, est celui de la langue.

En effet, les textes de Flaubert vont centrer le mythe sur la question linguistique. Parler du mythe de Salomé invite à la réflexion sur une époque qui met en question l'usage des langues, leur validité et leur possible disparition. C'est Flaubert qui, le premier, a jeté la lumière sur cette affaire.

Au cœur de *Salammbô* et d' « Hérodias » réside le thème discret, mais insistant, de la race. *Salammbô* et Hérodias débutent par des évocations de races mêlées, évocations justifiées ainsi par Flaubert : « La question des races dominait tout »[11].

Le choc des races (hébraïque, latine, royale, populaire) se déchiffre donc à travers l'histoire biblique. En nous livrant cette lutte entre les hommes et les mots, Flaubert oriente à jamais un mythe que ses successeurs ne peuvent que reproduire. Ce seront les bigarrures de races et la multiplicité des langues que Flaubert s'emploiera à distinguer dans *Salammbô* et qu'il imposera à ses fidèles. En effet, la localisation historique de l'épisode biblique nous enseigne que la Palestine, comme Carthage, est un pays plurilingue. La coexistence des dialectes témoigne de conflits d'influence, d'empiètements et de confusions. C'est dans ce magma linguistique que fleurit l'histoire. La superposition des langues (latin, hébreu, arabe, numide, etc.) exclut l'unité culturelle et surtout les valeurs de communication. Les mélanges ethniques font que les personnages ne se comprennent pas, victimes de cette Babel qu'est Carthage. Cette diversité nécessite notamment la présence d'interprètes chargés de faire communiquer entre eux tous ces hommes : c'est Spendius dans *Salammbô* qui détient ce pouvoir. Dans « Hérodias » un interprète est également présent. Il doit traduire les insultes de Ioakanaan en latin :

> Vitellius s'obstinait à rester. L'interprète, d'un ton impassible, redisait, dans la langue des Romains, toutes les injures que Ioakanaan rugissait dans la sienne. Le Tétrarque et Hérodias étaient forcés de les subir deux fois[12].

Ainsi Flaubert incline à s'éveiller à l'histoire de la parole et à sa dispersion babélienne : le langage ne recouvre rien, il n'a pas de vérité intrinsèque.

En reconnaissant Salomé, c'est tout un lexique que nous retrouvons et dans lequel, à aucun prix, il ne faut trouver du nouveau. Au contraire, c'est par l'association que ces textes se mettent en valeur les uns les autres. Les auteurs symbolistes gèrent des données héritées de la mémoire, qui provoquent chez le lecteur l'impression d'un déjà-vu. On aboutit de cette façon à une croissance du texte : décrire Salomé revient à décrire les Salomés antérieures, c'est-à-dire demeurer soumis aux textes fondateurs.

Mythe qui se répète et se multiplie, Salomé se révèle comme l'incarnation même de l'imitation. Appartenant à une longue tradition de courtisanerie, prostituée de sang royal, femme qui contient d'autres mythes voisins (Héléne, Judith), création qui s'inspire d'autres créations, Salomé est la chaîne qui permet de tirer à soi toutes les versions littéraires.

Quant aux symbolistes, ils sont à jamais marqués par l'image de Flaubert, dont Jeanne Bem[13] déclare qu'il fut pour Huysmans, une « mère ». Nous pouvons aller plus loin en comptant parmi ses fidèles le groupe symboliste qui, dans ses réminiscences flaubertiennes, met en scène, à travers le personnage de Salomé, le texte initial.

S'agit-il d'un règlement de comptes ? Plutôt d'une constatation que les fils ne peuvent qu'être hantés par cette figure influente, unique, et dont Léon Bloy dans un article sur Flaubert donne peut-être le meilleur portrait, portrait défavorable certes, comme la plupart de ceux faits par cet auteur enragé :

> Assurément nul écrivain ne fut aussi héroïque. Il fut à la fois Oedipe et Sphinx et passa chiennement sa vie à se déchirer lui-même, avec des griffes et des crocs d'airain, pour se punir de ne jamais deviner le secret de son impuissance.
> Mais il suffit à la génération qui grouille à ses pieds que ce lamentable colosse ait produit des phrases dont la trame, dit-on, met au défi tous les tisserands et tous les canuts littéraires.
> C'est lui seul qu'on veut adorer, d'un culte latrique, et je sais un de ses dévots qui le relit depuis dix ans, comme un exégète lirait la Bible...[14]

Nous avons été frappés, nous aussi, par l'identité des situations entre les textes fondateurs (l'entrée de Salammbô dans le chapitre intitulé « Le festin ») et les textes ultérieurs (l'apparition de Salomé dans la nouvelle de Laforgue et celle de Salomé dans *A rebours* de Huysmans).

Superposons de prime abord ces trois textes et notons-y plusieurs types d'interférences : thématiques, stylistiques, et narratives. A partir d'un récit sommaire, les auteurs vont apporter des motivations psychologiques (Salomé a demandé la mort du saint parce qu'elle en était amoureuse, etc.), des amplifications contextuelles (un aperçu des mœurs orientales, l'affrontement entre les peuples, les croyances, les idéologies), une progression dramatique (la séduction, la danse, la décapitation). Ces données amènent déjà les auteurs à pratiquer une imitation continue, plus ou moins directe, des textes flaubertiens.

■ *L'allusion dans* A rebours

Objet d'une réminiscence volontaire ou inconsciente, l'allusion implique de la part du lecteur un travail d'observation. Selon la définition de Fontanier, « l'allusion (...) consiste à faire sentir le rapport d'une chose qu'on dit avec une autre qu'on ne dit pas, et dont ce rapport même réveille l'idée. »[15]

Le texte de Huysmans — l'apparition de Salomé — brode déjà sur un support pictural : les tableaux de Gustave Moreau. Il y a là une superposition intéressante entre, d'une part, les peintures de Moreau qui a déchiffré le texte de Flaubert et l'a traduit en peinture et la paraphrase de Huysmans qui la rend, d'une certaine façon, à la littérature.

Il conserve toutefois avec le texte flaubertien — l'apparition de Salammbô — des convergences dignes d'être relevées. C'est particulièrement dans le domaine de la surcharge (qu'affectionnent les trois artistes : Flaubert, Moreau et Huysmans) que les œuvres se rejoignent.

Lorsqu'il s'agit de décrire le costume de Salammbô, on remarque l'abondance des bijoux : « des tresses de perles » « un assemblage de pierres lumineuses » les bras « garnis de diamants »[16]. De même, le costume de Salomé n'est, pour Huysmans, que pierreries, parmi lesquelles on retrouve « les diamants, attachés, qui scintillent » les bracelets, les ceintures, et la robe « couturée de perles »[17]. Autre similitude dans le choix des métaphores. Le costume de Salammbô semble par les reflets des bijoux « les écailles d'une murène » [18], les mailles de la robe de Salomé « croise des serpenteaux de feu (...) ainsi que des insectes splendides aux élytres éblouissants »[19].

L'identité des deux femmes paraît encore plus nette si l'on se souvient, dans les deux textes, de la présence instrumentale : lyre et chant dans *Salammbô* rythmant les pas de la princesse qui « marchait lentement »; guitare au son de laquelle Salomé « s'avance lentement » dans *A rebours*. L'attitude des deux héroïnes nous paraît étrangement voisine : Salammbô a des « prunelles qui semblaient regarder tout au loin au-delà des espaces terrestres »[20] et « ses narines minces palpitaient. Elle écrasait ses ongles contre les pierreries de sa poitrine »[21]. Quant à Salomé « concentrée, les yeux fixes » « ses yeux se dilatent, sa main étreint convulsivement sa gorge »[22]. D'un texte à l'autre, on voit que s'établit un lien. Le symbolisme de Salammbô est retenu et repris par Huysmans qui réutilise les mêmes images dans les mêmes constructions.

Le rapprochement se poursuit dans une autre scène. Lorsque Salammbô cède enfin à Mâtho, au chapitre XI, intitulé « Sous la tente » la scène peut s'apparenter à celle qui peint l'épouvante de Salomé devant la tête décapitée du Baptiste dans *A rebours*. Sur les genoux de Salammbô, c'est la tête de Mâtho qui repose, comme une tête décapitée.

> Mâtho, tel qu'un homme ivre, dormait étendu sur le flanc, avec un bras qui dépassait le bord de la couche. Son bandeau de perles était un peu remonté et découvrait son front. Son sourire écartait ses dents. Elles brillaient entre sa barbe noire, et dans ses paupières à demi-closes il y avait une gaieté silencieuse et presque outrageante. Salammbô le regardait immobile, la tête basse, les mains croisées[23])

Salammbô a, à ce moment-là, la tentation de reproduire l'acte de Judith qui décapite Holopherne endormi. Dans le texte, passe l'ombre d'une tête coupée. Cette décapitation aboutit dans le texte de Huysmans où Salomé contemple la tête du saint suspendue dans les airs. Le chef sanglant « regardait, livide, la bouche décolorée, ouverte, le cou cramoisi, dégouttant de larmes »[24].

Nous relevons également une superposition entre le texte premier et le texte second dans la description du corps des princesses. Pour Flaubert :

> Les deux agrafes de sa tunique, soulevant un peu ses seins, les rapprochaient l'un de l'autre, et il se perdait par la pensée dans leur étroit intervalle, où descendait un fil tenant une plaque d'émeraude, que l'on apercevait plus bas sous la gaze violette[25].

A cet axe corporel et syntaxique répondent « l'agrafe superbe (...) et une gigantesque pendeloque où coule une rivière d'escarboucles et d'émeraudes »[26] du texte de Huysmans, sans oublier les mentions surprenantes du corps des femmes pour lequel ils choisissent, dans leur description, des termes presque identiques puisque Flaubert y parle de « l'intervalle des seins » et Huysmans de « la rainure de ses deux seins ». On peut dire ici que la description de Salomé, prise dans sa totalité, est dans un rapport intertextuel avec celle de Salammbô car leur ressemblance s'étend à une situation dramatique : face à face de la femme et de la tête, description du costume, gestuelle, etc. Un réseau de corrélations se tisse entre le caractère des femmes, leur comportement et leur situation. On s'aperçoit également que les deux textes sont situés dans un prolongement, Huysmans continuant la scène esquissée par Flaubert. En remarquant les situations symétriques des deux textes, on peut admettre que se met en place un travail intertextuel allusif, Huysmans empruntant et prolongeant le texte flaubertien.

■ *La parodie* de J. Laforgue

Si nous surprenons des réminiscences flaubertiennes dans le texte de Huysmans, plus explicites sont les renvois contenus dans la nouvelle de Laforgue, « Salomé ». L'intention parodique des *Moralités légendaires* nous rappelle que nous avons affaire à une imitation plus consciente du style flaubertien, à la limite du pastiche, c'est-à-dire qui peut aller jusqu'à pratiquer des réseaux mimétiques, selon la définition de G. Genette. La parodie, considérée comme une figure et un ornement du discours[27], reprend « un texte connu pour lui donner une signification nouvelle, en jouant au besoin et si possible sur les mots »[28]. Elle transforme donc le texte en le détournant de son sens.

Il nous faut lire la nouvelle de Laforgue comme une imitation sur le mode bouffon de l'apparition de Salammbô au milieu des soldats barbares et c'est bien ainsi que se déroule le passage de la nouvelle qui suit presque pas à pas le texte de Flaubert.

Voici un plan schématique des deux textes : (nous joignons à ce plan quelques citations qui en montrent la construction réfléchie).

Flaubert - SALAMMBO
« Le Festin »

Laforgue - SALOME

— Festin des mercenaires : orgie.

— Tableaux/festin en l'honneur des Princes du Nord.

— Apparition de Salammbô suivie d'eunuques : « Elle descendit le premier escalier qui longeait obliquement le premier étage »[29]

— Apparition de Salomé : « Elle entra, descendant l'escalier tournant... »[30]

— Elle marche entre les tables.

— Elle s'installe sur l'estrade.

— Description du costume.

— Description du costume

— Chant de Salammbô.

— Improvisation de Salomé

— Stupéfaction des soldats.

— Gêne des Princes

Tout en reprenant les étapes principales de *Salammbô,* le pastiche joue également sur les détails du costume et sur les invocations abstraites du chant de la princesse. Laforgue soigne la toilette de Salomé, mais en insistant sur la fantaisie du costume, c'est évidemment à une originale que nous avons affaire. Salomé conserve la poudre des cheveux dont Salammbô disposait : « saupoudrée de pollens inconnus » (31) répond à « poudrée d'un sable violet »[32] chez Flaubert. Redoublement encore que le costume de Salomé (« arachnéenne jonquille à pois noirs »[33]) qui ironise sur la tunique « étoilée de fleurs rouges sur un fond noir »[34] de Salammbô et la célèbre chaînette « d'or : « chaussées uniquement d'un anneau aux chevilles »[35] qui joue un rôle symbolique pour Salammbô : « Elle portait entre les chevilles une chaînette d'or pour régler sa marche »[36].

C'est surtout dans le déroulement des propos métaphysiques et obscurs tenus par l'inspirée que Laforgue s'en donne à cœur joie. On se souvient que Salammbô se mettait « à chanter les aventures de Karth, dieu des Sidoniens et père de sa famille »[37]. Salomé y répond par des propos nébuleux et vaguement philosophiques, inspirés en partie de Schopenhauer, qui soulèvent, dans un cas comme dans l'autre, la stupeur des assistants.

Salomé devient donc caricature de Salammbô par l'usage de rappels du modèle qu'est le texte flaubertien. La nouvelle de Laforgue se construit à partir d'une identification des thèmes de la description flaubertienne que l'auteur amplifie et détourne de leur signification. C'est aussi stylistiquement que s'opère le mime : mots rares, termes techniques, pittoresque byzantin, informations historiques, Laforgue reprend à son compte les tics flaubertiens.

En réutilisant de nombreux thèmes du texte de départ, Laforgue effectue une reprise ironique en grossissant les traits de la princesse : de vierge inspirée, elle passe à la folle illuminée. Les propos spiritualistes de Salammbô se modifient en verbiage vaniteux. Si les mots ne sont pas ceux de Flaubert, les tournures et les situations, elles, appartiennent au texte-origine. Ceci présuppose que Laforgue a identifié les traits stylistiques et thématiques propres à Flaubert, mais en les privant de contenu, ou plutôt qu'il a opéré une saturation en exagérant les traits : l'effet comique est ainsi obtenu. Laforgue truffe le texte d'anachronismes, d'allusions clins-d'œil à *Salammbô*, de jeux de mots sur les noms des personnages : Hérode devient Emeraude. Les descriptions flaubertiennes et les tendances du maître aux compilations encyclopédiques sont également démasquées. Laforgue accomplit donc une inversion du texte flaubertien. Il réutilise les mêmes images mais en les pervertissant par la dérision. Ce faisant, il obtient un texte ambigu : un hommage sans le respect des origines et de la paternité littéraire.

■ *L'imitation* d'O. Wilde

Nous avons choisi cette fois de confronter la nouvelle « Hérodias » dans les *Trois contes* de Flaubert avec la pièce d'Oscar Wilde, *Salomé*, composée en 1893. Nous sommes en présence d'un texte empruntant la syntaxe, le vocabulaire et les tours de Flaubert. On pourrait ici taxer Wilde de « flaubertisme » : d'après la définition de Fontanier, l'imitation « consiste à imiter le tour, la construction propre d'une autre langue, ou un tour, une construction qui n'est plus d'usage »[38]. Cependant G. Genette y voit plus qu'une figure puisqu'elle « comprend en fait toutes les figures produites dans un état de langue ou de style à l'imitation d'un autre état de langue ou de style »[39], à savoir que le terme imitation recouvre « des imitations de tours d'une langue à l'autre, d'un état de (même) langue à l'autre, d'un auteur à un autre »[40], ce qui fait que l'imitation, pour Genette, est plutôt une fonction qu'une figure.

Des caractères communs, qui semblent appartenir au domaine de l'imitation, nous sont tout de suite apparus. En effet, même si chaque auteur conserve son originalité propre, le texte de Wilde renvoie à une illustration précédente, à un texte antérieur dont il porte le sceau, tout en essayant de s'en démarquer. C'est ainsi que le texte de Wilde s'inspire d' « Hérodias » et conserve en écho des structures similaires au conte de Flaubert. Traits stylistiques et motifs thématiques récurrents constituent ici l'effort de modelage de Wilde.

Wilde décide dès 1890 de s'inspirer du personnage de Salomé et à cette fin, se jette sur toutes les œuvres publiées à ce sujet. On sait qu'il lut Heine, Flaubert, et surtout Huysmans dont le roman *A rebours* lui servira de modèle pour *Le portrait de Dorian Gray*. C'est très probablement par l'intermédiaire de la description de Huysmans que Wilde se rapproche d' « Hérodias » et de *Salammbô*. Il commentera lui-même cette idée en avouant que sa Salomé est « la sœur de Salammbô »[41]. On lui reprochera la similitude de sa pièce avec « Hérodias » et il fera cet intéressant commentaire :

> Bien sûr que je plagie. C'est le privilège d'un homme de goût. Je ne lis jamais *La tentation de Saint Antoine* de Flaubert sans y apposer ma signature à la fin.[42]

Ainsi Wilde avertit son public de cet héritage : il passe une sorte de contrat avec le lecteur. Celui-ci s'attend donc à trouver en filigrane les situations du contexte flaubertien et prend cette imitation comme un hommage de Wilde à son prédécesseur.

Les textes de Flaubert et de Wilde tournent autour des problèmes d'hérédité et de filiation. On se remémore les scènes de chicane qui secouent Antipas et son épouse Hérodias au sujet de la race royale dont cette dernière est issue. Même conflit, même aigreur dans la pièce de Wilde qui semble parfois calquer ses répliques sur le texte original de Flaubert. Le sang royal d'Hérodias autorise plusieurs reproches de l'épouse à Antipas. Celui-ci, dans les deux textes, est accusé d'être stérile, faible, mal né. Les insultes débutent dans « Hérodias » :

> Mais ton grand-père balayait le temple d'Ascalon ! Les autres étaient bergers, bandits, conducteurs de caravanes, une horde, tributaire de Juda depuis le Roi David ! Tous mes ancêtres ont battu les tiens ![43].

et se poursuivent dans *Salomé* : « Ma fille et moi, nous descendons d'une race royale. Quant à toi, ton grand-père gardait des chameaux ! Aussi c'était un voleur ! »[44]

La stérilité hante les fins de race et les deux auteurs s'empressent d'insister sur cette tare, surtout lorsqu'elle s'accompagne du péché de l'inceste : « le châtiment est déjà dans ton inceste. Dieu t'afflige de la stérilité du mulet[45] s'exclame Iaokanaan dans « Hérodias ». Le même reproche réapparaît dans la bouche d'Hérodias, chez Wilde : « Moi, j'ai eu un enfant. Vous n'avez jamais eu d'enfant, même d'une de vos esclaves. C'est vous qui êtes stérile, ce n'est pas moi » ![46]

Les insultes du prophète touchent au même registre. Chez Flaubert, il insulte Hérodias, en vertu d'accusations infâmes :

> Etale-toi dans la poussière, fille de Babylone ! Fais moudre la farine ! Ote ta ceinture, détache ton soulier, trousse-toi ! L'Eternel exècre la puanteur de tes cuisses ! Maudite ! Maudite ! Crève comme une chienne ![47]

et Jokanaan, dans Salomé, renchérit : « Ah ! L'impudique ! La prostituée ! Ah ! la fille de Babylone avec ses yeux d'or et ses paupières dorées ! »[48] et encore : « Dites-lui de se lever de la couche de son impudicité, de sa couche incestueuse, afin qu'elle puisse entendre les paroles de celui qui prépare la voie du Seigneur »[49].

On remarque également des projets voisins dans les deux textes. Le prophète flaubertien parle de lapider l'adultère[50] et Wilde utilise la même image : « Voici ce que dit le Seigneur Dieu. Faites venir contre elle une multitude d'hommes. Que le peuple prenne des pierres et la lapide »[51].

Des métaphores communes éclairent les deux textes. Quand il s'agit de décrire Salomé, c'est le blanc de sa peau, ressortant des fourreaux de couleur, que l'on remarque à la fois dans le texte de Flaubert et celui de Wilde.

Ce que Wilde emprunte à Flaubert, c'est un acquis historique, une structure dramatique, et un lot d'images et de thèmes récurrents, à tel point que certaines répliques semblent calquées sur le discours flaubertien. Ce qui est intéressant dans la version de Wilde, c'est que celui-ci ne souhaite pas gommer les emprunts, ni les assimiler à sa propre production. Au contraire, il les met en valeur, amplifiant ainsi le travail intertextuel, mettant en avant ce qu'il doit à Flaubert.

■ *L'anaphore ou le gestuel : la pantomime*

Revenons à « Hérodias » et voyons ce qui le lie à l' « Hérodiade » de Mallarmé. C'est par la fonction anaphorique, qui, selon Fontanier, consiste à répéter « plusieurs fois les mêmes termes ou le même tour »[52] que les deux textes se rejoignent. Selon l'acception de J. Kristeva, l'anaphore désigne la fonction gestuelle : « Avant et derrière la voix et la graphie, il y a l'anaphore : le geste qui indique, instaure des relations et élimine les entités »[53] et L. Tesnière[54] a montré que l'anaphore consistait en un renvoi sémantique. L'anaphore adjoint au texte un ensemble préalablement posé mais que le texte ne contient pas, en l'occurrence, le geste.

En effet, l'étude des textes premiers de Flaubert nous invite à remonter plus loin qu' « Hérodias » pour trouver la source de la danse de Salomé. Il faut pour cela revenir au voyage en Orient que fit Flaubert et dont le compte rendu apparaît, très détaillé, dans la correspondance. Flaubert admet s'être inspiré de la danse qu'exécuta devant lui la courtisane Kuchuk-Hanem. En contemplant la danse des almées qu'il narrera au moins trois fois (à sa mère, à Louis Bouilhet, et dans des notes de voyage), Flaubert émet cette remarque : « J'ai vu cette danse sur des vieux vases Grecs »[55]. La suite de la correspondance nous apprend en effet que pendant cette étape, il lit « tous les jours de l'*Odyssée* en Grec. Depuis que nous sommes sur le Nil (ajoute-t-il), j'en ai absorbé quatre chants »[56]. Il lit aussi Hérodote et plus particulièrement l'histoire de Mycérinus (« ce roi qui baise avec sa fille »[57]).

Fidèle à son idée qu'il faut être « oeil » Flaubert engrange sensations et visions orientales, mais en restant fidèle à des références littéraires qui replacent immédiatement le champ des observations dans un moule fictif. Flaubert livre donc à ses successeurs un tableau où le corps de la danseuse se déploie mais où ses gestes sont en même temps figés par des siècles de références. Salomé est une citation vivante, léguée aux écrivains ultérieurs, elle effectue une imitation, ce qui justifie la remarque suivante : « Vitellius la compara à Mnester, le pantomime »[58].

En effet, la danse de Salomé n'est autre qu'un mime, une imitation de scènes et de gestes. La pantomime est un art très primitif, compris au XIXe siècle comme l'ancêtre du langage oral, antérieur à la voix et à la graphie. C'est bien ainsi que Flaubert le conçoit lorsqu'il décrit les gestes de ces êtres très frustes que sont les mercenaires lors du festin de *Salammbô* :

> Ils imitaient le cri des bêtes féroces, leurs bonds (...). Quelques-uns s'avançaient comme des femmes en faisant des gestes obscènes (...) et une compagnie de Grecs dansait autour d'un vase où l'on voyait des nymphes, pendant qu'un nègre tapait avec un os de bœuf sur un bouclier d'airain[59].

Danse primitive qui est aussi un spectacle, la pantomime touche au mythe en ce sens que le récit qu'elle fait, sous forme de gestes, circonscrit des événements symboliques qui sont l'essence du mythe. Ainsi se poursuit, à partir du texte de Flaubert, une chaîne imitative où Salomé la danseuse renverra en miroir à des mimes précédents, sans que l'on puisse jamais saisir la scène fondatrice. Se reflète donc dans la danse de Salomé un réseau infini d'équivalences qui stagnent, se reproduisent, stériles, comme une chaîne, à la manière de l'anaphore. Avant le signe, il y a le geste qui montre. On voit que se trouve dépassée là la structure verbale qui n'intervient qu'après coup, qui redouble quelque chose échappant complètement à la parole et à l'écrit et dont le sens même, s'il est, est trouble parce que fruit d'une interprétation. « Sans vouloir dire et sans motiver une cause, ni expression ni indice, le geste cerne l'espace vacant où s'opère ce qui peut être pensé comme indice et/ou expression »[60] ajoutera J. Kristeva. Le mime, produit gestuel, est donc antérieur à la signification.

C'est bien ce que Mallarmé a conservé du texte flaubertien, faisant d' « Hérodiade » un hymne à la production incessante se détruisant elle-même, et ne pouvant être interrompue. Ainsi, lorsqu'il chante la gloire du mime Paul Margueritte, il dira :

> Ainsi ce Pierrot assassin de sa femme composé et rédigé par lui-même, soliloque muet que, tout du long à son âme tient et du visage et des gestes le fantôme blanc comme une page pas encore écrite (...) Tel opère le mime, dont le

jeu se borne à une allusion perpétuelle sans briser la glace : il installe, ainsi, un milieu, pur, de fiction[61].

Comme le souligne Derrida dans *La double séance,* le mime chez Mallarmé s'attache au problème de la copie, le mime étant à la fois substitution du texte antérieur et copie de ce texte. Le mime est donc le miroitement des textes antérieurs auxquels il renvoie en abîme. N'étant dicté par aucun discours verbal, il inaugure, il entame une page blanche qui n'est autre que lui-même. La pantomime est donc discours en train de s'inscrire, à la fois page et plume. Il efface et reproduit ce qui précède, discours neuf et très ancien.

Page blanche qui n'est autre que le corps d'Hérodiade dans le mystère du même nom. Car pour Mallarmé, Hérodiade, c'est la blancheur : « lit aux pages de vélin » « grimoire »[62], tout dans le mystère de Mallarmé fait l'éloge de la blancheur.

Lorsque débute l'incantation de la nourrice, dans « Hérodiade » l'eau morne forme la surface plane dans laquelle se réfléchit le cadre abandonné : « l'eau reflète l'abandon/De l'automne éteignant en elle son brandon »[63]. Sur ce cadre gelé, c'est l'oiseau qui tente de tracer un signe par l'intermédiaire de la plume (jeu de mots qui revient fréquemment chez Mallarmé, la plume inscrit le texte) : « Ou la plume plongea la tête »[64]. C'est ensuite la chambre dont la tapisserie s'offre comme une page vierge sur laquelle broder :

> Et sa tapisserie, au lustre nacré, plis
> Inutiles avec les yeux ensevelis
> De sibylles offrant leur ongle vieil aux Mages[65].

Tapisserie fanée dont le motif déteint ne peut se faire oublier. Il est là, présent sous la surface blanchie qui contient des vestiges effacés par le temps mais apparaissant en filigrane. Mallarmé a bien souvent comparé la langue et l'ouvrage. Citons ici un extrait de *La dernière mode* :

> Une langue, loin de livrer au hasard sa formation, est composée à l'égal d'un merveilleux ouvrage de broderie ou de dentelle : pas un fil de l'idée qui se perde, celui-ci se cache mais pour reparaître un peu plus loin à celui-là ; tous s'assemblent en un dessin, complexe ou simple...[66].

La langue, comme le motif brodé, laisse apparaître un modèle pré-existant. Ainsi débute, par la mise en place de lieux d'inscription, ce que Derrida appelle « la surpiqûre » c'est-à-dire le travail de l'artiste cherchant à percer les pages fanées.

> Encore dans les plis jaunes de la pensée
> Traînant, antique, ainsi qu'une étoile encensée
> Sur un confus amas d'ostensoirs refroidis,
> Par les trous anciens et par les plis raidis
> Percés selon le rythme et les dentelles pures
> Du suaire laissant par ses belles guipures
> Désespéré monter le vieil éclat voilé...[67]

C'est le son — i — de plis/guipure/rythme qui fournit l'aiguille à piquer un texte dont les trous sont « anciens ». Mallarmé affirme ainsi que le texte qui s'inscrit ce moment même ne fait qu'utiliser les coutumes anciennes, ce qu'il appelle « l'ancien passé »[68] dans lequel tout va se résorbe.

La scène qui suit entre la nourrice et Hérodiade amplifie la percée : Hérodiade est la page blanche sur laquelle la nourrice tente d'accrocher des signes : « A mes lèvres tes doigts » « Voulez-vous, mon enfant, essayer la vertu/Funèbre ? » « Mais cette tresse tombe »[69]. Par trois fois, la nourrice tente de toucher Hérodiade. C'est

le doigt ici, qui sert de plume ou d'aiguille, le doigt qui pénètre et qui perce, la
« main encore sacrilège »[70].

> Selon le souvenir des trompettes, le vieux
> Ciel brûle, et change un doigt en un cierge envieux
> Et bientôt sa rougeur de triste crépuscule
> Pénètrera du corps la cire qui recule ![71]

Mais par trois fois Hérodiade recule, page blanche qui demeure inviolée. Le silence, le miroir, l'or demeurent les symboles récurrents d'Hérodiade qui se ferme sur elle-même comme un livre. Malgré la résistance de la blancheur, la percée s'accomplit, insidieusement, par l'intermédiaire de la piqûre des pronoms relatifs et interrogatifs. « Qui » se met à envahir le texte, le piquant de mille trous. En voici plusieurs exemples :

> Arrête dans ton crime
> Qui refroidit mon sang...
> ....
> O mon cœur, cette main encore sacrilège,
> Car tu voulais, je crois, me toucher, sont un jour
> Qui ne finira pas sans malheur sur la tour[72].
> ....
> J'aimerais
> Etre à qui le destin réserve vos secrets
> ....
> Pour qui, dévorée
> D'angoisses, gardez-vous la splendeur ignorée
> Et le mystère vain de votre être ?[73]
> ....
> Mais qui me toucherait, des lions respectée ? »[74].

Le « qui » symbolise l'immixtion de celui qui doit venir percer la blancheur d'Hérodiade malgré sa volonté vacillante de demeurer texte blanc, chair inutile, or pur : « Nuit blanche de glaçons et de neige cruelle ! »[75] Hérodiade s'offre et se refuse comme le livre non encore écrit, comme la feuille blanche qui interdit et sollicite l'irruption des mots alors qu'elle voudrait se condenser comme le métal, « l'or vain » « les diamants élus » précieux et inaltérables.

L'or est le métal suprême sur lequel on aimerait (mais à quel prix ?) graver le chant unique. Cette écriture pérenne abolirait le néant qui sans cesse efface les pages, éteint la tapisserie, blanchit le livre :

> Tout rentre également en l'ancien passé,
> Fatidique, vaincu, monotone, lassé,
> Comme l'eau des bassins anciens se résigne[76].

Hérodiade est donc rendue à sa blancheur malgré la tentation de la piqûre qui coud le texte. Comme la danseuse Salomé recréant de ses gestes l'abîme dont elle est faite, Hérodiade coud, de ses pointes, l'espace du texte :

> Quand, au lever du rideau dans une salle de gala et tout local, apparaît ainsi qu'un flocon d'où soufflé ? furieux, la danseuse : le plancher évité par bonds ou dur aux pointes, acquiert une virginité de site pas songé, qu'isole, bâtira, fleurira la figure.[77]

Depuis Flaubert, Hérodiade est à la fois page blanche et déjà écrite puisqu'elle renvoie, comme le mime, à une infinité de textes précédents. Mallarmé affirme

« Hérodiade » comme copie de copie, de même que la Salomé de Flaubert est constituée d'autant de réminiscences de pages déjà écrites.

Longue lignée qui dépasse Flaubert, qu'il faudrait peut-être poursuivre jusqu'à la danse de ces almées qui, elles-mêmes, mimaient quelle scène, quel texte antérieur jamais écrit ? Sans début ni fin, ni réelle, ni fictive, la pantomime de Salomé illustre un miroitement de textes que son corps, page blanche, inscrit le temps d'une danse avant de l'effacer. Sur cette gestuelle et sur le texte se greffent tous les signes et aucun.

2) Un modèle artistique : l'art pictural

Les œuvres d'art sont, pour les écrivains symbolistes, des sources constantes de référence. Les utilisations aussi diverses que celles de la mise en abyme et de la référence visent à rappeler le tissu intertextuel dont est fait le texte.

■ *La mise en abyme*

C'est à André Gide que revient l'honneur de l'expression de « mise en abyme ». En 1891, le jeune Gide s'intéresse autant à l'art du blason qu'au Symbolisme, comme en témoignent plusieurs lettres à P. Valéry, qui dénoncent sa passion pour l'art héraldique. Dans cet art très ancien, Gide découvre un motif se dédoublant en son centre, c'est-à-dire, « une réplique miniaturisée de soi-même »[78]. Ce qui est intéressant pour nous est que cette découverte, d'où découlera sa théorie de la mise en abyme, est contemporaine de la période symboliste de Gide et en particulier de la rédaction du *Traité du Narcisse*.

Exposant son point de vue, Gide citera en exemple quelques tableaux célèbres (ceux de Metzys, de Vélasquez), quelques pages célèbres (*Hamlet, La chute de la maison Usher*) dans lesquels, écrit-il en 1893, « on retrouve ainsi transposé, à l'échelle des personnages, le sujet même de cette œuvre »[79]. Il ajoute aussitôt : « Aucun de ces exemples n'est absolument juste. Ce qui le serait beaucoup plus, ce qui dirait mieux ce que j'ai voulu dans mes *Cahiers,* dans mon *Narcisse* (...) c'est la comparaison avec ce procédé du blason qui consiste, dans le premier, à en mettre un second « en abyme »[80].

Cette déclaration de Gide, émise au plus fort du Symbolisme, nous invite à relire le *Traité du Narcisse* comme une illustration de la mise en abyme, c'est-à-dire comme réflexion sur la réflexion. Narcisse étant le héros qui se mire par vanité, sa place est trouvée dans une structure en profondeur qui déploie à l'infini le visage de l'éphèbe. Le récit érige le narcissisme comme principe constructeur et le phénomène réflexif comme donnée initiale. Ainsi l'écho de Narcisse « Un miroir ! un miroir ! un miroir ! un miroir ! »[81] n'est pas sans rappeler l'aveu de *Journal* : « dans la double glace du secrétaire, au-dessus de la tablette où j'écrivais, je me voyais écrire ; entre chaque phrase je me regardais ; mon image me parlait, m'écoutait, me tenait compagnie, me maintenant en état de ferveur. »[82]

Première œuvre de Gide, le *Traité du Narcisse* expose Gide lui-même se contemplant comme écrivain écrivant, à l'image du héros contemplant à l'infini son image. Tout nous invite à cette lecture : la rivière où se regarde le héros est un véritable miroir : « une glace sans tain » avec « un cadre brut où s'enchâsse l'eau »[83], c'est aussi « un horizontal miroir » un « stagnant miroir »[84]. Et lorsque Narcisse se penche, il voit le monde, les choses « qui n'attendaient que lui pour être »[85].

Narcisse, double de l'écrivain, crée, par son regard, le monde alentour. S'apercevant que le monde n'est qu'une apparence décevante, il se met à songer au paradis et par là à évoquer le mythe biblique d'Adam. Celui-ci redouble encore le personnage de Narcisse : comme lui, il s'ennuie, souhaite intervenir et briser le calme de l'Eden où les choses sont unes. D'un geste, il brise, comme plus tard

Narcisse troublera le miroir de l'eau, une branche de l'arbre du savoir et consacre ainsi la première intervention de l'homme sur le monde. De cette intervention naissent la disharmonie, mais aussi la femme et les générations à venir, c'est-à-dire finalement le processus de la reproduction du même. Adam, à l'instar de Narcisse et de l'écrivain, a manifesté sa présence sur le monde inerte et l'a conduit à se multiplier en des formes secondaires et imparfaites.

Comme réfléchi en miroir, le cheminement de l'artiste sera inverse de celui d'Adam. Il consistera à remonter le courant né du geste disruptif du premier homme, pour remonter à la source unique des choses et retrouver ainsi leur forme originelle. Reflet autant que réflexion, le texte met ainsi en perspective les visages du contemplateur, Narcisse, et de l'acteur, Adam, tous deux renvoyant en miroir à la fonction de l'écrivain. Ecrire revient à effectuer ce travail de découverte du sens premier et profond de l'univers. On voit comment les deux personnages mythiques, Adam et Narcisse, ont la charge de relayer l'auteur et de lui présenter un reflet inversé de sa fonction.

Par cette analogie, le récit de Narcisse contemplant son image revient à définir l'artiste comme construction réciproque de l'histoire. La dernière étape du texte conduit à un dévoilement : Narcisse, c'est le poète qui « sait qu'il crée »[86] et l'œuvre n'est autre que cette eau dans laquelle Narcisse vient puiser son inspiration et « où les paroles, se font transparentes et révélatrices. »[87]

Encadré, comme la rivière et le miroir, de deux bordures explicatives, le *Traité du Narcisse* tente de reproduire la forme enchâssée du blason. Même si cette méthode est encore assez timide, elle est perceptible par le jeu de doublets que Gide met en place. Gide et Narcisse, Narcisse et Adam, Adam et Eve (« cette moitié de lui presque pareille »[88]), de même que la forme intrinsèque du mythe invite à la redite : « tout est à refaire, à refaire éternellement »[89] et que la fiction elle-même procède de cette répétition : « Toutes choses sont dites déjà ; mais comme personne n'écoute, il faut toujours recommencer »[90].

Œuvre dans l'œuvre, motif dans le motif, le récit raconte le dédoublement de l'écrivain en créateur qui se regarde créer. Ce qui est également lisible dans l'œuvre, c'est la preuve narcissique qu'impose l'acte d'écrire, de recréer le monde avec des images, et donc de se créer soi-même.

Un peu auparavant, en 1890, R. de Gourmont avec son roman *Sixtine* avait lui aussi sacrifié à l'œuvre dans l'œuvre. Le héros, d'Entragues, poursuit de son amour une femme insensible, Sixtine. En même temps qu'il nous fait part de ses déceptions, il compose le récit de « L'Adorant » qui s'intercale dans le déroulement de l'histoire et tisse un réseau relationnel entre les héros et les histoires. « L'Adorant » est le récit d'un prisonnier amoureux d'une Madone, et d'Entragues signale de lui-même les rapprochements entre sa vie et son roman :

> Il commença, dès le lendemain matin, cette histoire étroitement basée sur son actuel état d'esprit et dans laquelle il devait s'amuser à transposer, sur un mode d'extravagance logique, le drame qu'il jouait naïvement avec Sixtine.[91]

Cette façon de « s'illustrer soi-même »[92] découle en fait en droite ligne de la lecture qui influence le plus Gourmont à la même époque : celle d'*A rebours*.

C'est en effet dans *A rebours* que la mise en abyme prend une ampleur particulière, à cause de la vocation d'esthète de des Esseintes. Celui-ci s'entourant d'œuvres d'art, il est amené à les citer, à les décrire, intercalant ainsi dans le roman des pauses esthétiques ou littéraires.

Nous avons déjà signalé que les toiles *L'Apparition* et *Salomé* de Moreau constituent le point de départ de la rêverie sur Salomé. Et, en effet, des Esseintes trouve dans les tableaux des équivalents picturaux de ses rêves et de ses fantasmes. Ces tableaux, il les contemple pour se jeter « dans un monde inconnu par des cauchemars compliqués, par des visions nonchalantes et atroces »[93]. De ce fait, il nous est dit que des Esseintes rêve devant les tableaux et il se met alors à les décrire. On voit à quel point rêves et représentations sont étroitement liés. Ce ne peut être un hasard si le terme d' « abyme » connote l'idée d'une profondeur et d'une spirale. Car, grâce aux tableaux, des Esseintes prend conscience de ses désirs souterrains : ce palais à l'architecture byzantine, au centre du lieu sacrificiel, c'est le temps du souvenir immémorial, de l'évocation des origines.

Dans *En rade,* le héros Jacques Marle essaiera d'interpréter le cauchemar d'Esther en se demandant :

> Où, dans quel temps, sous quelles latitudes, dans quels parages pouvait bien se lever ce palais immense, avec ses coupoles élancées dans la nue, ses colonnes phalliques, ses piliers émergés d'un pavé d'eau miroitant et dur ?[94]

Toutefois, Jacques Marle dénie toute origine à son rêve : « il n'avait pas lu de livres stimulant par un passage quelconque un rappel possible d'Esther ; il n'avait vu aucune gravure, aucun tableau »[95] dira-t-il. Or, un lecteur attentif peut facilement superposer la description du cauchemar d'Esther à la description du tableau de Moreau dans *A rebours*. Même décor grandiose, mêmes personnages : le roi assis sur son trône face à Esther parée, redoublant Hérode et Salomé, c'est la même atmosphère lourde et étouffante. Sans prolonger davantage la comparaison, nous pouvons dire que les deux enchâssements pratiquent une incursion dans l'imaginaire de Huysmans, et ainsi que le pseudo-voyage procuré par les tableaux n'est qu'un prétexte narratif, permettent à l'auteur de souligner le désordre onirique de des Esseintes.

L'œuvre d'art transporte le narrateur non vers l'extérieur (hors du monde) comme il en a d'abord le projet, mais bien à l'intérieur de lui-même, au cœur même de sa propre écriture, délayant toujours plus la description des tableaux. Comme le signale L. Dällenbach à propos de Proust et des marines d'Elstir : « rien de plus motivé que la fascination du narrateur devant ces toiles puisque leur « charme » résulte de la mise en œuvre du propre art poétique de l'auteur »[96].

Et en effet que reconnaît des Esseintes dans les tableaux si ce n'est son discours s'échangeant au regard du peintre, multipliant les versions de sa propre vision ? Ainsi s'accomplit une mise en abyme où l'auteur, prétendant décrire des tableaux ne propose qu'une lecture de son propre délire. La mise en abyme n'offre plus qu'une fiction de tableaux, c'est-à-dire une métaphore de son obsession.

Ce que décrit Huysmans est donc moins les tableaux que la quête de son propre texte. J'en veux pour preuve les désignations identiques qu'il prête aux créatures féminines et démoniaques. Dans *A rebours,* Salomé est « la déité symbolique de l'indestructible Luxure »[97], et, dans *Croquis parisiens,* nous retrouvons à propos de Vénus « l'incarnation de l'Esprit du mal, l'effigie de l'omnipotente Luxure »[98]. Dans *Certains,* il évoque encore « l'Esprit de Luxure »[99] : les toiles de Rowlandson peignent la femme comme « la bête sanitaire et solide » plutôt que « la terrible faunesse de la Luxure »[100]. Salomé est « la souveraine Salope vue par Saint Jean »[101]. Quant aux tableaux de Rops, ils peignent « la Bête vénéneuse et nue, la mercenaire des Ténèbres, la serve absolue du Diable »[102]. Les tableaux commentés sont recréés par les répétitions et les variantes réactivées à l'infini, et qui constituent le véritable foyer du texte.

Mis en présence d'œuvres d'art, le discours esthétique de Huysmans semble se saturer lui-même. A tel point que nous sommes plus souvent en présence d'une autotextualité que de points de vue artistiques, car l'auteur est amené en fait à citer sa prose au cours de textes ultérieurs.

La perception des tableaux par Huysmans est celle d'un auteur qui se prononce sur son œuvre. Pas besoin pour cela de chercher un subterfuge pour expliquer la présence d'œuvres d'art dans le récit. Le narrateur est un esthète et son statut d'artiste sert de garantie en justifiant toutes les considérations esthétiques. Bientôt, et c'est le cas dans *En rade,* les tableaux n'auront plus besoin de se nommer : ils seront englobés dans les interventions oniriques du héros.

Huysmans, à travers les tableaux de Moreau, convie à trouver une genèse à ses fantasmes ainsi qu'à leur énoncé. Ce qui fascine Huysmans, c'est finalement la magie dilatoire de son verbe plutôt que la magnificence des tableaux. Il écrit pour se dire. La mise en abyme ainsi obtenue : le regard de Huysmans redoublant celui de des Esseintes sur les tableaux de Moreau, est trompeuse car elle donne une illusion de profondeur. En fait, Huysmans poursuit une glose explicative qui n'est autre que la dramatisation du fonctionnement onirique du héros. Dès lors, le texte, libéré de toute attache picturale, ne fait que s'autogénérer. Les premières phrases du chapitre V semblent, en effet, faire reculer les tableaux par l'accumulation de tournures négatives consacrées à la participation de des Esseintes au monde de l'art. La tournure ambiguë : « le besoin de ne plus voir de tableaux (...) était devenu pour lui plus despotique »[103], énoncée au moment même où il s'apprête justement à décrire des peintures, souligne cette incohérence. Même s'il s'agit ici de conspuer les productions réalistes des peintres, on ne peut que s'interroger sur ce démarrage incompatible avec les propos qui suivent. Tout s'éclaire en revanche si on admet que le texte émerge en fait de sa propre substance et non plus de la vision de Moreau.

La fréquence de la même vision dans des œuvres ultérieures montre qu'il essaie de démultiplier son texte sans parvenir à assouvir les images qui l'ont fait naître. Car l'image ne s'épuise jamais ; réduite à la constitution d'un lexique, elle est forcément limitée.

Au terme de l'analyse, on voit que le tableau mis en abyme ne peut jamais être décrit, c'est l'espace métaphorique qui est dévoilé. Huysmans poursuit en fait sa propre recherche et peint sa propre peinture. Bien des années plus tard, Valéry, « très échauffé par les folles et furieuses descriptions d'Huysmans dans *A rebours* », rapporte sa déception lorsqu'il voit finalement les toiles de Moreau. « Je ne pus me tenir de dire à Huysmans que « c'était gris et terne comme un trottoir ». « Huysmans se défendit fort mollement »[104] conclut-il.

■ *La référence dans le corps de l'éphèbe*

Les symbolistes qui se sont penchés sur la figure de l'androgyne masculin ou féminin se sont trouvés confrontés au problème que pose la description d'un corps aux particularités androgynes. Péladan, Rachilde, Pierre Louys, Jean Lorrain ont interrompu le parcours de l'œuvre pour y intercaler des portraits en pied des éphèbes. Nous allons relever quelques-uns de ces portraits, afin de les superposer. Des traits communs nous apparaîtront, qui nous conduiront vers une éthique du corps androgyne qu'un théoricien comme Péladan a su exploiter.

Nous avons choisi de nous arrêter à ces moments, généralement placés au début ou au centre de l'œuvre, où le narrateur s'interrompt pour détailler, en une pose esthétique, le corps de l'éphèbe. Les œuvres qui nous intéresseront seront *L'Androgyne,* huitième roman de l'éthopée *La décadence latine* de Joséphin Péladan, *Monsieur Vénus* de Rachilde, *Narkiss* de Jean Lorrain, avec des prolongements vers *La première maîtresse* de Catulle Mendès et le poème « L'Hermaphrodite » tiré du recueil *Au jardin de l'infante* d'Albert Samain.

Ce n'est point seulement un maître (comme ce fut le cas pour Flaubert dans les prolongements symbolistes de Salomé) mais des maîtres qu'il faudrait citer pour ouvrir la lignée des androgynes : peintres, sculpteurs de l'Antiquité et de la Renaissance italienne, canons de l'École Préraphaélite ou commandements des Salons de la Rose-Croix. A travers les descriptions des éphèbes, nous allons retrouver les préceptes esthétiques hérités des artistes grecs et italiens. Androgyne mâle ou femelle, l'éphèbe est avant tout un corps que l'artiste se doit de figer à un moment donné de la narration.

Dans les textes que nous avons sélectionnés, en l'occurrence *Monsieur Vénus* de Rachilde et *L'Androgyne de Péladan,* l'action se suspend sur le déshabillage de l'éphèbe. Déshabillage que l'intrigue suscite : c'est Jacques au bain observé par Raoule dans *Monsieur Vénus* ou Samas dans la rivière regardé par les autres séminaristes dans le roman de Péladan. Ajoutons que Péladan rétablit par la suite un équilibre en faisant procéder par un androgyne féminin, Stelle, à un complet et progressif déshabillage, alors que Samas contemple sa parfaite anatomie.

Arrêtons-nous sur les deux descriptions. Péladan et Rachilde placent tous deux la scène sous le signe de la peinture indiscrète qui vole au personnage les secrets de son corps, suscitant ainsi, lorsqu'il se sent découvert, gêne et embarras. C'est que l'androgyne est un corps innocent de sa propre beauté et des ravages qu'il provoque.

Dans les deux textes, la description suit les courbes du corps du jeune homme, en un mouvement ascendant (des genoux aux épaules) ou descendant (des reins aux talons) qui épouse les courbes du corps pour mieux en faire ressortir les points sensibles. C'est par leur grande plasticité que les textes se rejoignent : le corps est avant tout un objet à cerner et à rendre dans son absolue perfection :

> Digne de la Vénus Callipyge, cette chute de reins où la ligne de l'épine dorsale fuyait dans un méplat voluptueux et se redressait, ferme, grasse, en deux contours adorables, avait l'aspect d'une sphère de Paros aux transparences d'ambre. Les cuisses, un peu moins fortes que des cuisses de femme, possédaient pourtant une rondeur solide qui effaçait leur sexe. Les mollets, placés haut, semblaient retrousser tout le buste, et cette impertinence d'un corps paraissant l'ignorer n'en était que plus piquante. Le talon, cambré, ne portait que sur un point imperceptible, tant il était rond[105].

Ainsi se dessine le portrait de Jacques dans *Monsieur Vénus*. C'est aux points névralgiques des articulations (genoux, coudes, aisselles, omoplates) que se saisit le corps de l'éphèbe ; la description prend alors le caractère d'une étude de la charpente humaine.

> En effet, les genoux étroits, la taille sensiblement formée, la poitrine pleine, les épaules tombantes, Samas ressemblait à une jeune fille[106].

Samas, dans *L'Androgyne,* nous est révélé fort justement comme une œuvre d'art qui marche. Les corps androgynes appartiennent donc tous au registre de l'art plastique et c'est dans l'harmonie osseuse, et non point tant charnelle que se dévoile la perfection. Il n'est que de noter les termes techniques dont Péladan affuble la description de la jambe de Stelle : « Ce pied long à la cheville mince s'arrondit et se convexe au mollet d'une courbe qui ensuite se renverse un peu concave au genou étranglé »[107].

L'ossature concerne tout ce qui montre la fabrication du sujet et c'est plutôt à la géométrie de l'ébauche qu'à l'achevé de la toile que renvoient les textes symbolistes. Si Péladan fait état de « la finesse des formes » et si Rachilde parle des « chairs blondes » de Jacques, la grande absente, c'est bien elle, la chair. C'est que l'androgyne, créature en pointillé, ne peut se décliner que comme armature de la perfection sans l'amollissement d'un charnel qui devrait tout à l'humain. La chair, c'est la consommation, c'est la pourriture, c'est la mort. « Ephèbe aux petits os, au peu de chair » insistera Péladan dans l'hymne à l'androgyne ; et encore « sexe très noble et qui défie la chair »[108].

Les nerfs et les os forment donc les étapes du corps androgyne. Chrysalide ou squelette idéal qui domine la matière, ce corps justifie la suite des événements : l'absence de rapports charnels avec la créature androgyne qui ne conçoit pas l'accomplissement ou résiste à la sexualité. Il justifie aussi que le corps androgyne soit avant tout le lieu de la référence.

L'éphèbe est un être à mi-chemin de la réalité et de l'art plastique. Sculpture, peinture, avant d'être homme ou femme, l'androgyne se reconnaît à cet air d'élévation qui le place au-dessus des autres. Dans *Les dévotes d'Avignon* de J.

Péladan, Mademoiselle de Romanil est « un chef-d'œuvre »[109], une « création artistique »[110]. Elle possède ce dédain propre aux personnes de son rang.

> C'était un chef-d'œuvre, un triple chef-d'œuvre de proportions, de coloration et d'expression. En pensée, il revoyait le haussement du coin de lèvres, la palpitation des narines, l'obliquité insultante du regard, le mépris jaillissant des pores de cette peau vermeille, pour lui crier : « manant ! »[111]

L'aristocratie de la beauté se double souvent d'un instinct de caste puisque les androgynes, du moins chez Péladan, sont souvent les derniers enfants de familles nobles. Ainsi se tisse un réseau où le lieu et le temps renferment de purs joyaux de l'histoire : Romanil est « une demoiselle de Romanil, évoquant les croisades et les compagnons de Jean de Brienne, la plus ancienne civilisation d'Occident, la pensée romane »[112]. Avignon, où se déroule l'histoire, devient un lieu sacré. Dans *Les amants de Pise,* du même Péladan, c'est le jeune comte Ugolino de la Gherardesca qui, « né d'une race éclatante et victorieuse »[113], représente la glorieuse histoire de Pise. Ainsi certains androgynes sont-ils au confluent de l'histoire et de l'espace. Vers eux convergent les hauts lignages et les lieux sacrés, renforçant ainsi leur lien avec le mythe. Ce sont les derniers « pur sang »[114] de la race.

Pour renforcer la chaîne mythique qui fait de l'androgyne le descendant d'une race disparue, l'écrivain lui confère souvent l'immobilité de la statue. La plupart des descriptions peignent des moments d'abandon où l'artiste-voyeur épie les formes divines. Il prolonge ce jeu de glaciation pour mieux saisir sa création. De la sculpture vivante à l'être de chair, il y a un monde d'études et de commentaires qui est celui que choisissent les écrivains. Car l'éphèbe entraîne avec lui tout un système de référents spatio-temporels, culturels, artistiques.

Ce corps est le corps peint, celui des tableaux et des sculptures antiques, resplendissant d'une chair de pierre. En témoigne d'abord un lexique particulier où les termes techniques sont empruntés à la peinture et à la sculpture. En témoignent aussi les échos des références culturelles qui ponctuent ou concluent l'œuvre d'art, comme un point final, une signature à la description. « Digne de la Vénus Callipyge » « sphère de Paros »[115], « Alcibiadès, l'Androgyne athénien » « angelots de fresque »[116], le corps de l'androgyne ne vaut que par les échos des œuvres et des mythes qui se profilent au-delà de son apparence. Il est copie de modèles antiques. Mais comment décrire ceux-ci ? Comment décrire Antinoüs et Alcibiade ? Les articulations du corps androgyne se déploient sur un abîme de références au passé et au mythe. Il demeure donc corps couturé de références multiples et de citations qui le figent à jamais dans un univers fictif ou légendaire, références canonisées et institutionnalisées. Nous sommes renvoyés à un code culturel redisant que tout corps est une citation.

> Tu t'appelais jadis Adonis ou Tammuz. Avant Mozart tu fus Alcibiade
>
> ....
>
> Tu t'appelais pour Platon, Diotime : Sapho, Hypathia, abbesse de Gandersheim, Hrostsvitha, te désignaient, Polyonime
>
> ....
>
> O grâce si sereine que Dante a pu, par trois élans, monter aux nues. O dame de beauté, de sagesse et de gloire, Walkyrie du Walhala chrétien ! O Béatrice ! Los à toi ![117].

s'exclamera Péladan dans l' « hymne à l'androgyne ». Une remarque s'impose, que les textes nous aident à exprimer, ce corps androgyne que croient voir, à tour de rôle, les symbolistes, est un corps vide. Le corps blanc de l'androgyne ramène à la blancheur de la vierge Hérodiade. C'est que ce corps couturé de citations se veut lui aussi page blanche sur laquelle tentent de s'inscrire un certain nombre de signes. Péladan l'exprimera en ces termes :

> Puceau, prestige incomparable, seule grâce plénière, délicieux inédit, poème réticent ; sur le vélin du cœur, pas un nom ne s'inscrit ; sur le vélin du corps pas une trace rose ![118]

***

« Plus ou moins, tous les livres, contiennent la fusion de quelques redites comptées »[119] dit Mallarmé. A une époque qui semble hantée par l'appropriation de la parole (quelques remarques tirées du journal des Goncourt suffiraient à illustrer cette idée : « Racine et Corneille n'ont jamais été que des arrangeurs en vers de pièces grecques, latines, espagnoles. Par eux-mêmes, ils n'ont rien trouvé, rien inventé, rien créé »[120] et, citant Zola : « Est-ce que nous ne descendons pas tous les uns des autres ? »[121]), au moment où la thèse de Tarde sur l'imitation se répand et enflamme les imaginations, quelques écrivains s'interrogent.

Faut-il voir appliqués à la littérature, les préceptes de ce sociologue qui, en deux ouvrages, *Les lois de l'imitation* (1890) et *La logique sociale* (1893), impressionna ses contemporains ? Gourmont le cite dans « Stéphane Mallarmé et l'idée de décadence » :

> On a dit, il y a longtemps, bien avant que M. Tarde ait développé sa philosophie sociale : « L'imitation régit le monde des hommes, comme l'attraction celui des choses. » Dans le domaine particulier de l'art et de la littérature, cette loi est très sensible. L'histoire littéraire n'est, en somme, que le tableau d'une suite d'épidémies intellectuelles.[122]

Le système de Tarde consiste à transposer les lois de la physique à la société. Il démontre que les principes de l'imitation et de la contre-imitation en forment la base. Pour Tarde, la langue procède elle-même d'une imitation. On voit ce qui peut séduire dans un système qui semble s'ajuster aux préoccupations des artistes. Il confirme que le facteur unifiant des activités humaines, c'est le mimétisme.

Le mythe est par excellence le lieu d'une imitation en chaîne, qui se perd dans la nuit des temps, puisque le propre du mythe est de ne point avoir de récit fondateur, mais des versions. En constituant une chaîne imitative où chaque version procède de la précédente et ainsi de suite, les symbolistes ont mis en valeur leurs ressources parodiques, en mimant un texte déjà écrit et se reproduisant à l'infini.

Doit-on voir dans le choix que fit Jorge-Luis Borgès dans sa nouvelle « Pierre Ménard, auteur du Quichotte » un choix délibéré de faire de son héros, Pierre Ménard, un symboliste ? Pierre Ménard, auteur obscur, fin lettré, érudit désespéré, passe sa vie à essayer de réécrire fidèlement le *Don Quichotte* de Cervantès. Entreprise vaine à laquelle il sacrifie ses jours et qui consiste à tenter de faire mieux avec la même chose. Borgès ne fait qu'exagérer ici l'un des traits, il est vrai propre au Symbolisme : celui de la réécriture. Dans *Un dilemme,* Huysmans fait le portrait d'un avoué, Mᵉ Le Ponsart, qui s'emploie à mettre *Le bourgeois gentilhomme* en vers : « ce prodigieux labeur était sur le chantier depuis sept ans ; il s'efforçait de suivre le texte mot à mot, recueillant une immense estime de ce beau travail... »[123]

Réécriture que la convergence des thèmes mythiques, du choix des scènes et de l'emploi des termes, faisant que chaque œuvre sur le mythe porte la trace, pas toujours discrète, d'un démarquage : « Son admirable ambition était de reproduire quelques pages qui coincideraient — mot à mot et ligne à ligne — avec celles de Miguel de Cervantès ! »[124]

Le but de Pierre Ménard consiste à tenter de retrouver les voies qui mènent au *Don Quichotte,* en composant ou plutôt en recomposant quelques chapitres du fameux ouvrage. Il se place ainsi dans une longue lignée signalée par Borgès : « un symboliste de Nîmes, essentiellement dévot de Poe, qui engendra Baudelaire, qui engendra Mallarmé, qui engendra Valéry, qui engendra Edmond Teste ».[125]

On ne peut en effet citer Poe sans se souvenir qu'il établissait de longues listes d'influences dans lesquelles il notait ce qu'un écrivain doit à son prédécesseur. Le fictif Pierre Ménard réécrit le Quichotte comme il a transposé en alexandrins *Le cimetière marin* de Valéry, et comme le très réel Mallarmé réécrira de la même façon les *Contes indiens* de Mary Summer.

Parallèlement à cette écriture superposée peut exister le rêve de la blancheur, de la page immaculée dont la virginité absolue indiquerait le renouvellement. La surface blanche qui ne serait jamais transpercée de la « plume » nous la constatons chez Mallarmé (dont « Hérodiade » affirme « Du cygne quand parmi le pâle mausolée ou la plume plongea la tête...[126]), mais aussi chez Valéry dans « Fragments du Narcisse » où le sommeil fragile des eaux, miroir glacé où se mire l'éphèbe, « craint jusqu'au frisson d'une plume qui plonge »[127].

Mais la page ne reste pas blanche : le viol d'Hérodiade est pressenti dans ses mots mêmes, le miroir de Narcisse sera troublé par le toucher final : « L'insaisissable amour (...) passe, et dans un frisson, brise Narcisse, et fuit »[128]). Ce que signifie cette utopie de la virginité, c'est justement l'impossibilité d'écrire sur autre chose que des traces et des vestiges. C'est ce qu'exprime Antoine Compagnon dans son ouvrage sur la citation.

> C'est l'intertexte lui-même qui refait surface, qui perce à travers l'écriture nouvelle comme le motif sombre du papier peint sous toute couche successive de blanc. La maculature ou la surface sale avec laquelle je compose, c'est l'intertexte que je réécris.[129]

La tapisserie ancienne aux motifs éteints dont il est question dans « Hérodiade » représente cette surface déjà travaillée, déjà transpercée, où l'écrivain va tracer d'autres signes. Il semblerait donc que les symbolistes, plus que tout autres, aient pressenti le texte comme érodé et brouillé. Leur propre signe n'est qu'une version qui se superpose à des signes anciens dont on peut voir, en filigrane, les sillons. En cela préexiste toujours au texte, un autre texte qui affleure et avec lequel ce dernier entre en relation.

Mais ce texte qui transparaît est relié au nouveau par une relation de respect. Texte premier, texte père, il doit provoquer la considération due à l'autorité (et c'est l'imitation) tout en constituant une tache à éliminer et si possible à dissoudre. La nouvelle version doit être affiliation et mise à mort du texte précédent. Elle confirme son lignage tout en souhaitant effacer ce qui constitue l'héritage. En ce sens doit être interprétée la volonté des symbolistes de concevoir une chaîne littéraire : elle fait trouver à Rémy de Gourmont, dans *Le livre des masques,* des ressemblances entre les écrivains de son siècle et ceux du passé. Tout en insistant sur la fraîcheur du mouvement symboliste qui est « idéalisme, dédain de l'anecdote sociale, antinaturalisme (...) lié au vers libre, c'est-à-dire démaillotté, et dont le jeune corps peut s'ébattre à l'aise, sorti de l'embarras des langes et des liens » il admet que « le symbolisme n'est que la transformation du vieil allégorisme ».[130]

C'est ainsi que Mallarmé est « Baudelairien » les vers de Samain sont « d'un Vigny attendri » le roman de Pierre Louys, *Aphrodite,* « c'est la fin d'Atala (« Chateaubriand plane invisible sur toute notre littérature » dira-t-il), Jean Moréas, quant à lui, concentre tout son effort à imiter « les grecs d'anthologie à travers Ronsard ». Un roman de Georges Echkoud, *Une mauvaise rencontre,* lui rappelle un roman de Balzac, dont une anecdote est elle-même reprise par Huysmans dans *A rebours.*

> Etudiant un écrivain, on aime (...) à connaître sa famille spirituelle, à dénombrer ses ancêtres, à établir de savantes filiations, à noter (...) des traces d'influence et le signe de la main mise un instant sur l'épaule.[131]

Reste que le mouvement symboliste demeure l'un des groupes qui cultivent le plus le pastiche et la parodie. Laforgue bien entendu, mais aussi Verlaine, qui s'autopastiche avec ironie dans « A la manière de plusieurs ». Ajoutons à cela le pastiche de Beauclair et Vicaire, *Les déliquescences d'Adoré Floupette,* qui fit recette, et les parodies de Victor Hugo par Mallarmé. Le texte se donne donc comme résurgence d'une longue série de modèles et de reprises. C'est, du point de vue textuel, ce que Gérard Genette baptise un « palimpseste » c'est-à-dire un texte « recouvrant un ou des textes antérieurs qu'il laisse voir par transparence »[132]. Ce que la boutade de Wilde confirme, lui qui se vante de ses emprunts, les proclame et les revendique comme nécessaires :

> Bien sûr, je plagie. C'est le privilège de celui qui apprécie. Je ne lis jamais *La Tentation de Saint Antoine* de Flaubert sans signer de mon nom à la fin. Que voulez-vous ? Les cent meilleurs livres portent ainsi ma signature.[133]

Toute œuvre a donc une mémoire : la recommencer fait miroiter une série de rapports allant du plus léger, une sonorité voisine — Mélissa, Phénissa — à la superposition textuelle. Comme la pantomime, la danse et la voix effacent et renouvellent les versions du passé, les œuvres se greffent les unes sur les autres et s'affirment comme copies. Copies encore que le choix de figures de rhétorique comme l'antithèse, la catachrèse : contradiction proclamée ou signifié impossible ramenant au vide de la parole, au travail sur la forme, à l'écho immémorial. Valéry insiste sur ce point :

> Rien de plus antique, ni d'ailleurs de plus naturel que cette croyance dans la force propre de la parole, que l'on pensait agir moins bien par sa valeur d'échange que par je ne sais quelles résonances qu'elle devait exciter dans la substance des êtres.[134]

Ainsi s'éloignent les auteurs et s'imposent le gestuel et le sonore : « Impersonnifié, le volume, autant qu'on s'en sépare comme auteur, ne réclame approche de lecteur. Tel, sache, entre les accessoires humains, il a lieu tout seul : fait, étant »[135] confirme Mallarmé. Une mémoire anonyme transmet les gestes premiers et la voix archaïque. Seuls demeurent l'acteur, le saltimbanque, la danseuse, le mime, illuminés ou inspirés, instruments sur lesquels se rejouent à l'infini les modèles : « L'écrivain, de ses maux, dragons qu'il a choyés, ou d'une allégresse, doit s'instituer, au texte, le spirituel histrion ».[136]

Enfin, reste à savoir ce que la rhétorique symboliste doit à l'idéologie. La théorie de l'imitation supporte des connotations que nos lectures ultérieures essaieront de vérifier. Ainsi J.L. Backès a montré que le vers libre, avec son caractère de déconstruction, de blanc et d'abandon de la rime, connotait un caractère anarchisant. Idée qui ne va pas sans contradiction quand on sait l'engagement timoré des auteurs et leur fidélité à des formes régulières.

Par ailleurs, l'auteur symboliste, loin de se peindre en actant, tend à disparaître de son texte. Il table sur la médiation des signes (chant, danses, emblèmes) pour produire la représentation. En privilégiant l'imitation, l'artiste émet une vision poétique fondée sur le même. On peut ainsi penser que la prédilection des symbolistes pour le texte antérieur n'est pas innocente. On peut peut-être rattacher cette théorie de l'imitation, privilégiée par les ensembles textuels, au fait que l'écriture est considérée comme reprise permanente d'autres savoirs et que le langage lui-même, particulièrement chez Mallarmé, se trouve au centre de l'activité poétique. L'instrument devient sens en même temps qu'il se dénonce comme copie. A ce sujet, l'attitude à la fois grave et ironique que sous-tend l'imitation — travail sur la langue et parodie — doit être remarquée. Considéré comme central au même moment où il fait l'objet d'une critique, le langage est à la fois conçu comme essentiel et maintenu à distance. Pour reprendre l'expression de Dubois, « le poème se sait et se dit fabrication, fiction, être de langage »[137], et de signaler l'effet de rupture par rapport au monde que cette conception suggère : « le poème devient fragment qui refuse ses attaches avec l'univers réel »[138].

Comme le mythe, le langage des dieux est une fiction. Il ne fait que proposer une allégorie et repose fondamentalement sur une absence. Le texte doit refléchir ce vide. A la fois signifiant et signifié, le signe symboliste se réfère constamment à lui-même, sujet et objet de toute écriture.

Sans entrer plus avant dans des considérations idéologiques que les chapitres sur le pulsionnel et le social se chargeront d'approfondir, retenons dès à présent l'isolement et la rupture avec le monde que les textes manifestent.

NOTES

(1) G. Genette, *Introduction à l'architexte*, Paris : Seuil, 1979, p. 87.
(2) M. Eigeldinger, *Mythologie et intertextualité*, Genève : Slatkine, 1987, p. 9.
(3) *Idem.*
(4) G. Genette, *Introduction...*, p. 88.
(5) L. Jenny, « La stratégie de la forme » *Poétique* (27), 1976, p. 262.
(6) Michael Riffaterre, *La trace de l'intertexte*, Paris : la Pensée, 1980.
(7) M. Eigeldinger, *Mythologie...*, p. 11.
(8) J.K. Huysmans, *A rebours*, Paris : UGE, 1975, p. 116.
(9) J. Bellemin-Noël, *Le texte et l'avant-texte*, Paris : Larousse, 1972.
(10) G. Flaubert, cité dans *Œuvres*, Paris : Gallimard, 1967, t.2, p. 581.
(11) *Idem.*
(12) G. Flaubert, « Hérodias » *Trois contes, Œuvres*, p. 665.
(13) J. Bem, in *Huysmans, une esthétique de la décadence*, Actes du colloque de Bâle, Mulhouse, Colmar, Paris : Champion, 1987, p. 29.
(14) L. Bloy, « La besace lumineuse » *Belluaires et porchers*, Paris : UGE, 1983, p. 297.
(15) P. Fontanier, *Les figures du discours*, Paris : Flammarion, 1968, p. 125.
(16) G. Flaubert, *Salammbô*, Paris : Gallimard, 1967, t.1, p. 752.
(17) J.K. Huysmans, *A rebours*, p. 115.
(18) G. Flaubert, *Salammbô*, p. 752.
(19) J.K. Huysmans, *A rebours*, p. 115.
(20) G. Flaubert, *Salammbô*, p. 752.
(21) *Idem*, p. 753.
(22) J.K. Huysmans, *A rebours*, p. 119.
(23) G. Flaubert, *Salammbô*, p. 892.
(24) J.K. Huysmans, *A rebours*, p. 119.
(25) G. Flaubert, *Salammbô*, p. 886.
(26) J.K.Huysmans, *A rebours*, p. 120.
(27) G. Genette, *Palimpsestes*, Paris : Seuil, 1982, p. 25.
(28) *Idem*, p. 24.
(29) G. Flaubert, *Salammbô*, p.751.
(30) J. Laforgue, « Salomé » *Moralités légendaires*, Paris : Gallimard, 1977, p. 134.
(31) J. Laforgue, « Salomé » p. 135.
(32) G. Flaubert, *Salammbô*, p. 752.
(33) J. Laforgue, « Salomé » p. 135.
(34) G. Flaubert, *Salammbô*, p. 752.
(35) J. Laforgue, « Salomé » p. 136.
(36) G. Flaubert, *Salammbô*, p. 752.
(37) *Idem*, p. 753.
(38) P. Fontanier, *Les figures du discours*, p. 288.
(39) G. Genette, *Palimpsestes*, p. 82.
(40) *Idem*, p. 82.
(41) cité par R. Ellmann, *Oscar Wilde*, London : Penguin books, 1987, p. 321.
(42) *Idem*, p. 355.
(43) G. Flaubert, « Hérodias » *Trois contes, Œuvres*, p. 655.
(44) O. Wilde, *Salomé, Œuvres complètes*, Paris : Stock, 1977, p. 481.
(45) G. Flaubert, « Hérodias » p. 665.
(46) O. Wilde, *Salomé*, p. 492.
(47) G. Flaubert, « Hérodias » p. 666.
(48) O. Wilde, *Salomé*, p. 487.

(49) *Idem*, p. 471.
(50) G. Flaubert, « Hérodias » p. 665.
(51) O. Wilde, *Salomé*, p. 488.
(52) P. Fontanier, *Les figures du discours*, Paris : Flammarion, 1968, p. 329.
(53) J. Kristeva, *Semiotikè, recherches pour une sémanalyse*, Paris : Seuil, 1969, p. 96.
(54) L. Tesnière, *Eléments de syntaxe structurale*, Paris : Klincsieck, 1965.
(55) G. Flaubert, *Correspondance*, Paris : Gallimard, 1973, t.1, p. 691.
(56) *Idem*, p. 602.
(57) *Ibid.*, p. 601.
(58) G. Flaubert, « Hérodias » *Trois contes, Œuvres*, p. 676.
(59) G. Flaubert, *Salammbô, Œuvres*, t.1, p. 713.
(60) J. Kristeva, *Semiotikè..*, p. 98.
(61) S. Mallarmé, « Mimique » *Œuvres complètes*, Paris : Gallimard, 1945, p. 310.
(62) S. Mallarmé, « Hérodiade », p. 42.
(63) *Idem*, p. 41.
(64) *Ibid.*
(65) *Ibid.*, p. 42.
(66) S. Mallarmé, « La dernière mode » p. 828.
(67) S. Mallarmé, « Hérodiade » p. 42.
(68) *Idem*, p. 44.
(69) *Ibid.*, p. 45.
(70) *Ibid.*
(71) *Ibid.*, p. 43.
(72) *Ibid.*, p. 45.
(73) *Ibid.*, p. 46.
(74) *Ibid.*, p. 47.
(75) *Ibid.*
(76) *Ibid.*, p. 42.
(77) S. Mallarmé, « Ballets » p. 308.
(78) L. Dallenbach, *Le récit spéculaire*, Paris : Seuil, 1977, p. 17.
(79) A. Gide, *Journal*, Paris : Gallimard, 1948, p. 41.
(80) *Idem*.
(81) A. Gide, *Traité du Narcisse, Romans*, Paris : Gallimard, 1961, p. 3.
(82) A. Gide, *Journal*, p. 252.
(83) A. Gide, *Traité du Narcisse*, p. 3.
(84) *Idem*, p. 7.
(85) *Ibid.*, p. 4.
(86) *Ibid.*, p. 9.
(87) *Ibid.*, p. 10
(88) *Ibid.*, p. 6.
(89) *Ibid.*, p. 8.
(90) *Ibid.*, p. 3.
(91) R. de Gourmont, *Sixtine*, Paris, UGE, 1982, p. 120.
(92) *Idem*, p. 264.
(93) J.K. Huysmans, *A rebours*, Paris : UGE, 1975, p. 113.
(94) J.K Huysmans, *En rade*, Paris, UGE, 1976, p. 73.
(95) *Idem*, p. 74.
(96) L. Dallenbach, *Le récit spéculaire*, p. 128.
(97) J.K. Huysmans, *A rebours*, p. 117.
(98) J.K.Huysmans, *Croquis parisiens*, Paris : UGE, 1976, p. 436.
(99) J.K. Huysmans, *Certains*, Paris : UGE, 1975, p. 33.
(100) *Idem*, p. 339.
(101) *Ibid.*, p. 341.
(102) *Ibid.*, p. 363.
(103) J.K.Huysmans, *A rebours*, p. 113.
(104) P. Valéry, *Degas, danse et dessin*, Paris : Gallimard, 1938, pp. 49-50.
(105) Rachilde, *Monsieur Vénus*, Paris : Flammarion, 1977, p. 55.
(106) J. Péladan, *L'androgyne, La décadence latine VIII*, Paris : E. Dentu, 1891, p. 135.
(107) *Idem*, p. 218.
(108) *Ibid.*, p. 7.
(109) J. Péladan, *Les dévotes d'Avignon*, Paris : UGE, 1984, p. 22.
(110) *Idem*, p. 23.
(111) *Ibid.*, p. 25.
(112) *Ibid.*, p. 23.
(113) J. Péladan, *Les amants de Pise*, Paris : UGE, 1984, p. 121.
(114) J. Péladan, *Les dévotes d'Avignon*, p. 173.
(115) Rachilde, *Monsieur Vénus*, p. 55.
(116) J. Péladan, *L'androgyne*, p. 12.
(117) *Idem*, p. 8.

(118) *Ibid.*, p. 147.
(119) S. Mallarmé, « Variations sur un sujet », *Œuvres complètes,* Paris : Gallimard, 1945, p. 367.
(120) E. et J. de Goncourt, *Journal,* Paris : Laffont, 1956, t. 2, p. 904.
(121) *Idem,* p. 1001.
(122) R. de Gourmont, « Stéphane Mallarmé et l'idée de décadence » La culture des idées, Paris : UGE, 1983, p. 129.
(123) J.K. Huysmans, *Un dilemme,* Paris : UGE, 1976, p. 263.
(124) J.L. Borgès, *Fictions,* Paris : Gallimard, 1957, p. 67.
(125) *Idem,* p. 69.
(126) S. Mallarmé, « Hérodiade » p. 41.
(127) P. Valéry, « Fragments du Narcisse » *Œuvres,* Paris : Gallimard, 1957, p. 130.
(128) *Idem.*
(129) A. Compagnon, *La seconde main,* Paris : Seuil, 1979, p. 391.
(130) R. de Gourmont, *Le livre des masques,* Paris : Editions 1900, 1987, p. 8.
(131) *Idem,* p. 70.
(132) G. Genette, *Palimpsestes,* Paris : Seuil, 1982, p. 451.
(133) O. Wilde, cité par R. Ellmann, *Oscar Wilde,* London : Penguin books, 1987, p. 355.
(134) P. Valéry, « Variété » p. 649.
(135) S. Mallarmé, « Quant au livre » p. 372.
(136) *Idem,* p. 370.
(137) J. Dubois, le groupe γ, *Rhétorique de la poésie,* Paris : P.U.F., 1977, p. 213.
(138) *Idem.*

LECTURE PSYCHANALYTIQUE

AVANT-PROPOS

L'étude des mythes fondamentaux du Symbolisme permet de mieux comprendre certains aspects de la fin du XIXe siècle. Le mythe a non seulement une valeur intellectuelle, mais sociale et individuelle, étant un phénomène total, qui englobe aussi bien l'artiste que la société. Il nous paraît essentiel à présent de traduire en langage psychanalytique l'expression culturelle qu'il peut représenter. On se souvient que Freud lui-même interpellait la littérature et les beaux-arts pour leur donner un sens. Il nous apprend que tout texte ou toute peinture se déchiffre comme un rébus. Or, que disent les symbolistes, si ce n'est que l'œuvre est un symbole renvoyant à un sens caché ?

C'est ainsi que Jacques Marle, le héros de *En rade* cherche à déchiffrer les rêves mystérieux qui constituent une bonne part du roman. Il s'interroge ainsi sur la nature des songes :

> Dans leurs démences hermétiques les songes avaient-ils un sens ? (...) Prédisaient-ils l'avenir et sommaient-ils les événements de naître ? (...) Ou bien encore était-ce, selon les modernes théories de la science, une simple métamorphose de perceptions précédemment acquises ?[1]

Parce que le mythe, comme le rêve, brode sur des fantasmes, qu'il revient toujours à un canevas, qu'il est « mis en mots » il facilite le déguisement à travers les symboles et les métaphores. Il permet d'accomplir un désir inconscient. La psychanalyse dégage ce nœud de désirs :

> Ce qui nous empoigne si violemment ne peut être que l'intention de l'artiste, pour deviner cette intention, il faut que je découvre d'abord le sens et le contenu de ce qui est représenté dans l'œuvre, par conséquent que je l'interprète.[2]

dira Anne Clancier, dans la préface de *Psychanalyse et critique littéraire*.

En découvrant un double sens, l'apparent et le caché, la psychanalyse répète que l'art est une métaphore qui transpose la réalité. En l'occurrence, la métaphore sera l'expression d'un conflit intérieur. C'est pourquoi, voulant lire les œuvres, nous essaierons, autant que faire se peut, de valoriser l'aspect communautaire des idées du groupe symboliste pour montrer comment le ou les complexes individuels évoluent en collectif. Il s'agit, en effet, d'en tirer les lois générales portant la double marque de l'unique et de l'universel.

Toutefois, force nous est de constater que les interprétations de Freud et de ses disciples (Karl Abraham, Geza Roheim, Mélanie Klein) ne nous permettent que peu de progresser dans l'interprétation des signes. En effet, l'imaginaire d'un Freud, avec ses conceptions de la femme-énigme ou du complexe d'Œdipe, pour novateur qu'il ait été, fait écho à l'imaginaire d'un écrivain décadent ou symboliste. Freud et les symbolistes se sont abreuvés aux mêmes sources mythologiques. Faire parler l'image symboliste par le biais de la psychanalyse de la première école revient à renforcer l'opacité de son message. Il nous faudra donc faire des incursions dans l'autre système que représente la nouvelle psychanalyse, qui s'est bâtie, à bien des égards, sur une nouvelle lecture de Freud.

Cette méthode nous permettra, selon les termes d'Yvon Belaval, « d'inventer la compréhension » des textes symbolistes et de proposer, non des faits, mais une version possible de ces textes. Une telle lecture se justifie en ce qu'elle renouvelle et enrichit l'interprétation.

> C'est entre autres motifs parce qu'elle est cette mise en question, cette interrogation conjoncturante, cet appel à ce qui ne se donne pas d'emblée comme cause d'un effet, que la psychanalyse peut prendre part à ce renouvellement de la critique.[3]

déclare André Green.

Les psychanalystes se sont toujours passionnés pour le mythe, à commencer par Freud, dont nous avons vu qu'il fondait sa recherche sur le matériau mythique. « Il est extrêmement probable, par exemple à propos des mythes, qu'ils correspondent aux vestiges déformés de fantaisies de désir propres à des nations entières, aux rêves séculaires de la jeune humanité »[4] déclare-t-il dans *Le créateur littéraire et la fantaisie*. Freud aborde la sexualité humaine par le biais du mythe, comme le signalent Granoff et Perrier :

> Le mythe est aussi la dimension dans laquelle se développe sa méthode. Un mythe de l'Antiquité, plus spécialement, servit à constituer ce que l'on peut appeler la mythologie freudienne. Cet héritage n'est pas à récuser. Parce qu'analystes freudiens, nous n'en avons pas le pouvoir ; parce que aussi, à ce jour, rien n'est venu éclairer de façon plus complète la sexualité.[5]

Les analystes contemporains admettent leur tribut au mythe. Déjà, les disciples de Freud, dont Karl Abraham, interrogent le mythe. C'est ainsi que dans *Rêve et mythe* (1909), Karl Abraham attribue toutes les productions humaines, lapsus, rêves, mythes, aux mêmes phénomènes psychiques. Comparer le rêve et le mythe est pour lui chose aisée puisqu'il remarque que tous deux partagent le même déguisement symbolique peu poussé, exigent une interprétation, et que cette interprétation est de type sexuel : « Le mythe est le vestige de la vie psychique infantile d'un peuple et le rêve est le mythe de l'individu »[6], déclarera-t-il, opérant ainsi une condensation entre rêve et mythe.

Nous allons à notre tour tenter de faire émerger un message, à partir de l'interprétation des mythes symbolistes. Nous reconnaissons que chaque auteur symboliste devrait faire l'objet d'une lecture psychanalytique propre qui dégagerait ce qui, dans son œuvre, explique et justifie son choix personnel pour le mythe.

Toutefois, voulant demeurer dans l'espace du mouvement symboliste, nous avons préféré envisager les œuvres comme un ensemble relevant d'un inconscient collectif et dans lequel les influences communes seraient plus fortes que les obsessions individuelles. C'est en ce sens que nous avons choisi des mythes fondamentaux chargés de représenter le mouvement dans son ensemble. Il n'en reste pas moins que nous essaierons, lorsque faire se peut, de montrer qu'un même mythe peut avoir un contenu symbolique différent d'un auteur à l'autre.

D'autre part, nous avons choisi de dialoguer avec l'œuvre, non avec l'auteur. Selon les mots de Charles Mauron, c'est l'œuvre qui « s'est mise à vivre et qui entretient avec le lecteur des relations personnelles »[7] et non l'auteur qui n'a pu, dans l'élaboration de l'œuvre, s'exprimer tout entier.

CHAPITRE I

LE FÉMININ

1) Eviter la femme

■ *Le voile de la déesse*

Le choix que les symbolistes opèrent dans les mythes féminins permet d'établir un certain nombre de caractéristiques communes.

C'est un fait que les femmes choisies dans l'éventail mythologique appartiennent à un univers lointain et mystérieux. C'est finalement avec une intention moralisatrice que les artistes pensent exploiter les mythes féminins. Leur but est de dénoncer un danger. Ce danger est assez évident lorsqu'il s'agit d'une créature castratrice comme Salomé ou dévoreuse d'hommes, comme la Sphinge.

Lorsqu'il s'agit de mythes féminins comme la figure de Mélisande, par exemple, c'est par le biais du mystère que ces femmes vont inquiéter. C'est l'univers dont elles proviennent qui est finalement dangereux. Le monde de grottes et de sources dont Mélisande est issue fait état d'un royaume secret, exclusivement féminin, qui déroute.

C'est bien à une énigme de la femme que nous avons affaire, qui s'exprime par le biais des mythes choisis. C'est une fois de plus le voile qui suscite la curiosité. Ce voile entoure la mythologie féminine d'une sorte d'aura. Ce n'est pas par hasard que les représentations mythiques féminines sont souvent décorées de voiles. Villiers de l'Isle-Adam, dans le roman philosophique *Isis,* prend la peine de rappeler que « les prêtres, dans les temples d'Egypte, plaçaient (...) la statue voilée d'Isis, la figure de la Création ; sur le socle, ils avaient inscrit ces paroles : « Je suis ce qui est, ce qui fut, ce qui sera : personne n'a soulevé le voile qui me couvre ». Sous la transparence du voile, (...) les initiés pouvaient seuls présenter la forme de l'énigme de pierre, et, par intervalles, ils le surchargeaient encore de plis diaprés et mystérieux pour mettre de plus en plus le regard des hommes dans l'impuissance de la profaner. »[8]

Les symbolistes se sont donné le mot lorsque l'image de Salomé s'impose à eux. Laforgue utilise l'énigmatique fourreau de mousseline, « mélodieusement emmousselinée d'arachnéenne jonquille à pois noirs »[9], chaque fois qu'il se réfère à la princesse. La Salomé de Wilde voit le Baptiste « à travers les voiles de mousseline » et une lune « voilée » surveille le drame : « Oh ! comme la lune a l'air étrange ! On dirait la main d'une morte qui cherche à se couvrir avec un linceul »[10]. Quand la pièce sera finalement représentée, le décor comportera une tente suspendue dans les airs et des rubans de fumée destinés à voiler la scène. Quant au long rideau des cheveux de Mélisande, il appartient aux motifs fluants qui redoublent son mystère. Notons que lors de la première de la pièce en 1893, la scène est séparée de l'assistance par un voile de gaze.

Fluidité, ondoiement, le mythe féminin ne se conçoit que masqué. Pour Huysmans, on se souvient que ce seront les pierreries qui s'interposeront entre le corps et le regard. Les bijoux habillent le corps de Salomé.

Quelques héroïnes de romans symbolistes, telle Clara du roman de Mirbeau, *Le jardin des supplices,* laissent entendre qu'elles iront jusqu'à lever ce voile :

> Je t'apprendrai des choses terribles... des choses divines... tu sauras enfin ce que c'est que l'amour ! Je te promets que tu descendras, avec moi, tout au fond du mystère de l'amour... et de la mort.[11]

Freud a, comme les symbolistes, fondé sa théorie de la sexualité féminine sur cette énigme. Se choisissant comme sujet, Freud interprète, dans *L'interprétation des rêves* un de ses propres songes. Il signale le point de départ que voici :

> Disons d'abord le point de départ du rêve. C'est une visite à Mme Louise N... qui dans le rêve assiste à mon travail. Elle me dit : « Prête-moi un livre. » Je lui proposai *She* de Ridder Haggard et commençai à lui expliquer : « ... livre étrange... rempli de sens caché... l'éternel féminin... l'immortalité de nos sentiments... »[12]

Deux termes nous frappent : énigme et éternel féminin. Ces deux termes réitèrent l'attirance et la crainte pour tous les mythes du féminin. Dans « Le tabou de la virginité » Freud insiste encore : « Là où le primitif a posé un tabou, c'est qu'il redoute un danger et on ne peut rejeter le fait que toutes ces prescriptions d'évitement trahissent une crainte essentielle à l'égard de la femme. Peut-être ce qui fonde cette crainte c'est le fait que la femme est autre que l'homme, qu'elle apparaît incompréhensible, pleine de secret, étrangère et pour cela ennemie. »[13]

Les créations du symbolisme, Mélisande, Salomé, Maleine, ne sont pas autre chose. Elles parlent par énigmes, ou bien ne parlent pas, ou bien encore choisissent un langage métaphorique et allusif qui n'est pas saisi de tous. Ce que les artistes veulent ainsi suggérer c'est qu'elles renferment un secret. Et ce secret, lourd à porter, est la cause de leur mal : Salomé a-t-elle été l'objet de convoitises plus précises de la part de son oncle le Tétrarque ? D'où vient Mélisande ? Que veut Maleine ? Le texte reste fidèle à un drame féminin qui plane, mais qui n'est pas exprimé. La femme ne parle pas, ou parle autrement, parce qu'elle ne souhaite pas s'exprimer : elle garde. Elle maintient le voile sur elle-même.

Ainsi les hésitations de Mélisande, les métaphores de Salomé révèlent sporadiquement un univers intérieur inquiétant qui laisse sourdre des indices de l'ailleurs. La femme détiendrait un indicible secret, celui de ses origines, que l'homme s'efforcerait de lui arracher, mais sans vraiment vouloir le connaître.

L'artiste masculin se charge donc de dénoncer ce mystère, tout en montrant l'élucidation comme vaine et peut-être pas tout à fait souhaitable. Les questions de Pelléas restent sans réponse, les hommes amoureux de Salomé emportent l'image d'une enfant inconsciente. Ainsi, dans sa pratique, Freud dénonce-t-il ses difficultés à faire parler ses patientes. Mélisande répète constamment : « Je ne sais pas » et prolonge à l'infini des phrases suspendues.

> Mélisande :
> Pourquoi vais-je mourir ? — Je ne le savais pas.
>
> Golaud :
> Tu le sais maintenant !... Il est temps ! Il est temps !... Vite ! vite !... La Vérité ! la vérité...

Mélisande :
La vérité... la vérité...
Golaud :
Où es-tu ? — Mélisande ? — Où es-tu ? — Ce n'est pas naturel ! Mélisande ! Où es-tu ? Où vas-tu ?[14]

La femme ne sait donc pas dire ce qu'elle sait. Elle se soumet doublement, au poids du secret et au poids du silence. En cela, elle est, pour les hommes, une créature fascinante parce que muette. Œdipe se fera, lui aussi, prendre au désir de connaître. Jocaste, plus sage, lui conseillera l'oubli. On se souvient que Sophocle déjà lui faisait dire :

Faut-il se tourmenter sans trêve ? L'homme est l'esclave du hasard, il ne peut rien prévoir à coup sûr. Le mieux est de s'en remettre à la fortune le plus qu'on peut.[15]

Le même motif peut être observé dans la nouvelle de Wilde, *Le sphinx sans secret,* où une femme dissimule à l'homme qui l'aime, de mystérieux déplacements, sans que celui-ci puisse parvenir à percer le mystère de ses mensonges. Dans le roman de Rémy de Gourmont, *Sixtine,* le héros, d'Entragues, est amoureux d'une femme mystérieuse. Il se lamente en ces termes : « Simples, les femmes sont simples, soit, mais elles paraissent tortueuses et nous ne pouvons agir vis-à-vis d'elles que selon les impressions reçues. Simples comme une dépêche chiffrée, simples quand on en possède la clef. »[16]

La littérature et l'art symbolistes se placent donc sous le signe d'un manque, lorsqu'il s'agit de peindre les mythes féminins. C'est par le voile allié à un certain état d'absence que s'opèrera leur dénomination : absence de mots, absence d'explications, absence de moyens d'expression adéquats. Les artistes n'auront de cesse de combler ce manque par la réitération, le redoublement, la pléthore de mots qui tournent autour du mystère et tentent d'en brosser un portrait en clair-obscur :

Qu'est-ce que cet être énigmatique, cette androgyne implacable et jolie, si étonnamment de sang-froid quand elle provoque ? elle est impure mais elle joue franc-jeu ; elle stimule, mais elle avertit ; elle est tentante mais réservée ; elle est la pureté de l'impureté...[17]

dira Huysmans, décrivant un portrait de Bartolomeo da Venezia, « La courtisane ».

Toutefois, certains récits nous permettent de soulever un coin du voile. Dans *Le sphinx sans secret,* comme le titre le suggère, nous apprenons bientôt que les déplacements mystérieux de la jeune femme cachaient d'innnocentes heures passées en tête-à-tête avec un livre. Et pour ces échappées bien peu coupables, la jeune femme avait tissé, en liens concentriques, une toile dans laquelle l'homme amoureux s'était pris. Le secret du sphinx, c'était donc cela : rien, du vide. A l'image du sphinx de Gizeh, dont les égyptologues découvriront qu'il ne cache aucun des mystères de la pyramide, l'image mythique féminine se bâtit en creux. Elle ne renferme aucun des mystères qu'on pouvait soupçonner. La même interprétation peut fort bien s'adapter au drame de Maeterlinck. Si Mélisande répète si souvent « je ne sais pas » c'est justement parce qu'il n'y a rien à savoir.

Le voile ne recouvre que du vent. Ainsi, à travers les intentions parodiques, Laforgue, en écrivant « Salomé » nous apprend comment l'art décadent a conçu le mythe. Dans la nouvelle, Salomé fait de furtives apparitions. Elle intervient d'abord par l'intermédiaire de sa célèbre mousseline à pois jaunes. Elle est toujours fuyante, toujours en train de disparaître, et les sonorités jouent sur ce mouvement : « juste à temps pour voir disparaître au détour d'un sentier le frou-frou d'une jeune forme... »[18]. Lorsque enfin Salomé apparaît, le récit, qui conte la visite des Princes du Nord au Tétrarque, s'est déroulé sans elle. Elle intervient au troisième chapitre d'un récit qui en comporte quatre. S'il est vrai que les intentions de Laforgue sont de peindre la vacuité du personnage, petite extravagante qui a « voulu vivre dans le factice »[19], il n'en reste pas moins que cette impression de vide confère un aspect étrange à la nouvelle. Salomé n'est finalement pas plus présente que la fine mousseline qui la recouvre.

Les regards qui se posent sur les mythes découvrent ce vide et s'en effraient. La représentation de ce vide féminin est proprement angoissante pour le masculin. Car ce vide n'est autre que l'absence que les hommes découvrent au milieu du corps de la femme, c'est celle du pénis. N'est-il pas curieux de noter que, dans la parure de Salomé, Huysmans remarque la ceinture qui « cache le haut des cuisses » ?[20]

■ *La menace de castration :*

Pour Freud, il n'y a pas de doute possible : c'est l'envie dévorante de posséder le phallus qui conduit la femme à accomplir la castration.

> L'analyse de nombreuses névrotiques nous a appris qu'elles passent au début de leur vie par un stade où elles envient leur frère qui possède un signe de masculinité dont le défaut chez elle (ou plus exactement sa réduction) fait qu'elles se sentent lésées et négligées. Nous rangeons cette « envie du pénis » dans le complexe de castration.[21]

Dans son ouvrage, *Le tabou de la virginité,* il propose le rêve d'une jeune femme, rêve qui, dit-il, « trahissait sans contrainte le désir qu'avait la femme de châtrer son jeune époux et de conserver pour elle le pénis de ce dernier. »[22] Freud sait s'appuyer également sur des exemples littéraires, en citant notamment la tragédie de Hebbel, *Judith et Holopherne,* pour renforcer sa théorie.

> Judith est une jeune femme dont la virginité est protégée par un tabou. Son premier mari a été paralysé lors de la nuit de noces par une mystérieuse angoisse et n'a plus osé depuis lors l'approcher (...). Le général assyrien assiégeant sa ville, elle projette de le séduire et de le perdre par sa beauté, utilisant ainsi un motif patriotique pour cacher un motif sexuel. Après avoir été déflorée par cet homme puissant, célèbre par sa force et son manque de délicatesse, elle puise dans son indignation la force de lui trancher la tête et devient ainsi la libératrice de son peuple. Nous savons bien que la décapitation est le substitut symbolique de la castration ; ainsi Judith est la femme qui châtre l'homme qui l'a déflorée, comme le voulait aussi le rêve de la jeune mariée que j'ai exposé.[23]

Freud et les symbolistes vont dans le même sens : le mystère de la femme et sa cruauté proviennent de cette souffrance d'être incomplète : « Derrière cette envie de pénis se révèle maintenant l'amertume hostile de la femme envers l'homme. »[24] Si la femme ne possède pas de pénis, elle est vide de sens et ce vide doit être obstinément camouflé, car l'invisible inquiète. Redoublements de mystères, secrets et chuchotements viennent faire oublier que la femme n'a rien à cacher. Il faudra donc s'intéresser à tous les mouvements du drapé, épaissir les voiles, s'attarder à la périphérie pour éviter d'exprimer le manque féminin.

Ainsi se justifie l'obsession symboliste du secret, que chaque mythe, à son tour, raconte. Les mythes disent comment la femme a perdu le phallus, comment Salomé, en castrant le Baptiste, a voulu s'approprier ce qui lui manquait, et comment le sphinx a, un moment, concurrencé par la force de sa parole l'univers masculin.

Pour faire face à cette peur, toute masculine, de perdre le phallus, il faut s'empresser de confier à la femme quelque chose qui en sera le substitut. Notons que la ceinture que Huysmans voit flotter autour des reins de Salomé se prolonge en « une gigantesque pendeloque où coule une rivière d'escarboucles et d'émeraudes. »[25] Quel meilleur moyen y-a-t-il que de conférer à la femme un organe imaginaire qui remplira une fonction compensatoire ? Freud note bien ce mécanisme qui consiste à nier l'absence de pénis dans l'attitude des petits garçons découvrant le sexe féminin : « Ils nient ce manque et croient voir malgré tout un membre ; ils jettent un voile sur la contradiction entre observation et préjugé, en allant chercher qu'il est encore petit et qu'il grandira sous peu, et ils en arrivent lentement à cette conclusion d'une grande portée affective : auparavant, en tout cas, il a bien été là et par la suite il a été enlevé. »[26]

■ *La compensation phallique*

Les éléments phalliques qui interviennent dans la constitution des mythes féminins nous invitent à envisager un autre aspect du féminin. Huysmans notera, dans le choix original de la fleur de lotus, dans la parure de Salomé, la présence du phallus : « Avait-il cette signification phallique que lui prêtent les cultes primordiaux de l'Inde ?... »[27]

La fleur de lotus joue également un rôle important dans l'équilibre général du tableau de Moreau puisqu'elle procure une raideur toute hiératique à la scène déjà encombrée de colonnes et de spirales de fumées. Cette structure ascensionnelle associée à la rigidité de Salomé contredisent l'impression de langueur qu'on est en droit d'attendre, (selon la couleur locale) d'une princesse orientale. Les tableaux de Moreau jouent, par ailleurs, avec des décors de hauts rochers verticaux. C'est à leur sommet que seront juchés le sphinx, la Vierge et d'autres personnages féminins.

Mais il y a plus, l'attribut majeur de Salomé, c'est le serpent. La froide Hérodiade du poème de Mallarmé est un « reptile inviolé »[28]. Chez Huysmans, c'est le corps même de Salomé qui devient vipérin :

> ...sur sa robe triomphale, couturée de perles, ramagée d'argent, lamée d'or, la cuirasse des orfèvreries, dont chaque maille est une pierre, entre en combustion, croise des serpenteaux de feu, grouille sur la chair mate, sur la peau rose thé, ainsi que des insectes splendides aux élytres éblouissants, marbrés de carmin, ponctués de jaune aurore, diaprés de bleu d'acier, tigrés de vert paon.[29]

Symbole de la part inconsciente de notre individu, le serpent constitue l'emblème d'un monde onirique inquiétant. Le serpent est déjà clairement le phallus. En témoigne ce commentaire de Paul Valéry :

> Le désordre et l'humiliation se trouvent placés en ce thorax et en cet abdomen, qui n'obéissent point ; surtout en cet abdomen qui craint. D'inavouables pensées circulent par là. Viles pensées... Ramper, c'est agir selon le ventre. Ainsi l'image du serpent nous tire à nous penser nous mêmes selon les désirs principalement et toujours selon les passions.[30]

Sixtine, dans le roman du même nom de Rémy de Gourmont, est une femme énigmatique dont le narrateur, d'Entragues, est amoureux. Dans une scène du roman, elle se fait un bracelet d'une vipère tuée. Ceci est un prétexte à centrer la réflexion du narrateur sur la nature vipérine de la femme : « j'ai réfléchi à la biblique et singulière sympathie de la femme et du serpent »[31] dit-il. Le soir-même, une vision lui apparaît : c'est celle d'une jeune femme au reptile.

Pour être la représentation du sexe féminin, Salomé n'en possède pas moins une puissance toute masculine. Dotée des attributs de la domination : le serpent, la raideur, la fleur de lotus, elle possède à son tour le phallus. Créature porteuse d'une féminité ambiguë, elle déploie une double puissance : si son sexe est féminin, son pouvoir est celui de l'homme.

Les mythes du Symbolisme véhiculent une série d'images qui font obstacle à une vision de la féminité. Il y a toujours quelque chose en plus dans les idoles du Symbolisme. Le cas extrême est probablement dans le roman de Rachilde. Dans *Monsieur Vénus*, la femme, c'est finalement l'homme à l'envers. Raoule renverse les rôles typiquement bourgeois de la maîtresse et du notable. La femme masculine, telle qu'elle est peinte par Rachilde, est le simple revers du féminin. Méprisant toutes les caractéristiques féminines, Raoule se complaît dans le maniement des armes qu'elle collectionne, et exprime ainsi son désir de posséder le phallus.

Ainsi, devant l'angoissante découverte du trou féminin, les artistes masculins se chargent d'implanter artificiellement le phallus. C'est ainsi que se déroulera l'éducation sentimentale de Paule Riazan, dans le roman de Péladan, *Curieuse*. L'apport masculin est nécessaire pour qu'elle puisse s'infiltrer dans le monde du vice parisien. Aussitôt, costume, moustache, chapeau haut-de-forme viendront travestir la jeune fille qui pourra dire, paraphrasant Mademoiselle de Maupin : « Avec mes robes et mes jupes, j'avais laissé mon titre de femme. »[32]

Attribuer aux femmes des caractères masculins permet de les mieux cerner. L'énigme se résout donc en une nostalgie du masculin. C'est d'ailleurs de cette masculinité qu'elles ont conservé quelques signes : longue chevelure, autorité, force mâle, serpent.

Si Mélisande incarne la féminité passive et silencieuse, sa longue chevelure, symbole de poils pubiens, est le vestige d'un sexe qu'elle a perdu et ce qui justifie peut-être son drame. Freud voyait dans la tresse féminine « le travail de la femme tressant ses poils pubiens pour fabriquer le pénis qui lui manque »[33]. La chevelure de la femme prend une importance considérable dans le roman de Georges Rodenbach, *Bruges-la-morte*. La femme morte survit grâce à la relique de la chevelure, « tresse interrompue, chaîne brisée, câble sauvé du naufrage »[34]. Cette même tresse coupée servira à étrangler la maîtresse sacrilège qui « avait porté la main (...) sur la chevelure vindicative »[35], et deviendra ainsi instrument de mort. Les cheveux si longs de Mélisande (« Ils sont plus longs que moi »[36] dira-t-elle) sont dépeints comme chair vivante : « Ils tressaillent, ils s'agitent, ils palpitent dans mes mains comme des oiseaux d'or »[37].

En peignant ses cheveux, en filant sa quenouille, Mélisande chante un air ancien où il est question de trois sœurs aveugles qui montent dans la tour pour y attendre la venue du roi. Lamentation de femmes amoindries, castrées (aveugles) qui aspirent à une ascension royale, la vieille ballade fourmille de motifs phalliques.

> Les trois sœurs aveugles,
> (Espérons encore).
> Les trois sœurs aveugles,
> Ont leurs lampes d'or.
>
> Montent à la tour,
> (Elles, vous et nous).
> Montent à la tour,
> Attendent sept jours.[38]

Ainsi s'explique également la fréquence des désirs que suscitent de tels mythes. Non point tant à cause de leur ombre et de leur mystère, dont on a vu qu'ils servaient à dissimuler un manque hideux, mais plutôt à cause de la surimposition du masculin, que les artistes se chargent d'implanter. C'est de cette manière que des Esseintes admet être séduit par Miss Urania, une acrobate « aux muscles d'acier »[39].

> Peu à peu, en même temps qu'il l'observait, de singulières conceptions naquirent ; à mesure qu'il admirait sa souplesse et sa force, il voyait un artificiel changement de sexe se produire en elle ; ses singeries gracieuses, ses mièvreries de femme s'effaçaient de plus en plus, tandis que se développaient, à leur place, les charmes agiles et puissants d'un mâle ; en un mot, après avoir tout d'abord été femme, puis après avoir hésité, après avoir avoisiné l'androgyne, elle semblait se résoudre, se préciser, devenir complètement homme.[40]

La femme travestie en homme connaît d'ailleurs un succès sans précédent dans la littérature symboliste.

C'est évidemment aux *Diaboliques,* de Barbey d'Aurevilly, que nous devons remonter pour trouver en Hauteclaire Stassin, héroïne du « Bonheur dans le crime » le type de la force mâle, qui constitue avec son amant un couple interchangeable, géméllaire. Le couple n'est-il pas composé de deux hommes ? Un homme de nature et un homme d'intention.

> Cette femme, en effet, prenait encore plus le regard que l'homme qui l'accompagnait et elle captivait plus longtemps. Elle était grande comme lui. Sa tête atteignait presque la sienne. Et comme elle était quasi tout en noir, elle faisait penser à la grande Isis noire du Musée Egyptien, par l'ampleur de ces formes, la fierté mystérieuse et la force. Chose étrange ! dans le rapprochement de ce beau couple, c'était la femme qui avait les muscles, et l'homme qui avait les nerfs...[41]

Ces femmes fatales, récupérées au territoire masculin, suscitent donc un effroi mêlé de plaisir, né de la reconnaissance en la femme d'aspects rassurants puisque masculins, donc connus et repérables. La fusion idéale des amants est la réduction du féminin et du masculin en un masculin singulier.

Ainsi Clara, l'héroïne du *Jardin des supplices,* malgré son apparente douceur (qui dupera le narrateur) recèle une vigueur nerveuse et passionnée, qu'elle exprime en ces termes : « Dire que je ne suis qu'une femme (...) et que, de nous deux, c'est moi l'homme... et que je vaux dix hommes comme toi ! »[42] L'alliance prétendue du masculin et du féminin donne l'illusion d'une inversion de rôles. En réalité, l'antithèse apparente se résout en figure unique.

C'est encore Huysmans qui fera appel à une femme, Hyacinthe Chantelouve, lorsqu'il faudra brosser le portrait de la serve absolue du Diable. Dans son roman, *Là-bas,* Hyacinthe apparaît comme l'écho féminin de Gilles de Rais. Huysmans conçoit ainsi un diptyque où la femme participe indirectement de la même puissance perverse qui anime le tueur de petits garçons, « J'ai une volonté de fer, et je ploie ceux qui m'aiment. »[43] déclarera Hyacinthe.

C'est donc que ces femmes rêvent d'être des hommes. On voit la polarité d'un tel discours. On retombe sur un terrain masculin, on décide de la masculinité des femmes et on savoure ce changement d'identité.

Ceci justifie d'autant plus l'idée de jouissance qui s'associe à la souffrance par la femme. La femme qui soumet est un mâle et cette soumission, qui n'en est pas une, est délicieuse. On voit comment se renverse le conflit femme/homme au profit d'un jeu mâle/mâle. En évoluant en circuit fermé, on exclut la femme du jeu. Lorsque Raoule torture Jacques, ce n'est pas la femme contre l'homme, c'est l'homme contre l'homme.

> Et saisi d'une curiosité malsaine, Jacques oubliait à qui il avait affaire ; confondant toujours les hommes dans Raoule et Raoule dans les hommes, il se leva et vint joindre ses mains sur l'épaule de Raittolbe.[44]

Mais il ne s'agit plus alors d'être contre le mâle, mais avec lui et par lui, et le duel qui en résulte devient duo, comme l'illustre le roman de Péladan, *Curieuse.*

> Résistant au désir de la femme au lieu de le provoquer, Nebo inversait les rôles et prévoyait que la jeune fille, en sa qualité d'androgyne, oserait comme un homme, puisqu'il se dérobait comme une femme. Ce phénomène fut aidé par la mise de Nebo, mise féminine qui dotait de mâleté le désir de la princesse... Il se faisait faire la cour et désirer comme une coquette et son but, cependant, était de retarder la sexualisation.[45]

Le masculin triomphe jusque dans ses incarnations féminines et il justifie les déclarations décadentes sur les délices de souffrir par les mains d'une femme agressive.

> ...toute une génération de jeunes hommes s'est formée, douloureuse et alanguie, les yeux obstinément tournés vers la splendeur et la magie de jadis, toute une

génération de littérateurs et de poètes surtout nostalgiquement épris, eux aussi, des longues nudités et des yeux d'épouvante et de volupté morte de ses sorcières de rêve.

Car il y a de la sorcellerie dans les pâles et silencieuses héroïnes de ses aquarelles.[46]

Jean Lorrain décrit en ces termes, le tableau de Moreau, *Les Prétendants*, tableau qui dépeint le massacre des jeunes amoureux de Pénélope.

Les poèmes de Maurice Rollinat fournissent un exemple intéressant d'injonctions à la femme-vampire :

> Harcèle-moi de ta malice,
> — Salis-moi de tes trahisons !
> —Insulte-moi ![47]

Et dans « Le succube »,

> Mon œil tourne et s'éteint ! où donc es-tu, ma gouge ?
> Viens ! tout mon corps tari te convoite en mourant ![48]

Le fantasme sadique se renverse et on aboutit à la volupté.

Il semblerait aussi que, loin d'être une menace, la décapitation-castration ne soit pas toujours sentie comme négative. Ainsi ce texte de Jean Lorrain sanctionne ce renversement.

> ...elle portait et avec quel geste ! une tête sanglante sur un plat vermeil, et si hideuse que fût cette tête, pâleur sérieuse et prunelles révulsées, j'aurais voulu que cette tête fût mienne, et, décollé pour décollé, j'y eusse consenti, pour être ainsi triomphalement porté par cette femme triomphante.[49]

La cruauté et la volupté sont moins effrayantes que le silence féminin parce que cruauté et volupté correspondent à des fantasmes masculins. Dans la fable de Marcel Schwob, « L'insensible » tirée du *Livre de Monelle,* une princesse, Morgane, belle et insensible, part à la recherche d'un miroir. Elle trouve, après bien des voyages, le plateau dans lequel Salomé a tenu la tête ensanglantée du Baptiste. Aussitôt, Morgane se métamorphose en femme cruelle et voluptueuse.

> Personne ne sait ce que la princesse Morgane vit dans le miroir de sang. Mais sur la route du retour ses muletiers furent trouvés assassinés, un à un, chaque nuit, leur face grise tournée vers le ciel, après qu'ils avaient pénétré dans la litière. Et on nomma cette princesse Morgane la Rouge et elle fut une fameuse prostituée et une terrible égorgeuse d'hommes.[50]

En passant d'insensible à égorgeuse, Morgane est devenue une femme selon le cœur des artistes, une femme repérable, mâle, qui allie à la beauté l'agressivité nécessaire pour que le jeu avec l'homme s'accomplisse.

C'est cet élément d'agressivité qui, finalement, permet d'identifier la femme. Les hommes incluent la femme dans un jeu pervers dont l'issue est la mort ou la soumission. La castration et la violence permettent de poursuivre le monde dans sa masculinité. En attribuant à la femme une agressivité rivale, on établit une relation qui ne peut s'exercer qu'entre mâles.

Ainsi, dans le recueil de Verlaine, *Histoires comme ça*, la nouvelle « Extrêmes-onctions » dépeint l'horrible mutilation d'un beau jeune homme par le coup de poing musclé d'une fille :

> Alors, elle, tel le prêtre catholique, dans le sacrement de l'extrême-onction, console tous les sens, rassure l'âme, asséna son frêle poing naguère armé d'une arme immonde contre un simple visage séducteur qu'elle avait déformé et qui

l'avait éblouie, tua, dans cette génuflexion de lui, la tête qui avait conçu ce déshonneur-là.[51]

La femme ne peut donc séduire que sous le masque de l'autre soi-même masculin car la triste réalité renvoie à une femme incomplète, privée de sa parure phallique et pour laquelle on serait obligé de fabriquer d'autres rapports. De plus, la femme, avec son mystère béant, est reconnue comme une source de dangers intenses. Il faut donc lui rendre l'organe qu'elle a perdu, de peur qu'elle ne vienne le prendre là où il se trouve.

Idéal narcissique fixé à un stade phallique, la femme devient une complice qui doit rejouer à l'infini une pseudo-agression du féminin sur le masculin, que l'homme sait, dans ce cas, impossible, puisqu'il reste le maître du jeu et le démiurge.

En figeant ainsi un certain type de femme idéale, on se l'approprie. La rivalité perçue entre un principe féminin et un principe masculin se perpétue et est glorifiée. La femme, emprisonnée soit dans une nature guerrière, soit dans une nature indéfinie, n'a alors comme issue que la soumission : son impossibilité à évoluer en autre chose que du masculin empêche toute autre métamorphose.

Le mythe vient ici à l'appui de l'effrayante découverte d'un manque féminin. L'absence de phallus, telle qu'elle est perçue par les artistes masculins, doit être compensée par des attributions rassurantes. L'artiste ne peut alors que s'effrayer de cette créature qu'il vient de modeler. Mais que de complaisance dans cette frayeur ! Il faut la nommer Luxure, Prostituée, Idole. Cette féminité, qui doit tout au masculin, prolonge et embaume l'image d'un duel qui voit le triomphe réitéré de la masculinité et qui empêche surtout une nouvelle définition du féminin.

Le mythe est le lieu où peuvent s'associer, s'interchanger les genres. Nous avons montré comment les figures féminines contenaient une part masculine qui les attirait vers l'autre versant de la création. Ainsi se répète une domination masculine pour que disparaisse la hantise du gouffre féminin. En ce qu'il est vision archaïque et éternelle de ce gouffre, le mythe ne peut que permettre un tel revirement.

Pourtant, par instants, le gouffre féminin se laisse voir. Mais il est aussitôt comblé. Il surgit lorsque le mythe, se rebellant, laisse entrevoir d'autres types de femmes. Ces femmes sans définition, sans intérêt, sans genre précis, interviennent seulement comme faire-valoir de la femme appropriée au masculin. Ou bien encore, lorsque la femme, malgré les tentatives masculines pour faire adhérer rêve et réalité, rejoint le troupeau.

La déception qui provient de ces êtres sans consistance montre assez que leur défaut est de ne pas s'être ralliés à la bannière du masculin. C'est ainsi que la mâle Miss Urania, dans *A rebours,* se délestera bientôt de ses qualités masculines, au grand désarroi de des Esseintes :

> ...mais tous les sentiments enfantins de la femme subsistaient en elle ; elle possédait le caquet et la coquetterie des filles entichées de balivernes ; la transmutation des idées masculines dans son corps de femme n'existait pas.[52]

La peur naît, au contraire, de voir la femme regagner le troupeau, c'est-à-dire l'univers premier, exclusivement féminin, auquel les hommes demeurent imperméables.

> J'avais froid, j'avais peur — car je la voyais, sans pouvoir m'opposer à cette transformation douloureuse — je la voyais s'en aller rejoindre le groupe des femmes indécises d'où mon amour l'avait tirée — je la voyais redevenir le fantôme qu'elles sont toutes.[53]

dira un personnage d'un roman de Gourmont. On voit affleurer ici les marécages du théâtre de Maeterlinck, ou les femmes au corps verdâtre de Huysmans.

Et c'est à dessein que tournent court ces portraits de femmes qui n'ont pas assez de force de caractère ou assez d'énergie mâle pour rassurer et stimuler l'artiste. Elles ne sont pas de l'essence dont on fait les mythes.

> ...elle avait cette retenue puritaine, au lit, et aucune de ces brutalités d'athlète qu'il souhaitait tout en les craignant ; elle n'était pas sujette comme il en avait, un moment, conçu l'espoir, aux perturbations de son sexe.[54]

La femme placide ne peut rejouer le jeu de l'agression, elle est « ordinaire » « ne justifiant en aucune façon la curiosité cérébrale qu'elle avait fait naître »[55].

C'est dans ce refus de s'occuper de ces créatures que sont les femmes, qu'il faut voir la dimension de la crainte. Ces femmes-là sont trop éloignées du territoire masculin. Ce sont elles qui font peur. Mais une peur sous-jacente, non clairement exprimée, cachée par un mépris indifférent. Au contraire, la peur qui s'exprime à travers les mythes des femmes fatales est une peur maîtrisée, qui suscite autant de plaisir que de crainte. C'est ainsi que les femmes sans voile ne peuvent arrêter l'imaginaire symboliste, qui savoure l'ambiguïté d'un sexe ramené au masculin.

Assujetti à ces exigences, le mythe symboliste est modifié en fonction de la perception de la féminité, telle qu'elle est ressentie à la fin du siècle. Ce qui transparaît dans les mythes symbolistes, est le fait que les femmes sont des fantasmes avoués comme tels. Loin de trouver dans la réalité leur expression, elles demeurent éternellement et définitivement enfermées dans le mythe. En effet, dans quel support réel trouver une femme, ou des femmes, comparables à celles qui sont pourtant censées représenter, selon les mots de Moreau, « l'éternel féminin » ? Quel modèle autorise une telle représentation ?

C'est dans le mythe, qui dénonce son erreur depuis les origines, que les artistes vont chercher le féminin. Mais les textes symbolistes qui jouent sur le voile, répètent qu'il faut éviter la femme pour laisser place à des images fantasmatiques. C'est fréquemment que les artistes dévoilent la puissance de leur imagination et admettent les images qu'ils ont contribué à créer.

> Ce ne serait rien d'être en présence d'une tentation réelle, d'une vraie femme, en chair et en os, mais ces apparences sur lesquelles l'imagination travaille, c'est horrible ![56]

admet le trappiste, torturé par ses propres rêves, dans *En route*.

Le même cheminement s'accomplit chez tous les personnages amoureux d'une Idée. Ainsi le jeune Mintié, amoureux de la troublante Juliette, dans *Le calvaire,* premier roman d'Octave Mirbeau.

> Et dans mon esprit égaré, Juliette s'impersonnalisait ; ce n'était plus une femme ayant une existence particulière, c'était la Prostitution elle-même, vautrée, toute grande, sur le monde ; l'Idole impure, éternellement souillée, vers laquelle couraient des foules haletantes, à travers des nuits tragiques, éclairées par les torches de baphomets monstrueux.[57]

Il faut voir dans l'usage des majuscules : « Prostitution » « Idole » une reprise des termes que Huysmans a popularisés pour qualifier la femme en général et Salomé en particulier : « Indestructible Luxure » « immortelle Hystérie » « Beauté maudite » « Bête monstrueuse »[58]. Ces mots renvoient à la constitution d'un symbole féminin qui s'écarte à jamais du vivant. Ces allégories appartiennent au domaine de l'idée et abstraient définitivement la femme du tableau. Le mythe devient ainsi un moyen de repousser tout intérêt pour la féminité. Parce qu'il est projection, le mythe travaille comme rejet du réel.

La menace réelle qui serait la femme narcissique, indépendante, doit être occultée par la femme mythique : Hélène, Judith, Salomé, ces projections féminines redisent l'impossibilité d'une telle femme. Mieux, elles l'annulent. Seuls l'art et l'imagination symbolistes parviennent à incarner une femme selon les désirs.

Du même coup, tout danger est écarté. Castration, perversion, narcissisme peuvent jouer sans constituer une menace. Les représentations de mutilation et de souffrance sont finalement plus des jouissances que des angoisses. Michèle Montrelay, dans *L'ombre et le nom*[59], a montré que représenter le motif de sa peur, c'était lui donner un nom et donc supprimer l'angoisse qui est, par définition, un sentiment irraisonné et sans objet. Tout l'investissement se produit au niveau des images, des mots et de leur combinaison. Le mythe n'est que texte, peinture, chant, jouissance première.

C'est alors que le mythe ne représente plus l'interdit mais l'impossible. La femme reste dans le mythe sans traverser le miroir dans lequel la fiction la pétrifie. C'est alors seulement que, tout danger étant écarté, l'on peut songer à désirer lever le voile. Puisque la rupture n'aura jamais lieu, que l'acte ne peut s'accomplir, on laisse place au désir du désir : le rêve, le mythe et la fiction abritent et retiennent les femmes.

Mais une hésitation se fait jour à travers les visages des mythes : si l'homme découvre en la femme cette béance, qu'il faut combler à prix de mots, de plastique, d'art, qu'advient-il du corps féminin ?

2) Le corps féminin

Salomé est dans ses représentations comme dans ses évocations une image fortement sexualisée. S'il s'agit là de la projection d'un fantasme, (nous reprendrons ici la définition de Fages, qui pose le fantasme comme une amorce pour symboliser des désirs inconscients[60]), il ne se manifeste pas toujours comme camouflé sous d'épais travestissements. La presque-nudité de Salomé, son comportement délibérément séducteur, sont là pour aiguiser le désir, non l'éteindre. Nous n'avons donc point affaire à une image discrète, mais à un fantasme flamboyant. Le mythe révèle une facilité de lecture qui nous inquiète. Serait-ce qu'il cache autre chose ?

Notons, dès à présent, que seuls Gustave Moreau et Huysmans ont choisi d'exploiter le mythe de Salomé dans un sens conventionnel. Elle représentera en effet la femme impure, la prostituée et le dénominateur commun de ces Salomés est bien entendu leur caractère sexuel. C'est donc de la sexualité que vont parler les symbolistes en s'intéressant aux types de la femme fatale. Prostituée, c'est indéniable. Gustave Moreau puis Huysmans la verront ainsi onduler :

> Elle n'était plus seulement la baladine qui arrache à un vieillard, par une torsion corrompue de ses reins, un cri de désir et de rut ; qui rompt l'énergie, fond la volonté d'un roi, par des remous de seins, des secousses de ventre, des frissons de cuisse ; elle devenait, en quelque sorte, la déité symbolique de l'Indestructible Luxure, la déesse de l'immortelle Hystérie, la Beauté maudite, élue entre toutes par la catalepsie qui lui raidit les chairs et lui durcit les muscles ; la Bête monstrueuse, indifférente, irresponsable, insensible, empoisonnant, de même que l'Hélène antique, tout ce qui l'approche, tout ce qui la voit, tout ce qu'elle touche.[61]

Salomé, expression absolue de la sexualité, devient la désignation même du mot. Pour Huysmans, et aussi pour Moreau, elle est l'incarnation de la femme, elle est le « Vase Souillé » (62), c'est-à-dire, l'organe féminin. Elle est le lieu même de la sexualité féminine, où se rejoignent lubricité et impureté. Moreau la peint en train de brandir une fleur de lotus, calice de sa propre sexualité.

Déjà, dans l'œuvre de Flaubert, apparaît la signification sexuelle de la princesse orientale. Salomé-Hérodias est liée à la sexualité, par le plaisir qu'elle procure aux hommes et particulièrement au mari de sa mère. Ce désir interdit fait d'elle une coupable et donne au mythe un caractère trouble. Les regards torves d'Hérode-Antipas font écho aux remarques de la mère de Salomé, dans la pièce d'Oscar Wilde : « Vous regardez encore ma fille... »[63], ou bien encore aux halètements du Tétrarque que Huysmans voit « affolé par cette nudité de femme imprégnée de senteurs fauves... »[64]. Ainsi se dégage un contenu assez nettement libidineux où l'inceste attend d'être consommé et agit comme un moteur de l'histoire. C'est en effet sur ce désir que Salomé saura jouer pour obtenir la tête du Baptiste.

■ La bouche d'ombre

Le pouvoir de Salomé est associé à une scène que l'on ne voit jamais mais que l'on connaît : la scène de la décollation du saint. L'acte en lui-même est discrètement traité pour laisser la place au face-à-face de Salomé et de la tête. Salomé regarde la tête dans le tableau de Moreau et dans sa description par Huysmans. Elle embrasse la tête dans le texte de Laforgue et chez Wilde. Ce qui intéresse les artistes, c'est finalement le résultat : la tête en tant qu'objet dont Salomé prend possession.

Que fait Salomé en ordonnant la décapitation du saint ? Elle sépare l'homme de sa tête. La tête, siège de la pensée et du spirituel, est ainsi retirée par la femme qui symbolise la sexualité. S'opposent les deux extrémités du corps : tête et sexe sont séparés à jamais. Mais la tête est également le siège des mécanismes de la sexualité. C'est après avoir symboliquement supprimé les centres nerveux de sa proie que Salomé, telle la mante religieuse, peut prendre possession d'un corps qui se refuse. Serait-ce la défaite du spirituel par le sensuel que consacre le récit mythique ?

Mallarmé consacre à la tête du saint, un poème, « Cantique de Saint-Jean » dans lequel la tête décrit une courbe dans l'espace.

> Et ma tête surgie
> Solitaire vigie
> Dans les vols triomphaux
> De cette faux
>
> Comme rupture franche
> Plutôt refoule ou tranche
> Les anciens désaccords
> Avec le corps.[65]

La tête suspendue au-dessus du vide apparaît également dans le tableau de Moreau, *L'Apparition*. La tête devient le centre éminent, le « chef » qui semble réclamer ses droits.

Salomé sépare également l'homme de sa force, autrement dit de son sexe. Judith décapitant Holopherne et Dalila, coupant la chevelure de Samson, s'approprient le pouvoir du mâle et lui font subir une castration symbolique.

Il y a beaucoup de têtes coupées dans l'imaginaire symboliste : relevons celles que peignent Gustave Moreau et Odilon Redon, et l'effigie de cire dont Jean Lorrain décore son appartement et qui frappera si fort l'imagination d'Oscar Wilde. L'analyse freudienne est très claire à ce sujet : « Pour représenter clairement la castration, le rêve emploie la calvitie, la coupe des cheveux, la perte d'une dent, la décapitation »[66] ; et Charles Mauron, dans son analyse de Mallarmé, de confirmer : « Mise à mort, castration, déposition du trône sont synonymes dans l'inconscient infantile, où règne une implacable loi du talion »[67].

Loi du talion encore que celle qui prive Œdipe de ses yeux, puisqu'à la perte de l'œil répond celle du sexe. Freud continue :

> L'étude des rêves, des fantasmes et des mythes nous a ensuite appris que l'angoisse de perdre ses yeux, l'angoisse de devenir aveugle est bien souvent un substitut de l'angoisse de castration. Même l'auto-aveuglement du criminel mythique Œdipe n'est qu'une atténuation de la peine de castration qui eût été la seule adéquate selon la loi du talion.[68]

Freud raconte également le rêve de castration d'un petit patient à l'encontre de son père, rêve qui évoque étrangement le mythe biblique :

> Un petit garçon de 3 ans 5 mois, que le retour de son père contrarie visiblement, s'éveille un jour tourmenté et excité et demande à plusieurs reprises : « Pourquoi papa a-t-il porté sa tête sur une assiette ? Cette nuit, papa a porté sa tête sur une assiette. »[69]

Mais d'où provient cette angoisse si typiquement masculine ? De la découverte en deux temps, par le petit garçon, du sexe féminin, ou plutôt, de l'absence de sexe masculin de la femme. Notons que cette découverte s'établit en deux temps puisque le garçon voit une première fois sans prendre conscience de ce qu'il a vu. Puis lorsqu'a été proférée la menace de castration (généralement formulée par la mère lorsque l'enfant joue avec ses organes génitaux), l'enfant voit une deuxième fois l'absence de sexe masculin de la fille et s'imagine alors que cette absence est due à une castration.

> Le complexe de castration du garçon apparaît à l'époque où ce dernier constate, en voyant les organes féminins, que le membre viril, si précieux à ces yeux, ne fait pas nécessairement partie du corps. Il se souvient alors des menaces qu'on lui fit quand on le prit en flagrant délit de masturbation et il commence à redouter l'exécution de ces menaces, subissant un peu la peur de la castration qui devient dès lors le moteur le plus puissant de son évolution ultérieure.[70]

De là, conséquence inévitable pour Freud : « Nous savons aussi toute la dépréciation de la femme, l'horreur de la femme, la prédisposition à l'homosexualité (qui) découlent de cette conviction finale que la femme n'a pas de pénis » (71). Et Freud de rapporter le symbole mythologique de l'horreur, la tête de Méduse, que Ferenczi a reliée à la vue de l'organe génital féminin. Le garçon se doit de sauvegarder l'investissement que représente le phallus, menacé par la castration dont la femme a été la victime.

Il est intéressant de noter que la décapitation de saint Jean intervient comme une punition infligée par Hérodiade à celui qui a éveillé son désir sans vouloir le satisfaire. Le regard de saint Jean correspond à un « viol » de Salomé, au sens où il a fait naître son désir. C'est ainsi que la Salomé d'Oscar Wilde justifiera son châtiment : « J'étais vierge, tu m'as déflorée. J'étais chaste, tu as rempli mes veines de feu... »[72] La décapitation-castration est donc le châtiment de celui qui a vu, qu'il s'agisse du petit garçon spectateur ou du saint au regard inquisiteur. Saint Jean doit payer sa faute, qui est d'avoir contemplé la nudité de Salomé, et par là de l'avoir révélée à elle-même. Crime fatal qui doit être châtié.

Le seul contact physique entre Salomé et Jean-Baptiste se réalise lors du baiser de Salomé à la tête coupée. Le saint est enfin physiquement possédé par l'intermédiaire de ce baiser, qui a fait les beaux jours de la décadence : il n'est que de voir les illustrations sauvages d'Aubrey Bearsdley pour la pièce de Wilde et cet engloutissement symbolique de la bouche du saint par la bouche avide de Salomé. Le tableau du peintre Lévy-Dhurmer, intitulé *Salomé,* représente les bras blancs de Salomé encerclant la tête morte avec cet extrait de saint Matthieu placé en médaillon : « La tête coupée fut donnée à la jeune fille ». Toutes ces scènes sont placées sous le signe d'une évidente oralité.

> Enfin, Salomé se secoua en personne raisonnable, remontant son fichu ; puis, dénicha sur elle l'opale trouble et sablée d'or gris d'Orion, la déposa dans la bouche de Jean, comme une hostie, baisa cette bouche miséricordieusement et hermétiquement, et scella cette bouche de son cachet corrosif (procédé instantané).[73]

Si Laforgue en donne une interprétation fantaisiste, Wilde en fait un des leitmotive de sa pièce :

> Ah ! tu n'as pas voulu me laisser baiser ta bouche, Iokanaan. Eh bien, je la baiserai maintenant. Je la mordrai avec mes dents, comme on mord un fruit mûr. Oui, je baiserai ta bouche, Iokanaan.[74]

Il n'y a pas de doute que, pour la psychanalyse, sexualité et oralité vont de pair. Salomé, en dévorant la bouche du saint, traduit en métaphore de nutrition et de digestion la sexualité.

L'engloutissement par la bouche traduit à la fois la pénétration, la possession et l'avalement de l'autre. Comme la mante religieuse, à laquelle elle s'apparente, elle allie volupté sexuelle et nutritive. Roger Caillois a fait des observations très judicieuses sur le symbolisme de la mante religieuse qui décapite le mâle pendant le coït. Il note ceci :

> (...) en dernière analyse, ce serait le principe du plaisir qui lui commanderait le meurtre de son amant, dont, par surcroît, elle commence d'absorber le corps pendant l'acte même de l'amour.[75]

Or, que dit le bréviaire du Symbolisme, *Les Névroses* de Maurice Rollinat : « Alors ta bouche humait/ En succions convulsives/ Ton amant qui se pâmait ! »[76], et Villiers parlera des agissements de la « guetteuse innée (qui) reconnaît sa proie possible »[77].

La bouche engloutit et dévore : le baiser devient un moyen de consommer le corps de la victime. Strinberg, commentant les toiles d'Edvard Munch dans *La revue blanche,* analyse particulièrement cette aspiration du masculin par le féminin.

> Baiser. — La fusion de deux êtres, dont le moindre à forme de carpe, paraît prêt à engloutir le plus grand, d'après l'habitude de la vermine, des microbes, des vampires et des femmes.(...) L'homme sollicitant la grâce de donner son âme, son sang, sa liberté, son repos, son salut, en échange de quoi ? En échange du bonheur de donner son âme, son sang, sa liberté, son repos, son salut.[78]

Le cannibalisme s'accompagne d'une forte coloration sexuelle puisque la bouche, et particulièrement la bouche de la femme, s'apparente à l'organe sexuel féminin. Ce désir de consommer le corps est particulièrement bien traduit dans la pièce de Wilde où Salomé ne cesse de réclamer le corps de Iokanaan par des images comestibles.

> Tes cheveux ressemblent à des grappes de raisin, à des grappes de raisins noirs qui pendent des vignes d'Edom dans le pays des Edomites...
> Ta bouche (...) est comme une pomme de grenade coupée par un couteau d'ivoire.[79]

Salomé se nourrit du corps de Jean-Baptiste, elle le dévore doublement, en le castrant et en dévorant sa tête.

La féminité s'associe donc à cet organe-trou qui, en renvoyant au schéma circulaire, englobe l'homme, mais aussi le monde, dans ce motif concentrique que l'on peut qualifier d'archaïque. Le poème de Rémy de Gourmont, tiré du recueil *Oraisons Mauvaises,* joue sur le symbolisme de la bouche, antre qui attire et repousse à la fois :

> Que ta bouche soit bénie, car elle est adultère !
> Elle a le goût des roses nouvelles et le goût de la vieille terre,
> Elle a sucé les sucs obscurs des fleurs et des roseaux ;
> Quand elle parle on entend comme un bruit perfide de roseaux[80]

La plupart des versions de Salomé jouent ainsi avec la mort et le sexe, mais c'est surtout chez Huysmans que l'association avec la nutrition se fait. Les personnages de Huysmans, des Esseintes, Durtal, ont des cauchemars récurrents d'avalement ainsi que des problèmes physiques qui vont de pair : ils souffrent tous deux de l'estomac et ont de sévères problèmes digestifs.

> ...les douleurs quittaient le crâne, allaient au ventre ballonné, dur, aux entrailles traversées d'un fer rouge, aux efforts inutiles et pressants,...[81]

Problèmes qui donnent lieu à la rédaction d'*A vau-l'eau,* dont le motif majeur est : que manger ? La bouche d'ombre domine les préoccupations des héros, qu'il s'agisse des médicaments que Folantin ingurgite pour calmer son estomac irrité ou des lavements que des Esseintes doit subir. Les moindres incursions dans le monde ramènent toujours à l'obsession première. Une soirée au théâtre rappelle à Folantin, « le tourniquet à musique d'un marchand de vin » la mélodie lui met « dans la bouche, le goût des biscottes qu'elle (sa grand-mère) lui donnait ». Il finit par apercevoir l'antre sombre dont sont issues ses obsessions, ce sont « les bouches rondes »[82] des chanteurs qui n'ont aucune voix.

Autre oralité que celle du sphinx, animal mythologique qui dévore ses victimes. C'est chez Gustave Moreau que l'image du sphinx est la plus nette. Le sphinx est une belle créature dont le visage régulier et le buste généreux reposent sur la poitrine d'Œdipe. Mais les griffes du lion et le bas du corps de la bête, qui s'enfoncent dans le corps du héros, disent assez son désir bestial de dévoration. Monstre hideux et séduisant, le sphinx dévore l'homme qui ne peut répondre à l'énigme. Toutes ces images traduisent donc une peur, celle d'être dévoré par la femme, la bouche d'ombre qui attire et engloutit.

■ *L'ombre du sexe*

Si le sexe joue sur l'absence et la présence obsédante, c'est la fleur qui va symboliser le lien sexuel : la plante exotique va notamment être prétexte à symboliser la femme. La végétation que recèle le corps féminin éveille chez l'homme des peurs oubliées. C'est ainsi que les textes symbolistes associeront souvent la figure de Salomé, mais aussi celle de Narcisse à la symbolique des fleurs. Symbolique que Freud considère comme libidinale.

> La symbolique des fleurs dans le rêve contient donc le symbole de la jeune fille et de la femme, le symbole de l'homme et une indication de défloration forcée. Il faut indiquer à ce propos que la symbolique sexuelle des fleurs est très répandue : les fleurs, organes de la reproduction des plantes, tendent naturellement à représenter les organes humains.[83]

La fleur de lotus deviendra l'emblème de la princesse orientale et Huysmans en dégagera la signification érotique. Toutes les hypothèses envisagées ramènent, de toute façon, à une offrande sexuelle de Salomé.

> Avait-il (le lotus) cette signification phallique que lui prêtent les cultes primordiaux de l'Inde ; annonçait-il au vieil Hérode, une oblation de virginité, un échange de sang, une plaie impure sollicitée, offerte sous la condition expresse d'un meurtre ; ou représentait-il l'allégorie de la fécondité, le mythe Hindou de la vie, une existence tenue entre des doigts de femme, arrachée, foulée par des mains palpitantes d'homme qu'une démence envahit, qu'une crise de la chair égare ?[84]

Plante unique ou foisonnement végétal, c'est par son aspect inquiétant que la plante règne dans l'univers de des Esseintes. Elle apparaît essentiellement comme métaphore du sexe, comme en témoigne l'expression choisie pour qualifier Salomé, la « grande fleur vénérienne »[85]

Le rapprochement entre la femme et la fleur se poursuit au chapitre VIII, lorsque des Esseintes, après une visite aux serres d'horticulture (prétexte à une extraordinaire énumération de noms exotiques) est en proie à d'affreux cauchemars. C'est pendant le sommeil que surgit une nouvelle fois la fleur vénéneuse, incarnation conjuguée de la femme et de la maladie. C'est que la fleur renvoie au venin, qui renvoie par là-même à la suprême terreur de des Esseintes : le virus. Et le virus s'attaque au sexe masculin :

> Une soudaine intuition lui vint : c'est la Fleur, se dit-il ; et la manie raisonnante persista dans le cauchemar, dériva de même que pendant la journée de la végétation sur le Virus.
> Alors il observa l'effrayante irritation des seins et de la bouche, découvrit sur la peau du corps des macules de bistre et de cuivre, recula, égaré, mais l'œil de la femme le fascinait et il avançait lentement, essayant de s'enfoncer les talons dans la terre pour ne pas marcher, se laissant choir, se relevant quand même pour aller vers elle ; il la touchait presque lorsque de noirs Amorphophallus jaillirent de toutes parts, s'élancèrent vers ce ventre qui se soulevait et s'abaissait comme une mer. Il les avait écartés, repoussés, éprouvant un dégoût sans bornes à voir grouiller entre ses doigts ces tiges tièdes et fermes ; puis subitement, les odieuses plantes avaient disparu et deux bras cherchaient à l'enlacer ; (...) hagard, il vit s'épanouir sous les cuisses, à l'air, le farouche Nidularium qui bâillait, en saignant dans des lames de sabre.[86]

Les attributs végétaux désignent l'échange des sexes et s'associent, dans l'esprit de des Esseintes, à la maladie, puis à la mort. Cette vision cauchemardesque de la sexualité allie à l'accouplement monstrueux l'imminence d'un danger. Ce sont les noms pervers des plantes, aux sonorités sexuelles comme l'amorphophallus, qui semblent décrire des particularités génitales. Les plantes désignent non seulement les sexes, mais elles renvoient aussi à des comportements à la fois naturels et monstrueux. Dans le roman de Mirbeau, *Le jardin des supplices,* nous relèverons cette phrase, prononcée par le bourreau chinois :

> Organisme chétif et impitoyable et qui va jusqu'au bout de son désir ! ... Ah ! les fleurs ne font pas de sentiments (...). Elles font l'amour... rien que l'amour... Et elles le font tout le temps et par tous les bouts... Elles ne pensent qu'à ça... La fleur n'est qu'un sexe, milady.[87]

Les énumérations techniques de noms de fleurs viennent appuyer un mystère qui tient de la nature et du péché. J. Lorrain dénoncera le lien entre la fleur et la maladie, partageant ainsi l'obsession que Huysmans éprouve :

> Anthuriums, Népenthès, Aroméliacées, Aroïdées.
> — Vous me dégoûtez avec tous ces noms grecs ; on dirait des maladies.
> — Etes-vous certaine que l'orchidée ne soit pas une maladie des fleurs ?
> — Ah ça ! Etes-vous fou ?
> — Non pas...Regardez plutôt ces jaunes putrescents, ces roses de plaie, ces mauves chlorotiques et les formes tourmentées de ces pétales qui n'ont rien du soyeux des autres plantes, mais du sensuel et du charme de la chair...[88]

Semblable à la fleur, le sexe de la femme propage le mal, insémine l'homme et le pourrit intérieurement. Salomé n'est donc qu'un des avatars fantasmatiques de des Esseintes, qui voit en elle ce qu'il voit partout : la sexualité malsaine, source de maladie et bientôt, de péché. Ces fantasmes traduisent une vision très archaïque de la femme. C'est la femme « enfant malade et douze fois impur » que Vigny condamnait déjà dans « La colère de Samson ».

■ *La contamination*

L'image de la vérole et celle de Salomé, aux yeux de Huysmans, sont les mêmes. Elle se chargent réciproquement d'électricité : Salomé est, comme la Vérole, le symbole de la folie d'origine vénérienne. Le mal sexuel devient le fléau essentiel puisqu'il s'attaque à l'homme et par là à la société, de l'intérieur. La femme, pour Huysmans comme pour d'autres, c'est la morbidité et même si Mallarmé la perçoit différente, comme nous le verrons plus loin, c'est encore en images de deuil qu'il exprimera le lien de Salomé et de la mort.

En tant que femme, parce qu'elle est femme, elle est malade. En cela s'affirme un état que la médecine du temps confirme, le véritable état féminin, c'est un système génital accablant : troubles gynécologiques, malaise, faiblesse, sensibilité excessive, nerfs.

Le texte, qui fait suite à la description de Salomé dansante, est très représentatif de cette mentalité masculine. Huysmans l'envisage morte, immobile, sous le scalpel de l'embaumeur qui remplace un à un les organes pourris par des vapeurs odorantes.

C'est qu'à travers les voiles de Salomé, il voit le corps, non de la femme, mais le corps souffrant, corps qu'il s'empresse de remettre dans les mains de l'embaumeur pour l'aérer, et lui ôter toute substance empoisonnée.

Le corps marqué de Salomé, tatoué de pierreries, ou le corps mort sous le scalpel, c'est le même. C'est le corps martyrisé de la sainte qui a substitué aux attributs féminins les vapeurs immatérielles de la religion. Il n'est que de voir l'intérêt que porte Huysmans à ces femmes autres que sont les religieuses, les saintes et les martyres. Situées en apparence au pôle opposé de la prostituée, elles la rejoignent pourtant par la souffrance du corps, qui est véritable don de soi.

C'est ainsi que sainte Lydwine, à laquelle Huysmans consacrera une biographie, est un « aimant de douleur » à l'exemple de ces créatures aériennes qui survivent à l'état gazeux :

> Lydwine accaparait toutes les maladies du corps ; elle eut la concupiscence des douleurs physiques, la gloutonnerie des plaies ; elle fut, en quelque sorte, la moissonneuse des supplices et elle fut aussi le lamentable vase où chacun venait verser le trop plein de ses maux.[89]

En se chargeant des infirmités du monde, les saintes endossent l'habit de douleur porté par l'hystérique Salomé. La longue liste des saintes femmes que Huysmans énumère à la fin de *Sainte Lydwine de Schiedam* montre assez que les femmes sont appelées à purger l'humanité de ses fautes en se faisant le réceptacle de la douleur.

Cette corrélation entre le vice et la sainteté se confirme dans d'autres œuvres symbolistes, notamment le poème d'Oscar Wilde, « La nouvelle Hélène » qui célèbre la femme en la peignant sous les traits conjugués d'Hélène, de Mona Lisa et de la Vierge Marie. De même, on observe chez Huysmans ce goût immodéré des pensées obscènes, conscientes ou involontaires, qu'il émet devant le spectacle, qu'il admire pourtant, de la religion. Même lorsque le héros d'*En route,* Durtal, s'apprête à se convertir, il ne peut s'empêcher d'être victime d'associations malheureuses et de ce conflit entre pureté et souillure, émerge le désarroi. La Vierge pure et la Salomé vicieuse échangent leur rôle, les blasphèmes se mêlent aux prières.

> ... et comme, une fois dehors, il longeait la chapelle, il y entra et s'agenouilla devant l'autel de la Vierge ; mais aussitôt l'esprit de blasphème l'emplit ; il voulut à tout prix insulter la Vierge ; il lui sembla qu'il éprouverait une joie âcre, une volupté aiguë, à la salir et il se retint, se crispa la face pour ne pas laisser échapper les injures de roulier qui se pressaient sur ses lèvres, qui se disposaient à sortir.[90]

Nous retrouvons les mêmes obsessions dans d'autres romans symbolistes, ce qui nous permet de penser qu'il s'agit là d'une conception plus générale. Ainsi, dans le premier roman d'Octave Mirbeau, *Le calvaire,* le narrateur souffre cruellement à cause d'une femme qui se révèle être une courtisane. Au plus fort de son amour, elle lui apparaît sous l'aspect d'une vierge de plâtre qu'il est en train de prier :

— Vierge, bonne Vierge, m'écriai-je... Parle-moi, parle-moi encore, comme

jadis tu me parlais dans la chapelle...Et redonne-moi l'amour, puisque l'amour, c'est la vie, et je meurs de ne pouvoir plus aimer.
Mais la Vierge n'entendait plus. Elle glissa dans la chambre en faisant des révérences, grimpa sur les chaises, fureta dans les meubles, en chantant des airs étranges. Une capote de loutre remplaçait maintenant son nimbe doré, ses yeux étaient ceux de Juliette Roux, des yeux très beaux, très doux, qui me souriaient dans une face de plâtre, sous un voile de gaze fine. De temps en temps, elle s'approchait, balançait au-dessus de moi son mouchoir brodé qui exhalait un parfum violent.[91]

Les mots qui servent au vice et à la vertu sont les mêmes. Comment alors cerner ces deux états ? En mêlant les contraires, en substituant les uns aux autres, en célébrant le vice et en bafouant la vertu. Souvent, les artistes se laissent prendre à ce jeu. Décrivant un tableau du peintre Bianchi, *Saint Quentin,* Huysmans croit voir dans le visage des saints des stupres inexprimés.

On dirait du saint Benoît, le père, de Marie et du Saint Quintin, la sœur et le frère, et du petit ange vêtu de rose jouant de la viole d'amour, l'enfant issu du diabolique accouplement de ces saints. Le vieillard est un père qui a résisté aux aguets d'épouvantables stupres, et dont le fils et la fille ont cédé aux tentations de l'inceste et jugent la vie trop brève pour expier les terrifiantes délices de leur crime ; l'enfant implore le pardon de son origine, et chante les dolentes litanies pour détourner la souveraine colère du Très-Haut.[92]

Les héros de Huysmans se plaisent à rêver de femmes pures. Ces aspirations vers l'idéal retombent bientôt. A l'image de son aspiration vers le divin, l'évocation de la femme dépasse un moment le réel, pour le rejoindre aussitôt. C'est suivant ce schéma que doit se lire le mythe de Salomé, vu par Huysmans.

En contemplant le tableau de Moreau, des Esseintes souhaite s'abstraire du monde et veut se délecter de ce « monde inconnu, lui dévoilant les traces de nouvelles conjectures »[93]. Son but est donc d'atteindre les limites de l'imagination, de reculer les frontières de son esprit pour s'abstraire du monde. Ce voyage se déroule à travers les chefs-d'œuvre de Gustave Moreau. Et en effet, lorsque la description débute, le rêve s'installe. L'espace du rêve s'établit par l'évocation de lieux exotiques, de personnages hiératiques et surtout par les mots qui transportent l'imagination. La barbe d'Hérode, par exemple, « flottait comme un nuage blanc sur les étoiles en pierreries »[94]. Au-delà de ce déplacement, se repère le but véritable de la rêverie : c'est le merveilleux chrétien. La rêverie se déploie autour de termes renvoyant à un décor mystique : « maître-autel d'une cathédrale » « basilique » « tabernacle » et même le vieil Hérode semble un patriarche bonhomme, noble statue de l'art religieux primitif.

Des Esseintes dénoncera plus tard son goût pour les objets de culte, goût traduit par un irrépressible penchant pour la religion des pères Jésuites. On peut donc dire que des Esseintes satisfait un désir, non encore conscient, de la foi, lorsqu'il décrit ainsi le tableau. Et en effet, le mythe raconté est le mythe biblique de Salomé. Ceci ne peut être un hasard. Il dira, plus tard, qu'il perçoit la religion comme « une superbe légende... une magnifique imposture »[95], mais qu'en dépit de ses sarcasmes, « son scepticisme commençait à s'entamer »[96] Dans le mythe de Salomé, commence à poindre autre chose que le conte d'une princesse orientale, ce sont les premiers temps de la foi, les prémisses de la conversion.

Le début du texte correspond donc à l'envol vers le rêve mystique. Mais, peu à peu, le décor se modifie. C'est alors qu'intervient le personnage de Salomé :

Dans l'odeur perverse des parfums, dans l'atmosphère surchauffée de cette église, Salomé, le bras gauche étendu, en geste de commandement (...) s'avance lentement sur les pointes...[97]

On voit alors comment s'opère dans l'esprit de Huysmans le réveil brusque. Au moment où Salomé entre en scène, elle contamine à la fois l'espace du rêve mais aussi celui du langage. L'odeur qui était formée de « parfums » devient « perverse » l'atmosphère qui était « fumée bleue » devient « surchauffée ». Avant l'apparition de Salomé, le texte ne comportait aucune indication négative. Au contraire, tout était prêt pour l'envol de l'esprit.

L'arrivée de Salomé est prétexte à une débauche de termes sur lesquels nous ne reviendrons pas. Mais ils sanctionnent tous le mouvement inverse de celui qui s'était ébauché au début du texte : c'est la chute après l'élévation. Il n'est que de souligner le choix des adjectifs : « lubrique » « corrompue » celui des verbes, « grouiller » « ensorceler » celui des noms : « dépravations » « érotisme ». Mais c'est surtout l'aspect mystique de la pensée que fait reculer l'apparition de Salomé. Avec elle, la pensée dévie, se fourvoie, non point tant sur le chemin de Satan, que sur celui de la basse réalité. C'est ainsi que le rêve de des Esseintes est rappelé du spirituel au réel, de l'idéal à la matière.

Comme nous l'avons vu, Salomé, c'est le corps, le désir sexuel, la maladie, la mort. Lorsque Huysmans la nomme « Bête monstrueuse » c'est à la part animale de sa rêverie qu'il songe. Car la rêverie qui s'infléchissait vers l'idéal se met à suivre les courbes du corps de la femme. Non pas le corps triomphant, épanoui, mais le corps dans ses fonctions médicales, soumis à la loi de sa nature mortelle. Le corps est irréductiblement victime d'une matérialisation, symbolisée par la minéralisation de Salomé : pierres, bijoux, ceinture, autant de corsets qui soutiennent et réifient le corps.

Le corps est bien un corps féminin, puisque l'auteur insiste sur les seins, le mouvement lascif des reins qui provoquent l'éveil des sens masculins. En la qualifiant de « déité symbolique de l'indestructible Luxure, la déesse de l'immortelle Hystérie » Huysmans fait de Salomé une femme représentative : c'est la Femme avec ses attributs et ses pouvoirs. Sempiternelle condamnation ? Certes, mais il y a plus. Cette femme qui se réincarne depuis des siècles, qui poursuit, imperturbable, son cheminement destructeur, symbolise la « voie naturelle » du corps. C'est la femme dans laquelle l'homme se perd, le tracé éternel, le couloir interne dans lequel il dépose sa semence. Salomé, c'est la voie vaginale, le trajet communément suivi des cuisses et des reins, c'est, encore une fois, le corps dans ses fonctions de détournement de l'énergie masculine. Salomé « rompt l'énergie, fond la volonté d'un roi » elle est aussi la « grande fleur vénérienne » dont on a vu qu'elle dessinait un sexe béant.

Ce qui effraie des Esseintes en Salomé est la représentation qu'elle incarne de l'amour hétérosexuel. Comme le monde qu'il a en horreur, la femme guide l'homme vers le même conduit. Salomé symbolise ce vase ou ce calice vers lequel tous les hommes sont attirés. A moins que, comme des Esseintes, ils ne soient tentés par une autre voie.

L'itinéraire de des Esseintes se présente comme la tentation de la voie parallèle. Qu'il s'agisse de son parcours humain, sexuel ou religieux, le narrateur frôle constamment l'autre côté du monde — le sacrilège, l'homosexualité, la misanthropie. Ce qu'il nomme fort justement « les voies ordinaires »[98], c'est bien ce qu'il rejette : le trajet de la nourriture, la pénétration de la femme, l'immersion dans la société. Intervenant au moment où son corps malade ne peut ingurgiter d'autres aliments que des lavements à la peptone, cette expression prend tout son sens. Car l'inversion du parcours alimentaire (à rebours) suscite chez le malade une satisfaction de « faux gourmet »[99].

Ainsi le roman doit se lire comme une approche tentante — mais non assumée puisque des Esseintes, sur les ordres de son médecin, regagne la société — d'une voie sinueuse et « chantournée »[100], en l'occurrence, la voie anale. Celle-là même que symbolisent tous les artifices de décoration et les élucubrations de l'esthète, conduit excentrique qui détourne du couloir reproducteur féminin. Fantasmes de sodomisation et tentations homosexuelles sont là pour dévoiler la lutte qui se livre au sein même de des Esseintes, hésitant entre ces deux voies : la voie commune et vaginale, celle de l'obéissance à la nature et au corps féminin, la voie parallèle et anale, siège de tous les désirs interdits. La femme est, bien entendu, celle qui ramène le corps à sa matérialité.

Le voyage spirituel que des Esseintes a esquissé, de façon encore confuse, à travers les tableaux de Moreau, n'a pas abouti. Il faudra attendre les œuvres ultérieures pour que Huysmans parvienne au salut et choisisse la troisième voie, celle de Dieu, par renoncements successifs à toute chair. Dans le passage qui nous intéresse, le texte se clôturera par des observations plus prosaïques sur les dons de coloriste de Moreau et sur la place qu'occupent les tableaux dans son intérieur. Salomé redevient *Salomé* : la femme mène au tableau, c'est-à-dire à l'objet. Elle retrouve ainsi l'apparence des œuvres « pendues aux murailles de son cabinet de travail, sur des panneaux réservés entre les rayons des livres »[101].

Le mythe, qui devait procurer un retour en arrière par l'évocation de « corruption antique » se solde par un cloisonnement. Le mythe n'est qu'un cadre, c'est-à-dire toile peinte, encadrée, accrochée au mur. Le cadre qui borne « les sanglantes énigmes » et qui n'a point tenu ses hallucinantes promesses, ne fait-il pas penser à cette cloison qui sépare, dans le corps féminin, le vagin de l'anus ?

Qu'attendait donc des Esseintes du mythe ? Comme pour la littérature décadente latine, c'est en termes de sensations qu'il faut traduire cette attente. Une extase, une révélation proprement mystique, doit être l'aboutissement de la vision, « lui ébranlant le système nerveux par d'érudites hystéries, par des cauchemars compliqués, par des visions nonchalantes et atroces »[102]. Ne peut-on y voir encore une fois l'attente d'une voie nouvelle ?

Huysmans demande au mythe le surnaturel, des sensations non répertoriées, non cataloguées, c'est-à-dire la révélation d'un fantasme enfoui de sodomisation. Il sait que « ses tendances vers l'artifice, ses besoins d'excentricité » recèlent « au fond, des transports, des élans vers un idéal, vers un univers inconnu, vers une béatitude lointaine, désirable comme celle que nous promettent les Ecritures »[103]

La présence de la femme dans le mythe ne peut que faire tourner court la tentative mystique. Parce qu'elle est tentatrice et surtout parce qu'à travers elle se perd la route tracée, la femme menace l'univers de Huysmans. En ce sens, elle demeure le symptôme morbide du bien-portant.

Au moment où il compose *A rebours* et où il conçoit Salomé, Huysmans se débat déjà entre deux poussées contradictoires qui formeront son itinéraire personnel. Le mythe devrait être instrument d'excitation sensuelle, mais il ne peut échapper à la retombée dans l'obsession corporelle et génitale. En ce sens, le mythe déçoit puisqu'il ne peut bouleverser l'ordre des choses. Ce qu'il contemple, c'est toujours la femme et la matière, obstacles au véritable désir, rendant l'homme prisonnier d'une tradition génitale.

■ *Le sexe sur la figure : l'hystérie*

Salomé est aussi un exemple de regard clinique que les artistes posent sur la maladie et qui rend compte de la mainmise, en France, à la fin du siècle, de la médecine mentale sur les esprits.

Comme l'a montré Elizabeth Roudinesco dans son étude : *Histoire de la Psychanalyse en France*[104], littérature et médecine mentale vont de pair. C'est le moment où le spectre de la syphilis et de ses tares héréditaires renvoie à une sexualité empoisonnée.

Ce qui provoque l'angoisse de des Esseintes, c'est que Salomé, comme la Vérole, libère un germe qui menace la masculinité et la société. Qu'est-ce qui attend la génération infectée ? Les ouvrages médicaux de l'époque sont formels : stérilité, crétinisme. Le sexe se porte sur la figure comme un stigmate de péché. Le sexe menace l'hérédité et il devient, par là, autre chose que du sexe. Il se définit en termes de tare et de pathologie.

Tout s'éclaire si l'on voit dans Salomé une femme comme en voient beaucoup d'artistes masculins, témoin cette affirmation des Goncourt : « C'est bien restreint, le nombre de femmes qui ne méritent pas d'être enfermées dans une maison de fous »[105]. La femme est malade physiquement : vicieuse, vérolée, nymphomane. Mais tout est plus lumineux encore si, dans Salomé, on se met à voir la maladie mentale. Salomé est une hystérique, elle est malade, elle est folle : « Elle est monstrueuse, ta fille, elle est tout à fait monstrueuse. »[106] s'exclame le Tétrarque dans la *Salomé* d'Oscar Wilde. Et, plus tôt, un des soldats s'est exclamé, parlant de la lune : « On dirait une femme hystérique qui va chercher des amants partout »[107]. La lune une des représentations de la princesse Salomé, puisque l'astre est décrit comme « une princesse qui a des pieds comme des petites colombes blanches... »[108].

Une série de métaphores nous renvoie, par un système d'écho, à une femme malade. Les signes se manifestent par le biais de la lune, du sang, et des ailes de corbeau. Laforgue, quant à lui, insistera sur ce comportement « lunatique » de Salomé, comportement qui, par ailleurs, s'intègre bien à ses intentions parodiques :

> Salomé reprit son garulement mystique délirant un peu, la face bientôt renversée, la pomme d'Adam sautant à faire peur — comme plus bientôt elle-même qu'un tissu arachnéen avec une âme en goutte de météore transparaissant.[109]

Moreau, décrivant son tableau, *Salomé au jardin,* en revient à la nature même de la femme :

> Cette femme se promenant nonchalamment d'une façon végétale et bestiale dans les jardins qui viennent d'être souillés par cet horrible meurtre qui effraye le bourreau lui-même, qui se sauve éperdu — tu jouirais vraiment.
> Quand je veux rendre ces nuances-là je les trouve, non pas dans mon sujet, mais dans la nature même de la femme dans la vie, qui cherche les émotions malsaines et qui, stupide, ne comprend même pas l'horreur des situations les plus affreuses.[110]

Quant à Raoule de Vénérande, l'héroïne de *Monsieur Vénus* de Rachilde, un jeune docteur qui essaie de comprendre son étrange refus de la féminité prononcera cet arrêt :

> Pas de milieu ! Ou nonne, ou monstre ! Le sein de Dieu ou celui de la volupté ! Il vaudrait peut-être mieux l'enfermer dans un couvent, puisque nous enfermons les hystériques à la Salpêtrière.[111]

Toute une psychologie naît de cette fascination morbide pour le comportement féminin. Villiers de l'Isle-Adam, dans *L'Eve future,* parlera de « la lente hystérie qui se dégage » des femmes[112] et même l'irréprochable beauté physique d'Alicia Clary sera qualifiée par Edison d'anormale ! « Ressembler à la Vénus Victrix, n'est chez elle, qu'une sorte d'éléphantiasis dont elle mourra. Difformité pathologique, dont sa pauvre nature est affligée. »[113] dira le scientifique. Rémy de Gourmont, dans *Sixtine,* fait rencontrer à son héros une femme au comportement étrange. Elle est aussitôt qualifiée de « drôle d'hystérique »[114] et le héros admet qu'il a autre chose à faire que « la consolation, même occasionnelle, des hystériques »[115]. Tout en lui reconnaissant « une sorte de beauté de ménage » dont il pourrait profiter, le narrateur s'interroge sur cette femme. Il en déduit que : « Celles que l'on croit malades ne sont que des femmes plus femmes, poussées par leurs nerfs jusqu'à l'extrême de la féminité. C'est juste, il faudrait les étudier spécialement pour arriver à dominer les autres »[116].

Ce comportement pousse de nombreux artistes et savants, de Charcot à Freud, à des recherches sur les troubles féminins. Dans sa définition, l'hystérie est une maladie féminine puisqu'il s'agit de désigner un mal organique d'origine utérine affectant le corps tout entier. Mal très mystérieux qui se caractérise par des attaques impressionnantes que Charcot et l'équipe de la Salpêtrière s'empressent de photographier, révélant leur désir de fixer presque artistiquement des comportements spectaculaires. Nous ne sommes plus très loin de Moreau qui, pour peindre ses Salomés, se servait de « la nature même de la femme ».

Toutefois, à la même époque, Charcot essaie de faire évoluer la définition de l'hystérie en la retirant du cadre des affections sexuelles pour la placer dans l'encéphale : la malade est victime de son esprit et non plus de son corps, encore moins de son sexe. Des critiques, dont Freud, ne manqueront pas de sentir le danger d'un tel déplacement. En déplaçant l'hystérie de l'utérus à l'encéphale, on attribue à la femme une nature hystérique congénitale, on la prédispose à l'hystérie et on finit par brosser le portrait d'une femme fantasmatique, à la fois désirable et malade ou bien désirable parce que malade. Relevons ce portrait de la femme hystérique, établi par Louyer Villermay en 1816[117] et reconnaissons-y les traits de l'orientale :

> Les femmes d'une vive sensibilité, d'un tempérament nerveux ; celles qui ont le teint brun et coloré, les yeux noirs et vifs, la bouche grande, les dents blanches, les lèvres d'un vif incarnat et les cheveux abondants, le système pileux fourni et de couleur de geai ; dont les caractères sexuels sont prononcés, (...) jouissent de la fâcheuse prérogative (...) d'être prédisposées à l'hystérie.[118]

C'est aussi le portrait de la juive, tel qu'il hante les artistes fin-de-siècle, de Maupassant à Léon Daudet. Dans les contorsions de la danse lascive de Salomé, apparaissent en réalité des symptômes spectaculaires : phase épileptoïde, phase de clownisme, phase passionnelle et période terminale, que l'observation médicale a classés. Par ailleurs, confirmant ainsi la conjonction étroite entre l'art et la pathologie, on les compare aux représentations de saints ou de sorcières que l'histoire a désignées comme ayant une origine mystique. En réalité, nous apprend-on, il s'agit d'autant de points de repère descriptifs de symptômes hystériques.

> Plusieurs auteurs, Charcot en tête, ont, comme on sait, reconnu dans les représentations de la possession et du ravissement, telles que l'art nous les a transmises, les formes d'expression de l'hystérie.[119]

Aussi nous est-il permis de renverser cette idée et de voir dans les Judith, Salomé, Hérodiade, brunes et lascives, que les peintres européens, de Gustav Klimt à Gustave Moreau, en passant par Aubrey Beardsley, reproduisent, une manifestation de la curiosité pour ces femmes malades et possédant cet « animal (...) qui erre partout dans le corps, obstrue le passage du souffle, interdit la respiration, jette en des angoisses extrêmes et provoque d'autres maladies de toutes sortes »[120] dont parlait déjà Platon dans le *Timée*.

La danse de Salomé est le comble de la manifestation motrice de l'hystérique. La jouissance visuelle que l'on peut retirer d'un tel spectacle se rattache à l'exhibition dont Salomé fait montre. Salomé est souvent désignée comme une danseuse. Huysmans note la « torsion corrompue de ses reins »[121], Wilde évoque, par la bouche du Tétrarque les petits pieds qui dansent « comme des colombes blanches »[122].

L'aspect théâtral de la danse des sept voiles est mis en valeur dans l'opéra de Richard Strauss. Certaines œuvres symbolistes moins connues se concentrent sur la danse lubrique, au terme de laquelle la danseuse se dépouille de ses voiles.

Car Salomé est une artiste, comme le sont miss Urania et la ventriloque dont s'est épris, tour à tour, des Esseintes. Elle appartient au monde du spectacle : exhibée, impudique, elle demande salaire. Pour Salomé, ce sera la tête du Baptiste. Le spectacle s'accomplit au prix d'un sacrifice : danse rituelle où l'homme doit payer le prix.

La danse permet à Salomé de se révéler doublement : en dévoilant son corps et en donnant libre cours à sa nature sauvage. Sa danse a donc une signification sexuelle puisqu'elle satisfait le désir incestueux du Tétrarque et qu'elle libère en même temps Salomé de toute contrainte morale. En dansant, elle livre toute la folie de son espèce.

Elle apparaît, sous d'autres noms, dans d'autres œuvres symbolistes. Dans *Les Noronsoff* de Jean Lorrain, une aventurière, la Mariska, fait de cette danse lascive un art :

> Elle dansait pour le plaisir avec une ardeur furibonde, insoucieuse alors de la galerie ; l'âme de la Pusta la possédait toute. C'était une danse de damnée ou de sybille. Elle se tordait avec des appels de langue et de bras tendus, ses talons nus martelaient le sol ; car pour danser, la Mariska se déchaussait, envoyait voler aux quatre coins de la salle ses mules de satin (...) et cette face moite aux yeux lourds de rêve, aux prunelles absentes, était le charme et la grande séduction de la courtisane. (...) Elle dansait une espèce de danse crucifiée, une danse torturée, lascive, exténuée...[123]

C'est aussi un Mallarmé fasciné par la danse qui écrira en 1857 le portrait de la danseuse : « la folle ...(qui) tournait comme un éblouissement » et qui commençait « sa danse enivrée »[124]. Et comment ne pas voir dans la danse des grandes méduses, telle qu'elle est peinte par Paul Valéry, l'expression de l'hystérie :

> Jamais danseuse humaine, femme échauffée, ivre de mouvement, du poison de ses forces excédées, de la présence ardente de regards chargés de désir, n'exprima l'offrande impérieuse du sexe, l'appel mimique du besoin de prostitution, comme cette grande méduse...[125]

Si le portrait physique des hystériques nous paraît criant de vérité, leur portrait moral est lui aussi saisissant :

> L'hystérique est en général égoïste, fort préoccupée d'elle-même, désireuse d'attirer l'attention de ceux qui l'entourent, sur elle et sur ses faits et gestes. Facilement irritable, elle a des colères sans raisons et aussi des joies sans motifs ; elle éprouve un continuel besoin de se quereller et de chicaner (...) ; elle est sujette à des excitations imprévues, à des dépressions non justifiées. (...) Sa volonté est indécise, capricieuse, fantasque. »[126]

Legrand du Saulle, dans *Les hystériques,* publié en 1883, brosse, en ces termes, le comportement de la femme atteinte et nous pouvons y reconnaître les traits saillants du caractère de Salomé dans la nouvelle de Laforgue et dans la pièce d'Oscar Wilde. Son essence même a été perçue par les artistes comme celle d'une créature nerveuse et excessive.

Dans cette catégorisation de la femme, les artistes donnent la main aux notables que sont devenus les médecins. Il faut cerner ce continent sombre qu'est la féminité qui englobe des termes aussi menaçants que « nerfs » « passion » et « inconscience ». Sans dire que les symbolistes aient manifesté un intérêt particulier pour ce qui se passait à la Salpêtrière, comme l'ont fait Maupassant et Zola par exemple, il n'en reste pas moins qu'ils sont tributaires d'un siècle où abondent les traités sur les passions et les maladies mentales. Notons toutefois l'intérêt tout particulier que Huysmans y porte, quand il s'agit de brosser le portrait des hystériques sataniques dans *Là-bas.*

Sans être assidus aux manifestations publiques des corps en proie à l'hystérie, les artistes vivent dans un univers où la sexualité débridée est réservée à la malade mentale ou à la prostituée. La menace d'invasion du monde clos qu'est le foyer ou l'atelier, par le venin d'origine syphilitique ou hystérique, se révèle comme la principale terreur des artistes. La frontière, jugée jusqu'alors infranchissable, n'est plus. Dorénavant, la périphérie attirante mais sauvage sollicite et contamine l'antre où se perpétuent la tradition et la descendance.

3) La Mère-Nature

Le roman de Mirbeau, *Le Calvaire,* apporte une interprétation intéressante, par la bouche d'un des personnages, le peintre symboliste Lirat, (sorte de Gustave Moreau misogyne et génial). Celui-ci déclare ouvertement que la race de femmes tant haïe, qui castre l'homme de son idéal, est le fruit d'une conspiration féminine, dont la tête est la mère.

> Etre nés de la femme, des hommes !...quelle folie ! Des hommes, s'être façonnés dans ce ventre impur ! Des hommes, s'être gorgés des vices de la femme, de ses nervosités imbéciles, de ses appétits féroces, avoir aspiré le suc de la vie à ses mamelles scélérates !... La mère !... Ah ! oui, la mère !... La mère divinisée, n'est-ce pas ?... La mère qui nous fait cette race de malades et d'épuisés que nous sommes, qui étouffe l'homme dans l'enfant, et nous jette sans ongles, sans dents, brutes et domptés, sur le canapé de la maîtresse et le lit de l'épouse...[127]

Ainsi s'ébauche une réponse convaincante aux désirs et aux rejets masculins. La femme tant désirée ne serait autre que la mère, premier objet du désir, prostituée au père et inaccessible au fils.

■ *Le destin*

La mère, visage du féminin, n'est autre, dans les mythes symbolistes, que le visage du destin. Qu'il s'agisse des Erynies qui labourent les chairs d'Orphée, des Parques qui tissent le destin des humains, une multiplicité de signes rendent la femme, et plus particulièrement la mère, agent de la destinée : « Sa face pâle, ses yeux de fièvre, sa haute stature et ses longs habits de deuil en faisaient une vivante statue de la Douleur »[128]. Ainsi apparaît la mère qui hante les derniers jours du prince Noronsoff. Quant à son ami, le beau Marius, il a, lui aussi, « une vieille ratatinée aux mains sèches et noueuses comme des branches d'olivier, une vieille marmoteuse d'oremus, acagnardée au coin de l'âtre... »[129].

La mère pousse encore la puissance jusqu'à s'allier à la maîtresse qui jouera alors le rôle d'un double maternel lascif. « Nous sommes deux mères »[130] dira la mère de Noronsoff de la maîtresse de son fils. Dans le roman de Catulle Mendès, *La Première Maîtresse,* le jeune et innocent Evelin passe sans transition du joug maternel à l'esclavage lascif, imposé par sa maîtresse, qui a des intentions fort maternelles à son égard :

> Donc il s'était soumis à sa destinée. Et Honorine avait fait de lui, peu à peu, quelqu'un qui lui ressemblait à elle. Elle l'avait enveloppé, calmé, atténué.[131]

Les clans de prêtresses et de druidesses évoqués par Schuré dans *Les Grands initiés* interviennent pour contrer le prophète jeune et pur. Elles forment un groupe qui réitère, au cours de la vie des initiés, la même menace, celle du désordre. Ainsi, dans la vie de Rama :

> Chaque peuple avait sa grande prophétesse, comme la Voluspa des Scandinaves, avec son collège de druidesses. Mais ces femmes, d'abord noblement inspirées, étaient devenues ambitieuses et cruelles.[132]

On se souvient que l'un des mérites de l'élu est de renverser les divinités féminines, en imposant un ordre mâle. Mais celles-ci se vengent cruellement et savent, à la fin, reprendre leurs droits. C'est ainsi que les Bacchantes signeront la perte d'Orphée :

> Les Bacchantes apprivoisaient des panthères et des lions qu'elles faisaient paraître dans leurs fêtes. La nuit, les bras enroulés de serpents, elles se prosternaient devant la triple Hécate : puis, en des rondes frénétiques, évoquaient Bacchus souterrain, au double sexe et à face de taureau.[133]

Ces prêtresses symbolisent l'ordre ancien, celui de la nature. Moïse, par exemple, entreprendra de dompter cette nature pour implanter le culte d'un dieu unique et mâle. Et Schuré de se faire plus clair dans ses identifications :

> Son Dieu fut le principe mâle par excellence, l'Esprit pur. Pour l'inculquer aux hommes il dut déclarer la guerre au principe féminin, à la déesse Nature, à Hévé, à la Femme éternelle qui vit dans l'âme de la Terre et dans le cœur de l'Homme.[134]

Une seconde lecture du livre de Schuré nous permettrait d'y voir une tentative toujours répétée pour s'arracher à l'ordre des Mères. Qu'accomplissent les héros ? Ils tentent d'imposer une religion dominée par les vertus mâles, nécessitant des officiants masculins et rendant au culte solaire sa primauté. L'initié est souvent désigné comme « représentant du principe mâle en religion »[135].

C'est ainsi que Schuré dégage deux principes antagonistes dont l'un cherche à triompher. De Rama à Jésus, *Les grands initiés* raconte comment le pouvoir est passé de la femme, qui conduisait à l'anarchie, à l'homme. La mythologie, telle que Schuré l'interprète, rêve des victoires de l'esprit sur la chair. Le culte solaire doit l'emporter sur le culte lunaire :

> Le culte solaire donnait au Dieu de l'univers le sexe mâle. Autour de lui se groupait tout ce qu'il y avait de plus pur dans la tradition védique : la science du feu sacré et de la prière, la notion ésotérique du Dieu suprême, le respect de la femme, le culte des ancêtres, la royauté élective et patriarcale. Le culte lunaire attribuait à la divinité le sexe féminin, sous le signe duquel les religions du cycle arien ont toujours adoré la nature, et souvent la nature aveugle, inconsciente, dans ses manifestations violentes et terribles.[136]

Nous sommes conviés à lire l'ouvrage comme l'illustration d'une guerre des sexes. L'élément féminin symbolisera le négatif : magie, idolâtrie, obscurantisme, alors que le masculin assurera la présence des valeurs positives : ordre, lumière, raison. Combat interminable que celui qui oppose la nature et l'idéal. « Les instincts d'en-bas vont-ils triompher ? »[137] demande Schuré. Le génie organisateur de l'initié ne saura pas toujours déployer ses richesses, mais il aura jeté les bases d'un ordre masculin.

En quoi l'élément féminin représente-t-il la mère ? Lié au cycle lunaire, il est soumis à l'ordre de la nature.

> On adorait Junon à Argos ; Artémis en Arcadie ; à Paphos, à Corinthe, l'Astarté phénicienne était devenue l'Aphrodite née de l'écume des flots.[138]

Les divinités féminines sont brillantes et terribles. Elle sont directement liées aux forces mystérieuses qui régissent l'intérieur du monde.

> Les cavernes des montagnes qui descendent jusqu'aux entrailles de la terre (...) avaient porté de bonne heure les Grecs vers le culte des forces mystérieuses.[139]

Les déesses gouvernent l'irrationnel. A l'image des mères mauvaises qui, telle Médée, sacrifient leur descendance, les déesses cruelles et jalouses, se vengent sur les hommes. Elles massacrent les étrangers et imposent « le règne souverain de la femme »[140]. Mères phalliques au sens où pour le fils, la mère respectée a conservé le pénis que les femmes coupables, elles, ont perdu.

Par opposition, Schuré présente l'image de la femme idéale, selon le cœur des purs. Pythagore, dans son institut, songe à initier la femme. Ceci consiste à lui rappeler ses fonctions d'épouse et de mère :

> On donnait des conseils et des règles concernant les rapports des sexes, les époques de l'année et du mois favorables aux conceptions heureuses. On donnait la plus grande importance à l'hygiène physique et morale de la femme pendant la grossesse, afin que l'œuvre sacrée, la création de l'enfant, s'accomplisse selon les lois divines.[141]

Retrouver son rôle de mère, donner à l'enfant « la chaude atmosphère maternelle »[142], voilà qui renvoie à une conception de la femme établie dans ses fonctions de reproductrice. Ce qu'ambitionne Pythagore, c'est de constituer l'idéal féminin de la « vraie mère »[143], dénonçant ainsi la fausse religion qui repose sur le culte des mères indignes, anarchiques, indépendantes.

En ce sens, Schuré est fidèle aux données mythologiques qui veulent que le héros affronte, par le biais du voyage, l'élément qui symbolise la mère : l'eau. Fleuves, mers, rivières sont les symboles de la maternité. La tête d'Orphée, jetée dans l'Erèbe, retourne à l'élément liquide, symbolisant une union finale avec la mère. Pythagore, s'enfuyant de Grèce, emporte avec lui sa vieille mère : « Et maintenant une barque légère emportait sur les flots azurés des Cyclades, cette mère et ce fils vers un nouvel exil. »[144]

Notons que Schuré signale la présence de ces éléments comme faisant proprement partie du mythe dans la vie de l'initié. C'est la partie à laquelle il croit le moins. Ainsi sa version de la mort d'Orphée instaure le bûcher comme instrument de la mort du poète et signale incidemment la légende de la tête flottant sur l'Erèbe. De même, la naissance de Moïse, qui donne lieu à des commentaires féconds chez Freud, laisse Schuré indifférent. Au contraire, il suggère que le récit biblique est faux et que seule la version égyptienne doit être prise en compte.

C'est que son ouvrage s'avère être construit comme une résistance à la mère, perçue comme une ennemie. En rompant avec la tradition du respect aux divinités féminines, l'initié échappe à la mainmise maternelle. Il reste chaste, ou se choisit une épouse vertueuse. *Les grands initiés* répète donc, à huit reprises, comment le fils doit se dégager du joug maternel, de la matière pour entrer dans le principe mâle de l'esprit.

Visage du destin encore que celui du sphinx. Pour Bela Brumberger, le sphinx représentera « la mère sadique anale dont les entrailles obscures et profondes semblent receler l'attribut paternel... »[145]. On se souvient que le sphinx causait la perte des jeunes hommes et ruinait ainsi Thèbes. Deux caractères du sphinx sont mis en évidence par Sophocle : son chant et ses énigmes : « Lorsque la Chienne était là qui nous chantait des énigmes »[146] dit-il.

On se souvient que les textes symbolistes (le poème d'Oscar Wilde, « Le Sphinx », les ouvrages de Péladan) jouaient également sur l'aspect des paroles magiques. Le sphinx séduit par ses paroles. Il affronte les jeunes hommes en une joute oratoire dont l'issue est la mort. Cependant, dans la pièce de Péladan, Œdipe et le Sphinx, le monstre se fait femme pour mieux séduire le héros :

> La caresse du Sphinx, si tu la connaissais
> Toute autre volupté te serait impossible !
> Dans mon étreinte, tu croirais posséder le mystère ;
> Une ineffable joie échaufferait tes veines
> Et tu te croirais Dieu, sous la puissance du plaisir.[147]

Quant il offre à Œdipe de connaître l'union suprême, c'est à l'union avec la mère que l'on songe. Et il est vrai que le sphinx est souvent considéré comme une préfiguration de Jocaste. Toutes deux se supprimeront après que le héros aura résolu les énigmes et dévoilé les désirs.

Emblème d'une mère dévorante et séduisante, d'une mère qui possède le phallus tant convoité, le sphinx met à jour la tentation de l'inceste.Toutefois, chez Péladan, la confrontation avec le sphinx clôt le drame, la rencontre avec Jocaste a eu lieu avant. Fait significatif qui semble montrer que les symbolistes tournent autour de cette scène sans vouloir l'évoquer. En faisant l'impasse sur la relation incestueuse, en donnant comme étymologie au nom de la reine Jocaste la couleur violette — comme le fait Mallarmé dans *Les dieux antiques* — les auteurs occultent l'union avec la mère. Il y a là une vérité insupportable à dire mais bien tentante. Car les paroles du sphinx comportent ce même pouvoir de fascination. La victoire finale d'Œdipe consistera à battre l'animal sur son propre terrain : « L'irrésistible chant des sirènes a cessé ! »[148] dira Œdipe, terrassant le monstre.

Autre joute oratoire à laquelle Péladan s'adonne dans *La terre du Sphinx*. Cette fois, c'est Péladan qui joue le rôle d'Œdipe questionneur, qui vient chercher des réponses à son activité de mage et d'esthète.

Dans le poème d'Oscar Wilde, le narrateur brode à loisir sur l'identité d'un animal muet, qui ne répond jamais aux questions posées. C'est donc par l'absence de parole ou, au contraire, par la profération de messages cryptés que le sphinx joue de son pouvoir. Dans tous les cas, il force l'homme à se poser des questions et sa présence fait naître le doute.

Huysmans, quant à lui, proposera une utilisation voisine du sphinx. Dans *A rebours,* il imagine un dialogue entre deux figures, le sphinx et la chimère. Le dialogue, extrait de *La tentation de Saint Antoine* de Flaubert est interprété par une femme aux dons de ventriloque. C'est donc par l'intermédiaire du « ventre qui parle » que Huysmans fait naître le dialogue des animaux mythologiques. « Je cherche des parfums nouveaux, des fleurs plus larges, des plaisirs inéprouvés. » [149] dira l'animal. Notons le déchiffrage qui peut se faire du terme chimère, qui comporte le mot « mère ». La voix de la ventriloque est la voix de la mère, qui rend des Esseintes « ainsi qu'un enfant inconsolé »[150]. Voix qui perce, venue du dedans, des entrailles de la bête-mère.

Le sphinx fait partie de la cohorte des monstres avides qui engloutissent les mortels, telles les Furies qui poursuivent Œdipe. Mais les hommes sont en même temps attirés par les chants captivants de la bête. Comme les Sirènes, le sphinx dénonce son caractère oral : les paroles qu'il profère sont obscures et magiques. C'est l'énigme qui est prononcée de façon allusive.

Ce langage énigmatique auquel tout homme est confronté, n'est autre, pour le psychanalyste Didier Anzieu, que le langage de la mère. Et cette énigme séduisante qui attire et englue les jeunes hommes correspond au monde prégénital, dont il importe de triompher, pour accéder à un moi sans faille.

> La composante narcissique-orale de la prégénitalité est représentée dans le mythe d'Œdipe par l'épisode du Sphinx (ou de la Sphinge), figure de mère primitive... Sophocle la désigne comme cantatrice... la Sphinge qui pose des questions auxquelles il s'agit de répondre — est la mère qui apprend le langage à l'enfant.

Les interprétations psychanalytiques convergent donc vers la reconnaissance de la mère. Qu'ont en commun ces créatures mythologiques ? Les mystères du savoir, la beauté du chant, le lien avec l'animalité. Déesses tyranniques et jalouses, qui emprisonnent l'homme, elles élisent domicile dans des cavernes ou des grottes.

On se souvient que le château du roi Arkel, dans *Pelléas et Mélisande,* est justement construit sur un gouffre aux effluves pestilentiels. Au centre de la pièce, Maeterlinck a placé l'exploration de la grotte par deux hommes : Golaud et Pelléas. La grotte avait auparavant été visitée par Pelléas accompagné de Mélisande. Celle-ci reste silencieuse devant les mystères du dedans. Mais Pelléas ne peut s'empêcher d'emplir ce silence par des phrases qui trahissent son désarroi.

> Elle est très grande et très belle. Il y a des stalactites qui ressemblent à des

plantes et à des hommes. Elle est pleine de ténèbres bleues. On ne l'a pas encore explorée jusqu'au fond. On y a, paraît-il, caché de grands trésors.[152]

La grotte qui attire, par la perspective du trésor, et qui repousse comme dévoreuse d'hommes trop hardis, n'est autre qu'une métaphore du ventre maternel. Les profondeurs marines de la grotte, qu'on nous dit située près de la mer, alarment un homme comme Pelléas, mais ne suscitent aucune réaction de la part de Mélisande. Celle-ci, nous l'avons vu, participe du mystère de la grotte, mystère qui fait parler les hommes. Ces entrailles symboliques, sous le château masculin, (« Tout le château est bâti sur ces grottes »[153]) constituent une menace : ce sont les grottes de l'Imaginaire perdues dans le royaume masculin Symbolique, comme la forêt qui recueillait Mélisande perdue était la forêt de l'Imaginaire.

Golaud ne pourra s'empêcher d'informer Pelléas de la perspective d'un effondrement imminent de la grotte :

> Avez-vous remarqué ces lézardes dans les murs et les piliers des voûtes ? — Il y a ici un travail caché qu'on ne soupçonne pas ; et tout le château s'engloutira une de ces nuits, si l'on n'y prend pas garde.[154]

C'est l'effondrement du masculin que prédit ici Golaud. La charge féminine s'insinue, par ce pouvoir de béance, contre lequel un homme ne peut lutter. Mélisande, espionne silencieuse du féminin, se révèle comme l'envoyée de la Mère Nature qui poursuit son travail de sape.

■ *L'imago maternelle*

Les mythes symbolistes permettent d'exprimer ce défi continuel à la mère-nature. Le défi aboutit au meurtre symbolique. Mort du sphinx, mort de Mélisande, des déesses criminelles. Toutefois, le héros se sent coupable d'accéder à l'indépendance. Menaces, exils, castrations symboliques, souffrances attendent celui qui a osé se rebeller contre la nature.

La mère-nature joue un grand rôle dans l'œuvre de Wagner. Elle apparaît, dans la Tétralogie, sous les traits de la déesse Erda. Cette mère-là renvoie à un texte fondateur, que nous nous devons à présent de citer, puisqu'il est à la source des prises de position symbolistes. Utilisé par Wagner, cité constamment par Freud, ce texte n'est autre que le drame de Goethe, *Faust*.

C'est dans *Faust* que l'on trouve ces vers parlants, où le diable s'adresse à Faust :

> M. — Je te félicite avant de me séparer de toi.
> Et vois que tu connais bien le Diable.
> Prends cette clé.
>
> F. — Cette petite chose...
>
> M. — Commence par la prendre avant de la dédaigner.
>
> F. — Elle grandit dans ma main ! Elle luit ! Elle jette des éclairs.
>
> M. — As-tu compris maintenant ce qu'en elle on possède ?
> La clé saura découvrir la vraie place.
> Suis-la, elle te conduira chez les Mères.
>
> F. (frissonnant) — Les Mères ! Cela me pénètre toujours comme l'éclair.
>
> ....
>
> M. — Un trépied ardent t'annoncera enfin
> Que tu as atteint le fond de l'abîme.
> A sa clarté tu verras les Mères...
> Formation, transformation, voilà l'éternel
> Entretien de leur pensée éternelle.[155]

Texte fondateur s'il en est, jouant un rôle considérable pour les artistes du XIXe siècle, et notamment Nerval. Ces mères, pour Freud, représentent, selon le mot de Granoff « le stock de tout ce dans quoi l'on découpe le contour des imagos. »[156] (une imago est une image psychique possédant des contenus inconscients[157]). Toute expérience du féminin passe par les mères.

C'est ainsi que lorsque Camille Mauclair, dans *Les mères sociales,* fait mourir le jeune Théodore, celui-ci s'exclame sur son lit de mort : « — Germain... tu te souviens de Goethe... Il parlait des idées éternelles... des Mères, c'est ainsi qu'il les appelait... Que toute mère soit une idée qui se transmet (...) — Je les vois... Je vois les Mères.[158] »

Dans ces mères sont contenues à la fois la mère et toutes les autres femmes. C'est dans ce réservoir organisé du féminin que l'homme doit reconnaître et choisir une femme pour lui. Ainsi Orphée arrachera-t-il Eurydice aux bras d'Aglaonice, la reine des Bacchantes, qui n'aura, du reste, de cesse de reprendre son bien.

En même temps, la mère porte le projet de la quête future. Elle transmet le message contradictoire du but et de la recherche du but. En se révélant comme archétype de l'éternel féminin, elle insuffle au héros le désir de rester soudé à elle, tout en lui procurant l'élan nécessaire à la recherche d'une autre.

Le pouvoir des mères est tel que les mythes symbolistes vont comporter les images reflétées des Mères goethéennes : Sphynge, Erynies, Bacchantes, Méduse, tout l'imaginaire symboliste tourne autour de ces figures.

> Alors apparurent des femmes terribles. Leurs yeux étaient injectés de sang, leurs têtes couronnées de plantes vénéneuses. Autour de leurs bras, de leurs flancs demi-nus, se tordaient des serpents qu'elles maniaient en guise de fouets...[159]

Le rôle assigné au féminin est donc celui de l'agent du destin : « pour chacun de nous, dira Freud, le destin prend la forme d'une femme »[160]. Le trajet masculin s'opère donc en trois phases, dont Freud signale le parcours :

> ... les trois formes par lesquelles passe pour lui (l'homme) l'image de la mère au cours de sa vie : la mère elle-même, l'amante qu'il choisit à l'image de la première ; et pour terminer, la terre mère, qui l'accueille à nouveau en son sein.[161]

Ces femmes du destin conduisent au retour à la Nature, auquel tentent de résister les hommes. Les œuvres symbolistes disent cette tentative héroïque pour s'arracher à la trajectoire inéluctable qui conduit de la mère à la mère. Il faut s'arracher du monde des mères pour devenir un homme civilisé. Car s'arracher à la mère, c'est s'arracher à la réalité matérielle dont la mère et les femmes sont porteuses.

En même temps, forts de la contradiction contenue au sein même de l'image, les artistes essaient de regagner le continent perdu. Car la mère est à la fois aimante et terrible. Elle crée et détruit, donne et dévore. Le sphinx dévore, symboliquement, par le langage crypté de l'inconscient. Mais le sphinx, mère dévorante, peut en même temps se faire l'interprète d'une sagesse terrienne. Cette contradiction est bien perçue par Péladan, qui fait du sphinx à la fois le monstre et l'interlocuteur avisé qui prodigue de sages conseils. En ce sens, l'animal de *La terre du Sphinx* est celui qui permet à Péladan de renaître. Expulsion certes douloureuse, mais positive, qui permet une régénération de celui qui enquête.

Les femmes, qui sont, pour les symbolistes, la nature, appartiennent à la pré-histoire et donc au mythe. Ces femmes représentent l'antique patrie vers laquelle on aspire. Comment donc exprimer cette contradiction, qui est le désir de s'arracher et de revenir ? Par la fiction. La fiction obtient le consentement du civilisé, parce qu'elle est œuvre d'art, mais aussi celui de l'animiste, qui est le primitif. Lorsque les fictions sont fondées sur des mythes, ce qui est le cas dans la littérature symboliste, on quitte non seulement la réalité, mais on s'éloigne aussi de la pensée civilisée.

Ainsi le texte de Huysmans, dans lequel des Esseintes fait le célèbre cauchemar sexué, peut se relire comme la représentation fantasmatique des organes génitaux d'où il est issu (le trou féminin) et celle, primitive, du territoire de la déesse-mère. Et Freud de noter :

> Il advient souvent que des hommes névrosés déclarent que le sexe féminin est pour eux quelque chose d'étrangement inquiétant. Mais il se trouve que cet étrangement inquiétant est l'entrée de l'antique terre natale du petit d'homme, du lieu dans lequel chacun a séjourné une fois et d'abord.[162]

C'est ainsi que l'homme, avec sa pensée historique, dont Freud dit qu'elle est inhérente au masculin, est constamment en danger d'être repris par la modalité préhistorique féminine. C'est au moment même où l'homme découvre les organes génitaux féminins qu'il entr'aperçoit le passé de l'espèce, l'origine du tout, le trou dont il est issu.

Car la femme est marquée du signe de la pré-histoire. Freud analyse la période pré-oedipienne de la fille en la comparant à la découverte de la civilisation minoénne-mycéenne derrière la civilisation grecque. Période légendaire et primitive qui anticipe la civilisation classique.

L'intérêt que les artistes symbolistes portent au passé traduit le désir de rencontrer la mère archaïque. Par l'investigation de la terre-mère et leur fixation sur le mythe, berceau de l'humanité, les artistes cherchent à retrouver, sur le mode civilisé masculin, le territoire des origines.

Il s'agit d'évoquer les mythes féminins avec les mots du masculin. Evoquer les mythes en termes esthétiques rétablit la distance nécessaire entre l'homme et la mère. Ainsi l'attachement à la mère se traduira par le choix de sujets mythiques où règneront, en maîtres apparents, sphinx et femmes fatales et où se marque la primauté du mystère. En revanche, les mots, eux, appartiennent avec force au langage sophistiqué de celui qui, au prix d'un combat avec la matière, s'est affranchi de l'anarchie maternelle.

Il faut coder le désir pour réprimer les pulsions. C'est aussi toute la sensualité véhiculée par les mythes qui est ainsi sublimée. Le désir s'affirme à travers le mythe : Œdipe tue son père et aime sa mère, Narcisse désire sa propre image, Salomé parvient à ses fins en possédant la tête du Baptiste. Ces pulsions libres, irresponsables, franchissent les barrages sociaux. Mais elles rencontrent bientôt la barrière du code. Les mots sont là pour montrer la vanité des images, le vide du sens. Les mythes, comme censurés, sont ordonnés, évalués, devenant objets d'étude, de recensement et d'innocents déchiffrages : on se souvient de l'interprétation météorologique qu'en avait fait Cox, et, à sa suite, Mallarmé.

On peut percevoir, à la lecture des mythes symbolistes, ce duel puissant entre l'expansion des désirs et la contraction du moraliste. Narcisse et Œdipe sont châtiés, Salomé est calomniée. L'excès de désir, culminant dans les évocations de la danse de Salomé, se perd dans les condamnations de la femme immorale.

Ces désirs suspendus sont riches de sous-entendus oedipiens. A travers les mythes, c'est la mère inaccessible qui est convoitée. Objet du désir interdit, elle doit rester à jamais intouchable. Résoudre la tension équivaut à une sublimation. Cette sublimation est accomplie par le texte lui-même qui détruit peu à peu le territoire pulsionnel des mythes. La satisfaction du désir doit être sans cesse interrompue, séparée de son but. Mais ce faisant, l'artiste est restitué au monde de la multiplicité et du dédoublement, auquel il essayait d'échapper en se fondant à la mère originelle.

Dans la quête de la mère, c'est Œdipe et son complexe qui triomphent : le conflit n'est pas résolu. Mais les conséquences du désir donnent le jour à une dynamique créatrice chargée de plaisirs anticipés et d'interdits.

La régression vers l'époque prégénitale se fait au moyen d'instruments mâles.

Voyage réconfortant qui permet de se retremper à la source, en conservant le vernis nécessaire qui empêche toute retombée dans le monde fantasmatique.

Les strates policées d'un style qui se veut au service de l'artifice cachent un appel au maternel. La rêverie s'ordonne, le carcan stylistique se met en place. Les symbolistes ne résistent pas, apparemment, aux poussées de l'imaginaire. Mais ils les règlent. L'image maternelle est donc activée, nourrie par des substantifs-énergies. Ogresse et destructrice, elle demeure réprimée par la forteresse des mots. De même qu'il faut combler le vide féminin par la répétition et l'art du drapé, il faut paralyser l'image maternelle.

Ainsi s'explique l'utilisation d'un vocabulaire commun, masculin, pour désigner les mythes féminins. Stéréotypes, usage immodéré des majuscules, renvois métaphoriques à des noms célèbres, les symbolistes essaient de mettre en place un discours-barricade dont le but est de limiter les pressions du mythe.

NOTES

(1) J.K. Huysmans, *En rade,* Paris : UGE, 1976, p. 76.
(2) A. Clancier, *Psychanalyse et critique littéraire,* Paris : Privat, 1973, p. 11.
(3) *Idem,* p. 224.
(4) S. Freud, « Le Créateur littéraire et la fantaisie » *L'Inquiétante Etrangeté,* Paris : Gallimard, 1985, p. 45.
(5) W. Granoff, F. Perrier, *Le désir et le féminin,* Paris : Aubier Montaigne, 1979, p. 102.
(6) K. Abraham, *Rêve et mythe, Œuvres complètes,* Paris : Payot, t. 1, 1965, p. 214.
(7) C. Mauron, *Introduction à la psychanalyse de Mallarmé,* Neuchatel : A la Baconnière, 1968, p. 36.
(8) Villiers de l'Isle-Adam, *Isis,* Paris : Gallimard, t. 1, 1986, p. 149.
(9) J. Laforgue, « Salomé » *Moralités légendaires,* Paris : Gallimard, 1972, p. 124.
(10) O. Wilde, *Salomé, Œuvres,* Paris : Stock, 1976, p. 470.
(11) O. Mirbeau, *Le jardin des supplices,* Paris : Gallimard, 1988, p. 134.
(12) S. Freud, *L'interprétation des rêves,* Paris : PUF, 1987, p. 386.
(13) S. Freud, « Le tabou de la virginité » *La vie sexuelle,* Paris : PUF, 1969, p. 71.
(14) M. Maeterlinck, *Pelléas et Mélisande,* Paris : Nathan, Paris, 1983, p. 67.
(15) Sophocle, *Œdipe-Roi, Théâtre complet,* Paris : Garnier-Flammarion, 1964, p. 129.
(16) R. de Gourmont, *Sixtine,* Paris : UGE, 1982, pp. 146-147.
(17) J.K. Huysmans, cité par M. Praz, *The romantic agony,* London : Oxford University Press, 1979, p. 417.
(18) J. Laforgue, *Salomé,* p. 125.
(19) *Idem,* p. 144.
(20) J.K. Huysmans, *A rebours,* Paris : UGE, 1975, p. 120.
(21) S. Freud, cité par S. Kofman, *L'énigme de la femme,* London : Cornell University Press, 1985, p. 70.
(22) S. Freud, « Le tabou de la virginité » p. 77.
(23) *Idem,* p. 79.
(24) *Ibid.,* p. 76.
(25) J.K. Huysmans, *A rebours,* p. 120.
(26) S. Freud, « Le tabou de la virginité » p. 115.
(27) J.K. Huysmans, *A rebours,* p. 118.
(28) S. Mallarmé, « Hérodiade » *Œuvres complètes,* Paris : Gallimard, 1945, p. 47.
(29) J.K. Huysmans, *A rebours,* p. 115.
(30) P. Valéry, cité par G. Aigrisse, *Psychanalyse de Paul Valéry,* Paris : Editions Universitaires, 1964, p. 268.
(31) R. de Gourmont, *Sixtine,* p. 73.
(32) J. Péladan, *Curieuse, La Décadence latine,* Genève : Slatkine, 1979, p. 51.
(33) S. Freud, cité par R. Delevoy, *Journal du Symbolisme,* Genève : Skira, 1977, p. 144.
(34) G. Rodenbach, *Bruges-la-Morte,* Bruxelles : Labor, 1986, p. 22.
(35) *Idem,* p. 105.
(36) M. Maeterlinck, *Pelléas et Mélisande,* p. 23.
(37) *Idem,* p. 37.
(38) *Ibid.,* p. 35.
(39) J.K. Huysmans, *A rebours,* p. 180.
(40) *Idem,* p. 181.

(41) J. Barbey d'Aurevilly, « Le bonheur dans le crime » *Les diaboliques,* Paris : Gallimard, 1966, t. 1, p. 85.
(42) O. Mirbeau, *Le jardin des supplices,* p. 217.
(43) J.K. Huysmans, *Là-bas,* Paris : Garnier-Flammarion, 1978, p. 325.
(44) Rachilde, *Monsieur Vénus,* Paris : Flammarion, 1977, p. 207.
(45) J. Péladan, *Curieuse,* cité par M. Praz, The romantic agony, p. 361.
(46) J. Lorrain, cité par M. Praz, p. 361.
(47) M. Rollinat, cité par M. Praz, p. 385.
(48) *Idem.*
(49) J. Lorrain, *Monsieur de Bougrelon,* Paris : Borel, 1897.
(50) M. Schwob, cité par M. Praz, p. 373.
(51) P. Verlaine, cité par M. Praz, p. 394.
(52) J.K. Huysmans, *A rebours,* p. 182.
(53) R. de Gourmont, cité par M. Praz, p. 368.
(54) J.K. Huysmans, *A rebours,* p. 182.
(55) *Idem,* p. 183.
(56) J.K. Huysmans, *En route, Œuvres complètes,* Genève : Slatkine, 1972, t. VI, p. 200.
(57) O. Mirbeau, *Le calvaire,* Paris : UGE, 1986, p. 308.
(58) J.K. Huysmans, *A rebours,* p. 117.
(59) M. Montrelay, *L'ombre et le nom,* Paris : Minuit, 1977.
(60) J. B. Fages, *Comprendre Jacques Lacan,* Paris : Privat, 1971, p. 37.
(61) J.K. Huysmans, *A rebours,* p. 117.
(62) *Idem,* p. 118.
(63) O. Wilde, *Salomé,* p. 490.
(64) J.K. Huysmans, *A rebours,* p. 120.
(65) S. Mallarmé, « Cantique de Saint-Jean » *Œuvres complètes,* p. 49.
(66) S. Freud, *L'interprétation des rêves,* p. 306.
(67) C. Mauron, *Introduction à la psychanalyse de Mallarmé,* p. 117.
(68) S. Freud, *L'inquiétante étrangeté,* p. 231.
(69) S. Freud, *L'interprétation des rêves,* p. 314.
(70) S. Freud, cité par L. Irigaray, *Spéculum de l'Autre Femme,* Paris : Minuit, 1974, p. 56.
(71) S. Freud, *La vie sexuelle,* p. 115.
(72) O. Wilde, *Salomé,* p. 504.
(73) J. Laforgue, « Salomé » *Moralités légendaires,* p. 143.
(74) O. Wilde, *Salomé,* p. 503.
(75) R. Caillois, *Le mythe et l'homme,* Paris : Gallimard, 1972, p. 53.
(76) M. Rollinat, *Les névroses,* Paris : Charpentier, 1885, p. 69.
(77) Villiers de l'Isle-Adam, *L'Eve Future,* Paris : Gallimard, 1986, t. 1, p. 892.
(78) Cité par R. Delevoy, *Journal du Symbolisme,* p. 100.
(79) O. Wilde, *Salomé,* p. 474-475.
(80) R. de Gourmont, cité par R. Delevoy, *Journal du Symbolisme,* p. 134.
(81) J.K. Huysmans, *A rebours,* p. 157.
(82) J.K. Huysmans, *A vau l'eau, Œuvres complètes,* t. IV, p. 53.
(83) S. Freud, *L'interprétation des rêves,* p. 25.
(84) J.K. Huysmans, *A rebours,* p. 118.
(85) *Idem,* p. 212.
(86) *Ibid.,* p. 173-174.
(87) O. Mirbeau, *Le jardin des supplices,* p. 214.
(88) J. Lorrain, cité par M. Delon, préface au *Jardin des supplices,* p. 25.
(89) J.K. Huysmans, *En route, Œuvres complètes,* p. 76.
(90) *Idem,* p. 169.
(91) O. Mirbeau, *Le calvaire,* p. 126.
(92) J.K. Huysmans, *L'art moderne,* Paris : UGE, 1975, p. 439.
(93) J.K. Huysmans, *A rebours,* p. 113.
(94) *Idem,* p. 114.
(95) *Ibid.,* p. 148.
(96) *Ibid.,* p. 148.
(97) *Ibid.,* p. 115.
(98) *Ibid.,* p. 321.
(99) *Ibid.,* p. 320.
(100) *Ibid.,* p. 326.
(101) *Ibid.,* p. 115.
(102) *Ibid.,* p. 149.
(103) *Ibid.,* p. 115.
(104) E. Roudinesco, *Histoire de la psychanalyse en France* (1885-1939), Paris : Seuil, 1986, t. 1.
(105) E., J. de Goncourt, *Journal,* Paris : Laffont, 1956, t. 2, p. 894.
(106) O. Wilde, *Salomé,* p. 504.
(107) *Idem,* p. 478.
(108) *Ibid.,* p. 460.
(109) J. Laforgue, « Salomé » *Moralités légendaires,* p. 139.

(110) Cité par J. Pierre, *Gustave Moreau*, Paris : Hazan, 1971, p. 113.
(111) Rachilde, *Monsieur Vénus*, p. 40-41.
(112) Villiers de L'Isle Adam, *L'Eve Future*, p. 890.
(113) *Idem*, p. 969.
(114) R. de Gourmont, *Sixtine*, p. 138.
(115) *Idem*, p. 138.
(116) *Ibid.*, p. 146.
(117) Louyer Villermay, cité par G. Wajeman, *Le maître et l'hystérique*, Paris : Seuil, 1982, p. 133.
(118) *Idem*.
(119) S. Freud, « Une névrose diabolique au XVIIe siècle » *L'inquiétante étrangeté*, p. 269.
(120) Platon, cité par G. Wajeman, p. 127.
(121) J.K. Huysmans, *A rebours*, p. 117.
(122) O. Wilde, *Salomé*, p. 495.
(123) J. Lorrain, *Les Noronsoff*, Paris : des Autres, 1979, p. 134.
(124) S. Mallarmé, cité par C. Mauron, *Introduction à la psychanalyse de Mallarmé*, p. 176.
(125) P. Valéry, *Degas, Danse et Dessin*, Paris : Gallimard, 1988, p. 28.
(126) Legrand du Saulle, cité par G. Wajeman, p. 132.
(127) O. Mirbeau, *Le calvaire*, p. 104.
(128) J. Lorrain, *Les Noronsoff*, p. 100.
(129) *Idem*, p. 108.
(130) *Ibid.*, p. 59.
(131) C. Mendès, *La première maîtresse*, Paris : Fasquelle, 1922, p. 192.
(132) E. Schuré, *Les grands initiés*, Paris : Perrin, 1960, p. 45.
(133) *Idem*, p. 228.
(134) *Ibid.*, p. 215.
(135) *Ibid.*, p. 175.
(136) *Ibid.*, p. 71.
(137) *Ibid.*
(138) *Ibid.*, p. 223.
(139) *Ibid.*, p. 224.
(140) *Ibid.*, p. 228.
(141) *Ibid.*, p. 359.
(142) *Ibid.*
(143) *Ibid.*, p. 280.
(144) *Ibid.*
(145) B. Brumberger, in D. Anzieu : *L'Œdipe : un complexe universel*, Paris : Tchou, 1977, p. 229.
(146) Sophocle, *Œdipe-Roi*, p. 114.
(147) J. Péladan, *Œdipe et le Sphinx*, Paris : Mercure de France, 1903, p. 57.
(148) *Idem*, p. 60.
(149) J.K. Huysmans, *A rebours*, p. 186.
(150) *Idem*, p. 186
(151) D. Anzieu, *L'Œdipe : un complexe universel*, p. 25.
(152) M. Maeterlinck, *Pelléas et Mélisande*, p. 29.
(153) *Idem*, p. 39.
(154) *Ibid.*, p. 40.
(155) Goethe, *Faust*, cité par W. Granoff, *La pensée et le féminin*, Paris : Minuit, 1976, p. 118.
(156) *Idem*, p. 130.
(157) G. Aigrisse, *Psychanalyse de Valéry*, p. 39.
(158) C. Mauclair, *Les mères sociales*, Paris : Ollendorff, 1902, p. 313-314.
(159) E. Schuré, *Les grands initiés*, p. 247.
(160) Cité par W. Granoff, *La pensée et le féminin*, p. 153.
(161) S. Freud, « Le motif du choix des coffrets » *L'inquiétante étrangeté*, p. 81.
(162) S. Freud, *L'inquiétante étrangeté*, p. 251.

CHAPITRE II

L'ARTISTE AU MASCULIN

1) Contrer le féminin

Assez curieusement, la sexualité débridée comporte à l'intérieur même de sa propre expression, son contraire. En effet, si Salomé nous paraît comme l'expression absolue de la sexualité débordante et dévorante, elle contient aussi des éléments de glace et de froideur qui s'opposent aux premières démonstrations. Les Salomés de Mallarmé et d'Oscar Wilde sont des Salomés chastes.

Mallarmé insiste constamment sur la pureté inviolée de son corps :

> J'aime l'horreur d'être vierge et je veux
> Vivre parmi l'effroi que me font mes cheveux
> Pour, le soir, retirée en ma couche, reptile
> Inviolé sentir en la chair inutile
> Le froid scintillement de ta pâle clarté
> Toi, qui te meurs, toi qui brûles de chasteté,
> Nuit blanche de glaçons et de neige cruelle ![1]

Dans la pièce d'Oscar Wilde, Salomé redoute tout contact charnel, elle souhaite protéger sa virginité et c'est en fait la découverte de Iokanaan qui bouleverse sa conception de l'amour.

Ce comportement double, de feu et de glace, ne renferme aucune ambiguïté pour les symbolistes, puisque Salomé, être excessif, ne peut exister qu'oscillant entre les deux pôles de la sexualité. Wilde avoue ses hésitations lorsqu'il s'apprête à la portraiturer. « Sa luxure doit être infinie, et sa perversité sans limites » déclare-t-il en 1891. Mais bientôt, c'est une Salomé chaste qu'il voit danser devant ses yeux : « il n'y a rien de sensuel dans sa beauté. De riches dentelles couvrent sa chair svelte... dans ses pupilles brillent les flammes de la foi. »[2]

Cette contradiction, interne au personnage de Salomé, fait d'elle un être androgyne. Passant de la sexualité absolue grâce à des traits finalement extérieurs (danse, bijoux, costume) à l'absence de sexualité (corps nu, caractère androgyne), elle est un jeu de relations savamment orchestré par les imaginations masculines. Car le corps de Salomé sait aussi dépasser et annuler toute représentation sexuelle.

■ *La frigidité*

On sait que Mallarmé a d'abord perçu Hérodiade selon l'image commune, c'est-à-dire celle d'une princesse sanglante :

> Et, pareille à la chair de la femme, la rose
> Cruelle, Hérodiade en fleur du jardin clair,
> Celle qu'un sang farouche et radieux arrose ! (3)

écrit-il en 1867.

C'est dans le même esprit que Mallarmé conçoit « Hérodiade » avant de se démarquer de la tradition. Les raisons pour lesquelles Mallarmé se détourne d'une Hérodiade sanglante, pour aboutir à une Hérodiade pâle comme la mort, sont analysées par Charles Mauron dans son *Introduction à la psychanalyse de Mallarmé*. C'est que la femme « rouge » l'Hérodiade première, représente la sœur vivante alors que, plus tard, c'est la jeune fille blanche du tombeau qui hantera Mallarmé. Ainsi l'attirail byzantin n'est-il plus de mise lorsqu'il s'agit d'évoquer un fantôme intime.

Les teintes neigeuses dominent dans « L'Ouverture Ancienne » où la nourrice décrit une chambre qui a l'aspect d'un sépulcre :

> La chambre singulière en un cadre, attirail
> De siècle belliqueux, orfèvrerie éteinte,
> A le neigeux jadis pour ancienne teinte, ...[4]

Plus loin, c'est le « lit vide » « le dais sépulcral » de la « froide enfant » qui ajoute à l'absence, renforcée encore par le monologue solitaire de la nourrice qui évoque Hérodiade, sans que celle-ci apparaisse. Forte de cette absence, « L'Ouverture Ancienne » est prolongée par la « Scène ». Mais la nourrice, au lieu de célébrer la venue d'Hérodiade, l'accueille par ces vers : « — Tu vis ! ou vois-je ici l'ombre d'une princesse ? » (5)

Hérodiade est donc « la morte qui marche » celle dont la présence n'est jamais assurée. Refusant le contact physique (« réprime ce geste »), et les ornements conventionnels de la princesse (« Laisse là ces parfums ! »), Hérodiade n'a aucun des traits de la princesse orientale des origines. Le drame personnel de Mallarmé a pris le dessus. Plutôt, sa sobriété incolore de vierge fait d'elle le miroir qui renvoie l'image d'une femme dont l'existence même est problématique.

> Aide-moi, puisqu'ainsi tu n'oses plus me voir,
> A me peigner nonchalamment dans un miroir.[6]

C'est un reflet que coiffe la nourrice et non la femme elle-même, devenue une image vidée de tout sens.

Par ailleurs, Hérodiade appartient au passé. Ce lieu mythique éteint n'est pas sans rappeler les demeures sans âge du théâtre de Maeterlinck. Le terme qui inaugure le monologue de la nourrice est « Abolie ». Abolis le temps et l'espace, il ne reste qu'une tombe : « Lourde tombe qu'a fuie le bel oiseau... »[7]. C'est ainsi que Mallarmé déplace également le cadre de l'histoire biblique de Salomé, époque troublée qui, généralement, suscite autant d'intérêt que l'épisode lui-même. Mais ici, le cadre est transposé. Le lieu est celui d'une époque déchue, mais qui a connu la gloire (« Que ne visite plus la plume ni le cygne »[8]) et le temps historique. Mallarmé l'appréhende au moment où la temporalité ne joue plus aucun rôle. Une éternité vague s'est substituée à l'histoire.

> Le croissant, oui le seul est au cadran de fer
> De l'horloge, pour poids suspendant Lucifer,
> Toujours blesse, toujours une nouvelle heurée,
> Par la clepsydre à la goutte obscure pleurée...[9]

Ce regard jeté sur l'espace intemporel est celui de Mallarmé, arrêté par la tombe qui contient le cadavre de sa sœur, morte avant d'avoir aimé, alors qu'elle-même était, pour son frère, un objet de rêves et de désir. Se fixe sur la morte un désir non accompli et irréalisable. Le cadre d'« Hérodiade » doit renvoyer à un temps immobile et blanc qui est aussi celui du désir incestueux figé à jamais, mais en instance d'être exprimé. La blancheur d'Hérodiade et celle du cadre, agissent comme barrages au désir qui menace de surgir par la voix de la nourrice.

Car Hérodiade est attirée par l'amour. La nourrice qui joue le rôle d'initiatrice à l'érotisme du corps (elle tente, par deux fois, de toucher Hérodiade), évoque celui qui viendra posséder la princesse : « J'aimerais/Etre à qui le destin réserve vos secrets »[10].

Hérodiade craint le contact avec l'autre, qu'il s'agisse de la nourrice, seconde mère, ou de l'homme. La nourrice symbolise ici la réalité charnelle, réalité dont Hérodiade se souvient qu'elle est issue (« Je me souviens de ton lait bu jadis. »[11]), mais vers laquelle elle refuse de revenir. Cette peur du réel la rend imperméable à l'autre et la restitue à la tombe. Ce mouvement de retraite est indissociable du mouvement inverse, celui de la force du désir, qui repousse les cloisons de la tombe : « Vous mentez, ô fleur nue de mes lèvres. »[12]

Ces derniers vers, qui font état d'un désir d'Hérodiade, annulent les propos froids que tenait la vierge. Entre la mort qui fige éternellement et le mouvement pulsionnel du désir, il y a un espace-refuge qui est celui que choisit Hérodiade.

Cet espace-là est le véritable enjeu d'« Hérodiade ». Incapable de nommer son désir pour sa sœur, désir que Mauron a détecté notamment à travers les noms des amours de Mallarmé (Maria, Marie, Méry), Mallarmé tisse un espace fait de blancs, de silences et de retrait. Pour l'évoquer, nous devons reconnaître l'obsession qui sous-tend le texte, celle de la perte de l'innocence protégée par le tombeau et de l'abandon par Hérodiade de sa virginité. D'une certaine façon, c'est le texte lui-même qui censure l'expression de la pulsion. Tant qu'Hérodiade est une ombre, un reflet de l'esprit, elle demeure dans l'espace impalpable de la sublimation. Le poète s'abstrait du monde des vivants et de la réalité. En lui est aussi le moraliste qui efface les excès du désir qu'un autre personnage mythique, le faune, saura exprimer. La sublimation d'« Hérodiade » permet ainsi d'extirper un désir qui se dit partout.

Nous devons pour cela rappeler que le mythe choisi par Mallarmé et les symbolistes est, de façon plus vaste, le mythe de l'absence.

En effet, si le baiser de Salomé à la bouche morte agit parodiquement comme simulacre d'acte sexuel, c'est aussi pour signaler une absence, celle de la véritable relation entre Salomé et Jean-Baptiste. L'acte omis, qu'il s'agisse de la décollation, produite hors-cadre et hors-scène (dans la pièce de Wilde, Salomé exprimera cette absence : « Non. Je n'entends rien. Il y a un silence affreux. »[13] et Huysmans : « Le meurtre était accompli »[14]), ou qu'il s'agisse de la consommation charnelle, est renforcé par les accumulations négatives. Dans *Salomé* d'Oscar Wilde, nous relevons cette phrase : « Ah ! tu n'as pas voulu me laisser baiser ta bouche, Iokanaan »[15], et dans « Hérodiade » de Mallarmé :

> Nourrice
> O mon enfant, et belle affreusement et telle
> Que...
>   Hérodiade
> Mais n'allais-tu pas me toucher ?[16]

D'autre part, il est intéressant de noter que Hérodiade est une œuvre inachevée dont existent seulement deux fragments, le dialogue d'Hérodiade et de la nourrice, et « Le cantique de Saint-Jean » qui décrit la courbe que poursuit la tête décapitée dans l'espace. Entre les deux, il y a donc un blanc, celui empli par l'acte de défloration que Mallarmé projetait (mais est-ce sûr ?) de composer ultérieurement.

Ainsi, malgré la charge érotique des mythes, ceux-ci, au même moment, expriment la négation de l'acte, la non-pénétration, la non-consommation. Ainsi le miroir d'Hérodiade renvoie à une image plane, non brisée :

> Assez ! Tiens devant moi ce miroir.
> O miroir !
> Eau froide par l'ennui dans ton cadre gelée
> Que de fois et pendant des heures, désolée
> Des songes et cherchant mes souvenirs qui sont
> Comme des feuilles sous ta glace au trou profond,
> Je m'apparus en toi comme une ombre lointaine,[17]

La hantise de briser le voile, de traverser la surface plane du miroir nous incite à formuler une interprétation que Jacques Derrida, dans *La dissémination*[18], suggère. Ce voile qu'il importe de ne pas déchirer, c'est un mot qui revient sans cesse sous la plume de Mallarmé : c'est la membrane, le voile, en d'autres termes « l'hymen ». « Vers lui nativement la femme se dévoile »[19] dira Hérodiade parlant de l'homme qu'elle attend.

La virginité se veut état précaire, un avant qui attend l'après, et Derrida en propose une explication que nous ne pouvons que faire figurer ici.

> L'hymen, consumation des différents, continuité et confusion du coït, mariage, se confond avec ce dont il paraît dériver : l'hymen comme écran protecteur, écrin de la virginité, paroi vaginale, voile très fin et invisible, qui, devant l'hystère, se tient entre le dedans et le dehors de la femme, par conséquent entre le désir et l'accomplissement.[20]

Or, ce que traduit cette approche de Salomé, c'est que le mythe se situe entre le désir et sa réalisation. Il existe toujours une partie cachée, non révélée, non racontée, qui est justement celle de l'accomplissement du désir. Le mythe est donc choisi pour cette représentation d'un entre-deux, au moment où se perçoit et s'annule le désir.

Ainsi se justifie l'impression de contradiction qui nous a si fort interpellé. Contradiction créatrice qui permet aux artistes de travailler sur cette membrane, ce tissu formé par un texte qui se tiendra entre les contraires.

Ce voile qui rêve d'être déchiré se nomme par tous les éléments qui emplissent les mythes : l'eau, le miroir, la virginité, les sept voiles, les drapés du décor, éléments qui désignent un seuil jamais franchi. Il n'y a donc pas d'acte mais, continue Derrida :

> Rien n'est plus vicieux que ce suspens, cette distance jouée, rien n'est plus pervers que cette pénétration qui laisse un ventre vierge. Mais rien n'est plus marqué du sacré...[21]

La virginité-intervalle symboliserait également le travail « membraneux » des artistes symbolistes, qui tissent une œuvre que le désir rêve de transpercer, de violer, sans jamais accomplir l'acte qui réaliserait ce désir.

C'est de cette virginité que Freud traitera dans *Le tabou de la virginité*, pour montrer à quel point elle représente ce qu'il y a de plus fort et de plus fragile. Le texte symboliste est cette membrane feuilletée, support éternel du mythe et surface rendue à sa virginité, travaillant en même temps sur le passé et sur une virtualité de possibles.

■ La mortification

La version d'Oscar Wilde nous paraît pleine d'intérêt, le fait qu'elle soit une des plus tardives n'étant pas le moindre. Wilde a bénéficié de toutes les versions précédentes (moins celle de Mallarmé), qu'il connaissait parfaitement, avant de se lancer dans une interprétation personnelle.

On se souvient que Wilde traduit son doute quant à la façon dont le personnage doit être abordé. Sa pièce est d'abord conçue avec le désir de peindre le combat du vice et de la vertu, et Salomé reste fidèle à l'image païenne que tout chrétien en a.

Puis intervient l'hésitation : il la voit chargée de bijoux, puis entièrement nue, « fleur cardinale du jardin pervers »[22]. Même ambiguïté pour son costume : « Devrait-elle être noire comme la nuit ? Argentée, comme la lune ? ou verte comme un lézard curieux et venimeux ? »[23]

Tour à tour image du vice ou de l'inspiration divine, Salomé se soumet à toutes les interprétations. Pourtant, de toutes ces Salomés, une seule surgit, celle de son rêve. Il se détachera ainsi des Salomés bibliques, trop dociles, en disant : « Je préfère l'autre vérité, la mienne, qui est celle du rêve. Entre deux vérités, la plus fausse est la plus vraie »[24].

Une idée pourtant traverse les différentes versions : c'est par amour que Salomé réclame la tête du saint. Elle embrasse la tête morte sur la scène comme le ferait une femme passionnée. L'ardeur avec laquelle elle souhaite s'approprier le corps du saint, au-delà de toute considération religieuse, spirituelle, morale, semble la rendre à la perversion originelle. Toutefois, c'est par innocence que Salomé est immorale.

A ces esquisses confondues se superpose encore l'idée d'un châtiment de Salomé. Wilde pense à une vengeance du Baptiste qui se traduirait par une deuxième décapitation, celle de la femme. Wilde, dans une forme dramatique antérieure, souhaitait donner ce titre à sa pièce : *La décapitation de Salomé*. Dans cette version, Salomé martyrisée devenait une sainte ! Hérode, rendu fou en la voyant baiser la tête décollée, veut la faire mettre à mort. Hérodias, intercédant en sa faveur, parvient à la faire bannir. Atteignant le désert, Salomé y végète, subsistant de criquets (comme le prophète), avant de rencontrer Jésus, de le suivre et de parcourir le monde pour prêcher sa parole. Traversant les pays du nord, elle franchit une rivière gelée, tombe dans l'eau. C'est alors que la glace la décapite. Elle meurt en prononçant les noms de Jean et de Jésus. Les passants voient sur le plateau argenté de la glace reformée, une tête coupée sur laquelle brille une couronne de nuages !

Cet exposé un peu long nous permet de montrer que, pour Wilde, les interprétations de Salomé importent peu. Ce sont les images qui sont essentielles, même si elles se contredisent. Salomé sainte, Salomé immorale, l'importance est donnée à la richesse des visions.

Cependant, l'idée d'une double décapitation satisfait le désir de mortification de Wilde. Tout péché porte en lui-même sa punition et Salomé, en poursuivant le saint, trouve dans la décapitation un signe de son propre châtiment.

Mais le double châtiment rend le mythe plus confus encore. Où trouver le pécheur et où trouver le saint ? Un peu de cette contradiction demeure dans la forme finale : Iokanaan n'est-il pas le chrétien au verbe sec ? Salomé n'est-elle pas la païenne aux riches métaphores ? L'un est animé par la foi, l'autre par la sensualité, alors vers lequel, finalement, convergent la sympathie du spectateur et celle de Wilde ?

On se souvient que Wilde semble avoir finalement opté pour une Salomé chaste, et même pourrions-nous dire, mystique. En effet, Salomé est vierge (c'est l'adjectif qui revient le plus souvent pour la qualifier). Son évocation est celle d'une très jeune fille que les sollicitations crues du Tétrarque effraient et inquiètent :

> C'est étrange que le mari de ma mère me regarde comme cela. Je ne sais pas ce que cela veut dire... Au fait, si, je le sais.[25]

Pureté et insensibilité vont de pair. Salomé reste de glace devant les déclarations d'amour pur que lui fait le jeune Syrien :

> Princesse, princesse, toi qui es comme un bouquet de myrrhe, toi qui es la colombe des colombes, ne regarde pas cet homme, ne le regarde pas ![26]

Etrangère à la sexualité, Salomé est associée à la blancheur (« Comme la princesse est pâle ! Jamais je ne l'ai vue si pâle. Elle ressemble au reflet d'une rose blanche dans un miroir d'argent. »[27]), blancheur des animaux et des fleurs, (narcisse, colombe), blancheur de l'enfant qui ne sait pas encore. Cet aspect de délicatesse fragile (petits pieds, petites mains) ramène au territoire de l'innocence. Sa chasteté est celle de la petite fille qui ne connaît pas encore tout du monde des adultes, et particulièrement, de la sexualité. Par opposition, l'oncle incestueux et la mère impudique sont autant d'images souillées, animales, de la luxure.

> Pourquoi le tétrarque me regarde-t-il toujours avec ses yeux de taupe sous ses paupières tremblantes ?[28]

Enfant encore que la jeune fille qui se fait obéir des serviteurs de son oncle, qui séduit et récompense, tape du pied si elle n'est pas écoutée. Wilde fait ici le portrait de l'enfant narcissique, maître de son univers, dont il est le « petit roi ». C'est ainsi qu'elle manipule le jeune Syrien : « Ah ! vous savez bien que vous allez faire ce que je vous demande. Vous le savez bien, n'est-ce pas ?... Moi, je le sais bien. »[29]

A ce stade-là de la pièce, avant la révélation bouleversante de Iokanaan, Salomé est l'incarnation du moi enfantin, impulsif, boudeur, souhaitant la réalisation de tous ses désirs.

Salomé vénère la lune, perçue comme modèle idéal, auquel elle souhaite se conformer.

> Elle est froide et chaste, la lune... Je suis sûre qu'elle est vierge... Elle a la beauté d'une vierge... Oui, elle est vierge. Elle ne s'est jamais souillée. Elle ne s'est jamais donnée aux hommes, comme les autres déesses.[30]

C'est ainsi que Salomé peut apparaître comme purgée de tout désir. En cela, elle accomplit son destin tragique de sainte, victime de la raison d'état. Wilde déclarera :

> Ma Salomé est une mystique, la sœur de Salammbô, une sainte Thérèse qui vénère la lune.[31]

Jusque dans ses déclarations d'amour, la parole de Salomé frise le mysticisme :

> Tes cheveux sont comme les cèdres du Liban,... comme les grands cèdres du Liban qui donnent de l'ombre aux lions et aux voleurs qui veulent se cacher pendant la journée.[32]

Par opposition, les sous-entendus d'Hérode, jouant sur les demi-mots sont l'expression d'un désir interdit.

> Comme reine, tu serais très belle, Salomé (...) N'est-ce pas qu'elle serait très belle comme reine ?[33]

Le regard du prophète qui questionne, « brûle » les païens, irradie une étrange lumière, peut se comprendre comme véritable viol de la chaste Salomé. Il est donc possible de trouver à l'acte final — la décapitation du saint — une motivation contenue dans le narcissisme originaire de la princesse, qui s'est vouée à la blancheur. Wilde établit un rapport étroit entre le viol de Salomé et la décapitation du saint, puisque Salomé admet : « J'étais vierge et tu m'as déflorée »[34]. En se rendant maître du corps de Salomé, en ayant instillé dans ses veines la passion physique, Iokanaan prépare sa propre mise à mort. L'hostilité de Salomé à son égard est d'autant plus violente que sa virginité a été atteinte. Se tissent ainsi des liens entre l'hostilité de la femme à l'encontre de l'homme, le narcissisme de Salomé et son envie de pénis.

Finalement, Iokanaan réalise ce que le beau-père tentait : la possession physique de Salomé. On peut donc aller jusqu'à dire que le saint paye pour le beau-père. Salomé décharge sa haine malencontreusement sur le substitut d'Hérode. Redoublement qui donne à la pièce toute sa profondeur puisque Hérode appréhende la mort du saint et comprend qu'elle présage la sienne propre. Il essaie d'éviter le châtiment en offrant à Salomé des bijoux précieux pour détourner de sa vengeance criminelle sa belle-fille.

> On ne sait pas, mais il est possible que Dieu soit pour lui et avec lui. Aussi peut-être que s'il mourait, il m'arriverait un malheur. Enfin, il a dit que le jour où il mourrait, il arriverait un malheur à quelqu'un. Ce ne peut être qu'à moi.[35]

Mais, en dansant pour lui, Salomé s'est métaphoriquement donnée au Tétrarque. Equivalent du coït, la danse lascive a assouvi le désir de Salomé et de son beau-père. Il faut à présent payer le prix des pulsions. La honte et l'angoisse sont le prix du désir accompli. En décapitant le saint qui a éveillé les désirs — première étape vers la réalisation des pulsions — Salomé atteint aussi le Tétrarque en même temps qu'elle efface la souillure et la honte, qui, chez la femme, naissent après l'acte de défloration. Pour Freud, la défloration équivaut à une blessure narcissique. La femme est obligée d'admettre qu'elle est un être incomplet et impur.

De plus, Salomé qui se veut être idéal, tissé de blancheur et de naïveté, se met à ressentir sa dépendance à l'encontre de son propre corps : « J'étais chaste et tu as rempli mes veines de feu. »[36] dira-t-elle à la tête coupée. En effet, c'est le corps de Iokanaan qu'elle désire. L'affirmation de ce désir est reflétée par la gourmandise animale à la vue du corps du prophète. C'est en des termes sensuels que Salomé convoite le corps qui se refuse. Le corps est appréhendé en trois temps : le corps lui-même, les cheveux, et la bouche. Chaque partie donne lieu à des visions métaphoriques. Trois couleurs s'associent aux trois éléments : le blanc du corps, le noir de la pilosité, le rouge de la bouche. Ces trois couleurs, emblèmes du corps sexuel : le corps érigé, les poils, l'orifice de la bouche, écartèlent le désir de Salomé. Le corps morcelé, divisé en trois pôles attractifs, est encore perçu dans l'espace comme couché (le corps), puis dressé (les cheveux) et enfin vertical (la bouche est « une bande d'écarlate »[37]. Trois stations de volupté ponctuent le chemin de croix de Salomé. Les termes invitent à voir la possession symbolique du corps du saint.

Et dans cette conquête délibérée, passe quelque chose de choquant pour Iokanaan, le tétrarque, et le jeune Syrien, qui s'empressent tous de formuler des interdits. La revendication de Salomé, joyeusement irresponsable, menace de franchir les barrages et de demander une satisfaction immédiate. L'intensité de ce désir ne peut qu'entraîner la constitution de barrières. Celle de Iokanaan :

> Arrière, fille de Babylone ! C'est par la femme que le mal est entré dans le monde.[38]

annonce celle d'Hérode :

> Voyons, Salomé, il faut être raisonnable, n'est-ce pas ? N'est-ce pas qu'il faut être raisonnable ?[39]

qui reprend à son tour celle du jeune Syrien : « Ne regarde pas cet homme.(...) Ne lui dis pas de telles choses. »[40]

Mais Salomé, fascinée par le saint, a reconnu dans le corps du prophète, son propre corps. Lorsqu'elle cherche à s'approprier son corps, c'est qu'elle voudrait prendre son aspect et sa force : elle se sent le double féminin du prophète. Dans le corps de Iokanaan, Salomé se voit elle-même : la blancheur de son corps répond à la pâleur de Salomé. Le corps du prophète lui renvoie en miroir son propre corps désirant.

D'autre part, le prophète est l'homme qui a choisi de se donner à Dieu, c'est-à-dire, au père. Iokanaan clame sa fidélité aveugle au seigneur et Salomé le réalise bien : « Tu as mis sur tes yeux le bandeau de celui qui veut voir son Dieu. »[41] dit-elle. Le saint est celui qui a donné à ses désirs une motivation religieuse en consacrant sa beauté et sa force à Dieu. Or, une des forces de Dieu est de transformer l'impur en pur :

> Fille d'adultère, il n'y a qu'un homme qui puisse te sauver. (...) Agenouillez-vous au bord de la mer, et appelez-le par son nom (...) prosternez-vous à ses pieds et demandez-lui la rémission de vos péchés.[42]

Dieu est également celui qui punit le péché de chair. A plusieurs reprises, le saint mentionne les châtiments suspendus au-dessus de la tête de l'adultère Hérodias : « Faites venir contre elle une multitude d'hommes. Que le peuple prenne des pierres et la lapide...[43]. Dieu, pour Iokanaan, est tout ce qui voile la sexualité. Est-ce à dire que sa foi lui permet de refouler ses propres désirs ? S'abîmant en Dieu, rejetant constamment la menace féminine (« C'est par la femme que le mal est entré dans le monde »[44]), le saint se sacrifie peut-être pour lutter contre ses propres fantasmes, parmi lesquels la femme lascive semble jouer un rôle dominant. Il trouve donc en Dieu un soutien paternel, un appui contre le désir.

C'est ainsi qu'il éveille en Salomé l'écho du père absent, ce père assassiné par Hérode et que Salomé n'a pas connu : « Qui est-ce le Fils de l'homme ? »[45] demande Salomé. Le prophète étant lui-même le représentant de Dieu sur la terre, on comprend comment Salomé peut souhaiter s'identifier à celui qui est un des enfants du Père. Le Père est finalement le seul qui puisse la combler car il représente le premier objet d'amour de la fille.

En ce sens, le drame de Wilde est le plus abouti puisqu'il revendique ce désir comme moteur même de la pièce. C'est sur lui seul que tient toute la pièce. Sans cet élan vital, le drame n'aurait pu être conçu, la prophétie ne se serait point réalisée, la gloire du Christ aurait été concurrencée par celle du prophète vivant. Le déroulement du désir est aussi essentiel à l'œuvre que la censure finale. C'est la vitalité et l'énergie même qui seraient remises en cause. Leur absence condamnerait à la stérilité, à l'immobilisme. Il faut que Salomé soit violée, que la sainte potentielle s'éveille à l'amour pour que s'accomplisse l'œuvre divine. La dynamique du désir entre en jeu mais il faut en payer le prix.

Si la possession finale de la tête représente la gratification du désir, on s'aperçoit bientôt que la tête morte n'est qu'une compensation qui ne s'ouvre sur aucune parole, aucun désir :

> Et ta langue qui était comme un serpent rouge dardant des poisons, elle ne remue plus, elle ne dit rien maintenant.[46]

Ayant agi par impulsion, Salomé a cru accomplir son désir. En effet, le recours à la violence permet de l'étancher. Cette immédiateté est la véritable punition de Salomé qui, au même moment, satisfait et détruit son désir. C'est seulement grâce à la décapitation qu'elle peut s'approprier le pénis du prophète. En effet, ce même pénis lui a été refusé puisque le saint a déjà donné sa force et sa sexualité à son Dieu. Tout en l'éveillant aux sens, au corps, à l'amour, il s'est refusé à la combler.

Il faut donc qu'en décapitant celui qui n'a pu la satisfaire, elle s'approprie le pénis. C'est pour cela qu'elle réclame la tête que le tétrarque essaie de lui refuser. Elle veut la voir, la manipuler : ce pénis est sa récompense et sa propriété : « ta tête m'appartient. Je puis en faire ce que je veux. Je puis la jeter aux chiens et aux oiseaux de l'air »[47].

Salomé se venge donc d'être une femme, blessure narcissique infligée par le prophète et renforcée par le désir insistant du beau-père. Mais, en même temps, elle se condamne à ne jamais être comblée. C'est son propre désir qu'elle châtie.

L'intensité vertigineuse du drame tient à la proximité de la satisfaction et de la frustration. Il est évident que, pour Wilde, l'idée du plaisir est concomitante à celle de la punition. Ainsi s'explique l'œuvre de celui dont la vie fut une longue suite de destructions volontaires et progressives des succès amassés.

Se crucifier sur l'autel du désir consiste à tuer ce que l'on aime. Nous sommes par nature, pense Wilde, nos propres ennemis : « Nous sommes les lèvres qui trahissent et les lèvres trahies »[48] dira-t-il. Dans la même veine, l'histoire de Judas, que Wilde projette d'écrire à la fin de sa vie, jette une lumière sur le drame de Salomé.

> Parce qu'il aimait Jésus et qu'il croyait en lui, Judas souhaita (...) lui permettre d'accomplir les prophéties et de manifester sa divinité. C'est ainsi que Judas trahit parce qu'il avait cru et qu'il avait aimé, car nous finissons toujours par tuer ce que nous aimons[49].

C'est ainsi que tout désir doit être frustré, doit se diriger vers une absence par la mort ou la destruction de l'objet. La satisfaction a lieu, mais elle est momentanée. C'est pour cela que Salomé frustre le désir d'Hérode et du jeune Syrien. Tout désir qui rêve de s'accomplir doit se heurter au mur du refus. C'est donc sur l'expression de ce châtiment que se clôt la pièce : « Tuez cette femme ! »[50]

La poussée des désirs, que le drame de Wilde libère, doit donc être exposée entièrement et trouver en elle-même sa condamnation. *Salomé* joue donc sur une double glorification, celle du désir et celle du châtiment.

2) L'expérience masochiste

■ *Le dedans et le dehors*

Il nous suffit de jeter un regard rapide sur les artistes symbolistes pour nous rendre compte que circule parmi eux un idéal, celui du célibataire chaste, dont Gustave Moreau est peut-être le plus célèbre représentant. Aucune aventure féminine connue, une dévotion sans retenue à sa mère dont le visage hante ses tableaux, une misogynie furieuse, caractérisent la vie de cet artiste. De même, Huysmans, Mirbeau, Péladan se veulent des studieux avant d'être des hommes. Il s'agit d'amputer de soi la part charnelle pour se consacrer à l'art. Il faut s'amputer d'une descendance humaine pour féconder l'œuvre qui seule est idéale. C'est d'ailleurs le projet du héros du roman *Le calvaire* :

> — Je ne l'aime plus ! Je ne l'aime plus !
> Dans l'espace d'une seconde, j'eus la vision très nette d'une existence nouvelle de travail et de bonheur. Me laver de cette boue, reprendre le rêve interrompu, j'en avais hâte ; non seulement je voulais racheter mon honneur, mais je voulais conquérir la gloire, et la conquérir si grande, si incontestée, si universelle, que Juliette crevât de dépit d'avoir perdu un homme comme moi.[51]

La mansarde studieuse où l'étudiant élabore son œuvre, loin du monde, loin de la femme, loin de Paris, considérée comme la ville viciée, représente le lieu clos où l'homme retrouve la matrice d'où la mère l'a expulsé. C'est ainsi que s'instaure le culte de l'intimité, qu'il s'agisse du moi ou de la chambre, au style chargé, oriental, qui est une véritable enveloppe inaccessible au vulgaire et à l'extérieur. Chambres qu'exalte Georges Rodenbach dans *Le règne du silence* :

> Quand on rentre chez soi, délivré de la rue,
> Aux fins d'automne où, gris cendré, le soir descend
> Avec une langueur qu'il n'a pas encore eue,
> La chambre vous accueille alors tel qu'un absent...
>
> Un absent cher, depuis longtemps séparé d'elle,
> Dont le visage aimé dormait dans le miroir ;
> O chambre délaissée, ô chambre maternelle
> Qui, toute seule, eût des tristesses de parloir.[52]

Le fait que les symbolistes soient aussi des esthètes montre assez l'importance accordée à l'ameublement de leur domaine. Bibelots, livres, étoffes précieuses, la création s'élabore au sein d'un univers de confort.

Mais le mythe ? Il nous serait aisé de montrer que le mythe emporte avec lui un cortège sensoriel : odeur, son, toucher, goût (que l'on songe au cadre de la « Salomé » de Huysmans), qui vise à reproduire l'unité du vivant. La tendance synthétique, dont Segalen célèbre les possibilités dans *Les synesthésies et l'école symboliste*[53], ne reflète-t-elle pas la création d'une cellule auto-suffisante, chargée d'images premières ?

C'est par le biais de l'amitié que les symbolistes parviennent à l'amour. Pour lutter contre une féminité qui se dérobe, il faudra renforcer la civilisation masculine par des organisations liées par l'homosexualité.

En fondant dans ses écrits et dans sa vie, la Confrérie de la Rose-Croix, Péladan, par l'intermédiaire du sage Mérodack, souhaite fonder une société masculine, où la chasteté et la recherche de l'Idéal divin joueraient le rôle de signes de ralliement. De cet univers, les femmes sont absentes. Au contraire, fils, frère, esprit, mage sont les bienvenus. Ces élus se réunissent dans un lieu que la psychanalyse reconnaît comme hautement phallique : le château de la Rose-Croix, siège historique de nombreux exploits masculins.

> Le manoir de Vouivre ne reprit vie dans la contrée qu'à l'époque de la chouannerie. Des moines s'y réfugièrent en nombre : la Convention et ses bandits militaires envoyèrent plusieurs détachements pour purger le repaire ; nul n'en revint.
> Un jour, en ce temps, on vit traversant les villages, des charrettes de chaux se diriger vers la lande de Vouivre pour détruire les corps des bleus tués par les mystérieux châtelains. Un officier supérieur fit le pari d'aller seul au château : il en revint, mais fou et incapable d'une parole sensée. Après Thermidor le silence se fit sur le castel royaliste ; sous Bonaparte, il devint le refuge des réfractaires. On savait dans toute la Normandie que le château était un lieu d'asile ; des agents de recrutement furent tués diverses fois : ce fut le dernier bruit sur le désert.[54]

Lieu du secret mâle, interdit aux femmes, ce lieu redit la hantise de former, face au pouvoir femelle, un bastion fortement homosexuel. Pour se démarquer des sorcières, des prostituées et des hystériques que l'imagination débusque constamment, il faut retrouver un lieu clos, imprenable, où les faiblesses masculines se dévoilent sans fausse honte.

L'œuvre symboliste comporte ainsi un dedans et un dehors, un dehors qui serait la Nature et la féminité, représenté dans les romans par tous les lieux de perdition de la capitale du vice qu'est Paris. Par opposition, le dedans, Château des Rose-Croix pour Péladan ou cabinet de des Esseintes, est le lieu masculin de l'ordre.

C'est pourquoi il est important que la confrérie soit soumise à la règle et aux commandements (manifeste du Symbolisme/commandements de la Rose-Croix).

Ainsi s'explique sans doute la floraison, à l'époque symboliste, de communautés artistiques masculines qui tentent de renouveler l'inspiration par le biais de la réalisation commune. Sans entrer dans les détails de ces entreprises, signalons que bon nombre de peintres se sont ainsi constitués en fratries (à l'exemple de la confrérie des Préraphaélites), et que Huysmans lui même voulait rassembler auprès de lui un petit groupe d'écrivains catholiques à Ligugé, à l'ombre d'un monastère bénédictin.

Dans ces cénacles, les femmes ne peuvent être admises car elles ne sont pas appelées à être les gardiennes de l'Ordre qui veille sur la frontière entre le dehors et le dedans. Pour appréhender ce dehors, il faut le secours de la règle qui contraint. Si l'homme est dérouté par l'extérieur, c'est que la femme s'y rattache. Cet extérieur, c'est le gouffre dans lequel Pelléas manque de tomber, c'est aussi le sexe ensanglanté du cauchemar de des Esseintes. Parce qu'elles résident en permanence dans le corps maternel, les femmes n'ont pas à formuler leur conflit en termes d'intérieur et d'extérieur. Au contraire, pour qu'il y ait dehors et dedans, il faut qu'il y ait eu rupture avec le maternel, puis reconstitution artificielle de l'asile matriciel. C'est parce qu'ils ont le sentiment de l'expulsion que les artistes, ne faisant plus partie de la mère, sont désormais hantés par un vœu d'unicité. Ainsi, le dedans rassemblera des êtres liés par la ressemblance et l'analogie, posés dans un rapport de parenté, se renvoyant en miroir l'image du même.

— Connaissez-vous Tammuz ?
— C'est un fils de la Rose-Croix, en attendant qu'il soit notre frère.
— Pourquoi est-on d'abord fils, puis frère ?
— Il suffit d'être daimon pour être assisté, il faut devenir mage pour parvenir à l'adelphat.[55]

C'est ainsi que la mode symboliste des cafés, des cercles où se regroupent poètes et artistes n'est que la réalisation, sur le mode sublimé, d'un désir homosexuel. Qu'il s'agisse du monastère de la Trappe où Durtal, le héros de *En route,* se réfugie auprès des moines pénitents ou du café où les symbolistes se retrouvent, il importe d'ériger un contre-lieu qui sera celui de l'ordre, du travail, de l'idéal et de la hiérarchie, sorte de tête pensante du masculin.

Paul Valéry se souvient ainsi de son appartenance à ces cénacles du mouvement symboliste :

> Comme les salons, les cafés ont été de véritables laboratoires d'idées, des lieux d'échanges et de chocs, des moyens de groupement et de différenciation où la plus grande activité intellectuelle, le désordre le plus fécond, la liberté extrême des opinions, le heurt des personnalités, l'esprit, la jalousie, l'enthousiasme, la critique la plus acide, le rire, l'injure, composaient une atmosphère parfois insupportable, toujours excitante, et curieusement mêlée...[56]

Image analogue que celle de la retraite du monde que préconise le jeune Valéry, épris de Huysmans :

> Il me semble qu'un jour viendra où, comme les anachorètes grecs du Mont Athos, les artistes inconnus, moines stylites, vivront dans quelques couvents sur un rocher.[57]

C'est seulement dans ces lieux masculins que pourront se partager l'enthousiasme ou les fautes. Durtal se confesse à la Trappe et la Brasserie du roman de Catulle Mendès, *La première maîtresse,* est un refuge contre la femme dévorante. Là, Evelin renoue avec le monde de l'idéal, celui des poètes, des écrivains, des théoriciens. Ses compagnons, comme lui, transfigurent le monde menacé par la femme. Le poète Straparole idéalise l'horrible prostituée Tétons des Bois. Celle-ci qui, selon la légende, aurait réussi à crever l'œil d'un vieillard avec la pointe de son sein, devient « l'hamadryade des bois sacrés » « la nymphe » « la jeune vierge »

« Procné, princesse emplumée » métaphores qui renvoient au monde rassurant de la mythologie. Faire de la poésie à propos des filles au parler populaire et gras, c'est essayer de conjurer par des mots la peur de la femme. On rend pittoresque ce qui est vulgaire et effrayant.

De même, Jean Morvieux, auteur de chefs-d'œuvre non publiés, entretenu par une fille, vit dans la rancune de ne pouvoir produire mais s'enorgueillit d'être un raté. La Brasserie est donc le rassemblement des impuissants de toute espèce où des individus se châtrent (au propre comme au figuré).

> De là, la présence presque quotidienne, à la Brasserie, de tant de braves gens, que l'ennui du silence conviait aux tumultes, de ce poète, Jérôme Bertil, un jour célébré par le caprice d'une comédienne, retombé dans l'ombre comme une chose qu'on lâche, et que l'horreur d'être un homme, contredite par la peur de mourir, poussa, presque fou, un soir d'octobre, jusqu'à l'arrachement sanglant de la virilité.[58]

Ces êtres ressassent la perte de leur virilité, de leur fierté et se complaisent dans l'évocation de leur humiliation.

La coloration fortement homosexuelle de ces cénacles renvoie au désir mutilé de changer de sexe, d'être finalement plus « féminin » que masculin. Ce retournement ne peut être accompli au su de tous. C'est donc lors de ces réunions que l'on peut modifier un comportement social établi. Les héros symbolistes sont des artistes qui pleurent, par exemple. Durtal noie ses péchés dans des torrents de larmes, Mintié, le héros du *Calvaire,* gémit, pleure, se plaint, disserte à l'infini sur les charmes de Juliette, comme le ferait une « femme ».

Mais cette pseudo-féminisation permet de rejouer, comme on l'a montré, une expérience masochiste. Des Esseintes se sent dévirilisé par le corps masculin de Miss Urania. L'inversion des rôles, qui excite le désir, s'inscrit dans le cadre d'une exploration de soi-même : « A se regarder, à laisser agir l'esprit de comparaison, il en vint à éprouver, de son côté, l'impression que lui même se féminisait... »[59]

La féminisation, comme l'homosexualité, fournit et renouvelle un champ d'expérimentation que la fade hétérosexualité a tôt fait d'épuiser. Il nous faut donc lire la « féminité » des artistes, au-delà de la reconnaissance d'un féminin dans l'homme et d'un masculin dans la femme. Jouer à la femme élargit l'éventail des expériences sur le corps et sur sa sensibilité, permet d'osciller entre imagination et réalité.

> La décadence de cette ancienne maison avait, sans nul doute, suivi régulièrement son cours ; l'efféminisation des mâles était allée en s'accentuant.[60]

La débilité des ancêtres de des Esseintes lui confère le titre d'expérimentateur androgyne. Comme l'acteur ou le danseur, l'artiste peut se livrer à des interprétations de lui-même. Notons ici les activités artistiques de plusieurs figures mythiques choisies par les symbolistes : Salomé la danseuse, Orphée le poète charmeur d'animaux. Des Esseintes, attiré par les professions artistiques, notamment dans ses relations avec les gens du cirque, s'éveille à des virtualités.

Choix vertigineux que celui qu'offre le mythe symboliste. Entre les femmes mâles, les hommes dévirilisés, les androgynes hésitants, s'inscrit l'art d'un spectacle que l'on joue surtout pour soi-même. Dans tous les cas, le but est de s'écarter de la réalité, d'éloigner de soi la matière qui embourbe et limite. La réalité, qu'il s'agit ici de fuir, est avant tout celle du corps. Par l'excès du vide ou la surcharge des possibles, le corps, en ce qu'il est relié à un ordre naturel, doit être éludé. La présence corporelle, génitale, médicale doit être dépassée.

Cette tentative pour échapper aux fonctions établies du corps trouve son aboutissement dans l'utilisation du mythe de l'androgyne. Créature exilée des genres, l'androgyne, avec son phallus et ses seins, agit comme une image compensatoire. A la fois accumulation de contraires et négation de la sexualité, il se révèle comme jouet érotique et esprit pur : ce redoublement et cette négation simultanés créent un nouveau comportement amoureux et sexuel. Ainsi s'expliquent les fantasmes de l'absence et de la profusion.

■ *L'androgynat*

Attribuer à tous les êtres un pénis manquant, c'est bien le travail accompli par les artistes qui cherchent avec le mythe de l'androgyne à figurer « la femme au pénis » dont parle Freud. Les hermaphrodites consolent les hommes de la perte qu'a subie la femme, les rassurent sur leur propre émotion. Freud ajoute que si l'homme se rend incapable de renoncer au pénis chez un objet sexuel, il « deviendra nécessairement un homosexuel et cherchera ses objets sexuels parmi les hommes qui (...) lui rappellent la femme »[61].

L'horreur ressentie devant les parties mutilées de la femme s'efface dès lors que l'on conçoit l'androgyne comme un être en pleine possession du pénis mais d'aspect féminin. En effet, qu'il s'agisse de Péladan ou de Huysmans, l'attirance de l'artiste pour le corps qui allie les caractères du féminin avec le membre viril, est totale. Huysmans décrit ainsi la troublante figure du saint Quentin :

> L'aspect entier du saint fait rêver. Ces formes de garçonne, aux hanches un peu développées, ce col de fille, aux chairs blanches ainsi qu'une moelle de sureau, cette bouche aux lèvres spoliatrices, cette taille élancée, ces doigts fureteurs égarés sur une arme, ce renflement de la cuirasse qui bombe à la place des seins et protège la chute divulguée du buste, ce linge qui s'aperçoit sous l'aisselle demeurée libre entre l'épaulière et le gorgerin, même ce ruban bleu de petite fille, attaché sous le menton, obsèdent.[62]

Examinons un instant ce texte. Les attributs féminins sont indéniablement présents et l'auteur nous les rappelle en les disséminant dans le texte, à tout moment : « garçonne » « col de fille » « chair blanche » les « seins » « la chute... du buste » le « ruban bleu de petite fille ». Prises indépendamment, ces mentions renvoient à la description d'une très jeune fille dans laquelle commencent à poindre les signes de la féminité. Les traits sur lesquels s'arrête l'auteur : les hanches, la bouche, le buste sont les lieux-mêmes qui attirent l'homme. Toutefois, un mot, placé au cœur du texte irradie un nouveau sens. C'est le mot « arme » dans « ces doigts fureteurs égarés sur une arme ». Ce mot a pour but d'orienter la rêverie, de la rattacher au noyau masculin auprès duquel les autres éléments s'effacent. L'androgyne saint Quentin est avant tout un homme, il possède une arme — le pénis — dont il est maître. Il y a là une représentation lumineuse de ce que Huysmans désire dans le corps androgyne : la plastique féminine associée au membre retrouvé, rassurant parce que frère.

On se souvient que dans *A rebours*, Miss Urania a permis à des Esseintes de satisfaire un « échange de sexes »[63]. En lui attribuant le pénis, il satisfait à la fois un fantasme de féminisation et soulage ses fantasmes homosexuels. Oscillant continuellement entre une attirance pour le masculin et le féminin, des Esseintes insiste sur les fantasmes de la pénétration opérée à plusieurs reprises par des symboles divers. C'est le doigt du dentiste qui arrache la molaire cariée (« ...lui enfonçant un index énorme dans la bouche »[64]), ce sont également les « bras de fonte »[65] de Miss Urania, ainsi que les lavements qui soulagent un moment la constitution fragile de des Esseintes. L'obsession de l'androgyne traduit donc bien la possibilité d'une autre voie du désir, celle que les cauchemars ramènent sans cesse à la conscience.

L'obsession de Péladan a un caractère plus complexe. Il s'agit pour lui d'abolir les signes de la génitalité. L'androgyne, parce qu'il est ange, ne doit point arborer les signes de la sexualité : au contraire, c'est un terrain neutre sur lequel doivent pouvoir se greffer les virtualités. « L'androgyne n'existe qu'à l'état vierge, à la première affirmation du sexe, il se résout en mâle et au féminin »[66].

L'androgyne de Péladan est mâle ou femelle, peu importe. Ce qu'il vénère, c'est justement l'abolition des sexes. Le roman, *Les dévotes d'Avignon,* est, à cet égard, exemplaire. Il y affirme la négation de toute chair en célébrant les noces platoniques de Ramman et de Melle de Romanil, deux androgynes. Encore une fois, c'est l'absence d'acte qui est célébrée.

> Ramman — L'acte, toujours l'acte ! Si vous saviez ce que c'est peu de chose, l'acte, en amour ! Passez-moi la seule expression exacte par sa brusquerie même. Ce qu'il s'en moque, le seigneur Eros ! Vous êtes fascinés par une image et quelle image ! Est-ce que l'Amour a besoin d'acte ? Il rayonne. S'il est pour vous des sensations plus fortes qu'un regard, je vous plains ! Si la Bien-Aimée posait le bout de son doigt sur celui de l'Amant, il s'évanouirait.[67]

Les deux protagonistes savourent « la plus chaste des nuits » de noce et cette pureté réclamée nous paraît bien proche de la perversion. Fétichisme, esclavage, envoûtement, c'est toute la périphérie de l'amour qui répond à la sexualité.

En apparence, Péladan invite au rapprochement avec la mystique néo-platonicienne et l'amour courtois qui en découle (« l'amour de loin ») : tout amour est inspiré par Dieu. L'amour reste une communion des âmes, un substitut de l'amour divin. Sous la forme de l'androgyne, c'est la réunion d'âmes aimantées l'une vers l'autre, qui est représentée. Le but de Péladan est donc de spiritualiser l'androgyne en lui adjoignant toutes les vertus de l'amour divin. Paradoxalement, cet exposé sur l'amour spirituel comporte son propre démenti : élever l'âme consiste à énerver les sens. L'on retombe bientôt sur l'expression d'une libido qui cherche à s'employer et c'est finalement une sorte d'érotisme raffiné que propose la théorie de Péladan. La liturgie, la religion, les objets du culte deviennent autant de sublimations de l'amour sensuel.

Anomalies nées du refoulement des pulsions d'ordre sexuel, les déplacements s'effectuent par le rejet de la sexualité traditionnelle.

> Nuits enivrantes ! Ils couchaient en âme et en esprit. La volupté s'élevait à la subtilité mystique, sous leur étonnante discipline. Nuits d'une suavité indicible, pas un geste ne céda à l'instinct. Le désir de l'homme resta un désir, le vertige de la femme s'évapora en tendresse, nuits au puissant arôme qui pénétra leur vie secrète.[68]

En empêchant la satisfaction sexuelle de s'accomplir chez ses héros, Péladan aboutit à l'éloge de la perversion. La maîtrise passe par la sublimation et par la dérivation des forces pulsionnelles, vers des buts élevés, délimitant ainsi une nouvelle morale sexuelle. On peut définir sa pratique comme un combat contre la pulsion charnelle, pour libérer des forces dirigées vers l'art et la création esthétique.

Péladan a écrit un roman *L'Androgyne,* entièrement consacré à la constitution de l'être idéal. Le roman comporte une partie intitulée « Hymne à l'Androgyne » dans laquelle Péladan célèbre l'éphèbe.

L'androgynat est avant tout un état, un âge, devrait-on dire. Les éphèbes, masculins ou féminins, sont des adolescents vierges. Cette virginité corporelle s'accompagne d'une virginité stylistique, les termes éthérés, les formules pleines de spiritualité abondent : « peu de chair » « moment indécis » « intervalle imperçu ». Les mots sont empreints de délicatesse immatérielle. Le tour de force tient également au savant dosage du masculin et du féminin : « Vierge au bras mince » « héros et nymphe »...les genres s'associent et s'annulent.

L'asexualité est obtenue par l'effacement des contraires dans un neutre idéal, qui rend la question du sexe de l'androgyne dérisoire et dépourvue de sens. Refusant les catégorisations du discours, Péladan s'entête jusqu'à vouloir constituer un « style androgyne » où les genres sont confondus et indistincts.

> Sexe très pur et qui meurs aux caresses ;
> Sexe très saint et seul au ciel monté ;
> Sexe très beau et qui nies la parèdre ;
> Sexe très noble et qui défies la chair ;[69]

Péladan répète avec obstination la négation de la sexualité, dans un texte où le mot « sexe » mis en apostrophe, apparaît treize fois ! L'ambiguïté repose sur ce désir d'économiser la sexualité tout en ne pouvant s'empêcher d'utiliser le lexique érotique qu'il souhaite condamner.

> L'androgynéité n'existe qu'au prix de la négation du sexe ; s'il s'affirme, on n'a plus qu'une femme (...) il faut opter ; ou la passion sexuelle avec toutes ses conséquences ou l'insexualité avec tous ses renoncements.[70]

L'androgynat est un choix entre deux états : le tout et le rien. Et Péladan ne peut s'empêcher, par antithèse, d'évoquer la ronde des vices qui poursuivent l'androgyne. C'est le sujet du roman *Curieuse,* dans lequel l'androgyne Paule Riazan est promenée à travers la galerie des vices parisiens pour mieux se fortifier. Ainsi se développe une peinture à rebours, moralisatrice, où le vice se mêle à la vertu. Comme dans le los à l'androgyne, l'écriture de Péladan se condamne à allier les contraires, en choisissant la figure de l'antithèse : « Sexe très caressant et qui nous baises à l'âme ! »[71] en vient-il à déclarer.

Ce sexe qu'exalte Péladan se dévoile lorsque celui-ci est amené à prendre la défense du jeune homme incompris :

> ...pour les hommes grossiers des époques morales tu n'es plus qu'un péché infâme ; on t'appelle Sodome...garde ton masque monstrueux qui te défend du profane !...[72]

La jeune fille androgyne ne reçoit pas, elle, la même mise en garde. Le sexe spirituel exalté par la plume de Péladan prend sa source dans une évocation de type homosexuel où l'absence de sexe est obtenue par des formulations ambiguës. En effet, à travers l'androgyne, c'est bien le jeune homme que voit Péladan. Le défi lancé à la sexualité aboutit à un panégyrique du sexe masculin.

Toute l'œuvre de Péladan se résout donc à un regret : ne pouvoir bâtir le mythe sur une absence de sexualité. Au contraire, la filiation historique ou artistique de l'androgyne contribue à cette récupération sexuelle. Tout en essayant de célébrer un principe incertain, Péladan retombe inlassablement dans l'énumération des vices.

Le mythe, tel qu'il est exploité par Péladan, est trop saisissable. Sollicité pour mettre en échec le discours productif d'une société qu'il abhorre, l'androgyne se veut le prototype de la non-consommation. Nous avons montré comment, dans l'usage même des mots, Péladan tente de rendre compte d'une neutralité qui serait brisure. Mais l'androgyne laisse des traces : il a des origines, des ancêtres, une famille littéraire ou artistique. Son identité, au lieu d'être floue, est regagnée pas à pas sur le monde du vice, se mêlant à lui, s'y superposant. C'est ainsi que la marque sexuelle qui veut s'égarer est regagnée. L'androgyne est reversible, comme l'est le discours sur une absence de sexualité, qui se nourrirait de pleins.

3) Le narcissisme

Narcisse représente, à bien des égards, le comble de l'inceste, en ce qu'il tend à l'union avec le même : le je et le moi. Le terme de narcissisme tel qu'il est usité par Freud dans « Pour introduire le narcissisme »[73], désigne « le comportement par lequel un individu traite son propre corps de façon semblable à celle dont on traite d'ordinaire le corps d'un objet sexuel »[74]. Le narcissique est celui qui substitue à la relation érotique aux autres une relation à lui-même, détournant ainsi son intérêt du monde extérieur.

Variation du délire des grandeurs, le narcissisme accorde au moi une importance démesurée. Propre, pour Freud, du féminin et particulièrement de la beauté féminine, le narcissisme conteste la relation duelle puisque la surestimation de soi-même domine la relation affective.

■ *Le stade du miroir*

Nous allons, pour analyser l'image de Narcisse, nous référer à Lacan qui a fondé sa théorie sur le stade du miroir, découverte fondamentale de la psychanalyse contemporaine. Le stade du miroir est le « seuil spécifique du processus de maturation de l'enfant »[75].

Initialement, la première rencontre avec le miroir se passe comme si l'enfant percevait un autre que lui-même. La seconde étape consiste à découvrir que l'autre n'est qu'une image et que cette image est la sienne. L'enfant commence ainsi à distinguer image et réalité. Le troisième moment permet à l'enfant de se reconnaître à travers son image.

C'est donc par le biais du miroir que l'être réalise à la fois son identification et son unification. L'enfant apprend à évaluer la dimension imaginaire de son corps, qui intervient par le biais de l'image réfléchie. Le corps d'avant le miroir ne se présente pas comme un modèle d'unité, au contraire, il est morcelé.

> Ce corps morcelé (...) se montre régulièrement dans les rêves, quand la notion de l'analyse touche à un certain niveau de la désintégration agressive de l'individu. Il apparaît alors sous la forme de membres disjoints et de ces organes fixés en exoscopie qui s'ailent et s'arment pour les persécutions intestines qu'à jamais a fixées par la peinture le visionnaire Jérôme Bosch dans la montée au zénith imaginaire de l'homme moderne.[76]

Il est curieux de noter que certains textes symbolistes ont perçu cette recherche de l'unité du corps. C'est ainsi que le personnage du *Traité du Narcisse* de Gide part à la recherche de lui-même :

> Et Narcisse, qui ne doute pas que sa forme ne soit quelque part, se lève et part à la recherche des contours souhaités pour envelopper enfin sa grande âme.[77]

De plus, le stade du miroir correspond chez l'enfant à « l'indistinction fusionnelle »[78] à la mère. L'enfant s'identifie non seulement à son image réfléchie, mais aussi à sa mère, en désirant tenir pour elle le rôle de « complément » que Lacan nomme « le phallus ». Ce phallus, c'est l'attribut paternel et non le sexe masculin. Objet de ce qui manque à la mère, l'enfant veut se constituer comme phallus maternel :

> Ce que l'enfant cherche, c'est à se faire désir de désir, pouvoir satisfaire au désir de la mère, c'est-à-dire : « to be or not to be » l'objet du désir de la mère (...). Pour plaire à la mère (...) il faut et il suffit d'être le phallus. »[79]

La constitution du « je » essentielle dans le développement d'un individu, s'accompagne donc d'une double aliénation : à l'image de soi-même, au désir de la mère. C'est l'étape de l'imaginaire.

Intervient le père avec ses lois, qui castre l'enfant dans son double désir. La dimension de la castration est introduite par l'intrusion du père dans la relation mère-enfant. Intrusion vécue par l'enfant comme une frustration.

> D'autre part, qu'est-ce qu'il interdit le père ? Eh bien, au point d'où nous

sommes partis, à savoir : la mère comme elle est à lui, elle n'est pas à l'enfant.(...) Le père frustre bel et bien l'enfant de la mère.[80]

Selon Lacan, c'est « le Nom-du-Père » ou la loi du père qui fait que l'enfant, s'identifiant peu à peu au père, se libère de la tutelle maternelle et peut ainsi entrer dans la société des hommes. L'enfant, ainsi libéré de l'identification imaginaire, peut accéder à l'ordre symbolique. En renonçant à être l'objet du désir de la mère, l'enfant parvient à devenir sujet.

Qui donc est Narcisse ? Un jeune homme qui, tout en étant passé à l'ordre symbolique, « ne sait pas dissocier les idées et les constructions imaginaires »[81]. Narcisse, comme l'hystérique et le névrosé, se plie aux lois de l'imaginaire, aux lois de la mère et du miroir. Narcisse ne renonce pas à l'unicité, ni à l'assujettissement imaginaire à la mère. Il ne peut faire exister l'autre. Refusant la séparation d'avec lui-même, Narcisse donne naissance à son drame.

En effet, le mythe nous parle de la mère de Narcisse, la nymphe Leiriope, mais laisse peu de place au père, le dieu-fleuve Céphise. Ainsi se trouve barré, pour Narcisse, tout accès au symbolique. Il demeure enlisé dans une relation archaïque où il reste captif de la relation duelle à la mère. Enlisé dans la surface réfléchissante de l'eau, il fait corps avec la mère. Aussi Narcisse sera-t-il perçu comme entouré de symboles qui sont autant de rêves de fusion : le miroir, l'eau, la fleur qui porte son nom même.

La mère est également présente dans tous les textes symbolistes qui touchent au mythe. Les poèmes de Valéry, « Narcisse parle » et « Fragments du Narcisse » raniment tous deux l'image de la nymphe maternelle :

> Et vers vous, Nymphe, Nymphe, ô Nymphe des fontaines,
> Je viens au pur silence offrir mes larmes vaines.[82]

L'eau, la lune, la nuit et la nature agissent comme des symboles maternels. Perçus comme des hommages à la mère désirée, les textes réitèrent la quête de l'image maternelle :

> J'entends l'herbe des nuits croître dans l'ombre sainte,
> Et la lune perfide élève son miroir
> Jusque dans les secrets de la fontaine éteinte...[83]

Tous ces éléments renvoient à un état imaginaire, celui où n'existent ni le père, ni le temps, ni l'autre. Dans les poèmes symbolistes, Narcisse est évoqué comme non distinct de l'univers maternel dans lequel il baigne et dans lequel il trouve une jouissance. Le cadre, prétexte au lyrisme des poètes, avec sa profusion de fleurs, joue le rôle du sein maternel dans lequel Narcisse se complaît.

La mort de Narcisse noyé rejoint doublement l'espace maternel : par la chute mortelle dans l'eau et par sa métamorphose en fleur de narcisse. Il retombe dans l'avant, dans l'imaginaire. C'est ce qui fait dire à Jean Bellemin-Noël que « Narcisse amoureux de l'image de lui-même illustre ce danger toujours présent de la rechute dans l'imaginaire »[84].

De plus, on remarque que les textes symbolistes jouent sur la tension du drame qui consiste à désirer l'union, tout en restant séparé de son image. De l'union avec l'image, résulterait une destruction car Narcisse est à la fois créateur et destructeur de son image.

Nous nous arrêterons sur l'analyse du poème de Valéry, « Fragments du Narcisse ». Valéry a longtemps poursuivi l'image du Narcisse et il nous paraît important de voir ce que révèle cette préoccupation. Dans « Conférence sur les Narcisse » Valéry signale que Narcisse est un moyen d'exprimer la quête de soi. Particulièrement, la conquête de l'identité est le fruit de l'imagination, car Narcisse s'identifie à une image qui n'est qu'un reflet de la réalité.

> Nous connaissons celui que nous sommes en tant qu'objet par le retour vers nous de ce que nous émettons. Nous voyons notre image, nous pouvons recevoir d'autrui les effets de l'effet que produisent sur autrui notre personne, notre voix, nos actes, nos émanations, connues ou non directement par nous.[85]

Ce qu'exprime le mythe, c'est justement l'aliénation de tout être à l'imaginaire. La reconnaissance du corps de Narcisse s'effectue à partir d'indices extérieurs dans « Narcisse parle » :

> Voici dans l'eau ma chair de lune et de rosée,
> O forme obéissante à mes yeux opposée !
> Voici mes bras d'argent dont les gestes sont purs !...
> Mes lentes mains dans l'or adorable se lassent
> D'appeler ce captif que les feuilles enlacent...[86]

Et dans « Fragments du Narcisse » :

> O semblable !...Et pourtant plus parfait que moi-même,
> Ephémère immortel, si clair devant mes yeux,
> Pâles membres de perle, et ces cheveux soyeux,
> Faut-il qu'à peine aimés, l'ombre les obscurcisse...[87]

Le texte révèle bien que Narcisse voit plus que lui-même dans le reflet. C'est lui et ce n'est pas lui. Tout tient dans ce décalage. Le rapport que Narcisse entretient avec lui-même est donc une construction purement imaginaire. Et le mythe se bâtit sur ce décalage puisqu'en tombant amoureux de lui-même, Narcisse reconnaît le visage d'un autre.

Mais le mythe s'approfondit encore. Narcisse n'existe qu'en tant qu'image projetée. Narcisse n'a pas d'existence en dehors du cadre de la scène. Ainsi évoque-t-il le passé :

> Jusqu'à ce temps charmant, je m'étais inconnu
> Et je ne savais pas me chérir et me joindre.[88]

Narcisse, séparé de lui-même, entre réel et imaginaire, doit se contenter de son ombre. L'échange se résout en fait à un échange imaginaire entre Narcisse et Narcisse.

Le texte de Valéry privilégie le mythe en jouant sur le renvoi entre le héros et son image. Narcisse n'existe que comme reflet de lui-même, il n'a pas d'authenticité sans son reflet. Ainsi peut se comprendre la remarque de Valéry à son sujet : « Narcisse-Miroir parlant. Ce que je vois me parle par quoi il est Moi ! »[89]

Le poème de Valéry peut donc être perçu comme exaltation de l'eau-miroir qui donne naissance à l'image de Narcisse. En effet, il apparaît assez tôt que seul le reflet de l'eau permet l'accession à la connaissance.

> Sans vous, belles fontaines,
> Ma beauté, ma douleur, me seraient incertaines
> Je chercherais en vain ce que j'ai de plus cher...[90]

L'eau-miroir est l'instrument de la connaissance, justifiant l'absence de tout portrait de Narcisse en-dehors du reflet.

> Tout autre n'a pour moi qu'un cœur mystérieux,
> Tout autre n'est qu'absence.[91]

L'eau seule peut donner naissance à toute chose. Valéry renoue ainsi avec la tradition mythique de l'eau ensorceleuse, qui soumet au pouvoir des Muses.

> Onde, sur qui les ans passent comme les nues,
> Que de choses pourtant doivent t'être connues,
> Astres, roses, saisons, les corps et leurs amours ![92]

Ainsi se met en place un écran réversible, qui n'est pas la réalité comme telle, mais qui est toutefois la seule certitude que nous en ayons. C'est à travers cette image optique que Narcisse, et par là tout lecteur, appréhende la réalité.

Ainsi se justifient les incises qui brisent le poème (« tu vois... tu sais » dit Narcisse parlant à l'eau) et l'importance donnée aux verbes de perception visuelle, sans oublier le fait que le monologue de Narcisse s'adresse à la « vénérable fontaine » [83].

Narcisse reconnaît le monde et son corps à partir d'indices extérieurs reflétés, donc inverses des faits objectifs. Jusqu'à quel point la « vénérable fontaine » renvoie-t-elle une image qui n'est pas distorsion de la réalité ? Surtout lorsqu'il s'agit de présenter une illustration décevante de l'amour hétérosexuel :

> Des amants détachés tu mires les malices,
> Tu vois poindre des jours de mensonges tissus.[94]

C'est que la vision de Narcisse se fait intérieure et se ferme justement à l'extérieur. Vision inspiratrice qui déborde du cadre de la fontaine, tout en lui étant subordonnée. Fermant les yeux au monde, Narcisse les donne à un reflet de la réalité :

> L'arbre aveugle vers l'arbre étend ses membres sombres,
> Et cherche affreusement l'arbre qui disparaît...
> Mon arbre ainsi se perd dans sa propre forêt.[95]

En ce sens, la connaissance du monde à laquelle accède Narcisse se présente à lui comme inversée. Son unité redit donc une possible méconnaissance de lui-même. Narcisse ne peut accéder au monde que par ce que le reflet choisit de lui donner : le monde de feuillage, le combat des amants, sa propre beauté, peuvent être perçus comme autant de revers de la réalité et donc comme fondamentalement faux. Problème contenu dans ces vers :

> Profondeur, profondeur, songes qui me voyez,
> Comme ils verraient une autre vie,
> Dites, ne suis-je pas celui que vous croyez... ?[96]

Les Narcisse jouent sur ce décalage entre la quête et la réalité. Le rapport que le héros mythique entretient avec lui-même et le monde est donc placé sous le signe d'une dépendance à l'imaginaire. Cette identification imaginaire s'institue au sein d'une autre dépendance, celle à la mère. Cette relation permet de mettre en évidence tout un jeu de rapports entre le corps et son image, entre soi et l'autre. C'est encore une fois l'aliénation qui se redit par l'intermédiaire des textes symbolistes : assujettissement de l'être à son image, à la mère, aux Muses.

Un texte de Gide, dédié à Paul Valéry, le *Traité du Narcisse,* laisse entrevoir une conception similaire du mythe. Nous relevons ces phrases : « Le poète est celui qui regarde »[97] et « l'œuvre d'art est un cristal »[98]. Pour Gide, si Narcisse ne regarde pas dans le miroir de l'eau, il ne voit rien : « Ah ! ne pas se voir ! Un miroir ! Un miroir ! Un miroir ! Un miroir ! »[99]

A travers l'eau qui fuit, c'est son existence que Narcisse traque. Qu'importe si cette image n'est pas la réalité puisque c'est, après tout, la seule.

> Tout se joue pour lui, il le sait, — mais lui-même... — mais tout le reste ? ah ! se voir ! — Certes, il est puissant, puisqu'il crée et que le monde entier se suspend après son regard, — mais que sait-il de sa puissance, tant qu'elle reste inaffirmée ?[100]

L'eau qui glisse n'est autre que le texte dans lequel se noie le poète. Narcisse est ici le symbole du poète qui s'est donné la tâche de plonger à la recherche des idées.

> L'artiste et l'homme vraiment homme, qui vit pour quelque chose, doit avoir fait d'avance le sacrifice de soi-même. Toute sa vie n'est qu'un acheminement vers cela.[101].

déclare Gide dans une note du *Narcisse*. Narcisse, martyr de la création, « penché sur l'apparence du monde »[103] s'oublie dans l'eau qui passe, symbole de son œuvre.

Narcisse, comme le poète, se ferme au monde extérieur pour se laisser engloutir par les Muses, images féminines qui demeurent au fond de l'eau. Elles feront de lui un être inspiré, c'est-à-dire le voyant d'un univers fictif et intérieur.

Les textes traduisent, par l'intermédiaire de Narcisse, la déformation de la réalité qui caractérise le regard de l'artiste. Mais le mythe grec expose également la soumission fatale à laquelle Narcisse, en contemplant son image, doit obéir. Ses yeux se ferment au monde pour s'ouvrir aux visions déformées, émises par les déesses des eaux. C'est ce qui fait de Narcisse à la fois un initié et un esclave. Hors du monde, comme l'artiste symboliste, comme Orphée, Narcisse recrée les visions qui le fuient. Spectateur éternel qui ne peut traverser le miroir sans briser le charme, Narcisse s'obstinera à évoquer les mêmes voix intérieures pour retrouver le contact de la mère.

*
* *

A l'issue de l'interprétation analytique de quelques mythes de la littérature symboliste, la récurrence de certains éléments demeure frappante. Si, comme l'exigeait notre postulat de départ, nous avons dit, avec Freud, que les mythes « ont été projetés sur le ciel après être nés ailleurs, au sein de conditions purement humaines. »[103], force nous est de constater que le choix du matériel mythique révèle les désirs des artistes du temps.

Nous frappe tout d'abord le fait que les mythes racontent une histoire commune, celle de la subordination de l'homme à un ordre naturel, symbolisé par la mère. Ces déesses du destin, qui surgissent en hordes ou bien au singulier, divinités de la terre et des eaux, fécondes et maternelles, sont les gardiennes d'une loi sacrée à laquelle le héros s'efforce, mais en vain, de s'opposer. L'incessant questionnement d'Œdipe, le regard hypnotisé de Narcisse, le parcours exemplaire de l'Initié, les exhortations du Baptiste, tentent de briser l'ordre ancien pour que ne s'éternise pas le retour du même. En cela, ils deviennent héros tragiques puisque l'échec et la souffrance parsèment leur trajectoire et surtout parce que l'issue d'un duel, sans cesse recommencé, est déjà écrite. En ce sens, les artistes symbolistes ne renouvellent pas les mythes hérités du passé. Au contraire, ils semblent s'y soumettre, marquer leur éternité, comme tout homme tenu de revenir à la loi naturelle inflexible. Ce que redit le choix des mythes du Symbolisme, c'est justement la subordination du héros et des artistes à la contrée mythique. Le lien archaïque ne peut être oublié.

Mais les déesses sont autant génitrices que destructrices. C'est bien cet aspect paradoxal qui nous frappe dans l'utilisation des mythes. Salomés vierges et Salomés déchaînées, sphinx sage et sphinx dévorant, les espèces et les genres se contredisent. Le masculin et le féminin hésitent, échangent un moment leur rôle, puis essaient de se rejoindre à travers l'androgyne.

Et rien n'est plus contradictoire que ces substitutions qui, en se renversant, paraissent se rejoindre. La femme rejoue le masculin, l'homme imite (mais en apparence) le féminin. Motif secret ou obsession avouée, ces créations mythologiques sont le fait d'une analyse combinatoire. La fantaisie se met au service des désirs insatisfaits. Elle sert surtout à se rebeller contre l'assujettissement à l'immuable tradition.

Il n'est pas étonnant, dès lors, que les figures mythiques fassent intervenir l'idée d'un choix multiple et que l'idée du spectacle soit le lien qui unisse les intérêts. La danse de Salomé fait d'elle une interprète, Orphée est le musicien-poète, charmeur d'animaux sauvages, Narcisse est le jouet des Muses, tous sollicitent le sens du théâtre et de la représentation. C'est ainsi que s'instaure l'idée d'une alternance entre les visages : tour à tour bourreau et victime, masculin et féminin, les substitutions ne présentent aucune difficulté technique si les personnages mythiques sont déjà, fondamentalement, des acteurs. Métaphores multiples de l'artiste dont l'art est issu d'un mariage du corps et de l'esprit.

On se souvient de l'attirance de des Esseintes pour les artistes de cirque et de sa propre capacité à se métamorphoser en féminin. Et le héros, comme l'auteur, rend compte de son désir de savourer les interdits et, en même temps, de retenir ses pulsions. Tour à tour analyste, critique, moraliste, l'artiste symboliste produit un « super-ego » qui condamne à l'avance les désirs formulés. Ainsi se produit l'acte ultime de sublimation — le texte.

Le double mouvement est également rendu possible par l'antique ambivalence : ce double visage, c'est celui du destin. C'est celui de la mère cruelle ou aimante, de l'amour et de la mort. Les symbolistes ne se réclament pas d'autre chose. Ce choix, qui nous paraît libre, entre l'androgyne idéal et celui des enfers, est en fait la répétition de la double nature de toute chose. Ces visages qui s'échangent, tentent, un moment, de ramener la fantaisie du libre arbitre. En réalité, le héros est contraint de retomber dans la loi d'une unité archaïque.

Le choix tient donc d'une illusion, qui permet à l'artiste et à l'homme, d'oublier leur condition. L'artiste rend ainsi un motif qui est une forme de protestation vaine. Il faut que quelque chose se rebelle, il faut que tout ne soit pas à la mère. Cet espace-là, cette « membrane » comme nous avons choisi de la nommer, c'est justement l'activité créatrice qui, un moment, permet de satisfaire le désir.

De là l'impression de tension qui nous assaille à la lecture de mythes fondés sur une résistance à l'appel du destin. Le retour à l'originel s'accomplit malgré les voiles, les drapés et les sophistications stylistiques décadentes. Le remaniement des mythes, en apparence déformé par le désir, laisse entrevoir un sens ancien. Mais le travail de surface demeure. Il éternise le paradoxe du message et la contradiction interne à toute création.

NOTES

(1) S. Mallarmé, « Hérodiade » *Œuvres complètes,* Paris : Gallimard, 1945, p. 47.
(2) Cité par Richard Ellmann, Oscar Wilde, London : Penguin, 1985, p. 323.
(3) S. Mallarmé, « Les fleurs », *Œuvres complètes,* p. 34.
(4) S. Mallarmé, « L'ouverture ancienne », pp. 41-42.
(5) S. Mallarmé, « Scène » p. 44.
(6) *Idem.*
(7) *Ibid.,* p. 41.
(8) *Ibid.*
(9) *Ibid.,* p. 43.
(10) *Ibid.,* p. 46.
(11) *Ibid.,* p. 47.
(12) *Ibid.,* p. 48.
(13) O. Wilde, *Salomé,Œuvres,* Paris : Stock, 1977, p. 503.
(14) J.K. Huysmans, *A rebours,* Paris : UGE, 1975, p. 119.
(15) O. Wilde, *Salomé,*p. 504.
(16) Stéphane Mallarmé, « Scène » p. 45.
(17) *Idem.*
(18) J. Derrida, *La dissémination,* Paris : Seuil, 1972.
(19) S. Mallarmé, « Scène » p. 47.
(20) J. Derrida, *La dissémination,* p. 241.

(21) *Idem*, p. 245.
(22) O. Wilde cité par Richard Ellmann, *Oscar Wilde*, p. 325.
(23) O. Wilde, *Salomé*, p. 351.
(24) Cité par Richard Ellmann, p. 324.
(25) O. Wilde, *Salomé*, p. 465.
(26) *Idem*, p. 475.
(27) *Ibid.*, p. 461.
(28) *Ibid.*, p. 465.
(29) *Ibid.*, p. 470.
(30) *Ibid.*, p. 466.
(31) Cité par Richard Ellmann, p. 355.
(32) O. Wilde, *Salomé*, p. 474.
(33) *Idem*, p. 494.
(34) *Ibid.*, p. 504.
(35) *Ibid.*, p. 500.
(36) *Ibid.*, p. 504.
(37) *Ibid.*, p. 475.
(38) *Ibid.*, p. 474.
(39) *Ibid.*, p. 499.
(40) *Ibid.*, p. 475.
(41) *Ibid.*, p. 504.
(42) *Ibid.*, p. 476.
(43) *Ibid.*, p. 488.
(44) *Ibid.*, p. 474.
(45) *Ibid.*
(46) *Ibid.*, p. 503.
(47) *Ibid.*
(48) Cité par Richard Ellmann, p. 414.
(49) *Idem*, p. 488.
(50) O. Wilde, *Salomé*, p. 505.
(51) O. Mirbeau, *Le calvaire*, Paris : UGE, 1986, p. 284.
(52) G. Rodenbach, *Le règne du silence*, Paris : Charpentier, 1891, p. 27.
(53) V. Segalen, *Les synesthésies et L'école symboliste*, Paris : Fata Morgana, 1981.
(54) J. Péladan, *Un Cour en Peine*, Paris : UGE, 1984, p. 226.
(55) *Idem*, p. 222.
(56) P. Valéry, « Existence du Symbolisme » *Œuvres*, Paris : Gallimard, 1957, t.1, p. 701.
(57) Cité par G. Aigrisse, *Psychanalyse de Valéry*, Paris : Editions universitaires, 1964, p. 104.
(58) C. Mendès, *La première maîtresse*, Paris : Fasquelle, 1922, p. 125.
(59) J.K. Huysmans, *A rebours*, Paris : UGE, 1975, p. 187.
(60) *Idem*, p. 48.
(61) S. Freud, *La vie sexuelle*, Paris : PUF, 1969, p. 20.
(62) J.K. Huysmans, *Certains*, Paris : UGE, 1975, p. 435.
(63) J.K.Huysmans, *A rebours*, p. 181.
(64) *Idem*, p. 111.
(65) *Ibid.*, p. 180.
(66) J. Péladan, *L'Androgyne*, cité par Françoise Cachin, « Monsieur Vénus et l'Ange de Sodome » *Nouvelle Revue de Psychanalyse*, (7), Paris, 1973, p. 67.
(67) J. Péladan, *Les Dévotes d'Avignon*, Paris : UGE, 1984, p. 118.
(68) *Idem*, p. 307.
(69) J. Péladan, *L'Androgyne*, Paris : Dentu, 1891, p. 7.
(70) J. Péladan, *L'Initiation Sentimentale*, Genève : Slatkine, 1979, p. 144.
(71) J. Péladan, *L'Androgyne*, p. 7.
(72) *Idem*, p. 8.
(73) S. Freud, « Pour introduire le narcissisme » *La vie sexuelle*, p. 81.
(74) *Idem*.
(75) J. Dor, *Introduction à la lecture de Lacan*, Paris : Denoël, 1985, p. 99.
(76) J. Lacan, *Ecrits*, Paris : Seuil, 1966, p. 97.
(77) A. Gide, « Traité du Narcisse » *Romans*, Paris : Gallimard, 1961, p. 3.
(78) J. Dor, *Introduction à la lecture de Lacan*, p. 102.
(79) J. Lacan, cité par J. Dor, p. 102.
(80) J. Lacan, cité par J. Dor, p. 104.
(81) J. B. Fages, *Comprendre Jacques Lacan*, Paris : Privat, 1971, p. 53.
(82) P. Valéry, *Narcisse Parle*, *Œuvres*, Paris : Gallimard, 1957, p. 82.
(83) P. Valéry, *Fragments du Narcisse*, *Œuvres*, p. 205.
(84) J. Bellemin-Noël, « Le Narcissisme des Narcisses » *Littérature*, n° 5-8, Paris, p. 38.
(85) P. Valéry, cité par K. Anderson, « Myth and legend in French Literature » *Modern Humanities Research Association*, London, 1982, p. 196.
(86) P. Valéry, « Narcisse Parle » *Œuvres*, p. 82.
(87) P. Valéry, « Fragments du Narcisse » p. 125.
(88) *Idem*, p. 126.

(89) P. Valéry, cité par K. Anderson, « Myth and Legend in French Literature » p. 197.
(90) P. Valéry, *Fragments du Narcisse,* p. 122.
(91) *Idem,* p. 128.
(92) *Ibid.,* p. 126.
(93) *Ibid.,* p. 127.
(94) *Ibid.*
(95) *Ibid.,* p. 130.
(96) *Ibid.,* p. 124.
(97) A. Gide, « Traité du Narcisse » p. 9.
(98) *Idem,* p. 10.
(99) *Ibid.,* p. 3.
(100) *Ibid.,* p. 6.
(101) *Ibid.,* p. 9.
(102) *Ibid.,* p. 11.
(103) S. Freud, « Le motif du choix des coffrets » *L'inquiétante étrangeté,* p. 66.

LECTURE SOCIOCRITIQUE

AVANT-PROPOS

Pour entreprendre une lecture sociologique des mythes du Symbolisme, force nous est d'en revenir aux propos de Lucien Goldmann dans *Marxisme et sciences humaines*[1]. Pour celui-ci, les œuvres littéraires doivent être perçues, non point tant comme des créations individuelles, que comme les structures mentales d'un groupe social. Ces structures sont le produit de l'histoire, elles sont amplement déterminées par les conditions historiques et sociales.

Notons dès à présent qu'existent des points de rencontre entre le champ de l'analyse freudienne et le projet sociocritique. La recherche du pulsionnel s'effectue aussi par le social car le texte est le produit d'un processus multiple où frustrations, aliénations, motivations affectives et sociales s'entrecroisent pour former sens. Pour reprendre l'expression de P. Barbéris : « La littérature n'est pas d'un côté le moi, de l'autre l'Histoire et la société ; elle est le dit d'un moi qui était dans une Histoire et dans une société. »[2]

Il nous paraît donc essentiel de mettre en liaison les productions artistiques du mouvement symboliste avec les conflits idéologiques qui ont secoué la seconde moitié du XIXe siècle, pour montrer en quel sens ils ont pu orienter la création. Se dégagerait alors « la valeur universelle » de l'œuvre, dont parle Goldmann[3], c'est-à-dire sa valeur « esthétique, historique et sociale ».

Vaste entreprise, que nous ne pouvons concevoir qu'en relation avec les étapes historique, linguistique, psychanalytique, qui l'ont précédée. S'il s'agit, en effet, de considérer l'œuvre comme « expression particulièrement précise et cohérente des problèmes qui se posent aux hommes moyens dans leur vie quotidienne et de la manière dont ils sont amenés à les résoudre »[4], nous n'aborderons cet aspect qu'en relation avec les analyses antérieures.

Partir de l'individu et de la langue ne nous permet qu'imparfaitement de saisir la transformation du réel. Selon les mots de Julia Kristeva[5], « en transformant la matière de la langue (son organisation logique et grammaticale), et en y transportant le rapport des forces sociales de la scène historique (...) le texte se lie — se lit — doublement par rapport au réel : à la langue (décalée et transformée), à la société (à la transformation de laquelle il s'accorde) »[6]. Elle conclut ainsi que « le texte est doublement orienté : vers le système signifiant dans lequel il se produit (la langue et le langage d'une époque et d'une société précise) et vers le processus social auquel il participe en tant que discours »[7]. C'est ainsi que les analyses psychanalytiques et linguistiques nous serviront de tremplins pour aborder le texte comme produit historique et social.

Notre optique sera donc de rendre compte d'une globalité de la création culturelle répondant à des enjeux sociaux dans lesquels les individus se trouvent, de par leur milieu, engagés.

C'est ainsi que la cour loufoque où se déroule la parodie de Laforgue, « Salomé » révèle des traits d'une société répressive. Iaokanaan apparaît comme un vieux socialiste se remémorant le temps où il faisait partie « des pauvres diables rentrant de leur journée salariée et (qui) s'attardent un instant là, contenus par de tyranniques policiers à cheval »[8]. Le personnage du prophète invite à une nouvelle lecture de l'œuvre, celle qui fait du saint conventionnel, le porte-parole des prolétaires : martyr de la cause du peuple, révolutionnaire défait pour avoir tenté de résister à un pouvoir totalitaire. Sous l'intention parodique, apparaît une interprétation du socialisme utopique, en lutte contre le despotisme des anciens maîtres, représentés dans la nouvelle par Archétypas et Salomé.

Nous considérons les productions artistiques portant sur le mythe comme des réponses significatives à une situation donnée. Expression d'un « problème pratique » et « tentative pour le résoudre »[9], l'œuvre est le fruit d'un groupe qui répond à des stimulations et à des pressions et qui tente ainsi d'exprimer les contradictions inhérentes à son état social.

Il s'agira notamment de montrer que l'entreprise littéraire peut avoir une valeur de contestation. Dans la vision du monde incarnée par les œuvres passent des prises de position, des aveux et des condamnations sociales. Il faudra donc dégager, à partir de certains textes représentatifs, quelles visions de la société sont mises en évidence. Nous essaierons de centrer la lecture sur la représentation de la société capitaliste, sur le combat qui oppose les artistes à la société et sur le désenchantement qu'ils rencontrent en définitive.

CHAPITRE I

LA DÉNONCIATION DU MONDE CAPITALISTE

Avant même de se lancer dans l'écriture, les artistes symbolistes savent bien qu'ils vont œuvrer à l'intérieur d'une société qui impose avec force le capitalisme et qui assied jour après jour son pouvoir. Ecrire, ce sera donc prendre parti et surtout s'interroger sur le projet capitaliste : quelles nouvelles relations s'instaurent entre les individus ? Qui s'empare de l'appareil d'Etat ? Qui sont les nouveaux maîtres ?

Il nous a semblé important de dégager trois aspects de la structure sociale maintenue par la Troisième République : les relations marchandes, l'image de la patrie et les gardiens du système, qui, dans la littérature symboliste dessinent un nouveau champ de relation entre l'homme et le pouvoir en place.

1) La peinture des relations marchandes

Les éléments constitutifs de l'économie de type capitaliste sont fondés sur des rapports sociaux qui cachent, selon Marx, un rapport d'exploitation de l'homme par l'homme, exploitation dissimulée par l'argent :

> Cette forme salaire qui n'exprime que les fausses apparences du travail salarié rend invisible le rapport réel entre capital et travail et en montre précisément le contraire ; c'est d'elles que dérivent toutes les notions juridiques du salarié et du capitaliste, toutes les mystifications de la production capitaliste.[10]

C'est donc à partir de la production et de la circulation des marchandises que les rapports sociaux s'instaurent entre les individus. Ainsi se constitue un univers de représentation où les rapports entre les êtres sont subordonnés aux idées d'oppression et d'exploitation.

En d'autres termes, les relations sociales sont étroitement liées à la façon dont les individus produisent leur vie matérielle. Le développement de nouveaux modes de production est fondé sur une modification des relations entre hommes — entre la classe possédante qui détient les moyens de production et la classe ouvrière qui vend sa force de travail. La société est donc désormais fondée sur des relations de type marchand et cette structure est légitimée par les structures étatiques. La corruption et l'oppression sont les deux éléments qui mènent la nouvelle société.

■ *La corruption*

Ce n'est pas par hasard que certains romans symbolistes insistent sur les relations du maître et de l'esclave, de l'employeur et du salarié. Les romans de Huysmans montrent des individus aux prises avec de dures lois économiques : ils font leur compte, ils ont des ennuis d'argent. Mais cette dénonciation assez classique du pouvoir de l'argent s'accompagne d'une dénonciation de la corruption morale. Les écrivains vont montrer que les relations marchandes ont altéré la morale sociale et ont fait lever un monde où l'intérêt, la dépendance sexuelle et la cruauté jouent un rôle capital.

Ainsi la femme, dont l'homme a besoin pour qu'elle le soulage de son désir et de ses biens, est aussi méprisée et redoutée que l'ouvrier dont le Capital a besoin pour fonctionner. La femme apparaît comme une des victimes de l'entreprise commerciale qu'est devenue la société moderne. Comme l'ouvrier est une menace nécessaire, la femme fait jouer à fond la relation d'argent qui existe entre les êtres.

C'est ainsi que les relations d'oppression nées de l'argent ont été perçues et dénoncées comme telles par Huysmans. Dans *Un dilemme,* publié en 1887, Huysmans dévoile l'ambiguïté des rapports homme-femme en critiquant à la fois le bourgeois qui s'acharne à gruger une domestique enceinte des œuvres du maître et l'avidité de la femme âpre au gain. Qualifiée par Huysmans de « lucarne sur le bourgeois »[11] et de « simple histoire, destinée à témoigner une fois de plus de l'inaltérable saleté de la classe bourgeoise »[12], cette histoire conte la cruauté et l'avarice d'un notaire qui jouit de son improductive fortune : « les autres bonheurs de la vie dupaient, n'équivalaient jamais à l'allégresse que procure la vue de l'argent même inactif, même contemplé au repos, dans une caisse. »[13]

Cet être ne peut envisager le don gratuit et désintéressé envers la servante-maîtresse de son petit-fils, puisque, la trouvant laide et dévouée, il ne peut se payer en nature :

> ...il était l'homme qui dépensait sans trop lésiner son argent, jusqu'à concurrence de telle somme ; s'il consentait, pendant son stage à Paris, à gaspiller tout en parties fines, s'il ne liardait pas trop durement avec une femme, il exigeait d'elle, en échange, une redevance de plaisirs tarifiée suivant un barème amoureux établi à son usage.[14]

Ces relations d'affaires entre les êtres sont encore exacerbées par l'usage de la publicité, qui redouble les rêveries marchandes et érotiques :

> Le lait Mamilla suggérait devant ses yeux le délicieux spectacle d'une gorge rebondie à point... il lisait distinctement entre les lignes de la réclame la façon non écrite d'employer ce lait (...)
> Sa vieille âme gavée de procédure, saturée des joies de l'épargne, se détendait dans ce bain imaginatif où elle trempait...[15]

La servante dévouée, mère de son arrière-petit-fils, paiera pour la courtisane avide qui, un peu plus tôt, a extorqué au notaire une somme importante en échange de maigres appas : « Avec cela, la femme devenait insatiable ; sous la problématique assurance d'idéales caresses, elle insistait de nouveau pour qu'il ajoutât un louis à ceux qu'il avait déjà cédés »[16]. Les femmes sont les éternelles soutireuses de la fortune amassée, « dans ces nécessaires batailles qu'elles livrent au porte-monnaie contracté de l'homme. »[17]

C'est cette même considération du calcul féminin qui conduit Edison à construire la pure Hadaly. Le souvenir de la ballerine Evelyne Habal, qui a conduit son ami au « honteux affaissement dans la ruine »[18], puis au suicide, est un moteur puissant qui justifie sa crainte des femmes. Quant à Lord Ewald, il a recours au mirage d'Hadaly pour oublier la trop vénale miss Alicia, qui marchande sa virginité et se vend au plus offrant :

> Maintenant, ce que cette femme regrette dans sa faute, loin d'être l'honneur lui-même (...) n'est que le bénéfice que ce capital rapporte, prudemment conservé.
> Elle va jusqu'à supputer les avantages dont une mensongère virginité l'eût indignement dotée... (...)
> Elle fait donc partie du nombre immense de ces femmes dont le très solide calcul est à l'honneur ce que la caricature est au visage.[19]

Ce qui semble désormais impossible, c'est la relation authentique entre les individus. Le roman d'Octave Mirbeau, *Journal d'une femme de Chambre* quadrille bien ces nœuds de relations où l'argent et le sexe fondent une nouvelle société. Tout peut être acheté, notamment les femmes et le plaisir. Les individus ont un statut de marchandise et Célestine, la bonne, croyant captiver l'écrivain Paul Bourget en lui contant son enfance exploitée, réalise bientôt que le dédain de l'écrivain s'adresse au fait qu'elle reste avant tout une domestique. Elle constate crûment qu' « on ne commence à être une âme qu'à partir de cent mille francs de rentes »[20]. Bréviaire de la servitude domestique, le roman de Mirbeau, comme *Le jardin des supplices,* constitue un récit dans lequel s'affirme une véritable conscience de classe, justifiant notamment les prises de position extrémistes des employés et dénonçant le statut d'esclaves des domestiques. En ce sens, les deux récits dénoncent la disparition de l'aspect qualitatif de l'individu, qui sert désormais de chair à supplices ou à délices selon le côté où l'on se place. Ainsi s'insinue l'idée d'une pollution morale des esprits.

Dans *A rebours,* des Esseintes, forcé sur les ordres de son médecin de rejoindre le monde des hommes, brosse un tableau sans complaisance de la décadence sociale, classe par classe. La noblesse déchue, ruinée, est réduite à mendier ou à se mêler à la bourgeoisie, le clergé pactise avec le monde des marchands. Quant à la bourgeoisie, résumé de la dépravation générale, elle proclame la primauté de l'argent.

> Plus scélérate, plus vile que la noblesse dépouillée et que le clergé déchu, la bourgeoisie leur empruntait leur ostentation frivole, leur jactance caduque, qu'elle dégradait par son manque de savoir-vivre, leur volait leurs défauts qu'elle convertissait en d'hypocrites vices ; et, autoritaire et sournoise, basse et couarde, elle mitraillait sans pitié son éternelle et nécessaire dupe, la populace, qu'elle avait elle-même démuselée et apostée pour sauter à la gorge des vieilles castes.[21]

Dans ce panthéon de vilenie, la tare commune consiste à pactiser avec l'argent, à sacrifier au gain du négoce. Négoce qu'a honni le complice d'alors de Huysmans, Léon Bloy, dans *Le sang du pauvre,* dans un chapitre intitulé « Le commerce ». Pour Bloy, le commerce est honteux car il est fondé sur l'exploitation du pauvre, grâce à une fondamentale tromperie, en vendant « très cher ce qui a très peu coûté, en trompant autant que possible sur la quantité et la qualité »[22]. Le commerce, c'est la dégradation et la déchéance suprêmes.

> Autrefois, il y a bien longtemps, quand il y avait de la noblesse et des chevaliers libérateurs, le commerce dérogeait. (...) Le gentilhomme qui se livrait au commerce était, de ce fait, déshonoré, jeté au sol, racines en l'air.[23]

La subordination au négoce convie à tous les opprobres : sottise, production de masse, et surtout perte irrémédiable de la qualité ancestrale : « Depuis des années, les huiles saintes étaient adultérées par de la graisse de volaille ; la cire, par des os calcinés ; l'encens, par de la vulgaire résine et du vieux benjoin »[24] constate encore des Esseintes. L'altération du qualitatif par le quantitatif mène à une dissolution des anciennes valeurs. Huysmans a bien senti ce processus de pourrissement social en observant une mise en lambeaux de ce qui était sain. Les produits s'affadissent, se corrompent, perdent leurs substances mêmes, et semblent solubles. Cette métamorphose du solide en liquide illustre cette perte.

Le pouvoir en place ne peut que s'incliner devant des « industriels, enrichis dans leurs forges ou leurs filatures ; des hommes d'affaires, des légistes »[25], comme le constate Charles d'Este dans *Le crépuscule des dieux*. Lui-même verra l'empereur Guillaume saluer « deux juifs à nom fameux, qui faisaient en Europe le plus gros commerce d'argent »[26]. Le duc d'Este se voit entouré d'un résumé des fléaux modernes, qui ont nom Juifs et Américains. Les premiers ont asservi le monde à l'argent et « leurs filles entraient au lit des princes, et mêlaient au plus pur sang chrétien la boue infecte du Ghetto »[27]. Quant aux Américains à « la barbe de bouc » ils sortent « de la plèbe du peuple »[28].

> Ils avaient dû être là-bas, avant leur brusque enrichissement, gardiens de porcs, flotteurs de bois, pilotes d'une barque marchande, conducteurs de railways, pionniers. Et rien qu'à les apercevoir, cyniques et vautrés à leur place, on découvrait en eux, du premier coup d'œil, l'arrogance la plus affectée, un orgueil de grossièreté étalé dans tout leur maintien, et un mépris stupide et superbe pour les arts et les élégances de la vieille Europe.[29]

La société corrompue de demain est symbolisée par la société américaine. Le continent américain est pour Huysmans, « le tabernacle impie des banques » et « le grand bagne »[30]. Il évoquera dans *Certains* :

> Le pape américain, l'homme le plus riche du monde, qui célèbre la messe jaune et devant la foule agenouillée, aux appels répétés de timbres électriques, élève l'hostie, le chèque, détaché d'un carnet à souche ![31]

La même vision du futur se retrouve dans *Le crépuscule des dieux* lorsque Charles d'Este déplore l'arrivée imminente des banquiers du Nouveau Monde. L'Amérique symbolise la civilisation industrielle poussée à l'excès. Une Amérique grossière, soucieuse de rendement, ne parlant que de profits et de capitaux, spéculant sur les œuvres d'art européennes. C'est ainsi que la peint Mirbeau dans *Des artistes* :

> Peut-être, dans des docks spéciaux, entassent-ils Meissonnier sur Detaille et Vibert sur Jules Dupré. Peut-être, dans des greniers et des caves, pêle-mêle avec leurs cotons et leurs épices, mettent-ils Gérome sur champ, et Bouguereau à plat sur Dagnan-Bouveret ![32]

L'américanisme devient synonyme de manque de goût et d'abêtissement. La société américaine, société industrielle poussée à l'excès, a transporté partout la notion de contrat et a établi en norme l'oppression du plus faible.

■ L'oppression

L'opposition des individus s'énonce assez fortement dans les textes symbolistes par la peinture de la lutte inter-humaine. Les œuvres montrent qu'il est possible de disposer des autres et de leur travail. Malgré la bêtise « américaine » des exploitants, les opprimés n'ont guère le choix de leur avenir. En effet, ils semblent parfois s'incliner d'eux-mêmes sous le joug du plus fort.

Les politiciens qui apparaissent au début du roman de Mirbeau, *Le jardin des supplices,* sont des personnages qui traitent leurs électeurs et leurs confrères comme des moyens de parvenir. Ils exercent de grossiers chantages et se livrent à des calculs éhontés. Dans leur bouche même, se dit la perte des valeurs nobles.

> Tu as vu d'assez près la vie politique pour savoir qu'il existe un degré de puissance où l'homme le plus infâme se trouve protégé contre lui-même par ses

> propres infamies, à plus forte raison contre les autres par celles des autres... Pour un homme d'Etat, il n'est qu'une chose irréparable : l'honnêteté !... L'honnêteté est inerte et stérile, elle ignore la mise en valeur des appétits et des ambitions, les seules énergies par quoi l'on fonde quelque chose de durable.[33]

La peinture des politiciens véreux annonce les manipulations humaines sur la chair que le roman décrit par la suite. Mirbeau présente en effet Gambetta comme « un dilettante de la volupté, qui se délectait à l'odeur de la pourriture humaine »[34], les opportunistes sont « une bande de carnassiers affamés »[35]. Leurs manœuvres habiles et leurs calculs ne sont pas sans rappeler les tortures savantes du jardin chinois.

Mais le portrait de leurs électeurs n'est guère plus flatteur. Ils réclament la tromperie, protestent avec violence lorsqu'on leur tient le discours de l'honnêteté et s'enivrent de fausses paroles. C'est ainsi qu'un candidat qui reconnaît être un voleur est plus populaire auprès des foules qu'un candidat honnête.

> — Il a volé... il a volé...
> Emerveillées, les laborieuses populations des villes, non moins que les vaillantes populations des campagnes acclamaient cet homme hardi avec une frénésie qui, chaque jour, allait grandissant, en raison directe de la frénésie de ses aveux.[36]

Le même renversement des valeurs conduit la bourgeoisie blanche et fortunée à orchestrer d'atroces supplices d'Asiatiques et le roman s'indigne encore de cette nouvelle étape du capitalisme qu'est le colonialisme. Le commerce et le trafic de la chair humaine y sont étroitement liés :

> — Car vous tuez aussi des nègres ?... fit Clara.
> — Certainement, oui, adorable miss !...
> — Pourquoi, puisque vous ne les mangiez pas ?
> — Mais, pour les civiliser, c'est-à-dire pour leur prendre leurs stocks d'ivoires et de gommes... Et puis... que voulez-vous ?... si les gouvernements et les maisons de commerce qui nous confient des missions civilisatrices apprenaient que nous n'avons tué personne... Que diraient-ils ?...[37]

Les suppliciés et les colonisés ne possèdent aucun moyen de révolte. Ils semblent se résigner à un destin cruel sans songer à se rebeller contre l'ordre établi.

De même, ce n'est pas un hasard si le roman de Rachilde *Monsieur Vénus* peint les relations sadiques d'une possédante et d'un ouvrier. Le sadisme est l'attribut des maîtres et les esclaves-machines sont censés subir la loi. Le rôle que se choisit Raoule de Vénérande est celui du corrupteur masculin. Elle achète Jacques, puis le féminise, le drogue et le détruit lentement. Elle ne manque pas de lui faire miroiter les facilités de la vie mondaine. En ce sens, le roman repère les relations marchandes, en rappelant à chacun sa place à tenir dans la société :

> — Il est nécessaire, dit Raoule, hautaine, de vous procurer, puisque vous allez mieux, une chambre à côté de l'atelier. Ce sera plus commode pour... Jacques !...
> — Mademoiselle sera contentée tout de suite. Je sais bien qu'une servante n'est pas à sa place avec les bourgeois.[38]

Mais Jacques est un être veule, qui ne songe pas à lutter. Il se soumet à l'autorité de Raoule en n'émettant que de faibles protestations, toutes verbales. Il est dépeint comme un être niais, d'une grossièreté animale que dément son physique d'Antinoüs. A plusieurs reprises, Rachilde insiste sur son « expression bête »[39], ses yeux de « chien souffrant ». Sa condition d'ouvrier est rappelée par un désir inné de servitude : « Jacques était le fils d'un ivrogne et d'une catin. Son honneur ne savait que pleurer »[40].

Faire-valoir de l'oppression, l'esclave n'a pas de vie autonome, il vit pour imiter le maître. Ainsi Jacques se laisse influencer par sa maîtresse et devient un animal obéissant. On nous apprend qu'il « lisait toute espèce de livres, science ou littérature pêle-mêle, que Raoule lui fournissait pour tenir ce cerveau naïf sous le charme »[41]. Il ne cherche pas à obtenir une indépendance qui lui est refusée et sa fin tragique met un point final à une existence vouée au possédant.

Jamais chez lui ne s'élabore une conscience de classe, comme chez Célestine dans *Journal d'une femme de chambre*. Mais celle-ci a un avantage : elle sait lire et c'est le journal et le livre qui lui ouvrent les portes du monde. Jacques, les suppliciés chinois, les électeurs et les esclaves sont hors d'atteinte de toute marche historique. Jacques n'affirme-t-il pas :

> Melle de Vénérande est une artiste, voilà tout ! Elle a pitié des artistes ; elle est bonne, elle est juste... Ah ! les ouvriers pauvres ne feraient pas souvent la révolution s'ils connaissaient mieux les femmes de la haute ![42]

En ce sens, Jacques est bien le « monstre » dont parle Rachilde. Reniant le milieu dont il est issu, il ne peut trouver sa place dans la société : « elle passa la main sur la poitrine de l'ouvrier, comme elle l'eût passée sur une tête blonde, un monstre dont la réalité ne lui semblait pas prouvée »[43]. C'est tout naturellement qu'il évoluera de monstre à machine et deviendra « le bel instrument de plaisir » (44). Jacques s'en remet à Raoule comme les suppliciés se donnent au bourreau. Ils sont avant tout des corps manipulables, trouvant dans le maître leur seule réalité. C'est ainsi que les prisonniers du bagne sont, pour Clara « des gens du peuple... des rôdeurs du port... des vagabonds... des pauvres »[45]. En effet, ces êtres sont rabaissés au rang de la bête :

> Au fond de la cage, dans une ombre de terreur, cinq êtres vivants, qui avaient été autrefois des hommes, marchaient, marchaient, tournaient, tournaient, le torse nu, le crâne noir de meurtrissures sanguinolentes.[46]

Le point commun entre tous ces individus, qu'il s'agisse de Jacques, de la foule des électeurs ou des bagnards, c'est la perte de l'état humain. Seule la science du supplice accorde à ces monstres un destin inégalé et imaginatif.

De même que les corps suppliciés n'existent que par la torture, les opprimés s'abandonnent au monde du maître parce qu'il y trouvent un sens. L'esclavage est finalement leur seule présence au monde. Se donnant au sacrifice, ils recréent un art du martyre, sorte de don gratuit d'eux-mêmes.

Ce que nous disent les œuvres symbolistes, c'est qu'obéir aux lois de l'économie, c'est subir les commandements d'une volonté capitaliste qui énonce une nouvelle morale : la femme, le politicien, le possédant à la fois maîtres et victimes du système, tablent leurs rapports sur l'exploitation de l'autre. Ceci explique le ton cynique qui caractérise les œuvres mentionnées. C'est l'argent qui mène le monde, argent honteux, dressant des barrières entre les êtres, justifiant toutes les outrances. Argent corrupteur enfin, qui défait les vraies valeurs, celles que le narrateur du *Jardin des supplices,* avant de plonger à son tour dans les sollicitations du monde marchand, se prend à vanter (« droit à la vertu, à la morale, à la probité »[47]) avant de se faire assommer par la foule. Les nouvelles relations humaines ne doivent rien à la morale et imposent le culte de l'argent.

2) Les défenseurs de l'ordre

Pour que la société affirme sa mainmise sur les individus, il faut que se profile un certain nombre de fonctions, que nous qualifierons de « gardiennes du systèmes » en ce sens qu'elles contribuent à propager le mécanisme de la production capitaliste.

■ *La mère-patrie*

La société bourgeoise, telle que l'ont connue les symbolistes, porte en elle les signes d'un bouleversement familial. L'instauration de la République modifie les fondements d'une société jusqu'alors dominée par la volonté d'un seul homme, le père de la nation. Lorsque s'installe la République, ce pouvoir patrilinéaire est remis en cause pour être remplacé par une représentation féminine détenant les clefs de l'imaginaire : la patrie.

Se mettent donc à éclore des représentations de la mère : la mère souffrante, la mère aimante, la mère contraignante, qui rattachent toutes le créateur à la chaîne sociale et donc au monde. Amour de la mère, haine de la mère, les propos se rejoignent et s'entrecroisent. Ce qui est certain, c'est la force du lien. Dans *L'histoire tragique de la princesse Phénissa,* Rémy de Gourmont fait le portrait d'une mère monstrueuse qui livre sa fille à son amant avant de signer son décret de mort. Le drame comporte une tirade dans laquelle l'amant, Phébor, met à nu les signes du pouvoir maternel :

> Nous, les mères ! Il me semble que je suis mâle et femelle, quand j'ai dit : nous, les mères ! Il me semble que je prédomine la vie et que je puis la jeter en pâture à la mort, comme un mauvais esclave. Il me semble que je puis écraser l'œuf éternel, comme un nid d'œufs de fourmis, et que je puis stupéfier la fécondité, fêler les matrices, et d'un de mes regards de haine pétrifier dans son canal le jet hideux du sperme.[48]

Ainsi, même si la base de la société demeure patriarcale, un mouvement s'ébauche qui bascule vers la conception d'un droit maternel. C'est vers 1861 qu'un historien allemand du nom de Bachofen publie un ouvrage, *Du règne de la mère au patriarcat,* dans lequel il émet la thèse suivante : avant la société patriarcale, existait la société des mères, une civilisation régentée par et pour les femmes. En citant l'exemple célèbre de *L'Orestie* d'Eschyle, Bachofen proposait une relecture et déchiffrait la lutte éternelle entre le matriarcat, représenté dans la pièce par Clytemnestre, meurtrière de son époux, et les Erinyes, et le patriarcat, symbolisé par le père, Agamemnon, et surtout le fils vengeur, Oreste. Le drame d'Eschyle semble en effet se prêter à une interprétation de ce type en projetant sur l'histoire de l'humanité l'image d'une mère qui aurait régné avant le père et qui souhaiterait retrouver le pouvoir.

Or, sans penser que les symbolistes aient lu Bachofen (qui a, en revanche, influencé les penseurs allemands, Engels, Nietzsche, Freud), il nous paraît intéressant de signaler l'existence d'un courant de remise en cause du patriarcat, passant notamment par une lecture des tragédies eschyliennes, dont les symbolistes sont, cette fois, de grands lecteurs : Péladan écrit la *Prométhéide,* d'après *Prométhée enchaîné,* Schuré le cite comme modèle dans ses commandements du théâtre idéaliste, Wagner s'en inspire pour la Tétralogie. Des convergences significatives peuvent être ainsi repérées.

C'est ainsi que dans *Le théâtre initiateur,* Schuré évoquera la trilogie *L'Orestie* pour la qualifier de chef-d'œuvre d'Eschyle et de drame représentatif de la tragédie grecque. Il reconnaît en Clytemnestre « l'audacieuse adultère qui venge sa fille en égorgeant froidement son époux, après l'avoir enveloppé dans l'inextricable filet »[49]. Quant aux cruelles Erinyes, « dont les robes noires, les faces sanglantes et les chevelures de serpents épouvantèrent Athènes, (elles) représentent les spectres de la vengeance atavique »[50].

Péladan, dans son *Théâtre de la Rose-Croix,* dédiera au Président de la République son drame *La Prométhéide,* en ces termes : « L'âcreté de ma plainte est faite du martyrologe de tous aèdes passés et futurs ; je ne suis que ce coryphée de l'histoire qui surgit pour annoncer aux époques maudites, l'approche des terribles Erinyes »[51].

Il faut donc interpréter l'usage des figures féminines terribles offertes par la mythologie comme autant de symboles d'un pouvoir féminin coïncidant avec une féminisation des termes politiques et sociaux : la femme, la Nation, la patrie deviennent les réceptacles du pouvoir. Les Sphinx, Erinyes et autres figures souterraines possèdent en commun une conception despotique du pouvoir et le goût de la persécution des humains.

L'ouvrage de Schuré, *Les grands initiés,* en regorge puisque c'est contre elles que doit s'établir le nouveau pouvoir, celui du prophète passif. Le pouvoir d'origine féminine est, par essence, corrompu. Il entraîne les pires débauches. Ainsi la Thrace, avant l'arrivée d'Orphée, le dieu solaire, est en proie aux délires féminins : « Le peuple leur préférait le cortège inquiétant des divinités féminines qui évoquaient les passions dangereuses et les forces aveugles de la nature. (...) En signe de leur victoire, elles avaient pris le nom de Bacchantes, comme pour marquer leur maîtrise, le règne souverain de la femme, sa domination sur l'homme »[52].

La volupté et la terreur sont les armes des Bacchantes, qui s'approprient le pouvoir par la force : « C'est nous qui sommes vos reines éternelles, âmes infortunées. Vous ne sortirez pas du cercle maudit des générations, nous vous y ferons rentrer avec nos fouets »[53]. Ainsi, Aglaonice, la rivale d'Orphée, conduit « mille guerriers thraces »[54] pour reconquérir le temple de Jupiter, tombé au pouvoir des prêtres.

Ceci est également vrai des druidesses de Tombélène dont Schuré parle dans un autre ouvrage, *Les grandes légendes de France,* et dont il reconnaît qu'elles ont été « plus anciennes que les druides » et « s'émancipèrent, se constituèrent en collèges féminins (et) favorisèrent l'institution des sacrifices humains qui fut la grande cause de décadence du druidisme »[55]. Ces mythes sont donc aptes à concentrer les terreurs politiques d'hommes dégagés des pratiques sociales, comme les symbolistes.

De même, l'apologie de la mère associée à la plus violente critique montre bien que la figure de la mère, avec ses capacités procréatrices, est liée à la société productive qui assure la survie de son économie capitaliste. Lorsque le jeune Evelin, dans *La première maîtresse* de Catulle Mendès, pense avoir rencontré la femme idéale, il trouve en réalité une éducatrice qui surveille ses goûts et lui montre le chemin à suivre. Celle-ci n'est autre qu'une bourgeoise soucieuse de bien faire, nourrie d'aphorismes et de conseils moraux.

La mère et la patrie apparaissent donc comme autant de machines dévorantes. Lorsque Péladan s'exclame « aujourd'hui le mal n'a qu'un nom et ce nom c'est la patrie »[56], il proclame qu'on enchaîne les individus à une nouvelle idole. Le culte de la mère est indissociable de celui de la République : c'est la mère symbolique d'une nouvelle société sécuritaire qui manipule les individus, non point tant par la force, mais par le respect de valeurs convenables : l'argent, la religion, la nature. C'est ce que montre le roman de Catulle Mendès, *Les mères ennemies,* qui, tout en prétendant peindre la lutte des polonais contre les russes, comporte des déclarations sans équivoque sur le statut des mères. Les prières des mères rivales ne parlent que de fils mourant pour le pays et glorifient ce don de l'enfant mâle à la patrie : « Bienheureuse la république qui a un tel défenseur ! »[57].

En 1902 paraît le roman de Camille Mauclair, *Les mères sociales.* Par ce titre évocateur, l'auteur entend opposer deux types de femme : la mère réelle, nimbée du mystère de la maternité, et la mère sociale, une de « celles qui élèvent des êtres pour les fonctions, l'intérêt, ou l'appât du mariage riche »[58]. Pour cette dernière, la vie consiste à soutenir et à perpétuer une société basée sur la fortune et le gain.

L'auteur déplore ainsi l'avènement d'une nouvelle race de femmes, au-delà de la nature, tout imbue de sa fonction de reproductrice, qu'elle met au service d'un progrès social :

> La femme, telle que la société l'éduque, est indigne d'être mère. Il est révoltant

pour le sens commun, sinon même pour l'âme, de voir une si grande mission dévolue à une telle sotte. Et cela ne peut s'admettre que par un calcul soigneux de la société qui redoute la venue d'hommes libres et ne désire qu'un renouvellement de la chair à canons et à impôts.[59]

Ainsi Aurélie, la mauvaise mère, tient-elle des propos où l'argent et le pouvoir suppléent à l'amour maternel : « Je reprendrai, je gèrerai dans la famille l'argent et le sang que j'y ai fait fructifier, et tout moyen me sera bon »[60]. La mère rejoue dans l'univers familial et domestique ce qu'on lui fait subir dans la société : elle reflète alors la mainmise d'un pouvoir politique, mais à son échelle. Son capital à elle, ce sera sa progéniture.

Ainsi, toutes ces femmes mauvaises qui tuent ou séduisent leurs propres enfants, à l'image de la patrie qui a officialisé l'armée, la machine et le suffrage universel, ne font que perpétuer les travers meurtriers de la société capitaliste.

Ainsi dans « La Faënza » Jean Moréas et Paul Adam, contant l'histoire d'une ancienne galante qui séduit le fils qu'elle avait d'abord abandonné, font surgir tout naturellement la comparaison avec la ménade : « Elle se rua sur son fils avec des gestes de Ménade et, l'emportant dans ses bras nerveux, elle se roula avec lui sur la chaise longue, lui soufflant au visage la griserie de son haleine »[61]. La mère est donc l'indispensable support dont dérive le pouvoir : séduisante, charmeuse, violeuse, la mère consolide sa suprématie.

Les mythes présentent donc un pays travaillé par des forces féminines obscures qui désagrègent les acquis du passé au profit d'une transformation interne trop rapide. Rappelons qu'à la même époque apparaît une floraison d'icônes patriotiques portant les traits de Marianne ou d'une femme casquée ou coiffée du bonnet phrygien. Cette nouvelle déesse confirme sa suprématie en étalant partout son image : la République est bien une femme. Il n'est que de parcourir les livres d'histoire de l'époque, comme le « Petit Lavisse » publié en 1884, pour réaliser à quel point les historiens du régime tablent sur l'image d'une France féminine pour laquelle il faut se battre et mourir. Qu'il s'agisse de Marianne ou de Jeanne d'Arc, les images-clés qu'emportent les écoliers, doivent inculquer l'amour de la patrie républicaine.

L'ouvrage de Maurice Agulhon, *Marianne au combat*[62] permet de constater à quel point les chicanes concernant la représentation de la France furent nombreuses et son symbolisme disputé. En ce sens, le pouvoir en place a bien vu que la représentation féminine agit comme une garantie ; sorte de mère-fétiche, Marianne sera assez rapidement adoptée par tous.

Toutefois les symbolistes se rangent du côté des critiques, conspuant cette nouvelle image. Verlaine la raille en un quatrain :

> Marianne est très vieille et court sur ses cent ans,
> Et comme dans sa fleur ce fut une gaillarde,
> Buvant, aimant, moulue aux nuits de corps de garde,
> La voici radoteuse, au poil rare et sans dents.[63]

République prostituée, c'est sous le terme de « la gueuse » que les symbolistes la reconnaissent. On perçoit donc comment les mythes féminins se mettent à déborder et à envahir la vie de la cité, président au quotidien et s'intègrent à la vie politique.

La caste symboliste revendique un autre type de relation à la femme. Par un lien volé à la maternité, le poète, père de ses œuvres, créé dans l'antre studieux. Ainsi s'accomplit le travail symboliste, au-delà de la famille, au-delà de la société des mères. Il consiste à faire l'expérience de la maternité en dehors de la reproduction, mais aussi en dehors des rapports de production, comme l'éprouve Mallarmé :

> Une femme peut tout donner, beaux regards et repos loin des nécessités. Mais les enfants (...) il y a en eux un monde de souffrance qui nous possède aux heures

de famille : parce que nous ne sommes les pères que de nos productions imaginatives.[64]

Ces productions viseront à satisfaire le détachement en exaltant l'individualisme du créateur, mais se laisseront apercevoir les signes de l'infinie solitude de celui qui a choisi de ne pas y appartenir.

En effet, comme nous le verrons plus loin, l'entreprise symboliste tentera de produire en dehors des mécanismes de production, dont l'image de la reproduction génétique offre la meilleure illustration. La procréation autorise la continuité de la chaîne productive. C'est ainsi que les ménades et autres furies figurent la loi sociale : elles assurent la permanence du développement des forces productives car elles ont intégré, dans leur corps même, le mécanisme de la régénération capitaliste.

■ *Les savants : nouveaux gardiens du système*

Une race nouvelle, celle de l'ingénieur-entrepreneur, commence à envahir le monde des idées. Citons ici l'historien François Caron :

> Ce ne sont pas, comme on l'a si souvent dit, des « bricoleurs » : ils sont riches d'une triple culture, scientifique, industrielle et commerciale, animés du désir d'entreprendre, et acceptent le risque de perdre. Les innovations qu'ils mettent au point ou développent sont de deux sortes : les unes, innovations de procédés, bouleversent les modes de fonctionnement du système productif, les autres, innovations destinées au consommateur final, bouleversent les modes de vie.[65]

Ce qui est donc nouveau, c'est que les chercheurs pactisent avec la renaissance industrielle, y participent et y pourvoient. Villiers, nommant son savant Edison, le place dans une lignée — celle des Siemens, Héroult et du même Edison — de tous ceux qui concourent, à force d'inventions, à faire de la société un terrain d'expérimentations. Poussant toujours plus loin l'audace et le mercantilisme, c'est sur la vie même qu'ils œuvrent. En constituant Hadaly, en reconstituant Jacques, les savants ingénieurs ont le sens des affaires.

C'est la fonction, par exemple, de l'Allemand fabricant d'automates, dans *Monsieur Vénus,* c'est aussi celle du bourreau chinois dans *Le jardin des supplices*. Dans le roman de Mirbeau, le bourreau joue un rôle central. Il est celui qui remplit sa fonction avec la dignité du vieux fonctionnaire. Assisté des instruments de la science, « de fins instruments d'acier »[66], assimilé au « tailleur » artiste qui démonte, mutile et sculpte de nouveaux êtres, le tourmenteur parle de sa fonction avec l'émotion d'un serviteur du régime :

> Travailler la chair humaine, comme un sculpteur sa glaise ou son morceau d'ivoire (...) il y faut de la science, de la variété, de l'élégance, de l'invention... du génie, enfin...[67]

Sous l'humour grinçant du discours, perce une condamnation du savoir qui défend l'ordre établi. C'est ce que montre la suite du texte, lorsque le narrateur croit voir dans la grimace du bourreau, le visage du politicien véreux et celui des bourgeois exploiteurs : « ce sont les juges, les soldats, les prêtres qui, partout, dans les églises, les casernes, les temples de justice s'acharnent à l'œuvre de mort »[68]. Renforçant l'autorité en place, le personnage du bourreau rappelle, par ses propos, le bourreau de la République que Mirbeau avait rencontré, et qui affirmait qu'il incarnait à lui tout seul la justice.

Entrent dans cette catégorie les personnages de savants, comme le savant Edison, dans *L'Eve future,* qui intervient dans le processus de modification de l'être en objet social. Le savant qui donne corps aux désirs des hommes n'est plus l'obscur illuminé exerçant illicitement un pouvoir occulte mais l'homme de science qui, par ses découvertes, apporte au monde marchand le fruit de ses recherches.

Ainsi, Edison est ce « grand mécanicien »[69], cet « expérimentateur intrépide »[70] qui ne recule devant rien pour éprouver ses découvertes. Il a ainsi sacrifié, pour essayer un nouveau système de freinage de trains, la bagatelle de centaines d'innocents, qualifiant ensuite ce drame de « contretemps »[71].

Vivant dans le luxe, Edison est un homme célèbre. Les journalistes, les reporters encerclent la demeure de Menlo Park, dans l'espoir d'offrir au monde la nouvelle d'une découverte scientifique : « Des rumeurs, touchant la découverte définitive de l'adaptation du compteur (!) à Electricité, commencèrent à circuler »[72]. La capacité inventive d'Edison s'évalue en actions bancaires puisque « les actionnaires du Gaz se répandirent en hâte de tous côtés pour acheter à la baisse le plus qu'ils purent d'actions au porteur de la Société fondée sur le Capital intellectuel d'Edison et l'Exploitation de ses découvertes. »[73]. Sous l'ironie, perce une réalité plus crue.

Si l'Andréide démarre comme désir d'un seul, elle met en évidence le principe de la série. En effet, Edison envisage de se lancer dans le circuit de l'échange et de la copie, tout en certifiant à Lord Ewald l'originalité de l'Andréide. En effet, n'affirmet-il pas : « La première Andréide seule était difficile. Ayant écrit la formule générale, ce n'est plus désormais, laissez-moi vous le redire, qu'une question d'ouvrier : nul doute qu'il ne se fabrique bientôt des milliers de substrats comme celui-ci et que le premier industriel venu n'ouvre une manufacture d'idéals ! »[74]. Parlant de son entreprise, il avoue : « je tirerai la vivante à un second exemplaire »[75].

La volonté de puissance des inventeurs se met au service du désir d'asservissement des maîtres. Créer l'Andréïde, c'est enchaîner un être à un autre, comme le montre bien Villiers. Hadaly est enfermée dans un sarcophage et se manifeste à la demande.

> Voici : l'Andréide possède, entre autres trésors, un lourd cercueil d'ébène, capitonné de satin noir. (...) Les battants supérieurs s'ouvrent à l'aide d'une petite clé d'or en forme d'étoile, et dont la serrure est placée sous le chevet de la dormeuse.
> Hadaly sait y entrer seule, nue ou tout habillée, s'y étendre, s'y assujettir en de latérales bandelettes de batiste (...) le front est retenu par une ferronnière.[76]

Elle est donc subordonnée à la science toute puissante, à son maître, puis à Lord Ewald. A Lord Ewald qui hésite encore à accepter l'offrande d'Hadaly, et souhaite suspendre sa réalisation, Edison répond : « Oh ! même après l'œuvre accomplie, (...) vous pourrez toujours la détruire, la noyer, si bon vous semble, sans déranger pour cela le Déluge »[77].

Edison a bien d'autres réalisations à côté d'Hadaly. Il est désigné comme le père d'une fournée d'inventions qui sont autant d' « enfants » de l'inventeur. Quant à ses véritables enfants, ils sont relégués dans une autre ville, une autre maison et n'apparaissent que sous la forme de voix lointaines que la magie de l'inventeur parvient à enfermer :

> Et maintenant, ajouta l'électricien, comme nous allons entreprendre, à l'instant même, un voyage assez périlleux, permettez que j'embrasse mes enfants : car les enfants, c'est quelque chose (...)
> Autour des deux chercheurs d'inconnu, des deux aventuriers de l'ombre, éclata, de tous côtés, dans la zone lumineuse des lampes, (...) une joie, une pluie de baisers d'enfants charmants qui criaient de leur voix naive :
> « Tiens, papa ! Tiens, papa ! Encore ! encore ! »[78]

Ces voix sont en réalité des enregistrements réalisés par Edison, voix vides qui renforcent l'idée du père-maître qui crée et qui détient un pouvoir de vie et de mort sur sa progéniture humaine et scientifique.

On peut ainsi se demander jusqu'à quel point ces gardiens chargés de veiller à la production ne symbolisent pas un appareil répressif. En effet, ils assurent par la force les conditions de reproduction de la société et surtout maintiennent l'ordre et l'exploitation de l'homme. Le bourreau chinois mentionne ses victimes comme des misérables du « bas peuple »[79], qui ne méritent pas « l'honneur d'un beau travail »[80]. Il expérimente ainsi sur les voleurs et les prisonniers, satisfaisant à la fois la justice et le voyeurisme morbide des possédants.

Quant à Edison, en enfermant Hadaly dans une prison dorée, en organisant sa surveillance, en se créant une progéniture artificielle, en maintenant le secret de sa création souterraine, il se fait le complice d'une société policière. Edison est le geôlier des inventions qu'il séquestre : il a emprisonné la nature, les éléments, l'électricité. L'emprisonnement total est symbolisé par l'aspect sombre et nocturne d'une œuvre où tout est noir : la cave d'Hadaly est construite sur « d'antiques obituaires »[81]. Edison fait régner sur sa maison une loi pesante de savant terroriste.

Mais l'électricien est aussi un artiste. Façonner Hadaly demande plus que de l'ingéniosité. Il y faut de l'art, du goût, un sens de l'esthétique qu'Edison (mais aussi le bourreau chinois) possède au plus haut point. Le corps se trouve alors nié par le découpage imposé par le maître. Qu'il s'agisse du savant démontage de l'appareil humain par Edison ou du corps des suppliciés, le corps subit un morcellement :

> Une fois la nuance de la blancheur dermale bien saisie, voici comment je l'ai reproduite, grâce à une disposition d'objectifs. Cette souple albumine solidifiée et dont l'élasticité est due à la pression hydraulique, je l'ai rendue sensible à une action photochromique très subtile.[82]

L'anatomie reconstituée ou remodelée appelle les mêmes métaphores poétiques de la part des inventeurs qui savourent, dans le corps, la reconstitution du travail fondamental : celui qui a permis la création et la reproduction de l'homme en instrument.

La peinture des mythes rejoint les obsessions du siècle. Les symbolistes disent, dans leurs fables, que l'homme est une chose, une marchandise, une machine ou, comme l'exprimera plus directement Célestine, l'héroïne du *Journal d'une femme de chambre,* « un monstrueux hybride humain » : « Un domestique, ce n'est pas un être normal, un être social...C'est quelqu'un de disparate, fabriqué de pièces et de morceaux qui ne peuvent s'ajuster l'un dans l'autre, se juxtaposer l'un à l'autre... C'est quelque chose de pire : un monstrueux hybride humain. »[83]

3) La réification de l'individu

■ *Le travail*

L'analyse de la réification de l'individu doit s'accompagner d'un regard plus général sur la conception de la vie industrielle par les écrivains symbolistes.

Les savants précédemment mentionnés sont des intruments au service de la force industrielle et le produit de leur recherche prend de la valeur parce qu'il s'agit du fruit d'un long et patient travail humain. L'Andréide prend ainsi de la valeur aux yeux de l'acheteur, comme le corps torturé du coolie devient une œuvre d'art dans les mains du bourreau. Toutes ces productions incarnent le travail humain, cristallisé et matérialisé. C'est le travail du savant artiste qui donne de la valeur à l'humain.

L'Eve future nous invite à assister à la complexe élaboration de l'Andréide. Chaque chapitre s'attache à distinguer le travail immense nécessité par la reconstitution des parties du corps, la chair, la chevelure, mais l'assemblage n'est « qu'une évidente question de main-d'œuvre »[84]. Le corps nouveau équivaut finalement à du temps de travail, une élaboration concrète et savante.

Quant à la description des supplices raffinés du *Jardin des supplices,* elle vise à faire du bourreau un maître d'œuvre qui redessine un homme avec sa scie : « J'ai retaillé un homme, des pieds à la tête, après lui avoir enlevé la peau »[85], dira-t-il.

Ces opérations permettent « d'habiller » artistiquement la mort, de décorer le corps banal du prolétaire en lui attribuant la gratification du travail. Ainsi se célèbre un travail qui ne réside pas dans la réflexion mais dans le « faire ». Edison et le bourreau sont des hommes de terrain, appliqués à améliorer leur rendement par un travail concret sur la matière. Les instruments mis à leur disposition — outillages, laboratoire — permettent de pousser les expérimentations plus avant.

Tous deux célèbrent également les inventeurs qui les ont précédés et parmi eux ils préfèrent, non les intellectuels, mais les créateurs. C'est ainsi que le bourreau salue « les authentiques savants (...) qui connaissaient parfaitement l'anatomie du corps humain, qui avaient des diplômes, de l'expérience, ou du génie naturel... »[86]. Par opposition, les Anglais ne sont guère admirés parce qu'ils font, aux Indes, du « travail grossier et sans art »[87]. Le bourreau s'émeut de ce gaspillage, « toutes les choses admirables qu'ils avaient à faire là-bas... et qu'ils n'ont pas faites... et qu'ils ne feront jamais ! »[88]. En fait, les Anglais tuent en bloc et ne pratiquent pas l'art du « savoir tuer » c'est-à-dire « travailler la chair humaine »[89]. De même, Edison, dans un tout autre domaine, préférera les inventeurs aux penseurs. Ceux qui façonnent le monde sont plus intéressants que les savants à l'esprit abstrait.

C'est par la valeur du travail que se fonde le monde nouveau : si Edison démonte Hadaly sous les yeux du novice qu'est Lord Ewald, c'est pour mieux lui faire saisir, par la pratique, comment s'est effectuée l'opération magique de la création de l'Andréide. A travers le résultat, c'est finalement le travail humain qui est glorifié.

Péladan procède de la même façon dans ses portraits d'éphèbe. On perçoit, dans le chef-d'œuvre de chair, le travail de l'artiste qui l'a modelé. *Dans Les dévotes d'Avignon,* l'androgyne Melle de Romanil est admirée par l'esthète Raman, lui-même un artiste, qui perçoit et convoite en cette apparition « ce travail prométhéen des doigts qui pétrissent la terre et l'élèvent à la forme »[90]. Relation quasi-religieuse à la matière brute : l'artiste produit l'objet comme Dieu a créé l'homme. L'activité productive s'identifie à l'activité génésique. C'est ainsi qu'Edison élabore Hadaly :

> Les cils seront comptés et mesurés à la loupe, à cause des valeurs du regard. — Ce vague duvet, ces ombres flottantes sur la mouvante neige du col, pareilles à des tons glacés d'encre de Chine sur une palette d'ivoire, ce négligé des fins cheveux follets, tous ces fondus de teintes enfin, seront d'une similitude enchanteresse.[91]

Car Edison est l'homme fort. C'est celui qui, pareil au dieu, a maîtrisé la force moderne que représente l'électricité. Sa maison est située « au centre d'un réseau de fils électriques »[92], son travail consiste à emprisonner la foudre dont il use abondamment pour créer l'andréide : « Cette foudre, qui circule ainsi en elle, est prisonnière ici, et inoffensive. Regardez ! »[93]. Les courants électriques animent la carapace vide de l'androgyne, lui confèrent au moyen d'une « piqûre d'éclair » au fond des prunelles « l'illusion totale de la personnalité »[94].

Edison possède, avec la foudre, un puissant allié qui fait sa force. Signe de son pouvoir démiurgique, la foudre appartient à Edison et symbolise sa maîtrise sur le monde inerte. Il est celui qui insuffle la vie. Son pouvoir est inséparable de celui de l'électricité qui, prophétise à la fin du roman Lord Ewald, « fera rayonner sur cent mille réseaux, dans les usines terrestres, l'aveugle, la formidable énergie, jusqu'à nos jours perdue, des cataractes, des torrents... »[95]. Energie de demain, pouvoir du futur, l'homme qui maîtrise un tel rayon peut envisager la domestication du monde.

Machine idéale ou corps extrait de la statuaire, c'est du travail qui s'est fixé, concrétisé dans un objet. En ce sens, ce dernier est porteur d'une valeur, il est le support d'une activité supra-naturelle, l'incarnation du travail démiurgique de l'exécutant. Ainsi l'individu vaut en tant qu'il est le fruit d'une productivité humaine. Le système, pour se reproduire, a besoin du travail. Le savant, le maître, le bourreau sont les pères-patrons qui assurent une production de la matière inorganisée (machine, marbre, glaise, corps de criminel), ainsi qu'une mise en forme de la nature. Le résultat est souvent plus réussi que l'original. Ces créations renferment une parcelle du génie divin : « Tout homme a nom Prométhée sans le savoir »[96] dira Edison.

■ *La machine*

Pour Marx, chaque objet satisfait des besoins humains, il possède donc une valeur d'usage qui recouvre ses propriétés et son utilité. Il est le produit d'un travail humain et peut donc à ce titre être échangé contre un objet de valeur équivalente. C'est ainsi que se manifeste la valeur propre de l'objet ; en tant qu'il peut entrer dans un rapport d'échange avec d'autres marchandises.

C'est alors qu'intervient l'évolution historique. A l'origine, les sociétés primitives ne connaissent qu'accidentellement l'échange marchand. Mais plus la production se développe, plus la valeur d'échange devient indispensable : une marchandise se doit de s'exprimer en équivalences et c'est la monnaie, l'or, les métaux précieux qui consacrent l'unité du rapport entre les objets.

> La marchandise spéciale avec la forme naturelle de laquelle la forme équivalente s'identifie peu à peu dans la société, devient marchandise monnaie ou fonctionne comme monnaie. Sa fonction spécifique, et conséquemment son monopole social, est de jouer le rôle de l'équivalent universel dans le monde des marchandises.[97]

La consolidation de l'argent comme valeur unique d'échange permet de créer ou d'amoindrir la valeur initiale d'usage d'un objet. C'est ainsi que l'hégémonie de la valeur d'échange implique ce que Marx appelle la réification, théorie que nous résumerons ainsi. L'hégémonie du quantitatif sur le qualitatif et le rapport achat-vente qui s'instaure entre les hommes entraînent une passivité des individus devant un monde de marchés. Spectateurs devant le mouvement des choses inertes, les hommes sont dominés par l'économie et la production. Ils deviennent eux-mêmes des objets, des automates.

Or, il nous est apparu lors de l'analyse des mythes du Symbolisme, que l'essence même des héros exprime le fait que l'individu se trouve ramené au rang de l'objet. Que l'être s'évalue, s'utilise, se mesure et se vend, c'est ce que nous avons montré. Que ces mythes doivent aussi quelque chose au fer et à la machine, c'est ce que nous allons à présent découvrir.

On se souvient que les œuvres se caractérisent par une dénonciation des rapports marchands. A cela s'ajoute le rejet du monde du Fer, c'est-à-dire de l'exploitation artistique et industrielle à la fin du siècle de matériaux comme l'acier, la fonte. Verlaine, Léon Bloy, Huysmans critiquent âprement la Tour Eiffel, « ce squelette de beffroi »[98], « flèche de Notre-Dame de la Brocante, flèche privée de cloches mais armée d'un canon qui annonce l'ouverture et la fin des offices, qui convie les fidèles aux messes de la finance, aux vêpres de l'agio, d'un canon, qui sonne, avec ses volées de poudre, les fêtes liturgiques du Capital ! »[99]

L'art industriel, violemment conspué, en partie d'ailleurs pour avoir servi d'inspiration aux naturalistes (« Toutes les grandes mécaniques industrielles comme celles de Zola et les pots de gomme tiède des Bourget me harassent »[100] écrit encore Huysmans), devient le signe accablant d'une société qui moule les esprits et les corps. Les rouages d'Hadaly, les mécanismes compliqués du coffre-fort du duc d'Este, la propre transformation de celui-ci en mécanique humaine, les ressorts qui animent le mannequin Jacques nous invitent à voir les choses envahir l'homme. Rachilde ira jusqu'à substituer un vase d'albâtre à l'amant dans *La jongleuse*. Celle-ci modifiera les mots servant à décrire les êtres par des mots désignant des objets.

Ainsi ce sont les « couteaux » « amphore » « vase » « cruche » qui remplaceront les hommes et confirmeront la suprématie de l'objet.

Wilde, dans une série de conférences effectuées aux Etats-Unis, justifiera en ces termes les dangers de la mécanisation :

> Le mal que fait la mécanisation ne réside pas seulement dans les conséquences de son travail, mais dans le fait qu'elle transforme les hommes en machines. Alors que nous voudrions qu'ils soient des artistes, c'est-à-dire des hommes.[101]

Si nous revenons au portrait de l'androgyne miss Urania que peint Huysmans dans *A rebours,* nous constatons que l'artiste de cirque possède « un corps bien découplé, aux jambes nerveuses, aux muscles d'acier, aux bras de fonte »[102]. Elle est également « grossier hercule dont les bras (...) peuvent broyer dans une étreinte »[103]. Quant à la ventriloque, son talent consiste à converser « avec des mannequins presque vivants » et à contrefaire « le roulement d'imaginaires voitures »[104].

Pour Huysmans, le corps de la danseuse et celui de la prostituée entretiennent des rapports avec le monde industriel. En effet, une remarque du carnet intime de Huysmans devant le spectacle de la danseuse Loïe Fuller nous révèle la frustration qu'il ressent devant ce spectacle dont l'originalité provient d'une prouesse technique : « Spectacle curieux, mais incomplet ; féerique, mais brut. Il y a beaucoup à dire. Danse médiocre. La gloire est à l'électricien, en somme, c'est américain »[105].

Les saltimbanques sont, de par la réitération de leurs gestes acrobatiques, victimes de la mécanisation des corps. Les artistes, les danseurs, sont des proies de choix. Ainsi la foule au bal de la Brasserie Européenne contient « toute une armée d'épaulettes à franges blanches (qui) s'agitait, jetant des bras bleus au ciel, lançant sur le plancher des jambes rouges ; ceux-ci nu-tête, le crâne ras et trempé de sueur, simulaient les branches de ciseaux qu'on ouvre et qu'on referme, avec leurs jambes ; (...) d'autres encore, la main sur le ventre, semblaient moudre du café ou tourner une manivelle... »[106].

Ailleurs, c'est « une acrobate, nue, le ventre pareil à un giraumont, (qui) se casse en deux, à la renverse, dans un cerceau, au son d'un orgue »[107]. C'est également la danseuse peinte par Degas : « la mercenaire abêtie par de mécaniques ébats et de monotones sauts »[108].

On peut se demander pourquoi Huysmans annexe à des descriptions de corps féminins et masculins ces aboutissements barbares. Ainsi les blanchisseuses sont « de bonnes soussouilles dont les gros bras font marcher le fer »[109]. Il est difficile d'oublier que Huysmans vit au temps des machines et que l'énergie humaine déployée dans la danse, dans l'effort et dans le travail, rejoint les principes de l'industrie. Le corps est un agencement mécanique : il est plus que jamais force de travail.

Il nous faut alors lire, dans le costume chamarré de la princesse Salomé, ce qui l'investit des pouvoirs de l'usine moderne. Ce qui devait être le « rêve ancien, dans une corruption antique, loin de nos mœurs, loin de nos jours »[110] se trouve concurrencé par les immixtions du présent industriel. Ce sont d'abord ces « nuées de vapeur » qui nimbent la scène mystique et surchauffent l'atmosphère. Le calorifère qui fait tourner la scène n'est autre que le corps et le costume de Salomé : « ses bracelets, ses ceintures, ses bagues, crachent des étincelles »[111], « la cuirasse des orfèvreries, dont chaque maille est une pierre, entre en combustion »[112]. Le type de Salomé, loin d'être un fantôme du passé, ou même une incarnation trop charnelle, est un agrégat de raideur et de force efficace (« élue entre toutes par la catalepsie qui lui raidit les chairs et lui durcit les muscles... »[113]), qui est le propre de la machine.

Réification de la femme, qui est l' « insensible et impitoyable statue »[114] armée du lotus, encore dans le deuxième tableau où les « joailleries s'embrasent ; les pierres s'animent, dessinent le corps de la femme en traits incandescents, la piquent au cou, aux jambes, aux bras, de points de feu, vermeils comme des charbons, violets comme des jets de gaz, bleus comme des flammes d'alcool... »[115] La femme est devenue une usine crachant le feu, polluant l'espace mais séduisante par son éventail de couleurs chimiques. Charbon, gaz, alcool, Salomé devient à son tour appareil mû par des combustibles.

Loin qu'ils le détournent de la contemplation du présent, Huysmans accorde à ses mythes le pouvoir d'annexer la modernité. Et cette immixtion de l'industriel au cœur des visions n'est pas toujours nuisible. Il semble au contraire qu'elle est source de fascination parce qu'elle réalise la fusion de deux arts.

Au-delà de positions catégoriques sur l'industrialisation sauvage perce une tentation, celle de se laisser séduire et broyer par la machine. Un moment, la machine se laisse envisager comme source de fantasmes nouveaux, de sensations neuves : auprès de Miss Urania, des Esseintes « imagina des transports nouveaux ».

Cette séduction de la machine transparaît encore quand des Esseintes avoue préférer à la femme, la locomotive « monumentale et sombre brune » « de sveltesse délicate et de terrifiante force »[116]. La machine se constitue alors comme le substitut féminin par excellence : créée par la main de l'homme, elle constitue une revanche sur la nature. « Emprisonnée dans un étincelant corset de cuivre, (...) raidissant ses muscles d'acier, (...) aux reins trapus, étranglés dans une cuirasse en fonte »[117], la locomotive contient la femme et la machine. Parmi les plaisirs inéprouvés, elle présente un nouveau désir.

Cette fascination pour la décadence née de l'industrialisation sauvage, nous la retrouvons schématisée dans la description d'un paysage des *Croquis parisiens*, la Bièvre. En déplorant les rives défigurées, l'assainissement des terres ingrates, Huysmans regrette la misère industrieuse des bas-quartiers où « vont disparaître et cette vue mélancolisante d'un puits artésien et de la Butte aux Cailles, ces lointains où le Panthéon et le Val-de-Grâce arrondissent, séparés par des tuyaux d'usine, leurs deux boules violettes sur la braise écroulée des nuages. »[118]

Ce tableau n'est point seulement un témoignage accablant sur la vie ouvrière, victime de l'industrialisation, c'est en même temps et à l'intérieur même de la critique implicite, l'aveu d'une séduction pour les eaux croupissantes qui charrient les couleurs chimiques « d'ardoise et de plomb fondu »[119], les « remous verdâtres » et la « suie coulante »[120]. L'industrialisation sauvage a procuré au paysage charmant mais fade, la lèpre épicée, la bourbe soufrée qui fait dire à Huysmans : « La nature n'est intéressante que débile et navrée »[121].

Position ambiguë que celle de Huysmans, qui commence d'abord par se faire le chantre de la modernité et le partisan de l'art industriel, alliant la puissance à la légèreté. Dans *En rade,* Huysmans ne se livre-t-il pas à une comparaison entre le travail industriel et le travail agricole, toute défavorable au « travail anodin des champs » ?[122] : « Le pain nourricier des machines, la dure anthracite, la sombre houille, toute la noire moisissure fauchée dans les entrailles même du sol en pleine nuit, était autrement douloureuse, autrement grande »[123]. Dans *L'art moderne,* Huysmans, encore naturaliste et moderne, pensait que « les architectes et les ingénieurs qui ont bâti la gare du Nord, les Halles, le marché aux bestiaux de la Villette et le nouvel Hippodrome, ont créé un art nouveau, aussi élevé que l'ancien, un art tout contemporain, approprié aux besoins de notre temps »[124]. Il se demande plus loin « quel artiste rendra maintenant l'imposante grandeur des villes usinières »[125].

Mais il se renie bientôt, maudissant le règne du Fer, l'oppression de l'argent et du capital. Demeure, dans cet avilissement de l'art, la fascination pour le monde torturé, dégradé, mais coloré de la misère. La sidérurgie et les hauts-fourneaux crachant la fumée confèrent aux paysages une identité. Dans « Vue des remparts du Nord-Paris » Huysmans avoue que « le site est en parfait accord avec la profonde détresse des familles qui le peuplent »[126]. Il conclut : « ...nous avons délégué les ingénieurs afin d'assortir la nature à nos besoins, afin de la mettre à l'unisson avec les douces ou pitoyables vies qu'elle a charge d'encadrer et de réfléchir. »[127].

Huysmans a réalisé que dans cette fusion du métallique et du vivant résidait la véritable et séduisante barbarie, non point dans quelque rêve d'antique perversité. En ce sens, la cruauté du corps devenu coffre-fort, colonne de fonte, appareil utilitaire peint la plus insupportable des détresses.

L'esclavage s'inscrit au cœur même de la technologie, en une effroyable entreprise d'asservissement. Dans *Monsieur Vénus*, Jacques, une fois mort, est réactivé grâce à une ingénieuse mécanique. Sa bouche répond au baiser de Raoule de Vénérande. La machine supplée à l'impuissance humaine et pallie la rigidité de la mort.

Le cadavre de Jacques est ainsi récupéré par le maître. Il n'est pas négligemment enterré mais est reproduit, amélioré, nous pourrions dire « recyclé » grâce à l'ingéniosité de Raoule. On perçoit comment le système continue à fonctionner et comment la mort même ne saurait mettre fin à la consommation du corps et de l'esprit. Conçue pour tout récupérer, la société moderne ne jette rien.

Curieusement, l'idée implicite contenue dans le roman de Rachilde rejoint les théories de Huysmans sur les ptomaïnes. Cette théorie scientifique, exposée par Jacques Marle dans *En rade*, consiste à extraire des cadavres des huiles aux odeurs musquées, à des fins utilitaires : aromatiser des entremets aux essences d'ancêtres, s'enduire de pommades « à l'essence de prolétaire »[128] sera désormais possible.

> ... en attendant, pour satisfaire aux postulations d'un siècle pratique qui enterre, à Ivry, les gens sans le sou à la machine et qui utilise tout, les eaux résiduaires, les fonds de tinettes, les boyaux des charognes et les vieux os, l'on pourrait convertir les cimetières en usines qui apprêteraient sur commande, pour les familles riches, des extraits concentrés d'aïeuls, des essences d'enfants, des bouquets de pères.[129]

Huysmans avec ses grincements coutumiers se fait le visionnaire d'un système poussé à l'excès. Mais ne pourrait-on voir dans la récupération du corps d'Alicia Clary, dans *L'Eve future* de Villiers, avec le but avoué de la reproduire en l'améliorant, et dans les supplices chinois qui font de la chair « une belle soie brodée »[130], la même initiative ? Edison doit notamment recueillir les émanations corporelles, la transpiration, les odeurs et les parfums d'Alicia et les intégrer au produit achevé qu'est l'automate Hadaly.

Partout, dans les mythes, apparaît le trucage, l'inscription artificielle apportée par le fer, la mécanique ou l'électricité. L'Andréide Hadaly est arrangement de matières, jeux de poulies, d'aimants et de courants. Elle a une chair artificielle et « n'offre jamais rien de l'affreuse impression que donne le spectacle du processus vital de notre organisme »[131].

L'androgyne devient objet d'une manipulation réglée par un maître de jeu qui détient les clés du pouvoir. En cela réside l'ambiguïté de l'androgyne. N'est-ce pas la machine en lui qui appâte d'abord celui qui est ou deviendra son maître ? Il semble bien que, comme miss Urania, c'est l'artefact « muscles de fer, bras de fonte » qui est objet de désir. C'est ce morceau de métal qui entraîne, avec lui, l'humanité entière.

Les écrivains symbolistes semblent donc montrer que l'époque moderne revitalise certaines visions du passé. Le sphinx se nourrissant de chair humaine, les ménades et les furies sont renouvelés par une force qui consomme de l'humain. Cette force n'est plus un obscur et impénétrable destin, c'est l'Etat, c'est la société capitaliste. Les mythes anciens se précisent et prennent le visage du monde moderne. En ce sens, les mythes s'éveillent au réel, ils disent comment fonctionne le profit et comment se détruisent les valeurs individuelles en vertu d'une morale nouvelle fondée sur l'économique.

NOTES

(1) L. Goldmann, *Marxisme et sciences humaines,* Paris : Gallimard, 1970.
(2) P. Barbéris, *Lectures du réel,* Paris : Editions sociales, 1973, p. 274.
(3) L. Goldmann, *Marxisme...,* p. 27.
(4) *Idem*, p. 31.
(5) J. Kristeva, *Semiotikè, recherches pour une sémanalyse,* Paris : Seuil, 1969.
(6) *Idem*, p. 10.
(7) *Ibid..*
(8) Jules Laforgue, « Salomé » *Moralités légendaires,* Paris : Gallimard, 1977, p. 129.
(9) L. Goldmann, *Marxisme...,* p. 56.
(10) K. Marx, *Le capital,* Paris : Editions Sociales, t. 1, p. 172.
(11) J.K. Huysmans, *Un dilemme,* Genève : Slatkine, 1972, tome IV, p. 233.
(12) J.K. Huysmans, cité par Hubert Juin, préface à *Un dilemme,* Paris : UGE, 1976, p.15.
(13) J.K. Huysmans, *Un dilemme,* p. 146.
(14) *Idem.*
(15) *Ibid.,* p. 162.
(16) *Ibid.,* p. 210.
(17) J.K. Huysmans, *Croquis parisiens,* Paris : UGE, 1976, p. 419.
(18) Villiers de l'Isle-Adam, *L'Eve future,* Paris : Gallimard, 1986, t. 1, p. 890.
(19) *Idem*, p. 802-803.
(20) O. Mirbeau, *Journal d'une femme de chambre,* Paris : Fasquelle, 1986, p. 114.
(21) J.K. Huysmans, *A rebours,* Paris : UGE, 1975, p. 332.
(22) L. Bloy, « Le sang du pauvre » *Le salut par les juifs,* Paris : UGE, 1983, p. 203.
(23) *Idem*, p. 201.
(24) J.K. Huysmans, *A rebours,* p. 330.
(25) E. Bourges, *Le crépuscule des dieux,* Paris : Stock, 1950, p. 265.
(26) *Idem*, p. 266.
(27) *Ibid.*
(28) *Ibid.,* p. 267.
(29) *Ibid.*
(30) J.K. Huysmans, *A rebours,* p. 333.
(31) J.K. Huysmans, *Certains,* Paris : UGE, 1975, p. 405.
(32) O. Mirbeau, *Des artistes,* Paris : UGE, 1986, p. 157.
(33) O. Mirbeau, *Le jardin des supplices,* Paris : Gallimard, 1988, p. 93.
(34) *Idem*, p. 80.
(35) *Ibid.,* p. 79.
(36) *Ibid.,* p. 68.
(37) *Ibid.,* p. 117.
(38) Rachilde, *Monsieur Vénus,* Paris : Flammarion, 1977, p. 95.
(39) *Idem*, p. 26.
(40) *Ibid.,* p. 58.
(41) *Ibid.,* p. 108.
(42) *Ibid.,* p. 46.
(44) *Ibid.,* p. 31.
(44) *Ibid.,* p. 34.
(45) O. Mirbeau, *Le jardin...,* p. 173.
(46) *Idem*, p. 175.
(47) *Ibid.,* p. 68.
(48) R. de Gourmont, « L'histoire tragique de la princesse Phénissa » *Le pèlerin du silence,* Paris : Mercure de France, 1896, p. 34.
(49) E. Schuré, *Le théâtre initiateur,* Paris : Perrin, 1926, p. 221.
(50) *Idem*, p. 221.
(51) J. Péladan, *Théâtre de la Rose-Croix,* Paris : Chamuel, 1895, p. XII.
(52) E. Schuré, *Les grands initiés,* Paris : Perrin, 1960, p. 227- 228.
(53) *Idem*, p. 248.
(54) *Ibid.,* p. 252.
(55) E. Schuré, *Les grandes légendes de France,* Paris : Perrin, 1892, p. 146.
(56) J. Péladan, *Comment on devient mage, Amphithéâtre des Sciences Mortes,* Paris : Chamuel, 1922.
(57) C. Mendès, *Les mères ennemies,* Paris : Dentu, 1880, p. 148.
(58) C. Mauclair, *Les mères sociales,* Paris : Ollendorff, 1902, p. 310.
(59) *Idem*, p. 163.
(60) *Ibid.,* p. 63.
(61) Jean Moréas et Paul Adam, « La Faënza » *Le thé chez Miranda,* Paris : Tresse et Stock, 1886, p. 75.
(62) M. Agulhon, *Marianne au combat,* Paris : Flammarion, 1979.
(63) P. Verlaine, cité par M. Agulhon, *Marianne...,* p. 225.
(64) S. Mallarmé, cité par J. Kristeva, *La révolution du langage poétique,* Paris : Seuil, 1974.

(65) F. Caron, *La France des patriotes, Histoire de France,* t. 5, Paris : Fayard, 1985, p. 308.
(66) O. Mirbeau, *Le jardin des supplices,* p. 202.
(67) *Idem,* pp. 206-207.
(68) *Ibid.,* p. 249.
(69) Villiers de l'Isle-Adam, *L'Eve future,* p. 779.
(70) *Idem,* p. 781.
(71) *Ibid.,* p. 782.
(72) *Ibid.,* p. 970.
(73) *Ibid.,* p. 971.
(74) *Ibid.,* p. 930.
(75) *Ibid.,* p. 836.
(76) *Ibid.,* p. 852.
(77) *Ibid.,* p. 844.
(78) *Ibid.,* p. 848.
(79) O. Mirbeau, *Le jardin...,* p. 203.
(80) *Idem.*
(81) Villiers de l'Isle-Adam, *L'Eve future,* p. 866.
(82) *Idem,* p. 832.
(83) O. Mirbeau, *Journal d'une femme de chambre,* p. 187.
(84) Villiers de l'Isle-Adam, *L'Eve future,* p. 832.
(85) O. Mirbeau, *Le jardin...,* p. 202.
(86) *Idem,* p. 204.
(87) *Ibid.,* p. 206.
(88) *Ibid.*
(89) *Ibid.*
(90) J. Péladan, *Les dévotes d'Avignon,* Paris : UGE, 1984, p. 25.
(91) Villiers de l'Isle-Adam, *L'Eve future,* p. 948.
(92) *Idem,* p. 767.
(93) *Ibid.,* p. 926.
(94) *Ibid.,* p. 947.
(95) *Ibid.,* p. 1008.
(96) *Ibid.,* p. 84.
(97) K. Marx, *Le Capital,* t. 1, p. 82.
(98) L. Bloy, cité par F. Caron, *La France des patriotes,* p. 309.
(99) J.K. Huysmans, « Le fer » *Certains,* pp. 408-409.
(100) *Idem,* p. 177.
(101) O. Wilde, cité par R. Ellmann, *Oscar Wilde,* London : Penguin, 1987, pp. 184-185.
(102) J.K. Huysmans, *A rebours,* p. 180.
(103) *Idem,* p. 181.
(104) *Ibid.,* p. 184.
(105) J.K. Huysmans, cité dans la préface de *En ménage,* Genève : Slatkine, t. 4, 1972, p. 133.
(106) J.K. Huysmans, « Le bal de la Brasserie européenne » *Croquis parisiens,* Paris : UGE, 1976, p. 350.
(107) J.K. Huysmans, « Félicien Rops » *Certains,* p. 336.
(108) *Idem,* p. 294.
(109) J.K. Huysmans, « La blanchisseuse » *Croquis parisiens,* p. 374.
(110) J.K. Huysmans, *A rebours,* p. 113.
(111) *Idem,* p. 115.
(112) *Ibid.*
(113) *Ibid.,* p. 117.
(114) *Ibid.,* p. 121.
(115) *Ibid.,* p. 120.
(116) *Ibid.,* p. 77.
(117) *Ibid.*
(118) J.K. Huysmans, « Paysages » *Croquis parisiens,* p. 388.
(119) *Idem,* p. 388.
(120) *Ibid.,* p. 389.
(121) *Ibid.,* p. 387.
(122) J.K. Huysmans, *En rade,* Paris : UGE, 1976, p. 170.
(123) *Idem,* p. 170.
(124) J.K. Huysmans, « Le salon de 1879 » *L'art moderne,* Paris : UGE, 1976, p. 91.
(125) J.K. Huysmans, « L'exposition des indépendants » *L'art moderne,* p. 134.
(126) J.K. Huysmans, « Paysages » *Croquis parisiens,* p. 199.
(127) *Idem,* p. 400.
(128) J.K. Huysmans, *En rade,* p. 196.
(129) *Idem.*
(130) O. Mirbeau, *Le jardin des supplices,* p. 204.
(131) Villiers de l'Isle-Adam, *L'Eve future,* p. 909.

CHAPITRE II

LE REFUS DU NOUVEAU MONDE

1) Le sujet contre l'objet

> Pour moi, le cas d'un poète, en cette société qui ne lui permet pas de vivre, c'est le cas d'un homme qui s'isole pour sculpter son propre tombeau.[1]

Ces mots de Mallarmé confirment une prise de position commune aux artistes du Symbolisme et illustrent la théorie du non-engagement. Tombeau ou cloître, (« Que pénétré du sentiment de Soi, je me tourne vers l'art puisque-là sera mon vœu, mon cloître et mon ciboire »[2] dira Camille Mauclair) une forme d'exclusion se fait jour. Cette position est amplifiée par les propos d'un des Esseintes-Huysmans qui sacrera Mallarmé pour avoir osé un tel retrait social :

> Ces vers, il les aimait comme il aimait les œuvres de ce poète qui, dans un siècle de suffrage universel et dans un temps de lucre, vivait à l'écart des lettres, abrité de la sottise environnante par son dédain, se complaisant, loin du monde, aux surprises de l'intellect, aux visions de sa cervelle, raffinant sur des pensées déjà spécieuses, les greffant de finesses byzantines, les perpétuant en des déductions légèrement indiquées que reliait à peine un imperceptible fil.[3]

Et que fait des Esseintes si ce n'est s'adonner à l'esthétisme comme Mallarmé se voue à son art et Moreau à sa peinture mythologique ? Le héros d'*A rebours* réalise, avec toute l'outrance que peut autoriser sa position sociale, le rêve exprimé par les symbolistes : s'abstraire du monde.

■ *L'exaltation de la vie cérébrale*

Dans une société qui favorise les intérêts d'une collectivité rapace, les vertus de l'individu prennent l'aspect d'un retour au passé. En effet, les héros symbolistes, dont on a vu qu'ils personnifient des esthètes et des poètes — Orphées d'un autre siècle — sont souvent des laissés pour compte de la société. Recrutés dans la frange éduquée mais non active de la société, ils s'identifient aux aristocrates déchus. Noronsoff, le prince russe aux goûts pervers, du roman de J. Lorrain ; des Esseintes, descendant d'une aristocratie finie, le duc d'Este, du *Crépuscule des dieux,* dernier maillon d'une race fatiguée, tous se cantonnent dans le rôle de l'esthète distingué et superficiel et deviennent témoins d'un monde qui se fait sans eux. En cela, les mythes qui les portent, androgynes, Orphée, Narcisse, sont les symboles de l'inadaptation nécessaire aux héros du désenchantement. Vivant en serre et livrés aux tourments de leur imaginaire, ils sont amenés à, si l'on peut dire, œuvrer sur eux-mêmes.

En effet, c'est leur personne même, avec ses outrances et ses vertiges, qui servira de terrain de recherches. Parce qu'il ne leur reste rien à faire ni à créer, dans une société entreprenante qui porte partout ses conquêtes, la seule terre où faire porter son énergie est le sujet lui-même.

La rentrée en soi-même et la nostalgie d'un autre âge ne peuvent se concevoir sans l'obligation de vivre dans une société qui ne fait pas de place à l'individu. Conjuguée à l'absence d'opinion politique précise — si ce n'est le refus de tout — cette situation marginale conduit au gaspillage et à l'artifice érigés en art.

C'est ainsi que les idées dont bouillonnent les héros ne peuvent se concrétiser que dans le superflu du décor ou les chatoiements de l'art. L'énergie toutefois n'est pas morte, elle a été détournée du profit et de la rentabilité pour s'épanouir dans l'analyse et le rêve. C'est, comme nous le verrons, par la grâce de l'art, que survivent les protestations et une forme déguisée de l'action. C'est ainsi qu'il faut maintenir une attitude de repli face au collectif pour s'obstiner à affirmer les valeurs individuelles.

Ainsi la procréation, parce qu'elle est reproduction de l'être humain ainsi que des moyens de production, est exclue des mœurs des esthètes. Les personnages de Huysmans, frères de l'auteur, ressassent les horreurs de la paternité :

> Et encore, si l'on ne procréait aucun enfant ! si la femme était vraiment stérile ou bien adroite, il n'y aurait que demi-mal ! — mais, est-on jamais sûr de rien ! et alors ce sont de perpétuelles nuits blanches, d'incessantes inquiétudes. Le gosse braille, un jour, parce qu'il lui pousse une quenotte ; un autre jour, parce qu'il ne lui en pousse pas ; ça pue le lait sur et le pipi, par toute la chambre...[4]

Mettre l'enfant au monde, c'est surtout « recommencer la misérable vie de leur père. »[5] Aussi faut-il s'acharner à détruire tout ce qui bouge. En choisissant de corrompre un enfant des rues, des Esseintes tente d'empoisonner le cours de sa vie. Il l'incite au crime pour « créer un gredin, un ennemi de plus pour cette hideuse société qui nous rançonne. »[6] Ce mépris social, Rémy de Gourmont l'approuvera en disant : « Je voudrais avoir le courage de travailler à l'avilissement de mes contemporains »[7]. Il précisera dans *Les chevaux de Diomède.*

> Dans le petit monde où je vis et que j'ai contribué à créer, la morale ne s'entend pas sur le monde ancien. On estime que l'être le plus moral est, non pas celui qui subit docilement la loi, mais celui qui s'étant créé une loi individuelle, conforme à sa propre nature et à son propre génie, se réalise selon cette loi, dans la mesure de ses forces et des obstacles que lui oppose la société.[8]

Il s'agit donc de faire respecter une règle de vie individuelle qui va à l'encontre de la loi sociale, du sens de la vie, de l'obéissance aux lois communautaires. Cette règle est formulée en 1893 par Gourmont dans *L'idéalisme,* et s'appuie sur le pessimisme schopenhauerien :

> convaincu que tout est parfaitement illusoire (...), l'idéaliste se désintéresse de toutes les relativités telles que la morale, la patrie, la sociabilité, les traditions, la famille, la procréation, ces notions reléguées dans le domaine pratique.[9]

Règle de vie qui s'établit aussi dans le refus des formules : capital, travail, terre. Ces trois sources de revenus qui produisent profit, salaire et rente sont délibérément ignorées. Stériles, improductifs, vivant des lambeaux du patrimoine familial, les personnages conçoivent une existence échappant à l'attraction capitaliste.

D'autre part, les mythes du symbolisme traduisent tous une volonté de différenciation. Il s'agit, dans ses images et dans ses rêves, d'échapper à la mainmise de la société. Tous les héros — Narcisse, Œdipe, Orphée — sont en quête d'une réalisation individuelle qui délaisse le social. Marginaux ou exclus, ils sont indifférents à l'économie politique et se méfient du bonheur social. La quête spirituelle d'Orphée rejoint la quête sexuelle de Narcisse : c'est bien l'apologie de l'individuel qu'accomplissent les textes.

Se dresse ainsi une autre aristocratie : celle des mythes. Orphées modernes, les symbolistes veulent se reconnaître dans le mythe du héros solaire qui freine de ses rayons la progression sociale. Ou bien encore, dans la figure de Narcisse, se dessine le portrait de l'exclu, comme le montre Camille Mauclair :

> J'en appelle aux mille hommes qui savent que l'art existe, en France. Les meilleurs doivent s'abstraire. Tous se confinent en eux-mêmes, et tous sont des Narcisses, par goût, par besoin, par horreur d'autre chose que de leur image. Ils sont fiers et stricts : leur sensualité toute cérébrale ne les dompte pas, mais les exalte. Et sachant qu'un pouvoir est en eux, ils vont dans la vie les mains vides.[10]

Il ajoutera plus loin : « toutes les déesses et tous les dieux, reflets de nous-mêmes. »[11]

Parmi les refus de la morale commune, figure en bonne place le refus de l'action. Les héros, contaminés par des mythes passifs, assimilent l'activité à une dégradation, une acceptation de rentrer dans l'ordre. Des Esseintes, le prince Noronsoff pourraient, comme le fait le héros de Sixtine, d'Entragues, déclarer : « mon œuvre véritable sera celle-ci : un être né avec la complète paralysie de tous les sens, en lequel ne fonctionnent que le cerveau et l'appareil nutritif »[12]. Position sur laquelle renchérit Philippe, le double de Barrès, lorsqu'il déclare, dans *Un homme libre,* « Chez moi, d'une activité musculaire toujours nulle, le système cérébral et nerveux a tout accaparé »[13].

Seule demeure alors, hypertrophiée, maladive, la perception des sens comme seule affirmation sur le monde, tout le reste n'étant que négations. Citons encore Rémy de Gourmont :

> Je veux jouer avec la vie, je veux passer en rêvant ; je ne veux pas croire ; je ne veux pas aimer ; je ne veux pas souffrir ; je ne veux pas être heureux ; je ne veux pas être dupe. Je regarde, j'observe, je juge, je souris.[14]

L'exaltation de la vie cérébrale conduit à une volontaire inaction. Faiblesse musculaire, fatigue sociale, le héros est avant tout un sensible au « corps simplifié »[15] comme le dira Barrès, qui a de ce fait canalisé dans son esprit toute son agilité et sa force.

C'est ce que démontre Péladan, dans *L'initiation sentimentale,* en brandissant le mythe d'Orphée comme réponse passive au tyran exterminateur.

> (Orphée) hiérophante et poète, sublime recruteur de la légion idéale, racoleur insigne de toute spiritualité dit à l'humanité féroce la parole d'amour et, après l'avoir bafoué, on le tue et on l'oublie. Le grand drame terrestre se joue entre les descendants de Nimroud et les fils d'Orphée ; et la masse n'oscille pas, comme le chœur antique, entre les deux puissances, elle aime l'odeur du sang versé, elle aime la guerre, le lupanar et le suffrage universel, les trois immondices humaines.[16]

En se nommant « les descendants d'Orphée » les mages de l'éthopée péladane, Nebo, Samas, Mérodack, persistent à faire obstacle à la société productive par le mépris et la passivité.

> Aujourd'hui, le devoir de mes bras est d'être croisés ; le devoir de mes lèvres, de cracher ; le devoir de ma charité, de maudire. Est-ce que les valets des pharaons voudraient être les ministres de maintenant ? Toutes les voies sont corrompues ; dans un pays où l'on voit sur le même édifice : « Egalité » et « Défense de faire des ordures » vous voulez que j'œuvre ? Savez-vous ce que ferait la France républicaine d'un Orphée ? Elle l'emmènerait en Colchide, sac au dos, comme pousse-caillou, et, après l'avoir livré aux jurons blasphématoires d'un caporal, elle le ferait périr dans un sylos, au bon plaisir d'un adjudant.[17]

Le mauvais traitement que recevraient les dieux égarés dans le siècle est un exemple récurrent de la littérature symboliste. Ainsi Villiers de l'Isle-Adam, dans *Isis*, roman philosophique inachevé, avait déjà insisté sur ce point. Le narrateur déplore les découvertes modernes qui s'accomplissent au détriment du spirituel. Il envisage, comme Péladan, le saisissant contraste que produirait l'arrivée d'un dieu antique sur la terre :

> Que Jupiter, par exemple, s'avise de revenir jouer Amphitryon ou de faire des miracles, on le traduira simplement à l'une des polices correctionnelles de l'Europe, et, s'il prétendait nous échapper, il y aurait extradition instantanée sur tout le globe, que nous manions comme une pomme désormais.[18]

Les symbolistes sont sensibles au nivellement qui supprime la pyramide de l'esprit au détriment d'une hiérarchie fondée sur l'argent et le pouvoir : c'est le progrès qui tue les héros. Leurs propos contestataires rejoignent les propos moqueurs d'un partisan du pouvoir, Jules Ferry :

> Dans ces temps primitifs, l'idéal de l'humanité, ce sont les héros dont les poètes anciens nous ont conté les hauts faits ; les Hercule, les Thésée. Que sont en somme ces héros, ces demi-dieux ? Permettez-moi l'expression, ce sont des gendarmes... Mais voyez la différence avec les temps modernes : aujourd'hui que la force publique est à la disposition de tout le monde, la sécurité sociale est devenue le bien de tous, et si Hercule (...) s'avisait de vouloir faire la police de nos cités...le moindre petit commissaire de police (...) le conduirait au poste.[19]

On est amené à constater une concordance entre les propos des symbolistes et les porte-parole du pouvoir en place. Tous affirment la mort des dieux : fossiles d'une autre ère, ils sont condamnés à brève échéance à cause de l'écart démesuré entre les principes qu'ils défendent et l'idéologie moderne.
Les héros mythiques traduisent donc bien ce que Péladan appelle « un héroïsme en disponibilité »[20]. Ils sont amenés à redéfinir leur statut par rapport à la loi. Mais, fidèles à des principes élevés, les héros ne sauraient avoir avec la société d'autres rapports que ceux de l'inertie et de la parole.
Oscar Wilde, chantre de l'esthétisme, s'accorde parfaitement avec cette profession de foi. Il déclare dans ses écrits critiques, *Intentions* :

> La société pardonne souvent au criminel, mais jamais au rêveur et les belles émotions vaines que l'art éveille en nous lui paraissent haïssables. Le public est si bien subjugué par la tyrannie de cet affreux idéal social, que dans les expositions et autres lieux accessibles à tous, on vient vous demander d'une voix de stentor : « Qu'est-ce que vous faites ? » alors qu'entre civilisés, la seule question admissible serait celle-ci : « Qu'est-ce que vous pensez ? »[21]

Ainsi s'élabore une théorie de l'art où l'action est perçue comme inutile et pernicieuse. Wilde ajoute : « L'action, avec toutes ses bornes, n'aurait pas permis à Shakespeare de s'exprimer à sa satisfaction. S'il a pu tout accomplir, c'est parce qu'il ne fit rien. »[22]

■ L'art contre le social

Les héros des récits du Symbolisme n'investissent pas dans une conduite rentable. Au contraire, ils dilapident leur énergie : plaisir, esthétisme, superflu. Le héros du *Crépuscule des dieux,* élabore des palais vains, des demeures inhabitables et des palais idéaux qui ne s'intègrent pas à l'architecture de production ni à l'échelle des biens matériels.

> Tout y avait été bâti l'un après l'autre, selon les caprices successifs de Son Altesse, et ce pêle-mêle, que les architectes avaient vainement tenté d'ajuster ensemble, formait un prodige de bâtiment, par les pavillons, les arcades, les rampes, les fers à cheval, les galeries qui s'escaladaient, nulle symétrie, nul plain-pied.[23]

Des Esseintes, encore jeune, renonce à un avenir prometteur pour se consacrer à l'aménagement de son intérieur, se rendant exclusivement sensible aux effets de couleurs, aux nuances des draps, à l'équilibre des teintes :

> Les lambris une fois parés, il fit peindre les baguettes et les hautes plinthes en un indigo foncé, en un indigo laqué, semblable à celui que les carrossiers emploient pour les panneaux des voitures, et le plafond, un peu arrondi, également tendu de maroquin, ouvrit tel qu'un immense œil-de-bœuf, enchâssé dans sa peau d'orange, un cercle de firmament en soie bleu de roi, au milieu duquel montaient, à tire d'aile, des séraphins d'argent, naguère brodés par la confrérie des tisserands de Cologne, pour une ancienne chape.[24]

Le paroxysme est atteint lors de l'acquisition d'une tortue vivante dont l'unique fonction est, hormis le fait de remuer la tête, d'harmoniser les teintes d'une pièce. Il faut voir, dans la présence de cet animal, une insulte grotesque à l'utile et au rentable, en plus de l'incarnation de la vaniteuse fortune de des Esseintes. L'auteur fait, plus que jamais, apparaître le plaisir sous la forme de l'inutile.

Quand ils investissent, les héros — à cet égard des Esseintes, qui accumule tableaux, bibelots et éditions rares, est exemplaire — réfutent le placement bourgeois. L'oisiveté des héros n'est pas féconde : elle ne suscite que rêves de voyage ou cauchemars angoissants.

De même, les fêtes dispendieuses et les ruineux décors organisés par le prince Noronsoff dans *Les Noronsoff* de Jean Lorrain raillent l'effort d'épargne et les maigres salaires des habitants de Nice. En embrigadant les hommes et les femmes du peuple dans des défilés fastueux, en leur faisant tenir des rôles déshabillés, le prince exploite à plaisir les prolétaires, les débauche de leur travail en leur offrant une tâche à rebours des relations classiques du travailleur et de l'employeur : « Les hommes de la figuration, portefaix, Italiens, ouvriers et pêcheurs, racolés au hasard des rencontres, touchaient pour leur part un louis le jour de la fête et dix francs par répétition. »[25]

Le résultat obtenu est que le prince vide la ville de sa main-d'œuvre en drainant vers lui la force de travail et en la mettant à son service exclusif. Il détourne ainsi les forces productives vers le spectacle et le superflu. Il se joue des relations marchandes :

> Nice était aussi contaminée, toute la ville en proie à la manie érotique et fastueuse du prince. Dès deux heures, toutes les rues étaient vides, les boutiques fermées, la vie suspendue, toute la population émigrée sur le Mont-Boron, pour tâcher d'y surprendre des parcelles de spectacle, des coins de la fête du Russe.[26]

L'art sera une réponse artistique émise par des personnages qui sont aussi des créateurs. L'art se définit en effet comme tout ce qui n'est pas rentable. En se constituant un musée imaginaire, des Esseintes porte ailleurs ses goûts de conquête. Ce seront à travers les objets, les livres et les tableaux que s'accompliront l'aventure et le voyage. Si des Esseintes évacue le voyage dans l'espace avec ses fatigues, ses inconvénients, ses impondérables, c'est pour mieux consacrer le livre et le tableau comme véritables odyssées.

A travers l'œuvre d'art se lira la vie dans toute son intensité, sa violence et ses mouvements. Au contraire, la vie quotidienne n'est qu'ennuis et platitudes. Seul l'art donne naissance à la vraie existence. Qu'il s'agisse des tableaux de Moreau où Salomé « vivait d'une vie surhumaine, étrange »[27], ou des ouvrages d'autres siècles, d'autres mœurs, le dénominateur commun des œuvres est la vie débusquée par des artistes imaginatifs et enflammés.

A l'opposé de l'art industriel, art mort et faux qui s'est vendu à la bourgeoisie et dont Huysmans dénoncera les « serviles parodies »[28], l'art célébré par les textes symbolistes sera un art vrai, en ce sens qu'il fera ressentir l'émotion. Huysmans exprimera bien souvent son dégoût pour la peinture bourgeoise, sans imagination et conventionnelle. Dans les toiles académiques, il ne perçoit que le vide. Ainsi une toile de Bouguereau où s'ébattent des nymphes est de « la peinture gazeuse » de la « pièce soufflée »[29]. Les nymphes sont des « sydonies qu'on voit tourner dans la devanture des coiffeurs » Vénus est « une baudruche mal gonflée », et il constate : « un coup d'épingle dans ce torse et tout tomberait »[30]. Ces œuvres ne recouvrent rien, elles n'ont aucune profondeur, ne sollicitent aucune imagination. Par opposition, la peinture de Moreau, de Redon, de Rops comporte une épaisseur : elle est puisée aux sources du mythe, de l'archéologie, elle distille l'imaginaire. Surtout, ces œuvres sont l'expression même d'un conflit. Dans la violence d'un autre siècle se redit la lutte d'« un siècle affairé, bataillant pour la vie »[31]. L'art doit être le lieu où s'affirme le désaccord, ce que la peinture du régime ne peut exprimer puisqu'elle est commanditée par le pouvoir en place. A ce sujet, Huysmans et Mirbeau affirmeront que l'artiste se doit de créer en dehors de l'appareil d'Etat : « les bienfaits de l'Etat vont aux intrigants et aux médiocres »[32] dira Huysmans. Par contre, les Indépendants « qui repoussent le contrôle et l'aide de l'Etat » peuvent se permettre « toutes les audaces ».

L'art doit donc s'affranchir du social pour affirmer sa vertu anarchique et se faire l'interprète des conflits du vivant. A une galerie du faux, s'opposent donc des œuvres puissantes et tragiques, puisées à la source même de toute vie : dans l'agression, la mort et la souffrance. C'est ainsi que la méditation de Barrès sur les tableaux de maîtres italiens conduit à cette prise de position :

> Ils ont raison de se choquer, de s'épouvanter, ceux pour qui l'art n'est pas un univers complet (...). L'exaltation psychique unie à cette force de vie atteint les plus hautes expressions du désir, du désespoir, de l'ardeur à la vie, et provoque en nous, tout au fond de notre conscience, des états inconnus dont la force surgissante pourrait bien rompre l'ordre social.[33]

Les œuvres sont donc bien des messagères. La folie de bâtisseur du duc d'Este, la collection de des Esseintes, ont une valeur dérobée à l'économie. Parce qu'elles sont sources de jouissance et d'adoration privées, elles restent valeurs d'usage, et non d'échange. Contemplées, créées, elles sont le reflet d'une humanité qui veut échapper à la réification et se libérer des entraves sociales.

Ce versant artistique rachète les oubliés que sont les écrivains. En étant des contemplateurs-créateurs d'une œuvre-conflit irradiant la vie et le mouvement, les artistes émettent des arguments contre le progrès. Les œuvres s'animent, deviennent vivantes, car elles détiennent le pouvoir de résister à l'argent. En ce sens, alors que se répète la mainmise des choses sur l'homme, s'instaure l'art comme substitut du vivant, rebelle à la réification imposée par l'ordre bourgeois.

Les œuvres disent donc la victoire du livre, du tableau et de l'objet d'art sur la bourgeoisie. Elles redoublent en cela le rôle que joue dans la littérature symboliste, le trésor enfoui. Inaccessibles, musées à jamais imaginaires, les collections artistiques se dérobent toujours et se placent en dehors du circuit des marchandises.

■ *L'or contre l'argent*

Il nous faut revenir à Marx pour analyser le rôle qu'a pu jouer l'or dans la mentalité symboliste.

On se souvient que la monnaie, l'argent, les métaux précieux étaient au départ un moyen d'unifier la valeur d'équivalence entre les marchandises. Or, ce que Marx signale, c'est la valeur démesurée que prend ce qui, au départ, ne constituait qu'une unité d'expression. Démesure qui naît d'un renversement entre les valeurs : une marchandise ne trouve plus en l'argent son équivalent, c'est l'argent qui fait ou défait la valeur de la marchandise.

> Une marchandise ne paraît point devenir argent parce que les autres marchandises expriment en elle réciproquement leurs valeurs ; tout au contraire, ces dernières paraissent exprimer en elle leurs valeurs parce qu'elle est argent. Le mouvement qui a servi d'intermédiaire s'évanouit dans son propre résultat et ne laisse aucune trace. Les marchandises trouvent, sans paraître y avoir contribué en rien, leur propre valeur représentée et fixée dans le corps d'une marchandise qui existe à côté et en dehors d'elles. Ces simples choses, argent et or, telles qu'elles sortent des entrailles de la terre, figurent aussitôt comme incarnation immédiate de tout travail. De là, la magie de l'argent.[34]

Ainsi l'argent se constitue progressivement en capital. C'est-à-dire que l'argent sort de son état de simple moyen de circulation des marchandises pour devenir un but en lui-même.

> La valeur se présente ici comme une substance automatique, douée d'une vie propre, qui, tout en échangeant ses formes sans cesse change aussi de grandeur, et, spontanément, en tant que valeur mère, produit une poussée nouvelle, une plus-value et finalement s'accroît par sa propre vertu. En un mot, la valeur semble avoir acquis la propriété occulte d'enfanter de la valeur parce qu'elle est valeur, de faire des petits, ou du moins de pondre des œufs d'or.[35]

L'or est donc non seulement l'équivalent-valeur de la marchandise, il est aussi la valeur suprême, capable de s'auto-générer : il se reproduit lui-même. Il se place directement entre les hommes et détermine leurs relations. C'est sa nouvelle place dans la société que vont constater les artistes.

Une analyse financière de la deuxième moitié du XIXe siècle nous autorise à affirmer que l'or consolide son rôle monétaire. Selon les mots de Pierre Vilar[36], « l'or devient la monnaie de référence par excellence, et d'ailleurs, quand on parle de « prix » il faut désormais entendre exclusivement « prix-or »[37]. La découverte des mines d'or de Californie, d'Australie et de Russie appuie des observations, dont celle du jeune Marx, sur le développement du capitalisme. Les sursauts économiques et la croissance de l'Europe semblent liés à la découverte de l'or.

La forme or de l'échange, les symbolistes vont la dénoncer, non point en conspuant les fortunes amassées par le Capital, mais en lui substituant une autre forme. L'écrivain symboliste n'est pas un naturaliste, pas question pour lui de faire le récit de fortunes ou de spéculations immobilières, comme le fait Zola dans *Pot-Bouille*. Au contraire, il ne confortera pas l'or dans son rôle de moteur du monde. Il s'agira de lui attribuer d'autres valeurs, qui ne doivent rien au pouvoir monétaire.

Ce sera d'abord un vocable, le son « or » que l'on fera miroiter à l'infini. L'or est, dans la poésie symboliste, le symbole d'une condensation matérielle sur laquelle s'inscrit le texte. L'écriture se vit comme une gravure où s'incruste le vocable. Que l'on lise le recueil de Jean Lorrain, *La forêt bleue*, et l'on y trouve l'emblème du métal précieux éparpillé dans tous les poèmes :

> Et le charme endormeur aux souples rythmes d'or,

> Le charme, que ta bouche en rêve implore encor,
> Va t'enclore à jamais, invisible et vivante[38]

Derrida a insisté sur le rôle que joue la conjonction « or » chez Mallarmé. Métal alchimiquement obtenu par la magie des mots, il aboutit à un son d'une grande pureté. Concentré métallique, noyau rare, l'or symbolise également la valeur improductive. Il désignera la quintessence de l'écrit. L'or valeur marchande s'efface pour laisser place à la magie d'un vocable. Il se dématérialise pour retourner à son origine première : le lingot revient à son étymologie de « lingua » la langue.

> A part moi songeant que, sans doute, en raison du défaut de la monnaie à briller abstraitement, le don se produit, chez l'écrivain, d'amonceler la clarté radieuse avec des mots qu'il profère comme ceux de Vérité et de Beauté.[39]

Ainsi s'exprime Mallarmé dans « Or ». Au numéraire monotone, « Qu'une banque s'abatte, du vague, du médiocre, du gris »[40], Mallarmé oppose le miroitement de la couleur et du rêve : « Aux fantasmagoriques couchers du soleil quand croulent seuls des nuages, en l'abandon que l'homme leur fait du rêve, une liquéfaction de trésor rampe, rutile à l'horizon... »[41]

Le contraste est net entre, d'une part, le numéraire, qui laisse l'auteur imperturbable (« signifiant que son total équivaut spirituellement à rien, presque[42]) et, de l'autre, la création imaginaire, « le don se produit, chez l'écrivain, d'amonceler la clarté radieuse avec des mots qu'il profère... »[43]. C'est bien un art du détachement que préconise Mallarmé, par le biais d'une désappropriation.

Dans *Enquête sur l'évolution littéraire*, Mallarmé condamne le naturalisme comme imitation un peu naïve de la matérialité :

> L'enfantillage de la littérature jusqu'ici a été de croire, par exemple, que choisir un certain nombre de pierres précieuses et en mettre les noms sur le papier, même très bien, c'était faire des pierres précieuses.[44]

Il semblerait que Mallarmé s'attache par là à montrer la collusion qui existe entre l'écriture naturaliste et le sens de la propriété : Zola s'approprie le monde, il pactise avec la matière, il fait de la matière. C'est ce que note avec ironie *Les déliquescences* d'A. Floupette lorsqu'on lit, à propos du récit naturaliste : « On entendait dans sa phrase les trains siffler, et le linge claquer sur les battoirs, on voyait le sang couler »[45]. Rappelons également que la République bourgeoise admet l'écriture naturaliste et que celle-ci, telle l'or, se reproduit avec succès. Mallarmé insistera justement sur le « sens inouï de la vie, ses mouvements de foule, la peau de Nana, dont nous avons tous caressé le grain... »[46]. Il oppose à cette appropriation, les « joyaux de l'homme » c'est-à-dire le fait de « prendre dans l'âme humaine des états, des lueurs d'une pureté (...) absolue »[47].

Mallarmé se place en deçà de toute appropriation. Ce dédain de la chose et de la possession se trouve confirmé dans le texte « Conflit » :

> Ah ! à l'exprès et propre usage, du rêveur se clôture, au noir d'arbres, en spacieux retirement, la Propriété, comme veut le vulgaire : il faut que je l'aie manquée, avec obstination, durant mes jours — omettant le moyen d'acquisition — pour satisfaire quelque singulier instinct de ne rien posséder et de seulement passer...[48]

La même opposition se confirme par la suite, dans le parallèle entre « les compagnons (qui) se concertent (...) sur les salaires » et le retrait de celui qui déclame, dans son coin : « quelle pierrerie, le ciel fluide ! »[49].

L'or, que Marx qualifie de « dieu des marchandises » retourne à son état sacré : inaccessible, mystérieux et impalpable. Les textes nous invitent à imaginer l'or et non à le saisir. En effet, bon nombre d'œuvres comportent des trésors enfouis. Ainsi dans *En rade* de Huysmans, le narrateur Jacques Marle imagine que les souterrains du château de Lourps recèlent « des trésors enfouis sous les dalles »[50]. Dans *Les amants de Pise* de Péladan, le comte Ugolino cherche et trouve le trésor légendaire, caché derrière une fresque de la chapelle familiale. Dans *Axël* de Villiers, le jeune héros étouffe d'abord en lui les mirages de l'or avant de faire la découverte du trésor celé par les deux sphinx d'or. Contrairement à l'argent capitaliste, acquis dans l'immoralité, cet or a une origine. C'est la fortune amassée par les pères et destinée au fils. C'est de l'or noble, signe d'une aristocratie morale, consacré par son origine paternelle et incorruptible.

Mais l'or n'est pas heureux. Sali par les convoitises humaines (c'est le cas dans *Axël* où le cousin d'Auersperg souhaite s'approprier ce qui ne lui revient pas), il cause la perte de ceux qui, trop humains, le convoitent. Amené à la lumière, il entraîne la mort ou la folie. On ne peut s'empêcher de songer à *L'or du Rhin* de Wagner, dont les œuvres citées plus haut s'inspirent en partie. Ainsi la femme du comte Ugolino, dans *Les amants de Pise,* prophétise :

> Vous connaissez l'or du Rhin. Pour s'en emparer, il faut renoncer à l'amour, pour le conserver aussi ; et tout le poème de Wagner ne tend qu'à démontrer qu'il faut choisir entre l'or et l'amour. Vous avez l'amour, renoncez à l'or.[51]

Or le comte, ne sachant renoncer à l'attraction de l'or, sombrera dans la folie. Les trésors sont faits pour rester enfouis à jamais. Toujours inaccessibles, jamais donnés, ils doivent rester insaisissables pour contrer la mainmise bourgeoise et se définir en deçà de toute appropriation.

Se reconstitue ainsi un embryon de noblesse : la race de ceux qui refusent l'or comme valeur marchande, mais se réclament au contraire de l'or, métal alchimique : « ...Se démunir, par contre du moyen général et le mettre en doute, annonce, dans la pauvreté un goût solitaire et de race »[52] dira Mallarmé. Opérant ainsi un renversement de valeurs, « le fondement moderne consiste en cette équivalence pour peu qu'indicatrice où est le haut, le bas, parcimonie, opulence, tout ambigu »[53], il définit une nouvelle aristocratie fondée sur une perception inversée de la hiérarchie : « Rien de la fortune » en est l'emblème. Au contraire : « Essentiellement l'œuvre d'art ; ce suffit, à l'opposé des ambitions et d'intérêts[54]. Se définit ainsi l'or de l'œuvre, « où le métal, intérieurement, sert de rêve. »[55]

2) L'œuvre désenchantée

■ *Le livre*

Comme le signale Lucien Goldmann, « les créateurs dans tous les domaines restent orientés essentiellement vers les valeurs d'usage et (...) par cela même se situent en marge de la société et deviennent des individus problématiques »[56]. Les symbolistes nous apparaissent donc comme des exclus volontaires de la société capitaliste, qu'ils méprisent et conspuent d'abondance.

Un usage nouveau du livre leur procurera une indépendance à double tranchant : exilés volontaires des circuits de production, les artistes se doivent toutefois de participer à l'échange culturel. Distribuées sous le manteau, publiées en Belgique, refusées par les éditeurs en place, destinées à un public d'intimes, les œuvres symbolistes ne s'adaptent pas à la société productrice. Dissertant sur la définition du mot « symboliste » les personnages de *Sixtine,* de Rémy de Gourmont, rédacteurs d'une imaginaire revue symboliste, s'accordent sur ce point : « Pas plus que moi, n'est-ce pas, tu ne te soucies du public : tu aimerais mieux plaire à dix choisis entre tous, qu'à tous, à l'exclusion des dix. — Evidemment. Nous ne sommes pas des histrions et les applaudissements ne nous feraient pas rougir de joie »[57].

Dès qu'elles deviennent livres, les œuvres se vendent mal. Jugées subversives (l'éditeur Hetzel condamna la première œuvre de Huysmans, *Drageoir à épices* en soutenant que ce livre « recommençait la Commune de Paris dans la langue française. »[58]) ou absconses, elles demeurent confidentielles.

C'est que le livre est un des instruments de la divulgation de la culture : les naturalistes font recette et propagent leurs tranches de vie au moyen d'un puissant système économique et financier. Par opposition, le livre symboliste sera le livre d'un seul pour un seul. Des Esseintes, dans sa précieuse bibliothèque, a réduit ses lectures à quelques ouvrages essentiels après un « travail de sélection »[59]. D'autre part, les « happy few » objets d'une vénération particulière, sont distingués par une reliure sur mesure. C'est le cas des plaquettes de Mallarmé : « extraites d'uniques exemplaires des deux premiers Parnasses, tirés sur parchemin, et précédées de ce titre « Quelques Vers de Mallarmé » dessiné par un surprenant calligraphe, en lettres onciales, coloriées, relevées, comme celles des vieux manuscrits, de points d'or »[60]. « L'Après-midi d'un faune » possède une « couverture en feutre du Japon, aussi blanche qu'un lait caillé, (...) fermée par deux cordons de soie, l'un rose de Chine, et l'autre noir »[61].

Ces ouvrages imprimés « à son usage » redéfinissent la lecture comme l'objet d'un seul. Œuvre à sens unique, la prose symboliste choisit, dans le livre, un écrin précieux et inabordable : le texte est comme protégé par les limites d'une reliure conçue pour abriter le chef-d'œuvre. Cadre visuel redoublement orné d'un texte, la reliure consacre le livre comme valeur d'usage. Cachet du Symbolisme, le cadre, la bordure, la reliure précieuse singularisent l'œuvre, la rendent unique et inaccessible.

Les artistes refusent que le livre participe à un certain type d'échange, à une époque où les éditeurs et les libraires contrôlent les principaux rouages du mécanisme littéraire. Le phénomène récent de la diffusion place l'écrivain dans le système de l'offre et de la demande. Publier c'est vendre sa production, c'est se vendre. C'est pourquoi ce type de relations entre l'individu et la société est ressenti comme une orientation vers la culture de masse. Ainsi Mallarmé note dans « L'art pour tous » :

> On multiplie les éditions à bon marché des poètes, et cela au consentement et au contentement des poètes. Croyez-vous que vous y gagnerez de la gloire, ô rêveurs, ô lyriques ? (...) Et maintenant cette foule qui vous achète pour votre bon marché vous comprend-elle ?[62]

Il reprendra cette opposition entre l'art et la marchandise dans « Quant au livre » :

> Un commerce, résumé d'intérêts énormes et élémentaires, ceux du nombre, emploie l'imprimerie, pour la propagande d'opinions, le narré du fait divers et cela devient plausible, dans la Presse, limitée à la publicité, il semble, omettant un art.[63]

Comme la langue poétique est donnée à l'art, le poète doit vivre « hors et à l'insu de l'affichage »[64].

Les héros vont adopter des positions bien tranchées en matière de diffusion : « — Laissez-moi donc tranquille !... Est-ce que c'est fait pour être vu, la peinture... la peinture, hein !... dites !... comprenez-vous ? On travaille pour soi, pour deux ou trois amis vivants, et pour d'autres qu'on n'a pas connus et qui sont morts... Poe, Baudelaire, Dostoïevsky, Shakespeare... »[65] s'exclame le peintre Lirat dans *Le calvaire* d'Octave Mirbeau. Conséquence inévitable, la misère, le manque d'argent, la répudiation sociale d'un individu qui refuse d'entrer dans un système financier. Le narrateur du roman *Le calvaire* découvre à Paris « ces admirables écrivains, dont on chante la gloire, dont on célèbre le génie...(...) ces êtres petits, vulgaires, affreusement cuistres, singeant les façons des mondains qu'ils raillent (...) à plat ventre, eux aussi, devant l'argent ; adorant, les genoux dans la poussière, la Réclame, cette vieille gueuse... »[66]

La hantise des personnages sera de devenir des écrivains à la mode. C'est ce qu'il adviendra à Evelin, lorsqu'il se sera résigné à suivre les conseils de sa maîtresse-bourgeoise. Cette soumission à l'art mercantile est source de honte constante pour le héros. En se pliant aux volontés de sa maîtresse, Evelin devint comme celle qu'il méprise. Lui, le poète idéaliste se prend à des rêveries bourgeoises, méprise ses semblables, éprouve des désirs de gloire : « Honorine avait fait de lui, peu à peu, quelqu'un qui lui ressemblait à elle. Elle l'avait enveloppé, calmé, atténué »[67]. Car celle-ci modifie autant sa façon d'être que sa façon d'écrire. Elle est dangereuse parce qu'elle a des opinions sur l'art et qu'elle peut, par contagion, corrompre le goût le plus sur. Elle détient les canons d'une esthétique mauvaise, basée sur le bon sens populaire, la vulgarité, la convention.

Ainsi Evelin, qui porte en lui les aspirations d'un poète désireux de se consacrer à l'écriture, devint un auteur « au goût du jour » racontant de médiocres histoires provinciales : « Les poèmes, les drames, toutes les belles entreprises, ce n'est plus ce qui m'occupe à présent. Des vers, je n'en ferai plus, parce que tu riais des vers que je te disais ! »[68] Au contraire, le poète aux ailes brisées devint productif : fortune, gloire, réputation l'attendent, mais à quel prix ! Honorine lui enseigne l'art d'être un médiocre, attelé au foyer, estimable et terne.

A bien des égards, les auteurs symbolistes font donc partie de ces individus « problématiques » dont parle Goldmann, « dans la mesure où leur pensée et leur comportement restent dominés par des valeurs qualitatives »[69].

■ *Le texte morcelé*

Bon nombre de textes symbolistes, dans lesquels sont exposés les mythes récurrents du mouvement, croient bon de clore leurs drames par une condamnation sociale générale où sont examinés à la fois les péchés de la civilisation et les dégradations sociales. Il nous a semblé que les œuvres disaient bien, avec leurs héros qui se délabrent, le désenchantement du monde moderne. Opposant à la platitude bourgeoise, les échappées imaginaires et les voyages de conquête dans les tableaux, les œuvres montrent que la nouvelle barbarie gagne du terrain. Une vision de vide et de blanc conclut les œuvres : vide moral, que la mort des héros, en derniers défenseurs de vertus ancestrales et individuelles, vient sanctionner. Happés par la machine, ils lancent leurs derniers feux dans une agonie apocalyptique, alors que la menace barbare se fait plus précise.

Les célèbres « Barbares » dénoncés par Barrès, dans *Sous l'œil des Barbares,* ne se sont pas exclusivement les « hommes sans culture » ou les « négociants »[70], comme tient à le préciser l'auteur dans la thèse explicative de l'œuvre, mais il n'en demeure pas moins juste d'affirmer que c'est en partie les travers de la société capitaliste que ne peut souffrir le jeune intellectuel.

En effet, sa hantise est de devenir comme « les jeunes gens de la brasserie et autres Rastignacs »[71], c'est-à-dire d'être, à son tour, la victime de l'ambition et de l'argent. La tirade que l'amie du narrateur se permet sur l'argent, concentre tous les désirs d'un siècle hanté par le profit et la sécurité matérielle.

> L'argent ! dit-elle. Que ce mot déchire enfin le voile usé de ton univers. Par l'argent, imagines-tu combien je serais belle ? Lui seul peut me parer de la suprême élégance, de cette bienveillance qui sied aux jeunes femmes, de ces sourires hospitaliers, de cet art délicat qui est de flatter presque sincèrement, de tous ces charmes enfin qui flottent impalpables dans ses désirs.[72]

Celui que « la mathématique des banquiers »[73] importune ne peut que s'extraire du siècle par l'usage d'une gymnastique spirituelle chargée d'exorciser les prétentions des Barbares : « Nous sommes les Barbares, chantent-ils en se tenant par le bras (...) Nous sommes sourds et bien nourris (...) Nous avons au fond de nos poches la considération, la patrie et toutes les places »[74].

En optant pour le terme de « Barbares » Barrès offre un point de vue marginal, vue complète mais orientée de la situation historique dans laquelle il se débat. C'est que l'œuvre comme la définit P. Macherey, « ne peut inclure une idéologie (...) que si elle l'installe dans un rapport de différence avec elle-même »[75]. La vision capitaliste sera donc excentrée par rapport au texte symboliste, elle sera présentée comme un discours étranger.

La plupart des textes symbolistes s'appuient sur l'idée d'un passage entre la richesse dissipatrice du dandy et la richesse industrieuse des possédants. Les héros symbolisent le recul du jouisseur au détriment du capitaliste, qui est celui qui subordonne la jouissance au calcul. Un mouvement économique se fait jour : celui qui dissipe, perd son énergie et meurt, alors que celui qui capitalise, s'enrichit et domine le marché. Il est alors apte à assurer sa mainmise sur le monde.

Aussi le héros subit-il une régression : d'aristocrate fossile, il devient corps débile, à la faiblesse encore accentuée par des dégénérescences sciemment orchestrées, puis victime consentante des médecins (Noronsoff et des Esseintes sont des malades manipulés). Ils sanctionnent donc une marche en arrière (du rejeton d'illustre famille au corps solitaire impuissant, langé par les domestiques), qui montre bien que leur histoire ne peut être racontée qu'à rebours. La longue lignée des exploits familiaux aboutit aux balbutiements des origines. Les héros se mettent à vivre leur vie à l'envers. Ainsi le prince Noronsoff a une agonie capricieuse et infantile :

> Wladimir écoutait ce galimatias avec une joie évidente, il prenait un intérêt passionné à toutes ces jongleries. Leur byzantinisme répondait à tous ses instincts puérils et barbares et rien n'était plus comique que sa mine allongée et fervente sous toutes les quincailleries dont l'avait affublée le frère, tandis que la sœur officiait.[76]

D'autre part, les héros, au moment de perdre le contact avec le groupe, manifestent une bien curieuse aliénation : ils se révoltent contre les supplices qu'ils ont orchestrés, ils obéissent aux conseils paternels des médecins. Ils font preuve d'un remords et d'une contrition bien inattendus vis-à-vis d'une société qu'ils ont passé tant de pages à contredire.

C'est ainsi que la fin de Noronsoff, le prince au goût dispendieux, est entachée de trahison de ses principes :

> Angoissé par les affres de l'Inconnu, le misérable ne voulait plus mourir. Après tant de menaces de suicide, il se cramponnait désespérément à la vie, nous suppliant de prolonger ses souffrances et nous injuriant tour à tour[77].

Des Esseintes, quant à lui, fait preuve d'une obéissance bien inattendue devant les menaces de son médecin : il renonce à sa vie oisive pour regagner la ville.

> L'arrêt rendu par le médecin s'accomplissait ; la crainte de subir, une fois de plus, les douleurs qu'il avait supportées, la peur d'une atroce agonie avaient agi plus puissamment sur des Esseintes que la haine de la détestable existence à laquelle la juridiction médicale le condamnait.[78]

Le projet de libération par le héros mythique : Orphée, Narcisse, renaissant toujours de ses mythiques cendres, aboutit à une expression contradictoire. Le schéma de départ est profondément bouleversé au fur et à mesure que progresse l'histoire. Si le héros se pose en défenseur de principes anciens, il doit bientôt déclarer forfait.

Les prophètes peints par Schuré dans *Les grands initiés,* veulent construire un monde de paix et d'amour qui doit faire échec aux ambitions guerrières des conquérants. Aux prêtres qui lui reprochent sa passivité, Orphée répond avec des consolations pré-chrétiennes :

> — Alors pourquoi n'as-tu rien fait pour nous défendre ? Aglaonice a juré de nous égorger sur nos autels ; en face du ciel vivant que nous adorons. (...)

— Ne suis-je pas avec vous ? reprit Orphée avec douceur (...). Ce n'est pas par les armes, c'est par la parole qu'on défend les Dieux.[79]

Certes, Orphée meurt en proclamant « Je meurs ; mais les Dieux sont vivants ! »[80], mais huit prophètes encore opposeront la parole à l'expansionnisme des tyrans et subiront le même type d'échec. De Rama à Jésus, les prophètes essuient des supplices inouïs, d'innombrables tortures que Schuré s'astreint à décrire avec une surenchère de détails. Le point culminant est bien entendu les derniers instants de Jésus :

> Mais voici le fond du calice : les heures de l'agonie, de midi jusqu'au coucher du soleil. La torture morale se surajoute et surpasse la torture physique (...). Où sont les disciples ? Disparus. (...) Dans une vision terrifiante de l'avenir, Jésus voit tous les crimes que d'iniques potentats, que des prêtres fanatiques vont commettre en son nom.[81]

Les dernières paroles que Schuré croit bon de mettre à la fin de son ouvrage sont prophétiques. Il demande : « Est-elle terminée, la lutte formidable et silencieuse entre le divin Amour et la Mort qui s'est acharnée sur lui avec les puissances régnantes de la terre ? »[82] L'écho derrière cette question invite à voir le texte comme déchiré par une tension : l'ordre sanguinaire, qui doit être vaincu par la force pacifique du dieu, réaffirme toujours son pouvoir.

C'est ainsi que les œuvres sont amenées à concentrer leur attention sur la fin d'un monde. En effet, ce que l'artiste retient du mythe, c'est l'agonie du dieu aux mains des puissances terrestres. Qu'il s'agisse du héros soumis aux exigences de son corps pourrissant ou d'Orphée livré aux Bacchantes qui vont le dépecer, le mythe clame qu'il est avant tout un art de la mort. La vision d'apocalypse est bien ressentie comme telle par Charles d'Este, qui prophétise en ces termes la fin du monde : « Oui ! le temps fatal approchait. Tous les signes de destruction étaient visibles sur l'ancien monde, comme des anges de colère, au-dessus d'une Gomorrhe condamnée »[83]. Le héros fatigué présage des lendemains impies, des mondes bouleversés « par des trous et des mécaniques » un univers à l'image de son propre corps enflé, menacé à tout moment de déflagration.

Si l'action sur le monde est spoliée par une société conquérante qui sacrifie la vertu individuelle aux exigences du collectif, il ne reste qu'à affirmer par sa mort la vertu de ce sacrifice. Il importe donc de réussir sa fin et de consacrer ses dernières forces à orchestrer une mort qui soit à l'image de sa propre marginalité. Les caprices de Noronsoff, les folies du duc d'Este atteignent au spectacle : la mort s'érige en art et se savoure. Ayant abdiqué leur énergie sociale, ils se mettent à cultiver un art grandiose de la décomposition physique et morale. L'organisme se bat contre le social, il traduit par ses dérèglements et ses usures, le mal social dans lequel les créateurs sont plongés. Des Esseintes ne nous épargne ni sa névrose, ni ses lavements, ni ses problèmes digestifs.

Quant à Charles d'Este, il emploie ses dernières forces à diriger les travaux d'embellissement d'un extravagant catafalque : « Sur le dessus du cercueil il y aura une couronne en argent doré, reposant sur un coussin de velours, garni également de galons et de franges d'or très riches... »[84]

Dans les derniers instants du corps se cache finalement un acte créateur. Puisque la trajectoire du dieu s'est brisée, que son message s'est heurté aux principes de l'Etat capitaliste, sa mort incarnera la fonction qui lui a été refusée : elle sera sa véritable conquête. La mort sera le lieu d'un déploiement de forces, d'outrances, et de mouvements spectaculaires. C'est ainsi que l'urne contenant les restes du duc d'Este éclate le jour des funérailles, telle une bombe à retardement, causant ainsi « une grande frayeur parmi les assistants »[85]. Toutes les œuvres étudiées nous renvoient finalement à une pratique de la mort et disent que seul leur appartient le domaine de la vie jetant ses derniers feux. Il semblerait que la mort échappe au circuit de la production capitaliste et qu'elle est terrain d'expériences individuelles sortant du cadre petit-bourgeois.

C'est ainsi que le texte symboliste, dont le but est de dénoncer la progression bourgeoise, ne fait que confirmer la percée de l'expansion. En agençant à l'intérieur des œuvres, des reflets de la société historique, les auteurs montrent la difficulté de leur position : leur contestation passe par un art élaboré de la destruction. La destinée des héros, passive en apparence, faite d'abstentions, est en fait une dynamique créatrice au service de la mort. Là s'exerce leur travail d'écriture et leur inventivité. Les mythes, en ce qu'ils peignent des luttes à mort entre l'homme et les forces obscures, engendrent les images nécessaires à cette prise de conscience.

Ainsi l'œuvre doit se présenter comme fragmentaire, car symbolisant une fondamentale précarité. Dépossédés du livre-production et des instruments du progrès, les artistes ne peuvent que jouer sur la contradiction de leur situation, à l'image de la place sociale qu'ils occupent. Affrontement de deux voies/voix possibles, le récit joue avec une friction avant/arrière, progrès/régression, vie/mort. L'effort pour sortir des ornières naturalistes, c'est-à-dire pour se dégager d'un mode de production consacré, aboutit à une œuvre au discours morcelé.

Porteuse d'un conflit social, l'œuvre est l'expression d'un rapport de contradiction avec la société : ni propriétaires, ni banquiers, les auteurs, qui ne sont pas non plus des prolétaires, expriment à travers l'œuvre, le malaise de leur position. Ce faisant, ils remettent en question leur rôle dans la société bourgeoise. En refusant d'être des objets, en animant l'œuvre d'art, en affirmant leur indépendance par rapport aux conditions de publication et de distribution du livre, les écrivains symbolistes réveillent les mythes pour assiéger la bourgeoisie et la dévaloriser.

*
* *

Le mythe renaît parce que s'est installé, au sein de la ville marchande et industrieuse, un îlot d'individualités qui pratiquent le culte du livre et de la grammaire et entretiennent un idéal rhétorique privé. En commerçant avec le mythe, les symbolistes s'approprient toute une littérature sacrée : celle des anciens, des mystiques latins, de Baudelaire et, ce faisant, se mettent en dehors du siècle.

L'exploitation du surnaturel par Péladan, Guaïta, Villiers, permet de mettre en place une contre-culture. En effet, que cherchent-ils si ce n'est la source commune d'une grande mémoire sommeillant au fond de l'espèce, en dépit des pressions de l'actualité ? C'est ainsi que R. de la Sizeranne les introduit dans son article sur les Rose-Croix :

> Il y a quelques jours, tandis que la dynamite, éclatant aux portes de nos casernes, faisait tomber en poussière les vitraux de nos vieilles églises et forçait les plus indifférents à se souvenir du danger social, on apprit que, dans une sérénité parfaite, des Mages sans étoile se réunissaient pour adorer un idéal nouveau, un art qui venait à peine de naître. Ces mages s'intitulent les Rose-Croix.[86]

Ils œuvrent ainsi contre la civilisation en l'orientant vers le ciel, l'au-delà et l'occulte. En ce sens, l'apologie des mythes spirituels — notamment celui d'Orphée — doit détourner le monde des fascinations de la rentabilité et du modernisme. S'attarder à peindre l'antiquité grecque et les chatoiements de l'Orient extrait l'homme de l'urbain, du mécanique et du progrès. Huysmans le constate en ces termes :

> Le milieu agit sur eux (les grands artistes) alors par la révolte, par la haine qu'il leur inspire ; au lieu de modeler, de façonner l'âme à son image, il crée dans d'immenses Boston, de solitaires Edgar Poe ; il agit par rétro, crée dans de honteuses Frances des Baudelaire, des Flaubert, des Goncourt, des Villiers de l'Isle Adam, des Gustave Moreau, des Redon et des Rops, des êtres d'exception, qui retournent sur les pas des siècles et se jettent, par dégoût des promiscuités qu'il leur faut subir, dans les gouffres des âges révolus, dans les tumultueux espaces des cauchemars et des rêves[87].

Gustave Kahn, quant à lui, fait du mythe l'objet de la recherche symboliste. Dans un éloge du poète flamand Georges Rodenbach, il souligne :

> Quelle belle chose en notre Europe financière et militaire, où la meilleure hypothèse de demain ne nous offre que la vision horrible d'une armée industrielle, d'un peuple de comptables matés par la machinalité du calcul et d'ouvriers peinant près des hauts-fourneaux, quelle belle chose qu'un train stoppant dans une gare dénuée de wagons de marchandises, tranquille comme une station de petit village, et qu'on entrât dans une cité, où tout serait « luxe, calme et beauté » et aussi rêverie près de l'ombre du passé, ville vivotante sauf les voix amies de l'art, ville-chronique, fabuleuse presque d'irréalité par le contraste avec les turbulences circonvoisines...[88]

En tirant les mythes d'une culture ésotérique (rites d'Eleusis et orphisme), les écrivains luttent contre la marche du progrès. C'est en ce sens qu'ils restituent aux mythes une valeur d'enseignement, en les saisissant comme universels et légitimes. Ranimer les mythes grecs permet d'interpréter l'homme dans ce qu'il possède d'intemporel, de noble et donc de le soustraire au monde de l'échange. Il y a des émotions et des valeurs autres que celle du monétaire. Parce que le mythe est consubstantiel à la notion de fabulation, il sert à concevoir sa propre fabrication : celle des chimères, des cauchemars que gouvernent les songes, des monstres enfantés par des forces étranges, irréductibles au calcul et à la raison. Ces invasions de l'occulte doivent réaliser autant de fissures dans le réel. C'est ce que semble souligner P. Bourget lorsqu'il analyse l'emprise des œuvres préraphaélites :

> Ce songe de mélancolie (...) c'est la plainte secrète de l'immortelle Psyché que ni les bienfaits de la science, ni ceux de la richesse, ni les promesses du progrès n'ont pu contenter. La voyageuse divine erre toujours, même dans notre monde d'industrie, de télégraphie et de chemins de fer, en quête du bien qu'elle a perdu.[89]

C'est ainsi que l'exhumation des mondes anciens est nécessaire à la constitution d'images anti-industrielles. C'est particulièrement le cas de l'imagerie préraphaélite qui, par ses incursions dans le monde celte et le Moyen-Age, refoule les notions de commerce et de profit. Ces œuvres rappellent incidemment que d'autres systèmes ont été possibles, où la couleur de l'or dépassait la valeur du métal.

Les mythes sont donc révélateurs de la précarité de notre préhension sur le monde, puisqu'ils sont, par essence, rétifs aux stratégies infaillibles de la raison. Conçus pour déstabiliser le monde convenable du bourgeois et du négociant, ils forgent aussi un système symbolique différent, visant à déréaliser le réel et à puiser son énergie, non dans l'homme, mais dans un univers cryptique. Le monde de l'art sera animé et vivant. Le mythe s'y inscrira comme résistance aux temps modernes.

Toutefois, que le mythe renaisse au moment où l'Europe se modernise, là où se met à exister un degré de développement suffisant pour permettre la manifestation d'un esthétisme, n'est pas un hasard. C'est au milieu de l'urbain, du sidérurgique et de la prolétarisation des masses que s'épanouit un mouvement qui déleste des urgences du réel et des soumissions au monde.

La réactualisation du mythe chez les symbolistes est indissolublement liée au refus du Naturalisme, en tant qu'esthétique au service du capital : « Est-ce que vous seriez devenu moderniste ? — Naturaliste, dit Fortier en riant, je veux gagner de l'argent. »[90] écrit Rémy de Gourmont dans *Sixtine*.

Mais les auteurs symbolistes savent bien que leur littérature ne peut se développer justement que parce qu'il existe une marge de conscience et de jeu suffisante pour permettre l'éclosion d'un renouveau mythique. C'est parce qu'ils vivent dans une société industrielle, jouisseuse et confortable, qu'ils peuvent se livrer aux rêves, aux jeux avec le verbe et aux mythes. En cela, déjà, leur position n'est pas claire : nostalgie du renoncement, désir de pactiser avec la machine, tentation de s'insérer dans le monde marchand seront les liens qui les rattacheront à la société.

Justement, les héros du Symbolisme, hommes à rebours de la société, s'adonnent aux constructions imaginaires, à l'oisiveté créatrice, en partie parce que leur lien avec les métropoles est fort. Lien sans cesse renié, coupé, mais indestructible, car le propre de la société moderne est ce rappel constant de l'asservissement de l'homme à la Babel marchande.

Ainsi la nouvelle de Huysmans, « L'obsession » rejoue les invitations au voyage qui tournent court. Le narrateur, qui a connu le paradis de l'isolement à la campagne doit regagner la ville, et sa pensée, qui souhaite évoquer le passé, est constamment sollicitée par les séductions du présent. L'individu, qui se veut excentré, déphasé, est rappelé à l'ordre de la cité : « la vision du présent ne s'arrête plus en moi ; alors, je cherche à ramener ma pensée en arrière » mais « m'assaillent et me dominent ces obsédantes réclames de l'odieux journal : Les consolidés sont en hausse, les valeurs industrielles tiennent. Le Panama fléchit et le Suez est ferme »[91]. Les réclames, les titres de journaux charrient des signes qui sont autant d'icônes du présent tentateur.

On sent bien que les auteurs exploitent ce qui reste encore de pouvoir au mythe pour provoquer une distanciation d'avec l'actuel. Mais, et c'est là que se révèle la tension inhérente à une telle utilisation, les mythes ne peuvent se concevoir sans référence implicite au contemporain et à la réalité sociale. Le mythe de l'androgyne contient l'horreur de la créature exploitée par un maître intransigeant. Salomé, la princesse biblique, ne peut être peinte sans révéler les séductions modernes de la machine. Le sphinx traduira les mystères du pouvoir féminin.

Que les mythes agissent comme objets compensatoires au présent décevant, c'est indéniable. Mais que ce même mythe naisse du présent, déplace la fiction vers la modernité et accentue la faiblesse de la vision archaïsante l'est également. C'est ainsi que les mythes ont de façon irrémédiable des connexions avec l'actualité. Ces signes du présent, tares singulières, fixent la fable qui souffre à jamais des intromissions de l'actuel. Ces incursions révèlent la difficulté à échapper aux prises du réel.

Tout, dans les mythes, appelle l'apocalypse. Les œuvres décrivent la lente destruction des produits, des êtres et des valeurs morales. Simultanée à ce pourrissement, transparaît la vision d'un univers futuriste où les objets ont remplacé l'humain et où les relations sont affectées par l'oppression et le mercantilisme. Le texte est amené à reproduire, dans son schéma, la répartition de ces nouveaux enjeux. Le héros décline alors que la collectivité s'engraisse. Le livre devient une île désertée où agonise le dernier héros, réfugié parmi des œuvres d'art qui sont bien les seules à évoquer le vivant. Les dernières forces du condamné social seront employées à peindre cette vision apocalyptique et à ériger son propre tombeau. L'œuvre donne pour tout message artistique une invitation à la mort et peint la disparition des valeurs anciennes, qui doivent laisser place à un ordre nouveau.

En étant délibérément archaïsants, les auteurs symbolistes souhaitent poser le mythe comme système rival du capital, dont le but serait de gêner l'émergence de nouvelles lois économiques. Anachronisme protecteur que celui imposé par un temps circulaire où les héros d'hier ont planté les graines de demain. Ce système implique le rejet de l'ordre régnant, qui souffre d'une pauvreté spirituelle, mais sans, paradoxalement, en proposer un autre. L'artiste, dégagé des pratiques communautaires, exclu du système de la rentabilité, se cloître pour se protéger : il veut préserver par la fable la spiritualité négligée par la pratique sociale, retrouver la sacralité quotidiennement profanée en opposant au sens de l'histoire un retour à l'ordre intemporel, en réinstallant les antiques visions.

NOTES

(1) S. Mallarmé, « Enquête sur l'évolution littéraire » *Œuvres complètes,* Paris : Gallimard, 1945, p. 869.
(2) C. Mauclair, *Eleusis, causeries sur la cité intérieure,* Paris : Perrin, 1894, p. 24.
(3) J.K. Huysmans, *A rebours,* Paris : UGE, 1975, p. 300.
(4) J.K. Huysmans, *A vau l'eau, Œuvres complètes,* Genève : Slatkine, 1972, t.4, p. 33.
(5) *Idem,* pp. 33-34.
(6) J.K. Huysmans, *A rebours,* p. 139.
(7) R. de Gourmont, cité par H. Juin, préface de *Sixtine, roman de la vie cérébrale,* Paris : UGE, 1982, p. 21.
(8) *Idem.*
(9) R. de Gourmont, *L'idéalisme,* Paris : Mercure de France, 1983, p. 14.
(10) C. Mauclair, *Eleusis...,* p. 30.
(11) *Idem,* p. 33.
(12) R. de Gourmont, *Sixtine...,* p. 22.
(13) M. Barrès, *Un homme libre, Le culte du moi,* Paris : UGE, 1986, p. 156.
(14) R. de Gourmont, *Sixtine...,* p. 22.
(15) M. Barrès, *Un homme libre,* p. 155.
(16) J. Péladan, *L'initiation sentimentale,* Genève : Slatkine, 1979, p. 18.
(17) *Idem,* p. 21.
(18) Villiers de l'Isle-Adam, *Isis, Œuvres complètes,* Paris : Gallimard, 1986, t. 1, p. 140.
(19) J. Ferry, cité par J. Kristeva, *La révolution du langage poétique,* Paris : Seuil, 1974, p. 481.
(20) J. Péladan, *L'initiation...,* p. 21.
(21) O. Wilde, « Intentions » *Œuvres,* Paris : Stock, 1977, pp. 375-376.
(22) *Idem,* p. 383.
(23) E. Bourges, *Le crépuscule des dieux,* Paris : Stock, 1950, p. 77.
(24) J.K. Huysmans, *A rebours,* p. 67.
(25) J. Lorrain, *Les Noronsoff,* Paris : des Autres, 1979, p. 178.
(26) *Idem,* p. 189.
(27) J. K. Huysmans, « Le salon officiel de 1880 » *L'art moderne,* Paris : UGE, 1975, p. 145.
(28) J.K. Huysmans, « Le fer » *Certains,* Paris : UGE, 1975, p. 401.
(29) J.K. Hysmans, « Le salon de 1879 » *L'art moderne,* p. 37.
(30) *Idem.*
(31) J.K. Huysmans, « *Le salon officiel de 1881 »,* p. 224.
(32) J.K. Huysmans, « *L'exposition des Indépendants »,* p. 256.
(33) M. Barrès, *Du sang, de la volupté et de la mort,* Paris : UGE, 1986, p. 175.
(34) K. Marx, *Le capital,* Paris : Editions sociales, t. 1, p. 103.
(35) *Idem,* p. 158.
(36) P. Vilar, *Or et monnaie dans l'histoire (1450-1920),* Paris : Flammarion, 1974.
(37) *Idem,* p. 401.
(38) J. Lorrain, *La forêt bleue,* Paris : Lemerre, 1882, p. 90.
(39) S. Mallarmé, « Or » *Œuvres complètes,* p. 399.
(40) *Idem,* p. 398.
(41) *Ibid.*
(42) *Ibid.*
(43) *Ibid.,* p. 399.
(44) S. Mallarmé, « Enquête sur l'évolution littéraire » p. 870.
(45) A. Floupette, *Les déliquescences,* Paris : Vanné, 1885, p. XXII.
(46) *Idem,* p. 871.
(47) *Ibid.,* p. 870.
(48) J.K. Huysmans, *En rade,* Paris : UGE, 1975, p. 187.
(49) J. Péladan, *Les amants de Pise,* Paris : UGE, 1984, p. 366.
(50) S. Mallarmé, « Conflit » p. 357.
(51) *Idem,* p. 358.
(52) *Ibid.,* p. 413.
(53) *Ibid.*
(54) *Ibid.*
(55) *Ibid.,* p. 414.
(56) L. Goldmann, *Pour une sociologie du roman,* Paris : Gallimard, 1964, p. 38.
(57) R. de Gourmont, *Sixtine, roman de la vie cérébrale,* Paris : UGE, 1986, p. 189.
(58) Cité par les Goncourt, *Journal,* Paris : R. Laffont, 1956, t. 2, p. 1233.
(59) J.K. Huysmans, *A rebours,* Paris : UGE, 1975, p. 278.
(60) *Idem,* p. 300.
(61) *Ibid.,* p. 303.
(62) S. Mallarmé, « L'art pour tous » *Œuvres complètes,* Paris : Gallimard, 1945, pp. 259-260.
(63) S. Mallarmé, « Quant au livre » pp. 375-376.
(64) *Idem,* p. 378.

(65) O. Mirbeau, *Le calvaire,* Paris : UGE, 1986, p. 112.
(66) *Idem,* p. 121.
(67) C. Mendès, *La première maîtresse,* Paris : Fasquelle, 1922, p. 192.
(68) *Idem,* p. 161.
(69) L. Goldmann, *Pour une sociologie...,* p. 47.
(70) M. Barrès, *Sous l'œil des Barbares, Le culte du moi,* Paris : UGE, 1986, p. 20.
(71) *Idem,* p. 96.
(72) *Ibid.,* p. 94.
(73) *Ibid.,* p. 95.
(74) *Ibid.,* p. 108.
(75) P. Macherey, *Pour une théorie de la production littéraire,* Paris : Maspéro, 1971, p. 150.
(76) J. Lorrain, *Les Noronsoff,* Paris : des Autres, 1979, p. 231.
(77) *Idem,* p. 201.
(78) J.K. Huysmans, *A rebours,* p. 324.
(79) E. Schuré, *Les grands initiés,* Paris : Perrin, 1960, p. 252.
(80) *Idem,* p. 258.
(81) *Ibid.,* p. 493.
(82) *Ibid.*
(83) E. Bourges, *Le crépuscule...,* p. 267.
(84) *Idem,* p. 270.
(85) *Ibid.,* p. 271.
(86) R. de la Sizeranne, « Rose-Croix, préraphaélites et esthètes » *Le correspondant,* Paris, 1892, p. 1127.
(87) J.K. Huysmans, « Gustave Moreau » *Certains,* p. 293.
(88) G. Kahn, *Symbolistes et décadents,* Paris : Vanier, 1902, p. 195.
(89) P. Bourget, *Etudes et portraits,* Paris : Plon, 1906, p. 302.
(90) R. de Gourmont, *Sixtine,* p. 108.
(91) J.K. Huysmans, « L'obsession » *Croquis parisiens,* p. 422.

CONCLUSION GÉNÉRALE

Une époque qui se penche sur les mythes s'interroge sur le pouvoir de la parole. Nous espérons avoir montré que les mythes de la littérature symboliste, tout en se pliant à de multiples lectures, sont animés par la même problématique. Leurs origines, leur structure, leurs interprétations dévoilent une orientation logique.

Cette orientation est irrémédiablement liée au monde dans lequel se meuvent les artistes. Ce monde est celui des illusions politiques perdues, ce que l'on s'accorde à appeler le « pessimisme » et où se pose le problème d'un renouvellement de l'inspiration. Etre symboliste dans les années 1880, c'est d'abord se dégager des couches naturalistes, qui se veulent soumises au réel. Mouvement en marge, le Symbolisme pousse à réfléchir sur l'appartenance des artistes au monde et leur capacité de créer en dehors de la société.

Dans un monde qui accomplit quotidiennement l'histoire, gorgé de satisfactions expansionnistes, des artistes ont recours au mythe pour faire obstacle au réel. La redécouverte du mythe, au-delà des gauchissements de l'histoire, s'accompagne d'une quête de l'authenticité. L'important est de retrouver la source, de remonter aux origines pour y débusquer une parole concurrente, spirituelle, qui redonne à l'humain des valeurs autres, plus nobles. Ce retour en arrière consacre les symbolistes comme chercheurs, en quête des originaux (culte du livre, culte des anciens) comme de l'origine (langue, mythe). Se présente alors un besoin : le besoin de mythifier et d'avoir recours à une vision autre de l'histoire et du temps : « Au lieu de recevoir du présent la matière de son œuvre, il faut à grand effort se rejeter dans le passé et créer en antagonisme avec son temps »[1] affirmera Péladan.

Au cours de ce périple, des voix se font entendre. Qui parle dans le mythe ? Est-ce la voix de la sagesse populaire qui diffuse un enseignement moral sur l'homme ? Est-ce la voix du dedans qui traduit l'imaginaire et le sacré ? Est-ce la voix de la fantaisie qui collectionne les contes et les belles histoires ? La voix de la sagesse et celle du mensonge semblent se mêler. La voix du sphinx se dédouble : créature diabolique femelle ou principe initiateur mâle ? Impossible d'attribuer au mythe une origine unique, car il est constitué d'un nœud de voix plurielles. Le mythe est bien cet ensemble de voix qui, tour à tour, prennent la parole : la voix anonyme des origines, la voix culturelle qui, à travers les âges, a brodé sur les mythes, la voix littéraire enfin, qui les a recensés. Chaque version dissout la précédente, toujours sujette à des réinterprétations. C'est la combinaison instable de ces voix qui donne naissance au mythe. En cela, le mythe s'affirme comme du déjà-dit, il impose le déjà-fait comme le déjà-écrit car il provient d'une réserve qui, malgré les variantes, se répète. C'est toujours la même histoire qu'on raconte.

Forçant le mur de la production parce qu'il appartient à tous sans être à personne, le mythe autorise les emprunts, les versions successives, sans jamais se livrer entièrement. Sans origine, sans lien, sans père, le mythe se refuse à la propriété littéraire et s'enfuit du cadre du livre qui croit le retenir. Comme le livre jamais écrit, déjouant les forces de production, donc jamais donné au monde, il réitère le refus de créer dans le sens de la modernité. Comme il ne prétend pas à une vérité, il déjoue les pièges de l'autorité et de la production.

C'est dans ce corpus fuyant, dont la saisie directe est impossible, que les artistes ont choisi de créer ou de recréer. Un corpus dans lequel il n'y a pas de leçons à donner ni de morales à tirer. Le mythe est fable, il est matériau modelable. Il sera interrogé pour déployer les ressources infinies du mensonge.

En ce sens, il est essentiel de retrouver le langage du mythe, de dégager les mots de leur gangue économique et la langue de son rôle d'échange. Le langage peut être un moyen d'éviter le monde si on lui refuse les vertus commerciales et pratiques. Au contraire, le suggéré, le poétique, doivent permettre de dire l'ancien avec les mots du sacré. Retrouver l'art de dire des origines, évincer le sens et la communication, écarter les mots du présent pour constituer un nouveau lexique qui serait tout entier volé au réel, tel est le projet symboliste.

Le mythe ne se donne pas comme croyance mais comme fiction. Verhaeren, dans *L'art moderne*, s'est attaché à le montrer :

> Un recul formidable de l'imagination moderne vers le passé, une enquête scientifique énorme et des passions inédites vers un surnaturel vague et encore indéfini nous ont poussés à incarner dans un symbolisme qui traduit l'âme contemporaine comme le symbolisme antique interprétait l'âme d'autrefois. Seulement nous n'y mettons point notre foi et nos croyances, nous y mettons, au contraire, nos doutes, nos affres, nos ennuis, nos vices, nos désespoirs et probablement nos agonies.[2]

Libérant des images fantasmatiques, le mythe est « ce champ d'extraterritorialité », dont parle A. Green, « où peut se dire ce qui ne doit pas être agi »[3]. Appartenant à une contrée psychique parce qu'il entretient des rapports avec l'inconscient individuel, il sera donc substitué à la peinture du réel, non pour le remplacer mais pour que règne un autre genre de préhension sur le monde. Il réinstalle le sacré et l'énigme et confirme les forces de l'imaginaire comme forces créatrices du monde. En ce sens, il s'attaque à l'armature d'une pensée matérialiste et scientifique qui croit avoir défini l'univers, en brandissant les désirs venus du fond des âges.

Mais, refusant de s'attacher aux certitudes de la science, les symbolistes réalisent assez vite que la parole des origines ne peut se concevoir. Le retour en arrière, conçu pour échapper aux prises du réel historique, ne conduit pas au nouvel essor spirituel qu'il avait semblé promettre. A travers les voiles qui cachent le mystère, apparaîssent des sphinx aux pieds d'argile, des héros démembrés, des rites qui ne renferment aucune vérité. Au contraire, c'est encore l'insurmontable réalité qui transparaît : la princesse Salomé n'est qu'une vulgaire hystérique, les androgynes, des machines inventées par des créateurs malades, Narcisse, Orphée, ce sont eux-mêmes, les artistes, en butte à l'incompréhension des hommes.

Pour Huysmans, pour Villiers, les rêves qui étaient non-sens chaotiques ne sont plus tout à fait indicibles : ils sont inscrits dans le réel, dans le monde du phénomène et comme tels, bientôt analysables par les savants, maîtrisés par les médecins. Ce qui produit les apparitions et les visions cauchemardesques, ce sont finalement des troubles du corps, des perturbations de la conscience, comme le constate le héros de *En rade*. Le mythe, conçu pour tromper la vigilance sociale et la marche du progrès, pour renvoyer de l'autre côté du miroir, conduit à des concaténations inattendues.

Ainsi se justifient les juxtapositions d'*A rebours* qui fait alterner présent, images archaïques, et cauchemars. Ces derniers sont façonnés par le présent et, comme tels, discernables d'avance comme des manipulations chimériques. Jusqu'à quel point le réel ne contient-il pas encore la clé des mythes ?

Villiers, dans son désarroi devant la montée des sciences, imagine dans *Isis* le jugement d'un moderne, dont la portée coincide avec la mentalité symboliste : le progrès commence là où meurent les dieux, qui sont évincés par des réalisations plus impressionnantes que leurs antiques miracles.

> Tout ce que la poésie et la mythologie des anciens ont pu rêver de colossal est dépassé par notre réalité. Les dieux ne sont plus de notre puissance ; leur tonnerre

est devenu notre jouet, notre coureur et notre esclave. (...) Quel Mercure obéirait avec la promptitude d'un télégraphe électrique ? (...) Positivement, les dieux ne sont plus de force avec nous sur aucune espèce de terrain.[4]

Les textes révèlent ainsi que le mythe ne recouvre rien de substituable au progrès industriel. Rien, si ce n'est ce mouvement même de décadence : de la vie à la mort, du sens à l'inanité, du plein au vide. La seule force du mythe réside dans sa parole même, dans son pouvoir de répétition, qui s'oppose à la déchéance et à la décrépitude. Le mythe n'a pas d'essence intérieure, il tient tout entier dans l'éternel recommencement du verbe.

Rempart contre le monde, l'œuvre exprime à la fois cette découverte du vide en même temps que la mise en place d'une illusion. En effet, le texte va être chargé de reconstituer le voile de la déesse, celui-là même qui va camoufler la perte du sens. Il rejouera à l'infini la scène primordiale : comment le mythe, issu d'un désir de pallier le réel décevant, s'ouvre à l'absence et invite donc à la création d'un faux.

Ainsi se joue et se rejoue une dialectique de l'illusion et du voile que les personnages mythiques sont chargés d'installer. Va-et-vient entre la fiction et la réalité, le mythe présente des héros et des dieux, qui, tel Orphée magicien à la parole enchantée, n'empêchent pas le retour de l'obscurantisme. C'est la découverte que les mythes parlent de la réalité qui joue un rôle décisif dans la mise en place de l'œuvre. Celle-ci est alors destinée à combler, par l'opacité du message, le vide inhérent à la parole mythique. On ressuscite la voix archaïque susurrant des vérités éternelles sur l'homme et sur le monde, la voix des origines qui transmet le message divin par le biais du « mystère des lettres » affirmant ainsi l'incertitude de toute croyance. Le message doit tout à la constitution d'un nouveau langage chargé de redonner au mythe tout son mystère et par là de brouiller son contenu. Il s'agit de restaurer, par la magie incantatoire des mots, un culte et une foi dans le sacré. Le message aura un caractère plurivoque et ambigu (qui est le propre de la parole divine — le dieu étant le lieu de la réconciliation des contraires). Destiné non à la communauté humaine, mais à ceux qui savent entendre et percevoir, le verbe se fait subtil et opaque.

Le travail de l'artiste consiste donc en l'élaboration de messages codés, c'est-à-dire que son statut, loin d'être valorisé, nous invite à le percevoir comme émetteur-récepteur de la voix divine qui parle à travers eux : prêtres, mages, officiants. Dévalorisation du créateur qui s'efface devant le message et devient, non un créateur omniscient, comme croit l'être le naturaliste (qui recrée le monde, les odeurs, le toucher à la manière d'un Dieu unique alors que les symbolistes, rendant à la divinité sa multiplicité, livrent les messages capricieux de dieux pluriels), mais un interprète : acteur, mime, histrion. Ecrivant et non plus écrivain, il dénonce sa fonction comme jeu sur la parole.

Reproductions de sonorités, répétition de répétitions, le mythe perd, au fur et à mesure qu'il se redit, un peu plus de son sens. Les œuvres s'enchaînent les unes aux autres par une figure répétée, qui s'impose dès lors comme référent et duplication. Le texte n'est-il pas alors le rappel constant d'un engendrement sans commencement, laissant voir son vide intérieur ?

Ainsi, parce qu'il est fiction, le mythe dénonce le travail de l'artiste non comme enfantement mais comme redite et imitation. L'écrivain brode (la comparaison est de Mallarmé) sur une toile ancienne qui a déjà servi et où apparaissent, brouillés, éteints, des textes antérieurs. En ce sens, les écrivains comparent leur tâche à de la belle ouvrage : ciselure, dentelle, petit point, que l'évacuation du sens, au profit de l'art incomparable du mot et de la lettre, fait ressortir.

Ce n'est point tant un contenu que souhaitent colporter les interprètes, qu'un art de fabriquer le mensonge. Ce faisant, en choisissant de cultiver le medium au détriment du fond, les écrivains posent le problème de la validité du message. Pas de philosophie, pas d'enseignement, mais un verbe. Nous voilà ramenés au problème du contenu du mythe. Puisqu'il ne signifie rien d'autre que lui-même, qu'il est ce vide qu'il importe de combler, il faut ce va-et-vient de la parole (sans but, sans profondeur) ne prétendant à aucune doctrine, mais jouant à l'infini sur les réserves magiques du signifiant. C'est bien là le seul message contenu par le mythe. Conçu pour être répété, varié, violé, assurant de lui-même sa régénération à travers temps et lieux, le mythe s'avère le sujet idéal d'une génération qui fait coïncider la fonction de l'écrivain avec une méditation sur le pouvoir de la parole. Elle seule triomphe de l'échec du héros en le faisant renaître de ses cendres. Elle seule permet de valider le rôle de l'artiste dans la collectivité. En elle réside la substance dont se nourrit le poète.

En effet, la béance entrevue met en danger la fonction même de l'artiste. Le mythe n'est pas fouille, il est ensevelissement. Le poète, moyen de transmission d'un message illusoire, doit poursuivre sa tâche, qui consiste à surajouter, à remplir la trame mythique afin de poursuivre ce travail de remplissage dont sa vie dépend. Parce qu'il ne recouvre rien d'autre que lui-même et parce qu'il est écho d'un vide étourdissant, le contenu du mythe doit être caché par la formule, le vers, l'incantation, chargés de lui restituer une part d'ombre. En ce sens, l'artiste est celui qui, de son signe, enrobe le blanc (blanc de la page, blanc du sens) pour noircir la virginité du papier.

Le parcours symboliste (de l'histoire au mythe, du réel à la fable, du plein au vide) s'organise autour de trois axes que la lecture plurielle nous a permis de mettre en évidence. La voie rhétorique découvre la répétition du même, les jeux de la parole et le travail de copiste auxquels se livre l'artiste qui parle du mythe. A jamais voix anonyme, répétant par le mime le trajet déjà inscrit, l'auteur ne peut œuvrer qu'à l'intérieur de la référence, référence qu'il devient à son tour, constituant une chaîne ininterrompue de renvois.

La voie psychanalytique ouvre à l'attrait pour le vide — la castration redoutée et désirée, sans cesse voilée. Dans les représentations des corps, dans les supplices, les décollations, dans les corps féminins se disent le fourvoiement du désir, la peur de la nature et la menace suspendue au-dessus du créateur.

La voie sociologique confirme la perte du pouvoir (masculin et social) au profit de nouvelles valeurs économiques du groupe social conquérant qui menace le territoire protégé de l'artiste. Ces trois voies mènent à une lecture du Symbolisme comme réflexion sur la perte du pouvoir, sur le vide de toute parole et finalement sur la mort. Le mouvement observé consacre ainsi l'effondrement de l'individuel face au collectif, la perte du sexe s'alliant à la perte économique. Que le vide s'appelle le trou féminin — au cœur du mystère de la femme —, qu'il soit l'inanité de toute parole, qu'il soit la réalité sociale, on le perçoit d'après les analyses précédentes. Il nous a semblé que, par le biais d'images mythiques, l'artiste représentait son rapport à la communauté.

En effet, ces représentations semblent bien contenir une théorie de l'homme. Poète-instrument, dénonçant l'écriture comme un jeu vain, l'artiste se dénie tout pouvoir si ce n'est celui de redire cette perte : perte des dieux, perte du sens. Seule, sa fonction de transmetteur éternel peut faire obstacle à la loi qui entraîne toute chose du plein au vide. L'artiste est celui qui comble le trou dont la vue détruirait à jamais sa science même. Il est celui qui sans fin tisse ce lien perdu avec la mère et le monde et dont la raison de créer tient tout entière dans cette activité de remplissage qui lui tient lieu de femme, de société et de nourriture. De là, l'acte essentiel d'écrire qui — s'il n'était pas — laisserait béantes toutes les ouvertures et l'abandonnerait, tel une tête coupée, séparée de son corps et de ses biens — dans la nuit du non-être.

NOTES

(1) J. Péladan, cité par C. Beaufils, *Le Sâr Péladan*, Paris : Aux amateurs de livres, 1986, p. 249.
(2) E. Verhaeren, cité par R. Delevoy, *Journal du Symbolisme*, Paris : Skira, 1977, p. 107.
(3) A. Green, « Le mythe : un objet transitionnel collectif » *Le temps de la réflexion*, Paris : Gallimard, 1980, p. 103.
(4) Villiers de l'Isle-Adam, *Isis, Œuvres complètes*, Paris : Gallimard, 1966, t. 1, p. 139.

BIBLIOGRAPHIE

■ *Ouvrages généraux sur le symbolisme :*

BARRE A., *Le Symbolisme* (Essai historique sur le mouvement poétique en France de 1885 à 1981). Genève : Slatkine, 1981. 2 vol.
CASSOU J., *Encyclopédie du Symbolisme*. Paris : Somogy, 1979. 292 p.
DELEVOY R., *Journal du Symbolisme*. Paris : Skira, 1977. 246 p.
LUCIE-SMITH E., *Symbolist Art*. London : Thames and Hudson, 1972. 216 p.

■ *Sur la littérature symboliste :*

CITTI P., *Contre la décadence*. Paris : P.U.F., 1987. 358 p.
CLOUARD H., *Histoire de la littérature française du Symbolisme à nos jours*. Paris : Albin-Michel, 1950. 2 vol.
DECAUDIN M., *La crise des valeurs symbolistes*. Toulouse : Privat, 1960. 527 p.
DELVAILLE B., *La poésie symboliste*. Paris : Seghers, 1971. 431 p.
FRICKX R., *La poésie française de Belgique* (1880). Naaman : Sherbrooke, 1979. 268 p.
MARIE A., *La forêt symboliste*. Paris : Didot et cie, 1936. 296 p.
MICHAUD G., *Message poétique du Symbolisme*. Paris : Nizet, Nouvelle édition refondue 1994. 820 p.
PEYRE H., *Qu'est-ce que le Symbolisme ?*. Paris : P.U.F., 1974. 263 p.
PEYRE H., *La littérature symboliste*. Paris : P.U.F., 1976. 127 p.
RAYMOND M., *De Baudelaire au Surréalisme*. Paris : Corti, 1952. 413 p.

■ *Sur la peinture symboliste :*

CHRISTIAN J., *Symbolistes et Décadents*. Paris : Chêne, 1977. 87 p.
PALADILHE J., PIERRE J., *Gustave Moreau*. Paris : Hazan, 1971. 176 p.
SELZ J., *Gustave Moreau*. Paris : Flammarion, 1978. 96 p.
WHITFORD F., *Klimt*. London : Thames & Hudson, 1990. 216 p.

■ *Ouvrages généraux sur le mythe :*

BENOIST L., *Signes, symboles et mythes*. Paris : PUF, 1981. 128 p.
CAILLOIS R., *Le mythe et l'homme*. Paris : Gallimard, 1938. 185 p.
ELIADE M., *Aspects du mythe*. Paris : Gallimard, 1963. 250 p.
ELIADE M., *Le mythe de l'éternel retour*. Paris : Gallimard, 1969. 190 p.
ELIADE E., *Traité d'histoire de religions*. Paris : Payot, 1968. 407 p.
ELIADE M., *Méphistophélès et l'androgyne*. Paris : Gallimard, 1962. 311 p.
ELIADE M., *La nostalgie des origines*. Paris : Gallimard, 1969. 250 p.
VERNANT J.P., *Mythe et pensée chez les Grecs*. Paris : Maspéro, 1973. 382 p.
VERNANT J.P., VIDAL-NAQUET, P., *Mythe et tragédie en Grèce ancienne*. Paris : La découverte, 1986. 187 p.
VEYNE P., *Les Grecs ont-ils cru à leurs mythes ?* Paris : Seuil, 1983. 163 p.

■ Sur le mythe en littérature :

ALBOUY P., *Mythes et mythologies dans la littérature française.* Paris : Colin, 1969. 340 p.
CATTAUI G., *Orphisme et prophétie chez les poètes français,* Paris : Plon, 1965. 240 p.
CELLIER L., *L'épopée humanitaire et les grands mythes romantiques.* Paris : Sedes, 1971. 370 p.
DETALLE A., *Mythes, merveilleux et légendes dans la poésie française de 1840 à 1860.* Paris : Klincsieck, 1976. 456 p.
DURRY M.J., *Gérard de Nerval et le mythe.* Paris : Flammarion, 1969. 205 p.
STEELE A.J., (éd.) *Myth and legend in French literature.* London : Modern humanities research association, 1982. 252 p.

■ Ouvrages critiques :

ABRAHAM K., *Selected papers.* London : The Hogarth press, 1949. 527 p.
ABRAHAM K., *Œuvres complètes.* Paris : Payot, 1965. 2 vol.
AIGRISSE G., *Psychanalyse de Paul Valéry.* Paris : Editions universitaires, 1964. 323 p.
AGULHON M., *Marianne au combat.* Paris : Flammarion, 1979. 235 p.
ALTHUSSER L., *Pour Marx.* Paris : Maspéro, 1967. 260 p.
ALTHUSSER L., *Lire le Capital.* Paris : Maspéro, 1967. 2 vol.
ANZIEU D., (éd.) *L'Œdipe, un complexe universel.* Paris : Tchou, 1977. 335 p.
ARON J.P., (présenté par) *Misérable et glorieuse la femme du XIXe siècle.* Paris : Fayard, 1980. 248 p.
BANCQUART M.C., *Images littéraires du Paris fin-de-siècle.* Paris : la différence. 1979. 266 p.
BARBERIS P., *Mythes balzaciens.* Paris : Colin, 1972. 359 p.
BARBERIS P., *Balzac et le mal du siècle.* Paris : Gallimard, 1970. 2 vol.
BARBERIS P., *Lectures du réel.* Paris : Editions sociales, 1973. 304 p.
BARRACLOUGH G., *Tendances actuelles de l'histoire.* Paris : Flammarion, 1980. 342 p.
BARTEAU F., *Les romans de Tristan et Iseut : introduction à une lecture plurielle.* Paris : Larousse, 1972. 320 p.
BARTHES R., *S/Z.* Paris : Seuil, 1970. 278 p.
BAYLEY H., *The lost language of Symbolism.* London : Williams & Norgate, 1912. 2 vol.
BEAUFILS C., *Le Sâr Péladan.* Paris : Aux amateurs de livres, 1986. 157 p.
BELAVAL Y., (éd.) *Histoire de la philosophie.* Paris : Gallimard, t.2, 1973. 1142 p.
BELLEMIN-NOEL J., *Les contes et leurs fantasmes.* Paris : P.U.F., 1983. 185 p.
BELLEMIN-NOEL J., *Psychanalyse et littérature.* Paris : P.U.F., 1978. 127 p.
BESSEDE R., *La crise de la conscience catholique au XIXe siècle.* Paris : Klincsieck, 1975. 638 p.
BLANCHOT M., *L'espace littéraire.* Paris : Gallimard, 1955. 382 p.
BOURDE G., MARTIN H., *Les écoles historiques.* Paris : Seuil, 1983. 352 p.
BOSS M., *The analysis of dreams.* New York : Philosophical library, 1958. 223 p.
BRANDELL G., *Freud, a man in his century.* New Jersey : Humanities press, 1979. 110 p.
BRIL J., *Lilith, la mère obscure.* Paris : Payot, 1981. 217 p.
BROADBENT R.J., *A history of pantomime.* New York : Benjamin Blom, 1901. 226 p.
BRUNEL P., (éd.) *Mythes, images, représentation.* Actes du XIVe congrès de la société française de littérature générale et comparée, Limoges, 1977. Limoges : Trames (79), 1981.
BUSH D., *Mythology and the romantic tradition in english poetry.* New York : Pageant book co, 1957. 647 p.

CAMPBELL J., *Myths to live by.* London : Condor, 1972. 200 p.
CARASSUS E., *Le mythe du dandy.* Paris : Colin, 1971. 336 p.
CARASSUS E., *Le snobisme et les lettres françaises de Paul Bourget à Marcel Proust (1884-1914).* Paris : Colin, 1966. 336 p.
CARON F., *La France des patriotes (1851-1918).* Paris : Fayard, 1985. 664 p.
CARROUGES M., *Les machines célibataires.* Paris : Arcanes, 1954. 248 p.
CASSIRER E., *La philosophie des formes symboliques.* Paris : Minuit, 1972, 3 vol.
CESBRON G., (éd.) *Recherches sur l'imaginaire.* Cahier XII, Université d'Angers, 1985. 441 p.
CHANTRAINE P., *Dictionnaire étymologique de la langue grecque.* Paris : Klincsieck, 1968-1980. 4 vol.
CHIRON Y., *Barrès, le prince de la jeunesse.* Paris : Perrin, 1986. 250 p.
CLANCIER A., *Psychanalyse et critique littéraire.* Paris : Privat, 1973. 228 p.
COHEN J., *Structure du langage poétique.* Paris : Flammarion, 1966. 231 p.
COMPAGNON A., *La troisième république des lettres.* Paris : Seuil, 1983. 381 p.
COMPAGNON A., *La seconde main.* Paris : Seuil, 1979. 414 p.
Contemporary criticism. London : E. Arnold, 1970. 219 p.
DALLENBACH L., *Le récit spéculaire.* Paris : Seuil, 1977. 248 p.
DAVID-MENARD M., *L'hystérique entre Freud et Lacan.* Paris : Editions universitaires, 1983. 215 p.
DAVID-NEEL A., *Le sortilège du mystère.* Paris : Plon, 1972. 190 p.
DAY M.S., *The many meanings of myths.* New York, University press of America, 1984. 564 p.
DERRIDA J., *La voix et le phénomène.* Paris : PUF, 1967. 120 p.
DERRIDA J., *De la grammatologie.* Paris : Minuit, 1967. 448 p.
DERRIDA J., *La dissémination.* Paris : Seuil, 1972. 366 p.
DERRIDA J., *Eperons : les styles de Nietszche.* Paris : Flammarion, 1978. 124 p.
DETIENNE M., *L'invention de la mythologie.* Paris : Gallimard, 1981. 179 p.
Dictionnaire des littératures françaises. Paris : Bordas, 1984. 3 vol.
DONINGTON R., *Wagner's « Ring » and its symbols.* London : Faber & Faber, 1963. 342 p.
DOR J., *Introduction à la lecture de Lacan.* Paris : Denoël, 1985. 275 p.
DUBOIS J., *Le groupe γ Rhétorique générale.* Paris : Larousse, 1970. 206 p.
DUBOIS J., *Le groupe γ Rhétorique de la poésie.* Paris : P.U.F., 1977. 295 p.
EAGLETON T., *Marxism and literary criticism.* London : Metheun & co, 1976. 87 p.
EIGELDINGER M., *Lumières du mythe.* Paris : PUF, 1983. 222 p.
EIGELDINGER M., *Mythologie et intertextualité.* Genève : Slatkine, 1987. 278 p.
ELLMANN R., *Oscar Wilde.* London : Penguin books, 1987. 632 p.
ESCARPIT R., *Sociologie de la littérature.* Paris : PUF, 1958. 127 p.
FAGES J.B., *Comprendre Jacques Lacan.* Paris : Privat, 1971. 123 p.
FAIVRE A., *Accès de l'ésotérisme occidental.* Paris : Gallimard, 1986. 406 p.
FARMER A.J., *Le mouvement esthétique et décadent en Angleterre (1873-1900).* Genève : Slatkine, 1978. 413 p.
FARMER A.J., *Walter Pater as a critic of English literature.* Grenoble : Edtions Didier et Richard, 1931. 300 p.
FLEM L., *La vie quotidienne de Freud et de ses patients.* Paris : Hachette, 1986. 311 p.
FONTANIER P., *Les figures du discours.* Paris : Flammarion, 1968, 503 p.
FREUD S., *Malaise dans la civilisation.* Paris : PUF, 1973. 107 p.
FREUD S., *La vie sexuelle.* Paris : PUF, 1969. 161 p.
FREUD S., *Le rêve et son interprétation.* Paris : Gallimard, 1986. 122 p.
FREUD S., *L'interprétation des rêves.* Paris : PUF, 1987. 573 p.
FREUD S., *L'inquiétante étrangeté et autres essais.* Paris : Gallimard, 1985. 344 p.
FREUD S., *Totem and taboo.* London : Routledge & Kegan Paul, 1975. 172 p.
FROMM E., *The forgotten language.* New York/Chicago/San Francisco : Holt, Rinehart & Winston, 1974. 263 p.

FURET F., *L'atelier de l'histoire*. Paris : Flammarion, 1982. 312 p.
GARDNER DAVIES, *Mallarmé et le drame solaire*. Paris : José Corti, 1959. 300 p.
GARDNER DAVIES, *Mallarmé et le rêve d'Hérodiade*. Paris : J. Corti, 1978. 300 p.
GARTEN H.F., *Wagner the dramatist*. Totowa, N.Jersey : Rowman & Littlefield, 1978. 159 p.
GENETTE G., *Figures II*. Paris : Seuil, 1969. 297 p.
GENETTE G., *Introduction à l'architexte*. Paris : Seuil, 1979. 296 p.
GENETTE G., *Palimpsestes*. Paris : Seuil, 1982. 467 p.
GENETTE G., *Mimologiques*. Paris : Seuil, 1976. 471 p.
GERALDI-LEROY (éd.) *Les écrivains et l'affaire Dreyfus*. Actes du Colloque de l'université d'Orléans, octobre 1981. Orléans : PUF, 1983. 304 p.
GOLDMANN L., *Marxisme et sciences humaines*. Paris : Gallimard, 1970. 361 p.
GOLDMANN L., *Pour une sociologie du roman*. Paris : Gallimard, 1964. 230 p.
GRANOFF W., *La pensée et le féminin*. Paris : Editions de minuit, 1976. 470 p.
GRANOFF W., PERRIER F., *Le désir et le féminin*. Paris : Aubier Montaigne, 1979. 110 p.
GREEN A., *Flaubert and the historical novel*. Cambridge : Cambridge University Press, 1982. 185 p.
GRIFFITHS R., *The reactionary revolution*. London : Constable, 1966. 393 p.
GUICHARD L., *La musique et les lettres en France au temps du wagnérisme*. Paris : PUF, 1963. 354 p.
GUILLERM J.P., *Tombeau de Léonard de Vinci*. Lille : Presses universitaires, 1981. 250 p.
GUYAUX A., (éd.) *Huysmans, une esthétique de la décadence*. Actes du colloque de Bâle/Mulhouse/Colmar, nov. 1984. Paris : Champion, 1987. 338 p.
HALEVY D., *La fin des notables*. Paris : Grasset, 1937. 2 vol.
HAMILTON V., *Narcissus and Odipus*. London/ Boston/ Henley : Routledge & Kegan Paul, 1982. 313 p.
HAMON P., *Introduction à l'analyse du descriptif*. Paris : Hachette, 1981. 268 p.
HANOTEAUX G., *L'échec de la monarchie et la fondation de la république (Mai 1873-Mai 1876)*. Paris : Plon, 1926. 2 vol.
HENRY A., *Marcel Proust, théories pour une esthétique*. Paris : Klincsieck, 1983. 432 p.
HENRY A., *Proust*. Paris : Balland, 1986. 351 p.
HENRY A., (éd.) *Schopenhauer et la création littéraire en Europe*. Paris : Klincsieck, 1989. 230 p.
IRIGARAY L., *Speculum de l'autre femme*. Paris : Minuit, 1974. 463 p.
ISER W., *Walter Pater, the aesthetic moment*. Cambridge : Cambridge University press, 1987.
JAKOBSON R., *Eléments de linguistique générale*. Paris : Minuit, 1963. 320 p.
JUIN H., *Fernand Khnopff et la littérature de son temps*. Bruxelles : Lebber Hossmann, 1980. 47 p.
KLEIN L., *Portrait de la juive dans la littérature française*. Paris : Nizet, 1970. 220 p.
KNOESPEL K.J., *Narcissus and the invention of personal history*. New York : Garland, 1985. 160 p.
KOFMAN S., *The enigma of the woman*. London : Cornell university press, 1980. 225 p.
KRISTEVA J., *Le langage, cet inconnu*. Paris : Seuil, 1981. 336 p.
KRISTEVA J., *Semiotikè, recherches pour une sémanalyse*. Paris : Seuil, 1969. 381 p.
KRISTEVA J., *La révolution du langage poétique*. Paris : Seuil, 1974. 643 p.
KUSHNER E., *Le mythe d'Orphée dans la littérature contemporaine*, Paris : Nizet, 1961. 362 p.
LACAN J., *Ecrits II*. Paris : Seuil, 1971. 249 p.
LAURANT J.P., NGUYEN V., (éd.) *Les Péladan*. Paris : L'Age d'homme, 1990. 230 p.
LERNER L., (éd.) *The victorians*. London : Methuen & co Ltd, 1978. 228 p.

LETHEVE J., *Daily life of French artists in the XIXe century.* London : George Allen & Unwin Ltd., 1972. 224 p.
LEVI-STRAUSS C., *Anthropologie structurale.* Paris : Plon, 1974. 410 p.
LIVI F., *J.K. Huysmans et l'esprit décadent.* Paris : Nizet, 1972. 200 p.
MACHEREY P., *Pour une théorie de la production littéraire.* Paris : Maspéro, 1971. 333 p.
MAGEE B., *Misunderstanding Schopenhauer.* London : University of London, 1990. 18 p.
MAINGUENEAU D., *Eléments de linguistique pour le texte littéraire.* Paris : Bordas, 1986. 158 p.
MANNONI O., *Clefs pour l'imaginaire.* Paris : Seuil, 1969. 321 p.
MARIE G., *Elémir Bourges ou l'éloge de la grandeur.* Paris : Mercure de France, 1962. 344 p.
MARIE G., *Le théâtre symboliste.* Paris : Nizet, 1973. 190 p.
MARX K., *Le capital.* Paris : Editions sociales. 2 vol.
MAURON C., *Introduction à la psychanalyse de Mallarmé,* Neuchâtel/Paris : A la Baconnière, 1950. 258 p.
MAYEUR J.M., *Les débuts de la troisième république (1871-1898).* Paris : Seuil, 1973. 392 p.
MILNER M., *Freud et l'interprétation de la littérature,* Paris : SEDES, 1980. 328 p.
MONFERIER J., *La revue indépendante. 1884-1893.* Thèse de la faculté de lettres de Paris. Lille : Service de reproduction de thèse, 1973. 764 p.
MONTRELAY M., *L'ombre et le nom.* Paris : Minuit, 1977. 164 p.
MOUNIN G., *La linguistique.* Paris : Seghers, 1971. 170 p.
NOULET E., *L'œuvre poétique de Mallarmé.* Paris : Droz, 1940. 564 p.
PICLIN M., *Schopenhauer ou le tragédien de la volonté.* Paris : Seghers, 1974. 173 p.
PIERROT J., *L'Imaginaire décadent.* Paris : PUF, 1977. 340 p.
POIRIER J., (éd.) *Ethnologie générale.* Paris : Gallimard, 1968. 1907 p.
POULET G., *Trois essais de mythologie romantique.* Paris : J. Corti, 1971. 190 p.
PRAZ M., *The romantic agony.* London : Oxford University Press, 1979. 479 p.
PROPP W., *Morphologie du conte.* Paris : Seuil, 1970. 158 p.
REBERIOUX M., *La république radicale (1898-1914).* Paris : Seuil, 1975. 253 p.
RICHARD J.P., *L'univers imaginaire de Mallarmé.* Paris : Seuil, 1961. 654 p.
RIEFF P., *Freud, the mind of a moralist.* Chicago : University of Chicago press, 1979. 440 p.
RIFFATERRE M., *Sémiotique de la poésie.* Paris : Seuil, 1983. 213 p.
ROUDINESCO E., *Histoire de la psychanalyse en France (1885-1939).* Paris : Seuil, 1986. 2 vol.
ROUSSET J., *Forme et signification.* Paris : José Corti, 1962. 194 p.
ROZENBERG P., *Le romantisme anglais.* Paris : Larousse, 1973. 287 p.
SAMMONS J., *Henri Heine, the elusive poet.* Yale university press, 1969. 542 p.
SAN JUAN E., *The art of Oscar Wilde.* Princeton University Press, 1967. 238 p.
SANS E., *Richard Wagner et la pensée schopenhauérienne.* Paris : Klincsieck, 1962. 478 p.
SAUSSURE F. de, *Cours de linguistique générale.* Paris : Payot, 1964. 510 p.
SCHEFER J.L., *Scénographie d'un tableau.* Paris : Seuil, 1969. 204 p.
SHEWAN R., *Oscar Wilde : art and egotism.* London : Macmillan Press, 1977. 239 p.
SOLLERS P., *Logiques.* Paris : Seuil, 1968. 303 p.
SPITZER L., *Etudes de style.* Paris : Gallimard, 533 p.
STAROBINSKI J., *Portrait de l'artiste en saltimbanque.* Paris : Flammarion, 1970. 147 p.
STEKEL W., *The interpretation of dreams.* New York : Liveright, 1943. 2 vol.
SWART, *The sense of decadence in nineteenth century France.* The Hague : Martinus Nijhoff, 1964. 272 p.

TESNIERE L., *Eléments de linguistique structurale*. Paris : Klincsieck, 1965. 670 p.
VERNANT J.P., *La mort dans les yeux*. Paris : Hachette, 1985. 94 p.
VICKERY, *The literary impact of the Golden Bough*. New Jersey : Princeton university press, 1976. 435 p.
VILAR P., *Or et monnaie dans l'histoire (1450-1920)*. Paris : Flammarion, 1974. 439 p.
VIRCONDELET A., *Joris Karl Huysmans*. Paris : Plon, 1990. 306 p.
WEINBERG K., *Henri Heine, romantique défroqué*. Paris : P.U.F., 1954. 303 p.
YATES F.A., *The rosicrucian enlightment*. London/Boston : Routledge & Kegan Paul, 1972. 269 p.

■ *Articles consultés :*

BAIERLE G., « Le mythe dans la psychologie de C.G. Jung » *Cahiers internationaux de Symbolisme* (45-52), 1983, pp. 151-162.
BANCQUART M.C. « Une mise en cause du sublime à la fin du XIXe siècle : sublime, sublimé, sublimation » *Revue d'histoire littéraire de la France* (1), 1986, pp. 109-117.
BARTHES R. « L'ancienne rhétorique » *Communications* (16), 1970, pp. 172-230.
BELLEMIN-NOEL J., « Le narcissisisme des Narcisses » *Littérature* (6), 1972, pp. 33-55.
BEM J., « Modernité de Salammbô » *Littérature* (40), déc. 1980, pp. 18-31.
BESNARD-COURSODON M., « Monsieur Vénus, Madame Adonis : sexe et discours » *Littérature* (54), mai 1984, pp. 121-128.
BESSEDE R., « Villiers de l'Isle-Adam et la modernité » *Continuités et ruptures dans l'histoire et la littérature* (Colloque franco-polonais de Montpellier, 1987) Paris : Champion/Slatkine, 1988, pp. 195-205.
BORNECQUE J.H., « Rêves et réalités du Symbolisme » *Revue des sciences humaines*, 1955, pp. 5-23.
BRUNEL P., « L'au-delà et l'en-deça » *Neohelicon*, 1974, pp. 11-29.
BURKET W., « Analyse structurale et perspective historique de la recherche mythologique » *Cahiers internationaux de Symbolisme*, (35/36), pp. 163-173.
CACHIN F., « Monsieur Vénus et l'ange de Sodome » *Nouvelle revue de psychanalyse,* (7), 1973, pp. 61-69.
CELLIER L., « D'une rhétorique profonde : Baudelaire et l'oxymoron » *Cahiers internationaux de Symbolisme* (8), 1965, pp. 3-14.
CITTI P., « Du miroir de Saint-Réal à celui de Narcisse » *Littérature* (33), fév. 1979, pp. 100-110.
COQUIO C., « La figure du thyrse dans l'esthétique décadente » *Romantisme* (52), 1986, pp. 77-94.
DUPONT J., « Huysmans, le corps dépeint » *Revue d'histoire littéraire de la France* (6), nov.-déc. 1980, pp. 949-963
GAEDE E., « Le problème du langage chez Mallarmé » *Revue d'histoire littéraire de la France* (1), janv.-fév. 1968, pp. 45-65.
GENETTE G., « La rhétorique et l'espace du langage » *Tel Quel* (19), 1964, pp. 44-54.
GODELIER M., « Economie marchande, fétichisme, magie et science » *Nouvelle revue de psychanalyse* (2), automne 1970, pp. 197-212.
GRAUBY F., « Le mythe de Salomé dans *A. Rebours* et « l'entre » matriciel de Des Esseintes ». *Littératures* (26), printemps 1992, pp. 115-123.
GREEN A., « Le mythe : un objet transitionnel collectif » *Le temps de la réflexion*, 1980, pp. 99-131.
HOLTEN R., von « Le personnage de Salomé à travers les dessins de Gustave Moreau » *L'Œil* (79-80), juil.-août 1961, pp. 44-51.
JENNY L., « La stratégie de la forme » *Poétique* (27), 1976, pp. 259-281.
JOANIDES J.C., « Epistémologie du mythe » *Cahiers internationaux de Symbolisme*, (45/46/47), 1983, pp. 79-86

KOFMAN S., « Judith ou la mise en scène du tabou de la virginité » *Littérature* (3), oct. 1971, pp. 100-116.
LETHEVE J., « Le thème de la décadence dans les lettres françaises à la fin du XIXe siècle » *Revue d'histoire littéraire de la France* (1), janv.-mars 1963, pp. 46-61.
MAYOUX J.J., « Rossetti et l'imagination préraphaélite », *Critique,* 1970, pp. 210-225.
MESLIN M., « Brèves réflexions sur l'histoire de la recherche mythologique » *Cahiers internationaux de Symbolisme,* (35/36), 1983, pp. 193-204.
ORTIGUES E., « Le message en blanc » *Cahiers internationaux du Symbolisme* (5), 1964, pp. 75-93
PETERSON C.A., « Rossetti and the sphinx » *Apollo magazine,* 1967, pp. 48-53.
RENAULD P., « Mallarmé et le mythe » *Revue d'histoire littéraire de la France* (1), janv.-fév. 1973, pp. 48-68.
REVERSEAU J.P., « Pour une étude du thème de la tête coupée dans la littérature et la peinture dans la seconde partie du XIXe siècle » *Gazette des Beaux-Arts,* 1972, pp. 173-184.
SIZERANNE R. de, « Rose-croix, préraphaélites et esthètes » *Le Correspondant,* 1892, pp. 1127-1140.
VADE Y., « Le sphinx et la chimère » *Romantisme* (15), 1977, pp. 4-19 (16), 1977, pp. 71-81.

■ *Œuvres consultées :*

APOLLINAIRE G., *Alcools.* Paris : Gallimard, 1944. 190 p.
BALLANCHE P.S., *La ville des expiations.* Paris : Les belles lettres, 1926. 135 p.
BANVILLE T. de, *Poésies.* Paris : Lemerre, 1889. 355 p.
BANVILLE T. de, *Œuvres.* Genève : Slatkine, 1972. 462 p.
BARBEY d'AUREVILLY J., *Œuvres romanesques complètes.* Paris : Gallimard, 1966. 2 vol.
BAUDELAIRE C., *Œuvres complètes.* Paris : Seuil, 1968. 759 p.
BAUDELAIRE C., *Le spleen de Paris.* Paris : Flammarion, 1987. 224 p.
BARRES M., *Du sang, de la volupté, de la mort.* Paris : UGE, 1986. 316 p.
BARRES M., *Un jardin sur l'Oronte.* Paris : Plon, 1922. 160 p.
BARRES M., *Le culte du moi.* Paris : UGE, 1986. 357 p.
La Bible. Bruxelles : Société biblique britannique et étrangère, 1867. 752 p.
BLOY L., *Sur Huysmans.* Paris : Editions Complexe, 1986. 153 p.
BLOY L., *La femme pauvre.* Paris : Gallimard, 1972. 436 p.
BLOY L., *Histoires désobligeantes.* Paris : UGE, 1983. 470 p.
BLOY L., *Le désespéré.* Paris : UGE, 1983. 442 p.
BLOY L., *Le salut par les juifs.* Paris : UGE, 1983. 309 p.
BORGES J.L., *Fictions.* Paris : Gallimard, 1957. 187 p.
BOURGES E., *Le crépuscule des dieux.* Paris : Stock, 1950. 340 p.
BOURGET P., *Essais de psychologie contemporaine.* Paris : Plon-Nourrit, 1901, 2 vol.
BOURGET P., *Etudes et portraits.* Paris : Plon, 1905-1906. 3 vol.
DELVILLE J., *La mission de l'art.* Bruxelles : Balat, 1900. 185 p.
ESCHYLE., *Tragédies.* Paris : Gallimard, 1982. 471 p.
ESCHYLE., *Théâtre complet.* Paris : Flammarion, 1964. 250 p.
FLAUBERT G., *Salammbô.* Paris : Garnier-Flammarion, 1964. 313 p.
FLAUBERT G., *La Tentation de Saint-Antoine.* Paris : Gallimard, 1971. 381 p.
FLAUBERT G., *Trois Contes.* Paris : Garnier, 1961. 237 p.
FLAUBERT G., *Correspondance.* Paris : Gallimard, 1973. 2 vol.
FLAUBERT G., *Œuvres complètes,* Paris : Seuil, 1964. 2 vol.
FLOUPETTE A. (pseud. BEAUCLAIR, H. ; VICAIRE, G.), *Les déliquescences.* Paris : Chez Lion Vanné, 1885. 80 p.

FONTENELLE B., *Histoire des oracles.* Paris : UGE, 1966. 217 p.
FONTENELLE B., *De l'origine des fables.* Paris : Alcan, 1932. 103 p.
FRANCE A., *Le crime de Sylvestre Bonnard.* Paris : Calmann-Lévy, 1956. 325 p.
FRAZER J.G., *The golden bough.* London : Macmillan & co, 1959. 2 vol.
GAUGUIN P., *Noa-Noa.* Paris : Editions complexes, 1989. 125 p.
GAUTIER, T., *Œuvres complètes.* Genève : Slatkine, 1978. 11 vol.
GIDE A., *Romans.* Paris : Gallimard, 1961. 1614 p.
GHIL R., *Traité du verbe.* Paris : Giraud, 1886. 30 p.
GONCOURT E., J. *Journal.* Paris : Laffont, 1956. 2 vol.
GONCOURT E., J. *Germinie Lacerteux.* Paris : L.G.F, 1990. 253 p.
GOURMONT R. de, *Le latin mystique.* Paris : Crès et cie, 1922. 423 p.
GOURMONT R. de, *La culture des idées.* Paris : UGE, 1983. 311 p.
GOURMONT R. de, *L'idéalisme.* Paris : Mercure de France, 1893. 63 p.
GOURMONT R. de, *Le livre des masques.* Paris : Les éditions 1900, 1987. 155 p.
GOURMONT R. de, *Lilith.* Paris : Des presses des essais d'art libre, 1892. 103 p.
GOURMONT R. de, *Le pèlerin du silence.* Paris : Mercure de France, 1986. 285 p.
GOURMONT R. de, *Sixtine, roman de la vie cérébrale.* Paris : UGE, 1982. 448 p.
GRIMM J., *Teutonic Mythology.* London : G. Bell, 1882-1888. 4 vol.
HEINE H., *Atta Troll.* Var : Editions d'aujourd'hui, 1979. 167 p.
HUGO V., *Les Contemplations.* Paris : Garnier, 1961. 814 p.
HUNT W.H., *Preraphaelism and the preraphaelite brotherhood.* London : Macmillan, 1905. 2 vol.
HURET J., *Enquête sur l'évolution littéraire.* Paris : Thot. 1982.
HUYSMANS J.K., *A rebours/Le drageoir aux épices.* Paris : UGE, 1975. 445 p.
HUYSMANS J.K., *Là-bas.* Paris : UGE, 1978. 313 p.
HUYSMANS J.K., *En rade/Un dilemne/Croquis parisiens.* Paris : UGE, 1976. 446 p.
HUYSMANS J.K., *L'art moderne/Certains.* Paris : UGE, 1975. 444 p.
HUYSMANS J.K., *Œuvres complètes.* Genève : Slatkine, 1972. 18 vol.
HUYSMANS J.K., *Sainte Lydwine de Schiedam.* Paris : Stock, 1901. 368 p.
HUYSMANS J.K., HENNIQUE L., *Pierrot sceptique.* Paris : Rouveyre, 1881. 27 p.
KAHN G., *Symbolistes et décadents.* Genève : Slatkine, 1977. 404 p.
KAHN G., *Les palais nomades.* Paris : Tresse & Stock, 1887. 173 p.
KAHN G., *Le conte de l'or et du silence.* Paris : Mercure de France, 1898. 379 p.
LAFORGUE J., *Œuvres complètes.* Paris : Mercure de France, 1902-1903. 6 vol.
LAFORGUE J., *Moralités Légendaires.* Paris : Gallimard, 1977. 245 p.
LE BON G., *Les lois psychologiques de l'évolution des peuples.* Paris : Alcan, 1894. 176 p.
LEMAITRE J., *Les Contemporains,* Paris : Lecène, Oudin et Cie, 1895. 8 vol.
LORRAIN J., *Les Noronsoff.* Paris : des Autres, 1979. 240 p.
LORRAIN J., *Princesses d'ivoire et d'ivresse.* Paris : UGE, 1979.
LORRAIN J., *La maison Philibert.* Paris : Jean-Claude Lattès, 1979. 316 p.
LORRAIN J., *La forêt bleue.* Paris : Alphonse Lemerre, 1883. 167 p.
LORRAIN J., *Maison pour dames.* Paris : Albin Michel, 1990. 191 p.
LOUYS P., *Psyché.* Paris : Albin Michel, 1990. 252 p.
LOUYS P., *Aphrodite.* Paris : Fayard, 1935. 126 p.
LOUYS P., *Les aventures du roi Pausole.* Paris : Charpentier, 1901. 404 p.
LOUYS P., *La femme et le pantin.* Paris : Albin Michel, s.d. 182 p.
MAETERLINCK M., *Pelléas et Mélisande.* Bruxelles : Labor, 1983. 112 p.
MAETERLINCK M., *Le trésor des humbles.* Paris : Mercure de France, 1910. 277 p.
MALLARME S., *Œuvres complètes,* Paris : Gallimard, 1945. 1659 p.
MALLARME S., *Correspondance.* Paris : Gallimard, 1959. 2 vol.
MAUCLAIR C., *Eleusis, causeries sur la cité intérieure.* Paris : Perrin, 1894. 273 p.
MAUCLAIR C., *Les mères sociales.* Paris : P. Ollendorff, 1902. 320 p.
MAUPASSANT G. de, *Œuvres complètes.* Lausanne : SCER, 1960. 16 vol.
MANN T., *Freud, Goethe, Wagner.* New York : Alfred A Knopf, 1937. 8 vol.
MANN T., *Pro and contra Wagner.* Chicago : Chicago university press, 1985. 229 p.

MENDES C., *Le mouvement poétique français.* New York : Burt Franklin, 1971. 2 vol.
MENDES C., *La première maîtresse.* Paris : Eugène Fasquelle, 1922. 330 p.
MENDES C., *L'homme tout nu.* Paris : Editions libres Hallier, 1980. 303 p.
MENDES C., *Les mères ennemies.* Paris : Dentu, 1880. 372 p.
MILOSZ O.V. de L., *Le poème des Décadences.* Paris : André Silvaire, 1972. Vol. 1
MASSENET J., MILLET, P., GREMONT, H., *Hérodiade.* Paris : Stock, 1955. 55 p.
MIRBEAU O., *Journal d'une femme de chambre.* Paris : Fasquelle, 1986. 492 p.
MIRBEAU O., *Le jardin des supplices.* Paris : Gallimard, 1988. 339 p.
MIRBEAU O., *Des artistes.* Paris : UGE, 1986. 439 p.
MIRBEAU O., *Le calvaire.* Paris : UGE, 1986. 318 p.
MIRBEAU O., *La 628-E-8.* Paris : UGE, 1977. 438 p.
MOREAS J., *Œuvres.* Paris : Mercure de France, 1923. t. 1. 293 p.
MOREAS J., ADAM, P., *Le thé chez Miranda.* Paris : Tresse et Stock, 1886. 214 p.
MOREAS J., ADAM, P., *Les demoiselles Goubert.* Paris : Tresse et Stock, 1886. 216 p.
NERVAL G. de, *Les Filles de feu.* Paris : Gallimard, 1972.
PATER W., *Greek studies.* London : Macmillan & co, 1925. 312 p.
PATER W., *Works.* London : Macmillan & co, 1925-1928. 10 vol.
PELADAN J., *Les dévotes d'Avignon.* Paris : UGE, 1984. 408 p.
PELADAN J., *Amphithéâtre des sciences mortes. Comment on devient mage.* Paris : Chamuel et Cie, 1892. t.1. 308 p.
PELADAN J., *Amphithéâtre des sciences mortes. Comment on devient fée.* Paris : Chamuel et Cie, 1893. t. 2. 398 p.
PELADAN J., *Le vice suprême. La décadence latine* (1). Paris : Editions des Autres, 1979. 330 p.
PELADAN J., *Curieuse ! La décadence latine* (2). Genève : Slatkine, 1979. 364 p.
PELADAN J., *L'initiation sentimentale. La décadence latine* (3). Genève : Slatkine, 1979. 330 p.
PELADAN J., *L'androgyne. La décadence latine* (8). Paris : E. Dentu, 1891. 364 p.
PELADAN J., *La vertu suprême. La décadence latine (12).* Paris : Flammarion, 1900. 404 p.
PELADAN J., *Les amants de Pise.* Paris : UGE, 1984. 383 p.
PELADAN J., *Un cœur en peine.* Paris : UGE, 1984. 249 p.
PELADAN J., *L'art ochloratique.* Paris : Camille Dalou, 1888. t. 1, 216 p.
PELADAN J., *L'art idéaliste et mystique. La décadence esthétique.* Paris : Chamuel, 1894. 283 p.
PELADAN J., *Les idées et les formes. La terre du sphinx.* Paris : Flammarion, 1899. 346 p.
PELADAN J., *La prométhéïde.* Paris : Chamuel, 1895. 164 p.
PELADAN J., *Œdipe et le Sphinx,* Paris : Mercure de France, 1903. 70 p.
PLATON., *Le banquet,* Paris : Garnier-Flammarion, 1964. 188 p.
PLOWERT J. (pseud. ADAM, P. ; FENEON, F.) *Petit glossaire pour servir à l'intelligence des auteurs décadents et symbolistes.* Paris : Vanier. 1888. 99 p.
POE E.A., *The complete works of E.A. Poe.* New York : Ams press inc, 1965. 17 vol.
PROUST M., *Contre Sainte-Beuve.* Paris : Gallimard, 1971.
PROUST M., *Textes retrouvés.* Paris : Gallimard, 1971, 421 p.
QUILLARD P., *La gloire du verbe.* Paris : L'art indépendant, 1890. 147 p.
RACHILDE., *Monsieur Vénus.* Paris : Flammarion, 1977. 228 p.
RACHILDE., *La jongleuse.* Paris : Des Femmes, 1982. 255 p.
RICHEPIN J., *Contes de la décadence romaine.* Paris : Fasquelle, 1898. 283 p.
RODENBACH G., *Bruges-la-morte.* Bruxelles : Labor, 1986. 169 p.
RODENBACH G., *Le règne du silence.* Paris : Charpentier, 1891. 241 p.
ROLLAND R., *Jean-Christophe.* Paris : Albin-Michel, 1931. 499 p.
ROLLINAT M., *Les névroses.* Paris : Charpentier, 1885. 399 p.

Rossetti D.G., *Poems and translations (1850-1870)*. London/New York/Toronto : Oxford university press, 1913. 482 p.
Samain A., *Au jardin de l'infante*. Paris : Mercure de France, 1947. 170 p.
Samain A., *Le chariot d'or*. Paris : Mercure de France, 1947. 170 p.
Schure E., *Les grands initiés*. Paris : Perrin, 1960. 510 p.
Schure E., *L'evolution divine. Du sphinx au Christ*. Paris : Perrin, 1895. 444 p.
Schure E., *Les grandes légendes de France*. Paris : Perrin, 1892. 299 p.
Schwob M., *Vies imaginaires*. Paris : Lebovici, 1986. 151 p.
Schwob M., *La lampe de Psyché*. Paris : Mercure de France, 1903. 298 p.
Segalen V., *Orphée-Roi. Segalen et Debussy*. Monaco : Editions du Rocher, 1961. 344 p.
Segalen V., *Les synesthésies et l'école symboliste*. Paris : Fata Morgana, 1981. 59 p.
Sophocle., *Théâtre*. Paris : Garnier-Flammarion, 1964. 375 p.
Valery P., *Degas danse dessin*. Paris : Gallimard, 1938. 152 p.
Valery P., *Eupalinos*. Paris : Gallimard, 1944. 213 p.
Valery P., *Œuvres*. Paris : Gallimard, 1957. 2 vol.
Valery P., *Cahiers*. Paris : Gallimard, 1974. 2 vol.
Vanor G., *L'art symboliste*. Paris : Vanier, 1889. 43 p.
Villiers de l'Isle-Adam A., *Œuvres complètes,* Paris : Gallimard, 1986, 2 vol.
Vigny A. de, *Les Destinées*. Paris : Sedes, 1968. 306 p.
Wagner R., *Prose Works*. London : Kegan Paul, Trench, Trubner & co, 1893. 2 vol.
Wagner R., *Lettres à Judith Gautier*. Paris : Gallimard, 1964. 382 p.
Wagner R., *Ma vie*. Paris : Buchet-Chastel, 1978. 472 p.
Wilde O., *Œuvres complètes,* Paris : Stock, 1977. 525 p.
Wilde O., *The complete shorter fiction*. Oxford : Oxford university press, 1979. 271 p.
Wilde O., *Letters to the sphinx*. London : Duckworth, 1930. 64 p.
Zola E., *La terre*. Paris : Garnier-Flammarion, 1973. 506 p.
Zola E., *La bête humaine*. Paris : Garnier-Flammarion, 1972. 382 p.

■ *Revues symbolistes consultées :*

La Conque : mensuel (Paris, 15 Mars 1891-1892). Genève : Slatkine, 1969. 1 vol.
Le Décadent : bimensuel (Paris, 1886-1889).
The Germ (janv.1850-fév.1850). New York : Ams press inc, 1965. 2 vol.
Le Mercure de France (Paris, janv.1890-). 354 vol.
La Revue blanche. (1889-1903) Choix d'articles par O. Barrot et P. Ory, Paris : UGE, 1989. 346 p.
La Revue wagnérienne : mensuel (Paris, fév. 1885-juil. 1888). 3 publications.
Le Symboliste : hebdomadaire (Paris, oct-nov. 1886). N°s 1-4.
La Vogue : hebdomadaire (Paris, 1886-1889).

■ *Discographie :*

Debussy C., *Pelléas et Mélisande*. Pierre Boulez, C.B.S., 1970.
Strauss R., *Salomé*. Herbert Von Karajan, Decca, 1978.

■ *Expositions :*

Musee d'Art et d'Histoire. *Salomé dans les collections françaises*. Saint-Denis, 25 juin-29 août 1988.
Palais des Beaux-Arts. *Ferdinand Hodler (1853-1918)*. Petit-Palais, Paris, juillet 1983.

TABLE DES MATIÈRES

Introduction générale 7

PREMIÈRE PARTIE : MYTHE ET HISTOIRE

Chapitre I. — **Le mythe et ses définitions**

1) Préliminaires 15
2) Histoire du mythe 17
   — Des origines au Symbolisme 17
   — L'héritage romantique 20
   — Les mythes du Naturalisme 21
Notes 24

Chapitre II. — **Les années 1880**

1) L'influence de Schopenhauer 25
2) Esquisses d'une mentalité politique 28
   — « Pourquoi sommes-nous tristes ? » 29
   — L'absence d'engagement politique 32
3) L'âge d'or du mythe 34
   — L'histoire discréditée 34
   — L'attrait de la décadence 36
Notes 40

Chapitre III. — **Le mythe à l'époque symboliste**

1) Le mythe comme explication de la nature 43
   — *Les dieux antiques* de S. Mallarmé 43
   — *Le rameau d'or* de J. Frazer 47
2) Le mythe comme moyen de connaissance 48
   — spirituelle : *Les grands initiés* d'E. Schuré 48
   — humaine : *L'interprétation des rêves* de S. Freud 54
   — nationale : R. Wagner et *La revue wagnérienne* 55
3) Le mythe comme dissidence 66
   — *The germ* et l'esthétique préraphaélite 66
   — *L'art idéaliste et mystique* de J. Péladan et la doctrine de l'Ordre des Rose-Croix 69
Notes 73

Table des matières 333

DEUXIÈME PARTIE :
MYTHES FONDAMENTAUX DU SYMBOLISME

Chapitre I. — **Le mythe de Salomé**

1) Genèse de Salomé	77
— Les versions primitives	77
— *Salammbô* de G. Flaubert	82
— *Hérodias*	83
2) Extensions du mythe	85
— *Salomé* et *L'apparition* de G. Moreau	85
— *A rebours* de J.-K. Huysmans	87
— « Hérodiade » de S. Mallarmé	92
— *Salomé* d'O. Wilde	95
3) Prolongements	98
— *Hérodiade* de J. Massenet	98
— *Salomé* de R. Strauss	100
— *Le poème des décadences* d'O. V. de Milosz	101
— *Alcools* de G. Apollinaire	102
Conclusion du chapitre I	102
Notes	104

Chapitre II. — **Le mythe de l'androgyne**

1) Annonces du mythe	106
— *Les diaboliques* de J. Barbey d'Aurevilly	108
— *L'Eve future* de Villiers de l'Isle-Adam	111
2) Incarnations symbolistes	114
— *Le crépuscule des dieux* d'E. Bourges	114
— *Monsieur Vénus* de Rachilde	120
— *La première maîtresse* de C. Mendès	123
— *Le vice suprême* de J. Péladan	126
Conclusion du chapitre II	130
Notes	132

Chapitre III. — **Le mythe du sphinx**

1) Le mythe et son évolution	134
2) Quelques incarnations symbolistes	135
— *Du sphinx au Christ* d'E. Schuré	135
— *La terre du sphinx* de J. Péladan	137
— *Œdipe et le sphinx*	138
— « Le sphinx » d'O. Wilde	141
— *Le sphinx sans secret*	142
— *A rebours* de J.-K. Huysmans	143
3) Prolongements du mythe	144
— *Axël* de Villiers de l'Isle-Adam	144
— *Pelléas et Mélisande* de M. Maeterlinck	147
Conclusion du chapitre III	150
Notes	151

Chapitre IV. — **Le mythe d'Orphée**

1) Origines du mythe 154
2) Quelques Orphée symbolistes 155
   — *Les grands initiés* d'E. Schuré 155
   — « Orphée » de P. Valéry 156
3) Prolongements du mythe 159
   — *Orphée-roi* de V. Segalen 159
   — *Le bestiaire ou le cortège d'Orphée* de G. Apollinaire 162
Conclusion du chapitre IV 163
Notes 163

Chapitre V. — **Le mythe de Narcisse**

1) Les origines 165
2) Les Narcisse symbolistes 166
   — *Le traité du Narcisse* d'A. Gide 167
   — *Eleusis, causeries sur la cité intérieure* de C. Mauclair 168
   — « Narkiss » de J. Lorrain 169
3) Les Narcisse de P. Valéry 170
   — « Narcisse parle » 171
   — « Fragments du Narcisse » 172
Conclusion du chapitre III 174
Notes 174

TROISIÈME PARTIE :
LECTURE PLURIELLE

LECTURE RHÉTORIQUE

Avant-propos 179

Chapitre I. — **Théories du langage poétique**

1) L'origine des langues 182
2) Fonction prosaïque et fonction poétique 183
Notes 187

Chapitre II. — **Les figures du discours mythique**

1) La forme pure 188
   — Les inventions verbales 188
   — L'archaïsme : présence du passé 189
   — La structure en écho 189
2) La forme sémique 191
   — Antithèse et oxymoron : la dialectique des contraires 191
   — Les métaphores du vivant 193
   — La catachrèse : le corps transparent 196
Notes 197

Chapitre III. — **Les modes d'insertion de l'intertextualité**

1) Un modèle littéraire : le texte flaubertien	200
— L'allusion dans *A rebours*	201
— La parodie de J. Laforgue	203
— L'imitation d'O. Wilde	204
— L'anaphore ou le gestuel : la pantomine	205
2) Un modèle artistique : l'art pictural	209
— La mise en abyme	209
— La référence dans le corps de l'éphèbe	212
Conclusion	215
Notes	218

LECTURE PSYCHANALYTIQUE

Avant-propos	221

Chapitre I. — **Le féminin**

1) Eviter la femme	223
— Le voile de la déesse	223
— La menace de castration	226
— La compensation phallique	227
2) Le corps féminin	233
— La bouche d'ombre	234
— L'ombre du sexe	237
— La contamination	238
— Le sexe sur la figure : l'hystérie	242
3) La Mère-Nature	246
— Le visage du destin	246
— L'image maternelle	250
Notes	253

Chapitre II. — **L'artiste au masculin**

1) Contrer le féminin	256
— La frigidité	257
— La mortification	260
2) L'expérience masochiste	264
— Le dedans et le dehors	264
— L'androgynat	268
3) Le narcissisme	270
— Le stade du miroir	271
Conclusion	275
Notes	276

LECTURE SOCIOCRITIQUE

Avant-propos 279

Chapitre I. — **La dénonciation du monde capitaliste**

1) La peinture des relations marchandes 281
   — La corruption 282
   — L'oppression 284
2) Les défenseurs de l'ordre 286
   — La mère-patrie 287
   — Les savants : nouveaux gardiens du système 290
3) La réification de l'individu 292
   — Le travail 292
   — La machine 294
Notes 298

Chapitre II. — **Le refus du nouveau monde**

1) Le sujet contre l'objet 300
   — L'exaltation de la vie cérébrale 300
   — L'art contre le social 304
   — L'or contre l'argent 306
2) L'œuvre désenchantée 308
   — Le livre 308
   — Le texte morcelé 310
Conclusion 313
Notes 316

Conclusion générale 318

Bibliographie 322